KÜRZINGER Kriminologie

Meier-Lüämmm
11/96

Kriminalistik
+ Kriminologie

Kriminologie

Eine Einführung in die Lehre vom Verbrechen

von

Dr. Josef Kürzinger

Professor an der Universität Freiburg im Breisgau

2., vollständig neubearbeitete, Auflage

RICHARD BOORBERG VERLAG
Stuttgart · München · Hannover · Berlin · Weimar · Dresden

Die Deutsche Bibliothek – *CIP-Einheitsaufnahme*

Kürzinger, Josef:
Kriminologie: eine Einführung in die Lehre vom Verbrechen / von Josef Kürzinger. – 2., vollst. neubearb., Aufl. – Stuttgart; München; Hannover; Berlin; Weimar; Dresden: Boorberg, 1996
ISBN 3-415-02161-0

Satz und Druck: Druckerei Scharr GmbH, 70563 Stuttgart
Verarbeitung: Dollinger GmbH, Metzingen
© Boorberg Verlag GmbH & Co, 1982

Vorwort zur 2. Auflage

Auch die zweite Auflage dieses Buches will und kann nur eine kurze Einführung in die Kriminologie geben. Sie setzt beim Leser keine besonderen Fachkenntnisse voraus und versucht daher auch, Grundlegendes zu Fragen der wissenschaftlichen Erkenntnis und des Erkenntnisprozesses in den Sozialwissenschaften, zu denen die Kriminologie gehört, kurz darzustellen.

Wegen des relativ geringen Umfangs des Buches mußte ich auf eine Vollständigkeit der Darstellung kriminologischer Fragen verzichten. Dies vermag ein Einzelband beim heutigen Stand der Wissenschaft ohnehin nicht mehr zu leisten. Die erforderliche Stoffauswahl orientiert sich vor allem an Problemen der derzeitigen kriminologischen Diskussion. Hinzugekommen ist – verglichen mit der Erstauflage des Buches – eine Auseinandersetzung mit Kriminalprognose und Kriminalprävention. Auch werden nunmehr neuere wichtige Straftat(gruppen) zusätzlich dargestellt.

Eine besondere Schwierigkeit stellen wiederum die Hinweise auf die kriminologische Literatur dar. Ich habe Literaturzitate nur dort in den Text aufgenommen, wo dies unbedingt notwendig war. Für allgemein Bekanntes sind Fundstellen nicht nachgewiesen. Am Anfang eines jeden Kapitels findet der Leser sowohl die im folgenen Abschnitt zitierten Veröffentlichungen als auch Hinweise auf andere neuere weiterführende, in aller Regel deutschsprachige Literatur.

Ich hoffe, das Buch leistet den Lesern bei ihrer Beschäftigung mit kriminologischen Fragen erneut gute Dienste.

Freiburg i. Br., im November 1995   Josef Kürzinger

Inhalt

Abkürzungsverzeichnis 10

Erster Abschnitt

1.	**Grundlegende Fragen der Kriminologie**	11
1.1	Kriminologie als empirische Wissenschaft	11
1.2	Verbrechensbegriff und Gegenstand der Kriminologie	16
1.3	Geschichte der Kriminologie	20
1.4	Institutionalisierung der Kriminologie	29

Zweiter Abschnitt

2.	**Methoden der Kriminologie**	34
2.1	Erkenntnis und Erkenntnisgewinn in der Kriminologie	34
2.2	Ursache, Kausalität und Korrelation	44
2.3	Die einzelnen Methoden der Kriminologie	51
2.3.1	Inhaltsanalyse (Dokumentenanalyse)	52
2.3.2	Befragung	56
2.3.3	Beobachtung	61
2.3.4	Experiment	63
2.4	Statistik in der kriminologischen Forschung	64
2.5	Methoden als Grenzen kriminologischer Erkenntnis	68

Dritter Abschnitt

3.	**Kriminalätiologie:** **Wie entsteht das Verbrechen?**	70
3.1	Die Erklärung der Verbrechensentstehung	70
3.2	Einzelne Kriminalitätstheorien	72
3.2.1	Biologische Erklärungsmodelle der Kriminalität	72
3.2.2	Theorien der strukturell-funktionalen Bedingtheit der Kriminalität	80
3.2.3	Lerntheoretische Ansätze und Sozialisationstheorien	82
3.2.3.1	Lerntheoretische Ansätze	83
3.2.3.2	Sozialisationstheorien	85
3.2.4	Mehrfaktorenansatz	90
3.2.5	Psychoanalytische Verbrechenserklärung	92

3.2.6	Marxistische Erklärungsversuche des Verbrechens	98
3.2.7	Der labeling approach	104
3.3	Der Erklärungswert von Kriminalitätstheorien	108

Vierter Abschnitt

4.	**Kriminalphänomenologie: Wie sieht das Verbrechen aus?**	111
4.1	Ablauf der Strafverfolgung	111
4.1.1	Bevölkerung und Verbrechensbekämpfung	113
4.1.1.1	Furcht der Bevölkerung vor Verbrechen	114
4.1.1.2	Einstellung der Bevölkerung zur Polizei	116
4.1.1.3	Einstellung der Bevölkerung zum Anzeigeverhalten	120
4.1.1.4	Einstellung der Bevölkerung zu konkreten Verbrechen	121
4.1.2	Anzeigeverhalten der Tatopfer	123
4.1.3	Polizeiliche Tätigkeit bei der Stafverfolgung	129
4.1.3.1	Proaktive Tätigkeit der Polizei	130
4.1.3.2	Reaktive Tätigkeit der Polizei	132
4.1.4	Strafverfolgung durch die Staatsanwaltschaft	138
4.1.5	Tätigkeit der Strafgerichte	145
4.2	Registrierte Kriminalität und Dunkelfeld	157
4.2.1	Registrierte Kriminalität in der Bundesrepublik Deutschland	157
4.2.2	Dunkelfeld der Kriminalität	174
4.3	Kriminalität einzelner Bevölkerungsgruppen	184
4.3.1	Kinderkriminalität	184
4.3.2	Jugendkriminalität	190
4.3.3	Alterskriminalität	207
4.3.4	Frauenkriminalität	216
4.3.5	Ausländerkriminalität	226
4.4	Einzelne Straftaten und ihre Täter	243
4.4.1	Gewaltkriminalität	243
4.4.1.1	Mord und Totschlag	245
4.4.1.2	Raub	250
4.4.1.3	Körperverletzung	252
4.4.1.4	Kindesmißhandlung	258
4.4.2	Terrorismus	262
4.4.3	Sexualkriminalität	266
4.4.3.1	Sexueller Mißbrauch von Kindern und Jugendlichen	269
4.4.3.2	Vergewaltigung und sexuelle Nötigung	273
4.4.3.3	Exhibitionismus	276
4.4.3.4	Inzest	277
4.4.4	Eigentums- und Vermögenskriminalität	279
4.4.4.1	Fahrraddiebstahl	282

4.4.4.2	Wohnungseinbruch	283
4.4.4.3	Ladendiebstahl	284
4.4.4.4	Sachbeschädigung	286
4.4.5	Wirtschaftskriminalität	289
4.4.6	Verkehrskriminalität	294
4.4.7	Drogenkriminalität	299
4.4.8	Umweltkriminalität	305
4.5	Organisierte Kriminalität	308

Fünfter Abschnitt

**5. Kriminalprognose und Kriminalprävention:
Ist Kriminalität vorhersehbar und vermeidbar?** 312

5.1	Kriminalprognose	312
5.2	Kriminalprävention	318

Stichwortverzeichnis 327

Abkürzungsverzeichnis

AJK	Arbeitskreis Junger Kriminologen
Art.	Artikel
BKA	Bundeskriminalamt
BMJ	Bundesministerium der Justiz
DFG	Deutsche Forschungsgemeinschaft
Diss.	Dissertation
e. V.	eingetragener Verein
ed.	editon, editor: Ausgabe, Auflage, Herausgeber
eds.	editors: Herausgeber
et al.	et alii: und andere
f.; ff.	folgende Seite; folgende Seiten
GVG	Gerichtsverfassungsgesetz
Hrsg.; hrsg.	Herausgeber(in); herausgegeben
impr.	imprint: Druck
JGG	Jugendgerichtsgesetz
jur.	juristisch
KBZ	Kriminalitätsbelastungszahl
KFG	Kriminologische Forschungsgruppe der Bayerischen Polizei
KFN	Kriminologisches Forschungsinstitut Niedersachsen
LKA	Landeskriminalamt
med.	medizinisch
OK	Organisierte Kriminalität
OrgKG	Gesetz zur Bekämpfung des illegalen Rauschgifthandels und anderer Erscheinungsformen der Organisierten Kriminalität
OWig	Ordnungswidrigkeitengesetz
Rdnr.(n)	Randnummern(n)
RStGB	Reichsstrafgesetzbuch
S.; s.	Seite; siehe
StA	Staatsanwaltschaft
StGB	Strafgesetzbuch
StPO	Strafprozeßordnung
StVG	Straßenverkehrsgesetz
TVBZ	Tatverdächtigenbelastungszahl
Übers.	Übersetzer(in)
übers.	übersetzt
vs	gegen
VP	Versuchsperson

Erster Abschnitt

1. Grundlegende Fragen der Kriminologie

1.1 Kriminologie als empirische Wissenschaft

Literatur: *Manfred Amelang,* Sozialabweichendes Verhalten. Entstehung, Verbreitung, Verhinderung, Berlin usw. 1986; *Michael Bock,* Kriminologie, München 1995; *ders.,* Kriminologie als Wirklichkeitswissenschaft, Berlin 1984; *Ulrich Eisenberg,* Kriminologie, 4. Auflage, Köln usw. 1995; *Franz Filser,* Einführung in die Kriminalsoziologie, Paderborn usw. 1983; *Uwe Füllgrabe,* Kriminalpsychologie, Stuttgart usw. 1983; *Hans Göppinger,* Angewandte Kriminologie. Ein Leitfaden für die Praxis, Berlin usw. 1985; *ders.,* Kriminologie, 4. Auflage, München 1980; *Rüdiger Herren,* Lehrbuch der Kriminologie. Band 1. Die Verbrechenswirklichkeit, 3. Auflage, Freiburg i. Br. 1982; *Joachim Jäger,* Kriminologie und Kriminalitätskontrolle. Grundriß einer anwendungsorientierten Kriminologie. Lübeck 1981; *Günther Kaiser,* Kriminologie. Ein Lehrbuch, 2. Auflage, Heidelberg usw. 1988; *ders.,* Kriminologie. Eine Einführung in die Grundlagen. 9. Auflage, Heidelberg 1993; *Günther Kaiser/Fritz Sack/ Hartmut Schellhoss,* Hrsg., Kleines Kriminologisches Wörterbuch. 3. Auflage, Heidelberg 1993; *Hans-Jürgen Kerner/Helmut Kury/Friedrich Lösel,* Kriminalpsychologie, Grundlagen und Anwendungsbereiche, Weinheim usw. 1983; *Karl-Ludwig Kunz,* Kriminologie. Eine Grundlegung, Bern usw. 1994; *Klaus Lüderssen,* Kriminologie. Eine Einführung in die Probleme, Baden-Baden 1984; *Armand Mergen,* Die Kriminologie. Eine systematische Darstellung, 3. Auflage, München 1995; *Helge Peters,* Devianz und soziale Kontrolle. Eine Einführung in die Soziologie abweichenden Verhaltens, 2. Auflage, München 1995; *Fritz Sack/René König,* Hrsg., Kriminalsoziologie. 3. Auflage, Frankfurt a. M. 1979; *Hans Joachim Schneider,* Einführung in die Kriminologie, 3. Auflage, Berlin usw. 1993; *Hans-Dieter Schwind,* Kriminologie. Eine praxisorientierte Einführung mit Beispielen, 6. Auflage, Heidelberg 1995; *Willi Seitz,* Hrsg., Kriminal- und Rechtspsychologie. Ein Handbuch in Schlüsselbegriffen, München usw. 1983.

Die Kriminologie ist eine junge Wissenschaft. Während andere Disziplinen, wie etwa Medizin oder Physik, auf eine mehrtausendjährige Geschichte zurückblicken, ist die Kriminologie als organisiertes Wissenschaftsgebiet erst im 19. Jahrhundert entstanden. Darauf deutet schon die Bezeichnung des Faches hin. Das Wort »**Kriminologie**« ist ein lateinisch-griechisches Kunstwort, das wörtlich »**Lehre vom Verbrechen**« bedeutet. Die Bezeichnung »Kriminologie« wird im allgemeinen dem Franzosen *Paul Topinard* (1830 bis 1911) zugeschrieben und auf das Jahr 1879 datiert. Allerdings läßt sich die Bezeichnung »Kriminologie« verläßlich erst für das Jahr 1885 nachweisen. In diesem Jahr erschien unter dem Titel »Criminologia« ein Lehrbuch des italienischen Kriminologen *Raffaele Garofalo* (1851 bis 1934). Diese späte Begriffsschöpfung darf aber nicht darüber täuschen, daß die Sache selbst, nämlich die empirische Befassung mit Verbrechern und Verbrechen, eine längere Tradition hat. Dies zeigt etwa auch ein Buchtitel wie »Criminalpsychologie«, der sich bereits 1792 in Deutschland finden läßt. **Als eigenständiges Wissenschaftsfach konnte sich die Kriminologie freilich erst gegen Ende des vorigen Jahrhunderts bilden.** Aber auch nach dem Erstarken zu einer eigenen Disziplin, das man mit einigem Recht, wenn auch eigentlich formal, auf das Jahr 1876 festsetzen kann, wurde lange Zeit keine Einigung darüber erzielt, was nun eigentlich Gegenstand dieser Wissenschaft sei. Das Jahr 1876 bietet sich deswegen als Geburtszeit der Kriminologie an, weil in diesem Jahr erstmals das Buch »**L'uomo delinquente**« von *Cesare Lombroso* (1835 bis 1909) erschienen ist und diese Veröffentlichung bewirkt hat, sich mit dem Verbrechen zu beschäftigen und nicht nur am Rande anderer Humanwissenschaften kriminologische Fragen zu untersuchen. Die Diskussion über den **Gegenstand der Kriminologie** ist noch bis in die letzten Jahrzehnte, vor allem in Deutschland, sehr ausführlich geführt worden, inwischen aber verstummt. Einer der entscheidenden Gründe für diese allenfalls wissenschaftstheoretisch bedeutsame Diskussion lag sicherlich darin, daß häufig die Trennung der zentralen Begriffe der neuen Wissenschaft, nämlich »Verbrechen« einerseits und »Gegenstand der Kriminologie« andererseits nicht scharf genug war. Da schon sehr bald erkannt wurde, daß der **Begriff des Verbrechens** nicht etwas für immer Feststehendes, sondern **ein sich in Raum und Zeit wandelnder Begriff** ist, glaubte man, durch eine möglichst weitreichende Definition des Verbrechensbegriffes den Gegenstand der Wissenschaft bestimmen zu können. Dies mußte fehlschlagen, denn wann immer man Versuche unternahm, einen eigenen kriminologischen Verbrechensbegriff zu schaffen, offenbarte sich sehr bald die normative Bedingtheit aller dieser Begriffsbestimmungen. Solche Versuche der Gegenstandsbestimmung der Kriminologie liefen fehl. Es ist, wie man inzwischen weiß, zu kurz gegriffen, nur das durch Normen als Verbrechen definierte Verhalten zum Gegenstand der Kriminologie zu machen. Tatsächlich kann für die Bestimmung des Gegenstandes der Kriminologie der Verbrechensbegriff allenfalls Ausgangspunkt, nicht aber dessen Begrenzung sein.

2 Aus der Vielzahl der bisherigen »engen« und »weiten« Auffassungen vom **Gegenstandsbereich der Kriminologie** sei beispielsweise jene von *Günther Kaiser* (1988, 4) gewählt, da sie die heute wohl in Deutschland weitgehend herrschende Definition wiedergibt.

Kaiser (1988, 4) beschreibt das Gebiet der Kriminologie wie folgt:

»Kriminologie ist die geordnete Gesamtheit des Erfahrungswissens über das Verbrechen, den Rechtsbrecher, die negativ soziale Auffälligkeit und über die Kontrolle dieses Verhaltens. Ihr Wissenschaftsgebiet läßt sich mit den drei Grundbegriffen Verbrechen, Verbrecher und Verbrechenskontrolle treffend kennzeichnen. Ihnen sind auch Opferbelange und Verbrechensverhütung zugeordnet.«

3 Eine andere Auffassung über den Gegenstandsbereich zählt zur Kriminologie auch noch die **Kriminalistik.** Eine solche Erweiterung des Faches hat sich freilich in Deutschland nicht durchsetzen können, doch findet man im Polizeischrifttum häufiger die Nennung einer »kriminologisch-kriminalistischen« Betrachtungsweise. Ansonsten **wird in Theorie und Praxis fast einheitlich die Kriminalistik von der Kriminologie getrennt.**

Akzeptiert man inhaltlich die von *Kaiser* formulierte Definition der Kriminologie, so lassen sich die aufgestellten **Kriterien für die Kriminologie** wie folgt zusammenfassen:

Kriminologie ist:

– eine Erfahrungs-, also empirische Wissenschaft,

– ihr Gegenstand umfaßt alles das, was mit Kriminalität unmittelbar zusammenhängt,

– zugleich alles sozial negative abweichende Verhalten sowie

– die Kontrolle des Verbrechers und des Verbrechens.

Daneben gehören auch

– Viktimologie und

– Kriminalprävention

zum Bereich der Kriminologie.

Man müßte der Vollständigkeit halber freilich hinzufügen, daß bei einer so weiten Fassung des Gegenstandes auch die Kriminalprognose, die eine Kriminalprävention erst ermöglicht, zum Gegenstandsbereich zu zählen wäre. Nicht sichtbar wird in dieser Definition die häufig erhobene Forderung, daß die **Kriminologie** sich als fächerübergreifend, als **interdisziplinär** zu begreifen habe. Diese Forderungen, die vor allem in den sechziger und siebziger Jahren in Deutschland eine Rolle spielten, sind inzwischen weitgehend verstummt. Die damit verbundenen Vorstellungen einer intensiveren empirischen Durchdringung des Forschungsgegenstandes haben sich nicht erfüllt. Dies hat offensichtlich damit zu tun, daß Wissenschaftsmethoden fachspezifisch sind und nicht durch den sie anwendenden Forscher als solchen beeinflußt werden (können).

Wenn man feststellt, Kriminologie sei eine **empirische Wissenschaft**, dann **4** soll dies besagen, daß sie Aussagen über die Wirklichkeit machen will, deren Grundlage die Erfahrung bildet, nicht aber (nur) auf theoretischen Überlegungen beruht. Unabhängig von der Frage, ob nach dem heutigen Stand wissenschaftlicher Erkenntnis es noch gerechtfertigt ist, die lange Zeit behauptete Zweiteilung der Wissenschaften in **Normwissenschaften und Erfahrungswissenschaften** aufrechtzuerhalten, bleibt für die Kriminologie kennzeichnend, daß sie als Tatsachenwissenschaft verstanden wird. Würde man die hergebrachte Trennung zwischen Geistes- und Naturwissenschaften heranziehen, wäre die Kriminologie demnach eine Naturwissenschaft zu nennen. Man kann das Gemeinte an einem Beispiel verdeutlichen. Mit dem Verbrechen beschäftigen sich sowohl (Straf-)Rechtswissenschaft als auch Kriminologie. Während es, verkürzt gesagt, **dem Strafrecht darauf ankommt, zu sagen, was im Bereich der Kriminalität sein soll, will die Kriminologie aufhellen, was wirklich ist.** Der Kriminologie kommt es also nicht auf die abstrakten Normen und deren Auslegung an, sondern auf die Feststellung der Tatsachen, die mit Kriminalität zusammenhängen. Bei genauer Betrachtung erkennt man freilich, daß es eine Feststellung von Tatsachen ohne Bewertung eben dieser Tatsachen nicht geben kann. **Alle Erkenntnisse über die Wirklichkeit müssen wir interpretieren.** Fakten als solche sind ohne Umsetzung ihres Sinngehaltes nicht verständlich. Jede Interpretation von Fakten aber ist subjektiv, also nicht wertfrei. Damit ist in strengem Sinne eine rein empirische Betrachtung des Gegenstandes der Kriminologie ausgeschlossen, denn jede einzelne Beobachtung ist subjektgebunden. Empirische Betrachtungsweise in der Kriminologie heißt deshalb nur, soweit als möglich sich der Wertung der gefundenen Fakten im unmittelbaren Forschungsprozeß zu enthalten.

5 Gegenstand der kriminologischen Forschung ist alles negativ sozial auffällige Verhalten, sei es nun kriminell (also mit Strafe bedroht) oder nicht. Damit gehören zum Gegenstandsbereich **nicht nur Verbrechen, sondern etwa auch Asozialität, Alkoholismus, Obdachlosigkeit, Selbstmord und Prostitution,** um die wichtigsten zu nennen.

Ein erst spät voll ins Blickfeld der Kriminologie getretenes Gebiet ist die **Untersuchung der sozialen und strafrechtlichen Kontrolle des Verbrechens.** Damit ist die Reaktion der Bevölkerung und des Staates auf Verbrechen und abweichendes Verhalten gemeint. Die überkommene Kriminologie hatte in diesen Bereichen kaum Probleme gesehen, sie jedenfalls nicht weiter verfolgt. Erst mit der Verbreitung des labeling approach Ende der sechziger Jahre ist in Deutschland dieser Bereich der Kriminologie stärker betont worden und hat vor allem in den achtziger Jahren zu regen Forschungsaktivitäten geführt. Einige Kriminologen, die sich freilich als »Kriminalsoziologen« verstehen, wollen das Hauptmerkmal der Kriminologie folgerichtig auf die Verbrechenskontrolle legen.

6 Auch das Gebiet der **Lehre vom Verbrechensopfer,** die Viktimologie, gehört zum Gegenstandsbereich der Kriminologie. Die Erkenntnis, daß das Opfer einer Straftat und seine Reaktion einen wichtigen Beitrag zur Erklärung der Kriminalität leisten können, ist noch relativ jung. Eine eigenständige Viktimologie wird erst seit Ende der vierziger Jahre sichtbar.

7 Die **Kriminalprävention** hat zwar im Laufe der Zeit, vor allem aus kriminalpolitischen Gründen, immer mehr wissenschaftlichen Zuspruch und auch größere Bedeutung gefunden, doch läßt sie sich nur schwer als ein Gebiet der überkommenen Kriminologie verstehen. Freilich gab es schon lange

eine »angewandte Kriminologie« (vgl. hierzu vor allem *Göppinger* 1985), die nicht nur die Wirklichkeit des Verbrechens im Sinne einer empirischen Erfassung zum Inhalt hatte, sondern darüber hinaus vor allem einen Beitrag zur Lösung des Kriminalitätsproblems anstrebte. Da eine erfolgreiche Problemlösung immer auch eine Verminderung der real vorhandenen Kriminalität bedeutet, ist es naheliegend, in der Lehre von der Kriminalprävention ein Teilgebiet der Kriminologie zu sehen.

Wer aber Kriminalprävention zum Gegenstand seiner Betrachtung macht, der ist auch gezwungen, sich der Frage der **Kriminalprognose** zuzuwenden, denn Prävention ohne Kenntnis einer zu erwartenden Entwicklung der Kriminalität ist schwerlich möglich. Kriminalität kann allenfalls dann verhindert werden, wenn sich bestimmte Zusammenhänge seiner Entstehung aufdecken lassen und diese Zusammenhänge bei den ergriffenen Maßnahmen auch berücksichtigt werden. **8**

Neben dieser Gegenstandsbeschreibung der Kriminologie ist es von Bedeutung, **zwei Teilbereiche der Wissenschaft** auseinanderzuhalten: **Kriminalphänomenologie und Kriminalätiologie.** Unter Kriminalphänomenologie versteht man den Bereich der Kriminologie, der die Erscheinungsformen seines Gegenstandes erfaßt und beschreibt. Sie ist also die Lehre von der Erscheinung des Verbrechens und will Aussagen darüber machen, wie sich das Verbrechen, der Verbrecher und die soziale Kontrolle des Verbrechens darstellen. Demgegenüber geht es der Kriminalätiologie darum zu erklären, wie es zum Verbrechen kommt, wie Verbrechen verursacht wird. Historisch gesehen hatte in der Kriminologie das Problem der Verbrechenserklärung zweifellos den Vorrang, obwohl schon frühzeitig sich in Deutschland kriminalphänomenologische Arbeiten nachweisen lassen. **9**

Die Tatsache, daß eine etablierte Kriminologie, die sich teilweise auch als interdisziplinär versteht, existiert, hat nicht verhindert, **daß auch andere Disziplinen sich weiterhin mit der Kriminalität beschäftigen.** So gibt es neben der Kriminologie auch eine Kriminalanthropologie, Kriminalpsychiatrie, Kriminalpsychologie und Kriminalsoziologie, um die wichtigsten zu nennen. Allerdings kann man feststellen, daß ein Teil der Arbeiten in der Kriminologie und den sogenannten Bindestrich-Kriminologien mit demselben Anspruch und auch zum Teil mit denselben Methoden durchgeführt werden wie in der Kriminologie, so daß es weniger eine inhaltliche Aussage, als vielmehr eine Geschmackssache ist, ob man im Einzelfall etwa von kriminologischen oder von kriminalsoziologischen Aussagen spricht. **10**

Aber auch andere Wissensgebiete, die nicht einmal als Bindestrich-Kriminologie verstanden werden können, haben mit dem Verbrechen als Forschungsobjekt zu tun. Zu denken ist etwa an die Rechtsmedizin, gerichtliche Psychiatrie oder gerichtliche Psychologie. Hierbei geht es freilich zumeist um Fragen der Beurteilung einzelner Krimineller oder am Strafverfahren

Beteiligter im Hinblick auf Straftaten und weniger um allgemeine Aussagen zu Verbrecher und Verbrechen. Auch die Rechtssoziologie wäre hier anzuführen. Die Beschäftigung mit dem Verbrecher hat in allen diesen Fächern zwar Tradition, der Kriminelle ist aber nicht das zentrale Problem.

1.2 Verbrechensbegriff und Gegenstand der Kriminologie

Literatur: *Jürgen Baumann/Ulrich Weber/Wolfgang Mitsch*, Strafrecht. Allgemeiner Teil, 9. Auflage, Bielefeld 1995; *Günther Jakobs*, Strafrecht. Allgemeiner Teil, Berlin 1993; *Hans-Heinrich Jescheck*, Lehrbuch des Strafrechts, Allgemeiner Teil, 4. Auflage, Berlin 1988; *Günther Kaiser*, Verbrechensbegriff. In: Kleines Kriminologisches Wörterbuch, hrsg. von *Günther Kaiser/Hans-Jürgen Kerner/Fritz Sack/Hartmut Schellhoss*, 3. Auflage, Heidelberg 1993, S. 566 bis 570; *Kristian Kühl*, Strafrecht, Allgemeiner Teil. München 1994; *Fritz Sack*, Neue Perspektiven in der Kriminologie. In: *Fritz Sack/René König*, Hrsg., Kriminalsoziologie, Frankfurt a. M. 1968, S. 431 bis 475; *Eberhard Schmidhäuser*, Strafrecht. Allgemeiner Teil, Tübingen 1982; *Klaus Sessar*, Neue Wege der Kriminologie aus dem Strafrecht. In: Gedächtnisschrift für Hilde Kaufmann, Berlin usw. 1986, S. 373 bis 391; Strafgesetzbuch der Volksrepublik China, beschlossen bei der Fünften Vollsitzung der Zweiten Tagung des V. Nationalen Volkskongresses am 1. Juli 1979. China aktuell 1979, S. 799 bis 830; *Johannes Wessels*, Strafrecht, Allgemeiner Teil, 25. Auflage, Heidelberg 1995.

11 Wenn wir von **Verbrechen** sprechen, dann haben wir es offensichtlich mit einem **Urphänomen** jeder uns bekannten Zeit und Gesellschaftsordnung zu tun. Daß dies so ist und der Begriff des Verbrechens zu den grundlegenden Bestandteilen jeder menschlichen Gesellung gehört, zeigen uns auch die ersten schriftlichen Aufzeichnungen der Menschheit, die sog. Heiligen Schriften, die das widerspiegeln, was Menschen bewegt hat. So nimmt die Kriminalität schon in den Heiligen Schriften Ägyptens (etwa im Totenbuch des 16. Jahrhunderts v. Chr.) einen breiten Raum ein und das angeblich erste Verbrechen der Menschen, der Mord des Kain an seinem Bruder Abel, wird im ersten Kapitel der Heiligen Schrift der Juden und Christen, in der Genesis (1. Buch Mosis) geschildert. Offenbar haben wir es beim Verbrechen (und der Kriminalität) zugleich mit etwas Außergewöhnlichem, Bedrohlichem und Allgegenwärtigem zu tun. Außergewöhnlich und bedrohlich, weil dem Verbrechen weitgehend der Ruch des Nichtverstehbaren und Unnatürlichen anhaftet; allgegenwärtig, weil wir uns keine Gesellschaft vorstellen können, die ohne Verbrechen, für das wir dann unter Umständen eine andere Bezeichnung finden müssen, existierte. Dabei besteht freilich ein umfassendes und nur scheinbar geringes Problem: **Was meinen wir eigentlich, wenn wir von Verbrechen sprechen?** Der auf den ersten Blick so eindeutige Begriff ist problematisch. Das zeigt schon ein kurzer Blick in den Alltag. Es geht leicht über die Lippen, von einem Menschen zu sagen, er sei ein »Verbrecher«, obwohl wir damit im Einzelfall nicht einmal sagen wollen, er habe ein bestimmtes Strafgesetz übertreten, sondern nur eine Person charakterisieren wollen, die sich sozial verwerflich verhält.

Ausgangspunkt jeder kriminologischen Betrachtung des Verbrechensbegriffes muß notwendigerweise das **Strafrecht** sein, das den Begriff als eigenständigen kennt, auch wenn dies, wie gezeigt werden kann, nicht die einzig mögliche Betrachtungsweise ist. Der strafrechtliche Verbrechensbegriff im deutschen Recht definiert ein Verbrechen (im untechnischen Sinne) als eine tatbestandsmäßige, rechtswidrige, schuldhafte und mit Strafe bedrohte Handlung. Sind diese vier Voraussetzungen für eine menschliche Handlung erfüllt, dann sprechen wir von einer Straftat, einem Vergehen bzw. Verbrechen. Dabei zeigt sich, daß ein Verbrechen immer und nur dann vorliegt, wenn eine Handlung diese Voraussetzungen erfüllt. Auf eine besondere Verwerflichkeit des Tuns in einer bestimmten Situation kommt es nicht an. **Das Verbrechen im juristischen Sinne ist daher immer normativ bestimmt.** Der berühmte (oder berüchtigte) Strich des Gesetzgebers läßt menschliche Handlungen zu Verbrechen werden und Verbrechen zu strafrechtlich toleriertem Tun. Er schafft neue Verbrechen und schafft alte Verbrechen ab: **Was strafrechtlich gesehen als Verbrechen gilt, ist immer der »willkürlichen« Verfügungsgewalt des Gesetzgebers ausgeliefert.** Diese Tatsache darf freilich nicht darüber täuschen, daß auch der Gesetzgeber nicht völlig frei ist bei der Frage der Kriminalisierung oder Entkriminalisierung eines Tuns, daß er sich auch an den herrschenden sozialen Wertungen zu orientieren hat, bevor eine Entscheidung über eine mögliche Strafbarkeit eines Tuns oder Unterlassens getroffen wird. Die Geschichte der Strafrechtsreformen der Bundesrepublik, die seit den fünfziger Jahren in Gang ist, hat an manchen Beispielen sehr deutlich gezeigt, daß sich gelegentlich hergebrachte Strafrechtsnormen nicht mehr durchsetzen lassen (vgl. etwa Verbot der Pornographie), oder neue durch Druck von außen (etwa Wirtschafts- und Umweltkriminalität) geschaffen werden müssen. Damit ist aber der Grundsatz, daß der Gesetzgeber im Prinzip willkürlich Verbrechen definieren kann, nicht schon widerlegt. Zeigt sich also, daß der Gesetzgeber den Verbrechensbegriff selbst gestaltet, so taucht für die Kriminologie das Problem auf, ob sie nicht einen anderen, weniger von den Zeitläuften abhängigen Begriff des Verbrechens suchen sollte, mit dem sich besser arbeiten ließe.

Die Idee eines zeit- und raumunabhängigen Verbrechensbegriffes ist nicht neu. Bereits 1885 hatte *Garofalo* in seinem Buch »Criminologia« versucht, einen »**natürlichen Verbrechensbegriff**« zu schaffen, das von ihm so genannte »crimen naturale«. Die Vorstellung, die dahintersteht, ist auf den ersten Blick bestechend und scheint das Problem des willkürlichen Verbrechensbegriffes zu lösen. Wir finden über weite Strecken der Menschheitsgeschichte Handlungen, die offenbar zu fast allen Zeiten und bei nahezu allen Völkern und Kulturen als »verwerflich«, als Verbrechen, gegolten haben. So werden etwa Taten wie Mord, Raub und Diebstahl über lange Zeiten hinweg als Verbrechen angesehen. Diese Übereinstimmungen in der sozialen Einschätzung der Handlungsweisen versucht nun die Vorstellung eines »crimen naturale« nutzbar zu machen. *Garofalo* stand mit seinen Überlegungen auch in der Tradition der katholischen Theologie, die einen **naturrechtlichen Verbrechensbegriff** vertrat und bei strafbaren Handlungen zu einer Zweiteilung kam, die qualitativ strafbares Tun unterscheiden wollte. **Das Naturrecht kennt einmal »delicta mala per se«, also Verbrechen, die in sich schlecht sind, und »delicta mere prohibita«, Taten, die strafbar sind, nur weil sie verboten sind.** Diese Trennung unterscheidet demnach zwischen sittlich verwerflichen Handlungen und nur (weltlich) verbotenem Tun. Allerdings zeigt eine nähere Betrachtung, daß auch der Begriff des natürlichen Verbrechens nicht voraussetzungslos ist. Den physikalischen Handlungen selbst nämlich kann man nicht ansehen, ob sie »böse« oder nur »verboten« sind. Vielmehr müssen wir zur Trennung der beiden Kategorien auf andere Normen, etwa das Naturrecht, zurückgreifen. Das Naturrecht aber sagt uns eben auch nicht unmittelbar, was gut oder böse ist. Sein Inhalt muß erst erschlossen werden. Damit aber wird im Ergebnis die Problematik nur verlagert. Entnimmt man ursprünglich den Begriff des Verbrechens der Strafrechtsnorm, so entnimmt man ihn nun dem Naturrecht. Dies ist aber erneut eine Norm, die zudem den Nachteil hat, nicht positiv festgelegt zu sein. Nun ließe sich in Anlehnung an *Garofalo* argumentieren, daß wir bestimmte soziale, oder besser: unsoziale Verhaltensweisen kennen, bei denen es eine Grundüberzeugung dahingehend gibt, es handle sich um ursprüngliche Verbrechen, wie etwa die Tötung eines Menschen. Dies ist aber keineswegs so. Die Tatsache etwa, daß man einen Menschen wider seinen Willen Gift beibringt und er deshalb stirbt, sagt über die Qualität dieses Tuns nichts Definitives aus; es kommt auf die Umstände der Tötung und seine Bewertung an. Einen Menschen mit Gift zu töten, kann einmal legal sein (ob auch legitim, ist eine andere Frage), wie es etwa bei der Vollstreckung der Todesstrafe im US-Staat Texas ist, es kann aber auch ein hinterhältiger Giftmord sein. Die Tatsache der Tötung durch Gift als solcher besagt für ihre soziale und rechtliche Bewertung noch nichts. Deshalb ist auch der Versuch, Kriminalität als natürliche soziale Erscheinung in bestimmten Situationen zu erklären, normabhängig und damit einer Wertung unterworfen.

13 Als weiterer Versuch, den Begriff des Verbrechens losgelöst von der strafrechtlichen Begriffsbestimmung zu definieren, kann die Verwendung eines **soziologischen Verbrechensbegriffes** gelten. Einen solchen Versuch unternehmen beispielsweise Vertreter des labeling approach. Ausgangspunkt ihrer Betrachtungsweise ist die Tatsache, daß (nur) bestimmte abweichende Verhaltensweisen als »Verbrechen« definiert werden. Dabei ist es nicht immer so, daß sich die beiden Begriffe »Verbrechen« und »strafrechtliche Bezeichnung« auch decken. Das soziale Unwerturteil über eine Handlung muß nicht mit der Einschätzung durch das Strafrecht einhergehen. Freilich ist es schwierig festzustellen, was man im soziologischen Sinne als Verbrechen verstehen will, weil die Kriterien hierfür nicht eindeutig sind. Die Unterscheidung ist wiederum normativ, das Problem wird also nur verlagert. Scheinbar ist die Ansicht des **labeling approach,** wie sie etwa von *Fritz Sack* vertreten wird, ein Ausweg. Folgt man seiner Argumentation, dann ist nur das Kriminalität, was von den sozialen Instanzen als Kriminalität definiert wird. Damit aber wird nicht mehr auf die Qualität einer Handlung selbst, sondern auf ihre **soziale Bewertung abgestellt.** Diese kann sehr unterschiedlich sein. Folgt man der Argumentation von *Sack,* dann ist der entdeckte und verfolgte Mord ein Verbrechen, der unbemerkte aber keine Kriminalität. Insoweit versagen diese Kategorien soziologischer Verbrechensbestimmung völlig, weil es nicht von der Handlung selbst abhängen soll, ob es sich um Kriminalität handelt, sondern von der Reaktion hierauf. Angesichts dieses Dilemmas ist es nicht verwunderlich, wenn man nach einem funktionalen Begriff der Kriminalität sucht. Kriminalität könnte man auch als eine Handlung verstehen, die dysfunktional für den geordneten sozialen Ablauf in der Gesellschaft ist und deswegen mit Sanktionen belegt wird. Dysfunktionalität läßt sich dabei mit **Sozialschädlichkeit** zutreffend beschreiben. Allerdings entstehen erneut Probleme, weil festzulegen ist, welche Handlungen in einer Gesellschaft sozialschädlich sind, was also konkret als schädlich angesehen wird.

Man kann nun aber nicht sagen, was tatsächlich in einer vorgegebenen Gesellschaft schädlich ist, ohne zuvor die grundlegenden **Wertvorstellungen,** die hier gelten sollen, festgelegt zu haben. Diese **Grundwerte findet man nicht als zeit- und raumunabhängig vor,** sondern sie sind bestimmt durch die jeweiligen kollektiven Wertvorstellungen in der Gesellschaft, sind geschichtlich gewachsen und zum Teil auch durch die Gesellschaftsstruktur geprägt. So etwa kommt der Verletzung des Eigentums nur dann eine zentrale Bedeutung für die Sozialschädlichkeit zu, wenn die Gesellschaft überhaupt Eigentum kennt und schützt. Eine Gesellschaft, die Privateigentum nicht kennt, würde durch den willkürlichen Entzug des »Eigentums« nicht in seiner sachgemäßen Funktion gestört werden können. Es kommt also auch bei dieser Betrachtungsweise auf die soziale Wertung an. Was sozialschädlich ist, findet man nicht vor, ohne werten zu müssen; vielmehr kann erst auf der Grundlage gegebener Wertvorstellungen gesagt werden, was tatsächlich sozialschädlich und deshalb gefährlich ist. Daß es bei diesen Aussagen nicht um theoretische Probleme geht, sondern um reale, mag das folgende Beispiel aus dem Strafrecht zeigen. Generell läßt sich für das Strafrecht sagen, daß nur als sozialschädlich erkannte Taten strafrechtlichen Sanktionen unterliegen sollen. Besonders im Strafrecht der wenigen noch verbliebenen sozialistischen Staaten zeigt sich, daß damit ernst gemacht wird, unabhängig von der Frage, ob generell eine Straftat vorliegt. So bestimmt etwa § 10 des Strafgesetzbuches der Volksrepublik China vom 1. Juli 1979:

»Jede Handlung, die die Staatsmacht und die territoriale Integrität sowie das System der Diktatur des Proletariats gefährdet, die die sozialistische Ordnung beeinträchtigt, die das sozialistische Volkseigentum, das Kollektiveigentum der Werktätigen oder das gesetzlich statthafte Privateigentum eines Bürgers verletzt, oder die in persönliche, demokratische oder andere Rechte eines Bürgers eingreift, sowie jede andere für die Gesellschaft gefährliche Handlung, die vom Gesetz mit Strafe bedroht wird, ist eine Straftat, es sei denn, daß sie sich nach den gegebenen Umständen als geringfügig und ungefährlich erweist.«

Deutlicher könnte nicht gezeigt werden, wie abhängig selbst der Begriff der Sozialschädlichkeit von den jeweiligen Wertvorstellungen und Grundentscheidungen einer Gesellschaft ist.

14 Zieht man das **Fazit** aus den vorstehenden Überlegungen, so zeigt sich, **daß es einen Verbrechensbegriff ohne normative, freilich nicht unbedingt strafrechtliche Wertung, nicht geben kann.** Verbrechen läßt sich nie durch eine Handlung selbst festlegen, sondern bedeutet immer ein normatives Urteil über menschliches Verhalten. Deswegen kann es auch einen »natürlichen« oder kriminologischen Verbrechensbegriff nicht geben.

Damit freilich ist nicht entschieden, welche Konsequenzen dies für den **Gegenstand der Kriminologie** hat. Versteht man mit der wohl herrschenden Meinung als Gegenstand der Kriminologie nicht nur das Verbrechen, sondern alles negativ abweichende Sozialverhalten, dann entsteht kein Problem, denn dann lassen sich mühelos alle sozial auffälligen Verhaltensweisen als legitimer Gegenstand kriminologischer Untersuchungen begreifen. Damit zeigt sich, daß eine enge Beziehung zwischen Definition des Verbrechens und Gegenstand der Kriminologie nicht besteht. Für die Kriminologie ist das Verbrechen also nur Ausgangspunkt, nicht aber auch Ziel der Wissenschaft.

1.3 Geschichte der Kriminologie

Literatur: *Gustav Aschaffenburg/Enrico Ferri*, Das Verbrechen als soziale Erscheinung. Grundzüge der Kriminalsoziologie. Zeitschrift für die gesamte Strafrechtswissenschaft 18 (1897), S. 358 bis 371; *Cesare Beccaria*, Über Verbrechen und Strafen nach der Ausgabe von 1766. Übers. u. hrsg. von *W. Alf,* Frankfurt a. M. 1966; *Piers Beirne,* Origins and growth of criminology: essays on intellectual history 1760-1945, Aldershot 1994; *Elisabeth Bellmann,* Die Internationale Kriminalistische Vereinigung (1889-1993), Frankfurt a. M. 1994; *Gerhard Daniel,* Enrico Ferri (Nachruf). Zeitschrift für die gesamte Strafrechtswissenschaft 50 (1929), S. 475 bis 491; *Karl von Eckartshausen,* Rede von den Quellen der Verbrechen und der Möglichkeit selben vorzubeugen. München 1783 (Neudruck. Mit einer Einführung von *Josef Kürzinger*). Pfaffenweiler 1987; *Dietrich von Engelhardt,* Kriminalität zwischen Krankheit und Abnormität im wissenschaftlichen Denken des 19. Jahrhunderts. In: Festschrift für Heinz Leferenz

1983, S. 261 bis 278; *Karl-Heinz Hering*, Der Weg der Kriminologie zur selbständigen Wissenschaft, Hamburg 1966; *Josef Kürzinger*, Cesare Beccaria. In: *Kurt Faßmann*, Hrsg., Die Großen der Weltgeschichte. Band VI, Zürich 1975, S. 760 bis 771; *ders.*, Cesare Lombroso. In: *Kurt Faßmann*, Hrsg., Die Großen der Weltgeschichte, Band VIII, Zürich 1978, S. 626 bis 635; *ders.*, Johann Gottlieb Münch (1774-1837) und die Anfänge der Kriminalpsychologie in Deutschland. In: Festschrift für Rudolf Schmitt zum 70. Geburtstag, hrsg. von *Klaus Geppert/Joachim Bohnert/Rudolf Rengier*, Tübingen 1992, S. 403 bis 411; *ders.*, Karl von Eckartshausen (1752-1803) und die Anfänge der Kriminalpsychologie in Deutschland. In: Festschrift für Wolf Middendorff zum 70. Geburtstag, hrsg. von *Josef Kürzinger* und *Elmar Müller*, Bielefeld 1986, S. 177 bis 192; *Hans Kurella*, Cesare Lombroso als Mensch und Forscher, Wiesbaden 1910; *Cesare Lombroso*, Der Verbrecher in anthropologischer, ärztlicher und juristischer Beziehung. 3 Bände. Übers. von *M.O. Fraenkel* und *Hans Kurella*, Hamburg 1887 bis 1896; *Hermann Mannheim*, ed., Pioneers in Criminology, London 1960; *Achim Mechler*, Studien zur Geschichte der Kriminalsoziologie, Göttingen 1970; *Wolf Middendorff*, Historische Kriminologie. In: *Hans Joachim Schneider*, Hrsg., Auswirkungen auf die Kriminologie. Delinquenz und Gesellschaft. Die Psychologie des 20. Jahrhunderts. Band XIV, Zürich 1981, S. 165 bis 181; *Gustav Radbruch/Hermann Gwinner*, Geschichte des Verbrechens, Stuttgart 1951; *Leon Radzinowicz*, The roots of the International Association of Criminal Law and their significance, Freiburg i. Br. 1991; *Klaus Rehbein*, Zur Funktion von Strafrecht und Kriminologie im nationalsozialistischen Rechtssystem. Monatsschrift für Kriminologie und Strafrechtsreform 70 (1987), S. 193 bis 210; *Niklaus Schmid*, Der Einfluß von J. C. Lavaters Physiognomik auf die Anfänge der Kriminologie im 19. Jahrhundert. Zeitschrift für Schweizerisches Recht N.F. 103 (1984), S. 465 bis 488; *Reinhard Schütz*, Kriminologie im Dritten Reich. Erscheinungsformen des Faschismus in der Wissenschaft, Jur. Diss., Mainz 1972.

Aus der Tatsache, daß die Kriminologie eine junge Wissenschaft ist, kann **15** nicht gefolgert werden, daß auch ihre Geschichte kurz und leicht überschaubar ist. Dies gilt sicherlich für die Institutionalisierung der Kriminologie, ist aber hinsichtlich der Behandlung der wissenschaftlichen Problematik, die die Kriminologie aufarbeitet, nicht zutreffend. Wenn man die Geschichte der Kriminologie, die immer noch nicht geschrieben ist (vgl. aber *Hering* 1966; *Mechler* 1970), an Daten festmachen will, dann bieten sich zwei äußere Ereignisse an. Einmal das Erscheinen des Buches »**Dei delitte e delle pene**« **1764** von *Cesare Beccaria* und zum anderen das Jahr **1876**, in dem das Buch »**L'uomo delinquente**« von *Cesare Lombroso* erstmals erschienen ist. *Beccarias* Buch leitet endgültig die Entmythologisierung des Verbrechens ein; *Lombrosos* Werk stellt den Beginn einer systematischen empirischen Kriminologie dar. Was folgt, ist die Geschichte der institutionalisierten Kriminologie.

Während andere Wissenschaftsgebiete eine reiche Tradition haben, weil eine große Anzahl der Vertreter sich in diesen Wissenschaften betätigt und zahlreiche Beiträge dazu geleistet haben, ist die Geschichte der kriminologischen Forschung gerade dadurch gekennzeichnet, daß es vor allem herausragende

Einzelpersönlichkeiten, **»Pioniere der Kriminologie«**, wie sie *Herrmann Mannheim* genannt hat, waren, die die wissenschaftliche Entwicklung prägten. Erst im 20. Jahrhundert, in dem die Institutionalisierung der Wissenschaft stark vorangekommen ist, hat sich dies geändert. Kriminologie ist nicht nur die Beschäftigung einiger weniger, sondern wird, wenn auch mit unterschiedlich großem personellen und materiellen Einsatz, nunmehr kollektiv betrieben.

Wenn es richtig ist, daß die Geschichte der Kriminologie mit *Cesare Beccaria* beginnt (*Mergen* 1965), dann sind es vor allem die Beiträge dieses Italieners, die dazu führten, dem Verbrecher den Ruf des Abartigen und Verworfenen zu entziehen und (auch) das soziale Problem des Verbrechens zu sehen. Dies war die Voraussetzung dafür, daß überhaupt ernsthaft eine wissenschaftliche Auseinandersetzung mit diesem Fragenkreis stattfinden konnte.

16 *Cesare Beccaria Bonesana* (1738 bis 1794) stammt aus dem damals österreichischen Mailand. Er studiert Rechtswissenschaft. Das Studium schließt er mit 20 Jahren mit dem juristischen Doktorat ab. Im Jahre 1762 legt er seine erste Schrift, eine staatswissenschaftliche Abhandlung über das Geld, vor. In der Folgezeit beschäftigt sich *Beccaria* vor allem mit philosophischen Fragen. Im Jahre 1763 beginnt er, auf Anraten von Freunden, mit der Abfassung seines Buches »Dei delitti e delle pene«, das er ein Jahr später anonym drucken läßt. Es handelt sich dabei um eine nur gut 100 Seiten starke Schrift, die man durchaus als das bedeutendste Werk der Strafrechtsgeschichte bezeichnen kann. Dabei enthält es nicht einmal originelle Gedanken, sondern faßt lediglich das zusammen, was zuvor an vielen Stellen, vor allem bei französischen Schriftstellern, schon zu lesen war. Neu ist die grundlegende Systematik einer Darstellung des Strafrechts und das überzeugende Engagement für die Sache. Die Forderungen, die *Beccaria* in seinem Buche aufstellt, gelten in seiner Zeit als revolutionär, weil sie bisherigem (strafrechtlichem) Denken und Argumentieren oft zuwiderlaufen. Ausgangspunkt seiner Ideen ist eine Theorie, die stark an ähnliche Gedankengänge des Zeitgenossen *Jean Jacques Rousseau* (1712 bis 1778) erinnert: der Staat sei aufgrund von Verträgen freier Menschen zustandegebracht und habe nur ein Ziel, nämlich das größte Glück für die möglichst größte Anzahl der Menschen zu bewirken. *Beccaria* sieht den Zweck der Strafe weder darin, einen Menschen zu quälen, noch das schon begangene Verbrechen ungeschehen zu machen. Alleiniger Grund der Strafen sei, den Straftäter an weiteren Taten zu hindern und die Mitbürger von Straftaten abzuhalten. Besonders heftig ist die Opposition *Beccarias* gegen die Todesstrafe. Es sei widersinnig, daß Gesetze, die die Tötung eines Menschen bestraften, sie von Staats wegen selber vornehmen. Insgesamt stellt das Buch über weite Strecken Angriffe gegen die damals übliche Strafrechtspflege dar und versucht, Straftäter und Straftat sachlich zu betrachten. Das Werk von *Beccaria* hat tatsächlich die Durchbrechung der Mystifizierung des Verbrechens bewirken können. Kaiserin *Maria Theresia* ließ

1776 unter dem Einfluß der Gedanken von *Beccaria* die Folter abschaffen, Kaiser *Joseph II.* 1778 die Todesstrafe (außer im Standrecht). Mit der neuen Betrachtungsweise war der Weg freigemacht worden für eine unvoreingenommene Betrachtung des Verbrechens und des Verbrechers. Ob man damit freilich den Beginn der wissenschaftlichen Kriminologie verbinden kann, bleibt zweifelhaft, doch hatte die »vernünftigere« Betrachtung des Verbrechens dazu geführt, daß es Gegenstand von Überlegungen für die Verbesserung der Behandlung der Verbrecher und das Thema der Wissenschaft zugänglich gemacht wurde. Bis zur Veröffentlichung des epochemachenden Werkes von *Lombroso* gibt es eine Reihe von Namen, die für die wissenschaftliche kriminologische Auseinandersetzung stehen, wie etwa *John Howard* (1726 bis 1790), *Franz Josef Gall* (1758 bis 1828), *André Michel Guerry* (1802 bis 1866), *Adolphe Quetelet* (1796 bis 1874), *Georg von Mayr* (1841 bis 1925) und *Alexander von Oettingen* (1827 bis 1905), um nur die wichtigsten zu nennen.

In der Kriminologie blieb lange Zeit weitgehend unbeachtet, daß es in der Zeit nach *Beccarias* Buch bis zum Ende des 18. Jahrhunderts in Deutschland wenigstens drei Persönlichkeiten gibt, die sich intensiv in Veröffentlichungen mit kriminologischen Fragen, die sie »kriminalpsychologisch« bezeichneten, auseinandersetzten und damit in gewisser Weise als Vorläufer einer wissenschaftlichen Kriminologie gelten können: *Karl von Eckartshausen* (1752 bis 1803), *Johann Christian Schaumann* (1768 bis 1821) und *Johann Gottlieb Münch* (1774 bis 1837).

Wenn es zulässig ist, in dieser Zeit bereits von den Anfängen einer Kriminalpsychologie in Deutschland zu sprechen, dann sind es diese drei Namen, die dafür angeführt werden müssen. Allen dreien ist gemeinsam, daß sie Monographien zu einer »Kriminalpsychologie« vorgelegt haben. Als erste nachweisbare Schriften gelten *Eckartshausens* »Rede von den Quellen der Verbrechen« (1783), »Ueber die Art, wie man zum Tod verurteilte Uebelthäter, vorzüglich aber verstockte Bösewichter in ihren letzten Stunden behandeln soll« (1787) und »Ueber die Nothwendigkeit physiologischer Kenntnisse bei der Beurtheilung der Verbrechen« (1791). *Schaumanns* »Ideen einer Kriminalpsychologie« erschienen 1792 und *Münchs* »Über den Einfluß der Criminalpsychologie auf ein System des Criminal-Rechts auf menschliche Gesetze und Cultur der Verbrecher« im Jahre 1799.

Karl von Eckartshausen wird am 28. 6. 1752 auf Schloß Heimhausen bei München als uneheliches Kind des verwitweten Grafen Ferdinand Karl von Heimhausen geboren. Nach einer Kindheit in Heimhausen und München, studiert er an der Universität Ingolstadt an der Donau Rechtswissenschaften, Philosophie und Mathematik, bevor er wieder nach München zurückkehrt. Dort übernimmt er nach seiner Ernennung zum Hofrat spätestens 1779 eine Beschäftigung in der Justiz und ist auch mit Kriminalfällen befaßt.

Von Eckartshausen war ein fleißiger Schriftsteller mit breit gefächerten Interessen. Seine Schriften über Verbrecher und Verbrechen nehmen in seinem Gesamtwerk nur einen bescheidenen Platz ein, sind aber für die Geschichte der Kriminologie bedeutsam.

Die kriminalpsychologischen Ausführungen *von Eckartshausens* lassen sich inhaltlich in drei große Bereiche teilen: Entstehung des Verbrechens und einzelne Kategorien der Verbrecher, Prävention der Kriminalität sowie Darlegungen zu einer sinnvollen Kriminalpolitik.

Von Eckartshausen hat ein für seine Zeit beachtliches Problembewußtsein entwickelt. Er ist der Auffassung, von einem Verbrecher könne man im Grunde nicht mehr sagen, als daß es uns scheine, er sei ein Verbrecher. *Von Eckartshausen* verneint die Möglichkeit einer globalen Aussage zum »Verbrecher an sich«: die Verbrecher seien verschieden. Die Kriminalität sei nicht bei jedem Straftäter auf dieselben Ursachen zurückzuführen, sondern individuell begründet. Bei der Analyse der Ursachen, die zum Verbrechen führten, kommt *von Eckartshausen*, modern ausgedrückt, bereits zur Feststellung der Wirksamkeit von Anlage und Umwelt.

Zu den Faktoren, die nach Meinung *von Eckartshausens* eine Rolle bei der Kriminalitätsentstehung spielten, gehören Erziehung, Alter und Stand. »Wenn man sagt: in diesem Lande wird geraubt und gemordet, so untersucht der Physiolog zuerst die Lage und die Gegend des Ortes; man hat Beispiele, daß Menschen, die an Sümpfen und Morästen wohnen, mehr Anlage zur Grausamkeit haben, als andere. Der Physiolog untersucht ferner den Charakter der Thäter, ihre Lebensart, Nahrungsstand, die Art ihres Gewerbes, ihre Erziehung und Bildung. Findet er, daß der Staat auf alle diese Umstände nicht aufmerksam genug war, dem Verbrechen vorzubeugen, so fängt er da zu verbessern an, wo der Grund der wahren Besserung wirklich liegt« (*von Eckartshausen* 1791 [1833], 199).

An einer anderen Stelle (*von Eckartshausen*, 1787, 14) nennt *von Eckartshausen* als äußere Ursachen des Verbrechens die schlechte Erziehung, die großen Mängel des Unterrichts, die Mängel gottesdienstlicher Versammlungen und Religionshandlungen, die Menge böser Menschen und Beispiele, die mit einer besonderen Kraft zur Nachahmung reizten, den Umgang mit den Lasterhaften, die schlechten Gesellschaften, die bösen Schriften und die Verbreitung irreführender Grundsätze.

Der Einfluß *von Eckartshausens* in der Wissenschaft war sehr gering. *Von Eckartshausen* ist in seiner tatsächlichen Bedeutung zweifellos lange Zeit verkannt worden. In der Kriminologie wurde er bald vergessen. Zwar erwähnt ihn der österreichische Kriminologe *Hans Groß* (1847 bis 1915) in seinem Buch »Criminalpsychologie« 1898 kurz; gewürdigt wird *von Eckartshausen* freilich nicht. Es bleibt aber sein Verdienst, lange vor *Lombroso* empirische Befunde zu kriminalpsychologischen Fragen zusammenhängend dargestellt zu haben.

1792 veröffentlichte *Johann Christian Gottlieb Schaumann* (1768 bis 1821), in Halle an der Saale sein Buch »Ideen zu einer Kriminalpsychologie«, ein Werk von 132 Seiten. **19**

Schaumann wird am 8. 2. 1768 in Husum als Sohn eines Rektors einer Lateinschule geboren. Mit 17 Jahren beginnt *Schaumann* seine Studien an der Universität Halle. Dort studiert er neben Mathematik vor allem Philosophie. Im Jahre 1788 erhält *Schaumann* eine ordentliche Lehrerstelle am Pädagogium Halle. 1791 wird er zum Doktor der Philosophie promoviert und beginnt mit Vorlesungen an der Universität Halle. 1794 erfolgt die Berufung zum ordentlichen Professor der theoretischen und praktischen Philosophie an der Universität Gießen. Zugleich nimmt er eine Stelle am dortigen Pädagogium an. Am 13. 2. 1821 stirbt *Schaumann* in Frankfurt am Main.

Zu seinen wichtigsten Veröffentlichungen zählen jene zu Philosophie und Philosophiegeschichte. Daneben finden sich auch Werke zu Rechtslehre und Naturrecht.

Zu Beginn seines Buches über Kriminalpsychologie bemerkt *Schaumann* (*Schaumann* 1792, 6), daß er nur die Ideen einer Kriminalpsychologie, noch nicht diese Wissenschaft selbst bringen wolle. Der Inhalt des Buches ist in Briefen aufgeteilt und wendet sich zumeist an den Kriminalrichter. *Schaumann* beklagt, daß man den jungen Kriminalisten zwar die Verbrechen, nicht aber die Verbrecher kennen lehre. Man solle die kriminalistischen Regeln und Lehren nicht so isoliert, sondern in Beziehung auf den Menschen und menschliche Handlungen auffassen (*Schaumann* 1792, 60f.). Der für die Geschichte der Kriminologie wichtigste Teil des Buches ist eine »Darstellung des Begriffs, Zwecks, Plans etc. der Kriminalpsychologie, zur Einleitung in dieselbe« (*Schaumann* 1792, 87-114), offensichtlich der Versuch, seine später doch nicht niedergelegten Vorstellungen über das Fach zum Teil thesenartig darzustellen. *Schaumann* geht davon aus, daß man vom Gegenstand dieser Wissenschaft nur durch Erfahrung Kenntnis erlangen könne. Kriminalpsychologie sei ein Teil der Psychologie, der sich auf die Natur des Verbrechens beziehe. Zweck der Kriminalpsychologie sei es, eine gründliche und richtige Einsicht in die Natur der Verbrechen zu befördern. Ein weiterer Teil der Kriminalpsychologie müsse mit dem Begriff des Verbrechens anfangen. Es müsse geprüft werden, wie das Verbrechen erzeugt werde, welche verschiedenen Arten es gebe, der Zustand der Seele bei den Verbrechen untersucht, ebenso die Wirkung des Verbrechens auf den Verbrecher, der Einfluß der Verbrechen auf den Charakter des Urhebers, die Reize zu den Verbrechen und Mittel dagegen. Da Erfahrung die Grundlage der Kriminalpsychologie sei, komme alles darauf an, daß die Beobachtungen richtig seien. Die eingesammelten Materialien verarbeite der Kriminalpsychologe nach den Gesetzen, nach welchen eine empirische Wissenschaft zustande gebracht werde.

Auch das Werk von *Schaumann* hatte für Entstehung oder Vorankommen einer wissenschaftlichen Disziplin mit kriminologischer Thematik keine weiteren Auswirkungen.

20 *Johann Gottlieb Münch* (1774 bis 1837) hat mit der 48-seitigen Schrift »Ueber den Einfluß der Criminal-Psychologie auf ein System des Criminal-Rechts, auf menschlichere Gesetze und Cultur der Verbrecher, eine akademische Vorlesung«, erschienen 1799, die kriminalpsychologischen deutschen Werke vor 1800 abgeschlossen.

Münch wird am 9. 12. 1774 in Bayreuth als Sohn eines Justizrats und Regierungsadvokaten geboren. 1792 beginnt er in Jena Theologie, Philosophie, Philologie und Geschichte zu studieren. Nach einem kurzen Aufenthalt in Erlangen erwirbt er 1774 in Jena den Doktor der Philosophie. 1796 erhält er einen Ruf als außerordentlicher Professor der Philosophie an die Universität Altdorf. 1803 wird *Münch* württembergischer Hofprediger in Ellwangen, 1806 Pfarrer in Möhringen auf den Fildern, 1808 bei St. Leonhard in Stuttgart und schließlich 1832 Stadtpfarrer in Tübingen und dort zugleich außerordentlicher Professor für Pastoraltheologie und württembergische Gesetzeskunde an der Universität. Am 30. 7. 1837 stirbt *Münch* in Tübingen.

In einer Vorrede führt *Münch* aus, sein Buch solle weniger eine wissenschaftliche Analyse als vielmehr eine praktische Handreichung für eine Kriminalpsychologie sein. *Münch* definiert als erster auch seinen Gegenstand: »Criminalpsychologie beschäftigt sich nur mit einem Theile der Seelenerscheinungen, durch deren gewissenhafte Sammlung und Vergleichung der Seelenlehre die Gesetze zu bestimmen sucht, nach denen sie erfolgen, um die Menschenlehre, als ein nach Principien geordnetes Ganze der Erkenntniß, aufzustellen; Criminalpsychologie nimmt diejenigen Seelenerscheinungen in Anspruch und sucht den Grund ihrer Entstehung in der moralischen oder physischen Organisation des Handelnden aufzudecken, die das Subjekt, dem sie angehören, zum Uebertreter der Gesetze, zum Verbrecher machen« (*Münch* 1799, 7f.). Der Kriminalpsychologe suche die Gründe des Verbrechens in der unveränderlichen Struktur der menschlichen Seele und in den veränderlichen Bestimmungen, welche sie von außen bestimmten, und in diesen beiden finde er sie gewiß (*Münch* 1799, 11). Die gröbsten Verbrechen würden nicht aus Bosheit, sondern aus roher Unwissenheit begangen. In dem Umstand, daß Verbrecher in ihrer Kindheit nicht unterrichtet und nicht zur Schule angehalten wurden, sei die vorzüglichste Ursache ihrer Verirrungen zu sehen. Einen Faktor für die Entstehung von Kriminalität sieht *Münch* im damaligen Zustand der Zuchthäuser; sie würden Verbrecher schaffen, obwohl sie diese doch bessern sollten (*Münch* 1799, 18, 24).

In einem Anhang (*Münch* 1799, 38-46) teilt *Münch* »aphoristisch vorgetragene Sätze, worauf sich mein Versuch einer Criminal-Psychologie vorzüglich gründen soll« mit. *Münch* spricht sich gegen die Todesstrafe bei Mördern aus (*Münch* 1799, 42). Strafe solle bessern, nicht die Umstehenden, sondern den Sünder. Abschrecken solle die Strafe nur den Verbrecher selbst (*Münch* 1799, 46).

Münch gelingt es nicht, auch nur einigermaßen systematisch ein Fach »Kriminalpsychologie« zu beschreiben oder ihren Inhalt zu bestimmen. Einfluß auf die Entwicklung der Kriminologie im engeren Sinne hat auch das Werk von *Münch* nicht gehabt.

Die eigentliche Geschichte der Kriminologie beginnt nach weitverbreiteter Überzeugung **erst 1876 mit der Veröffentlichung des Buches von** Cesare Lombroso **»L'uomo delinquente«.**

Cesare Lombroso (1835 bis 1909), geboren in Verona, stammt aus patrizischen, aber armen Verhältnissen. Er schließt 1858 sein Medizinstudium ab. Danach läßt er sich in Chirurgie ausbilden und wird als Militärarzt tätig. Ende der fünfziger Jahre des vorigen Jahrhunderts beginnt er, Soldaten systematisch körperlich zu vermessen. 1864 veröffentlicht er »Genie und Wahnsinn«, 1869 und 1870 folgen wissenschaftliche Veröffentlichungen über die Pellagra, einer Vitaminkrankheit, die damals in Norditalien sehr verbreitet war. Bei dieser Untersuchung, die empirischen Charakter hatte, verwendet *Lombroso* erstmals in großem Umfang die Statistik für seine Beweisführung. Das Jahr 1870 bringt für *Lombroso* ein Schlüsselerlebnis, das für seinen weiteren wissenschaftlichen Werdegang von entscheidender Bedeutung ist. Bei der Autopsie eines Straßenräubers entdeckt er eine Schädelanomalie, die bisher bei Menschen nicht bekannt war, wohl aber schon bei Affen gefunden wurde. Damit steht für *Lombroso* fest, daß der Kriminelle ein atavistisches Wesen sei. *Lombroso* fängt nun an, anthropometrisches Material über Verbrecher zu sammeln und gezielt eigene empirische Untersuchungen vorzunehmen. Sein Buch »L'uomo delinquente« entsteht. Ursprünglich nur 252 Seiten stark, wird es immer umfangreicher und erreicht in der 5., der letzten von *Lombroso* selbst bearbeiteten Auflage, einen Umfang von über 1900 Seiten. Während die erste Auflage kaum Interesse findet, erregt die 1878 erschienene Zweitauflage großes Aufsehen, was eigentlich nicht ganz verständlich ist. In seinem Buche sammelt *Lombroso* nämlich eine bunte Fülle einzelner Daten und Ergebnisse aus eigener und vor allem fremder Forschung und versucht, die sehr ungleichen Fakten zu systematisieren und zu integrieren. Den Hauptteil seiner Ausführungen nimmt die **Beschreibung des »geborenen Verbrechers«** ein, ein Ausdruck, den erst sein Schüler *Enrico Ferri* (1856 bis 1929) prägt. Die Theorie vom geborenen Verbrecher findet sehr starke Kritik, vor allem seitens der sogenannten Lyoner Schule, so daß *Lombroso* im Laufe der Zeit seine Aussagen dahingehend einschränkt, daß nur etwa ein Drittel aller Verbrecher geborene Verbrecher seien. Auch versucht *Lombroso* nunmehr, die soziale Komponente des Verbrechens einzubeziehen. Der Veröffentlichung seines ersten Buches folgen weitere umfangreiche Untersuchungen zur Kriminalität. Hundertzwanzig Jahre nach dem Erscheinen von »L'uomo delinquente« ergibt sich zwar die merkwürdige Tatsache, daß sich fast alle Ergebnisse *Lombrosos* inzwischen als falsch oder zeitbedingt erwiesen haben, daß aber die wissenschaftlichen Impulse, die *Lombroso* gab, stark genug waren, ihm einen bleibenden Platz in der Kriminologie zu sichern. Sein Wirken hat nicht nur zur Etablierung der Wissenschaft Kriminologie geführt, sondern auch Strafrecht und Strafrechtspraxis stark beeinflußt. Ein nicht zu übersehender Mangel der Arbeit von *Lombroso* liegt freilich in der Verkennung der Bedeutsamkeit der sozialen Eingebundenheit des Verbrechens. Für ihn bleibt der Verbrecher eine »Naturerscheinung«, jenseits sozialer Zustände und strafrechtlicher Normierungen.

22 Die wissenschaftliche Reaktion auf *Lombrosos* biologische Verbrechenssicht war heftig. Sie findet in der **französischen kriminalsoziologischen Schule (Lyoner Schule)** in *I. Alexander Lacassagne* (1843 bis 1924) und *Gabriel Tarde* (1843 bis 1904) die bekanntesten ihrer zahlreichen vehementen Kritiker. Macht *Lombroso* fast ausschließlich die Anlage des Menschen für seine Verbrechen verantwortlich, so solle nach seinen Kritikern nun fast allein das »Milieu«, also die sozialen Umstände, jemanden zum Verbrecher machen. Freilich sind gelegentlich die Positionen von *Lacassagne* und *Tarde* zu einseitig dargestellt worden. Dies ist sicherlich auch auf die griffigen Sätze beider zurückzuführen, die wie folgt lauten: »Die Gesellschaften haben die Verbrecher, die sie verdienen« *(Lacassagne)* und »alle Welt ist schuldig, nur nicht der Verbrecher« *(Tarde)*. Zumindest *Lacassagne* hat aber immer wieder den Einfluß der Anlage bei der Gestaltung des Lebens eines Kriminellen betont, auch wenn er dem sozialen Faktor für das Verbrechen eine weit wichtigere Bedeutung beimißt als dem individuellen, also der Anlage.

Mit der sog. **Marburger Schule** *Franz von Liszts* (1851 bis 1919) wird 1882 der Versuch unternommen, die Aussagen der kriminalanthropologischen und kriminalsoziologischen Schulen zu versöhnen. Das Konzept einer Kriminalität, die durch **Anlage und Umwelt** bedingt sei, wird formuliert. Damit sind die Gedankengänge einer kriminologischen Ursachenerklärung geschaffen worden, die mit wechselnden Betonungen das weitere kriminologische Denken stark beeinflußt haben und immer noch beeinflussen. Nun sind die Grenzen abgesteckt, zwischen denen sich die kriminologische Argumentation bewegt. *Franz von Liszt* begründet 1888 die Internationale kriminalistische Vereinigung (*Bellmann* 1994; *Radzinowicz* 1991) mit und schafft so für die Etablierung der Kriminologie eine organisatorische Voraussetzung.

23 Es kann hier nicht dem weiteren Verlauf der Institutionalisierung der Kriminologie nachgegangen werden. Nach anfänglichen Versuchen einer auch anthropologischen

Ausrichtung der Kriminologie in den USA, die weltweit führend sind im Fachgebiet, beginnt sich dort fast ausschließlich eine Kriminalsoziologie einzurichten. In Deutschland entsteht eine Kriminologie, die stark beeinflußt ist von juristischen und medizinischen Überlegungen, die während der nationalsozialistischen Herrschaft (1933 bis 1945) zu einer biologischen Form verkümmern, um dann nach 1955 wieder dort fortzufahren, wo ideengeschichtlich *von Liszt* stehengeblieben war, nämlich bei der Anlage-Umwelt-Theorie und des damit bedingten Mehrfaktorenansatzes. Seit Ende der sechziger Jahre zeigt sich dagegen verstärkt eine Ausrichtung auf kriminalsoziologische Betrachtungsweisen. Die Persönlichkeit des Kriminellen wird als Forschungsgegenstand immer mehr aus den Augen verloren. Nur die großangelegten Untersuchungen von *Göppinger* (vgl. *Hans Göppinger*, Der Täter in seinen sozialen Bezügen. Ergebnisse aus der Tübinger Jungtäter-Vergleichsuntersuchung, Berlin usw. 1983; *ders.*, Life style and criminality, Berlin usw. 1987) betonen die Frage der Persönlichkeit für die Verbrechensentstehung. Instanzen der Strafverfolgung rücken später, ebenso wie Fragen der Kriminalprävention und Kriminalprognose, deutlicher ins Blickfeld der Forschung.

1.4 Institutionalisierung der Kriminologie

Literatur: Aufbaustudium Kriminologie. Programm und Studieninformation. Stand: September 1995. Hamburg: Universität Hamburg 1995; *Friedhelm Berckhauer*, Kriminologische Auswahlbibliographie. Kriminologisches Schrifttum aus Deutschland, Österreich und der Schweiz im Spiegel bundesdeutscher Gesamtdarstellungen der Kriminologie aus den 80er Jahren. In: Kriminologische Forschungen in den 80er Jahren. Freiburg 1988, S. 281 bis 343; *Friedhelm Berckhauer*, Kriminologische Institute. In: Kleines Kriminologisches Wörterbuch. 3. Auflage. Heidelberg 1993, S. 324 bis 329; *Wolfgang Deichsel*, Kriminologische Ausbildung. In: Kleines Kriminologisches Wörterbuch. 3. Auflage. Heidelberg 1993, S. 316 bis 324; Deutscher Hochschulverband, Hrsg., Hochschullehrer Verzeichnis. Band 1: Universitäten. 5. Auflage, Bonn 1991; *Konrad Hobe*, Kriminologische Forschung im Bundesministerium der Justiz. In: Kriminologische Forschung in den 80er Jahren. Freiburg i. Br. 1988, S. 215 bis 222; *Jörg-Martin Jehle*, Die Kriminologische Zentralstelle – Programm, Organisation, Projekte. In: Kriminologische Forschung in den 80er Jahren. Freiburg i. Br. 1988, S. 199 bis 214; *Günther Kaiser/Helmut Kury/Hans-Jörg Albrecht*, Hrsg., Kriminologische Forschung in den 80er Jahren. Berichte aus der Bundesrepublik Deutschland, der Deutschen Demokratischen Republik, Österreich und der Schweiz. Freiburg i. Br.: Max-Planck-Institut für ausländisches und internationales Strafrecht 1988; *Günther Kaiser*, Krimonologie in der Bundesrepublik Deutschland in den achtziger Jahren. In: Kriminologische Forschung in den 80er Jahren. Freiburg i. Br. 1988, S. 3 bis 18; *Hans-Jürgen Kerner*, Kriminologische Forschung an den Universitäten. In: Kriminologische Forschung in den 80er Jahren. Freiburg i. Br. 1988, S. 113 bis 138; *Edwin Kube*, Kriminalistisch-kriminologische Forschung im Bundeskriminalamt. In: Kriminologische Forschung in den 80er Jahren. Freiburg i. Br. 1988, S. 249 bis 262; *Helmut Kury/ E. Zimmermann*, Das Kriminologische Forschungsinstitut Niedersachsen (KFN), Hannover 1983; *Josef Kürzinger*, Deutschsprachige kriminologische Literatur 1980 bis 1987. In: Kriminologische Forschung in den 80er Jahren. Freiburg i. Br. 1988, S. 345 bis 449; *Heinz Müller-Dietz*, Hrsg., Dreißig Jahre Südwestdeutsche und Schweizerische Kriminologische Kolloquien. Freiburg i. Br.: Max-Planck-Institut für ausländisches und internationales Strafrecht 1994; *Christian Pfeiffer,* Institutionen und Entscheidungen. Das neue Forschungsprogramm des Kriminologischen Forschungsinstituts Niedersachsen. In: Kriminologische Forschung in den 80er Jahren. Freiburg i. Br. 1988, S. 175 bis 198; *Karl F. Schumann,* Justizforschung. In: Kleines Kriminologisches Wörterbuch. 3. Auflage. Heidelberg 1993, S. 204 bis 210; *Wiebke Steffen,* Kriminologische Forschung an Landeskriminalämtern: Die kriminologische Forschungsgruppe der Bayerischen Polizei. In: Kriminologische Forschung in den 80er Jahren. Freiburg i. Br. 1988, S. 263 bis 280; *Hans Udo Störzer,* »Staatskriminologie« - Subjektive Notizen. In: Festschrift für Heinz Leferenz, 1983, S. 69 bis 90; *ders.,* »State Criminology«: An Old Phenomenon - A New Problem. In: *Edwin Kube/Hans Udo Störzer,* eds., Police Research in the Federal Republic of Germany. Berlin 1991, S. 29 bis 45.

24 Die Institutionalisierung der Kriminologie hat in Deutschland vor allem im Bereich der Universitäten und Hochschulen stattgefunden. An den Universitäten ursprünglich eng mit den juristischen Fakultäten verbunden, haben sich allmählich auch Mediziner, hier vor allem Psychiater und auch Soziologen kriminologisch betätigt. Eine verstärkte Befassung anderer Wissenschaftsgebiete, wie etwa der Psychologie und der Sozialpädagogik mit kriminologischen Themen, ist erst seit etwa dreißig Jahren festzustellen. Obwohl die Beschäftigung mit kriminologischen Fragen im Universitätsbereich damit Tradition hat, war die Resonanz auf die Kriminologie nur verhältnismäßig gering. Die Kriminologie mußte noch in den 60er Jahren um ihre Anerkennung ringen. Unter diesen Umständen erstaunt es nicht, daß sie häufig wenig Beachtung fand. Hier ist freilich inzwischen eine Änderung eingetreten. Hierzu hat auch die Wiedervereinigung Deutschlands 1990 beigetragen, da die Universitäten der DDR ausnahmslos Lehrstühle auch für Kriminologie (gelegentlich verbunden mit Strafrecht) eingerichtet haben. 1991 wies das Hochschullehrer-Verzeichnis (1991, S. 26) insgesamt 74 Wissenschaftler nach, die als Professoren das Fach Kriminologie an deutschen Universitäten vertreten. In dieser Zahl sind freilich auch emeritierte Professoren, außerplanmäßige und Honorarprofessoren enthalten. Das Fach ist auch an Gesamt- und Fachhochschulen vertreten. In Deutschland gibt es derzeit keine Universität, an der nicht Lehrveranstaltungen für Kriminologie durchgeführt werden. Dies hängt freilich vor allem damit zusammen, daß das Fach in jedem Bundesland zum Studienplan für die Juristenausbildung gehört. Allerdings wird Kriminologie gelegentlich von Strafrechtlern »nebenbei« betreut. Auch die Forschung an den Universitäten und Hochschulen hat sich deutlich konsolidiert (vgl. ausführliche Nachweise bei *Berckhauer* 1993, 324ff.). Die personelle und sächliche Ausstattung der einzelnen Forschungseinrichtungen ist allerdings sehr unterschiedlich. In diesem Bereich wird auch heute noch oft, wenn auch zunehmend weniger, kriminologische Forschung teilweise von Doktoranden getragen. Mit Hilfe der Deutschen Forschungsgemeinschaft (DFG) wurde an der Universitätsbibliothek Tübingen eine auch für die Öffentlichkeit benutzbare Spezialbibliothek für Kriminologie eingerichtet.

Im **außeruniversitären Bereich** ist seit Ende der 70er Jahre eine deutlich verstärkte Beschäftigung mit Kriminologie und kriminologischer Thematik zu verzeichnen.

Am **Max-Planck-Institut für ausländisches und internationales Straf-** 25 **recht in Freiburg i. Br.** besteht seit 1970 eine Forschungsgruppe Kriminologie. Die umfangreiche empirische Forschung ist in rund 60 Publikationen dokumentiert. Die bisherigen Forschungsthemen sind sehr weit gefächert, doch zeigt sich, daß dabei die Frage der Verbrechenskontrolle in allen ihren Aspekten eine zentrale Rolle spielt (*Kaiser* 1988, 165ff.).

Seit 1972 besteht beim **Bundeskriminalamt (BKA)** eine kriminologisch-kri- 26 minalistische Forschungsgruppe, deren Aufgaben im BKA-Gesetz festgeschrieben sind. Danach ist sie verpflichtet, die Entwicklung der Kriminalität zu beobachten und kriminalpolizeiliche Analysen und Statistiken zu erstellen. Weiterhin hat diese Forschungsgruppe zur Entwicklung polizeilicher Methoden und Arbeitsweisen in der Verbrechensbekämpfung beizutragen (vgl. *Kube* 1988, 250). 1988 war die kriminologisch-kriminalistische Forschungsgruppe mit rund 80 Mitarbeitern besetzt, wobei freilich ein sehr großer Teil sich mit rein kriminalistischen Fragen beschäftigt. Die Analyse und Prognose der Kriminalitätsentwicklung, phänomenologische Untersuchungen einzelner Kriminalitätsfelder sowie die Analyse polizeilicher Arbeitsweisen bilden das Aufgabengebiet dieser Forschungsgruppe (*Kube* 1988, 252).

Das **Bundesministerium der Justiz (BMJ)** unternimmt seit etwa 1973 in ge- 27 wissem Umfang eigene kriminologische Forschungen in ihrer **Arbeitseinheit »Kriminologie«** und vergibt zudem Forschungsaufträge nach außen (*Hobe* 1988, 215ff.).

1981 hat die Justizministerkonferenz einen Verein **»Kriminologische Zen-** 28 **tralstelle e.V.«** mit Sitz in **Wiesbaden** gegründet; die Zentralstelle hat ihre Arbeit 1986 aufgenommen. Nach seiner Satzung ist es Aufgabe des Vereins, die kriminologische Forschung zu fördern und kriminologische Erkenntnisse für die Forschung, Gesetzgebung und Rechtspflege und Verwaltung zu vermitteln und zu erarbeiten. Zu diesem Zweck soll der Verein vor allem kriminologisch bedeutsame Unterlagen erfassen und auswerten, Methoden der Erfassung, Sammlung und Auswertung kriminologisch bedeutsamer Unterlagen und Daten entwickeln und kriminologische Forschungsvorhaben und Forschungsarbeiten registrieren. Daneben soll der Verein die in der kriminologischen Forschung tätigen Stellen und Personen bei der Koordination von Forschungsvorhaben beraten und in ihrer Forschung unterstützen. Stellen und Personen, die die Probleme der Verbrechensverhütung und Verbrechensbekämpfung einschließlich des Strafvollzuges durch kriminologische Forschung klären wollen, sollen bei der Fassung und Vergabe von Forschungsaufträgen beraten und unterstützt werden. Eigene Forschungen soll der Verein dann durchführen, wenn sie von anderen Forschungseinrichtungen nicht durchgeführt würden. Ordentliche Mitglieder dieses Vereines sind die Bundesrepublik Deutschland und die Länder der Bundesrepublik. Finanziert wird das Unternehmen gemeinsam vom Bund und den Ländern (*Jehle* 1988, 199ff.).

29 1980 wurde in **Hannover** das **Kriminologische Forschungsinstitut Niedersachsen (KFN)** eröffnet. Das Institut wird vom Land Niedersachsen finanziert. Nach seiner Satzung ist es Zweck des Instituts, als selbständige Forschungseinrichtung praxisorientierte kriminologische Forschung zu betreiben und zu fördern. Die empirischen Forschungen des KFN, die interdisziplinär ausgerichtet sind, werden ausschließlich durch Institutsvorstand und Mitarbeiter des Instituts initiiert. Das für das KFN zuständige Wissenschaftsministerium hat keinen unmittelbaren Einfluß auf die Institutsarbeit (*Pfeiffer* 1988, 183). Zu den Forschungsprojekten gehörten bisher solche über regionale Unterschiede der Verfahrens- und Sanktionspraxis, über richterliche Urteilsprozesse und ihre Kontextbedingungen, Begleitforschungen zu Täter-Opfer-Ausgleichsprojekten, Fragen des Geburtenrückgangs und der sozialen Kontrolle von Jugenddelinquenz (*Pfeiffer* 1988, 189ff.).

30 Am Bayerischen Landeskriminalamt **München** wurde 1979 eine »**Kriminologische Forschungsgruppe der Bayerischen Polizei (KFG)**« eingerichtet. Aufgabe dieser Forschungsgruppe ist es, die Kriminalitätsentwicklung, die Entstehung und Entwicklung bestimmter Tätergruppen, die Opferstrukturen und Opferanfälligkeiten, die Beeinflußbarkeit einzelner Delikte und ihrer Täter durch polizeiliche Maßnahmen, Angemessenheit, Bedeutung und Wirksamkeit polizeilicher Mittel und Möglichkeiten bei der Verbrechensbekämpfung und die Beziehungen zwischen Polizei und Bürger zu untersuchen (*Steffen* 1988, 264f.). In den ersten zehn Jahren der Tätigkeit wurden 13 Forschungsprojekte durchgeführt.

31 Die verstärkte Forschungstätigkeit staatlicher Stellen außerhalb des Universitätsbereiches wird teilweise mit Argwohn betrachtet. Dabei wird dieser kriminologischen Forschungsorganisierung - gelegentlich abwertend gemeint - das Etikett »**Staatskriminologie**« gegeben und ihr offen deutliches Mißtrauen entgegengebracht. Man befürchtet, die so finanzierte und betriebene Forschung werde durch die Tatsache ihrer unmittelbaren staatlichen Förderung, thematischen Vorgaben und auch staatlicher Kontrolle korrumpiert. Dies führe dazu, daß im Ergebnis nicht genehme Fragestellungen vermieden würden und Forschungsergebnisse tendenziös interpretiert werden könnten. Diese Befürchtungen, die nicht von vornherein als unbegründet abgetan werden können, haben sich bisher aber nicht beweisbar verwirklicht. Die Gefahr einer Verzerrung wissenschaftlicher Tätigkeit durch nur teilweises Wahrnehmen der Wirklichkeit ist nicht allein bei staatlicher Trä-

gerschaft der kriminologischen Forschung gegeben, sondern stellt ein allgemeines methodisches Problem wissenschaftlicher Forschung und der Integrität der beteiligten Forscher dar (vgl. dazu die Darlegungen von *Störzer* 1991, 29ff.).

Die Zahl der **kriminologischen Publikationen** hat in Deutschland immer mehr zugenommen. Ein Nachweis der deutschen (und auch ausländischen) Literatur bis Anfang der 80er Jahre findet sich etwa bei *vom Ende* (1981). Für die Zeit von 1980 bis 1987 enthalten die Auswahlbibliographien von *Berckhauer* (1988) und *Kürzinger* (1988) zahlreiche Nachweise. Die Kriminologische Zentralstelle Wiesbaden gibt seit 1990 (erstes Erfassungsjahr) einen »Referatedienst Kriminologie« heraus. Daneben veröffentlicht das Bundeskriminalamt umfangreiche themenbezogene kriminologische Bibliographien.

32

Ein beachtlicher Teil der monographischen Schriften wird in wissenschaftlichen kriminologischen Reihen publiziert. Daneben bestehen Fachzeitschriften wie die »Monatsschrift für Kriminologie und Strafrechtsreform«, das »Kriminologische Journal«, das »Archiv für Kriminologie« (dieses mit vor allem kriminalistischen Themen) und die »Kriminalistik«, die sich entweder ausschließlich oder doch sehr intensiv mit kriminologischen Fragen befassen. Auch in Polizeizeitschriften werden kriminologische Themen abgehandelt. Besondere Beachtung verdient, daß im letzten Jahrzehnt eine Reihe von Lehrbüchern der Kriminologie neu oder in neuer Auflage erschienen sind. In der Bundesrepublik Deutschland bestehen mehrere Vereinigungen und Gesellschaften, die sich mit kriminologischen Fragen auseinandersetzen, wie etwa die Neue Kriminologische Gesellschaft, die aus der Gesellschaft für die Gesamte Kriminologie und der Deutschen Kriminologischen Gesellschaft entstanden ist, der Arbeitskreis Junger Kriminologen (Herausgeber des Kriminologischen Journals), die Gesellschaft für Vorbeugende Verbrechensbekämpfung und die Deutsche Vereinigung für Jugendgerichte und Jugendgerichtshilfe (*Berckhauer* 1993, 327). In der Justizausbildung besteht für die erste juristische Staatsprüfung in fast allen Bundesländern eine Wahlfachgruppe »Kriminologie, Jugendstrafrecht, Strafvollzug«. Zum Teil besteht die Möglichkeit, Kriminologie als Wahlfach bei der Diplomprüfung in Psychologie und Soziologie zu wählen. Ein **kriminologisches Regelstudium**, das mit einem akademischen Grad abgeschlossen wird, gibt es derzeit nur an der **Universität Hamburg**. Es handelt sich dabei um ein zweijähriges Aufbaustudium mit dem Abschluß »Diplom-Kriminologe/Kriminologin«. Dieses Studium steht zudem als berufsbegleitendes Kontaktstudium auch Praktikern offen (Näheres in Aufbaustudium Kriminologie 1995).

Zweiter Abschnitt

2. Methoden der Kriminologie

2.1 Erkenntnis und Erkenntnisgewinn in der Kriminologie

Literatur: *Wilfried Ahlborn*, Methodische Probleme kriminologischer Forschung. In: *Helmut Kury*, Hrsg., Perspektiven und Probleme kriminologischer Forschung, Köln usw. 1981, S. 224 bis 237; *David Z. Albert/David Bohms*, Quantentheorie. In: Spektrum der Wissenschaft, Heft 7/1994, S. 70 bis 77; *Hans Albert*, Kritik der reinen Erkenntnistheorie, Tübingen 1987; *Lothar Arendes*, Gibt die Physik Wissen über die Natur? Das Realismusproblem in der Quantenmechanik. Würzburg 1992; *Peter Atteslander*, Methoden der empirischen Sozialforschung, 7. Auflage, Berlin 1993; *Eberhard Bauer/Walter von Lucadou*, Parapsychologische Forschung und wissenschaftliche Methode. Zeitschrift für Parapsychologie und Grenzgebiete der Psychologie 22 (1980), S. 56 bis 70; *Michael Bock*, Kriminologie als selbständige Erfahrungswissenschaft. Eine Auseinandersetzung mit Nomologismus und Subjektivismus in der sozialwissenschaftlichen Methodologie. Forensia 4 (1984), S. 147 bis 159; *Hans Peter Duerr*, Können Hexen fliegen? Zeitschrift für Parapsychologie und Grenzgebiete der Psychologie 20 (1978), S. 75 bis 91; *Hans Peter Duerr*, Hrsg., Der Wissenschaftler und das Irrationale. 2 Bände, Frankfurt a. M. 1981; *Ulrich Eisenberg*, Kriminologie, 4. Auflage, Köln usw. 1995; *Jürgen Friedrichs*, Methoden der empirischen Sozialforschung, 14. Auflage, Opladen 1990; *Gottfried Gabriel*, Grundprobleme der Erkenntnistheorie, Paderborn 1993; *Hans Göppinger*, Kriminologie, 4. Auflage, München 1980; *Stephen W. Hawking*, Einsteins Traum. Expeditionen an die Grenzen der Raumzeit. Hamburg 1993; *Heinz-Dieter Heckmann*, Was ist Wahrheit? Eine systematisch-kritische Untersuchung philosophischer Wahrheitsmodelle. Heidelberg 1981; *Günther Kaiser*, Kriminologie. Ein Lehrbuch. 2. Auflage, Heidelberg usw. 1988; *Jürgen Kriz*, Wissenschafts- und Erkenntnistheorie. 2. Auflage, Opladen 1990; *Helmut Kromrey*, Empirische Sozialforschung. Modelle und Methoden der Datenerhebung und Datenauswertung, 6. Auflage, Opladen 1994; *Helmut Kury*, Hrsg., Perspektiven und Probleme kriminologischer Forschung, Köln usw. 1981; *Karl R. Popper*, Die beiden Grundprobleme der Erkenntnistheorie, 2. Auflage, Tübingen 1994; *Hans Poser*, Hrsg., Wandel des Vernunftsbegriffs, Frankfurt a. M. usw. 1981; *Nicholas Rescher*, Rationalität: eine philosophische Untersuchung über das Wesen und die Rechtfertigung von Vernunft, Würzburg 1993; *Hermann Schmitz*, Neue Grundlagen der Erkenntnistheorie, Bonn 1994; *Heinz Schöch*, Forschungsmethoden. In: *Günther Kaiser/Heinz Schöch*, Kriminologie, Jugendstrafrecht, Strafvollzug, 4. Auflage, München 1994, S. 20 bis 32; *Elisabeth Ströber*, Einführung in die Wissenschaftstheorie, 4. Auflage, Darmstadt 1992; *Paul Watzlawick*, Hrsg., Die erfundene Wirklichkeit. Wie wissen wir, was wir zu wissen glauben? Beiträge zum Konstruktivismus, 4. Auflage, München usw. 1984; *ders.*, Wie wirklich ist die Wirklichkeit?, 22. Auflage, München 1994; *Wolf Wimmer*, Okkultismus und Rechtsordnung. Archiv für Kriminologie 164 (1979), S. 1 bis 16.

33 Die Frage danach, ob es eine objektive Wirklichkeit und damit Wahrheit gibt und ob wir sie erkennen können, ist eine zentrale Frage in der abendländischen Philosophie. Diese Frage ist erfahrungswissenschaftlich trotz der zahlreich dazu unternommenen Versuche nicht befriedigend zu lösen, da **Erkenntnis immer subjektabhängig** ist und deshalb keine Aussage intersubjektiv, also »objektiv«, gemacht werden kann und damit empirisch nachprüfbar ist. Die empirische Wissenschaft muß jedenfalls davon ausgehen, daß es objektive Wirklichkeit und auch objektive Erkenntnis gibt. Diesen »ontologischen Realismus« beschreibt etwa *Arendes* (1992, 2) wie folgt: »Unabhängig vom erkennenden Subjekt existiert eine Welt und alle ihre Eigenschaften sind von Bewußtsein und Wahrnehmung unabhängig. Diese Welt ist nichts Geistiges und sie ist raumzeitlicher Natur.« Als stärkste Form des erkenntnistheoretischen Realismus betrachtet *Arendes* (1992, 3) folgenden Standpunkt: »Alle Bereiche der Welt des ontologischen Realisten sind prinzipiell vollständig erkennbar, wie sie unabhängig vom Erkenntnisakt sind.« **Empirische Wissenschaft ist nur sinnvoll zu betreiben, wenn die zumindest teilweise Richtigkeit des ontologischen und erkenntnistheoretischen Realismus' unterstellt wird.** Wir müssen also annehmen, daß es Wirklichkeit gibt und wir sie (wenigstens bruchstückhaft) auch erkennen können. Es ist weder möglich noch sinnvoll, hier die unterschiedlichen Theorien zu Wahrheit und Wirklichkeit darzustellen, zumal sie – leider – in der kriminologischen Forschungspraxis bisher unbeachtet bleiben.

Allerdings müssen einige kurze Bemerkungen dazu angebracht werden, um insbesondere in den Sozialwissenschaften (wie der Kriminologie) Mißverständnisse zu vermeiden. **Das Bekenntnis zur Existenz einer objektiven Wirklichkeit besagt grundsätzlich, daß sich Aussagen über Sachverhalte machen lassen, die wahr und widerspruchsfrei zugleich sind.**

Dies ist keine Selbstverständlichkeit, wenn man etwa die Darlegungen der modernen theoretischen Physik zur Quantenmechanik heranzieht, die besonders mit dem Beispiel von »*Schrödingers* Katze« erläutert werden können. Dieses Beispiel stammt von dem österreichischen Physiker und Nobelpreisträger *Erwin Schrödinger* (1878 bis 1961) und besagt (in einer Version) folgendes. Wenn man eine Katze zusammen mit einem Giftfläschchen und einer schwach radioaktiven Substanz in einen fensterlosen Kasten sperrt, besteht die gewisse Wahrscheinlichkeit, daß durch den radioaktiven Zerfall über einen Mechanismus das Gift freigesetzt wird, das dann die Katze tötet. Wenn der Beobachter den Kasten öffnet, findet er die Katze entweder lebend oder tot vor. Die Aussagen der Quantenmechanik besagen nun, daß die unbeobachtete Katze bei geschlossenem Kasten in einem Zwischenzustand zwischen Leben und Tod verharrt (*Albert* 1994, 71); in anderen Darstellungen wird anstelle des Giftes die Verwendung von Schrotkugeln angeführt, woraus sich etwa die unten zitierte Bemerkung von *Hawking* erklärt. Die Quintessenz dieses Beispiels läßt sich so zusammenfassen: »Wenn man die Kiste öffnet, ist die Katze entweder tot oder lebendig, aber bevor die Kiste geöffnet wird, ist der Quantenzustand der Katze eine Mischung aus dem

Zustand »tote Katze« und dem Zustand »lebendige Katze« (*Hawking* 1993, 59). Dieses Beispiel hat, wie der wohl berühmteste lebende Physiker, *Stephen W. Hawking* (geboren 1942), schreibt, bei vielen Wissenschaftsphilosophen Widerspruch gefunden. Und dies, muß man hinzufügen, mit Recht, denn offensichtlich ist dieses Beispiel nicht geeignet, eine zutreffende Aussage über die Wirklichkeit zu machen, unabhängig von der Frage, ob es die Aussagen der Quantenmechanik richtig wiedergibt. Wenn es Wirklichkeit (und damit Wahrheit) überhaupt gibt, dann jedenfalls ist diese Wirklichkeit so zu verstehen, daß sie kontradiktorische Aussagen über denselben Gegenstand nicht zuläßt. Wenn »tot« und »lebendig« zwei Begriffe zur Beschreibung des Zustandes eines Wesens sind, die einander ausschließen, und wenn es zudem für dieses Wesen den Zustand »tot« und »lebendig« auch gibt, dann ist es ausgeschlossen, daß dieses Wesen zugleich tot und lebendig ist. Dies ist nicht deswegen so, weil sich beide Aussagen logisch ausschließen – Logik ist nur ein Erkenntnisverfahren und keine Kategorie zur Beschreibung von Wirklichkeit –, sondern weil der Begriff der Wirklichkeit so definiert ist, daß er nicht mit einem beliebigen materiellen Inhalt ausgefüllt werden kann. Die Lösung, die *Hawking* anbietet, überzeugt deshalb auch nicht. *Hawking* schreibt: »... Ihre Schwierigkeit kommt daher, daß sie sich implizit an einem klassischen Wirklichkeitsbegriff orientieren, in dem ein Objekt nur eine einzige bestimmte Geschichte hat. Die Besonderheit der Quantenmechanik liegt darin, daß sie ein anderes Bild von der Wirklichkeit vermittelt. Danach hat ein Objekt nicht nur eine einzige Geschichte, sondern alle Geschichten, die möglich sind... Im Falle von *Schrödingers* Katze werden zwei Geschichten verstärkt. In der einen wird die Katze erschossen, während sie in der anderen am Leben bleibt. In der Quantentheorie können beide Möglichkeiten nebeneinander existieren. Doch einige Philosophen können sich mit dieser Situation nicht abfinden, weil sie stillschweigend voraussetzen, die Katze könne nur eine Geschichte haben« (*Hawking* 1993, 60). Diese Schlußfolgerung *Hawkings* basiert offensichtlich auf der richtigen Einsicht, daß das, was wir in der Wissenschaft für wirklich halten, von unserer jeweiligen Theorie über den Gegenstand abhängig ist, an der wir uns orientieren (*Hawking* 1993, 58). »Ohne Theorie können wir nicht erkennen, was am Universum real ist« (*Hawking* 1993, 58). Die letzte Aussage ist sicherlich zutreffend, beschreibt aber nicht den Begriff der Wirklichkeit, sondern den der Möglichkeit der Erkenntnis der Wirklichkeit. Der Trugschluß in *Hawkings* Argumentation liegt darin, daß sie Wirklichkeit mit deren Erkenntnis gleichsetzt. Es ist schon deswegen nicht zulässig, da die Wirklichkeit auch ohne menschliche Erkenntnis hierüber existiert. Niemand wußte vor der Entdeckung des Elements Laurentium im Jahre 1961, daß es dieses Element gibt; seine reale Existenz ist davon aber ersichtlich nicht berührt worden.

34 Eine andere Problematik betrifft den Umstand, wie sich die **Wirklichkeit** für individuelle Personen darstellt, eine Frage, die vor allem in den Sozialwissenschaften eine Rolle spielt und hauptsächlich unter dem **Begriff des Konstruktivismus** *(Watzlawick)* diskutiert wird. Da es, wie dargelegt, eine subjekt-unabhängige Erkenntnis der Wirklichkeit nicht gibt und damit erlebte Wirklichkeit immer nur eine Interpretation der »objektiven« Wirklichkeit ist, wird diese Wirklichkeit nicht auch identisch wahrgenommen. **Wirklichkeit oder Realität ist damit ein Konstrukt des einzelnen Subjektes.**

Am Anfang jeder empirischen wissenschaftlichen Tätigkeit steht das zu lösende Problem. Wir wollen Antworten auf Fragen danach finden, wie etwas beschaffen ist und warum etwas so beschaffen ist. Mit diesen Fragestellungen haben wir im Bereich der Kriminologie die beiden Hauptgebiete ihrer Erkenntnisversuche angesprochen: Kriminalphänomenologie und Kriminalätiologie. Bereits oben wurde definiert, was Kriminologie will. Etwas vereinfacht könnte dies so beschrieben werden: wie sieht Kriminalität aus und wie entsteht Kriminalität? Diese Fragestellungen lassen sich auch auf die anderen Gegenstandsbereiche der Kriminologie anwenden. Wir werden bei der Problematik, welche Schritte wir dabei unternehmen müssen, darauf zu achten haben, welche der beiden Problemstellungen wir vor uns haben, denn offensichtlich muß der Weg, der zu Erkenntnissen führt, darauf abstellen. **Wissenschaftliche Forschung läßt sich nicht ziellos betreiben.** Immer ist zuerst ein konkretes Ziel festzulegen und dann zu fragen, wie dieses Ziel erreicht werden kann.

Wenn am Anfang jeder wissenschaftlichen Tätigkeit eine Frage steht, dann gilt auch, daß bei Untersuchungen am Anfang festgelegt werden muß, wonach gesucht werden soll, was also zu untersuchen ist. Man muß die zu beantwortende Frage zuerst formulieren und dann versuchen, mit den zur Verfügung stehenden Instrumenten (Methoden) sie so genau wie möglich zu beantworten. Wir nennen eine solche wissenschaftliche Frage eine Hypothese. **Hypothesen sind wissenschaftliche Annahmen, deren Wirklichkeitsgehalt durch wissenschaftliche Methoden untersucht werden soll.** Dabei wird in der Form diese Fragestellung als (zu prüfende) Behauptung formuliert. Wenn ich also etwa untersuchen möchte, ob der schulische Mißerfolg einen Einfluß auf eine spätere kriminelle Karriere eines Menschen hat, dann wähle ich die Formulierung einer entsprechenden Hypothese so, daß ich die Richtigkeit dieses Satzes entweder bestätigen oder verwerfen kann. Eine entsprechende Hypothese könnte also etwa so aussehen: »Alle Menschen, die schulische Schwierigkeiten haben, werden im Lebensverlauf kriminell.« Dieser Satz kann nun mit den zur Verfügung stehenden Methoden untersucht werden.

Eine Sammlung einzelner miteinander verbundenen **Hypothesen** wird **Theorie** genannt. Wir finden in der Kriminologie sowohl Hypothesen als auch Theorien, letztere besonders zur Erklärung der Entstehung der Kriminalität. Es ist nicht zu übersehen, daß für einige Bereiche der kriminologischen Analysen dieser streng methodische Gesichtspunkt außer acht gelassen wird, da wir im Bereich der Kriminalphänomenologie etwa häufig in der Praxis nicht mit Hypothesen und deren Überprüfung arbeiten, sondern mit einer hypothesen- oder theorielosen Sammlung und Auswertung von Daten zufrieden sind. Man kann diese Art des Erkenntnisgewinns, die meist dazu dient, festzustellen, »wie etwas aussieht«, nicht von vornherein als unwissenschaftlich bezeichnen, obwohl ihr Wert sicherlich beschränkt ist. Mag es also in der Kriminalphänomenologie angehen, sozusagen »ungeordnet« alles über das Verbrechen zu sammeln und auszuwerten, so ist es zweifellos methodisch ein Kunstfehler, ein solches Verfahren auch in der Kriminalätiologie anzuwenden. Die Schlußfolgerungen, die aus so gewonnenen Daten abgeleitet werden, sind hinsichtlich ihres Wirklichkeitsgehaltes schwer zu gewichten. **Es ist freilich ein Irrtum zu glauben, daß ein Verzicht auf ausdrücklich formulierte Hypothesen auch schon heißen müßte, es stünde dahinter keine theoretische Annahme.** Inhaltlich müßte ein solcher Vorwurf vor allem die Arbeiten des Mehrfaktorenansatzes *(Glueck/Glueck)* treffen, die keine überprüfbare Theorie oder wenigstens Hypothesen zur Entstehung der Kriminalität formulieren. Doch wird hier keineswegs ohne theoretische Grundannahmen geforscht. Denn allein schon in der Auswahl der zu erhebenden Daten liegt eine theoretische Festlegung, auch wenn sie nur dahin gehen mag zu unterstellen, bestimmte Faktoren hätten überhaupt einen inhaltlichen Bezug zur Fragestellung. Man kann dies etwa dadurch deutlich machen, daß man fragt, warum in Mehrfaktoren-Untersuchungen bestimmte Daten nicht erhoben werden. Warum fragt man, wenn man wirklich theorielos vorgehen wollte, wie manche dieser Wissenschaftler glauben, nicht etwa danach, welches Körpergewicht ein Krimineller hat, ob zur Tatzeit Vollmond war oder ob der Straftäter bei der Tat blaue Kleidung trug und was sich an derlei »unsinnigen« Fragen mehr vorstellen lassen? Schon daß uns solche Fragen »unsinnig« erscheinen, zeigt, daß auch nach unserer eigenen Einschätzung solcher Fragestellungen sich dahinter bestimmte Vorstellungen von Kriminalität und ihrer Entstehung verbergen. Zuzugeben ist allerdings, daß die Ergebnisse eines Forschungsvorhabens um so besser beurteilt werden können, je exakter deren Fragestellung ist. Nur ist es nicht so, daß man theorielose Forschung betreiben könnte; man kann allenfalls Forschung auf sehr niedrigem theoretischem Niveau betreiben. Für den kriminologischen Fortschritt ist es aber zweifellos erforderlich, möglichst klar formulierte theoretische Aussagen zu überprüfen.

38 Bevor wir den Weg dazu beschreiben, müssen wir uns grundsätzlich darüber klar werden, **was wir empirisch erforschen können.** Dies hängt davon ab, was empirische Fragen sind und welche Methoden uns zur Verfügung stehen. **Es gibt ersichtlich eine untrennbare Verbindung zwischen Fragestellung und Methode.** Wir können mit unseren empirischen Methoden nur empirische Fragen beantworten. Dies scheint auf den ersten Blick sogar tautologisch zu sein, ist es aber nicht wirklich. Wir haben zuvor »empirisch« mit »erfahrungswissenschaftlich« beschrieben. Es fragt sich daher, ob es andere Fragemöglichkeiten und andere Methoden als die empirischen zur Erfassung von Wirklichkeit gibt. Unserem Zeitalter ist weitgehend das Gespür dafür abhanden gekommen, **daß unser rationales Weltbild nur beschränkt in der Lage ist, alle Phänomene zu ordnen und zu erklären.**

Wenn gesagt wurde, es seien in der Kriminologie nur empirische Methoden zu verwenden, dann ist gleichzeitig damit behauptet, daß es auch andere gibt. Dies ist in der Tat so. Wir brauchen dazu nur einen Blick in die Parapsychologie oder andere Grenzwissenschaften zu werfen. Dort entsteht das Problem der nichtempirischen Methoden. Wir nennen diese nichtempirisch, weil sie nicht den Anforderungen an empirische Methoden genügen. Das freilich hat mit dem Untersuchungsgegenstand selbst zu tun. Wie etwa, um ein Beispiel zu nennen, sollte man das Phänomen der Präkognition, des Vorauswissens, mit den üblichen Methoden untersuchen? Wir kennen Erzählungen, daß Leute »im Traum« oder auf sonstige Weise ein bestimmtes Ereignis »vorausgesehen« haben, das dann auch wirklich eingetroffen ist. Ob es ein Phänomen »Hellsehen« gibt, kann mit empirischen Methoden nicht überprüft werden. Denn allein die Tatsache, daß sich ein »vorausgesehenes« Ereignis wirklich ereignet, ist kein Beweis dafür, daß dieses »Vorauswissen« nicht Zufall ist. Der Hauptgrund liegt in der Tatsache, daß sich für Einzelereignisse keine Wahrscheinlichkeiten ihres Eintretens angeben lassen und daß unsere Beweise bei solchen Untersuchungen immer statistisch geführt werden. Würde ich voraussagen, daß an einem bestimmten Tag der Kölner Dom brenne und würde er an diesem Tag auch tatsächlich brennen, so wäre dies keineswegs der Beweis dafür, daß ich hellseherische Fähigkeiten habe, weil nicht gesagt werden kann, wie oft der Kölner Dom im Laufe der Zeit tatsächlich in Brand gerät. Alle Aussagen über ein überzufälliges Eintreffen von Ereignissen basieren auf der Tatsache, daß man weiß, wie wahrscheinlich der Eintritt eines solchen Ereignisses ist. Wenn man mit einem Würfel hundertmal hintereinander eine »Sechs« würfelt, kann man sagen, wie (un)wahrscheinlich diese ununterbrochene Sechserfolge ist und daraus auf die Funktionsfähigkeit des Würfels - jedenfalls annäherungsweise - schließen. Bei Einzelereignissen, wie zumeist bei den sogenannten parapsychologischen Phänomenen, gibt es einen solchen Bezugspunkt nicht. Es ist also daran festzuhalten, daß wir in der Kriminologie uns nur der empirischen Methoden bedienen und auch nur empirisch erfahrbare Gegenstände untersuchen können. Ungeklärt bleibt damit allerdings die Frage, mit welchen Methoden man parapsychologische Phänomene untersuchen soll.

Ausgangspunkt unserer Untersuchungen ist also eine wissenschaftliche Hypothese oder ein Bündel von Hypothesen, eine Theorie. **Wie wir zu unserer**

Hypothese gelangen, ist für deren Qualität gleichgültig. Im Forschungsprozeß entstehen freilich Hypothesen nicht durch plötzliche Eingebungen, sondern sind das Resultat bisheriger Erkenntnisse, Erfahrungen und von theoretischen Überlegungen. Für die Qualität der Hypothesen spielt es freilich keine Rolle, wie sie entstanden sind. Deren Gütekriterien sind andere. Im allgemeinen stellt man in den Sozialwissenschaften fünf **Kriterien** auf, um die **wissenschaftliche Qualität einer Hypothese** zu bestimmen. Diese Kriterien sagen aber nur etwas über die Güte der Hypothese als solcher aus, nichts aber darüber, ob die inhaltlichen Formulierungen richtig sind. Dies soll erst im Forschungsprozeß selbst überprüft werden.

40 Im einzelnen handelt es sich dabei um folgende Gütekriterien. Eine Hypothese muß in sich widerspruchsfrei sein, d. h. die in ihr formulierten Aussagen dürfen sich nicht selbst widersprechen. Man kann das mit einem unsinnig klingenden Beispiel verdeutlichen. Die Hypothese »Alle Krokodile haben zwei Flügel« ist eine solche widersprüchliche Aussage, denn Krokodile haben überhaupt keine Flügel, sie können folglich auch nicht zwei Flügel haben. Freilich ist es nachteilig, daß wir nicht immer so einfache Sachverhalte vor uns haben, die uns schon auf den ersten Blick zeigen, daß die Aussage in sich widersprüchlich ist. Widersprüchlichkeit ist nämlich kein formelles, sondern ein materielles Problem. Eine solche Wertung der Widersprüchlichkeit einer Aussage läßt sich nur vornehmen, wenn ein bestimmtes Wissen über den betroffenen Gegenstand schon vorhanden ist. Wir müßten also etwa bei der Frage nach den Ursachen des Verbrechens schon am Beginn des Forschungsprozesses wissen, ob ein Widerspruch zwischen zwei formulierten Aussagen besteht. Dies ist aber nur dann möglich, wenn wir über die hier einschlägigen Zusammenhänge bereits Kenntnisse haben.

Eine Hypothese muß, um überprüfbar zu sein, auch einen Inhalt haben. Was die Hypothese inhaltlich aussagen soll, muß so formuliert sein, daß es möglich ist, die darin aufgestellte Behauptung auch zu widerlegen. Als Beispiel für ein Fehlen eines Inhaltes findet man in der Literatur häufig das Sprichwort »Kräht der Gockel auf dem Mist, ändert sich das Wetter oder es bleibt wie es ist« angeführt. Diese Aussage bedarf scheinbar keiner empirischen Überprüfung, denn in ihr wird angeblich behauptet, daß unabhängig vom Verhalten des Hahnes sich immer das Wetter ändere oder gleichbleibe. Mit anderen Worten: das Verhalten des Hahnes hat keinen Einfluß auf das Wetter. Da dies vermeintlich schon die Hypothese aussagt, bedarf sie keiner empirischen Untersuchung mehr. Allerdings ist dieses Beispiel nicht so unproblematisch zur Illustration des Gemeinten, wie es offenkundig vielen scheint. Denn inhaltlich läßt sich diese Hypothese durchaus auch so verstehen, daß eine überprüfbare materielle Aussage enthalten ist. Denn die Hypothese besagt, daß sich beim Krähen des Hahnes auf dem Mist, das Wetter ändert oder so bleibt, wie es ist. Demnach kann das Krähen des Hahnes zwei unterschiedliche Phänomene hervorrufen: eine Wetteränderung oder ein

Gleichbleiben des Wetters. Da dieses tatsächlich Alternativen sind, enthält die Aussage auch einen Inhalt und ist damit überprüfbar. Denn stellte sich heraus, daß nach dem Krähen des Hahnes das Wetter immer nur gleich bleibt, wäre die Hypothese zum einen untersucht und zum anderen sogar als unzutreffend zurückzuweisen. In der Kriminologie haben wir es bei der Klärung des komplexen Zusammenhanges zwischen sozialen Faktoren und der Kriminalität in aller Regel nicht mit so einfachen Sachaussagen zu tun. Dies wiederum bedeutet, daß es gar nicht einfach ist (bei mangelndem Vorwissen) festzustellen, ob in einer Hypothese eine überprüfbare Sachaussage gemacht oder nur eine inhaltslose Feststellung formuliert ist.

Hypothesen müssen in logischer Form allgemeine Aussagen treffen: sie dürfen weder zeitlich noch örtlich begrenzt sein, müssen also Gesetzmäßigkeiten erfassen. Diese Forderung wird in der Kriminologie nicht immer streng eingehalten. Unzulässig wäre danach etwa eine Hypothese, die wie folgt lautet:

»Die Kriminalität des Jahres 1994 in Deutschland ist auf ... zurückzuführen.«

Hier ist die Aussage über die Ursache der Kriminalität sowohl räumlich als auch örtlich beschränkt.

Ein weiteres Erfordernis für die Qualität einer wissenschaftlichen Hypothese lautet, daß sie empirisch überprüfbar sein muß. Inhalt einer Hypothese kann damit nur ein empirisch erfaßbarer Gegenstand sein und dieser muß auch mit empirischen Methoden untersucht werden können. Als Beispiel eines empirisch nicht erfahrbaren Gegenstandes läßt sich folgende Aussage begreifen:

»Alle Hexen können fliegen.«

Freilich sehen wir hier schon das Problem des Erkennens von empirisch erfahrbaren Gegenständen. Die Entscheidung darüber, ob diese Hypothese empirisch zu untersuchen ist, hängt nämlich davon ab, ob es Hexen gibt. Gibt es keine Hexen, dann können sie auch nicht Gegenstand empirischer Untersuchungen sein; gibt es aber Hexen, dann läßt sich sehr wohl feststellen, ob sie auch fliegen können. Würde nur eine Hexe nicht fliegen können, wäre die Hypothese widerlegt. Es gibt gerade um diese Aussage, die hier beispielhaft für das methodische Problem steht, tatsächlich eine wissenschaftliche Diskussion zwischen *Hans Peter Duerr* und *Wolf Wimmer*. Während *Wimmer* (1979) bestreitet, daß solche Aussagen überhaupt wissenschaftlich seien, und sie deswegen von vornherein ablehnt, meint *Duerr* (1978), daß sie sehr wohl Gegenstand wissenschaftlicher Untersuchungen sein könnten. Tatsächlich muß man *Duerr* Recht geben, denn worauf sich *Wimmer* im Ergebnis seiner Ablehnung beruft, ist nicht weniger ideologisch als die Aussage von *Duerr,* der (vielleicht) an Hexen glaubt. Beide machen zum Maßstab der Richtigkeit die »Vernunft«. Der Begriff der Vernunft aber ist nicht, wie *Wimmer* offenbar meint, ein objektiver und zeitunabhängiger. Vernunft ist immer zeit- und wertbezogen. Was vernünftig ist, kann nur aus einer konkreten historischen Situation heraus gefolgert werden. Vernünftig war es früher, an Hexen zu glauben; heute ist dies unvernünftig. Unvernünftig ist es heute zu glauben, der Mensch sei körperlich unsterblich. Wir wissen nicht, ob dies in 10.000 Jahren ebenso unvernünftig ist, weil uns das Wissen dazu fehlt. Der Begriff der Vernunft ist immer eine Widerspiegelung des Wissens der Zeit, wie es von der Allgemeinheit geteilt wird. Das Wissen aber sagt, wie schon ausgeführt, über die Existenz von Sachen nichts aus; diese liegt außerhalb der Erkenntnis. Gegenstände existieren an sich, ob man von ihnen weiß oder nicht. Die Relativitätstheorie von *Albert Einstein* hat auch schon vor ihrer Entdeckung gegolten; sie hätte auch gegolten, wäre sie nicht entdeckt worden. Deswegen irrt *Wimmer*, wenn er meint, man könnte Objektivität sozusagen aus dem (beschränkten) Wissen der jeweiligen Zeit ableiten.

41 Ein weiteres Problem besteht im Umstand, **daß sich empirische Aussagen über die Zukunft nicht treffen lassen.** Obwohl jedem – aus der bisherigen Erfahrung – einleuchtet, daß es so ist, läßt sich der Satz »Alle Menschen sind sterblich« nicht empirisch untersuchen. Daß er für die Vergangenheit gegolten hat, kann kaum zweifelhaft sein; ob er aber immer gilt, können wir mit unseren Methoden heute nicht feststellen. Dieser Umstand ist nicht nur von theoretischer Bedeutung für die Kriminologie, sondern wird auch bei der orthodoxen marxistischen Erklärung der Verbrechensverursachung relevant. Denn die Aussage, mit dem Absterben des Kapitalismus werde auch die Kriminalität (in der kommunistischen Gesellschaft) völlig verschwinden, ist empirisch nicht überprüfbar. Dies kann man, aus guten oder weniger guten Gründen glauben, aber nicht wissen.

Des weiteren wird von Hypothesen verlangt, daß sie gegenüber bereits bestehenden Erklärungen neue Aspekte aufzeigen, die bisher nicht erklärt wurden.

Erst wenn wir sagen können, daß eine Hypothese alle diese Anforderungen gleichzeitig erfüllt, können wir mit ihr empirisch forschen. Der Klarheit halber sei aber noch einmal festgestellt, daß es nicht darauf ankommt, ob die Aussage, die untersucht werden soll, richtig oder falsch ist, sondern nur, daß die Aussage die genannten formellen Kriterien erfüllt. Es ist daher beispielsweise die Hypothese »Alle Menschen begehen einen Mord.« überprüfbar, obwohl wir wissen, daß diese Aussage inhaltlich falsch ist. Die Tauglichkeit einer Hypothese bestimmt sich nur nach formellen Kriterien; erst am Ende ihrer Überprüfung läßt sich sagen, ob das, was in der Hypothese behauptet wurde, sich als richtig erweist. Allerdings wird man dies einschränken müssen. Nach der von *Popper* vertretenen Ansicht, der weitgehend auch Kriminologen folgen, ist es nicht möglich, eine Hypothese zu verifizieren; man kann nur versuchen, sie zu widerlegen. Daher ist jede Bestätigung einer Hypothese immer nur eine vorläufige Bestätigung, während aber schon der einmalige Nachweis, daß eine Hypothese nicht richtig ist, ihre endgültige Widerlegung ist. Das hat verschiedene Gründe, doch ist der entscheidende wohl der, daß man für fast jede beliebige Hypothese irgendwelche bestätigende (Einzel-)Fälle finden kann, daß aber, auch wegen der Möglichkeit zukünftiger Änderungen, dies kein Beweis dafür ist, daß es immer so ist bzw. sein wird. Deshalb ist nur die Falsifizierung einer Hypothese bedeutsam. Es ist also wissenschaftlich mehr wert, Hypothesen zu widerlegen, als in einzelnen Fällen »Beweise« dafür zu finden, die sie bestätigen. Im übrigen gehört es zur Wissenschaftlichkeit einer Hypothese, daß sie empirisch widerlegbar sein muß, nicht aber natürlich, daß sie tatsächlich widerlegt wird.

Eine **Theorie** ist im Gegensatz zu einer Hypothese eine umgreifendere und deswegen in der Regel auch eine mehrere Hypothesen umfassende Aussage. Deshalb entstehen bei der empirischen Überprüfung von Theorien keine größeren Schwierigkeiten als bei der von Hypothesen. Freilich muß man zugeben, daß es im Einzelfall schwierig sein kann, eine Theorie, wie übrigens auch eine Hypothese, sachgerecht zu operationalisieren. Unter »**Operationalisierung**« versteht man das Umsetzen des Aussagegehaltes einer Hypothese in den praktischen Forschungsprozeß, den wir nur mit bestimmten Methoden vornehmen können. Dazu ein Beispiel (*Kürzinger* 1978, 107f.):

42

Es soll untersucht werden, ob die Hypothese richtig ist, daß die Polizei im allgemeinen in der Bevölkerung ein gutes Ansehen genießt. Nun kann man dies am ehesten durch eine Befragung ermitteln. Welche Fragen sind aber dabei zu stellen? Man könnte daran denken, daß man einfach fragt: »Hat bei Ihnen die Polizei ein gutes Ansehen?« Die Antworten wären aber wohl unzureichend. Wir müssen das, was wir fragen wollen, möglichst klar und unmißverständlich fragen, müssen dem Befragten also ausreichend Möglichkeiten geben, seine Wertschätzung oder Nichtschätzung der Polizei auszudrücken. Anstelle einer einzigen Frage, die zudem vielleicht gar nicht alles mißt, was wir wissen wollen, und nicht von jedem gleich verstanden wird, nehmen wir mehrere Fragen, wie etwa Stellungnahmen zu folgenden Feststellungen:

»Im großen und ganzen gesehen hat die Polizei einen guten Ruf.«

»Höchstens die Hälfte der Polizisten ist für ihre Arbeit geeignet.«

»Die Polizisten sollten für ihre Arbeit mehr Dankbarkeit und Respekt in der Öffentlichkeit bekommen, als sie es jetzt tun.«

»Es gibt eine Menge Polizisten, die besonderen Spaß daran finden, anständige Leute schlecht zu behandeln.«

»Die Polizisten müssen heute so viel arbeiten, daß sie einem richtig leidtun können.«

»Polizist wird heutzutage nur, wer woanders nichts werden kann.«
»Im allgemeinen sind Polizeibeamte dümmer als andere Beamte.«
und stellen dann fest, wie die gesamten Antworten lauten. Die Antworten auf alle Statements werden dann an den Aussagen der Hypothese gemessen, um ein genaueres Bild zu bekommen. Die richtige Operationalisierung einer Hypothese ist für den Wert der wissenschaftlichen Untersuchung entscheidend.

2.2   Ursache, Kausalität und Korrelation

Literatur: *Jürgen Bortz,* Statistik für Sozialwissenschaftler, 4. Auflage, Berlin usw. 1993; *Peter Bohley,* Statistik, 4. Auflage, München 1991; *Rüdiger Bubner,* Hrsg., Kausalität, Göttingen 1992; *Gerhard Frey,* Zur Frage der Ursachenfindung. Pragmatische Aspekte der Kausalforschung. In: *Günther Posch,* Hrsg., Kausalität. Neue Texte, Stuttgart 1981, S. 55 bis 78; *Günter Koch,* Kausalität, Determinismus und Zufall in der wissenschaftlichen Naturbeschreibung, Berlin 1994; *Walter Krämer,* Statistik verstehen: eine Gebrauchsanweisung, Frankfurt a. M. 1992; *Günther Posch,* Hrsg., Kausalität. Neue Texte, Stuttgart 1981; *Hans Sachsse,* Kausalität, Gesetzlichkeit, Wahrscheinlichkeit. Die Geschichte von Grundkategorien zur Auseinandersetzung des Menschen mit der Welt, 2. Auflage, Darmstadt 1987; *Peter M. Schulze,* Beschreibende Statistik, 2. Auflage, München 1994; *Wolfgang Stegmüller,* Wissenschaftliche Erklärung und Begründung. Probleme und Resultate der Wissenschaftstheorie und Analytischen Philosophie, Band 1. Berlin usw. 1974; *Friedrich Vogel,* Beschreibende und schließende Statistik. Formeln, Definitionen, Erläuterungen, Stichwörter und Tabellen, 7. Auflage, München usw. 1992.

43   Ein großer Teil der wissenschaftlichen Studien will feststellen, warum Sachverhalte so sind, wie sie sind; sie begnügen sich nicht damit, die Sachverhalte zu beschreiben. **Wir wollen also häufig,** wie bei der Entstehung der Kriminalität, **wissen, warum etwas geschieht.** Bei der theoretischen Aufarbeitung im Bereich der Ursachenforschung der Kriminalität kommen wir an einige Punkte, die empirisch nicht faßbar sind und von uns als real unterstellt werden müssen. Grundlage allen empirischen Forschens ist die Annahme (wie übrigens auch im Alltag), daß immer dann, wenn wir eine Wirkung (etwa ein bestimmtes Ereignis) feststellen können, es dafür auch eine **Ursache** geben muß: »Aus nichts wird nichts.« Dies kann man auch anders ausdrücken: »Wenn etwas wird, dann gibt es etwas, was dies bewirkt.« Wir gehen nach unserer Erfahrung davon aus, daß alles eine Ursache hat. Eine zweite Annahme wird, meist unbewußt, im täglichen Leben gemacht: **Wirkung und Ursache sind miteinander verbunden und treten immer gleichzeitig auf.** Dieser Grundsatz ist **nicht umkehrbar,** wie wir aus alltäglicher Erfahrung wissen: zwar werde ich immer naß, wenn ich in einen See springe, aber nicht immer, wenn ich naß geworden bin, bin ich zuvor in einen See gesprungen. Wir stellen also fest, daß die gleiche Ursache die gleiche Wirkung herbeiführt: Immer wenn ich in einen See springe, werde ich naß. Gleichzeitig aber weiß ich, daß dieselbe Wirkung nicht immer durch das gleiche Ereignis hervorgerufen werden muß: Wenn ich naß geworden bin, kann ich das geworden sein, weil ich in den See gesprungen bin, aber auch, weil ich im Regen stand. Diese Beobachtungen entnehmen wir dem Alltag. Die ganze planende Tätigkeit des Menschen beruht darauf, daß dieses **Ursache-Wirkungs-Prinzip** immer galt und daß es auch weiterhin gelten wird. Freilich gibt es **empirisch keinen Beweis** dafür, daß es immer und jederzeit so ist, insbesondere können wir nicht wissen, ob es so bleiben wird. Diese Argumentation will zwar vom Standpunkt des »gesunden Menschenverstandes« nicht einleuchten, ist aber – empirisch gesehen – zweifellos richtig. Für die wissenschaftliche Tätigkeit muß dieses Prinzip übernommen werden, obwohl es selbst nicht beweisbar ist. Geht man nämlich davon aus, daß auch der »Zufall«, was immer man darunter im einzelnen verstehen will, irgendein Ereignis herbeiführen könne, dann läßt sich nicht mehr in einem geschlossenen System forschen, da dann immer damit gerechnet werden müßte, daß es auch »Ursachen« gibt, die wissenschaftlich nicht faßbar sind. Die Frage, welches Ereignis als »zufällig« zu bezeichnen ist, ist zudem inhaltlich nicht eindeutig, denn **offensichtlich bedeutet »Zufälligkeit« nicht auch Voraussetzungslosigkeit.**

Wenn zwei Bekannte, die nichts von einer von beiden durchgeführten Reise nach Paris wissen, sich ohne Verabredung am Eiffelturm treffen, werden sie dieses Zusammentreffen erstaunt feststellen und als »zufällig« einschätzen. Tatsächlich ist es aber keineswegs »zufällig«, sondern das Resultat von zwar voneinander getrennten, aber dazu führenden bewußten Handlungen der beiden. Getroffen haben sich die Bekannten deswegen, weil sie (gezielt) nach Paris gereist sind und dort den Eiffelturm besuchen wollten. Alle Bedingungen, die zu dem Treffen geführt haben, sind von ihnen bewußt gesetzt worden. Dennoch bezeichnet die Alltagssprache dieses Zusammentreffen als »zufällig«, also als angeblich nicht kausal bedingt. Tatsächlich ist es aber **nur unerwartet, wie im übrigen alle »zufälligen« Ereignisse**, weil die Handlungsketten, die zu dem Ergebnis führen, mühelos mit dem schließlichen Erfolg in einen kausalen Zusammenhang gebracht werden können. Freilich, auch die **Weltanschauungen** anerkennen nicht durchgängig das Prinzip von Ursache und Wirkung. Dafür gibt es eine Anzahl von Beispielen; die beiden vielleicht wichtigsten aus dem Bereich des christlichen Glaubens und der marxistischen Weltanschauung. Beide Betrachtungsweisen **behaupten, der Satz, daß alles eine Ursache haben müsse, sei nicht uneingeschränkt gültig.** Es gäbe Seiendes, das ohne Ursache sei. Christen nennen dieses ursachenlos Seiende »Gott«, Marxisten nennen es »Materie«. Gott bzw. die Materie werden als nicht verursacht gedacht. Auf sie kann also das sonst durchaus akzeptierte Ursache-Wirkungs-Prinzip nicht angewendet werden, wenn für Christen auch nur eingeschränkt, denn diese lassen »Wunder« zu, Ereignisse also, bei denen durch das unmittelbare Eingreifen Gottes der normale (Kausal-)Verlauf eines Geschehens durchbrochen wird.

Für eine sinnvolle empirische Forschung muß man freilich annehmen, daß alle beobachtbaren Ereignisse eine Ursache haben. Allerdings ist damit nicht gesagt, welche Ursache sie haben. Für den Bereich der Kriminalitätsentstehung ist zudem eine wichtige Einschränkung zu machen. Nimmt man mit dem in Deutschland geltenden Schuldstrafrecht an, die Ursache des Verbrechens läge letztlich in der freien Entscheidung des Straftäters, eine Straftat zu begehen oder zu unterlassen, dann erübrigen sich andere kausale Erklärungen der Kriminalität. Wenn entscheidend für eine Tat der freie Wille des Täters ist, können andere Umstände (etwa soziale) selbst auf diesen nur als Motive wirken, nicht aber die Tat kausal erklären. Deshalb dürfte man konsequenterweise bei der Unterstellung der Richtigkeit dieser Aussage des Schuldstrafrechts nur von Korrelationen, von Zusammenhängen bestimmter Faktoren mit dem Verbrechen sprechen. Empirisch läßt sich die Frage nach der **Willensfreiheit des Menschen** nicht lösen, weil wir keine Methode zur Verfügung haben, die dies bewerkstelligen kann. Aus der Tatsache, daß wir Willensfreiheit subjektiv erleben (können), lassen sich Rückschlüsse auf ihr objektives Vorliegen nicht ziehen. Auch der an Verfolgungswahn leidende psychisch Kranke »erlebt« die Verfolgungen, ohne daß sie objektiv vorlägen. Allerdings wird herkömmlich im abendländischen Denken die Existenz der Willensfreiheit angenommen, wenn auch nicht einschränkungs- und ausnahmslos. Für die Kriminologie bedeutet dies, daß dann, wenn man die Handlung eines Straftäters als (allein oder vor allem) dem freien Willen unterworfen ansieht, empirische Untersuchungen zur Entstehung des Verbrechens nicht sinnvoll sind.

Man muß sich daher für ein deterministisches Verursachungsmodell der Kriminalität entscheiden, wenn man Ursachenforschung betreiben will. Dabei kann offen bleiben, ob wir ein (rein) deterministisches Gesetz der Verbrechensverursachung annehmen oder nur eine statistische Gesetzmäßigkeit. Der Unterschied liegt im folgenden: Haben wir es bei der Verbrechensverursachung mit einem deterministischen Geschehen zu tun, dann folgt aus einer bestimmten Ursache immer ein Verbrechen; haben wir es dagegen (nur) mit einer statistischen Gesetzmäßigkeit zu tun, dann folgt das Verbrechen nur in einer bestimmten Anzahl von Fällen. Das Ergebnis, die Kriminalität, wird beispielsweise nur in 80 Prozent der Fälle, nicht aber in allen Fällen eintreten. Es besteht nach unserem bisherigen Wissen guter Grund dafür anzunehmen, bei der Verbrechensverursachung handle es sich um eine statistische Gesetzmäßigkeit. Hätten wir es mit einem deterministischen Gesetz der Verbrechensentstehung zu tun, dann müßte es einen oder auch mehrere Faktoren geben, die Kriminalität immer verursachten; dies wurde bisher aber nicht festgestellt. In bisherigen empirischen Untersuchungen nämlich konnte kein einziger Faktor gefunden werden, der notwendigerweise und immer mit der Kriminalität zusammen auftritt. Nimmt man also an, die Aussage, Kriminalität habe immer eine Ursache, stimmt, daß es dabei also nicht auf den »Zufall« ankommt, dann muß man auch annehmen, daß dieses Geschehen bestimmt wird durch die einer kriminellen Tat vorausgehenden Ereignisse. Die Annahme, etwas sei das Ergebnis eines anderen Ereignisses, sei also durch dieses verursacht, setzt theoretisch mindestens dieses voraus:

1. **Die Ursache muß der Wirkung zeitlich vorausgehen;** allenfalls kann sie mit ihr zeitlich zusammenfallen. Zuerst also besteht das Ereignis, das die Ursache setzt, dann tritt die Wirkung ein. Freilich genügt nicht allein diese zeitliche Beziehung, um auch einen Ursachenzusammenhang herstellen zu können. Es ist nämlich möglich, daß ein Ereignis dem anderen folgt, ohne daß es zwischen beiden einen Ursachenzusammenhang gibt. Ein Beispiel, das dies verdeutlicht: Der Tag folgt der Nacht, aber der Tag wird nicht durch die Nacht verursacht. Aber auch das Gegenteil gilt hier: die Nacht folgt dem Tag, wird aber auch nicht durch den Tag bedingt. Ursache für den Wechsel von Tag und Nacht ist bekanntlich ein dritter Umstand, nämlich die Drehung der Erdkugel. Eine weitere Schwierigkeit, die streng genommen für den Bereich der Kriminalität empirisch nicht lösbar ist, ist die Frage, ob etwas nur »zufällig« zusammen mit der Kriminalität auftritt, oder aber, ob es ursächlich mit ihr zusammenhängt. Es geht dabei um die Frage, ob es zwischen einem Ereignis und der Kriminalität eine kausale Beziehung gibt oder ob die Beziehung zwischen beiden nur eine »zufällige« ist.

Stegmüller (1969, 448) bringt zwei sehr anschauliche Beispiele für den angesprochenen Sachverhalt. 1. Aussage: Wenn immer ich im vergangenen Dezember in der Frühe bei Minustemperaturen ein Gefäß mit Wasser ins Freie stellte, bildete sich oben eine Eisschicht. 2. Aussage: Wenn immer ich im vergangenen Dezember in der Frühe bei Minustemperaturen ein Gefäß mit Wasser ins Freie stellte, kam am Nachmittag mein Freund Hans zu Besuch. Es ist ersichtlich, weil wir das Wissen darüber haben, daß in der ersten Aussage eine Gesetzmäßigkeit beschrieben wird, während die zweite Aussage nur ein zufälliges gleichzeitiges Ereignis beschreibt. Wir können aber diese Wertung nur treffen, weil wir, unabhängig von diesen Aussagen, wissen, daß ein Zusammenhang zwischen den Minustemperaturen und der Eisbildung besteht und (mutmaßlich) kein kausaler Zusammenhang zwischen dem Aufstellen eines Wassergefäßes und dem Besuch des Freundes Hans. (Dies wäre nur dann anders, wenn etwa das Aufstellen des Gefäßes das Zeichen für den Freund Hans wäre, zu kommen.) Wir können die Zuordnung, ob etwas gesetzmäßig oder zufällig ist, nicht logisch vornehmen, sondern nur aufgrund von Wissen. Dies bedeutet für die Einschätzung solcher Ereignisse bei der Untersuchung der Verursachung der Kriminalität, daß wir nie sicher sein können, welche Beziehungen zwischen festgestellten Faktoren und der Kriminalität tatsächlich bestehen, ob also gesetzmäßige oder nur »zufällige«.

Allgemein gilt nämlich nicht, wie wir gesehen haben, der Satz »Danach, also deswegen« (post hoc, ergo propter hoc), weil es sein kann, daß überhaupt kein ursächlicher Zusammenhang besteht, sondern nur ein zufälliger.

2. Eine weitere Voraussetzung ist, **daß für jedes Ereignis, das verursacht ist, sowohl eine notwendige als auch eine hinreichende Bedingung vorliegen muß.**

Beispiel: Damit jemand in Deutschland wegen Mordes verurteilt werden kann, genügt es nicht (außer im Fall eines Justizirrtums oder einer Rechtsbeugung), daß er vorsätzlich einen anderen Menschen getötet hat – dies ist nur die notwendige Bedingung –, sondern er muß diesen Menschen auch unter den Umständen, die § 211 StGB nennt, getötet haben. Dies ist die hinreichende Bedingung. Beide Voraussetzungen müssen gleichzeitig gegeben sein, um von einem Ursache-Wirkungs-Zusammenhang sprechen zu können.

44 In der Praxis ergibt sich eine weitere Schwierigkeit mit dem **Begriff »Ursache«** wegen der Alltagssprache. Der Ausdruck »Ursache« ist zwar üblich, er wird aber ziemlich ungenau verwendet und hat mehrere Bedeutungen. Darum kann man auch auf die Frage, was es bedeutet zu sagen, »a ist die Ursache von b«, keine einheitliche Antwort geben. Theoretisch wäre dieses Problem leicht lösbar: als Ursachen eines Ereignisses müssen sämtliche es herbeiführende Bedingungen dieses Ereignisses angesehen werden. Dazu gehören aber nicht nur die Bedingungen, die uns schon auf den ersten Blick wegen der zeitlichen Nähe zum Ereignis ins Auge fallen, sondern auch jene Bedingungen, die weiter entfernt sind. Ursachen des Ereignisses sind also alle Bedingungen, die vor der Wirkung gegeben waren und auf das Ereignis einen Einfluß haben.

Demnach müssen wir im Ergebnis immer zwischen den unmittelbaren und den entfernten Ursachen unterscheiden. Im Alltag und auch in der Kriminologie werden diese Unterschiede allerdings nicht so deutlich gemacht. In der Regel reden wir nur dann von Ursachen, wenn wir die aus verschiedenen Gründen nächstliegenden Bedingungen für eine bestimmte Wirkung meinen. Dabei ist nächstliegende Bedingung meist die zeitlich dem Wirkungseintritt unmittelbar vorausgehende. Dies ist aber eine Vernachlässigung der gleichbleibenden und vorhergehenden Bedingungen. Unsere Betrachtung der Ursachen ist also in aller Regel sehr verkürzt. Im übrigen fällt in der kriminologischen Begründung auf, daß wir praktisch nur solche Umstände als Ursachen heranziehen, die ihrerseits sozial negativ sind. Nach dem üblichen kriminologischen Erklärungsmuster muß das Schlechte (nämlich das Verbrechen) aus sozial Schlechtem (etwa Berufsversagen, unvollständige Familie, Erziehungsdefizite) hervorgehen. Selbst da, wo wir das sozial Positive für unsere Erklärung in Erwägung ziehen (etwa bei der sogenannten Wohlstandskriminalität), sehen wir als Ursache der Kriminalität im Wohlstand nicht die gute soziale Lage, sondern die negativen Begleiterscheinungen dieser Lage an. Das Erklärungsschema in der Kriminologie ist einseitig ausgerichtet: Schlechtes bewirkt Schlechtes. Diese Ausrichtung ist logisch nicht begründbar und auch aus empirischen Gründen nicht zu vertreten. Sie ist eine Folgerung aus unserem bisherigen »Wissen« über Kriminalität, das aber auch auf diese Weise zustande gekommen ist. Damit ist es möglicherweise aber unzutreffend. Tatsächlich müßten wir bei Kausalerklärungen alle Bedingungen eines Geschehens heranziehen (können). Praktisch läßt sich das in der Kriminologie nicht durchführen, da wir nicht alle Faktoren, die bei der Verbrechensentstehung eine Rolle spielen können, auch tatsächlich erfassen und untersuchen können. Wir stellen bestenfalls Teilursachen des Verbrechens fest, nie aber alle Ursachen.

Als Ergebnis empirischer Untersuchungen können wir damit hinsichtlich der Entstehung des Verbrechens immer nur feststellen, ob ein Zusammenhang (eine Korrelation) zwischen bestimmten Faktoren und der Kriminalität besteht. Die Frage bleibt, wie man solche Aussagen für die Ursachenforschung werten darf. Wir haben es immer nur mit Beziehungen der Kriminalität zu anderen Faktoren zu tun. Korrelationen zeigen einen (statistischen) Zusammenhang zwischen zwei Variablen auf. Dieser Zusammenhang kann vollständig sein oder (verschieden stark ausgeprägt) partiell. Er kann sowohl positiv als auch negativ sein.

Zur Verdeutlichung dieses Zusammenhanges mag dieses Beispiel dienen:

Angenommen, 100 Versuchspersonen (VP) – ehelich und nichtehelich Geborene – seien zu untersuchen und dabei sei festzustellen, ob ein (in der Kriminologie lange Zeit behaupteter) Zusammenhang zwischen nichtehelicher Geburt und späterer Kriminalität besteht.

Ein vollständig positiver Zusammenhang besteht dann, wenn entweder unter den 100 VP die nichtehelich Geborenen alle kriminell sind und/oder die ehelich Geborenen alle nicht kriminell sind. Kriminalität und Nichtehelichkeit treten dann ausschließlich zusammen auf. Ein vollständig negativer Zusammenhang ergibt sich, wenn entweder unter den VP alle nichtehelich Geborenen nicht kriminell sind und/oder alle ehelich Geborenen kriminell. Kriminalität und Nichtehelichkeit treten in diesem Fall nie zusammen auf. Einen völligen Ausschluß eines Zusammenhanges zwischen Nichtehelichkeit und Kriminalität können wir dann feststellen, wenn von der Gruppe der nichtehelich Geborenen und der Gruppe der ehelich Geborenen jeweils die eine Hälfte kriminell und die andere Hälfte nicht kriminell ist. Dann zeigt sich überhaupt kein Zusammenhang zwischen Nichtehelichkeit und Kriminalität. Zeigt die Verteilung andere, hier noch nicht genannte Kombinationen, so besteht ein (positiver) oder (negativer) Zusammenhang zwischen Nichtehelichkeit und Kriminalität von einer bestimmten Stärke. Die Stärke dieses Zusammenhanges wird mathematisch durch den Korrelationskoeffizienten ausgedrückt. Dieser nimmt Werte zwischen – 1.0 (vollständiger negativer Zusammenhang) und + 1.0 (vollständiger positiver Zusammenhang) an; bei völlig fehlendem Zusammenhang ergibt sich der Koeffizient 0.0.

Der **Korrelationskoeffizient** gibt nur Auskunft auf die Frage, ob zwischen zwei Variablen ein mathematischer Zusammenhang besteht. Eine Korrelation kann zwar einen kausalen Zusammenhang wiedergeben, sie muß es aber nicht. Zwischen zwei Variablen gibt es nicht nur kausale Beziehungen, sondern auch **Zufallskorrelationen,** die auch Schein- oder Unsinnskorrelationen genannt werden. Ohne Wissen über den untersuchten Gegenstand ist es aus methodischen Gründen nicht möglich, die inhaltliche Bedeutung einer Korrelation aus den Daten selbst abzuleiten. Wir müssen vielmehr das Wissen, das wir außerhalb der gerade anstehenden Untersuchung gewonnen haben, heranziehen, um (möglicherweise) sagen zu können, welche Qualität eine festgestellte Korrelation inhaltlich hat.

47 Angesichts des bisher Gesagten mag sich vor allem der Praktiker fragen, **welchen Wert Ergebnisse empirischer Ursachenforschung haben,** wenn wir letztlich nichts Genaues wissen (können). Eine solche Schlußfolgerung würde, ohne daß die bisherigen Aussagen zurückgenommen werden müßten, voreilig sein. Die diskutierten Probleme entstehen bei der Erklärung von Ursachen, beziehen sich also auf die Kriminalätiologie; die Kriminalphänomenologie ist von diesen methodischen Problemen nicht betroffen. Aber auch die Tatsache, daß wir empirisch nur Korrelationen feststellen können, stellt sich, im Gesamtzusammenhang der kriminologischen Forschung gesehen, als nicht so negativ heraus. Dazu müssen wir zwei Gesichtspunkte erwägen.

1. Stellt sich über einen langen Zeitraum und bei einer Vielzahl von Studien heraus, daß es immer wieder bestimmte Beziehungen zwischen zwei Variablen (etwa der Kriminalität und einer anderen sozialen Auffälligkeit) gibt, **dann können wir mit gutem Grund annehmen, daß diese Beziehungen nicht nur zufällig sind,** sondern daß es sich tatsächlich um Kausalbeziehungen handelt.

48 3. **Für die kriminalpräventive Tätigkeit ist nicht entscheidend zu wissen, um welche Beziehungen es sich handelt.** Wird nämlich versucht, den gefundenen Zusammenhang durch kriminalpolitische Maßnahmen aufzulösen, wird sich oft zeigen, ob wir es mit zufälligen oder kausalen Beziehungen zu tun haben. Dies gilt natürlich nicht absolut, weil häufig eine unmittelbare kriminalpolitische Umsetzung kriminologischer Erkenntnisse nicht möglich ist. So läßt sich etwa immer wieder in Untersuchungen ein Zusammenhang zwischen Jugendkriminalität und funktional unvollständiger Familie finden. Nehmen wir an, wir könnten diesen Sozialmangel beheben, dann ließe sich bald feststellen, ob damit auch die Jugendkriminalität abnimmt. Wäre dies der Fall, dann könnten wir einen kausalen Zusammenhang zwischen beiden Faktoren vermuten, wenn nicht, ist an eine zufällige Verbindung – vielleicht über eine dritte, noch unbekannte Variable vermittelt – zu denken. Für die kriminalpolitische Alltagspraxis genügen also in der Regel die Kenntnisse über Korrelationen, wenn diese häufiger festgestellt und methodisch zuverlässig abgesichert sind.

2.3 Die einzelnen Methoden der Kriminologie

Literatur: *Heine von Alemann,* Der Forschungsprozeß. Eine Einführung in die Praxis der empirischen Sozialforschung, 3. Auflage, Stuttgart 1992; *Peter Atteslander,* Methoden der empirischen Sozialforschung, 7. Auflage, Berlin usw. 1993; *Aaron V. Cicourel,* Methode und Messung in der Soziologie, Frankfurt a. M. 1970; *Andreas Diekmann,* Empirische Sozialforschung. Grundlagen, Methoden, Anwendungen, Reinbek 1995; *Jürgen Friedrichs,* Methoden empirischer Sozialforschung, 14. Auflage, Opladen 1982; *Theo Hermann* u. a., Hrsg., Methodologische Grundlagen der Psychologie, Göttingen 1994; *Helmut Kromrey,* Empirische Sozialforschung. Modelle und Methoden der Datenerhebung und Datenauswertung, 6. Auflage, Opladen 1994; *Helmut Kury,* Hrsg., Methodische Probleme in der kriminologischen Forschung, Köln usw. 1981; *Wilfried Laatz,* Empirische Methoden, Thun 1993; *Gunnar Myrdal,* Objektivität in der Sozialforschung, Frankfurt a. M. 1971; *Erwin Roth,* Sozialwissenschaftliche Medthoden: Lehr- und Handbuch für Forschung und Praxis, 3. Auflage, München 1993; *Herbert Selg/Jürgen Klaprott/Rudolf Kamenz,* Forschungsmethoden der Psychologie, Stuttgart 1992; *Ernst Topitsch,* Hrsg., Logik der Sozialwissenschaften, 12. Auflage, Frankfurt a. M. 1993; *Nikolaus Wenturis/Walter Van Hove/Volker Dreier,* Methodologie der Sozialwissenschaften: eine Einführung, Tübingen 1992; *Heinrich Wottawa,* Psychologische Methodenlehre, 2. Auflage, Weinheim usw. 1993.

Fachspezifische eigene Methoden kennt die Kriminologie nicht. Sie verwendet bei ihrer empirischen Forschungstätigkeit alle jene Methoden, die ihre **Bezugswissenschaften** anwenden. Daher sind die in der kriminologischen Praxis häufigsten Methoden die aus den Disziplinen Medizin (vor allem der Psychiatrie), Psychologie und Soziologie, sowie die anderer Human- und Gesellschaftswissenschaften. Daneben läßt sich an den Einsatz von Methoden aller anderen Wissenschaften denken, soweit mit ihnen der Forschungsgegenstand der Kriminologie erfaßt werden kann. Methoden der Physik oder Chemie etwa werden in der Kriminologie nicht angewendet; ihre Domäne ist die Kriminalistik. Da wir üblicherweise die Kriminalistik von der Kriminologie trennen, werden diese Methoden in der Kriminologie nicht relevant. **Die tägliche Praxis kriminologischer Forschung verwendet vorwiegend soziologische Methoden; verbreitet sind aber auch psychologische Methoden und daneben, dem Umfang nach allerdings geringer, medizinische Methoden und Untersuchungsverfahren.** Für die Wahl einer bestimmten Methode ist vor allem die zu untersuchende Frage ausschlaggebend. Nicht jede Methode ist auch geeignet, jede wissenschaftliche Fragestellung zu beantworten. Dabei darf man nicht übersehen, **daß keine der uns bekannten Methoden der Kriminologie ideal für die Erfassung der Wirklichkeit ist.**

In den Sozialwissenschaften kann man nur auf sehr wenigen Gebieten jene Exaktheit der Aussagen erreichen, die für Naturwissenschaften offenbar weitgehend möglich ist, obwohl auch hier inzwischen Zweifel angebracht werden können, weil ersichtlich auch für diese Wissenschaften gilt, daß es eine unbegrenzte Erkenntnismöglichkeit nicht gibt. Festzuhalten bleibt, daß in der Kriminologie jene Methode sinnvollerweise gewählt wird, die am ehesten die Informationen bringen kann, die man gewinnen möchte. Wenn beispielsweise zu untersuchen ist, ob sich die Intelligenz der Straftäter von der der Durchschnittsbevölkerung unterscheidet, dann dürfte dafür die beste zur Verfügung stehende Methode der Intelligenztest sein, obwohl fraglich ist, was letztlich mit dem Intelligenztest eigentlich gemessen wird. Nicht jedenfalls würde es etwa genügen, in einem Interview nach der Schulbildung zu fragen, weil diese offenbar nur in sehr bescheidenem Maße auch Intelligenz mißt. Noch weniger geeignet wäre ein Interview mit Bekannten von Kriminellen darüber, ob der betreffende Straftäter intelligent sei. Man wählt als Methode immer jene, mit der die Erfassung der Wirklichkeit am ehesten möglich erscheint. Dies kann nicht in allen Fällen auch eine objektiv ideale Wahl sein, da wir mit unseren Methoden viele Erscheinungen nur sehr unvollkommen erfassen können. Im folgenden sollen die wichtigsten soziologischen, oft besser: sozialwissenschaftlichen, Methoden der kriminologischen Forschung kurz dargestellt werden: Inhaltsanalyse (Dokumentenanalyse), Befragung, Beobachtung und Experiment. Mit diesen vier Methoden sind auch die am häufigsten in der Kriminologie verwendeten erfaßt.

2.3.1 Inhaltsanalyse (Dokumentenanalyse)

Literatur: *Thomas Feltes*, Kriminalberichterstattung in der Tagespresse, Hamburg 1980; *Werner Früh*, Inhaltsanalyse, Theorie und Praxis, 3. Auflage, München 1991; *Thomas Gundlach/Thomas Menzel*, Fehlerquellen der PKS und ihre Auswirkungen am Beispiel Hamburgs. Ergebnisse einer empirischen Untersuchung. Schriftenreihe der Polizei-Führungsakademie 1992, Heft 1, S. 60 bis 83; *Derek W. Langridge*, Inhaltsanalyse: Grundlagen und Methoden, München 1994; *Ralf Lisch/Jürgen Kriz*, Grundlagen und Modelle der Inhaltsanalyse. Bestandsaufnahme und Kritik, Reinbek 1978; *Philipp Mayring*, Qualitative Inhaltsanalyse: Grundlagen und Techniken, 4. Auflage, Weinheim 1993; *Klaus Merten*, Inhaltsanalyse, Opladen 1993; *Paul J. Müller*, Hrsg., Die Analyse prozeßproduzierter Daten. Historisch-sozialwissenschaftliche Forschungen, Band 2, Stuttgart 1977; *Siegfried Müller*, Aktenanalyse in der Sozialarbeitsforschung, Weinheim usw. 1980; *Holger Rust*, Inhaltsanalyse. München 1983; *Ruth Rustemeyer*, Praktisch-methodische Schritte der Inhaltsanalyse, München 1992; *Thomas-Michael Seibert*, Aktenanalysen. Zur Schriftform juristischer Deutungen, Tübingen 1981; *Wiebke Steffen*, Grenzen und Möglichkeiten der Verwendung von Strafakten als Grundlage kriminologischer Forschung: Methodische Probleme und Anwendungsbeispiele. In: *Paul J. Müller*, Hrsg., Die Analyse prozeßproduzierter Daten. Historisch-sozialwissenschaftliche Forschungen, Band 2, Stuttgart 1977, S. 89 bis 108.

50 Die **Inhaltsanalyse (Dokumentenanalyse)** gehört zu den in der Vergangenheit und wahrscheinlich auch noch der Gegenwart **häufigsten Methode** zur Gewinnung kriminologischer Erkenntnisse. Inhalts- oder, mit praktisch gleicher Bedeutung, auch Dokumentenanalyse genannt, ist das Verfahren, aus Dokumenten systematisch Informationen zu gewinnen. Dokumente sind alle körperlichen Zusammenfassungen von Gedankenäußerungen in irgendeiner Form, die Aussagen über menschliches Verhalten zulassen. Zu ihnen zählen etwa alle hand-, maschinenschriftlichen und gedruckten Texte, Ton- und Schallaufnahmen, Bildträger (Filme, Videobänder, Bildplatten), Rundfunk und Fernsehsendungen, um die wichtigsten, aber sicherlich nicht alle denkbaren zu nennen. In der Kriminologie spielen unter diesen Dokumenten vor allem die Strafakten und die Kriminalstatistiken (Polizeiliche Kriminalstatistik, Abgeurteilten- und Verurteiltenstatistik, Staatsanwaltschaftstatistiken, Strafvollzugsstatistik und Bewährungshilfestatistik) eine besondere Rolle. Die früher für die kriminologische Forschung sehr wichtigen Dissertationen basierten häufig auf der Analyse von (Straf-)Akten. Man kann für die kriminolgischen Untersuchungen bei der Dokumentenanalyse **zwei Arten der Analysen** hinsichtlich der in Dokumenten enthaltenen Informationen unterscheiden. Einmal verwenden wir Dokumente als eine Sammlung von erhobenen Daten (Urlisten). Dies ist etwa der Fall bei der Auswertung von Gerichtsakten. Wir unterstellen dabei, man habe die in den Akten enthaltenen inhaltlichen Aussagen sozusagen in einer Primärforschung erhoben. Die Auswertung dieser Akteninhalte kann deshalb (natürlich nur soweit erfaßt) genauso vorgenommen werden, als würde man selbst die Daten erhoben haben. Dabei entstehen allerdings technische Schwierigkeiten, weil nicht immer sicher ist, daß die »Erhebung« der Daten im Ablauf identisch war und die mitgeteilten Daten inhaltlich immer dieselbe Bedeutung haben. Eine ähnliche Situation haben wir bei der Arbeit mit der Kriminalstatistik. Auch hier behandeln wir die Angaben der Statistik für unsere Analysen so, als seien sie Primärdaten, also gerade für diese Analyse erhoben worden. Die zweite Art der Inhaltsanalyse nimmt das Dokument selbst zum Ausgangspunkt und ermittelt seinen Inhalt. Als Beispiel dafür kann die Inhaltsanalyse von Kriminalromanen gelten. Hier untersucht man etwa, wie Verbrechen und Verbrecher dargestellt sind. Ein weiteres Beispiel für eine Inhaltsanalyse ist die Berichterstattung über Kriminalität in der Tages- und Wochenpresse. Ein Blick in diese Presse zeigt, daß wir Realität durch Inhaltsanalyse von Zeitschriftenartikeln allenfalls insoweit erfassen können, als die Art der Darstellung der Kriminalität in diesem Dokument betroffen ist. Völlig unzuverlässig wäre es, Zeitungsmeldungen als Primärdaten über Kriminalität zu verwerten. Wir haben hier eine sehr starke Verzerrung der Wirklichkeit des Verbrechens zu erwarten, durch die Berichterstattung die Realität des Verbrechens nur sehr begrenzt erfaßt wird (*Feltes* 1980).

Die Arbeit mit der Dokumentenanalyse als primärer Datenquelle ist vor allem deswegen **problematisch,** weil wir zwei sich verfälschend auswirkende Tatsachen berücksichtigen müssen: einmal steht nicht fest, ob das, was in den Dokumenten niedergelegt ist, auch inhaltlich richtig ist, also die Wirklichkeit widerspiegelt. Natürlich kann man (»Papier ist geduldig«) alles in Dokumenten niederlegen, ohne daß die Aussagen tatsächlich richtig sein müßten. Zum anderen findet in Dokumente nur das Eingang, was von seinem Hersteller als wichtig angesehen wird. Dies muß nicht unbedingt das sein, was ein Forscher als wichtig einschätzt. So ist es beispielsweise der Zweck der Ermittlungsakten im Strafverfahren vor allem, die geordnete Durchführung des Verfahrens zu sichern. Kriminologische Fragestellungen, die sich im Zusammenhang mit einer Straftat ergeben, sollen nicht erfaßt werden. Deswegen weisen diese Akten immer zu wenig kriminologisch relevante Inhalte auf. Daneben dürften die Daten auch zielgerichtet einem bestimmten Verfahrenszweck dienen. Im Laufe der Strafverfolgung wird es den Beteiligten darauf ankommen, gerade diese Gesichtspunkte in den Akten festzuhalten. Unter Umständen will etwa die Polizei ein Strafverfahren anders erledigt sehen als die Staatsanwaltschaft oder das Gericht.

51 Bei der Dokumentenanalyse gibt es hinsichtlich der **Objektivität der Daten** Unterschiede. Wir kennen sog. »harte« und »weiche« Daten. Dabei ist die Objektivität der »harten« Daten deutlich besser gesichert als die der »weichen«. Bei »harten« Daten handelt es sich um solche, die in ihrer Bedeutung keiner Auslegung bedürfen, sondern aus sich heraus eindeutig sind. Dazu gehören etwa Geburtstag, Geburtsort und Wohnort und dergleichen feststehende Fakten. Daneben gibt es aber, oft sogar wichtiger für kriminologische Fragestellungen, »weiche« Daten. Ein Beispiel hierfür ist etwa die Feststellung zum Erziehungsverhalten von Eltern bei jugendlichen Straftätern oder die Frage, ob ein Straftäter eine »glückliche Kindheit« hatte und wie sein Familienleben gestaltet war. Diese Angaben lassen sich nicht unmittelbar den Akten entnehmen. Sie sind zudem auch nicht von vornherein eindeutig. Das Datum »1. Juni 1960« ist nicht auslegungsfähig, wohl aber eine Feststellung wie »Der Angeklagte hatte schon in der Grundschule Schwierigkeiten«. Der eigentliche Gehalt dieser Feststellung muß erst bestimmt werden.

52 Beide Arten von Daten finden sich in den Dokumenten sehr häufig und müssen in der Analyse aufbereitet werden. Bei den »weichen« Daten macht es Schwierigkeiten, für sie die **richtige Operationalisierung** zu finden. Im übrigen besteht hier auch das Problem, daß man nicht einfach unterstellen kann, daß nicht mitgeteilte Vorkommnisse nicht auch stattgefunden hätten. Man kann aus Akten immer nur die ausdrücklich enthaltenen Angaben verwerten. Im Ergebnis wird man nur zu einem ziemlich geringen Bestand gemeinsam vorhandener Daten in allen beigezogenen Akten kommen. Es tritt ein relativ großer Informationsverlust auf, wenn nicht alle analysierten Dokumente weitgehend nach dem gleichen Schema erstellt sind. Die bisher angesprochenen Probleme entstehen vor allem bei der Verwendung der Dokumente als Primärquellen. Bei der Analyse des unmittelbaren Inhalts eines Dokumentes entstehen andere Schwierigkeiten. Hier unterscheidet man zwischen zwei Gütestufen von gewonnenen Daten, solcher quantitativer und solcher qualitativer Art: Alles, was gezählt werden kann (quantifizierbar ist), kann durch die Analyse ausreichend genau erfaßt werden. Alles aber, was qualifiziert, also bewertet werden muß, ist hinsichtlich der Eindeutigkeit nicht gesichert, weil hier letztlich immer eine Interpretation des Inhaltes vorgenommen werden muß. Ein Beispiel soll dies verdeutlichen: es ist gelegentlich der Vorwurf erhoben worden, in Kriminalfilmen des Fernsehens würden Angehörige der Oberschicht besonders negativ in Beziehung auf ihre Kriminalität dargestellt. Analysiert man Fernsehfilme, dann kann man noch relativ leicht feststellen, welche Personen als zur Oberschicht gehörend dargestellt werden. Es ist aber sehr schwierig, den Begriff der »negativen Darstellung« zutreffend zu operationalisieren. »Negativ darstellen« ist kein zählbares Faktum, sondern eine wertende Aussage. Zur genauen Erfassung müssen deshalb Kategorien entwickelt werden, die das messen, was gemessen werden soll. Ob jemand als »fies« dargestellt ist, läßt sich subjektiv relativ leicht vom Zuschauer feststellen. Wie aber kann dies methodisch zuverlässig intersubjektiv nachprüfbar gemacht werden? Dies hängt vor allem vom Auffinden vertretbarer Klassifizierungen ab, die den Inhalt des Dokumentes zutreffend erfassen. Es soll freilich nicht bestritten werden, daß es möglich ist, auch im Bereich der unmittelbaren Inhaltsanalyse zu brauchbaren Ergebnissen zu kommen. In gewisser Hinsicht sind diese Ergebnisse aber nicht objektiv, sondern **mehr oder weniger überzeugende Interpretationen des Inhalts der Dokumente.** Damit stellt sich die Dokumentenanalyse als zwar brauchbare, aber in ihrem Erkenntniswert durchaus beschränkte Methode zur Gewinnung kriminologischer Aussagen dar.

Die in der Kriminologie sehr wichtige Arbeit mit **Kriminalstatistiken** verlangt, einige grundsätzliche Probleme dieser Dokumente bei ihrer Interpretation zu beachten. Zum einen sind diese Statistiken Tätigkeitsnachweise der jeweiligen Behörden und Gerichte. Die Polizeiliche Kriminalstatistik etwa gibt wieder, wieviele und welche Fälle die Polizei im erfaßten Jahr abschließend bearbeitet hat. Statistische Erfassung ist inzwischen zudem technisch sehr kompliziert, so daß es schon deswegen zu Erfassungsfehlern kommen muß. Da in der Wissenschaft aber diese Statistiken für den Nachweis der Kriminalität für eine bestimmte Region zu einer bestimmten Zeit verwendet werden, muß man sich auch über die Möglichkeiten der inhaltlichen Verzerrung ihrer Ergebnisse im klaren sein. Daß die Kriminalstatistik unterschiedlichen Fehlereinflüssen unterliegt, wird immer wieder gesagt und vereinzelt auch empirisch nachgewiesen. *Gundlach/Menzel* haben in einer Untersuchung 1992 Fehlerquellen der PKS (Polizeiliche Kriminalstatistik) für Hamburg aufgezeigt. Bei der Prüfung von 456 vergleichbaren Fällen stellte sich heraus, daß nur rund 52% der Fallerfassungen fehlerfrei waren (*Gundlach/Menzel* 1992, 66). Die untersuchten Datensätze wiesen 299 Fehler auf, ein Drittel einen Fehler, 12% zwei Fehler und knapp 3% drei und mehr Fehler. Beachtlich war, daß sich fast 23% der Fehler auf eine falsche strafrechtliche Qualifikation der erfaßten Daten bezogen (*Gundlach/Menzel* 1992, 67). Immerhin waren 19% der Fehler falsche Deliktsangaben. Es waren der innerörtliche Tatort zu 18% falsch, die Tatzeit zu 12% und 5 von 8 Opfererfassungen waren unrichtig (*Gundlach/Menzel* 1992, 70). Die Autoren kommen zu dem Ergebnis, daß die Qualität der in der Polizeilichen Kriminalstatistik erfaßten Daten ungenügend sei (*Gundlach/Menzel* 1992, 76).

2.3.2 Befragung

Literatur: *Ulrike Froschauer/Manfred Lueger,* Das qualitative Interview, Wien 1992; *Richard Költringer,* Die Interviewer in der Markt- und Meinungsforschung, Wien 1992; *Heiner Meulemann,* Gemeinsamer Alltag, geteilte Perspektive? Die Übereinstimmung zwischen Mann und Frau in einer repräsentativen Befragung von Ehepaaren. In: *Heiner Meulemann/Karl-Heinz Reuband,* Hrsg., Soziale Realität im Interview. Empirische Analysen methodischer Probleme, Frankfurt a. M. 1984, S. 207 bis 239; *G. Schoknecht,* Wie zuverlässig sind Befragungsergebnisse bei epidemiologischen Studien? Medizinische Welt 38 (1978), S. 1067 bis 1071; *Charles N. Weaver/Carol L. Swanson,* Validity of reported date of birth, salary, and seniority. Public Opinion Quarterly 38 (1974), S. 69 bis 80; *Joachim Wittkowski,* Das Interview in der Psychologie, Opladen 1994.

54 Seit über zwanzig Jahren wird, besonders im Zuge der Dunkelfeldforschung, die **Befragung** auch in Deutschland als wichtiges Instrument zur Gewinnung kriminologischer Erkenntnisse eingesetzt. Die Befragung kann grundsätzlich auf zwei Arten durchgeführt werden: **schriftlich oder mündlich (als Interview).** Unterschiede ergeben sich vor allem hinsichtlich der Beeinflußbarkeit der erhobenen Aussagen. Ansonsten sind die Unterschiede eher technischer Natur. Freilich lassen sich manche Formen der Befragung kaum schriftlich durchführen. Der methodisch bedeutsamste Unterschied zwischen mündlicher und schriftlicher Befragung besteht in der möglichen **Beeinflussung der Ergebnisse** durch die Person des Interviewers, der in der Regel nur bei mündlichen Befragungen anwesend ist und der, wie wir aus empirischen Untersuchungen wissen, durchaus einen Einfluß auf die Antworten haben kann. Es ist üblich zu behaupten, daß mit Befragungen zwei Arten von Daten erhoben werden können: Einstellungen und Verhalten. Diese Angabe ist jedoch ungenau, weil mittels Befragung auch schlichte Fakten, die weder Einstellung noch Verhalten beinhalten, erfaßt werden können. Davon unabhängig ist das methodische Problem, daß jede Äußerung (auch über Verhalten bzw. Fakten) letztlich eine Äußerung über Einstellungen des Befragten ist. Die Antwort besagt immer nur, welche Vorstellung der Befragte von einer bestimmten Sache hat, unabhängig davon, ob diese Sache ein Faktum ist oder nicht.

55 Für die **Erhebung von Einstellungen** steht als Methode allein die Befragung zur Verfügung; für die Ermittlung von Fakten und Verhalten gibt es auch andere Methoden. Diese dürften sogar zuverlässiger als Befragungen sein, obwohl einzelne Tatsachen wegen ihres besonderen Charakters nur durch Befragung erhoben werden können. Ein gewichtiger Nachteil der Befragungen besteht darin, daß damit **Verhalten nicht unmittelbar erfaßt werden kann.** Bei Befragungen erhält man daher nur Einschätzungen der Wirklichkeit. Solche Einschätzungen sind aber in vielen Fällen mit der Wirklichkeit nicht deckungsgleich. Theoretisch besser wäre zur Erfassung von Verhalten die Anwendung von Experimenten und Beobachtungen.

Die Befragungen werden hinsichtlich der Festlegung des Ablaufes und dessen inhaltlicher Ausgestaltung üblicherweise in drei Formen geteilt: **standardisierte, halbstandardisierte und nichtstandardisierte Befragungen.** Im strengen Sinne gibt es freilich die nichtstandardisierte Befragung sinnvollerweise nur als Interview, weil die hier notwendige Stimulierung von Antworten der Befragten nur im Gespräch möglich ist. Eine Befragung nennen wir standardisiert, wenn man einen bis ins einzelne vorher festgelegten Fragebogen oder ein Frageschema verwendet, bei dem der gesamte Ablauf schon im voraus festgelegt ist und auch die Antwortmöglichkeiten zumindest teilweise vorgegeben sind. Der Vorteil eines solchen Vorgehens liegt in der weitgehenden Gleichartigkeit der Anwendung der Methode. Einer der schwerwiegendsten Nachteile besteht darin, daß das Maß an Information, das man so erhalten kann, damit auch begrenzt wird. Im übrigen muß der Fragesteller bereits gut über das von ihm zu Erfragende Bescheid wissen, damit er einen informationshaltigen Fragebogen erstellen kann. Bei halbstandardisierten Befragungen, in der Praxis ebenfalls als Interview, liegt ein bestimmtes Frageschema vor, das für den Fragesteller aber nicht verbindlich ist. Er kann noch zusätzliche Fragen formulieren und sie auch erläutern oder wiederholen. Die Befragungssituation ist daher nicht bei allen durchgeführten Interviews dieselbe und hängt konkret stark sowohl vom Interviewer als auch vom Interviewten ab. Allerdings hat diese Form den Vorteil, daß mehr Informationen erlangt werden können, wenn sich zeigt, daß der Interviewte mehr Informationen bieten kann. Darunter leidet aber die Vergleichbarkeit der erhobenen Daten. Das nichtstandardisierte Interview ist das in freier Gesprächsform, bei dem die Versuchsperson zu einem bestimmten Themenbereich befragt wird. Dabei wird bei den weiteren Fragen auf die vorhergehenden Antworten eingegangen. Als klassisches Beispiel eines solchen Interviews können die in verschiedenen Zeitschriften veröffentlichten Gespräche mit Prominenten angeführt werden. Es ist einsehbar, daß die Zuverlässigkeit und die Ergiebigkeit der Befragung vom Thema und von den gestellten Fragen abhängig ist. Grundsätzlich kann nach allem gefragt werden, was der Versuchsperson bekannt ist. Tatsächlich muß aber bedacht werden, daß nur das erfragt werden kann, was eine Versuchsperson (erfahrungsgemäß) auch beantworten will. Man wird daher von vornherein solche Fragestellungen ausschließen, die diesen Erfordernissen nicht entsprechen. Dabei mag es gelegentlich schwer sein zu übersehen, was den zu Befragenden »zugemutet« werden kann. Eine Dunkelfelduntersuchung etwa zum Mord ist unter dem Gesichtspunkt der Zumutbarkeit kaum möglich. Sie wäre es auch aus ande-

56

ren Gesichtspunkten nicht, weil die mögliche Zahl der Täter unter den Befragten so gering wäre, daß kaum zu erwarten ist, daß man mehrere Täter damit erfassen könnte. Im übrigen darf man nicht unterstellen, die intellektuellen Leistungen der Befragten seien generell sehr hoch. Bestimmte Personengruppen unter Befragten sind nicht in der Lage, über Tatsachen zutreffend Auskunft zu geben.

Die Überprüfbarkeit der Zuverlässigkeit der Angaben der Befragten ist praktisch gering. Grundsätzlich kann die Richtigkeit der Angaben über Einstellungen überhaupt nicht überprüft werden. Aber auch die Richtigkeit der Angaben zu Fakten ist kaum überprüfbar. So ergab sich etwa in der Befragung von *Kürzinger* (1978, 75), daß rund 30 Prozent der Befragten, die eine Strafanzeige bei der Polizei gestellt hatten, dies den Interviewern verschwiegen bzw. sich nicht mehr daran erinnern konnten. Aus Befragungen über das Einkommen wissen wir, daß die Angaben sehr häufig falsch sind. Gelegentlich ist es schon schwierig, von Personen aus sozialproblematischen Gruppen eine zutreffende Antwort auf die Frage nach der Geschwisterzahl zu erhalten. Zentrales Problem der Güte einer Befragung ist deshalb neben der vom Befragten zu erbringenden Leistung (etwa seines Gedächtnisses) die richtige Fragestellung des Untersuchers. Von der Güte der Fragen hängt weitgehend die Güte der Antworten ab. Es findet sich in der Literatur ein ganzer Katalog von Einflußmöglichkeiten auf Antworten und Abhängigkeiten der Antworten von der richtigen Fragestellung, auf den hier nicht ausführlich eingegangen werden kann. Es lassen sich aber einige Grundsätze für die kriminologische Forschung ermitteln, die beachtet werden sollten. In der Praxis muß die **Fragestellung** klar und unzweideutig sein, die verwendete Sprache soll allgemein verstanden werden, möglichst nicht mit (unbekannten) Fremdwörtern durchsetzt, aber auch nicht eine Primitivsprache sein. Es kat kaum Sinn, Fragen zu stellen, die ein bestimmtes Wissen voraussetzen. Dies trifft sogar für Einstellungsmessungen zu, denn auch hier muß für die Einordnung des Sinngehaltes einer Frage der Befragte einen bestimmten Wissensstand erreicht haben, weil er sonst die Frage als solche nicht versteht. Fragen dürfen nicht suggestiv sein. Es macht einen Unterschied, wenn man nach einem Ladendiebstahl einen möglichen Täter bei der Dunkelfelduntersuchung fragt und dabei unterschiedliche Fragen verwendet.

Beispiel 1: Neutrale Fragestellung:
»Haben Sie in den letzten zwei Jahren etwas aus einem Geschäft mitgenommen, ohne es auch ordnungsgemäß zu bezahlen?«

Beispiel 2: Negativ suggestive Fragestellung:
»Sie gehören doch nicht zu den jetzt immer häufiger zu findenden Ladendieben?«

Beispiel 3: Positiv suggestive Fragestellung:
»Heute begeht ja jeder einen Ladendiebstahl, wann haben Sie Ihren letzten begangen?«

Da die Antwort auf eine Frage immer eine Reaktion auf einen Stimulus ist, ist einsehbar, daß bei nicht neutraler Fragestellung die Antworten durch die Fragen verzerrt werden. Damit aber ist die Gültigkeit der Antworten stark beeinträchtigt. Fragen selbst dürfen keine Wertungen enthalten, außer in den Fällen, in denen den ein Befragter diese Wertungen gerade bejahen oder ablehnen soll.

Der Befragte muß ferner die Möglichkeit haben, alle denkbaren Antworten zu geben. Dies ist kein Problem bei offenen Fragen. Darunter versteht man solche, bei denen der Inhalt der Antwort vom Befragten selbst bestimmt wird. Auch bei geschlossenen Fragen muß man, um methodisch zuverlässig zu sein, alle denkbaren Antworten zulassen. Daher ist es bei komplizierten und verhältnismäßig unbekannten Sachverhalten besser, mit offenen Fragen zu arbeiten. Allerdings wissen wir, daß sich Befragte bei offenen Fragen eher dazu entschließen, die Beantwortung zu verweigern. Ein weiteres Problem ist das der **Teilnahmeverweigerung.** Bisherige Befragungen zeigen erwartungsgemäß, daß nicht alle, die man befragen möchte, dazu auch bereit sind. Dies ist für das Ergebnis dann bedeutungslos, wenn feststeht, daß die Ausfälle nicht systematisch, sondern »zufällig« sind. In der Wirklichkeit freilich sind solche Teilnahmeverweigerungen kaum zufällig, sondern hängen von bestimmten Faktoren ab, wie etwa dem Geschlecht der Befragten, ihrer sozialen Stellung usw. Damit aber wird die Repräsentativität der Ergebnisse beeinträchtigt. Es empfiehlt sich daher, die Ergebnisse der Befragungen mit hoher Verweigererquote besonders sorgfältig zu interpretieren.

Der Soziologe *René König* (1906 bis 1992) hat einmal die Befragung als die »via regia« (den »Königsweg«) der Sozialforschung bezeichnet. Dies dürfte trotz der ersichtlichen Vorteile von Befragungen viel zu optimistisch gesehen sein. Richtig ist sicherlich, **daß es viele Bereiche gibt, die praktisch nur durch Befragung erforscht werden können;** zutreffend ist auch, daß jede Befragung Ergebnisse zeitigt, daß sie so gesehen also »erfolgreich« ist. Freilich **steht inzwischen fest, daß man den Ergebnissen nur mit Maßen trauen kann, daß also mit nicht wenigen objektiv falschen Resultaten zu rechnen ist.** Sieht man einmal von der Verfälschung durch (bewußte) Nichtteilnahme an einer bestimmten Befragung ab, so sind auch die ausdrücklichen Antworten offensichtlich zu einem beachtlichen Teil nicht richtig. Sie sind in nicht wenigen Fällen nicht nur falsch, sondern auch zielgerichtet verzerrt. Dafür gibt es in der Literatur eine Anzahl von Nachweisen, von denen hier einige kurz angeführt werden sollen.

Weaver und *Swanson* (1970, 69ff.) haben im Jahre 1970 Feuerwehrleute und Polizisten aus San Antonio/Texas, USA, telefonisch nach Alter, Einkommen und Dienstzeit befragt, um zu testen, wie genau die Antworten auf Fragen waren, von denen sie die richtigen Daten kannten. Bei der Altersangabe stellte sich heraus, daß bei den 321 Befragten bei 82% bis 98,5% (je nach Lebensalter) die Antworten richtig waren. Das genaue Einkommen nannten in den unterschiedlichen Altersgruppen maximal 1,6%. Von den bis 50jährigen Befragten nannten zwischen 82% und 92% ein zu hohes Einkommen. Schließlich waren auch die Angaben zum Dienstalter nicht sehr genau. Hier gaben von den 30- bis 40jährigen Befragten nur 82% die genaue Dienstzeit an; bei den 21- bis 30jährigen waren dies sogar nur 44%.

60 1984 veröffentlichte *Meulemann* (1984, S. 207ff.) Daten einer Untersuchung über die Übereinstimmung von Antworten von 512 Ehepaaren bei einer repräsentativen Befragung in der Bundesrepublik. Dabei zeigte sich weitgehend keine volle Übereinstimmung selbst bei relativ unproblematischen Fragen, was nicht ohne weiteres zu erwarten war. Selbst auf die Frage, ob man ein Telefon habe, betrug die Übereinstimmung nur 97,8%. Über den Hauptverdiener waren sich nur 68,1% der Ehepaare einig. Ein identisches Nettoeinkommen des Haushaltes gaben 86,5% an. Dramatischer und für kriminologische Fragen prinzipiell bedeutsamer war die (fehlende) Übereinstimmung bei Antworten auf Fragen nach der Verteilung von Entscheidungen in der Ehe. Bei Fragen nach der Kindererziehung, der Anschaffungen von Haushaltsgeräten, des Haushaltsgeldes und der größeren Anschaffungen lagen die übereinstimmenden Antwortquoten zwischen 74,7% und 79,6%. In mehr als einem Fünftel der Fälle also stimmte die Antwort beider Ehepartner hier nicht überein.

61 In einem 1987 von *G. Schoknecht* (1987, 1067ff.) veröffentlichten Aufsatz über die Zuverlässigkeit von Befragungsergebnissen aus dem medizinischen Bereich zeigt sich, wie unzuverlässig auch diese Daten sind. *Schoknecht* vergleicht die Ergebnisse zweier Befragungen desselben Patientengutes, die im Abstand von rund zwei Jahren in Berlin 1982/83 und 1984/85 durchgeführt wurden und 2437 Personen betrafen. Bei Fragen nach jemals von einem Arzt festgestellten Krankheiten gaben bei den männlichen Befragten alle in der zweiten Untersuchungsstufe weniger Krankheiten an als in der ersten, obwohl das Gegenteil zu erwarten gewesen wäre. Die Minderberichtsraten lagen zwischen 19% (Bluthochdruck) und 50% (Hautkrankheiten). Die entsprechenden Werte für weibliche Befragte lagen zwischen 18% (Krankheiten des Bewegungsapparates) und 46% (Harnsäureerhöhung/Gicht). Auch bei der Frage nach dem erreichten Schulabschluß waren die Antworten nicht einheitlich; die Differenz betrug hier bei männlichen Befragten bis zu 12%, bei weiblichen nur bis 5% (*Schoknecht 1984, 1069*).

62 Als Resumee zeigt sich, **daß man den Realitätsgehalt von Antworten in Befragungen als nicht zu hoch ansetzen darf.** Dies ist angesichts der Tatsache, daß für kriminologische Forschungen oft nur der Weg über Befragungen bleibt, sicherlich problematisch und verführt viele Wissenschaftler dazu, die fragwürdige Zuverlässigkeit der Antworten zu verdrängen. Dennoch hat man dies realistischerweise zu bedenken. Wenn man das Bild von *René König* von der Befragung als »Königsweg« in den Sozialwissenschaften aufnehmen möchte, dann läßt sich sagen, daß die Befragung eher einem steinigen und staubigen Feldweg gleicht als einer breiten Prachtstraße. Aber auch Feldwege führen, wenn schon nicht nach Rom, so zumindest in seine Vororte.

2.3.3 Beobachtung

Literatur: *Reiner Aster,* Teilnehmende Beobachtung. Werkstattberichte und methodologische Reflexionen, Frankfurt a. M. 1989; *Jürgen Friedrichs/Hartmut Lüdtke,* Teilnehmende Beobachtung, 3. Auflage, Weinheim 1977; *Jürgen Friedrichs,* Hrsg., Teilnehmende Beobachtung abweichenden Verhaltens, Stuttgart 1973; *Karl-Wilhelm Grümer,* Beobachtung, Stuttgart 1974; *René König,* Hrsg., Beobachtung und Experiment in der Sozialforschung. Praktische Sozialforschung II, 3. Auflage, Köln usw. 1966.

Die **Beobachtung ist** sicherlich **die älteste wissenschaftliche Methode überhaupt.** Sie bildet die Grundlage für systematische Untersuchungen über die Wirklichkeit. Freilich war sie anfangs eine unkontrollierte, unsystematische und damit naive Beobachtung. **Wir wissen aber, daß wir bei Beobachtungen, auch im täglichen Leben, nicht alles wahrnehmen, was wir wahrnehmen könnten und auch das, was wir wahrnehmen, nicht zuverlässig wahrnehmen.**

Daher läßt sich erst ab der Zeit von einer wissenschaftlichen Methode des Beobachtens sprechen, ab der der besondere Charakter dieser Methode erkannt und sie auch kontrollierbar gemacht wurde. Die Beobachtung ermöglicht in der Kriminologie, Verhalten von Einzelpersonen oder Gruppen zu erfassen. Daneben lassen sich auch Geschehensabläufe ermitteln, doch spielen sie in der Kriminologie eine geringere Rolle, da Mittelpunkt der Beobachtungen der Mensch ist oder zumindest ein Handlungsablauf, in dem der Mensch eine entscheidende Rolle spielt.

Es gibt verschiedene Möglichkeiten, wissenschaftliche Beobachtungen zu klassifizieren. Nach dem Grad der Strukturierung der Beobachtung, also des tatsächlichen Vorgehens bei der Beobachtung, lassen sich **unstrukturierte Beobachtung und strukturierte Beobachtung** trennen. Unstrukturiert ist eine Beobachtung dann, wenn der Beobachter einfach »ansieht, was läuft« und sich dann Gedanken darüber macht, was er eigentlich gesehen und gehört hat. »Strukturiert« ist eine Beobachtung, wenn der Beobachter bereits vor seiner Beobachtung festlegt, welche Ereignisse er beobachten will. Der Beobachter kann seine **Beobachtung offen oder verdeckt** vornehmen, wobei sich diese Kategorien auf die zu beobachtenden Vorgänge beziehen. Ein Beispiel für eine verdeckte Beobachtung ist etwa die Überwachung des Verhaltens von Fußgängern an Verkehrsampeln von einer der Anlage gegenüberliegenden Wohnung (hinter Vorhängen) aus. Hier würde der Beobachtete nicht bemerken, daß er beobachtet wird. Entsprechend liegt eine offene Beobachtung vor, wenn sich der Beobachter sichtbar an der Ampel aufhält und Notizen über das Verhalten der Fußgänger anfertigt. **Beobachtung kann sowohl durch Teilnahme des Beobachters am zu beobachtenden Vorgang (teilnehmende Beobachtung) als auch durch Nichtbeteiligung am Vorgang selbst (nichtteilnehmende Beobachtung) geschehen.** Im ersten Fall nimmt der Beobachter am Geschehen, das er beobachtet, selbst teil. Besteht z. B. der Plan, das Fahrverhalten von Autofahrern auf Bundesautobahnen zu beobachten, so begibt sich der teilnehmende Beobachter dazu selbst auf die Autobahn und fährt dort mit seinem Personenkraftwagen. Nichtteilnehmende Beobachtung läge hier dann vor, wenn der Beobachter den Verkehr etwa von einer Autobahnbrücke aus beobachten würde. Er nimmt dann am beobachteten Verhalten selbst nicht teil. Teilnehmende Beobachtung kann qualitative und auch quantitative Merkmale des Geschehens erfassen. Als qualitative Merkmale sind jene zu verstehen, die nicht unmittelbar abgezählt oder gemessen werden können, die also eine Beschaffenheit beschreiben, die nicht unmittelbar numerisch festgestellt werden kann, wie etwa freundliches Verhalten. Es gibt freilich auch qualitative Merkmale, die eindeutig sind, wie etwa das Geschlecht eines Menschen. Quantitative Merkmale sind folglich solche, die gezählt, gemessen, gewogen usw. werden können, etwa die Anzahl der Vorstrafen oder das Lebensalter eines Probanden.

65 Die Beobachtung in der Kriminologie ist bisher vor allem als teilnehmende Beobachtung relevant geworden. Die Beobachtung ist zwar prinzipiell ein gutes Mittel zur Gewinnung von Erkenntnissen, doch gibt es Fehlerquellen, die ihren Wert beeinträchtigen. Ein Grundproblem ist die Tatsache, **daß wir als Außenstehende sehr häufig nicht verstehen, was wir »eigentlich« sehen und hören,** besonders dann, wenn der zu beobachtende Gegenstand uns nicht vertraut ist. Hier ist nicht gewährleistet, daß das, was man sieht und hört, auch richtig verstanden und damit auch eingeordnet wird. Zudem verleitet die Beobachtung dazu, schon frühzeitig darauf festzulegen, **was ein Geschehen »bedeutet«.** Im Laufe der Zeit freilich kann die Vertrautheit mit der zu beobachtenden Situation dazu führen, daß nicht mehr alles Einschlägige (nach unserer Fragestellung) wahrgenommen wird oder aber, daß das Wahrgenommene nunmehr anders beurteilt wird, obwohl tatsächlich keine Änderung eingetreten ist. Auch der Beobachtungsvorgang selbst ist nicht frei von methodischen Problemen, denn wir können uns bei den Beobachtungen täuschen, also meinen, etwas wahrzunehmen, was nicht wirklich geschieht. Bei der teilnehmenden Beobachtung kommt hinzu, **daß durch die eigene Teilnahme die gesamte Situation (das sog. »Feld«) gestört werden kann.** Es läßt sich nicht ausschließen, daß die Beobachteten,

die wissen, daß sie beobachtet werden, anders reagieren als üblicherweise. Wird ein Feld beeinflußt, wie etwa beim vorher genannten Beispiel des Autobahnverkehrs, dann kann die Teilnahme das Verhalten der anderen ändern. Es wird dann nicht mehr das beobachtet, was »gewöhnlich« geschieht, sondern eine Reaktion auf bewußtes Verhalten des Beobachters.

2.3.4 Experiment

Literatur: *Erhard Blankenburg*, Die Selektivität rechtlicher Sanktionen. Eine empirische Untersuchung von Ladendiebstählen. Kölner Zeitschrift für Soziologie und Sozialpsychologie 21 (1969), S. 805 bis 829; *Jürgen Bredenkamp*, Theorie und Planung psychologischer Experimente, Darmstadt 1980; *Werner Herkner*, Hrsg., Experimente zur Sozialpsychologie, Bern usw. 1981; *Karl-Hermann Wewetzer*, Hrsg., Experiment, Test, Befragung, Darmstadt 1981; *Ekkart Zimmermann,* Das Experiment in den Sozialwissenschaften, Stuttgart 1972.

Obwohl beispielsweise für psychologische Fragestellungen **Experimente** durchaus häufig durchgeführt werden, ist es in der Kriminologie bisher nicht gelungen, das Experiment in größerem Rahmen anzuwenden. Nach einer klassischen Definition von *Wundt* im Jahre 1913, die inhaltlich auch heute noch akzeptiert wird, kann das Experiment in der Sozialwissenschaft wie folgt definiert werden:

»Das Experiment besteht in einer Beobachtung, die sich mit der willkürlichen Einwirkung des Beobachters auf die Entstehung und den Verlauf der zu beobachtenden Erscheinung verbindet.«

In der Kriminologie sind die sozialen Sachverhalte so komplex, daß sich Experimente trotz ihrer theoretisch großen Genauigkeit praktisch nicht durchführen lassen. Es gibt Ansätze zu solchen Experimenten, doch sind die Erträge bescheiden geblieben. Als **Beispiel** eines solchen Experimentes in der Kriminologie kann die Studie von *Blankenburg* (1969) zum **Dunkelfeld des Ladendiebstahls** angeführt werden, weil hier die Problematik der Methode besonders deutlich zutage tritt. Bei dem Experiment sollten von Versuchspersonen »Probediebstähle« verübt werden, um aus der Entdeckungsquote die Höhe des Dunkelfeldes zu bestimmen. Eine Analyse des Experimentes zeigt jedoch, daß dieses offensichtlich nicht in der Lage war, die Situation entstehen zu lassen, die gewöhnlich beim Ladendiebstahl herrscht, denn die »Probediebe« wußten, daß sie nicht »wirklich« stahlen und damit auch kein Risiko eingingen. Die Situation beim Experiment war schon so gesehen nicht real, abgesehen von den dort gemachten weiteren Vorgaben. Im übrigen dürfte in den meisten kriminologisch relevanten Fällen die Durchführung von Experimenten deswegen scheitern, weil dafür zu komplizierte Forschungspläne erforderlich wären. Das größte Hindernis allerdings besteht wohl darin, daß in der Kriminologie sich nur sehr wenige Fragestellungen durch das Experiment klären lassen.

2.4 Statistik in der kriminologischen Forschung

Literatur: *Karl Bosch,* Statistik für Nichtstatistiker, 2. Auflage, München 1994; *Hans-Dieter Hippmann,* Statistik für Wirtschafts- und Sozialwissenschaftler, Stuttgart 1994; *Walter Krämer,* So überzeugt man mit Statistik, Frankfurt a. M. 1994; *ders.,* Statistik verstehen, Frankfurt a. M. 1992; *Josef Kürzinger,* Asozialität und Kriminalität. Eine kriminologische Untersuchung an zwei Gruppen von Asozialen. Jur. Diss. Tübingen 1970; *Elisabeth Noelle,* Umfragen in der Massengesellschaft. Einführung in die Methoden der Demoskopie, Reinbek 1963; *Peter M. Schulze,* Beschreibende Statistik, 2. Auflage, München 1994; *Peter Zöpfl,* Statistik in der Praxis, 3. Auflage, Stuttgart 1992.

68 **Für die Aufbereitung der Ergebnisse empirischer kriminologischer Forschung ist es oft notwendig, sich der Statistik zu bedienen.** Obwohl die Statistik bei vielen in Verruf steht, wahrscheinlich nur deswegen, weil sie falsch gesehen wird, **ist ohne statistische Verfahren Auswertung und Darstellung empirischer Untersuchungen kaum möglich.** Im folgenden kann nur kurz auf einige Bereiche der Statistik, die für die Kriminologie wichtig sind, eingegangen werden. Weder kann eine gründliche Darstellung geboten werden, noch gar ein erschöpfender Grundriß.

Im Rahmen einer Darstellung zur Kriminologie müssen einige grundlegende Hinweise genügen. Der Kriminologe sollte sich darüber im klaren sein, **daß durch Statistik keine neuen Erkenntnisse gewonnen werden können,** sondern nur das, was an Ergebnissen in einer Untersuchung ermittelt wird, geordnet und übersichtlich dargestellt werden kann. Dabei muß man sich freilich bewußt bleiben, daß gelegentlich wohl nicht zu Unrecht behauptet wird, Statistik sei nicht nur eine Methode, sondern vielmehr ein Modell der Darstellung der Wirklichkeit. Wenn dies zutrifft, dann allerdings vermag Statistik mehr als nur die Wiedergabe von Einzelergebnissen zu sein. Vielleicht aber liegt auch im Modell nur eine besondere Form der Darstellung von Ergebnissen empirischer Forschung.

69 Wenn wir den **Weg der kriminologischen Forschung** näher betrachten, dann sehen wir, daß Ausgangspunkt jeder gezielten Forschung eine Hypothese (oder eine Theorie) sein muß, die überprüft werden soll. Um eine Hypothese überprüfen zu können, ist sie zuerst zu operationalisieren. Danach kann die empirische Forschung beginnen. Da Hypothesen schon nach ihrer Definition universelle Gültigkeit zu beanspruchen haben, kann man davon ausgehen, daß der durch sie erfaßte Gegenstand sehr umfangreich ist und daß die zu untersuchenden Elemente demnach äußerst zahlreich sind. Würde etwa die Hypothese lauten, alle Kriminellen hätten blonde Haare oder blaue Augen, dann sind für die durchzuführende Untersuchung Gegenstand alle Kriminellen. Wir wollen bei diesen Überlegungen nicht näher auf die Schwierigkeit des Begriffes »Krimineller« eingehen und nehmen daher an, es sei eindeutig festzustellen, wer ein Krimineller sei, aber es gibt so viele (offenkundige) Kriminelle, allein schon in Deutschland, daß wir unmöglich alle in unsere Untersuchung einbeziehen können. Alle Kriminellen würden in der Sprache der Statistik für diese Fragestellung unsere **Grundgesamtheit** darstellen. Diese Grundgesamtheit ist nicht etwas Vorgegebenes, sondern wird erst durch den Untersuchungszweck bestimmt. Im genannten Beispiel ist die Grundgesamtheit »alle Kriminellen«. Wir können uns viele andere Grundgesamtheiten vorstellen: alle Radfahrer, alle Theaterbesucher, alle Polizisten usw. Eine Grundgesamtheit setzt sich in aller Regel aus einer Vielzahl von natürlichen Elementen zusammen. Elemente nennen wir dabei die einzelnen Teile der Grundgesamtheit. Diese Elemente müssen nicht unbedingt Personen sein. Es kann sich auch um Gegenstände handeln, etwa alle deutschsprachigen Bücher, oder auch um Begriffe, etwa alle Kriminalitätstheorien. Die Grundgesamtheit muß vor der Untersuchung genau festgelegt werden. Um die Grundgesamtheit eindeutig bestimmen zu können, sind Begrenzungen in dreifacher Hinsicht erforderlich: sachliche, örtliche und zeitliche.

»Alle uniformierten Polizisten des Landes Baden-Württemberg, die im Januar 1995 an der Landes-Polizeischule Freiburg unterrichtet wurden«, würden eine solche Grundgesamtheit darstellen. Es ist leicht einsehbar, daß wir in der praktischen kriminologischen Forschung kaum einmal alle Elemente einer Grundgesamtheit in eine Untersuchung einbeziehen können, weil die Grundgesamtheit in der Regel so groß ist, daß dies schon technisch nicht zu bewältigen ist. Hinzu kommt oft auch das Problem beschränkter finanzieller Mittel. Wollte man etwa die Einstellung der Deutschen zur Todesstrafe erfassen, dann könnte man (theoretisch) zwar alle (80 Millionen!) Deutschen befragen, aber Kosten und Arbeitsaufwand wären so groß, daß dies praktisch nicht durchzuführen ist: Wir müssen uns deshalb häufig damit begnügen, nur einen Teil aus der Grundgesamtheit zu untersuchen. Diesen Teil nennen wir die **Stichprobe** (englisch »sample«). Die Stichprobe muß so beschaffen sein, daß sie die charakteristischen Merkmale der Grundgesamtheit widerspiegelt, also repräsentativ ist. Wenn wir eine Stichprobe aus der Gesamtbevölkerung bilden, dann müssen in ihr etwa die Anteile an Männern und Frauen, an unterschiedlich Ausgebildeten usw. auch in der Stichprobe entsprechend vertreten sein. Man kann, um eine solche Stichprobe zu erhalten, sich verschiedener Verfahren bedienen. Allerdings muß die Stichprobe eine genügend große Anzahl von Elementen umfassen, um sicherzustellen, daß sie der Grundgesamtheit entspricht. Die Größe der erforderlichen Stichprobe läßt sich abschätzen, wenn man vorgibt, von welcher Genauigkeit die zu findenden empirischen Ergebnisse sein müssen und auch die Verteilung der Ergebnisse in etwa kennt. Wegen der Einzelheiten muß auf die entsprechende statistische Literatur verwiesen werden.

Zur **Bestimmung einer Stichprobe** gibt es im Prinzip zwei Verfahren: einmal die **einfache Zufallsauswahl (random sample)** und zum anderen die **geschichtete Stichprobe (stratified sample)**.

Bei der **Zufallsauswahl** wählt man aus der Grundgesamtheit die Zahl der zu untersuchenden Elemente durch Zufall aus. Bei diesem Verfahren muß jedes Element der Grundgesamtheit die gleiche Chance haben, in die Stichprobe zu gelangen. Man schreibt etwa die Namen aller Elemente der Grundgesamtheit, wenn es sich um natürliche Personen handelt, auf Zettel und zieht wie bei einer Verlosung so viele Zettel, wie man für die Stichprobe Personen benötigt. Oder man numeriert Namenslisten, etwa bei großen Listen, und wählt dann die Anzahl von Namen aus, die man braucht. Man nimmt so etwa jede dritte, sechste, neunte... usw. Nummer.

Bei der **geschichteten Stichprobe** hat (nur) jedes Element, das zu einer bestimmten Schicht gehört (etwa Frauen, Hauptschüler usw.) dieselbe Chance, ausgewählt zu werden. Vor der Auswahl müssen in diesen Fällen die Elemente der Grundgesamtheit also in solche Schichten geteilt werden. Innerhalb der einzelnen Schicht wird dann wieder nach dem Zufall die Stichprobe gezogen. Dieses Verfahren verwendet man, wenn es gerade auf diese Schichten ankommt und man weiß, daß sie in einer Grundgesamtheit sehr unterschiedlich häufig vorkommen. Wenn man also wissen möchte, ob die Berufszufriedenheit der Beamten des höheren Polizeidienstes genau so groß ist wie die des mittleren Dienstes, dann wird man eine geschichtete Stichprobe ziehen, damit auch genügend viele Beamte des höheren Dienstes befragt werden können. Bei der reinen Zufallsauswahl wäre der Anteil der höheren Beamten in der Stichprobe sehr gering. Wird eine Stichprobe sachgerecht gezogen, kann man davon ausgehen, daß sie repräsentativ ist und die einzelnen Merkmale in derselben Weise ausweist wie die Grundgesamtheit. Voraussetzung dafür ist freilich, daß die Stichprobe einigermaßen umfangreich ist. Je seltener ein bestimmtes Merkmal in der Grundgesamtheit vorkommt, desto größer muß die gezogene Stichprobe dann sein.

71 Zur Darstellung der in kriminologischen Untersuchungen gefundenen Ergebnisse bedient man sich üblicherweise der **beschreibenden Statistik**. Statistik betreibt man bereits mit der einfachen Häufigkeitszählung. Man bringt dabei die gefundenen Daten in eine lesbare und zur weiteren Verarbeitung geeignete Form. Neben den Häufigkeitsauszählungen erstellt man vor allem Berechnungen der relativen Anteile einzelner Merkmale, die Prozentzahlen. Diese einfachen Darstellungsformen der Ergebnisse empirischer Untersuchungen lassen sich durch die Ermittlung der Mittelwerte ergänzen. Der Begriff des Mittelwertes ist nicht eindeutig, weil man darunter Unterschiedliches verstehen kann. Die vier gebräuchlichsten Mittelwerte sind Spannbreite, arithmetisches Mittel (Durchschnitt), Modus und Median (Zentralwert).

Als Spannbreite bezeichnet man den Unterschied zwischen dem höchsten und dem niedrigsten vorkommenden Wert eines Merkmals. Würde es bei einer Untersuchung von Rückfalltätern solche geben, die einmal und (als höchsten Wert) einen, der zehnmal rückfällig geworden ist, dann betrüge der höchste festgestellte Wert 10 (Rückfälle), der niedrigste 1 (Rückfall), die Spannbreite beträgt somit (10-1) = 9.

Das arithmetische Mittel wird in der Umgangssprache als »Durchschnitt« bezeichnet. Er kann auf verschiedene Weise berechnet werden; am einfachsten dadurch, daß die Einzelwerte zusammengezählt werden und danach die erhaltene Summe durch die Anzahl der Einzelwerte geteilt wird.

Den Mittelwert kann man auch durch den Modus angeben. Der Modus ist der am häufigsten auftretende Wert. Der Modus sagt vor allem nichts über die Extreme aus. Wenn Merkmale sehr unterschiedliche Werte annehmen, läßt sich mit dem Modus wenig Zuverlässiges aussagen.

Einen weiteren Mittelwert stellt der Median (Zentralwert) dar. Der Median ist der Wert, der so beschaffen ist, daß er über und unter sich gleich viele Werte hat, also in der Mitte liegt. Um ihn zu ermitteln, sind die Einzelwerte ihrer Größe nach (beginnend mit dem kleinsten Wert) zu ordnen und – bei ungerader Zahl – der mittlere Wert festzustellen. Bei einer geraden Zahl der beobachteten Werte gibt es keinen wirklichen Zentralwert. Man definiert ihn in diesen Fällen als das arithmetische Mittel aus der höchsten Zahl der unteren und der niedrigsten Zahl der oberen Hälfte der nach ihrer Größe geordneten Einzelwerte.

Aus den bisherigen Ausführungen zu den Mittelwerten zeigt sich, daß sie für die Wiedergabe von Ergebnissen recht unanschaulich sind. Wir brauchen deswegen ein weiteres Maß, um die tatsächliche Verteilung richtig einschätzen zu können. Dazu verwenden wir Standardabweichung und Varianz.

Die Standardabweichung ist das Maß der Streuung der einzelnen Werte vom Mittelwert. Sind die einzelnen Werte der Beobachtung nur wenig vom arithmetischen Mittel, dem Durchschnitt, entfernt, dann ist die Streuung gering. Groß ist die Streuung aber dann, wenn sich die einzelnen Werte sehr stark vom Durchschnitt unterscheiden. Wenn sowohl die Standardabweichung als auch der arithmetische Mittelwert feststeht, kann der Variationskoeffizient berechnet werden. Dieser Wert erlaubt eine Aussage darüber, ob man von sehr ungleichen statistischen Massen sprechen muß.

Häufig findet bei der Darstellung kriminologischer (und auch sonstiger sozialwissenschaftlicher) Ergebnisse auch der **Chi-Quadrat-Signifikanztest** Anwendung. Mit diesem Test, dessen Grundlagen in den statistischen Lehrbüchern nachgelesen werden können, kann man (operationalisierte) Hypothesen überprüfen. Man kann also prüfen, ob eine Hypothese (Nullhypothese genannt) bestätigt wird oder ob sie zurückzuweisen ist. Der Test erlaubt es festzustellen, wie groß die (statistische) Wahrscheinlichkeit ist, daß eine gefundene Verteilung von Daten zufällig oder überzufällig ist. Stellt sich daher bei einem Vergleich zweier Untersuchungsgruppen eine statistisch signifikante abweichende Merkmalsverteilung heraus, kann man sagen, daß die Nullhypothese zurückgewiesen werden kann. Konventionellerweise nimmt man an, daß die Irrtumswahrscheinlichkeit 5% oder weniger betragen muß, um ein Ergebnis als signifikant, also als überzufällig zu bezeichnen. Der Chi-Quadrat-Test setzt aber das Vorliegen von repräsentativen Stichproben voraus. Seine Aussagen sind nur dann zutreffend, wenn aus der Grundgesamtheit die untersuchten Elemente zufällig ausgewählt worden sind. Die wirkliche Verteilung der untersuchten Merkmale würde man erst dann wissen, wenn man alle Elemente der Grundgesamtheit untersucht hat (was in der Realität selten möglich ist). Deshalb sind alle Ergebnisse, die auf Stichproben beruhen, keine empirisch sicheren Resultate, sondern nur – mit einer angebbaren Fehlermarge – wahrscheinliche Ergebnisse. Da wir in der Forschungswirklichkeit aber meist keinen anderen Zugang zur Einschätzung der Zuverlässigkeit der Ergebnisse haben, ist nur dieser Weg über statistische Tests möglich.

Auf die zahlreichen sonstigen, meist komplizierten statistischen Verfahren, wie etwa Varianzanalyse und Regressionsberechnungen, muß und kann im Rahmen dieses Buches nicht eingegangen werden.

2.5 Methoden als Grenzen kriminologischer Erkenntnis

73 Bewertet man die einzelnen in der Kriminologie angewendeten Methoden hinsichtlich ihres Erkenntnisgewinnes, so bleibt festzuhalten, **daß uns keine Methode zur Verfügung steht, die unsere wissenschaftlichen Fragen erschöpfend beantwortet.** Alle Methoden sind bezüglich ihrer Genauigkeit begrenzt und ermöglichen nur in gewissem Umfang die Erfassung der Wirklichkeit. Die Genauigkeit der in Sozialwissenschaften zur Verfügung stehenden Methoden ist deutlich geringer als die der Naturwissenschaften, wie etwa der Chemie oder Physik. Mit den uns derzeit zur Verfügung stehenden Methoden – und es ist nicht zu sehen, daß hier eine Änderung in absehbarer Zeit eintreten wird – lassen sich nur Aussagen treffen, die der Wirklichkeit angenähert sind. **Es wäre irrig zu meinen, der Grad der Zuverlässigkeit sozialwissenschaftlicher Ergebnisse sei sehr groß.** Schon ein Blick in die laufend veröffentlichten empirischen Untersuchungsergebnisse zeigt, daß bedeutsame Widersprüche bestehen. Dies ist zu einem nicht geringen Teil methodisch bedingt. Der Einwand, daß sich der Untersuchungsgegenstand der Kriminologie selbst ändere, ist zwar zutreffend, denn, um ein Beispiel zu nennen, es ist erwartungsgemäß, daß sich etwa das Sozialprofil des Diebes im Laufe der Zeit ändert oder die Verbrechen im Wandel der Zeiten andere Entstehungsvoraussetzungen haben, doch reicht das zur Erklärung der unterschiedlichen, gelegentlich einander auch widersprechenden Ergebnisse offenbar nicht aus. Für viele empirische Untersuchungen läßt schon eine oberflächliche Analyse erkennen, daß ihre unterschiedlichen Ergebnisse me-

thodisch bedingt sind, etwa durch Stichprobenauswahl oder Operationalisierung der Begriffe. Ohne einem uferlosen Skeptizismus hinsichtlich der Möglichkeiten der Erkenntnisse in der Kriminologie das Wort reden zu wollen, bleibt dem nüchternen Betrachter nicht verborgen, daß unser empirisches Wissen sehr bruchstückhaft und unzureichend ist. Da Wissenschaftler bestrebt sind, eine möglichst »umfassende« Erklärung der Wirklichkeit zu geben, besteht die Gefahr, daß diese Wissenslücken mit »Meinungen« ausgefüllt werden, die sich als empirische Erkenntnisse ausgeben. **Es ist daher richtig, allen kriminologischen Erkenntnissen bezüglich ihrer Allgemeinverbindlichkeit Vorbehalte entgegenzubringen.** Dies hat nichts mit Mißtrauen gegen den einzelnen Forscher zu tun, sondern ist ein Gebot der richtigen Einschätzung unserer Erkenntnismöglichkeiten. Die entscheidende Frage lautet daher nicht, ob uns die Kriminologie empirisch gesichertes Wissen überhaupt bieten kann, sondern, **wie umfangreich und zuverlässig dieses Wissen ist.** Die Antwort kann nicht allgemeinverbindlich gegeben werden, sondern hängt vom Einzelfall ab. Der Grad der Zuverlässigkeit dürfte auch nicht genau zu bestimmen sein, sondern wird sich nur annähernd feststellen lassen. Festzuhalten bleibt, daß empirische Forschung immer zu neuen Ergebnissen gelangt und daß es geradezu ihr Schicksal ist, **nie etwas Endgültiges und Abschließendes über Menschen und menschliches Tun aussagen zu können.**

Dritter Abschnitt

3. Kriminalätiologie: Wie entsteht das Verbrechen?

3.1 Die Erklärung der Verbrechensentstehung

Literatur: *Ronald L. Akers,* Criminological theories, Los Angeles 1994; *Daniel J. Curran/Claire M. Renzetti,* Theories of crime, Boston 1994; *Hans Haferkamp,* Kriminalität ist normal, Stuttgart 1972; *Günther Kaiser,* Kriminologie. Ein Lehrbuch, 2. Auflage, Heidelberg usw. 1988; *Hilde Kaufmann,* Kriminologie I: Entstehungszusammenhänge des Verbrechens, Stuttgart usw. 1971; *Ignatz Kerscher,* Sozialwissenschaftliche Kriminalitätstheorien, 5. Auflage, Weinheim usw. 1985; *Karl-Ludwig Kunz,* Kriminologie: eine Grundlegung, Bern 1994; *Dietmar Kurzeja,* Jugendkriminalität und Verwahrlosung, 4. Auflage, Gießen 1976; *Siegfried Lamnek,* Kriminalitätstheorien kritisch. Anomie und Labeling im Vergleich, München 1977; *ders.,* Neue Theorien abweichenden Verhaltens, München 1994; *ders.,* Theorie abweichenden Verhaltens, 5. Auflage, München 1993; *Fritz Sack/René König,* Hrsg., Kriminalsoziologie. 3. Auflage, Frankfurt am Main 1979; *Hans Joachim Schneider,* Einführung in die Kriminologie, 3. Auflage Berlin 1993; *Bernhard Villmow/Günther Kaiser,* Empirisch gesicherte Erkenntnisse über Ursachen der Kriminalität, Berlin 1974; *George B. Vold,* Theoretical criminology, New York 1986.

74 Da es zu den hervorragenden Zielen der Kriminologie gehört zu erklären, wie Kriminalität entsteht, nimmt es nicht wunder, **daß in der Geschichte der wissenschaftlichen Kriminologie Kriminalitätstheorien schon immer eine bedeutsame Rolle gespielt haben.** Zwar hat es bereits vor *Lombroso* theoretische Überlegungen zum Entstehen der Kriminalität gegeben (vgl. die Darlegungen zur Geschichte der Kriminologie), doch beginnen erst mit ihm wissenschaftliche Erklärungsversuche, die man als »Theorien« bezeichnen kann. Ansätze einer biologischen Verbrechensbekämpfung finden sich in der **Kriminalanthropologie,** wie etwa in den Arbeiten von *Giambattista della Porta* (1535 bis 1615), der bereits Verbrecher körperlich untersuchte, *Johann Kaspar Lavater* (1741 bis 1801), dessen physiognomische Arbeiten Aufsehen erregten und *Franz Joseph Gall* (1758 bis 1828), der die Phrenologie begründete. In der Kriminologie sind in der Folgezeit zahlreiche Kriminalitätstheorien entwickelt worden, von denen nur besonders wichtige und für die gegenwärtige Diskussion kennzeichnende behandelt werden können.

75 Kriminalitätstheorien lassen sich zwar systematisieren, doch ist dieses System nicht sehr aussagekräftig. Eine heute gängige, in der Sache vertretbare Einteilung von Kriminalitätstheorien ist die Zweiteilung in **Erklärungsansätze und Definitionsansätze.** Diese Einteilung ist insofern sinnvoll, als sie die unterschiedlichen Erklärungsgegenstände berücksichtigt. Während früher Kriminalitätstheorien versuchten zu erklären, warum Menschen Handlungen begehen, die das Strafgesetzbuch als Straftaten bezeichnet, will der (neuere) Definitionsansatz erklären, warum bestimmte Personen als Kriminelle identifiziert werden. Dem Definitionsansatz kommt es also nicht darauf an zu erfahren, warum Handlungen unternommen, sondern warum Personen als kriminell definiert werden. Damit steht nicht mehr die Handlung zur Erklärung an, sondern die Qualifizierung des Handelnden.

Eine andere **Systematik der Kriminalitätstheorien** geht von ihrem Inhalt aus und dem einen wissenschaftlichen Fach zuordenbaren Erklärungsversuch. So kennen wir u. a. biologische, soziologische, psychologische, psychiatrische und psychoanalytische Kriminalitätstheorien. Damit ist aber auch etwas über die Form dieser Erklärungsmodelle ausgesagt, da die einzelnen Wissenschaften unterschiedliche Erklärungsmodelle anbieten. **76**

Aus der Vielzahl der Ansätze kann nur eine Anzahl gebracht werden, wobei »Bedeutsamkeit« nicht den Inhalt der Theorien beschreiben soll, sondern den Stellenwert in der kriminologischen Diskussion. Der Wert einer kriminologischen Theorie zur Erklärung des Verbrechens läßt sich theoretisch gut festlegen: Jene Theorie, die in der Lage ist, Kriminalität am umfassendsten zu erklären, ist die bessere Theorie. In der Praxis hieße dies im Idealfall, daß diese Theorie in der Lage sein müßte, alle Formen der Kriminalität aller Täter zu erklären. Tatsächlich sind aber Theorien kaum in der Lage, dies einzulösen. Im übrigen wird man sagen müssen, **daß es wegen der beschränkten Erkenntnismöglichkeiten des Menschen nie gelingen dürfte, Kriminalitätstheorien zu entwickeln, die vollständig und wahr zugleich sind.** Allenfalls ist eine bessere und plausiblere Erklärung der Kriminalität durch eine Weiterentwicklung der Kriminalitätstheorien zu erwarten. Daß die derzeitigen Theorien zum großen Teil durchaus nur Teilaspekte der Kriminalität zu erfassen vermögen, zeigte schon 1973 die von *Springer* (1973) benutzte Operationalisierung der Inhalte der einzelnen Theorien. Auf diesen Aspekt wird noch zurückzukommen sein. Es ist mit einiger Begründetheit behauptet worden (*Kaiser* 1988, 119f.), daß es wegen der Komplexität des Phänomens »Kriminalität« **nur möglich sei, Kriminalitätstheorien »mittlerer Reichweite« zu entwickeln.** **77**

Ein weiteres Problem der Kriminalitätstheorien besteht darin, daß sie in vielen Fällen Kriminalität so behandeln, als sei sie etwas Einheitliches, als gäbe es also »die« Kriminalität. **Tatsächlich aber gibt es nicht die Kriminalität, sondern** Diebstahl, Raub und Mord usw., d. h. **ein ganzes Bündel unterschiedlicher Verhaltensweisen,** deren einigendes Band die Strafbarkeit ist und – in den meisten Fällen – die soziale Abweichung im Sinne der Erwünschtheit und Praktiziertheit des Verhaltens in einer Gesellschaft. Es ist gar nicht zu erwarten, daß angesichts des Charakters der Kriminalität alle Formen in gleicher Weise durch eine Theorie zutreffend erklärt werden können. **Es gibt also nicht die Kriminalität als solche, sondern nur einzelne Delikte.** Daher ist nicht anzunehmen, daß Kriminalität als die Summe aller **78** strafbaren Handlungen zureichend und umfassend durch eine einzige Theorie erklärt werden kann, sondern allenfalls bestimmte Formen der Kriminalität. Diese Aussage freilich ist in der Kriminologie nicht unbestritten, wie etwa die Äußerungen marxistischer Kriminologen (siehe unten) zeigen.

3.2 Einzelne Kriminalitätstheorien

3.2.1 Biologische Erklärungsmodelle der Kriminalität

Literatur: *Karl O. Christiansen,* A Review of Studies of Criminality Among twins. In: *Sarnoff A. Mednick/Karl O. Christiansen,* eds., Biosocial Bases of Criminal Behavior, New York usw. 1977, S. 45 bis 88; *Michael Craft,* The current status of XYY und XXY syndromes: A review of treatment implications. In: *Frank H. Marsh/Janet Katz,* eds., Biology, crime and ethics. A study of biological explanations for criminal behavior, Cincinnati, Ohio 1985, S. 113 bis 121; *Daniel J. Curran/Claire M. Renzetti,* Theories of crime, Boston usw. 1994, S. 39 bis 90; *Fred Dubitscher,* Asoziale Sippen. Erb- und sozialbiologische Untersuchungen, Leipzig 1942; *Walter Haberlandt,* Kriminalität und chromosomale Konstitution. Erwiderung zu einer Stellungnahme von St. Quensel, Monatsschrift für Kriminologie und Strafrechtsreform 60 (1977), S. 191 bis 192; *Hertha Hafer,* Die heimliche Droge. Nahrungsphosphate, 5. Auflage, Heidelberg 1990; *Barry Hutchings/Sarnoff A. Mednick,* Criminality in Adoptees and Their Adoptive and Biological Parents. In: *Sarnoff A. Mednick/Karl O. Christiansen,* eds., Biosocial Bases of Criminal Behavior, New York usw. 1977, S. 127 bis 141; *Gerhard Jörgensen,* Chromosomenanomalien und deren Folgen für abweichendes Verhalten. Münchener Medizinische Wochenschrift 123 (1981), S. 119 bis 123; *ders.,* Chromosomenanomalien und strafrechtliche Verantwortung. Münchener Medizinische Wochenschrift 123 (1981), S. 117 bis 118; *Ute Klein-Vogler/Walter Haberlandt,* Kriminalität und chromosomale Konstitution. Monatsschrift für Kriminologie und Strafrechtsreform 57 (1974), S. 329 bis 337; *Wolfgang Knorr,* Vergleichende erbbiologische Untersuchungen an drei asozialen Großfamilien, Berlin 1939; *Heinrich Kranz,* Die Gemeinschaftsunfähigen. Ein Beitrag zur wissenschaftlichen und praktischen Lösung des sog. »Asozialenproblems«. 1. Teil, 2. Auflage, Gießen 1940; *ders.,* Lebensschicksale krimineller Zwillinge, Berlin 1936; *Heinrich Kranz/S. Koller,* Die Gemeinschaftsunfähigen. Ein Beitrag zur wissenschaftlichen und praktischen Lösung des sog. »Asozialenproblems«. Teil 2 und 3, Gießen 1941; *Ernst Kretschmer,* Körperbau und Charakter, 26. Auflage, Berlin usw. 1977; *Johannes Lange,* Verbrechen als Schicksal, Leipzig 1929; *Cesare Lombroso,* Der Verbrecher in anthropologischer, ärztlicher und juristischer Beziehung. 3 Bände, Übers.: von *M. O. Fraenkel/Hans Kurella,* Hamburg 1887 bis 1896; *Frank H. Marsh/Janet Katz,* eds., Biology, crime and ethics. A study of biological explanations for criminal behavior, Cincinnati, Ohio 1985; *Sarnoff A. Mednick/Karl O. Christiansen,* eds., Biosocial Bases of Criminal Behavior, New York usw. 1977; *Sarnoff A. Mednick/William F. Gabrielli/Barry Hutchings,* Genetic factors in the etiology of criminal behavior. In: *Sarnoff A. Mednick/Terrie E. Moffitt/Susan A. Stack,* eds., The causes of crime. New biological approaches, Cambridge usw. 1987, S. 74 bis 91; *Sarnoff A. Mednick/Terrie E. Moffitt/Susan A. Stack,* eds., The cause of crime. New biological approaches, Cambridge 1987; *Armand Mergen,* Das Teufelschromosom: zum Täter programmiert, Essen usw. 1995; *Gustav Nass,* Hrsg., Biologische Ursachen abnormen Verhaltens. Beiträge der Grundlagenforschung zu aktuellen Kriminalitätsproblemen, Wiesbaden 1981; *Dan Olweus,* Testosterone and adrenaline: aggressive antisocial behavior in normal adolescent males. In: *Sarnoff A. Mednick/ Terrie E. Moffitt/Susan A. Stack,* eds., The causes of crime. New biological approaches, Cambridge usw. 1987, S. 262 bis 282; *Horst Rechenbach,* Moordorf. Ein Beitrag zur Siedlungsgeschichte und zur sozialen Frage, Berlin 1940; *Robert T. Rubin,* The neuroendocrinology and neurochemistry of antisocial behavior. In: *Sarnoff A. Mednick/Terrie E. Moffitt/Susan A. Stack,* eds., The causes of crime. New biological approaches, Cambridge usw. 1987, S. 239 bis 262; *Alexander Schauss,* Diet, Crime and Delinquency, Berkeley 1980; *Hans Joachim Schneider,* Kriminologie der Gewalt, Stuttgart usw. 1994; *Friedrich Stumpfl,* Erbanlage und Verbrechen, Berlin 1935; ders., Verbrechen und Vererbung, Monatsschrift für Kriminalbiologie und Strafrechtsreform 29 (1938), S. 1 bis 21; *Gordon Trasler,* Some cautions for the biological approach to crime causation. In: *Sarnoff A. Mednick/Terrie E. Moffitt/Susan A. Stack,* eds., The causes of crime, New biological approaches, Cambridge usw. 1987, S. 7 bis 24; *Glenn D. Walters,* A meta-analysis of the gene-crime relationship. Criminology 30 (1992), S. 595 bis 613.

Zu den ältesten Versuchen der Formulierung einer Kriminalitätstheorie gehören biologische Erklärungsmodelle. Dabei handelt es sich nicht um eine im strengen Sinne ausformulierte Theorie, sondern um den Versuch, die **Kriminalität auf biologische Gegebenheiten beim Verbrecher zurückzuführen.** Diese Versuche haben sich im Laufe der Zeit gewandelt; auch die Betonung einzelner Aspekte hat gewechselt. Ausgangspunkt war die Lehre *Lombrosos* von der genetisch bedingten Kriminalität, dem **»geborenen Verbrecher«.** Zwar hat *Lombroso* unter der massiven Kritik, vor allem der Lyoner Schule, seine Theorie vom geborenen Verbrecher abgeschwächt und zugegeben, daß von den entdeckten Kriminellen nicht einmal die Hälfte »geborene« seien, doch hat er trotzdem die biologische Determiniertheit des Verbrechens weiter vertreten. Freilich war diese Lehre nicht traditionslos. Schon vor ihm wurde Kriminalität mit körperlichen Gegebenheiten in Verbindung gebracht, wenn auch erst *Lombroso* die biologische Bedingtheit ausdrücklich hervorhebt. Da man biologische Bedingtheit des Verbrechens unterschiedlich verstehen kann, ist zu klären, was dies im einzelnen heißen soll. **Selbstverständlich ist, daß Kriminalität als solche nicht vererbt und damit mitgeboren werden kann, da sie ein Verhalten ist und allenfalls die Veranlagung zu einem Verhalten vererbbar ist, nicht aber das Verhalten selbst.** Wer also von einer biologischen Bedingtheit der Kriminalität spricht, kann sinnvollerweise nur meinen, der betreffende Mensch sei in seinem Verhalten **durch biologische Gegebenheiten zum Verbrechen geprägt.** Im Laufe der Zeit hat man biologische Bedingtheit des Verbrechens inhaltlich unterschiedlich aufgefaßt. Nach *Lombroso* gab es geborene Verbrecher, Menschen, die genetisch dazu bestimmt sind, verbrecherische Handlungen zu begehen. Allerdings läßt sich dieser eingeengte Begriff der biologischen Bedingtheit relativieren und auf einzelne biologische Fakten beschränken. Nach *Lombroso,* der unter Einfluß der Lehre von *Charles Darwin* (1809 bis

1882) stand, ist der Verbrecher ein atavistischer Mensch, der auf einer niedrigeren Entwicklungsstufe steht als »normale« Menschen. Messungen an Verbrechern hätten ergeben, daß diese eine größere Körperlänge, größere Spannweite der Arme, einen breiteren Brustkasten und ein höheres Gewicht als normale besäßen. Die Gefühllosigkeit der Verbrecher erinnere an die wilden Völkerstämme. Diese Gefühllosigkeit sei experimentell nachgewiesen; die rechte Körperhälfte sei weniger empfindlich als die linke. Der Verstand sei bei Verbrechern nicht für voll anzusehen. *Lombroso* geht so weit, auch für einzelne Gruppen von Verbrechern, etwa Dieben und Mördern, biologische Kennzeichen zu behaupten. So meint er etwa, Diebe hätten im allgemeinen sehr bewegliche Gesichtszüge und Hände, ihre Augen seien klein, unruhig, oft schielend, die Brauen gefältet und zusammenstoßend. Unzüchtige sollen fast immer ein funkelndes Auge, feines Gesicht und schwellende Lippen haben. Meist seien die Unzüchtigen grazil gebaut, bisweilen aber buckelig; viele unter ihnen hätten glänzende Augen und eine rauhe Stimme. Die Mörder endlich beschreibt *Lombroso* wie folgt: glasiger, eisiger, starrer Blick, das Auge manchmal blutunterlaufen, die Lippen dünn, die Eckzähne groß. Man könnte diese Beschreibungen *Lombrosos* fortführen, doch zeigte sich immer wieder diese naive Verallgemeinerung seiner Einzelbeobachtungen an sehr ausgelesenen Gefängnisinsassen.

80 Die Aufnahme biologischer Gedanken nach *Lombroso* gestaltete sich weniger naiv. Es wurden, vor allem in den zwanziger bis vierziger Jahren dieses Jahrhunderts, in Deutschland zahlreiche Untersuchungen durchgeführt, um die biologische Bedingtheit des Verbrechens nachzuweisen. Mangels konkreten Wissens (etwa über die Chromosomenanomalie) bediente man sich dabei oft zweifelhafter Verfahren, unter anderem der Sippenforschung und der Zwillingsforschung. Die **Sippenforschung** über sog. Verbrecher- oder asoziale Familien versuchte durch Untersuchungen von großen sozial- bzw. kriminell vorbelasteten Gruppen (vgl. etwa die Arbeiten von *Kranz* 1940; *Kranz/Koller* 1940; *Rechenbach* 1940) zu zeigen, daß die soziale Auffälligkeit, die teilweise auch in einer Kriminalität bestand, erbbiologisch bedingt sei. Wegen der weithin sichtbaren methodischen Sorglosigkeit, mit der dabei soziale Faktoren völlig unberücksichtigt blieben, sind diese Studien heute wenig überzeugend. Wissenschaftlich bedeutsamer waren die Untersuchungen zur **Kriminalität von Zwillingen,** mit denen der Nachweis erbracht werden sollte, daß Kriminalität genetisch bedingt sei. Zu diesen Arbeiten zählen historisch gesehen in Deutschland vor allem *Johann Langes* »Verbrechen als Schicksal« (1929), *Friedrich Stumpfls* »Erbanlage und Verbrechen« (1935) und *Heinrich Kranz'* »Lebensschicksale krimineller Zwillinge« (1936), um die bedeutsamsten ersten Arbeiten zu nennen. Die Zwillingsforschung und die Rückschlüsse auf eine genetische Bedingtheit des Verbrechens gehen von der Tatsache aus, daß es eineiige und zweieiige Zwillinge gibt. Eineiige Zwillinge weisen eine identische Genstruktur auf, während

zweieiige Zwillinge nur (normale) Geschwister sind, die auch unterschie
chen Geschlechts sein können. *Johannes Lange* (1929) untersuchte Gefäi
nisinsassen, die Zwillingsgeschwister hatten. Er fand 30 Zwillingspaare, von
denen 13 Paare eineiige Zwillinge waren. Über ihre Kriminalität ermittelte
Lange, daß bei den eineiigen Zwillingen 10 Paare bereits im Gefängnis einsaßen (dies entspricht 77%), von den zweieiigen Zwillingspaaren traf dies nur für 12% zu. *Lange* folgerte daraus, daß für die Kriminalität die Erbanlage eine überwiegende Bedeutung haben müsse (*Lange* 1929, 82). Gegen die Untersuchung von *Lange* lassen sich allerdings bedeutende methodische Einwände vorbringen, so daß die Ergebnisse allenfalls einen Erbeinfluß nahelegen, nicht aber beweisen.

Walters (1992) hat in seiner Metaanalyse eine Aufstellung der Einzelergebnisse von 18 Zwillingsstudien (aus Dänemark, Deutschland, Finnland, Großbritannien, Japan, den Niederlanden, Norwegen, USA) vorgelegt, die hinsichtlich der Kriminalität von eineiigen Zwillingen eine Übereinstimmung zwischen 7,1% und 100% zeigen und bei den zweieiigen Zwillingen eine solche zwischen 0% und 77,8% . Diese divergierenden Ergebnisse dürften größtenteils auf das insgesamt sehr geringe Untersuchungsgut (alle 18 Untersuchungen zusammen erfaßten nur 494 eineiige und 525 zweieiige Zwillingspaare) und die nicht methodengerechte nicht zufällige Stichproben zurückzuführen sein. Insgesamt gesehen läßt sich aber anhand der Untersuchungen sagen, daß die kriminelle Belastung eineiiger Zwillinge ähnlicher ist als die der zweieiigen, die biologisch nur einfache Geschwister sind. Daraus kann man mit einiger Berechtigung folgern, daß Kriminalität biologisch (mit-)bestimmt ist. Obwohl die Ergebnisse also auf den ersten Blick eine biologische Komponente bei der Verbrechensentstehung als gegeben erscheinen lassen, kann nicht übersehen werden, daß sie einen Verfälschungsfaktor völlig außer acht lassen, nämlich den der sozialen Umwelt. Es ist nicht überprüft worden, ob und wie die soziale Umwelt, die auf eineiige Zwillinge unter Umständen anders reagiert als auf zweieiige und »normale« Geschwister, wirkt. Alle Aussagen zur Kriminalitätsbelastung stehen deshalb methodisch auf sehr unsicherem Boden und können nicht verallgemeinert werden.

Da zu der Frage, wie sich schon in ihrer frühen Kindheit getrennte und allein aufgewachsene Zwillinge verhalten, inzwischen Untersuchungen – aber ebenfalls nicht repräsentative – vorliegen, die es nahelegen, menschliches Verhalten teilweise der ererbten Anlage zuzuschreiben, wäre es zwar voreilig, die biologische Komponente bei der Verbrechensentstehung zu leugnen, doch können anhand dieser Studien jedenfalls derzeit endgültige Aussagen über das Verhältnis von Anlage und Umwelt nicht verbindlich gemacht werden. Neuerdings benutzt man die **Adoptionsforschung** dazu, diese genetischen Einflüsse auf das Verhalten nachzuweisen. Dabei wird die Entwicklung der völlig getrennt aufwachsenden Geschwister verfolgt und versucht, die sozial nicht erklärbaren Unterschiede ihrer Konstitution zuzuschreiben.

Mednick/Gabriell/Hutchings (1987) berichten über eine Untersuchung von über 14.000 Adoptionen in Dänemark für die Zeit von 1924 bis 1947. Diese Studie geht von der Hypothese aus, daß die registrierte Kriminalität der biologischen Eltern der Adoptierten mit einem größeren Risiko der registrierten Kriminalität auch der adoptierten Kinder einhergeht. Verwendet wurden Strafregisterauszüge über gerichtliche Verurteilungen. Dabei zeigte sich (S. 77), daß die Verurteilungsraten der Adoptierten und der biologischen Eltern höher waren als die Verurteilungsraten der Adoptiveltern. Wenn weder die biologischen noch die Adoptiveltern verurteilt worden waren, dann waren 13,5% ihrer Söhne verurteilt worden. Wenn die Adoptiv- und die biologischen Eltern nicht vorbestraft waren, dann erhöhte sich der Anteil vorbestrafter Söhne nur auf 14,7%. Beachtlich erscheint, daß 20% der Söhne vorbestraft waren, wenn die Adoptiveltern selbst nicht vorbestraft waren, wohl aber die biologischen Eltern. Wenn sowohl Adoptiv- als auch biologische Eltern verurteilt worden sind, dann erreicht mit 24,5% der Anteil der vorbestraften Söhne den höchsten Wert (S. 78). Hieraus ließe sich auf eine teilweise genetisch bedingte Kriminalität schließen, doch warnten *Mednick/ Gabrielli/Hutchings* (1987, 78f.) davor, dies allein als genetische Bedingtheit zu werten, da wir nicht wüßten, wie kriminogen die Umwelt der Adoptierten war. Man könnte jedoch sagen, daß die Wahrscheinlichkeit, kriminell zu werden, für einen Adoptierten größer wird, wenn er einen verurteilten biologischen Vater hat (*Mednick/Gabrielli/Hutchings* 1987, 79). Ein Vergleich der Kriminalität von Geschwistern in dieser Studie läßt die Autoren zu folgendem Schluß kommen: Die Ergebnisse ließen vermuten, daß eine Anzahl von den getrennten Geschwistern einige Charakteristika ererbt hätten, die sie dazu prädiponierten, wegen kriminellen Verhaltens verurteilt zu werden. Erwartungsgemäß ist dies am größten dann, wenn auch der biologische Vater kriminell war (S. 83).

Abgesehen von möglichen methodischen Einwänden gegen solche Untersuchungen bleibt festzuhalten, daß die Identität in den Vorstrafen bzw. der kriminellen Belastung zwischen den einzelnen Gruppen doch relativ bescheiden ist. Würde tatsächlich die Erbanlage so stark verbrecherisches Geschehen bestimmen, dann wären, etwa in der Adoptionsforschung, höhere Gleichbelastungsquoten zu erwarten.

83 *Ernst Kretschmer* (1888 bis 1964) knüpft mit seinen Darlegungen »Körperbau und Charakter« (*Kretschmer* 1977) noch am ehesten an die Gedankenführung von *Lombroso* an. Entscheidend für seine Aussagen über **Verhalten und Körperbau** ist der jeweilige Typ, von denen *Kretschmer* vier (leptosom bzw. asthenisch, athletisch, pyknisch und dysplastisch) nennt. Ihnen schreibt er jeweils besondere Charaktereigenschaften zu. Freilich ist nach *Kretschmer* die Reduzierung der Kriminalitätsentstehung allein auf den Körpertyp unzulässig; entscheidend seien vielmehr Motive und Temperamente der Straftäter (*Kretschmer* 1977, 326ff.). *Kretschmer* kommt dennoch zu Bevorzugungen von einzelnen Verbrechenstypen bei Menschen mit bestimmtem Körperbau. Die Forschungen *Kretschmers* fanden zu ihrer Zeit ein breites Echo, ohne daß es freilich zu einem Durchbruch dieser Idee in der Kriminologie gekommen wäre. Inzwischen sind die Ansichten *Kretschmers* wohl weitgehend in der Kriminologie vergessen.

Die Entstehung von Kriminalität ist auch mit **Krankheit** selbst verbunden worden, etwa mit endokrinen Störungen, Psychosen (Schizophrenie und Depression), cerebralen Störungen, Psychopathien, ja sogar mit körperlicher Behinderung. Ohne bestreiten zu können, daß im Einzelfall auch diese Beeinträchtigungen eine Rolle spielen mögen, wird man sagen müssen, daß für den größten Bereich der Kriminalität nichts ausgesagt ist, wenn in Einzelfällen Krankheiten zu Kriminalität führen. Eindeutig falsch ist allerdings die langgehegte Meinung, Psychotiker seien kriminell besonders auffällig (*Schneider* 1994, 47 f.). **84**

Mit dem Fortschreiten des Wissens in der Vererbungslehre ist in der Kriminologie die Frage aufgetaucht, ob es eine Verbindung gibt zwischen **chromosomaler Konstitution und Kriminalität.** Die Diskussion lief, verkürzt und mißverständlich, einige Zeit unter dem Schlagwort »**Mörderchromosom**«, weil man in den sechziger Jahren mehrere Mörder entdeckte, die die Chromosomenanomalie »XYY« aufwiesen. Chromosomenanomalien sind dadurch gekennzeichnet, daß der jeweilige Träger, handelt es sich um einen Mann, ein oder mehrere X-Chromosomen oder aber auch ein Y-Chromosom überzählig hat (also XXY, XYY usw.) oder bei Frauen Chromosomenanomalien mit XXX vorkommen. Da das Y-Chromosom das Geschlecht bestimmt und den Träger biologisch zum Mann macht, kann eine Chromosomenanomalie bei Frauen nie in einem zusätzlichen Y-Chromosom bestehen, da jeder Mensch, der wenigstens ein Y-Chromosom aufweist, genetisch ein Mann ist. *Klein-Vogler/Haberlandt* (1974) haben die Ergebnisse einer Vergleichsuntersuchung zum Vorkommen der Chromosomenanomalie bei Kriminellen und einer Kontrollgruppe aus der Durchschnittsbevölkerung vorgenommen, um zu klären, ob genetische Gründe für die Entstehung der Kriminalität angenommen werden könnten. Sie fanden unter auslesefreien 74 (männlichen) Kriminellen acht Personen, die Chromosomenanomalien aufwiesen. In der Vergleichspopulation von 103 Personen dagegen fanden sich nur drei. Damit lag die Quote bei den Kriminellen bei fast 11%, bei den Nichtkriminellen bei 3%. Obwohl also die fast viermal so hohe Belastung scheinbar beeindruckend ist, kann nicht unbeachtet bleiben, daß in der Bevölkerung Chromosomenanomalien sehr selten sind. So gibt etwa *Jörgensen* (1981, 121) für das XXY-(Klinefelter)-Syndrom ein Vorkommen bei 2‰ der männlichen Bevölkerung an, für die XYY-Anomalie bei 1‰. Bei Frauen wird mit einer XXX-Chromosomenanomalie bei etwa 1,2 bis 1,8‰ Geborener gerechnet (*Jörgensen* 1981, 122f.). Damit aber beantwortet sich auch die praktische Bedeutung dieser Anomalien zur Erklärung des Verbrechens. Da nur ein Bruchteil der Kriminellen diese Anomalien aufweist, läßt sich eine allgemeine kausale Beziehung zwischen Chromosomenanomalie und Kri- **85** minalität schwerlich herstellen. Selbst die Tatsache, daß unter den (sehr ausgelesenen) entdeckten Kriminellen Chromosomenanomalien deutlich häufiger sind, führt zu keiner grundsätzlich anderen Bewertung, denn wir wissen nicht, ob nicht seelische und körperliche Auffälligkeiten, die mit Chromosomenanomalien verbunden sind, dazu führen, daß der betreffende Kriminelle eher entdeckt und überführt wird (vgl. dazu etwa *Curran/Renzetti* 1994, 65). Dies wird um so wichtiger, wenn man bedenkt, daß immerhin unter Hilfsschülern und leicht Debilen 1% mit einer XXY-Anomalie gefunden wurden (*Jörgensen* 1981, 121) und häufig intellektuelle und körperliche Beeinträchtigungen mit dieser Anomalie verbunden sind. Die Skepsis, die man verallgemeinernden Aussagen über die genetische Bestimmung des Verbrechens durch Rückschlüsse auf Chromosomenanomalien entgegenbringt, ist daher berechtigt.

86 Entwicklung und Funktion des menschlichen Gehirns werden von biochemischen Reaktionen beeinflußt, so daß für das Verhalten auch **körpereigene chemische Substanzen und Hormone** eine Rolle spielen (*Curran/Renzetti* 1994, 71f.). Seit mehr als hundert Jahren wird der Einfluß dieser Substanzen auf menschliches Verhalten untersucht. Die kriminologische Forschung hat sich dabei auf zwei Bereiche bezogen, die Sexualhormone, insbesondere das Hormon Testosteron, und auf Neurotransmitter. Hinsichtlich von **Testosteron** hat man entdeckt, daß es eine Beziehung zwischen diesem Hormon und aggressivem Verhalten zumindest bei Tieren gibt. Diese Ergebnisse haben bei Kriminologen zu der Überlegung geführt, ob nicht Gewalttäter einen besonders hohen Testosteron-Spiegel aufweisen. Die entsprechenden Untersuchungsergebnisse (*Curran/Renzetti* 1994, 72) sind nicht eindeutig: in einigen Untersuchungen wurde ein solcher Zusammenhang nicht gefunden, in anderen hat sich aber gezeigt, daß bei normalen Jugendlichen die Höhe des Testosteron-Spiegels positiv mit der Neigung zu verbaler und körperlicher Gewalt korreliert. In dieselbe Richtung gingen auch Untersuchungen an inhaftierten Gewaltverbrechern, allerdings lag in allen Fällen die Höhe des Testosteron-Spiegels im Bereich des Normalen (*Curran/Renzetti* 1994, 72).

87 Neurotransmitter sind chemische Verbindungen, die zwischen Nervenzellen gefunden werden, die Signale von einem Neuron zum anderen aussenden und so einen direkten Einfluß auf menschliches Verhalten, Emotion, Stimmung und Lernen haben (*Curran/Renzetti* 1994, 77). Es gibt eine Reihe von solchen Neurotransmittern, die der Körper produziert. Drei davon haben die Kriminologie im besonderen interessiert: Serotonin, Dopamin und Noradrenalin. In Untersuchungen hat sich gezeigt, daß jedenfalls bei Tieren deren steigendes Vorkommen zu Aggressionen führt. *Rubin* (1994, 244) bringt eine Aufstellung der einzelnen Forschungsergebnisse von Aggressionsstudien im Zusammenhang mit Testosteron. Hierbei zeigt sich, daß von den neun dort referierten (Teil-)Untersuchungen an »Normalpersonen« sich in drei Studien kein solcher Zusammenhang feststellen ließ, bei drei ein schwacher positiver Zusammenhang, bei weiteren zwei ein mäßig positiver und nur bei einer Untersuchung ein stark positiver Zusammenhang. Allerdings war die Zahl der untersuchten Probanden mit insgesamt 292 Männern in allen den 9 (Teil-)Studien gering. Sechs Einzeluntersuchungen mit 268 gewalttätigen Gefangenen haben ergeben, daß bei drei der untersuchten neun Gruppen sich kein Zusammenhang zwischen Aggressivität und

Testosteron nachweisen ließ, bei zwei ein schwacher, bei vier ein mäßiger, aber in keiner Untersuchung ein starker Zusammenhang. Angesichts dieser Daten muß die Frage nach der Relevanz von Testosteron für kriminelle Aggressivität zumindest offen bleiben.

Die Auffassung, **daß man Kriminalität sozusagen essen und trinken könne,** ist in den USA bereits frühzeitig vertreten worden (vgl. *Schauss* 1980), wobei freilich auffällig ist, daß es sich dabei fast ausschließlich um empirische Einzelergebnisse handelt, so daß nicht auszuschließen ist, daß sie zufällig sind. Es wird dabei angenommen, daß es durch Vergiftungen mit bestimmten Stoffen zu kriminellen Handlungen kommt. Im Prinzip mag dies zutreffen, doch ist sehr unwahrscheinlich, daß für den großen Teil der Kriminalität diese Erklärung gilt. Als Stoffe, die mit Kriminalität kausal in Verbindung gebracht werden, nennt etwa *Schauss* (1980) Milch, Vitamin B 1, zuviel Zucker im Essen, zu wenig Blutzucker und Blei. **88**

In Deutschland hat *Hafer* (1990) nachzuweisen versucht, daß bei Kindern und Jugendlichen die **Überernährung mit Phosphaten,** die sich in der täglichen Nahrung reichlich finden, zu Verhaltensstörungen und letztlich auch zu Kriminalität führt. Die überschüssige Aufnahme von Phosphaten führe zu einer »minimalen zerebralen Dysfunktion« (MzD), die ihrerseits abweichendes Verhalten verursache. Ist diese These richtig, dann wird »Kriminalität« (auch) durch (falsche) Ernährung verursacht und ist durch »richtige« Kost zu verhindern. Unabhängig davon, ob im Einzelfall ein solcher Zusammenhang besteht, ist diese Erklärung für auch nur einen größeren Teil der Kriminalität offensichtlich unbrauchbar. Im übrigen fragt man sich, wie Kriminalität in den Zeiten zu erklären ist, in denen die als besonders phosphathaltig bezeichneten Speisen nicht erhältlich waren. Darauf gibt *Hafer* keine Antwort. **89**

Empirisch gesehen sind die bisherigen Ergebnisse, die eine biologische (Mit-)Bedingtheit des Verbrechens folgern, nicht genügend abgesichert, weil vor allem die Repräsentativität der Einzelaussagen aus methodischen Gründen (noch) ungeklärt ist. Will man die Einzelergebnisse aber auf einen Nenner bringen, ohne sie zu verzerren, läßt sich derzeit folgendes sagen: **Zwar ist unwahrscheinlich, daß Verbrechen durch die Erbmasse unabänderlich determiniert ist, doch läßt sich für eine zahlenmäßig kleine, bei manchen Delikten (Aggressionsdelikten) aber größere Zahl von Straftätern feststellen, daß es offensichtlich einen Zusammenhang zwischen Kriminalität und Erbanlagen gibt.** Freilich erweist sich die Formel *Lombrosos* vom »geborenen Verbrecher« als weit überspitzt. Selbst dort, wo wir von einer Veranlagung zum Verbrechen sprechen können, ist es offensichtlich so, daß sie nicht schicksalhaft ist, daß sie auch ohne Umweltprägungen zu Kriminalität führen müßte. Im ganzen gesehen müssen wir hier bei dem derzeitigen Wissensstand vieles offenlassen. **90**

3.2.2 Theorien der strukturell-funktionalen Bedingtheit der Kriminalität

Literatur: *Richard A. Cloward/Lloyd E. Ohlin*, Delinquency and Opportunity. A Theory of Delinquent Gang. New York 1960; *Emile Durkheim*, Kriminalität als normales Phänomen. In: *Fritz Sack/René König*, Hrsg., Kriminalsoziologie, Wiesbaden 1968, S. 3 bis 8; *ders.*, Der Selbstmord, Neuwied usw. 1973; *Frank Harary*, Merton Revisited: A New Classification for Deviant Behavior. American Sociological Review 31 (1966), S. 693 bis 697; *Siegfried Lamnek*, Theorien abweichenden Verhaltens, 5. Auflage, München 1993; *Robert F. Merton*, Sozialstruktur und Anomie. In: *Fritz Sack/René König*, Hrsg., Kriminalsoziologie, Wiesbaden 1968, S. 283 bis 313; *Karl-Dieter Opp*, Abweichendes Verhalten und Gesellschaftsstruktur, Darmstadt usw. 1974.

91 Als die wohl erste soziologische Kriminalitätstheorie kann die Theorie der struktural-funktionalen Bedingtheit des Verbrechens von *Emile Durkheim* (1858 bis 1917), dem französischen Soziologen, gelten. Durkheim gelangt zu seiner Theorie durch eine Analyse der Kriminalität. In seinen »Regeln der soziologischen Methode« (1895) geht er davon aus, daß unter Kriminologen unbestritten sei, daß Kriminalität eine pathologische Erscheinung darstelle. *Durkheim* widerspricht dem. Kriminalität sei vielmehr eine Erscheinung in allen Gesellschaften jeglichen Typs. Es gebe keine Gesellschaft, in der Kriminalität nicht existiere. Überall und jederzeit habe es Menschen gegeben, die sich so verhielten, daß die Strafe als Repressionsmittel angewendet wurde. Daher sei Kriminalität normal. Erst wenn der Umfang der Kriminalität ein bestimmtes Maß überschreite, sei dies krankhaft:

»Normal ist einfach die Tatsache, daß eine Kriminalität besteht, vorausgesetzt, daß sie sich im Rahmen des gegebenen Typs hält, dessen Höhe im Sinne der vorhergehenden Regeln festgesetzt werden kann, und ihn nicht überschreitet« (*Durkheim* 1968, 4).

Kriminalität ist damit ein integrierender Bestandteil einer jeden gesunden Gesellschaft. Eine Gesellschaft, die von Verbrechen frei wäre, sei ganz und gar unmöglich.

»Damit in einer gegebenen Gesellschaft die als verbrecherisch erachteten Handlungen nicht mehr begangen werden, müßten sich demnach die durch sie verletzten Gefühle ausnahmslos in allen individuellen Bewußtseinen vorfinden, und zwar in einer hinreichenden Stärke, um widerstrebende Gefühle zu unterdrücken« (*Durkheim* 1968, 4).

Da es keine Gesellschaft geben könne, in der die einzelnen nicht mehr oder weniger vom kollektiven Typus abwichen, sei es unvermeidlich, daß sich unter diesen Abweichungen auch solche befänden, die einen verbrecherischen Charakter trügen.

Das Verbrechen sei eine notwendige Erscheinung; es sei mit den Grundbedingungen eines jeden sozialen Lebens verbunden und damit zugleich nützlich. Denn die Bedingungen, an die es geknüpft sei, seien ihrerseits für eine normale Entwicklung des Rechts und der Moral unentbehrlich (*Durkheim* 1968, 6).

Auch die **Anomietheorie,** die auf den Analysen von *Durkheim* aufbaut, vor allem von *Robert K. Merton* weitergeführt, erklärt Kriminalität aus der Gesellschaftsstruktur. *Durkheim* ging in seiner Analyse von der Tatsache aus, daß in modernen Industriegesellschaften eine starke Arbeitsteilung zu finden sei. Diese führe dazu, daß es zu einer Schwächung des von *Durkheim* »conscience collective« genannten Gemeinschaftsbewußtseins käme. Die Wertvorstellungen der Gesamtheit müßten zugunsten der Individualwerte zurücktreten. Für das abweichende Verhalten bedeute dies, daß ein hoher Grad gesellschaftlicher Arbeitsteilung zu einer deutlichen Desintegration der Gesellschaft führe. Diese Desintegration nennt *Durkheim* »Anomie«. In seinem Buch »Der Selbstmord« schreibt *Durkheim:*

»Wir kennen nämlich keine einzige Gesellschaft, in der sich nicht, unter verschiedenen Formen, eine mehr oder weniger entwickelte Kriminalität feststellen ließe. Es gibt kein Volk, dessen Moralgesetze nicht täglich verletzt werden. Wir sind also gezwungen anzunehmen, daß die grundlegenden Bedingungen der gesellschaftlichen Organisation, wie wir sie kennen, sie logisch voraussetzen. Infolgedessen sind sie normal. Es hat keinen Zweck, hier die unvermeidlichen Unzulänglichkeiten der menschlichen Natur ins Feld zu führen und sich auf den Standpunkt zu stellen, daß das Böse immer das Böse bleiben wird, auch wenn man es nicht vermeiden kann; das ist die Sprache des Predigers, nicht die des Gelehrten. Ein notwendiger Mangel ist keine Krankheit, sonst müßte man Krankheit überall finden, weil Mängel überall zu finden sind... Wenn es normal ist, daß es Verbrechen gibt, dann ist es auch normal, daß sie bestraft werden. Strafe und Verbrechen bilden ein untrennbares Begriffspaar. Das eine kann nicht fehlen, wo das andere vorhanden ist. Jede anormale Lockerung des Strafsystems bewirkt eine Zunahme der Kriminalität und bringt es mit sich, daß diese zu einem anormalen Intensitätsgrad kommt« (*Durkheim* 1973, 427ff.).

Diese Gedankenführung greift *Robert K. Merton* in seiner Anomietheorie, die nicht nur abweichendes, sondern Verhalten überhaupt erklärt, auf. *Merton* entdeckte, daß Gesellschaften bestimmte, allgemein anerkannte Erfolgsziele aufstellen, die von den Mitgliedern der Gesellschaft erreicht werden sollen, wie etwa Reichtum und berufliche Anerkennung. Um diese Ziele zu erreichen, stellt die Gesellschaft auch legitime Mittel (etwa Arbeit, Erbschaft) zur Verfügung. Nun ist zwar in der Regel das Ziel in einer Gesellschaft gleich (*Merton* selbst macht aber hiervon auch Ausnahmen), doch sind die zur Verfügung stehenden Mittel nicht jedem gleichermaßen zugänglich. Deswegen kommt es zu abweichendem Verhalten. *Merton* geht von fünf Grundmustern des Verhaltens aus, die durch gesellschaftsstrukturelle Vorgaben bedingt seien: Konformität, Innovation, Ritualismus, Rückzugsverhalten und Rebellion.

Konformes Verhalten entsteht, wenn eine Übereinstimmung zwischen den gesellschaftlich vorgegebenen Zielen und den dem (einzelnen) Gesellschaftsmitglied zur Verfügung stehenden Mitteln, durch das es erreicht werden kann, besteht. Innovatorisches Verhalten nennt *Merton* Verhalten, bei dem die gesellschaftlichen Ziele zwar anerkannt werden, der einzelne aber zu deren Erreichung ein Mittel wählt, das nicht akzeptiert ist. Die Aussage kann zur Erklärung eines Teiles der Kriminalität herangezogen werden, etwa für bestimmte Bereiche der Wirtschaftskriminalität. Zwar wird die Ansammlung materieller Werte in vielen Gesellschaften als zulässiges Ziel anerkannt, doch das Erreichen mittels krimineller Handlungen wird abgelehnt. Ritualismus bedeutet, daß ein Gesellschaftsmitglied die gesetzten Zielvorstellungen zwar ablehnt, aber die Mittel, die diesen Zustand herbeiführen, für sich anerkennt. Als einen Beispielsfall für den Ritualismus führt *Merton* den Bürokratismus an. Rückzugsverhalten ist dadurch gekennzeichnet, daß sowohl das gesellschaftlich formulierte Ziel nicht anerkannt wird, als auch die Mittel fehlen, das Ziel zu erreichen. Es entsteht dann beim einzelnen ein Rückzugsverhalten, das etwa für Drogensüchtige kennzeichnend ist. Schließlich nennt *Merton* als Verhaltensmöglichkeit auch die Rebellion, also die Auflehnung gegen die Gesellschaft.

»Diese... Alternative unterscheidet sich wesentlich von den anderen. Sie stellt eine Übergangsreaktion dar, die neue Ziele und neue Verfahrensweisen, die von anderen Mitgliedern der Gesellschaft anerkannt werden sollen, institutionalisieren will. Sie bezieht sich also eher auf Versuche, die bestehende kulturelle und soziale Struktur zu ändern, als auf Anpassung innerhalb dieser Struktur« (*Merton* 1968, 293).

Für die Erklärung von Kriminalität lassen sich also vor allem die Verhaltensweisen Innovation, Rückzug und Rebellion heranziehen. Weiterentwicklungen der Mertonschen Anomietheorie finden sich später etwa bei *Cloward* und *Ohlin* (1960), *Dubin* (1959), *Harary* (1966) und – in Deutschland – bei *Opp* (1974).

Lamnek (1993, 265) hat zutreffend zur Anomietheorie festgestellt,

»... daß sie keine Bedingungen angeben kann, wann und unter welchen Voraussetzungen bei sonst gleichen Ausprägungen der gesellschaftlichen Strukturen der eine sich abweichend, ein anderer sich aber konform verhält...«

In der Tat ist der Anomietheorie vorzuwerfen, daß sie nur sozialstrukturelle Erklärungen der Kriminalität gibt, nicht aber auf einzelne Bedingungszusammenhänge eingeht, unter denen Kriminalität entsteht. Möglicherweise ist diese Erklärung der Kriminalität sogar tautologisch, denn wenn es wesensmäßig zur Gesellschaft gehört, daß sie (auch) Kriminalität produziert, dann besagt die Feststellung, daß es in allen Gesellschaften Kriminalität gibt, nichts Neues mehr aus.

3.2.3 Lerntheoretische Ansätze und Sozialisationstheorien

Literatur: *Ferenc Barath,* Kulturkonflikt und Kriminalität. Frankfurt a. M. usw. 1978; *Richard A. Cloward/Lloyd E. Ohlin,* Delinquency and Opportunity. A Theory of Delinquent Gang, New York 1960; *Albert Cohen,* Kriminelle Jugend. Zur Soziologie des jugendlichen Bandenwesens, Reinbek 1961; *Wilfried Gottschalch/Marina*

Neumann-Schönwetter/Gunther Soukup, Sozialisationsforschung. Materialien, Probleme, Kritik, Frankfurt a. M. 1971; *Hans Bernd Grüber,* Kriminalität der Gastarbeiter. Zusammenhang zwischen kulturellem Konflikt und Kriminalität. Untersuchung in der Freien und Hansestadt Hamburg für die Jahre 1964/65. Jur. Diss. Hamburg 1969; *Heinz Haage,* Theorien der sozialen Kontrolle und des sozialen Lernens in der Kriminologie. Eine kritische Bestandsaufnahme des Beitrags der Kontrolltheorien und ausgewählter anderer Theorien zu einer Theorie des sozialen Lernens in der Kriminologie, Frankfurt a. M. usw. 1995; *Klaus Hurrelmann,* Einführung in die Sozialisationstheorie, 5. Auflage, Weinheim usw. 1995; *Dietmar Kurzeja,* Jugendkriminalität und Verwahrlosung, 4. Auflage, Gießen 1976; *Jürgen Mansel,* Sozialisation in der Risikogesellschaft, Neuwied 1995; *Thorsten Sellin,* Culture Conflict and Crime. A Report of the Subcommittee on Delinquency of the Committee on Personality and Culture, New York 1938; *Günther Kaiser,* Kriminologie, Ein Lehrbuch, 2. Auflage, Heidelberg 1988; *Werner Springer,* Kriminalitätstheorien und ihr Realitätsgehalt, Stuttgart 1973; *Edwin H. Sutherland,* Die Theorie der differentiellen Kontakte. In: *Fritz Sack/René König,* Hrsg., Kriminalsoziologie, Wiesbaden 1968, S. 395 bis 399.

Eine weitere Gruppe von Kriminalitätstheorien stellen **Lern- und Sozialisationstheorien** dar. Ihnen ist gemeinsam, daß sie die Entstehung der Kriminalität darauf zurückführen, daß der Kriminelle unter Mißachtung der gesellschaftlich vorherrschenden Verhaltensmuster entweder Kriminalität als problemlösendes Handeln erlernt hat (Lerntheorie) oder aber, daß seine Sozialisation mißlungen ist und er deshalb in bestimmten Situationen kriminell wird (Sozialisationstheorie). Sowohl die **Theorie der Subkultur** als auch die **des Kulturkonfliktes** lassen sich neben der allgemeinen Sozialisationstheorie als Kriminalitätstheorien, die auf dieser Basis Erklärungen der Kriminalität ermöglichen, begreifen.

3.2.3.1 Lerntheoretische Ansätze

Von den lerntheoretischen Erklärungen ist die Theorie der differentiellen Assoziation von *Edwin Sutherland* die bekannteste. In Weiterführung und Verfeinerung des lerntheoretischen Ansatzes von *Tarde* entwickelte *Sutherland* (1968) seine Theorie. Er führt die Kriminalität auf einen Lernprozeß zurück. Grundannahme der Theorie ist, daß eine kriminelle Handlung begangen werde, wenn eine ihr günstige Situation vorliege. *Sutherland* faßt seine Theorie in die folgenden Einzelaussagen.

Kriminelles Verhalten sei gelerntes Verhalten. Es werde daher nicht als solches vererbt; ebensowenig könne eine Person, die nicht schon ein kriminelles Training habe, kriminelles Verhalten erfinden. Kriminelles Verhalten werde in Interaktion mit anderen Personen in einem Kommunikationsprozeß erlernt. Diese Kommunikation sei vor allem verbal, obwohl es auch möglich sei, sie mit Gesten herzustellen. Kriminelles Verhalten werde hauptsächlich in intimen persönlichen Gruppen erlernt. Dies bedeute, daß Massenkommunikationsmittel, Filme, Fernsehen, Zeitungen eine unwichtige Rolle bei der Entstehung der Kriminalität spielten. Das Erlernen kriminellen Verhaltens schließe das Lernen der Techniken zur Ausführung des Verbrechens, die manchmal sehr kompliziert, manchmal sehr einfach seien und zum anderen die spezifische Richtung von Motiven, Trieben, Rationalisierungen und Attitüten ein. Die spezifische Richtung von Motiven und Trieben werde gelernt, indem Gesetze positiv oder negativ definiert würden. In einigen Gesellschaften lebe ein Individuum nur mit Personen zusammen, die die Gesetze als Regeln betrachten, die zu befolgen sind, während es in anderen mit Personen zusammenlebe, deren Verhalten die Verletzung der Gesetze begünstigt. Eine Person werde delinquent infolge eines Überwiegens der die Verletzung begünstigenden Einstellung über jene, die Gesetzesverletzungen negativ beurteilen. Dies sei das Prinzip der differentiellen Kontakte. Es beziehe sich sowohl auf kriminelle als auch auf antikriminelle Kontakte und betreffe das Aufeinandertreffen entgegengerichteter Kräfte. Differentielle Kontakte variierten nach Häufigkeit, Dauer, Priorität und Intensität. Vor allem die Priorität hält *Sutherland* für wichtig, weil gesetzestreues ebenso wie delinquentes Verhalten, das sich in früher Kindheit entwickelt hat, das ganze Leben fortdauern könne. Der Prozeß, in dem kriminelles Verhalten durch Kontakt mit kriminellen und antikriminellen Verhaltensmustern gelernt werde, umfasse alle Mechanismen, die bei jedem anderen Lernprozeß beteiligt seien. Lernen von kriminellem Verhalten sei nicht auf Nachahmung beschränkt. Eine Person, die etwa verführt wird, lerne kriminelles Verhalten durch die daraus entstehenden Kontakte, aber dieser Prozeß sei keine Nachahmung. Obwohl kriminelles Verhalten ein Ausdruck genereller Bedürfnisse und Werte sei, werde es nicht durch diese generellen Bedürfnisse und Werte erklärt, da nichtkriminelles Verhalten Ausdruck eben derselben Bedürfnisse und Werte sei. Diebe würden im allgemeinen stehlen, um sich Geld zu verschaffen, aber dasselbe Ziel hätten auch ehrenhafte Arbeiter. Die Versuche vieler Wissenschaftler, kriminelles Verhalten durch generelle Triebe und Werte zu erklären, seien sinnlos, da sie gesetzestreues wie kriminelles Verhalten genauso vollständig erklärten.

96 Eine Verknüpfung zwischen der Lerntheorie *Sutherlands* und der Anomietheorie von *Merton* stellt die »**Theorie der differentiellen Gelegenheiten**« von *Richard A. Cloward* und *Lloyd E. Ohlin* (1960) dar. Allerdings ist diese Theorie speziell an delinquenten jugendlichen Subkulturen entwickelt worden. Der Teil, der sich mit der kriminellen Subkultur befaßt, lautet in der Formulierung von *Springer* (1973, 16) wie folgt:

»Wenn Jugendliche in einer kriminellen Umwelt leben, in der die kriminelle Wirklichkeit der Jugendlichen mit der der Erwachsenenwelt strukturell verbunden ist...,
wenn kriminelle und konventionelle Rollen von Erwachsenen in einer Gemeinde und in der Nachbarschaft integriert sind...,
wenn Zugang zu kriminellen Rollen bzw. Karrieren besteht,
wenn die kriminellen Jugendlichen der sozialen Kontrolle der erwachsenen Kriminellen unterliegen,
wenn instrumentelles kriminelles Rollenverhalten eher erwartet wird als expressives,
dann entstehen in der Regel kriminelle Subkulturen bzw. Gangs, deren Normen und Werte denen der erwachsenen Kriminellen entsprechen.«

3.2.3.2 Sozialisationstheorien

Kriminalitätstheorien, die Kriminalität aus der (fehlgeschlagenen) Sozialisation eines Menschen erklären, nennt man **Sozialisationstheorien**. Ihr Ausgangspunkt ist die Tatsache, daß der Mensch, um in einer Gesellschaft leben zu können, sich sozialisieren muß. Sozialisation, gelegentlich auch Sozialisierung oder Soziation genannt, läßt sich wie folgt definieren:

»Sozialisation meint bekanntlich den Vorgang, in dem der Mensch die Normen, Werte und Orientierungen der Gruppe, der er angehört, erlernt. Sie ist das durch die soziale Umwelt vermittelte Lernen von Verhaltensweisen, Denkstilen, Gefühlen, Kenntnissen, Motivationen und Werthaltungen. Der Lernvorgang erfolgt durch Beobachtung, Nachahmung, Vergleich, Vermeidung, Einübung und Einsicht.« (*Kaiser* 1988, 205)

Da Sozialisation von einer Fülle von Faktoren abhängt, ist verständlich, daß zur Erklärung der Kriminalität ganz unterschiedliche Bereiche, die in der Sozialisation bedeutsam sind, herangezogen werden. Zwei davon sollen im Hinblick auf die Kriminalität näher betrachtet werden: Die Sozialisation in Abhängigkeit von der sozialen Stellung in der Gesellschaft (**schichtenspezifische Sozialisation**) und die Sozialisation in anderen Kulturbereichen, die durch einen entstehenden **Kulturkonflikt** zur Kriminalität führen kann.

Die Erkenntnis, daß in einer Gesellschaft, die mehrere soziale Schichten kennt, die Sozialisation schichtenspezifisch unterschiedlich verläuft, ist wissenschaftlich geläufig. Der Umstand, daß Kriminalität (zumindest) in ihrer Sichtbarkeit schichtabhängig ist, ist ebenso unbestritten. Die Sozialisationstheorie fragt nun, ob es die durch die unterschiedliche Sozialisation erfahrenen Normen und Werte sind, die zu Kriminalität führen (können). Bestehen nämlich zwischen Durchführung und Ziel der Sozialisation in den einzelnen Schichten Unterschiede, dann ist anzunehmen, daß es später im Leben des Individuums zu sozialen Konflikten kommt und Kriminalität entsteht. Zwar lassen sich die Bereiche Familie, Freundeskreis, Erziehung, Beruf, Schule und Freizeit, um die wichtigsten zu nennen, unschwer auch als entscheidende Sozialisationsfaktoren bei Kindern und Jugendlichen begreifen und daher Aussagen zur Kriminalitätsentstehung auch beeinflußt durch die Sozialisation verstehen, doch sollen diese Gesichtspunkte hier nicht näher einzeln verfolgt werden.

Albert K. Cohen (1961) hat schon frühzeitig diese **schichtenspezifische Sozialisierung** eindrucksvoll beschrieben:

»Der Prozeß der Sozialisierung in der Unterklasse ... verläuft meist verhältnismäßig reibungslos. Was das Kind tut, wird weitgehend von seinen Augenblickslaunen bestimmt, von der Bequemlichkeit und den spontanen Impulsen seiner Eltern und von den Notwendigkeiten des Haushaltes... Das Unterklassenkind wird häufiger sich selbst oder der Gesellschaft ... von Altersgefährten überlassen: Es ist ungebundener und lernt daher vieles kennen, was dem Mittelklassenkind verboten ist... Der Antrieb, nach Fernzielen zu streben, die nur durch ... systematische, entsagungsvolle Disziplin erreichbar sind, ist nur schwach... Wir bezweifeln, daß die Wirkung körperlicher Züchtigung, die in der Unterklasse häufiger vorkommt, so andauernd und abschreckend ist wie die Wirkung der Drohung, nicht mehr geliebt zu werden. Es liegt in der Struktur der Unterklassenfamilie, daß das Kind dort normalerweise keine so überwältigende emotionale Abhängigkeit von der Liebe ... Erwachsener entwickelt, die für das Mittelklassenkind so typisch ist... In der Unterklasse wird die körperliche Auseinandersetzung als eine normale, natürliche und legitime Form der Beilegung von Streitigkeiten angesehen... In der Mittelklasse ist eine Schlägerei eine höchst zweifelhafte Art, einen Konflikt beizulegen...« (*Cohen* 1961, 74ff.)

Da nun in unserer Gesellschaft, vor allem abgesichert auch durch das Strafrecht, allgemein die **Verhaltensnormen der Mittelschicht gelten,** führt die unterschiedliche Sozialisation in Konfliktsfällen zu Kriminalität. Dabei wird der Tatsache, daß Unterschichtsangehörige so erzogen sind, daß sie die schnelle Befriedigung von Wünschen anstreben, auch wenn dies legal nicht möglich ist, besondere Bedeutung beizumessen sein.

99 Eine besondere Relevanz wird der schichtspezifischen Sozialisation von der (neo-)marxistisch argumentierenden Kriminologie beigemessen, die Kriminalität nicht wie orthodoxe Marxisten (vgl. 3.2.6) hauptsächlich aus der **Gesellschaftsstruktur** erklärt, sondern einzelne gesellschaftlich relevante Bereiche zu ihrer Erklärung heranzieht.

Kurzeja (1976) beschreibt sehr anschaulich diese Position für unsere »spätkapitalistische Klassengesellschaft«:

Die Lebensverhältnisse der Unterschicht seien (*Kurzeja* 1976, 231ff.) gekennzeichnet durch Unterdrückung, Ausbeutung und Entfremdung. Die Lebenschancen der Unterschicht seien vermindert. Die Masse ihrer Angehörigen lebe besitzlos von der Hand in den Mund. Mit der ökonomischen Verelendung hänge eine psychische zusammen, die sich in Alkoholismus, Krankheit, seelischen und geistigen Störungen zeige. Die materielle Not führe zu beengten Wohnverhältnissen; die Wohnungen seien hygienisch oft unzureichend. Wegen des niedrigen Einkommens könnten sich Unterschichtsangehörige nicht aktiv am sozialen Leben beteiligen und mieden auch die öffentlichen Bildungseinrichtungen.

Die Berufs- und Arbeitsverhältnisse der Unterschicht (*Kurzeja* 1976, 233f.) seien bestimmt von der Unsicherheit der Berufssituation und der Sorge um die Erhaltung des Arbeitsplatzes. Täglich drohe die Arbeitslosigkeit. Daher komme es zu Störungen des Selbstwertgefühles. Die Situation des Unterschichtsvaters am Arbeitsplatz sei gekennzeichnet durch den Umgang mit Dingen. Seine Arbeit sei fremdbestimmt. Von ihm werde wenig Initiative, Entscheidung und Verantwortlichkeit gefordert. Bei der Arbeit erfolge eine direkte Kontrolle mit strenger Überwachung. Der Arbeiter müsse sich unterordnen und sei in Abhängigkeit gehalten. Er führe eine eintönige, nicht qualifizierte Tätigkeit aus, wobei sich der Arbeitsvorgang häufig wiederhole. Einer hohen Arbeitsbelastung stehe eine geringe Qualifikationsanforderung gegenüber. Besonders durch die Schicht- und Akkordarbeit werde eine hohe körperliche und nervliche Belastung herbeigeführt. Aufstiegsmöglichkeiten und Chancen seines beruflichen Fortkommens seien für den Unterschichtsangehörigen gering.

Einzelne Kriminalitätstheorien 87

Zum Wert- und Kultursystem der Unterschicht meint *Kurzeja* (1976, 235ff.), sei festgestellt worden, daß sich in der Unterschicht eine geschlossene Subkultur in vielen Wert- und Lebensbereichen finden lasse. Unterschichtsangehörige sprächen eine eigene Sprache, teilten einen gemeinsamen Geschmack und die Vorstellungen von gut und böse, richtig und falsch. Die Individualität der Person gehe dabei verloren, es werde eine hohe Gruppensolidarität entwickelt. Da Unterschichtsangehörige geringe Kontakte zur Außenwelt hätten, orientierten sie sich stark an der eigenen Familie. Der Unterschichtsangehörige werde aggressiv, aber auch fatalistisch, da er seine Position in der Gesellschaft erkenne. Die Gesellschaft werde von ihm nur mit »oben« und »unten« erlebt, wobei sich der Unterschichtsangehörige selbst als untenstehend ansieht. Wegen seiner schlechten gesellschaftlichen Lage gebe es beim Unterschichtsangehörigen mangelnde Planung und Vorsorge. Leistungsstreben sei nicht internalisiert worden, da wirkliche Aufstiegschancen nicht bestünden. Aus diesen sozialen Gegebenheiten komme es zu einer strengen Sozialisation der Kinder der Unterschichtsangehörigen. Bei Meinungsverschiedenheiten gebe es spontane Reaktionen, die unverhüllt aggressiv seien. Die körperliche Auseinandersetzung erscheine als normale, natürliche und legitime Form der Beilegung von Streitigkeiten. Körperliche Tapferkeit, Rauflust und Zähigkeit gälten als Werte. Die männliche Geschlechtsrolle in der Unterschicht sei stark aggressiv getönt.   **100**

Man mag darüber rechten, welchen Wirklichkeitsgehalt diese Schilderung der Lage aller Unterschichtsangehörigen für unsere Gesellschaft hat, doch läßt sich nicht leugnen, daß jedenfalls in groben Umrissen die Probleme der Sozialisation eines Teiles der Unterschichtsangehörigen richtig gesehen sind. Vor dem Hintergrund dieser Sozialisation ist die der Mittelschicht zu sehen. Zu ihrer Beschreibung soll ein anderer Vertreter marxistischer Kritik, *Neumann-Schönwetter* (Gottschalch/Neumann-Schönwetter/Soukup 1971), zu Wort kommen, zumal auch diese Position als typisch gelten kann.   **101**

Die berufliche Situation der Mittelschicht sei im Gegensatz zu der des Arbeiters nicht durch körperliche Arbeit gekennzeichnet, sondern durch den Umgang mit Symbolen, Personen oder Ideen. Auch hätten Mittelschichtsangehörige selbständige Einflußnahme auf den Ablauf des Arbeitsgeschehens (*Gottschalch/Neumann-Schönwetter/Soukup* 1971, 81). Ein individueller Aufstieg erscheine aufgrund der eigenen Leistung möglich. Mittelschichtsangehörige hätten deswegen eine langfristige Lebensplanung. Ihre Handlungsmuster seien orientiert am Aufschub der Befriedigungsmöglichkeiten zugunsten längerfristiger Planungen. Die Sozialbeziehungen seien durch die Wahrnehmung individueller Besonderheiten geprägt (*Gottschalch/Neumann-Schönweter/Soukup* 1971, 81). Zur Familie der Mittelschicht stellt *Neumann-Schönwetter* (*Gottschalch/Neumann-Schönwetter/Soukup* 1971, 87ff.) fest, daß der Zerfall der bürgerlichen Familie begleitet werde durch die gesellschaftliche Übernahme wirtschaftlicher und erzieherischer Funktionen des Vaters. Das Ziel der Erziehung lasse sich im Zusammenhang mit der für die Mittelschicht als typisch beschriebenen individuellen Leistungs- und Aufstiegsorientierungen sehen, die auf die Bewahrung und das Erreichen eines bestimmten Lebensstiles zielten. Das Kind werde bereits früh mit leistungsbezogenen Erwartungen konfrontiert. Seine Persönlichkeitsentwicklung stehe im Mittelpunkt. Die Beherrschung der eigenen Bedürfnisse zugunsten zukünftiger Befriedigung werde dem Kind aufgezwungen. Individuelle Unterschiede der Persönlichkeiten würden beachtet und betont. Der Erziehungsstil der Mittelschicht sei dadurch gekennzeichnet, daß die Eltern die persönlichen Bedürfnisse des Kindes zu verstehen suchten und seiner Persönlichkeitsentwicklung viel Platz einräumten. Der größte Teil der Mittelschicht befinde sich allerdings bereits von Anfang an in einer gefährdeten gesellschaftlichen Position, in der er zwischen der Furcht vor sozialem Abstieg und irrealen Wünschen nach Aufstieg hin und her schwanke. Selbstbeherrschung sei bei dieser Lage eine notwendige Eigenschaft. In der oberen Mittelschicht dürften in der Familie eher partnerschaftliche Beziehungen vorherrschen. Die Entfaltung der intellektuellen Fähigkeiten und die Ausrichtung an individuellen Bedürfnissen würden in der Erziehung betont und stünden im Dienst der Erhaltung der erreichten gesellschaftlichen Position.

102 Auf der Grundlage dieser Einschätzung der gesellschaftlichen Verhältnisse, die bedingt sind durch die unterschiedliche Lage der Schichten, wird nun die Kriminalität (vor allem die der Jugendlichen) als eine Folge des Zusammenstoßes von Unterschichts- und Mittelschichtswertsystem verstanden (vgl. *Kurzeja* 1976, 241). Schon die aufgezeigten Unterschichtsnormen würden es einem Jugendlichen schwermachen, nicht kriminell zu werden (*Kurzeja* 1976, 241).

»Die Jugendlichen der sozialen Unterschicht internalisieren bis zu einem gewissen Grade die Wertmaßstäbe der sozialen Mittelschicht, z. B. durch Werbung, Vermittlung der Massenmedien, mittelschichtsspezifische Institutionen wie Schule, tagtägliche Konfrontation mit den Anschauungen und dem Lebensstandard der Mittelschicht... Die Hoffnung der meisten Unterschichtsangehörigen konzentriert sich dabei auf eine ständige Verbesserung der Lebensbedingungen im Konsumbereich« (*Kurzeja* 1976, 242).

Freilich führe die schlechte Schulausbildung auch zu einer nur mangelhaften Berufsausbildung bei Unterschichtsangehörigen.

»Der Wille zum sozialen Aufstieg ist bei ihnen manifest vorhanden. Doch überall sind sie die Letzten, scheitern sie. Langsam entwickelt sich bei ihnen aufgrund unverarbeiteter Versagenserlebnisse das Gefühl hoffnungsloser geistiger und sozialer Unterlegenheit, das oft mit einer Kränkung des Selbstwertgefühles verbunden ist.« (*Kurzeja* 1976, 245)

Dieses Erleben führe zu Konflikten und Frustrationen. Die soziale Unzufriedenheit wird zur Opposition gegen die von der Mittelschicht repräsentierten Werte, Kriminalität entsteht (vgl. *Kurzeja* 1976, 245).

103 Analysiert man diese sozialtheoretischen Überlegungen zur Kriminalität, so läßt sich, von den deutlich sichtbaren Überzeichnungen abgesehen, kaum bestreiten, daß mit ihnen die Entstehung der Kriminalität für bestimmte Personengruppen zutreffend erfaßt ist. Auch wenn man nicht den Argumentationen auf der dargestellten Basis einer neo-marxistischen Position folgt, sondern allein auf die allgemeinen Sozialisationsunterschiede abstellt, kann der Konflikt, der zur Kriminalität führt, offenbar schichtspezifisch geprägt gesehen werden. Ein Teil der Kriminalität mag damit zutreffend erklärt sein.

Die **Subkulturtheorie** erklärt Kriminalität als das Ergebnis einer von den herrschenden, gesellschaftlich als »richtig« anerkannten Wert- und Normvorstellungen abweichenden Sozialisation des Straftäters.

Diese Theorie, entwickelt im wesentlichen von *Albert K. Cohen* (1961), **gibt freilich nur für einen Teil der Kriminalität eine (befriedigende) Erklärung;** weite Bereiche der Kriminalität, vor allem die der »eigentlich« sozial Angepaßten, werden ausgespart. Allenfalls vermag daher die Subkulturtheorie die **Kriminalität von Minderheitsgruppen** zutreffend zu erklären. Sie ist aber auch nicht auf alle Minderheiten in einer Gesellschaft, wie etwa die kriminologisch bedeutsame der Jugendlichen, anwendbar. Dagegen lassen sich mit diesem Erklärungsmodell kriminelle Handlungen **sozialer Randseiter,** etwa Drogenabhängiger, Asozialer und (Jugend-)Bandenmitglieder erklären. **104**

Cohen hat seine Erkenntnisse aus der Untersuchung von jugendlichen Subkulturen, von Banden, abgeleitet (*Cohen* 1961). Die Analyse geht von der amerikanischen Gesellschaft aus, die *Cohen* dadurch geprägt sieht, daß sie unterschiedliche soziale Klassen kenne, die jedem Mitglied eine bestimmte Stellung in dieser Gesellschaft einräume. Neben den allgemein anerkannten Werten und Normen der Gesellschaft gebe es auch klassenspezifische. Dieser Umstand sei den sozial Benachteiligten der unteren Klassen bekannt. Sie anerkennten zwar die allgemein als verbindlich überlieferten Werte, doch seien sie sich ihrer schlechten sozialen Stellung in der Gesellschaft bewußt. Aus diesem Zwiespalt entstünden bei manchen männlichen Jugendlichen Anpassungsprobleme. Komme es zu Gruppenbildungen von Jugendlichen, dann versuchten sie im Zusammenwirken miteinander und sich gegenseitig beeinflussend, sich eigene Normen und Werte zu schaffen, mit denen sie glaubten, ihre sozialen Probleme besser lösen zu können. Daraus resultiere eine Feindseligkeit gegenüber den allgemein anerkannten gesellschaftlichen Werten, da sich die Jugendlichen bewußt seien, daß die Benachteiligung, die sie erlebten, sich gerade durch die niedrige Stellung, die sie in dieser Gesellschaft einnähmen, ergebe. Die Orientierung an ihren neuen, gesellschaftlich nicht mehr anerkannten Wert- und Normvorstellungen führe notwendig zu einem Konflikt: sie würden kriminell. Im Laufe der Zeit wurde diese Theorie von *Cohen,* die sich in Teilen auch als eine Sozialisationstheorie auffassen läßt, weiterentwickelt und zum Teil auch verändert. So versuchten *Cloward* und *Ohlin* mit ihrer Theorie der differentiellen Gelegenheiten (s. o.) eine Verbindung mit der Lerntheorie von *Sutherland* und der Anomietheorie von *Merton* auf der Basis des Konzeptes der Subkultur herzustellen. Dabei unterscheiden sie zwischen kriminellen Subkulturen, Konflikt- und Rückzugsubkulturen. Modelle der Subkulturtheorie finden sich auch bei anderen amerikanischen Autoren.

Die Schwäche der Subkulturtheorie besteht vor allem darin, daß sie nur Teile der Kriminalität erklären kann. Insbesondere jene kriminellen Taten, die von Personen begangen werden, die »an sich« die herrschenden Wert- und Normvorstellungen für sich anerkennen, und die auch ihr sonstiges Sozialverhalten nach diesen Vorstellungen ausrichten, finden kaum eine Erklärung.

105 Kriminalität als das **Ergebnis eines Konfliktes zwischen unterschiedlichen kulturellen Wert- und Verhaltensnormen** kann nur für einen begrenzten Bereich der Kriminalität eine sinnvolle Erklärung geben, nämlich dem von ethnischen Minderheiten, zumeist Ausländern und/oder Einwanderern. *Thorsten Sellin* (gestorben 1994) gilt als Begründer dieser **Kulturkonflikttheorie** (*Sellin* 1938). Sie geht von der Beobachtung aus, daß jeder Mensch in eine bestimmte Kultur hineingeboren wird und in dieser Kultur bestimmte Verhaltensregeln erlernt. Dabei ist aber seine Einbettung in die Kultur nicht so zu verstehen, als ob es innerhalb einer einzigen Kultur völlig einheitliche Regeln gäbe. Auch hier bestünden wieder Gruppen mit unterschiedlichen Normen und Werten. *Sellin* meint, daß bei einem Konflikt solcher widerstreitender Normen sich der Mensch für die Norm entscheide, die am wenigsten scharf wegen einer Verletzung sanktioniere (*Sellin* 1938, 44).

106 Man hat in Deutschland schon in den sechziger Jahren versucht, den Wirklichkeitsgehalt der Kulturkonflikttheorie für die Kriminalität der Gastarbeiter zu ermitteln. *Grüber* (1969) meinte anhand einer Untersuchung von 210 Gastarbeitern in Hamburg, einen Beleg für die Richtigkeit der Theorie gefunden zu haben (*Grüber* 1969, 119). Nachfolgende Untersuchungen an Gastarbeitern konnten die Theorie nicht bestätigen. Im übrigen zeigt die Entwicklung der Gastarbeiterkriminalität in Deutschland über die »Generationen« hinweg, daß die Konflikte offenbar nicht so verlaufen, wie dies nach der Kulturkonflikttheorie anzunehmen wäre (vgl. Rdnrn. 328 ff.).

3.2.4 Mehrfaktorenansatz

Literatur: *Michael Bock*, Kriminologie als Wirklichkeitswissenschaft, Berlin 1984; *Cyril Burt*, The young delinquent, 4th ed., 9th impr., London 1965; *Albert Cohen*, Mehr-Faktoren-Ansätze. In: *Fritz Sack/René König*, Hrsg., Kriminalsoziologie, Wiesbaden 1968, S. 219 bis 225; *Sheldon Glueck/Eleanor Glueck*, Delinquents and Non-Delinquents in Perspective, Cambridge 1968; *Hans Göppinger*, Angewandte Kriminologie, Berlin usw. 1985; *Wilhelm Sauer*, Kriminologie als reine und angewandte Wissenschaft. Ein System der juristischen Tatsachenforschung. Berlin 1950.

107 Obwohl die Vorstellung, Kriminalität werde durch das Zusammenwirken von **Anlage und Umwelt** bestimmt, zur Erklärung der Kriminalität nicht zwingend den **Mehrfaktorenansatz** erfordert, ist historisch die Entstehung dieses Ansatzes nur vor diesem theoretischen Hintergrund verständlich. Der **Mehrfaktorenansatz** ist gelegentlich als »**theorielos**« bezeichnet worden. »Ein Mehrfaktorenansatz ist keine Theorie; er ist der Verzicht auf die Suche nach einer Theorie. Er erklärt lediglich, daß dieses bestimmte Ereignis durch diese bestimmte Kombination, jenes bestimmte Ereignis durch eine andere

Kombination von Umständen, verursacht wird« (*Cohen* 1968, 221). Diese einseitige Aussage ist **sicherlich so nicht richtig.** Zwar steht hinter dem Konzept des Mehrfaktorenansatzes die Vorstellung, daß es **viele Ursachen** geben könne, die zu Kriminalität führten und daß diese Ursachen nicht einseitig entweder an der Umwelt oder aber an der Persönlichkeit des Straffälligen festgemacht werden können und es auch außerhalb dieser Festlegungen eine Vielzahl von Faktoren gebe, die mit Kriminalität kausal verbunden seien. **Es wäre jedoch unrichtig zu meinen, hinter diesen Vorstellungen stehe kein theoretisches Konzept.** Es ist bereits oben (vgl. Rdnrn. 43ff.) ausgeführt worden, daß es voraussetzungslose Forschung nicht gibt. **Es gibt daher auch kein theorieloses Suchen nach Ursachen in der Kriminologie.** Dies kann schon damit belegt werden, daß jene Forscher, die dieses Konzept tatsächlich vertreten, etwa *Glueck/Glueck,* sehr wohl bestimmte Vorstellungen über die Entstehung der Kriminalität haben, weil sie sonst bestimmte Daten überhaupt nicht erhoben hätten. Was an dem Vorwurf der Theorielosigkeit stimmt und solche Forschungen methodisch **fragwürdig** macht, ist die Tatsache, **daß sie Hypothesen nicht formulieren und daß aus so erhobenen Ergebnissen kausale Aussagen über die Kriminalität gemacht werden.** Dieses Vorgehen ist methodisch schwerlich zulässig, weil sich keine Rückschlüsse aus den Ergebnissen ziehen lassen, zumal **Zufallskorrelationen** genauso behandelt werden wie solche, die aufgrund genau formulierter Hypothesen zustande gekommen sind. Deshalb ist der empirische Gehalt der Ergebnisse multifaktorieller Arbeiten schwer einzuschätzen. Dies bedeutet jedoch nicht, daß multifaktorielle Forschung ohne theoretische Annahmen arbeitet. Ihre theoretische Basis ist nur weniger exakt. Die frühe kriminologische Forschung wurde durch dieses Konzept geradezu geprägt. Die bei solchen Untersuchungen anfallenden »**Datenfriedhöfe**« waren aber nicht zuverlässig interpretierbar. Bei diesem methodischen Vorgehen besteht die Gefahr, zusammenhanglose Daten willkürlich in eine bestimmte Ordnung zu bringen und bedeutungslose Ergebnisse zu überschätzen. Freilich wird man zugestehen müssen, daß in einer bestimmten Phase wissenschaftlichen Forschens wegen mangelnder Kenntnisse sich ein solches Vorgehen als vertretbar erweisen kann. Dieser Forschungsabschnitt ist in der kriminologischen Forschung heute aber überwunden. In der Ursachenforschung der Kriminalität können deshalb Mehrfaktorenansätze in der herkömmlichen Form nicht mehr zu befriedigenden Aussagen führen. Eine andere Frage ist, ob die Erklärung, Kriminalität könne durch unterschiedliche Faktoren entstehen, also viele Ursachen haben, wissenschaftlich zufriedenstellt. Dies ist nicht leicht zu beantworten, denn logisch lassen die bisherigen kriminologischen Erkenntnisse zwar den Mehrfaktorenansatz zu, fordern ihn aber nicht. Ausgangspunkt dieser Bewertung ist die empirisch relativ gut gesicherte Erkenntnis, **daß von den bisherigen Kausalerklärungen in der Kriminologie keine in der Lage war, einen einzelnen Faktor als Ursache des Verbrechens zu nennen, der hinreichend und notwendig immer zur Kri-**

minalität führt. Damit aber ist der Weg für eine multifaktorielle Erklärung im Sinne des Mehrfaktorenansatzes frei, es sei denn, man unterstellt, daß Kriminalität zwar durch einen einzigen Faktor immer hinreichend und notwendig erklärt, dieser Faktor aber bisher noch nicht gefunden worden sei: Tatsächlich gibt es in den Schriften des deutschen Kriminologen *Wilhelm Sauer* (1950, 257 ff.) solche Überlegungen zu einem »**Kriminalitätserreger**«: »Die Kriminalität hat ihre tiefste Wurzel ... nicht in der Umwelt, sondern in der Persönlichkeit, aber nicht in der Anlage, sondern im sog. freien Willen. Diese Willensfreiheit bedarf in einer beschreibenden und (die Ursachen) erklärenden Kriminologie selbst in der Erklärung: Die letzte Ursache des Verbrechens ist das im Willen liegende, von ihm erzeugte und schließlich die kriminelle Tat auslösende Willenselemnt. Dieses ist wegen seiner Ursachennatur als Erreger zu bezeichnen. Erreger bedeutet das Schöpferische im Willen und Handeln des Menschen. Die Stärke und den Grad der Wirksamkeit hat die Kriminologie zu bestimmen ...« (*Sauer* 1950, 258)

108 Dieses Zitat soll genügen um darzutun, daß aus empirischer Sicht **die Annahme einer einzigen Kriminalitätsursache** zwar nicht widerlegbar, aber **praktisch unbrauchbar** ist. Der Satz von *Sauer* ist ein unwissenschaftlicher Satz, denn er läßt sich nicht widerlegen, da das Problem des freien Willens empirisch nicht lösbar ist. Wir können aber mit guten Gründen annehmen, daß Kriminalität durch unterschiedliche Umstände bedingt ist und nicht durch einen einzigen Faktor entsteht. In der Praxis haben Vertreter des Mehrfaktorenansatzes die Verbrechensentstehung mit allen denkbaren Faktoren aus Persönlichkeit und Umwelt des Kriminellen dargestellt.

3.2.5 Psychoanalytische Verbrechenserklärung

Literatur: *Franz Alexander/Hugo Staub,* Der Verbrecher und seine Richter. Ein psychoanalytischer Einblick in die Welt der Paragraphen (1929). In: *Tilmann Moser,* Hrsg., Psychoanalyse und Justiz, Frankfurt a. M. 1971, S. 205 bis 411; *Hans-Joachim Behrendt,* Tiefenpsychologische Bemerkungen zu Praxis und Theorie des Strafrechts. In: *Hans Joachim Bauer/Olaf Werner,* Hrsg., Festschrift zur Wiedereinrichtung des Oberlandesgerichts in Jena. München 1994, S. 307 bis 318; *Friedrich W. Doucet,* Psychoanalytische Begriffe, Vergleichende Textdarstellung Freud/Adler/Jung. München 1972; *Sigmund Freud,* Abriß der Psychoanalyse. In: *Sigmund Freud,* Gesammelte Werke, 17. Band, 4. Auflage, Frankfurt a. M. 1966, S. 63 bis 138; *ders.,* Eine Kindheitserinnerung des Leonardo da Vinci. In: *Sigmund Freud,* Gesammelte Werke, 8. Band, 5. Auflage, Frankfurt a. M. 1969, S. 127 bis 211; *Rüdiger Herren,* Freud und die Kriminologie. Eine Einführung in die Psychoanalytische Kriminologie, Stuttgart 1973; *Tilmann Moser,* Repressive Kriminalpsychiatrie. Vom Elend einer Wissenschaft, Eine Streitschrift, Frankfurt a. M. 1971; *Helmut Ostermeyer,* Strafunrecht, München 1971; *Arno Plack,* Plädoyer für die Abschaffung des Strafrechts, München 1974; *Karl R. Popper,* Vermutungen und Widerlegungen. Das Wachstum der wissenschaftlichen Erkenntnis, Band I: Vermutungen, Tübingen 1994; *Franz Streng,* Psychoanalytische Justizkritik als Ausgangspunkt für quantitative Justizforschung. Ergebnisse aus Befragungen von Justizpraktikern und Jura-Studenten. In: *Tilman Evers,* Hrsg., Tiefenpsychologische Dimensionen im Strafprozeß, Hofgeismar 1987, S. 40 bis 69; *Gerd Treffer/Rolf Kaufmann,* Alfred Adler und das Verbrechen. Ein Plädoyer für das Strafrecht. Frankfurt a. M. 1988; *Dieter E. Zimmer,* Tiefenschwindel. Die endlose und die beendbare Psychoanalyse, Reinbek 1990.

Ein anderer Versuch, die Entstehung der Kriminalität zu erklären, wurde aus **psychoanalytischer Sicht** unternommen. Im deutschsprachigen Bereich stehen dafür die Namen von *Franz Alexander, Hugo Staub, Theodor Reik, August Aichhorn, Paul Reiwald, Eduard Naegeli* und natürlich *Sigmund Freud* (1856 bis 1939), um die wichtigsten zu nennen. In jüngerer Zeit haben sich vor allem *Tilmann Moser* und *Helmut Ostermeyer* mit psychoanalytischen Deutungsversuchen der Kriminalität befaßt. Allerdings läßt sich feststellen, daß in den letzten zehn bis fünfzehn Jahren die psychoanalytische Deutung der Kriminalität nicht besonders deutlich war. Auch für die psychoanalytische Erklärung gilt, daß es sich hier um keine geschlossene Theorie handelt, die alle Vertreter der Psychoanalyse gemeinsam teilen. Auch die immer weiter um sich greifende Abkehr in der Psychoanalyse von der traditionellen Lehre *Sigmund Freuds* hat mit dazu beigetragen, keine geschlossene psychoanalytische Kriminalitätstheorie entstehen zu lassen. Die heutige Psychoanalyse erklärt Kriminalität auf zwei Ebenen: einmal vom Lebensschicksal des Kriminellen her und zum anderen aus den Gesellschaftsstrukturen. Es ist nicht möglich, auf kurzem Raum die sehr differenzierten psychoanalytischen Überlegungen zur Kriminalitätsentstehung eingehend wiederzugeben. Deshalb sollen im wesentlichen auf die ursprünglichen individuellen Erklärungen eingegangen und zudem die Ansichten von *Moser* und *Ostermeyer* ausführlicher dargestellt werden. **109**

Zum Verständnis psychoanalytischer Überlegungen ist es notwendig, kurz einige **Grundpositionen der Psychoanalyse** selbst darzustellen. **110**

Unter Psychoanalyse versteht man die von *Sigmund Freud* begründete Lehre, die die Libidotheorie vertritt. Psychoanalyse ist aber auch die Bezeichnung der von *Freud* entwickelten Technik zur Erforschung des Unbewußten (*Doucet* 1972, 133).

Wichtig für das Verständnis der Lehre *Freuds* ist seine Definition der Begriffe »Es«, »Ich« und »Über-Ich«, der »Seele« des Menschen oder, wie *Freud* sagt, seines »psychischen Apparates« (*Freud,* 1973, 9). In seinem »Abriß der Psychoanalyse« schreibt *Freud* (1966, 67ff.): »Die älteste dieser psychischen Provinzen der Instanzen nennen wir das Es; sein Inhalt ist alles, was ererbt, bei der Geburt mitgebracht, konstitutionell festgelegt ist, vor allem die aus der Körperorganisation stammenden Triebe, die hier einen ersten und in seinen Formen unbekannten psychischen Ausdruck finden. Unter dem Einfluß der uns umgebenden realen Außenwelt hat ein Teil des Es eine besondere Entwicklung erfahren. Ursprünglich als Rindenschicht mit den Organen zur Reizaufnahme und den Einrichtungen zum Reizschutz ausgestattet, hat sich eine besondere Organisation herausgestellt, die von nun an zwischen Es und Außenwelt vermittelt. Diesem Bezirk unseres Seelenlebens lassen wir den Namen des Ichs... Es hat die Aufgabe der Selbstbehauptung, erfüllt sie, indem es nach außen die Reize kennenlernt, Erfahrungen über sie aufspeichert (im Gedächtnis), überstarke Reize vermeidet (durch Flucht), mäßigen Reizen begegnet (durch Anpassung) und endlich lernt, die Außenwelt in zweckmäßiger Weise zu seinem Vorteil zu verändern (Aktivität); nach innen gegen das Es, indem es die Herrschaft über die Triebansprüche gewinnt, entscheidet, ob sie zur Befriedigung auf die in der Außenwelt günstigen Zeiten und Umstände verschiebt oder ihre Erregungen überhaupt unterdrückt... Als Niederschlag der langen Kindheitsperiode, während der der werdende Mensch in Abhängigkeit von seinen Eltern lebt, bildet sich in seinem Ich eine besondere Instanz heraus, in der sich dieser elterliche Einfluß fortsetzt. Sie hat den Namen Über-Ich erhalten... Eine Handlung des Ichs ist dann korrekt, wenn sie gleichzeitig den Anforderungen des Es, des Über-Ichs und der Realität genügt, also deren Ansprüche miteinander zu versöhnen weiß.«

111 Wichtig für das Verständnis psychoanalytischer Verbrechenserklärung ist auch die Stellung von *Freud* zur seelischen Erkrankung, der Neurose, da die neurotischen Verbrecher eine bedeutsame Gruppe unter allen Kriminellen bilden.

Nach *Freud* entsteht die Neurose, weil das Ich des Kindes der Aufgabe, die Erregungen der sexuellen Frühzeit zu bewältigen, nicht gewachsen ist. Würde man das Kind in seiner Sexualtätigkeit frei gewähren lassen und es nicht durch Erziehungsmaßnahmen und durch Verbote einschränken, dann ließe sich eine Neurose vermeiden (*Doucet* 1972, 111). *Freud* schreibt dazu in seinem »Abriß der Psychoanalyse« (*Freud* 1973, 44): »Es scheint, daß Neurosen nur in der ersten Kindheit bis zum 6. Lebensjahr erworben werden, wenn auch ihre Symptome erst viel später zum Vorschein kommen mögen. Die Neurosen sind Affektionen des Ichs, und es ist nicht zu verwundern, daß das Ich, solange es schwach, unfertig und widerstandsfähig ist, an der Bewältigung von Aufgaben scheitert, die es späterhin spielend erledigen könnte.«

112 Der österreichische Psychoanalytiker *Alfred Adler* (1870 bis 1937) hat sich in der von ihm vertretenen »Individualpsychologie« ebenfalls mit Verbrechen und Verbrecher auseinandergesetzt. In ihrer Analyse der *Adlerschen* Ansichten haben *Treffer/Kaufmann* (1988) folgendes Konzept *Adlers* entworfen: Verbrechen sei ein Mangel an Gemeinschaftsgefühl und nur eine graduelle Abweichung von der Norm; es sei Ausdruck privater Intelligenz und Mangel an Kooperationsfähigkeit. Das Verbrechen sei schließlich weder allein anlage- noch umweltbedingt. Es entstehe aus Minderwertigkeitsgefühlen. Der Verbrecher sei eine aktive Persönlichkeit oder aber auch ein Feigling, der nach Entschuldigungen suche. Verbrecher hätten fast immer Schwierigkeiten, die in der Familie begännen (*Treffer/Kaufmann* 1988, 7).

Herren (1973, 129) hat in seiner Analyse der psychoanalytischen Lehre zur **113** Verbrechensentstehung eine Verbrechertypologie entworfen, die sich vor allem an *Alexander* und *Aichhorn* orientiert. Danach lassen sich Verbrecher in chronische und akzidentielle (»zufällige«) Verbrecher einordnen. Unter den chronischen Verbrechern gebe es organisch geisteskranke Verbrecher (Alkoholiker und Süchtige), neurotische Verbrecher, normale Verbrecher und »geborene Verbrecher«, letztere allerdings nur als gedachte Grenzfälle. Akzidentielle Verbrecher seien Fahrlässigkeitstäter und Situationstäter. Bei den chronischen Verbrechern ließen sich die neurotischen und normalen Verbrecher wiederum differenzieren. Neurotische Verbrecher seien einmal Verbrecher, die Zwangs- und Symboldelikte begingen (Kleptomane, Pyromane, Pseudologen), dann kriminelle neurotische Verbrecher (etwa Hochstapler) sowie Verbrecher aus präexistentem Schuldgefühl. Die normalen Verbrecher würden unterteilt in solche mit kriminellem Über-Ich und jene mit Über-Ich-Lücken (super-ego lacunae). Unterschiede bestünden nach psychoanalytischer Lehre vor allem hinsichtlich der Über-Ich-Struktur zwischen Normalen, Neurotikern, Verbrechern und Psychotikern (*Herren* 1973, 113). Während der Normale ein ausgebildetes, normal funktionierendes Über-Ich aufweise, finde sich beim Neurotiker ein hypertrophiertes Über-Ich. Diese Situation bestehe auch beim neurotischen Verbrecher. Triebverbrecher wiesen ein verkümmertes Über-Ich auf. Die dadurch verursachte herabgesetzte Hemmungsinstanz des Es werde zum Durchschlag der kriminellen Triebe des Es auf die Außenwelt und damit zum Verbrechen. Normale Verbrecher seien entweder durch ein kriminelles Über-Ich gekennzeichnet oder aber wiesen »Inseln« in ihrem Über-Ich auf (vgl. *Herren* 1973, 113). *Alexander/ Staub* (1971, 239f.) schreiben dazu:

»... Für den größten Teil der Kriminellen ist charakteristisch, daß diese Einverleibung des Über-Ichs unvollkommen bleibt, es mißlingt die Zusammenfassung des Ichs und Über-Ichs zu einem einheitlichen Gebilde, das Über-Ich bleibt mehr oder weniger ein Fremdkörper, es bleibt eine Spannung zwischen dem Ich und Über-Ich, in der das Ich bestrebt ist, seine Unabhängigkeit gegenüber dem Über-Ich wieder zu erlangen, dem Drängen der ursprünglich unangepaßten Triebtendenzen des Es nachzugeben.«

Ein anderes, ebenfalls auf der Psychoanalyse beruhendes Erklärungsmodell der Verbrechensentstehung betont die Bedeutsamkeit kollektiver Verhaltensmuster. Dies trifft vor allem für die Positionen von *Ostermeyer* und *Naegeli* zu, hat aber auch bei *Alexander/Staub* und *Reiwald* seinen Niederschlag gefunden.

Für *Ostermeyer* (1971) ist Ausgangspunkt das von ihm sog. »Strafunrecht«. **114** Die Gesellschaft dichte ihr eigenes Versagen in die Schuld des Täters um, um damit selbst ein gutes Gewissen zum Strafen zu haben. Zentraler Punkt ist die Sündenbocktheorie. Ihr liegt die Auffassung zugrunde, daß der Kriminelle eindeutig das Opfer der Gesellschaft sei. Im Rechtsbrecher werde ein Sündenbock geschaffen, um diesen dann mit dem Haß zu bedenken, der der

Gesellschaft selber gehöre. So müßte stellvertretend für die Gesellschaft der Verbrecher büßen, wie er auch stellvertretend für sie straffällig geworden sei (*Ostermeyer* 1972, 33f.). Damit entfällt aber die Rechtfertigung für strafrechtliche Maßnahmen gegenüber diesem Rechtsbrecher. In diesem Zusammenhang sind Ergebnisse einer Befragung, die von *Streng* (1987) 1979/80 bei 522 Strafrichtern und Staatsanwälten aus Niedersachsen zur Strafzumessung anhand fiktiver Fälle durchgeführt wurde, relevant. Danach zeigten die Befragten wenig Bereitschaft, bei der Strafzumessung die von ihnen wahrgenommenen oder vermuteten »Erwartungen der Öffentlichkeit« zu berücksichtigen. Damit erwies sich das »Abschätzen der Erwartungen der Öffentlichkeit« als das mit weitem Abstand als am unwichtigsten angesehene Vorgehen für die Strafzumessungsentscheidung. Dies widerspricht, wie *Streng* zu Recht folgert (*Streng* 1987, 45f.), sehr klar der psychoanalytischen Hypothese, die Funktion des Strafrechtssystems sei es, die Aggressionen der Allgemeinheit gegen die Rechtsbrecher zu realisieren.

115 Eine weit differenziertere Haltung, die im grundsätzlichen aber ebenfalls psychoanalytische Überlegungen enthält, nimmt *Tilmann Moser* (1971) ein. Er geht davon aus, daß Kriminalität vor allem in der Unterschicht vorzufinden sei. Dort seien die Sozialisationsformen so defizitär und schädigend, daß sich von klar umrissenen innerpsychischen Konflikten schon kaum noch sprechen ließe, sondern man eher von Defekten der Entwicklung des seelischen Apparates sprechen müsse. In der Mittelschicht sei kriminelles Verhalten dagegen eher ein Symptom ungelöster innerseelischer Konflikte, weil hier die psychischen Instanzen differenzierter ausgebildet seien (*Moser* 1971, 229). Grob skizziert mißlinge bei den Defektformen der Kriminellen die Gewissensbildung durch eine Schädigung in den möglichen Formen der Identifikation mit den Eltern, die zur Aufrichtung des Über-Ichs führe. Lieblosigkeit, Grausamkeit und Kälte der Eltern seien Ausgangspunkt dieser Fehl- bzw. Unterentwicklung der seelischen Instanzen (*Moser* 1971, 231). Für *Moser* steht fest, daß defizitäre Familienstrukturen für die Herausbildung von kriminogenen Charakterstrukturen verantwortlich sind. Kriminalität beruht deshalb für ihn auf frühen Schädigungen der Persönlichkeitsentwicklung durch Störungen in den Objektbeziehungen des Kindes. Die Rolle der Gesellschaft sieht er darin, daß die Vermittlung von Kriminalität und Gesellschaftsstruktur in der Familie zu suchen sei bzw. in den schichtenspezifischen Belastungen des Sozialisationsvermögens (*Moser* 1971, 232).

116 Psychoanalytische Verbrechenserklärungen sind vor allem im Bereich der Strafjustiz seit jeher starken Bedenken, sogar Anfeindungen ausgesetzt. Dies hat sich, wie zu Recht festgestellt wird, bis heute nicht geändert (*Behrendt* 1994, 307). Der Grund hierfür dürfte einmal darin liegen, daß Psychoanalytiker sich gegen jedes Strafrecht wenden und häufig der Strafjusitz zumindest unbewußt unlautere Motive bei der Verfolgung der Kriminalität unterstellen. Zum anderen ist es auch das mechanistische Weltbild der Psychoanalyse bei der Erklärung des Verbrechens, das letztlich die Straftat als das zwangsläufige, aber unverschuldete Ergebnis des Lebenslaufes eines Kriminellen versteht, die starke Vorbehalte gegenüber der psychoanalytischen Erklärung hervorruft. Dieses Erklärungsmodell steht im Widerspruch zum christlich-abendländischen traditionellen Menschenbild und (notwendigerweise) gegen das praktizierte Schuldstrafrecht. Strafjuristen fürchten daher oft, die Übernahme psychoanalytischer Erklärungen für die Verbrechensentstehung führe im Ergebnis zu einer »Aufweichung« des Strafrechts, ja zu dessen Abschaffung, was etwa in dem bekannten Titel von *Arno Plack* »Plädoyer für die Abschaffung des Strafrechts« auch seinen Ausdruck gefunden hat. Zu dieser Mischung aus teils sachlicher, teils aber auf Empfindsamkeiten und Empfindlichkeiten auf beiden Seiten beruhenden Positionen zur Psychoanalyse kommt aus empirischer Sicht ein bedeutsamer Einwand. Es stellt sich nämlich die Frage, ob die Erklärungen der Psychoanalyse für sich beanspruchen können, überhaupt erfahrungswissenschaftliche Erklärungen zur Verbrechensentstehung zu sein oder ob sich die Erklärungsversuche nur für einen »gläubigen« Psychoanalytiker als einsehbar erweisen. Ohne auf die sehr umfangreiche und kontroverse Diskussion darüber eintreten zu können, kann auch der unbefangene Betrachter nicht verkennen, **daß es bisher der Psychoanalyse nicht gelungen ist, auf empirischer Basis auch nur annähernd den Beweis zu erbringen, die psychoanalytische Lehre sei wissenschaftlich abgesichert.** Verblüffend ist sicherlich, daß die Erklärungsversuche an Schicksalen von bereits kriminell Gewordenen – allerdings im nachhinein – oft überzeugend wirken, aber dies beweist empirisch kaum etwas, denn da feststeht, daß ein Mensch ein (bestimmtes) Verbrechen begangen hat, werden die Ereignisse in seiner Biographie so gedeutet, daß sie sowohl der Lehre der Psychoanalyse als auch den festgestellten Realitäten entsprechen. Empirisch gesehen ist dies kein Beweis für die Richtigkeit der Theorie. *Karl Popper* (1994, 53f.) hat der Psychoanalyse *Freuds* und *Adlers* vorgeworfen, daß ihre Theorien einfach unüberprüfbar bzw. unwiderlegbar seien. Es lasse sich kein menschliches Verhalten denken, das ihnen widerspreche. *Freuds* Epos vom Ich, Über-Ich und Es könne kaum mehr Anspruch auf Wissenschaftlichkeit erheben als *Homers* Sammlung von olympischen Skandalgeschichten. Als Theorien erklärten sie einige Tatsachen, aber nach Art und Weise von Mythen. Sie enthielten hochinteressante Gedanken über psychologische Probleme, aber nicht in prüfbarer Form. Im übrigen, so kann man hinzufügen, dürften sich bei der Art der Aussagen der Psychoanalyse auch große Schwierigkeiten ergeben, die theoretischen Überlegungen zu operationalisieren und zu überprüfen (vgl. *Zimmer* 1990). Erfahrungswissenschaftlich muß die Bewertung der psychoanalytischen Verbrechenstheorien daher offen bleiben, da deren Aussagen mit den bisherigen methodischen Möglichkeiten eine Überprüfung unmöglich machen. **Unter** diesen Umständen wäre es empirisch gesehen aber auch unzulässig anzunehmen, die psychoanalytische Verbrechenserklärung sei falsch.

3.2.6 Marxistische Erklärungsversuche des Verbrechens

Literatur: *Rose Ahlheim* u. a. (Autorenkollektiv), Gefesselte Jugend. Fürsorgeerziehung im Kapitalismus. Frankfurt a. M. 1971; *Michael Baurmann/Michael Hofferbert*, Bürgerliche und marxistische Kriminologie. In: Kritische Kriminologie. Positionen, Kontroversen und Perspektiven, München 1974, S. 158 bis 189; *Erich Buchholz/Richard Hartmann/John Leckschas/Gerhard Stiller*, Sozialistische Kriminologie. Ihre theoretische und methodische Grundlegung. 2. Auflage. Berlin (DDR) 1971; *Johannes Driendl*, Karl Marx und die Kriminologie. Juristische Schulung 27 (1987), S. 600 bis 606; *Friedrich Engels*, Lage der arbeitenden Klasse in England. In: *Karl Marx/Friedrich Engels*, Werke (MEW), Band 2, Berlin (DDR) 1972, S. 225 bis 506; *Friedrich Engels*, Zwei Reden in Elberfeld. In: *Karl Marx/Friedrich Engels*, Werke (MEW), Band 2, Berlin (DDR) 1972, S. 536 bis 557; *Wilfried Gottschalch/Marina Neumann-Schönwetter/Gunter Soukup*, Sozialisationsforschung. Materialien, Probleme, Kritik. Frankfurt a. M. 1971; *Bruno Hanefeld*, Soziale Schicht und Kriminalität. Monatsschrift für Kriminologie und Strafrechtsreform 61 (1978), S. 159 bis 179; *Dietmar Kurzeja*, Jugendkriminalität und Verwahrlosung, 2. Auflage, Gießen 1976; *John Leckschas/Harri Harrland/Richard Hartmann/Günter Lehmann*, Kriminologie. Theoretische Grundlagen und Analysen, Berlin (DDR) 1983; *Karl Marx*, Bevölkerung, Verbrechen und Pauperismus. In: *Karl Marx/Friedrich Engels*, Werke (MEW), Band 13, Berlin (DDR) 1972, S. 490 bis 495; *ders.*, Das Kapital. Kritik der politischen Ökonomie, 1. Band. In: *Karl Marx/Friedrich Engels*, Werke (MEW), Band 23, Berlin (DDR), 1972; *Helmut Ostermeyer*, Strafunrecht, München 1971; *Gunter Soukup*, Delinquentes Verhalten. In: *Wilfried Gottschalch/Marina Neumann-Schönwetter/Gunter Soukup*, Sozialisationsforschung. Materialien; Probleme, Kritik. Frankfurt a. M. 1971, S. 165 bis 192; *Falco Werkentin*, Kriminalität und Verwahrlosung in der bürgerlichen Klassengesellschaft. Anmerkungen zur bürgerlichen Kriminologie T. Mosers. Erziehung und Klassenkampf 4 (1971), S. 49 bis 63.

117 Nach dem Untergang des real-existierenden Sozialismus in den osteuropäischen Staaten erhebt sich die Frage nach der tatsächlichen Relevanz des marxistischen Ansatzes zur Erklärung der Kriminalität, losgelöst von der akademischen Frage, welche Antwort der Marxismus auf das Problem der Verbrechensentstehung gefunden hat. Angesichts der Tatsache, daß immerhin in der Volksrepublik China als dem volkreichsten Staat der Erde der Marxismus die Staatsdoktrin geblieben ist und daß es daneben noch einige sich als sozialistisch verstehende Staaten gibt, hat die marxistische Verbrechenserklärung aber nicht nur theoretischen Wert, sondern gewinnt auch für die Praxis noch eine gewisse Bedeutsamkeit.

Marxisten ist es nicht gelungen, eine einheitliche Kriminalitätstheorie zu entwerfen. Das mag auch daran liegen, daß sich *Karl Marx* (1818 bis 1883) und *Friedrich Engels* (1820 bis 1895) eher beiläufig zum Problem der Kriminalität geäußert hatten. Hinzu kommt, daß es offenbar eine allgemein akzeptierte Erklärung für die Entstehung der Kriminalität für Marxisten auch deswegen nicht geben kann, weil es in den mehr als siebzig Jahren nach der Oktoberrevolution 1917 in Rußland den Staaten des real existierenden Sozialismus nicht gelungen war, in ihrem Herrschaftsbereich die Kriminalität zum angekündigten Absterben zu bringen. Selbst die **Volksrepublik China** hat ein offensichtlich immer größer werdendes Problem mit der Kriminalität, das in der deutschsprachigen »Beijing Rundschau« auch laufend abgehandelt wird. So wurde 1994 (Beijing Rundschau 13/1994, 6) etwa berichtet, 1993 hätten die Volksgerichte aller Ebenen in China ihren Schwerpunkt auf die Bekämpfung von Mord, Raub und Bandenstraftaten gelegt und 237.164 Täter, die die staatliche Sicherheit und öffentliche Ordnung ernstlich bedroht hatten, verurteilt. Nach einer anderen Notiz (Beijing Rundschau 25/1994, 5) haben die Staatsanwaltschaften des Landes in den ersten vier Monaten des Jahres 1994 19.000 Wirtschaftsdelikte und 12.000 Fälle von Unterschlagung und Bestechung untersucht. In den ersten drei Monaten 1993 seien zudem von den Volksgerichten aller Ebenen 9.836 Wirtschaftsdelikte mit 7.130 Verurteilten abgeurteilt worden. An einer weiteren Stelle (Beijing Rundschau 44/1994, 33) wird berichtet, daß Statistiken zufolge in den Jahren 1991 und 1992 die chinesischen Sicherheitsorgane mehr als 50.000 Fälle der Entführung und des Handels mit Frauen und Kindern aufgedeckt hätten, daß über 70.000 Menschenhändler verhaftet und nahezu 40.000 Opfer gerettet worden seien. Ein besonderes Problem spielt in China die Jugendkriminalität. Hier wird dargestellt (Beijing Rundschau 18/1994, 26), daß 1992 die Kriminalitätsrate unter Jugendlichen (bis 18 Jahre) bei 130 Verurteilten pro 100.000 der Bevölkerung lag. Zum Vergleich: In der Bundesrepublik Deutschland wurden 1992 in den alten Bundesländern (ohne Niedersachsen) 952 Jugendliche per 100.000 Jugendlichen in der Bevölkerung verurteilt (Strafverfolgung 1992. Vollständiger Nachweis der einzelnen Straftaten. Vorläufiges Ergebnis für das frühere Bundesgebiet ohne Niedersachsen, Wiesbaden 1994, 11).

Die Kriminalität in den kapitalistischen und in den sozialistischen Staaten wird im Marxismus unterschiedlich erklärt, weil es, insoweit scheint Einigkeit zu bestehen, im Sozialismus »eigentlich« Kriminalität nicht geben dürfte. Aber auch unter Marxisten war und ist die Position hinsichtlich der Erklärung der Verbrechensursache nicht einheitlich. Im Hauptwerk von *Marx,* »**Das Kapital**«, wird **Kriminalität nur beiläufig erwähnt** (vgl. etwa Das Kapital, MEW 23, 745ff.). Eine Beschäftigung mit ihr findet sich aber in dem Zeitungsartikel von *Marx* »**Bevölkerung, Verbrechen und Pauperismus**«, der **1859** in New York erschien. Darin stellt *Marx* die Entwicklung der (registrierten) Kriminalität in Großbritannien dar und zieht daraus den Schluß, daß das Verbrechen dort in den Jahren 1844 bis 1854 schneller gewachsen sei als die Bevölkerung, während die Verelendung der Bevölkerung beinahe konstant geblieben sei. *Marx* kommt dann zu folgender Feststellung:

»Es muß doch etwas faul sein im Innersten eines Gesellschaftssystems, das seinen Reichtum vermehrt, ohne sein Elend zu verringern, und in dem die Verbrechen sogar rascher zunehmen als seine Bevölkerungszahl... Rechtsverletzungen sind im allgemeinen das Ergebnis wirtschaftlicher Faktoren, die außerhalb der Kontrolle des Gesetzgebers stehen; aber wie das Wirken des Gesetzgebers über jugendliche Verbrecher bestätigt, hängt es in gewissem Grade von der offiziellen Gesellschaft ab, bestimmte Verletzungen ihrer Regeln als Verbrechen oder nur als Vergehen zu stempeln... Das Gesetz selbst kann nicht nur das Verbrechen bestrafen, sondern es auch hervorrufen, und das Gesetz der Berufsjuristen ist sehr dazu geeignet, in dieser Richtung zu wirken« (*Marx*, MEW 13, 492f.).

119 *Engels* dagegen hat sich ausführlicher mit der Erklärung des Verbrechens beschäftigt, vor allem in seiner Schrift »**Lage der arbeitenden Klasse in England**« (1845). Hier führt *Engels* folgendes aus: »Die Nichtachtung der sozialen Ordnung tritt am deutlichsten in ihrem Extrem, im Verbrechen auf. Wirken die Ursachen, die den Arbeiter demoralisieren, stärker, konzentrierter als gewöhnlich, so wird er mit derselben Gewißheit Verbrecher, mit der das Wasser bei 80 Grad Reaumur aus dem tropfbaren in den luftförmigen Aggregatzustand übergeht. Der Arbeiter wird durch die brutale und brutalisierende Behandlung der Bourgoisie gerade ein so willenloses Ding wie das Wasser und ist gerade mit derselben Notwendigkeit den Gesetzen der Natur unterworfen – bei ihm hört auf einem gewissen Punkt alle Freiheit auf. Mit der Ausdehnung des Proletariats hat daher auch das Verbrechen in England zugenommen und die britische Nation ist die verbrecherischste der Welt geworden...« (*Engels*, MEW 2, 356f.).

»Die Verbrechen selbst sind, wie in allen zivilisierten Ländern, die bei weitem der Mehrzahl nach Verbrechen gegen das Eigentum, also solche, die im Mangel dieser oder jener Art ihren Grund haben, denn was einer hat, stiehlt er nicht...« (*Engels*, MEW 2, 357).

»Die Berichte der Londoner Zeitungen sind noch viel schlimmer; Betrügereien, Diebstähle, Raubanfälle, Familienzerwürfnisse drängen eins das andere; ... in diesem Lande ist der soziale Krieg vollständig ausgebrochen; jeder steht für sich selbst und kämpft für sich selbst gegen alle anderen, und ob er allen anderen, die seine erklärten Feinde sind, Schaden zufügen soll oder nicht, hängt nur von einer selbstsüchtigen Berechnung über das ab, was am vorteilhaftesten ist ... kurz, jeder sieht im anderen einen Feind, den er aus dem Wege zu räumen oder, höchstens ein Mittel, das er zu seinen Zwecken auszubeuten hat. Und dieser Krieg wird ... von Jahr zu Jahr heftiger, leidenschaftlicher, unversöhnlicher; die Feindschaft teilt sich allmählich in zwei große Lager, die gegeneinander streiten: die Bourgoisie hier und das Proletariat dort. Dieser Krieg aller gegen alle und des Proletariats gegen die Bourgeoisie darf uns nicht wundern, denn er ist nur die konsequente Durchführung des schon in der freien Konkurrenz enthaltenen Prinzipes...« (*Engels*, MEW 2, 359f.)

120 In seiner ersten »Rede in Elberfeld« (1845) schreibt Engels:

»Um sich gegen das Verbrechen, gegen die offene Gewalttat zu schützen, bedarf die Gesellschaft eines weitläufigen, verwickelten Organismus von Verwaltungs- und Gerichtsbehörden, die eine unendliche Menge von Arbeitskräften in Anspruch nimmt. In der kommunistischen Gesellschaft würde sich auch dies unendlich vereinfachen, und gerade deshalb – so bizarr es auch klingen mag gerade deshalb, weil in dieser Gesellschaft die Verwaltung nicht nur einzelne Seiten des sozialen Lebens, sondern das ganze soziale Leben in allen seinen einzelnen Tätigkeiten, nach allen seinen Seiten hin, zu administrieren haben würde. Wir heben den Gegensatz des einzelnen Menschen gegen alle anderen auf – wir setzen dem sozialen Krieg den sozialen Frieden entgegen, wir legen die Axt an die Wurzeln des Verbrechens, wir machen dadurch den größten Teil der jetzigen Tätigkeit der Verwaltungs- und Justizbehörden überflüssig. Schon jetzt verschwinden die Verbrechen der Leidenschaft immer mehr gegen die Verbrechen der Berechnung, des Interesses - die Verbrechen gegen die Personen nehmen ab, die Verbrechen gegen das Eigentum nehmen zu...« (*Engels*, MEW 2, 541)

»Die Verbrechen gegen das Eigentum fallen von selbst da weg, wo jeder erhält, was er zur Befriedigung seiner natürlichen und geistigen Triebe bedarf, wo die sozialen Abstufungen und Unterschiede wegfallen...« (*Engels*, MEW 2, 542)

Analysiert man die Aussagen von *Marx* und *Engels* so darf man sicherlich als **121** Ergebnis festhalten, daß sie **eine sehr enge Verknüpfung zwischen Kapitalismus und Kriminalität** sehen, auch wenn wir heute sagen müssen, daß diese Verbindung naiv allein aus der (damaligen) wirtschaftlichen Situation gesehen wurde und nicht, was aus der ausgebliebenen Proletarisierung der Arbeiter und der dennoch steigenden Kriminalität – man denke an Wohlstands- und Wirtschaftskriminalität – zu folgern wäre, aus der Struktur der kapitalistischen Gesellschaft. Es nimmt deshalb nicht wunder, wenn diese Überlegungen später einseitig interpretiert wurden.

Obwohl es, wie ausgeführt, nicht möglich ist, von der marxistischen Krimi- **122** nalitätstheorie zu sprechen – selbst *Fritz Sack* hat einmal für den labeling approach in Anspruch genommen, dieser sei marxistisch (vgl. Zurückweisung etwa bei *Berckhauer* 1972, 299) – **gibt es doch Grundpositionen, die offenbar von allen Marxisten geteilt werden.**

In dem Buch »Kriminologie« von *J. Lekschas* u. a. (Berlin-DDR 1983) etwa finden sich Ausführungen, die wohl als »orthodoxe« marxistische Äußerungen zur Kriminalitätsentstehung zumindest für die Zeit bis zum Ende der realsozialistischen DDR im Jahre 1990 gelten dürften. Zur welthistorischen Mission der Arbeiterklasse als des Totengräbers des Kapitalismus und Schöpfers der klassenlosen kommunistischen Gesellschaftsordnung gehöre es, die Kriminalität allmählich zurückzudrängen und schließlich zu überwinden (*Lekschas* u. a. 1983, 135). »In der DDR wirkten und wirken die vom imperialistischen System ausgehenden kriminogenen Einflüsse auf Grund der entwicklungsbedingten Besonderheiten unseres Landes auf besondere Weise. Dem kommt sowohl hinsichtlich der Kriminalitätsgenese als auch bei der Kriminalitätsbekämpfung und namentlich bei ihrer sozialen Vorbeugung als dem Grundelement der gesamten Strategie des Kampfes gegen die Kriminalität besondere Bedeutung zu« (*Lekschas* u. a. 1983, 139).

Mit der grundlegenden Umwälzung der Macht- und Produktionsverhältnisse zugunsten der Arbeiterklasse und aller Werktätigen sei die Kriminalität in der DDR zu einer der sozialökonomischen und politisch-sozialen Grundstruktur der Gesellschaft wesensfremden Erscheinung geworden. Das soziale Wesen der Kriminalität habe sich grundlegend gewandelt (*Lekschas* u. a. 1983, 204). Hinsichtlich der Kriminalität in den damaligen real-sozialistischen Gesellschaften wird an anderer Stelle festgestellt, daß die Tatsache, daß es in der Vergangenheit und in der Gegenwart Abweichungen von den Grundnormen gesellschaftlichen Verhaltens gebe, nicht bedeute, dies müsse immer und für alle Zeiten so sein (*Buchholz* u. a. 1971, 79). Kriminalität sei keine homogene, einheitlich geschlossene Erscheinung, daher könnten die Ursachen ebenfalls nicht homogener Natur sein, sondern die sich in ihr widerspiegelnde Differenziertheit müsse sich auch bei den Ursachen auffinden lassen (*Buchholz* u. a. 1971, 117). Da der Mensch einen freien Willen habe und nicht einfach determiniert werde, sei es falsch, bei der Frage nach den Ursachen solche Faktoren oder Umstände finden zu wollen, die mit Sicherheit die Kriminalität hervorriefen. Die Ausbeutung des Menschen durch den Menschen und die daraus resultierenden Folgeerscheinungen seien die sozialen Hauptursachen der Kriminalität in den Ausbeutergesellschaften. Sie könnten innerhalb dieser Ordnungen nicht aufgehoben werden. Dem Sozialismus dagegen seien diese Erscheinungen fremd. Man dürfe also bei der Betrachtung der Ursachen der Kriminalität nie den Charakter der Gesellschaftsordnung, von der man spreche, außer acht lassen (*Buchholz* u. a. 1971, 119).

123 Das Verschwinden der Kriminalität im damaligen realen Sozialismus wurde nach dieser Auffassung durch das Wirken von sozialökonomischen Restbeständen des Privateigentums und der Existenz der kapitalistischen Staaten, besonders des imperialistischen West-Deutschlands, hemmend beeinflußt (*Buchholz* u. a. 1971, 181). Danach bekannte sich diese Auffassung zur sog. **»Rudimenttheorie« der Kriminalität** in den sozialistischen Staaten. Diese als »orthodox« zu bezeichnende marxistische Kriminalitätstheorie war und ist nicht die Position aller Marxisten, gibt aber doch die Grundtendenz des Erklärungsmodells zutreffend wieder. Der Lauf der Geschichte hat freilich gezeigt, daß sich jedenfalls eine kriminalitätsfreie DDR nicht mehr verwirklichen konnte; bekanntlich ist der dortige real existierende Sozialismus 1989 zusammengebrochen.

124 Die Stellung der sog. **Neomarxisten** zur Kriminalitätstheorie wird erst verständlich, wenn man die Stellung zum Strafrecht in der kapitalistischen Gesellschaft heranzieht. Auffällig für neomarxistische Argumentation ist, daß sie die Kriminalität in den Ländern des (damals) real existierenden Sozialismus nicht erklärte bzw. erklären wollte. *Ostermeyer* (1971) etwa lehnte das Strafrecht aus wissenschaftlichen Erkenntnisgründen ab; *Werkentin* (1972) und *Soukup* (1971) aus offen politischen Gründen, obwohl (natürlich) auch alle sozialistischen Länder ein Strafrecht hatten bzw. haben. Die Autoren reduzieren Strafrecht und folglich auch Kriminologie allein auf Politik. *Soukup* faßt seine Meinung zur Kriminalität in drei Thesen zusammen, die auf der Annahme gründen, Verbrechen im Kapitalismus sei eine Folge des antagonistischen Charakters dieser Gesellschaftsordnung. Verbrechen würden meist deswegen geschehen, weil die Täter von den sie bedrängenden Verhältnissen dazu genötigt würden (*Soukup* 1971, 186). Verbrechen könnten im Kapitalismus weder abgeschafft noch erfolgreich bekämpft werden. Insoweit befindet sich *Soukup* im Einklang mit den klassischen Ansichten von *Engels*. Weiter meint *Soukup* (1971, 172), der Nutzen der Verbrechen der Oberschicht bestehe in der Sicherung und Steigerung ihres Profits und im Zugewinn an Macht. Die ungleichen Machtverhältnisse einer Gesellschaft gäben den herrschenden Gruppen auch die Macht und das Recht zu bestimmen, was strafwürdig, also »kriminell« sei. Das Interesse der Herrschaft sei darauf gerichtet, Handlungen, die zwar objektiv der Allgemeinheit schadeten, nicht als kriminell zu definieren, wenn dies zur Ausweitung und Erhaltung ihrer Machtpositionen und Gewinnquellen nützlich sei (*Soukup* 1971, 165f.), ein Gedanke, der auch in der Diskussion anderer »linker Kriminologen« als »Kriminalität der Mächtigen« wieder aufgegriffen, wenn auch modifiziert wird. Gesetze würden von und für Herrschende gemacht. Krimineller werde jemand nicht aufgrund von Definitionen dessen, was kriminell genannt werde. Diese Definitionen würden von den ökonomisch und politisch herrschenden Gruppen festgelegt, verkündet und durchgesetzt. Strafgesetze dienten daher der gewaltsamen Verteidigung der Herrschaft in der jeweiligen Gesellschaftsformation. Diejenigen, die die Macht hätten zu definieren, was kriminell sei, hätten auch die Macht, die Lebensverhältnisse der machtunterworfenen Mehrheiten so zu gestalten, daß illegitime Wege für einige zur adäquaten Überlebenstechnik würden (*Soukup* 1971, 166).

125 Faßt man die Aussagen marxistischer Kriminologie zusammen, läßt sich sagen, daß sie empirisch gesehen nicht widerlegbar sind, da sich ihr Kernbereich (»Sozialistische Gesellschaft ohne Verbrechen«) offenbar auf die Zukunft bezieht. Aussagen über die Zukunft sind aber aus erkenntnistheoretischen Gründen nicht möglich, auch wenn sich aus der Analyse der Vergangenheit Wahrscheinlichkeitsaussagen für die Zukunft ableiten lassen. Nun mag es richtig, aber tautologisch sein, die Ursachen der Kriminalität im Kapitalismus in dessen gesellschaftlicher Verfassung zu sehen. Für einen Nichtmarxisten bleibt aber nach der Analyse der Geschichte – auch der der früheren real-sozialistischen Staaten – die Tatsache, daß alles für ein »ewiges« Existieren der Kriminalität spricht und daß es auch den Staaten des real-existierenden Sozialismus nicht gelungen ist, Kriminalität abzuschaffen. Aus der Aussage, Kriminalität sei dem Sozialismus wesensfremd, bei gleichzeitigem Auftreten von Verbrechen, kann ein Nichtmarxist nicht folgern, im »reinen« Sozialismus würde (auf Dauer gesehen), Kriminalität verschwinden. **Die**

marxistische Kriminologie war und ist in ihren Aussagen utopisch. Sie verwies auf die Zukunft, soweit sie die Kriminalität in den damaligen sozialistischen Staaten erklären wollte. Für die Erklärung der Kriminalität in den kapitalistischen Staaten scheint die marxistische Globalerklärung zu kurz geraten. Kriminalität ist zwar (auch) gesellschaftsbedingt, aber offenbar nicht so einseitig, wie Marxisten dies behaupten. Schon die Analyse etwa der Aussagen *Engels,* die darauf hinauslaufen, daß seiner Meinung nach eine nicht verelendete Arbeiterschaft auch nicht kriminell sein würde, sind durch die Geschichte widerlegt. Die wirtschaftliche Lage ist heute, verglichen mit der vor über 100 Jahren bedeutend besser, jedoch sinkt in allen sozialen Schichten die Kriminalität keineswegs. Wäre die Analyse von *Engels* zutreffend, dann dürfte Kriminalität in den kapitalistischen Staaten heute, zumindest in den mitteleuropäischen, nicht mehr existieren.

126 Abgesehen von diesen grundsätzlichen marxistischen Positionen haben deren Anhänger auch auf andere, die Unterschicht diskriminierende Verhältnisse in kapitalistischen Staaten verwiesen. Unabhängig von der Frage, ob die Verelendung der Massen, die inzwischen als eine relative gesehen wird, Kriminalität entstehen lasse, sei auch die Entfremdung des Menschen und die Konkurrenzsituation in kapitalistischen Gesellschaften kriminalitätsfördernd. Hinzu komme eine **Klassenjustiz,** die das unter Strafe stelle, was die Unterschicht an Verhaltensmustern zeige und zudem bei der Verfolgung der Kriminalität nicht gleichmäßig, sondern zugunsten der Herrschenden vorgehe. Diese Aussagen haben sich, worauf später zurückzukommen sein wird, in dieser Einfachheit empirisch nicht belegen lassen.

3.2.7 Der labeling approach

Literatur: *Howard S. Becker,* Outsiders. Studies in the Sociology of Deviance. New York 1963; deutsch: Außenseiter. Zur Soziologie abweichenden Verhaltens, Frankfurt a. M. 1981; *Friedrich Engels,* Zwei Reden in Elberfeld. In: *Karl Marx/Friedrich Engels,* Werke (MEW), Band 2, Berlin (DDR) 1972, S. 536 bis 557; *Wolfgang Keckeisen,* Die gesellschaftliche Definition abweichenden Verhaltens. Perspektiven und Grenzen des labeling approach. München 1974; *Reinhard Kreissl,* Der Labeling-Approach. Metamorphosen eines theoretischen Ansatzes. Kriminologisches Journal 17 (1985), S. 137 bis 144; *Siegfried Lamnek,* Kriminalitätstheorien kritisch. Anomie und Labeling im Vergleich. München 1977; *Karl-Dieter Opp,* Die »alte« und die »neue« Kriminalsoziologie. Eine kritische Analyse einiger Thesen des labeling approach. Kriminologisches Journal 1972, S. 32 bis 52; *Werner Rüther,* Abweichendes Verhalten und labeling approach. Köln usw. 1975; *Fritz Sack,* Neue Perspektiven in der Kriminologie. In: *Fritz Sack/René König,* Hrsg., Kriminalsoziologie, Wiesbaden 1968, S. 431 bis 475; *Frank Tannenbaum,* Crime and the Community, Boston usw. 1938.

127 Der **labeling approach** hat, vor allem in seiner sog. »radikalen« Fassung, in der er vor über einem Vierteljahrhundert von *Fritz Sack* (1968) in Deutschland eingeführt wurde, sich als **die wohl meist diskutierte,** wenn auch

durchaus nicht widerspruchslos hingenommene **Kriminalitätstheorie** erwiesen. Ihr Einfluß ist über die Wirkung auf die eigentlichen Vertreter der Theorie hinaus beachtlich gewesen. Auch Vertreter einer traditionellen Kriminologie, die der Frage der **Selektion** für die Kriminalität keine so große Bedeutung beimessen, sind von dieser Theorie ersichtlich beeinflußt worden. Dies führte wohl auch mit dazu, daß *Fritz Sack* als einer der bedeutendsten Kriminologen der deutschen Kriminologie zu gelten hat; sein Einfluß auf die Entwicklung dieser Wissenschaft in Deutschland ist kaum zu überschätzen. Für gut zwei Jahrzehnte kriminologischer Forschung war dieser Ansatz richtungsweisend. Trotzdem läßt sich nicht sagen, daß es sich beim labeling approach um eine geschlossene und in sich widerspruchsfreie Theorie handele. Vielmehr hat der Ansatz zahlreiche Ausprägungen und Abwandlungen gefunden, die zum Teil nur von einzelnen Vertretern des Ansatzes geteilt werden. Dabei ist bemerkenswert, daß manche den labeling-Ansatz nicht im strengen Sinne als einen Reaktionsansatz ansehen. So ist etwa die Theorie der sekundären Abweichung durchaus auch als ein herkömmlicher Ansatz zur Kausalerklärung abweichenden Verhaltens zu bezeichnen.

Die folgende kurze Darstellung des labeling approach geht auf allgemeine Aussagen dieses Ansatzes ein und beschäftigt sich dann mit ihrer Weiterentwicklung und Rezeption in Deutschland. **128**

Der labeling approach läßt sich in seiner jetzigen Form etwa seit Beginn der 60er Jahre in den USA nachweisen. Freilich gehen seine Vorläufer noch in die 30er Jahre zurück. Üblicherweise nennt man als Ausgangspunkt der labeling-Theorie die Ausführungen von *Tannenbaum* (1938). In seinem Buch »Crime and the community« schrieb *Tannenbaum* folgendes:

»The process of making a criminal, therefore, is a process of tagging, defining, identifying, segregating, describing, emphasizing, making conscious and selfconscious... The person becomes the thing he is described as being« (*Tannenbaum* 1938, 19f.): »Deshalb ist der Prozeß der Kriminalisierung ein Prozeß des Kategorisierens, Definierens, Identifizierens, Trennens, Beschreibens, Betonens, Bewußtmachens und Selbstbewußtwerdens... Die Person wird der Gegenstand, als der sie beschrieben wird.«

In der Folgezeit war für die Formulierung des Ansatzes der symbolische Interaktionismus des Soziologen *George Herbert Mead* von großem Einfluß. Grundlage der Überlegungen war die von den Ethnologen übernommene Verfahrensweise zur Erkenntnisgewinnung, die **Ethnomethodologie**. Danach sind vor allem die Arbeiten von *Becker, Lernert* und *Goffman* für den labeling approach bedeutsam geworden. **129**

Das berühmteste Zitat, das der Theorie zugleich ihren Namen gab, stammt aus der Abhandlung von *Howard S. Becker* »The Outsider« (1963) und lautet im Original: **130**

»I mean, rather, that social groups create deviance by making the rules whose infraction constitutes deviance, and by applying those rules to particular people and labeling them as outsiders. From this point of view, deviance is not a quality of the act the person commits, but rather a consequence of the application by others of rules and sanctions to an »offender«. The deviant is one to whom that label has successfully applied; deviant behavior is behavior that people so label.« (*Becker* 1963, 9)

In einer deutschen Übersetzung wird diese Stelle wie folgt wiedergegeben:

»Ich meine vielmehr, daß gesellschaftliche Gruppen abweichendes Verhalten dadurch schaffen, daß sie Regeln aufstellen, deren Verletzung abweichendes Verhalten konstituiert, und daß sie diese Regeln auf bestimmte Menschen anwenden, die sie zu Außenseitern abstempeln. Von diesem Standpunkt aus ist abweichendes Verhalten keine Qualität der Handlung, die eine Person begeht, sondern vielmehr eine Konsequenz der Anwendung von Regeln durch andere und der Sanktionen gegenüber einem »Missetäter«. Der Mensch mit abweichendem Verhalten ist ein Mensch, auf den diese Bezeichnung erfolgreich angewendet worden ist; abweichendes Verhalten ist Verhalten, das Menschen so bezeichnen (*Becker* 1981, 8).

131 Diese Grundkonzeption übernehmen mit Abwandlungen und Einschränkungen auch die anderen Vertreter des labeling approach. **Damit stellt nicht die Tatsache, daß eine von den Normen verbotene Handlung vorgenommen wird, das Entscheidende für Abweichung und Kriminalität dar, sondern es ist die Reaktion der Gesellschaft, die bestimmt, ob etwas kriminell ist oder nicht:** Der nichtentdeckte Mörder ist kein Krimineller, wohl aber der Unschuldige, der wegen Mordes verurteilt wird. Kriminalität besteht damit in der Zuschreibung des Etikettes »kriminell« völlig unabhängig von der Tatsache des Verletzens von Strafrechtsnormen. Es ist deshalb folgerichtig, wenn *Sack* (1968, 473) die Dunkelfeldproblematik als solche als nicht existent bezeichnet. **Allerdings gibt es nach den »Klassikern« des labeling approach eine primäre und eine sekundäre Abweichung.** Als primäre Abweichung ist jene zu verstehen, die auf normverletzendes Verhalten (rule breaking: *Becker*) mit der Stigmatisierung, also der Kriminalisierung antwortet. Geht dieser Prozeß weiter, ist also jemand schon als Krimineller etikettiert, dann kann er in einer Art **sich selbst erfüllender Prophezeiung** weiteres normverletzendes Handeln begehen und wird dann wieder als Krimineller identifiziert. Dies ist die Sekundärabweichung.

132 Den gesellschaftspolitischen Sprengsatz erhielt der labeling approach in der Bundesrepublik Deutschland durch seine extreme Deutungsweise durch *Fritz Sack* (1968), die ausdrücklich und nachhaltig die **schichtenspezifische Ungleichbehandlung bei der Strafverfolgung** in die Diskussion einbrachte. *Sack* geht, wofür es in der Tat inzwischen zahlreiche überzeugende Belege gibt, davon aus, daß praktisch jeder (80% bis 90% der Bevölkerung) wenigstens einmal in seinem Leben eine Straftat oder, hier besser gesagt: eine Verletzung eines Strafgesetzes, begeht (*Sack* 1968, 463). Damit aber wird man noch nicht zum Kriminellen, denn die Feststellung, jemand sei ein

Krimineller, ist primär keine beschreibende Aussage (*Sack* 1968, 468). **Das Urteil erst begründet das Merkmal »Krimineller sein«, schafft diese Eigenschaft** im wahrsten Sinne des Wortes (*Sack* 1968, 469). Nach *Sack* ist Kriminalität daher kein Verhalten, sondern ein »negatives Gut«, des ensprechend den positiven Gütern wie Eigentum, Vermögen und Ansehen, verteilt wird (*Sack* 1968, 469). Die Verteilungsmechanismen der negativen Eigenschaft »Kriminalität« seien ebenso ein Produkt gesellschaftlicher Auseinandersetzungen wie diejenigen, die die Verteilung der positiven Güter in einer Gesellschaft regeln (*Sack* 1968, 470). Die Verteilung geschehe auch auf die gleiche Art und Weise. Dabei geht *Sack* davon aus, **daß die Angehörigen der Unterschicht eher die Eigenschaft »kriminell« zugeschrieben bekommen als Angehörige der Mittelschicht.** Da die Zuschreibung der Eigenschaft »Kriminalität« den staatlichen Instanzen (Polizei, Staatsanwaltschaft, Gerichte) vorbehalten ist, liegt in dieser Aussage zugleich die Behauptung, diese Stellen »machten« schichtenspezifisch unterschiedlich »Kriminalität« zum Nachteil der Unterschicht. Bei dieser Sachlage ist nicht verwunderlich, daß der labeling approach vor allem von der Polizei als diffamierend angesehen und lange Zeit auch vehement bekämpft wurde. Erst spätere Untersuchungen, auf die noch bei der Selektion einzugehen ist, haben für Deutschland empirische Daten darüber erhoben, wie zutreffend diese Aussage ist.

Als Ergebnis mag schon hier vorweggenommen werden, daß die starke Betonung der Bedeutung der Schichtzugehörigkeit für die Registrierung als Krimineller so nicht richtig ist, wenngleich nicht zu bestreiten ist, daß im Endergebnis tatsächlich Unterschichtsangehörige häufiger als Kriminelle registriert werden als ihrem Anteil in der Bevölkerung entspricht. Freilich kann darin nur dann eine (unsachgemäße) Selektion zu Ungunsten der machtlosen Unterschicht gesehen werden, wenn es sich tatsächlich so verhalten sollte, daß nach Art und Umfang der Delikte eine Gleichverteilung unter den einzelnen sozialen Schichten zu finden wäre. Dies ist zwar immer wieder behauptet worden, ist aber anhand zahlreicher Dunkelfelduntersuchungen wohl widerlegt. Zwar ist es richtig, daß die einmalige Straftat (die Verletzung von irgendwelchen Strafgesetzen also) offenbar fast allgemein ist, **doch ist nicht daran zu zweifeln, daß der wiederholte bzw. schwere Rechtsbruch nicht gleich häufig in der Bevölkerung zu finden ist.** Hier haben Untersuchungen eine deutliche Beziehung der Häufigkeit zur Unterschicht ergeben. Im übrigen wird oft vergessen, daß auch Kriminalität ein Versuch der Problemlösung ist und auftretende Probleme schichtenspezifisch ungleich verteilt sind. Viele Formen des Diebstahls geringwertiger Gegenstände stellen für Mittelschichtsangehörige deswegen keine Problemlösung dar, weil sie es – verkürzt und salopp ausgedrückt – »nicht nötig haben, zu stehlen«. Schon *Engels* (MEW 2, 542) meinte erkannt zu haben, daß »die Verbrechen gegen das Eigentum von selbst da wegfallen, wo jeder erhält, was er zur Befriedigung seiner Triebe bedarf«. Zwar wissen wir, daß dies nicht der Fall ist, doch ist damit zweifellos die **Zugangschance zum einzelnen Delikt** richtig gesehen. Es ist also entgegen *Sack* keineswegs von einer Gleichverteilung der Delikte unter allen Schichten auszugehen. Damit ist allerdings nichts darüber ausgesagt, warum diese Gleichverteilung nicht gegeben ist. Dies ist aber für die hier zu entscheidende Frage bedeutungslos. Wenn eine Gleichverteilung nicht gegeben ist, dann ist es nicht verwunderlich, daß Unterschichtsangehörige öfter als Täter identifiziert werden (können). Im übrigen ist die auch von vielen »linken« Kriminologen kritisierte Behauptung, Kriminalität werde nur zugeschrieben, nicht aber lediglich festgestellt, zumindest insofern an der Realität zu messen, als *Sack* offenbar nicht beachtet, daß auch der **Prozeß der Zuschreibung nicht voraussetzungslos** ist. Wenn man nicht, was auch ersichtlich *Sack* nicht tut, unterstellen will, die staatlichen Instanzen verfolgten Unschuldige, dann ist es jedenfalls vor der Kriminalisierung notwendig, die Äußerlichkeiten einer die Strafrechtsnorm verletzenden Handlung zu begehen. Ohne die Verletzung eines Strafgesetzes kann niemand, ob Angehöriger der Mittel- oder Unterschicht, kriminalisiert werden, es sei denn, man beuge das Recht oder ließe Fehlurteile ergehen. Hier liegt auch die durch den labeling approach aufgezeigte wirkliche Problematik: **ob nämlich unsere Strafverfolgung nicht im Endergebnis schichtenspezifisch unterschiedlich stark ist.** Dabei muß man nicht an ein zielgerichtetes schichtendiskriminierendes Vorgehen der staatlichen Instanzen denken. Es kann sein, auch dafür gibt es empirische Belege, daß sozial-strukturelle Gründe (etwa mangelnde Bildung, fehlende Beschwerdemacht, ungeschicktes Verteidigungsverhalten) dazu führen, daß im Ergebnis Unterschichtsangehörige schlechter gestellt und so einem größeren Verfolgungsdruck ausgesetzt sind. Dies hat aber mit der angesprochenen Selektion nur teilweise etwas zu tun. Vor allem hat sich bisher der labeling approach noch nicht genügend mit der viel bedeutsameren Frage auseinandergesetzt, ob es nicht die Strafrechtsnormen selbst sind, die schichtenspezifisch begünstigen bzw. benachteiligen. Dafür liefert etwa der Betrugstatbestand ein Anschauungsbeispiel: Dieser Tatbestand ist im Vergleich etwa zu dem des Diebstahl so gestaltet, daß der Betrüger bei weitem größere Chancen hat, einer Strafverfolgung zu entgehen als der Dieb, weil der Betrug in der Tatbestandsgestaltung so gefaßt ist, daß nicht jede »betrügerische« Handlung auch mit hinreichender Sicherheit nachgewiesen oder, um mit dem labeling approach zu sprechen, zugeschrieben werden kann. Hier müßte eine kritische Auseinandersetzung vor allem ansetzen.

3.3   Der Erklärungswert von Kriminalitätstheorien

133 Betrachtet man die dargestellten **Kriminalitätstheorien** – man könnte weitere Theorien hinzufügen, ohne in dieser Beurteilung zu einem inhaltlich anderen Ergebnis zu kommen –, so fällt vor allem auf, **daß sie kaum in der**

Lage sind, die Entstehung von Kriminalität umfassend zu erklären. Die Theorien erklären bestenfalls einen Teil der Kriminalität, lassen weite Bereiche davon aber völlig außer acht. So gibt es keine Kriminalitätstheorie, die auch nur annähernd in der Lage wäre, etwa die Entstehung der Verkehrskriminalität einsichtig zu erklären. Es ist zudem häufig, bezogen auf den Einzelfall, keine Erklärung dafür zu finden, warum und wie Kriminalität entsteht. Sogar die Sozialisationstheorie ist hier kaum in der Lage, tiefere Einsichten zu vermitteln, denn offenbar ist es so, daß die gleiche Sozialisation bei einem Menschen zum Verbrechen, beim anderen aber zur sozialen Anpassung führen kann. Allenfalls läßt sich mit dem psychoanalytischen Erklärungsmodell nach einer Straftat sagen, weshalb der Täter das Verbrechen begangen hat. Diese rückblickende Betrachtungsweise ist im übrigen kennzeichnend für Kriminalitätstheorien, wenn nach der individuellen Verursachung gefragt wird. **Kriminalitätstheorien sind daher kaum prognostisch verwendbar.** Sie sind damit auch für die **Kriminalprävention** nicht nutzbar zu machen. Im übrigen wählen viele Kriminalitätstheorien nur einen Teil der (sozialen) Faktoren aus und bringen allein diese mit der Verursachung von Verbrechen in Verbindung. Dabei fällt auf, daß, vor allem beim Mehrfaktorenansatz, immer eine Verbindung zwischen negativen Sozialfaktoren und der Kriminalität hergestellt wird. Dies ist offensichtlich unbefriedigend und zur Erklärung von Kriminalität in vielen Fällen auch nicht ausreichend.

Kriminalitätstheorien können Kriminalität immer nur mit einer höheren oder geringeren statistischen Wahrscheinlichkeit ihrer Entstehung erklären. Dies mag zwar der Wirklichkeit entsprechen, schränkt ihre Allgemeingültigkeit freilich deutlich ein. Kriminalität wird immer nur mit einer bestimmten Wahrscheinlichkeit für eine Gruppe erklärt, nicht aber für einzelne Menschen. Fast alle Kriminalitätstheorien gehen zudem von der Vorstellung aus, als sei Kriminalität ein fest umrissenes, sozial gleichgerichtetes Verhalten. Diese Vorstellung ist aber falsch. **Es gibt nicht den Kriminellen und die Kriminalität an sich.** Es gibt Diebstahl und Diebe, Mord und Mörder, Raub und Räuber und was immer man sich an Straftätern und Taten nach dem Strafgesetzbuch vorstellen mag. Es wäre unwahrscheinlich, wenn für diese sehr unterschiedlichen Personengruppen und Verhaltensweisen sich dieselbe Erklärung der Verbrechensentstehung finden ließe. Gerade dies aber versuchen Kriminalitätstheorien. Auch der Etikettierungsansatz, der sich nicht auf die Erklärung solcher Verhaltensmuster bezieht, bringt keine befriedigende Lösung des Problems. Nun ist zwar richtig, daß Kriminalität im Sinne des labeling-Ansatzes erklärt werden kann durch den Selektionsprozeß, doch ist damit eben nicht auch erklärt, warum ein Mensch Handlungen begeht, die den Ausgangspunkt für die Kriminalisierung bilden (können), denn »wahllos und voraussetzungslos« erfolgt die Kriminalisierung eben nicht, auch nicht nur, wie *Sack* offenbar meint, nach den Kriterien der Verteilung eines »negativen Gutes«. Das Etikett »Krimineller« setzt immer auch zur erfolgreichen Anwendung ein bestimmtes Tun oder Unterlassen voraus, das mit der Tatbestandsbeschreibung eines Strafgesetzes äußerlich zumindest zutreffend in Verbindung gebracht werden kann. Darüber kann kein Zuschreibungsprozeß hinwegtäuschen, auch wenn zuzugestehen ist, daß menschliche Handlungen durchaus in Grenzen unterschiedlich »verstanden« werden können und damit ein gewisser Spielraum für Kriminalisierung oder Nichtverfolgung bestehen bleibt. Doch ist dies nicht das Kernproblem. Es bleibt erklärungsbedürftig, weshalb jemand, der einen anderen tötet, unabhängig davon, ob er dafür von den Instanzen der staatlichen Sozialkontrolle als Mörder oder Totschläger bezeichnet wird, oder man ihm nur eine fahrlässige Tötung zum Vorwurf macht, oder er schließlich freigesprochen wird, dies getan hat. Das Verhalten bleibt unabhängig davon bestehen, wie die Reaktion der staatlichen Instanzen aussieht. Dieses Verhalten aber ist erklärungsbedürftig. Damit ist auch mit dem labeling-Ansatz die Frage nach der Entstehung von Verhalten nicht lösbar, ohne auf die Handlung selbst einzugehen, die als kriminell bezeichnet wird. Insofern ist also auch dieser Ansatz nicht in der Lage, eine umfassendere und bessere Erklärung für die Kriminalitätsentstehung im Sinne der Verursachung von menschlichen Handlungen zu geben.

135 Als **Ergebnis** dieser kurzen Zusammenfassung kann festgehalten werden, **daß es bisher keine Kriminalitätstheorie gibt, die uns Verhalten, das wir als kriminell bezeichnen, in ihrer Entstehung umfassend und befriedigend erklärt,** daß es aber Theorien gibt, die diese Aufgabe besser lösen als andere. Hieraus kann man folgern, daß jene Kriminalitätstheorien, die im konkreten Fall die bessere und umfassendere Erklärung geben, vorzuziehen sind. **Daher wird man zur Erklärung unterschiedlicher Kriminalität auch auf unterschiedliche Kriminalitätstheorien zurückgreifen müssen.** Eine Theorie, die befriedigend Kriminalität in jeder Form allein erklärt, gibt es freilich nicht.

Vierter Abschnitt

4. Kriminalphänomenologie: Wie sieht das Verbrechen aus?

4.1 Ablauf der Strafverfolgung

Literatur: Empirische Kriminologie. Ein Jahrzehnt kriminologischer Forschung am Max-Planck-Institut Freiburg i. Br., Bestandsaufnahme und Ausblick, Freiburg i. Br. 1980; *Günther Kaiser*, Kriminologie. Ein Lehrbuch, 2. Auflage, Heidelberg usw. 1988; *Hans-Jürgen Kerner*, Verbrechenswirklichkeit und Strafverfolgung, München 1973.

Lange Zeit blieb in der Kriminologie **unbeachtet, daß es zwischen der Begehung einer Straftat und ihrer gerichtlichen Aburteilung eine umfassende Selektion gibt,** die dazu führt, daß keineswegs bei jeder Straftat der Täter gefunden und daß nicht jeder Tatverdächtige schließlich auch verurteilt wird. Wenn man daran denkt, daß nach begründeten Schätzungen jährlich etwa 70 bis 80 Mio. »klassische« Straftaten (also ohne solche im Straßenverkehr) in Deutschland begangen, aber im Jahr nur etwa 400.000 Personen deswegen verurteilt werden, dann wird das **Ausmaß dieser Selektion,** also der Unterschied zwischen »wirklichen« Straftätern und (rechtskräftig) als solche Verurteilten sichtbar. Deswegen läßt sich sagen, **daß die erfolgreich abgeschlossene Strafverfolgung nach einer Straftat nicht die Regel, sondern die seltene Ausnahme ist.** Zwar war schon seit dem Ende des letzten Jahrhunderts bekannt, daß nicht alle Straftaten angezeigt und verfolgt werden, doch war man sich nicht bewußt, daß die Auswahl der Straftaten und Straftäter, die schließlich erfolgreich verfolgt werden, nicht »zufällig und willkürlich« ist, sondern bestimmten Gesetzmäßigkeiten folgt. Erst mit der Problematisierung des Dunkelfeldes (s. Rdnrn. 252ff.) begann man, die Selektion im Strafverfahren als eigenständiges Problem zu erkennen, wobei freilich hauptsächlich die wechselnde Anzeigefreudigkeit der Tatopfer im Mittelpunkt stand und nicht die Tätigkeit der Strafverfolgungsbehörden. Erst mit dem Aufkommen des labeling approach (s. Rdnrn. 127ff.), der die Instanzen der staatlichen Strafrechtskontrolle in den Mittelpunkt rückte und nicht den Täter, gewann die Selektion als kriminologisches Thema an Gewicht. Seit dieser Zeit ist in nennenswertem Umfang auch empirisch darüber in Deutschland geforscht worden. Dabei ist gerade die Berücksichtigung des Selektionsprozesses von außerordentlicher Bedeutung. Außer den Dunkelfelduntersuchungen orientieren sich praktisch alle kriminologischen Analysen, sowohl phänomenologische als auch ätiologische, an den Taten und Tätern, die offiziell erfaßt sind. Damit sind Forschungsgegenstand nicht Tat und Täter »an sich«, sondern die verfolgten und »amtlich« festgestellten.

Es ist nicht sichergestellt, daß diese tatsächlich auch »typisch« für die Kriminalität sind. Eher kann man davon ausgehen, daß ihre Selektion bestimmten Gesetzmäßigkeiten folgt und daß deshalb nur bestimmte Taten und Täter in wissenschaftliche Untersuchung einbezogen werden (können). Daher ist es erforderlich, diesen Selektionsprozeß ausführlicher darzustellen und dessen Ergebnisse in die kriminologische Diskussion einzubeziehen.

137 Verlaufsskizzen der strafrechtlichen Selektion sind in der kriminologischen Literatur immer wieder (vgl. *Kerner* 1973 und neuerdings *Kaiser* 1988, 331ff.) vorgelegt worden. Ohne schon hier auf Einzelheiten näher einzugehen, lassen sich als **Selektionsstationen**, also Stellen, bei denen Tat oder Täter (Tatverdächtiger) aus der Strafverfolgung herausfallen (können), unschwer folgende ausmachen: **fehlende Wahrnehmung der Straftat, Anzeigeverhalten des Tatopfers oder eines informierten Dritten, Polizei, Staatsanwaltschaft und Gericht.** Während die Entscheidung über einen Verzicht auf die Strafverfolgung, vorausgesetzt, die Tat ist überhaupt entdeckt worden, für Privatpersonen willkürlich ist – es besteht bekanntlich für sie in keinem Fall einer vollendeten und auch beendeten Straftat eine Rechtspflicht, sie anzuzeigen – sind staatliche Stellen bei der Strafverfolgung durch gesetzliche Vorschriften (vor allem nach der Strafprozeßordnung) verpflichtet, in bestimmter Weise zu handeln. So muß etwa die Polizei alle Straftaten, also Vergehen und Verbrechen, insoweit lückenlos verfolgen, als sie Kenntnis von dem begründeten Verdacht hat, eine solche Tat sei begangen worden und solange diese Tat noch verfolgt werden kann. Der Strafverfolgungszwang der Staatsanwaltschaft ist trotz des herrschenden Legalitätsprinzips (§ 152 StPO) wegen der zahlreichen möglichen Ermessensentscheidungen (vgl. §§ 153ff. StPO) stark eingeschränkt. Dies gilt teilweise auch für die Gerichte. Mit diesem gesetzlich festgelegten »Verhaltensprogramm« ist freilich nicht auch schon beschrieben, wie diese Selektion in der Wirklichkeit verläuft. **Die offenbar weitverbreitete Meinung, man könne es den gesetzlichen Normen entnehmen, wie im Einzelfall die Reaktion der staatlichen Strafverfolgungsinstanzen aussieht, verkennt die Wirklichkeit.** Jedes Recht verwirklicht sich erst in seiner Anwendung. Die **Rechtsanwendung** aber stellt einen komplizierten Vorgang des Einstufens von Lebenssachverhalten dar, sie ist **Ermessen im soziologischen Sinne.** Deswegen ist es nicht ausgemacht, daß am Ende einer Rechtsanwendung auf denselben Sachverhalt auch immer dasselbe Ergebnis stehen muß: Die irrige Auffassung, in unterschiedlichen tatsächlichen Ergebnissen der Strafverfolgung sei auch schon eine »Rechtsbeugung« zu sehen, verkennt das Wesen juristischer Tätigkeit, die ordnend und schöpferisch zugleich ist und nicht einfach als bloße Automatik verstanden werden kann.

4.1.1 Bevölkerung und Verbrechensbekämpfung

Literatur: *Klaus Broers,* Kriminalitätseinstellungen und Opfererfahrungen. In: *Günther Kaiser/Jörg-Martin Jehle,* Hrsg., Kriminologische Opferforschung. Neue Perspektiven und Erkenntnisse, Band 2. Heidelberg 1995, S. 3 bis 36; *Manfred Brusten,* Eine »politisch-neutrale« Polizei? Ergebnisse einer empirischen Untersuchung zum politischen Bewußtsein von Polizeibeamten. Kriminologisches Journal 17 (1985), S. 203 bis 219; *Uwe Dörmann,* Kriminalität und polizeiliches Handeln in der öffentlichen Meinung. Ergebnisse aus EMNID-Umfragen des BKA. In: Symposium: Der polizeiliche Erfolg. Referate und Diskussionsbeiträge am 15. und 16. Oktober 1986 im Bundeskriminalamt, Wiesbaden 1988, S. 185 bis 196; *Michael Förster/Josef Schenk,* Der Einfluß massenmedialer Verbrechensdarstellungen auf Verbrechensfurcht und Einstellung zu Straftätern. Monatsschrift für Kriminologie und Strafrechtsreform 67 (1984), S. 90 bis 104; *Rolf Gössner/Uwe Herzog,* Der Apparat. Ermittlungen in Sachen Polizei. Köln 1984; *Hans-Jürgen Kerner,* Kriminalitätseinschätzung und Innere Sicherheit. Eine Untersuchung über die Beurteilung der Sicherheitslage und über das Sicherheitsgefühl in der Bundesrepublik Deutschland, mit vergleichenden Betrachtungen zur Situation im Ausland, Wiesbaden 1980; *Günther Kräupl/ Heike Ludwig,* Wandel kommunaler Lebenslagen, Kriminalität und Sanktionserwartungen. Freiburg i. Br. 1993; *Helmut Kury,* Hrsg., Gesellschaftliche Umwälzung. Kriminalitätserfahrungen, Straffälligkeit und soziale Kontrolle. Freiburg i. Br. 1992; *ders.,* Kriminalität und Viktimisierung in Ost- und Westdeutschland. Ergebnisse der ersten vergleichenden Victim Surveys in der ehemaligen DDR und BRD. In: *Helmut Kury,* Hrsg., Gesellschaftliche Umwälzung. Kriminalitätserfahrungen, Straffälligkeit und soziale Kontrolle. Freiburg i. Br. 1992, S. 141 bis 228; *Helmut Kury/Michael Würger,* Opfererfahrung und Kriminalitätsfurcht. Ein Beitrag zur Viktimisierungsperspektive. In: *Günther Kaiser/Helmut Kury,* Hrsg., Kriminologische Forschung in den 90er Jahren. Criminological Research in the 1990's. Freiburg i. Br. 1993, S. 411 bis 462; *Helmut Kury/Uwe Dörmann/Harald Richter/Michael Würger,* Opfererfahrungen und Meinungen zur Inneren Sicherheit in Deutschland. Ein empirischer Vergleich von Viktimisierungen, Anzeigeverhalten und Sicherheitseinschätzung in Ost und West vor der Vereinigung, Wiesbaden 1992; *Josef Kürzinger,* Möglichkeiten der Steigerung der Effizienz der polizeilichen Verbrechensbekämpfung – aus der Sicht der Wissenschaft. In: Symposium: Der polizeiliche Erfolg. Referate und Diskussionsbeiträge am 15. und 16. Oktober 1986 im Bundeskriminalamt, Wiesbaden 1988, S. 215 bis 220; *ders.,* Private Strafanzeige und polizeiliche Reaktion, Berlin 1978; *Manfred Murck,* Polizei und Sicherheit in Europa – Die Sicht der Bürger. Kriminalistik 48 (1994), S. 447 bis 452; Polizeiliche Kriminalstatistik Bundesrepublik Deutschland. Berichtsjahr 1994, Wiesbaden 1995; *Karl-Heinz Reuband,* Veränderungen in der Kriminalitätsfurcht der Bundesbürger 1965-1993. Eine Bestandsaufnahme empirischer Erhebungen. In: *Günther Kaiser/Jörg-Martin Jehle,* Hrsg., Kriminologische Opferforschung. Neue Perspektiven und Erkenntnisse, Band 2, Heidelberg 1995, S. 37 bis 53; *Hans-Dieter Schwind/ Wilfried Ahlborn/Hans Jürgen Eger/Ulrich Jany/Volker Pudel/Rüdiger Weiss,* Dunkelfeldforschung in Göttingen 1973/74. Eine Opferbefragung zur Aufhellung des Dunkelfeldes und zur Erforschung der Bestimmungsgründe für die Unterlassung von Strafanzeigen, Wiesbaden 1975; *Egon Stephan,* Die Stuttgarter Opferbefragung. Eine kriminologisch-viktimologische Analyse zur Erforschung des Dunkelfeldes unter besonderer Berücksichtigung der Einstellung der Bevölkerung zur Kriminalität, Wiesbaden 1976; *Bernhard Villmow,* Schwereeinschätzung von Delikten, Berlin 1977.

138 Entscheidend für die Reaktion der Bevölkerung auf die Kriminalität dürfte sein, wie jene diese erlebt. Einmal ist es wichtig zu sehen, wie häufig die Bevölkerung mit dem Verbrechen in Kontakt kommt, wie groß also die Wahrscheinlichkeit für den Durchschnittsbürger ist, sich selbst durch Verbrechen bedroht zu fühlen oder aber auch ihr Opfer zu werden. Zum anderen dürfte es wichtig sein zu wissen, welche Einstellung die Bevölkerung zur Strafverfolgung generell einnimmt, wobei eine zentrale Stellung hierbei offensichtlich der Polizei zukommt, die für den Durchschnittsbürger die eigentliche Strafverfolgungsbehörde darstellt.

4.1.1.1 Furcht der Bevölkerung vor Verbrechen

139 Ob der Durchschnittsbürger im Alltag sehr häufigen Kontakt mit dem Verbrechen als einer Wirklichkeit hat und es nicht nur vermittelt durch Zeitung, Fernsehen und Illustrierte erlebt, ist nicht einfach zu sagen, weil das, was man als »häufig« oder »selten« bezeichnen kann, nicht objektiv festgelegt ist. Wir wissen zudem nicht, wie viele Straftaten in Deutschland wirklich begangen werden. Nimmt man die Zahlen der Polizeilichen Kriminalstatistik, so ist derzeit mit jährlich knapp sieben Mio. Straftaten (ohne solche im Straßenverkehr) zu rechnen. Nimmt man dagegen die bisherigen Ergebnisse der Dunkelfelduntersuchungen (s. Rdnrn. 252ff.) als Ausgangspunkt einer solchen Schätzung, dann darf man wohl sagen, **daß statistisch gesehen jeder Bundesbürger damit zu rechnen hat, etwa einmal im Jahr Opfer einer Straftat zu werden**. Das Risiko, Opfer zu werden (s. Rdnrn. 478ff.) ist aber nicht für alle gleich groß und hängt von verschiedenen Faktoren ab. Im übrigen enthält diese Zahl häufige, aber nicht schwerwiegende und wenig Schaden stiftende Straftaten. Gemessen an anderen sozialen Erscheinungen ist die **Kriminalität für den Durchschnittsbürger** ein zwar nicht unbekanntes, aber doch **ziemlich seltenes Ereignis**. Darauf hat *Kerner* (1980, 57) zu Recht hingewiesen. Allerdings wird man ihm auch zustimmen müssen, wenn er diese Aussage insoweit einschränkt, als er darauf aufmerksam macht, daß für denjenigen Bürger, den eine Straftat trifft, die Durchschnittsangabe nichts nützt, daß in bestimmten Gebieten einer Stadt das Durchschnittsrisiko erheblich ansteigen kann und daß die absolute Zahl der Taten in der Gesamtheit ein erhebliches sozialpolitisches und kriminalpolitisches Gewicht beanspruchen kann. Damit ist zutreffend gesagt, daß das an sich seltene Ereignis »Kriminalität« im Leben des Durchschnittsbürgers einen erheblichen Stellenwert im Alltag haben und ihn trotz seiner Seltenheit irritieren kann. **Wichtig ist, daß die Wahrscheinlichkeit, Opfer zu werden, von Straftat zu Straftat unterschiedlich groß ist und daß bestimmte Delikte sehr selten erlitten werden (müssen).** Die tatsächliche Gefährdung der Bevölkerung durch die Kriminalität ist deshalb, argumentiert man mit der Häufigkeit ihres Vorkommens, als gering anzusehen. Für die Einstellung der

Bevölkerung zum Verbrechen ist viel wichtiger, wie sie selbst die Bedrohung durch die Kriminalität empfindet. Hierfür gilt offenbar das den Sozialwissenschaftlern geläufige »Thomas-Theorem«, das von dem gleichnamigen amerikanischen Wissenschaftler stammt und besagt, wenn Menschen Situationen als wirklich definieren, seien diese Situationen in ihren Konsequenzen auch wirklich (»If men define situations as real, they are real in their consequences.«).

Für Deutschland liegen verschiedene Untersuchungen zur **Verbrechensfurcht der Bevölkerung** vor, die erstaunlicherweise lange Zeit und entgegen den Erwartungen eine **relativ geringe Furcht** der Bevölkerung vor dem Verbrechen aufgezeigt haben. Allerdings scheinen sich seit einigen Jahren die Zahlen doch zu ändern. *Murck* (1994) berichtet von einer Studie, die rund 1.000 West- und genausoviele Ostdeutsche über 15 Jahre im Herbst 1993 erfaßt hat und folgendes Ergebnis zur Frage »Wie sehr sind Sie darüber besorgt, in der nahen Zukunft das Opfer einer Straftat zu werden?« gezeigt hat. **140**

Antwort	Deutschland West	Deutschland Ost
Ich bin sehr besorgt	13,4 %	34,3 %
Ich bin etwas besorgt	42,3 %	46,2 %
Ich bin eher nicht besorgt	24,5 %	13,1 %
Ich bin überhaupt nicht besorgt	17,3 %	5,2 %
Weiß nicht/keine Antwort	2,5 %	1,3 %

(Quelle: *Murck* 1994, S. 449)

Eine ebenfalls neue Untersuchung, die West- und Ostdeutschland getrennt erfaßt und dann vergleicht (*Kury/Dörmann/Richter/Würger* 1992, 262ff.) hat ergeben, daß in Ostdeutschland die Verbrechensfurcht größer ist als in Westdeutschland. Es ließ sich auch feststellen, daß die bisher gezeigten Zusammenhänge zwischen Geschlecht, Alter und Wohnortgröße und der Verbrechensfurcht noch gelten. So zeigten sich Frauen ängstlicher als Männer und auch mit zunehmendem Alter der Befragten wurde die Verbrechensfurcht größer. Je größer der Wohnort, als desto unsicherer wurden die Wohngegenden eingeschätzt; die Einwohner fühlen sich zudem in ihrer Wohngegend nachts draußen unsicherer und meiden deshalb bestimmte Plätze und Straßen. Eine zwölf Jahre zuvor in Deutschland veröffentlichte Untersuchung hatte gezeigt, daß sich nur ein Bruchteil der Bevölkerung ernsthaft von Verbrechen bedroht fühlte (*Kerner* 1980, 151). In der Bevölkerung spielte die Sorge vor der Kriminalität im Sinne einer persönlichen Bedrückung keine erkennbar große Rolle (*Kerner* 1980, 139f.). Nur 17% der Befragten meinten, die Kriminalität und die Verbrechensbekämpfung ge- **141** hörten zu den Problembereichen, denen in der Öffentlichkeit viel zu wenig Aufmerksamkeit geschenkt werde (*Kerner* 1980, 113; 473). Wichtiger waren für die Bevölkerung als Problemfelder Arbeitslosigkeit, Inflation, Schule und Renten. Als der Kriminalität gleichrangiges Problem wurden allgemeine soziale Probleme und der Bereich Kinder/Jugendliche/Erziehung angesehen. Unwichtiger als Kriminalität/Verbrechensverhütung erschien der Bevölkerung in der Bundesrepublik Umweltverschmutzung, Sicherheits-, Gesundheits- und Wohnungsprobleme. Es war deshalb folgerichtig, daß nur 63% der Befragten die Verstärkung der Verbrechensbekämpfung als eine von zehn ihnen vorgelegten staatlichen Aufgaben ansahen (*Kerner* 1980, 123). Gleich wichtig wie die Kriminalitätsbekämpfung wurde damals die Bekämpfung der Inflation eingeschätzt. Dabei darf nicht unberücksichtigt bleiben, daß man den Befragten diese Probleme nannte, also bei der Befragung einen bestimmten Anreiz zur Antwort gab. In einem anderen Teil dieser Befragung, in dem nur offene Fragen gestellt wurden und so der thematische Anreiz fehlte, spielte das Verbrechen praktisch überhaupt keine Rolle mehr. Allenfalls bei 2% der Befragten ließen die Antworten darauf schließen, daß sie die Kriminalität als Problem ansahen (vgl. *Kerner* 1980, 139f.).

Insgesamt gesehen **läßt sich anhand der Daten der neueren Untersuchungen zur Verbrechensfurcht vermuten, daß diese im letzten Jahrzehnt in Deutschland deutlich gestiegen ist.** Scheinbar wurde damit auf die tatsächliche Entwicklung der registrierten Kriminalität (als Indikator der tatsächlich »erlebten« Kriminalität) reagiert: Im Jahre 1980 etwa wurden in der (alten) Bundesrepublik 3,82 Mio. Straftaten registriert; 1993 waren dies im selben Gebiet 5,35 Mio.; der Anstieg betrug somit 40% (vgl. Polizeiliche Kriminalstatistik 1993, 15).

4.1.1.2 Einstellung der Bevölkerung zur Polizei

142 **Die Polizei nimmt bei der Verbechenskontrolle eine zentrale Stellung ein.** Nicht nur, daß sie praktisch die gesamten Ermittlungsarbeiten – zumindest für die Alltagskriminalität – in Händen hält und so die Weichen für das spätere Strafverfahren stellt; **sie ist auch im Bewußtsein der Bevölkerung die zuständige Stelle für die Einleitung eines Strafverfahrens.** Daher muß man davon ausgehen, daß das Ansehen der Polizei und ihrer Tätigkeit ausschlaggebend für die Bereitschaft der Bevölkerung sind, sich im Falle von Straftaten an sie zu wenden.

143 In Befragungen zeigt sich (*Kürzinger* 1978, 79), daß die Polizei von der Bevölkerung in ihrer Aufgabenstellung als Einrichtung gesehen wird, die vor allem bei Unglücksfällen und Kriminalität zu helfen hat. Dabei war die Vorstellung von der Polizei als einer Schützerin gegen Verlust von Eigentum und Vermögen deutlicher ausgeprägt als ihre Schutzfunktion bei Delikten gegen die Person. Die sichtbar selektive Strafverfolgung der Polizei bei diesen Delikten (vgl. Rdnrn. 163ff.) hat also eine Entsprechung in den Ansichten der Bevölkerung. Allerdings fällt auf, **daß nur sehr ungenaue Vorstellungen darüber bestehen, bei welcher Gelegenheit man die Polizei bestimmt rufen würde.** Obwohl 99% der Befragten angaben, sie könnten sich eine solche Gelegenheit vorstellen, konnte etwa die Hälfte, nämlich 49%, sich nicht vorstellen, zu welchem Zwecke sie die Polizei bestimmt rufen würde. Daraus und auch aus ähnlichen Ergebnissen kann man folgern, daß nur rund die Hälfte der Befragten sich eine konkrete Situation für sich selbst vorstellen könnte, die zu einer derartigen Notlage führte, die zu einem Ruf nach der Polizei verlangt.

In Befragungen der 70er und auch noch der 80er Jahre ließ sich feststellen (etwa *Stephan* 1976; *Kürzinger* 1978, *Dörmann* 1988, 186), **daß die Bevölkerung wohlwollend gegenüber der Polizei eingestellt war,** insbesondere wenn man berücksichtigt, daß das positive Image der Polizei (»Die Polizei, Dein Freund und Helfer«) hierbei durchaus bestätigt wurde. Allerdings hatte man schon damals zwischen einer wohlwollenden allgemeinen Einschätzung der Polizei und ihrer Tätigkeit und der Einstellung zu bestimmten polizeilichen Handlungen zu unterscheiden. Die Polizei als Institution wurde genauso wie Polizisten als Berufsgruppe deutlich positiver gesehen als die tägliche Polizeiarbeit. **Neuere Untersuchungsergebnisse, insbesondere solche nach der Wiedervereinigung Deutschlands, lassen erkennen, daß das früher so positive Image der Polizei offensichtlich gelitten hat** und daß heute die Vorbehalte ihr gegenüber zugenommen haben. So wurde in einer Untersuchung 1993, über die *Murck* (1994) berichtet, auf die Frage »Einmal ganz allgemein gesehen, wie ist Ihre Meinung über die Polizei in unserem Land?« wie folgt geantwortet:

144

	D-West	D-Ost
Sehr positiv	13,1 %	3,5 %
Eher positiv	52,8 %	39,3 %
Eher negativ	21,9 %	44,8 %
Sehr negativ	7,3 %	7,8 %
Weiß nicht/keine Antwort	4,9 %	4,6 %

(Quelle: *Murck* 1994, S. 450)

Diese Daten zeigen, daß fast 30% in Westdeutschland und mehr als die Hälfte in Ostdeutschland (inzwischen) ein negatives Bild von der Polizei haben. Die deutlichere Ablehnung der Polizei wird im Osten Deutschlands auch aus einer anderen Untersuchung (*Kury/Dörmann/Richter/Würger* 1992) ersichtlich. Dort hatten in einer Befragung von 2.027 Westdeutschen dem Spruch »Die Polizei – Dein Freund und Helfer« 74,8% voll bzw. eher zugestimmt und 24,4% ihm eher nicht bzw. überhaupt nicht zugestimmt. Nach der Wende hatten die 4.999 befragten Ostdeutschen dem Spruch zu

57,8% voll bzw. eher zugestimmt und 40,4% ihn eher bzw. voll abgelehnt (*Kury/Dörmann/Richter/Würger* 1992, 355). Bedeutsam für die Einschätzung der Polizei ist die Schichtzugehörigkeit des Bürgers. Die negativere Einstellung findet sich bei den Angehörigen der unteren Schicht; deutlich kritisch sind auch Angehörige der Oberschicht und oberen Mittelschicht. Sicherlich beruht ein Teil dieser Ansichten auf eigenen (negativen) Erfahrungen. Bei Unterschichtsangehörigen scheint sich vor allem der Umstand, daß sie sich als diejenigen verstehen, die von der Polizei als Kriminelle ausgelesen werden, in ihrer Wertung auszuwirken. Nun ist bekannt, daß tatsächlich Unterschichtsangehörige (warum auch immer) häufiger als Straftäter bei der Polizei auffällig werden. Offensichtlich fühlen sie sich und ihresgleichen auch oft zu unrecht polizeilich verfolgt. Man kann sagen, daß die polizeiliche Tätigkeit von der Bevölkerung vor allem dann als schichtenspezifisch unterschiedlich angesehen wird, wenn man selbst zu einer solchen Schicht gehört, die (angeblich) benachteiligt wird. Allerdings ist diese Ablehnung der Polizei nicht rein gefühlsmäßig, sondern beruht auf Erfahrungen, die ihrerseits freilich nicht immer die Wirklichkeit objektiv erfassen müssen. Immerhin konnte festgestellt werden, daß der Kontakt der Bevölkerung zur Polizei in Deutschland relativ häufig zu sein scheint. So gaben bei der Befragung 1993 mehr als 56% (Westdeutsche) bzw. 57% (Ostdeutsche) an, daß sie in den letzten beiden Jahren vor der Befragung Kontakt zur Polizei gehabt hätten (*Murck* 1994, 451).

Die positiven Begegnungen waren wie folgt verteilt:

Art des Kontaktes	Westdeutsche	Ostdeutsche
Polizeilicher Rat oder Information	11,9 %	9,7 %
Polizeiliche Hilfe in Notfällen	4,5 %	2,5 %
Unterhaltung mit Polizei	18,8 %	15,2 %
Information an die Polizei	5,1 %	5,8 %
Die für den Befragten „negativen" Kontakte waren wie folgt verteilt:		
Verkehrskontrollen	18,2 %	14,4 %
Verkehrssünde	12,8 %	6,9 %
Einer Straftat verdächtigt	2,5 %	0,6 %

(Quelle: *Murck* 1994, S. 451)

145 Im übrigen zeigt sich, daß schon in den 70er Jahren generell in der Bevölkerung die Auffassung verbreitet war, die Polizei gehe bei der Strafverfolgung nach dem Grundsatz vor: »Die Kleinen hängt man und die Großen läßt man laufen.« Bei einer Befragung (*Kürzinger* 1978, 126) ergab sich, daß fast die Hälfte der Bevölkerung nicht davon überzeugt war, daß die Polizei ohne Ansehen der Sozialsituation einer Person ihre Arbeit verrichtet. Eine die Unterschicht benachteiligende Strafverfolgung nahmen fast zwei Drittel der Befragten an. Besonders häufig war man der Meinung, daß Leute, die sich auskennten und genug Geld hätten, vor der Polizei keine Angst zu haben bräuchten (*Kürzinger* 1978, 123).

146 In der Untersuchung von *Stephan* (1976) wurde die Antwort auf das Statement »Die meisten Leute sind froh, wenn sie von der Polizei nichts sehen und hören« erfragt. Diesem Statement stimmten damals 78% der Stuttgarter Befragten zu (*Stephan* 1976, 252). Dasselbe Statement wurde auch in der Untersuchung von *Kury/Dörmann/Richter/Würger* (1992) abgefragt. Die Antworten lauten jetzt für Westdeutsche zu (nur) 68,2% Zustimmung und bei den Ostdeutschen nach der Wende zu 57,9% auf Zustimmung (*Kury/Dörmann/Richter/Würger* 1992, 360). Daraus könnte man schließen, daß die Distanz der Westdeutschen zur Polizei geringer geworden ist als vor 15 Jahren und daß Ostdeutsche weniger Distanz zur Polizei haben als Westdeutsche. Vor einer Überschätzung eines Einzelergebnisses ist freilich zu warnen, weil die Einstellung zur Polizei seitens der Bevölkerung von unterschiedlichen, auch widersprüchlichen Faktoren abhängen kann. Die Erwünschtheit der Polizeipräsenz kann vor allem damit zu tun haben, daß die Bedrohung durch Kriminalität in den Augen der Bevölkerung deutlich größer geworden ist, so daß man deswegen eine (verstärkte) Polizeipräsenz wünscht, nicht aber, weil man besondere Sympathien für die Polizei entwickelt hat. Angesichts der Daten kann man der Schlußfolgerung von *Dörmann* (*Kury/Dörmann/Richter/Würger* 1992, 366) durchaus zustimmen, wenn er meint: »Insgesamt läßt sich feststellen, daß die Polizei von der Bevölkerung im Westen recht weitgehend akzeptiert wird. Im Osten stieß die Polizei für die Zeit vor der Wende auf gravierende Vorbehalte. Nach der Wende erfolgte eine bemerkenswert rasche Annäherung an die Situation im Westen. Für Ost und West gilt gleichermaßen, daß die Polizei als Helfer in der Not willkommen ist. Insbesondere im Westen gilt aber genauso, daß die meisten mit ihr am liebsten nichts zu tun haben.« Hinsichtlich der Unterschiede in der Einschätzung der Polizei läßt sich auch für Deutschland die in amerikanischen Studien ermittelte Abhängigkeit vom Alter finden. So haben ältere Personen im allgemeinen eine positivere Einstellung gegenüber der Polizei als jüngere (*Stephan* 1976, 272; *Kerner* 1980, 220; *Dörmann* 1988, 187; *Kury/Dörmann/Richter/Würger* 1992, 331). Dasselbe galt in Deutschland lange Zeit für Frauen im Vergleich zu Männern (*Stephan* 1976, 273), doch scheint sich dieser Unterschied inzwischen eingeebnet zu haben (*Kury/Dörmann/Richter/Würger* 1992, 331). Berücksichtigt man die Ergebnisse zur Einstellung der Bevölkerung gegenüber der Polizei, dann läßt sich mit Recht folgern, daß an sich gute Voraussetzungen dafür vorliegen, daß im Falle einer Straftat der Bürger bereit ist, die Hilfe der Polizei anzunehmen. Freilich ist dies nur der erste Schritt im Strafverfahren, sozusagen die Voraussetzung für seine Einleitung. Damit ist nicht gesagt, ob das Verbrechensopfer auch diesen Schritt wirklich tut. Es muß auch überzeugt sein, daß Strafanzeigen einen Sinn haben und daß sie vor allem in seinem Falle sinnvoll sind. Dies ist offenbar nicht alleine von der objektiven Situation und der Tätigkeit der Polizei abhängig, sondern nur vor dem gesamten Hintergrund der Reaktionsmöglichkeiten auf das Verbrechen zu sehen. Deswegen müssen die das Anzeigeverhalten bestimmenden Faktoren, nämlich die Einstellung zum Anzeigeverhalten und zur konkreten Kriminalität, näher beleuchtet werden.

4.1.1.3 Einstellung der Bevölkerung zum Anzeigeverhalten

147 Im **Anzeigeverhalten der Bevölkerung** verwirklicht sich die Einstellung zu Kriminalität und Polizei. Hier wird sichtbar, wie weit die Vorstellungen und Wertungen der Bevölkerung in die Tat umgesetzt werden. In einer Befragung (*Kürzinger* 1978, 103) zeigte sich, daß die Mehrheit von einer Sinnhaftigkeit von Strafanzeigen ausging. Freilich äußerten dennoch mehr als ein Drittel der Befragten deutliche Skepsis gegenüber Strafanzeigen. Bei denen, die bereits Erfahrungen in der Anzeigestattung hatten, war die Unzufriedenheit über die nachfolgende polizeiliche Tätigkeit weit verbreitet. Ältere Befragte neigten dabei zu größerer Skepsis als jüngere; das Geschlecht war belanglos. Dagegen erwies sich die Schichtzugehörigkeit eines Befragten als ausschlaggebend. Solche aus der Unterschicht bewerteten Strafanzeigen deutlich häufiger als »sinnlos«. Sie meinen auch öfter, die Polizei habe sich bei der Anzeigenaufnahme falsch verhalten (*Kürzinger* 1978, 103). Dennoch werden Strafanzeigen von Angehörigen der Unterschicht eher gestellt als von Mittelschichtsangehörigen (*Kürzinger* 1978, 233). Unterschichtsangehörige bedienen sich nämlich zur Bewältigung strafrechtlich bedeutsamer Konflikte im sozialen Nahraum eher der Polizei, während die Mittelschicht andere Wege kennt, solche Konflikte zu lösen. Daher ist es folgerichtig, wenn in der Unterschicht auch eine größere Bereitschaft, Strafanzeige zu erstatten, genannt wird. Personen mit niedrigem Sozialstatus sehen ersichtlich seltener in der Strafanzeige im sozialen Nahbereich etwas Negatives. Allerdings hindert sie dies nicht daran, Strafanzeigen doch häufiger als erfolg- und sinnlos einzuschätzen. Anzeigeerstatter gehen häufig davon aus, daß bei nicht bekannten Tätern die Strafanzeige nicht zu einer Täterermittlung führt und daher im Endergebnis erfolglos bleibt (*Kürzinger* 1978, 234).

148 In neueren Untersuchungen (*Kury/Dörmann/Richter/Würger* 1992) hat sich gezeigt, daß **Kriminalitätsopfer** aus den alten Bundesländern die Reaktion der Polizei auf ihre Stafanzeige überwiegend positiv bewerten. Von 469 im Westen befragten Tatopfern waren fast 74% mit der polizeilichen Tätigkeit zufrieden; rund 26% waren es nicht. Im Osten Deutschlands waren die Reaktionen etwas negativer: Von den 858 befragten Anzeigeerstattern waren 67% mit der polizeilichen Tätigkeit zufrieden und 33% nicht (*Kury/Dörmann/Richter/Würger* 1992, 328f.). In der Untersuchung von *Kräupl/Ludwig* (1993), die 1991/92 in einer städtischen Region in Thüringen durchgeführt wurde, lauteten die Antworten auf die Frage »Wie würden Sie die derzeitige Arbeit der Polizei in Ihrer Stadt einschätzen?« wie folgt:

Schlecht	28,6 %
Überwiegend schlecht	42,2 %
Überwiegend gut	19,6 %
Gut	5,5 %
Keine Antworten	4,1 %

(Quelle: *Kräupl/Ludwig* 1993, S. 184)

Allerdings scheint sich diese unmittelbar nach der Wiedervereinigung Deutschlands gezeigte Einschätzung in Ostdeutschland allmählich zu verändern.

Wertet man die Ergebnisse insgesamt, dann läßt sich die Einstellung zur Strafanzeige seitens der Bevölkerung als durchaus (noch) positiv sehen. Strafanzeigen sind damit immer noch als einigermaßen praktikables Mittel zur Verbrechenskontrolle von der Bevölkerung anerkannt.

4.1.1.4 Einstellung der Bevölkerung zu konkreten Verbrechen

Auch wenn sich nicht sagen läßt, daß Einstellungen von Personen von diesen auch in Handlungsmuster umgesetzt werden, ist zu erwarten, daß spätere Handlungen wenigstens teilweise diesen Einstellungen folgen. Wenn dies so ist, dann dürfte die Einstellung gegenüber den einzelnen Verbrechen ein wichtiger Faktor für die spätere Entscheidung des Opfers sein, diese Tat auch anzuzeigen. Da wir sehen werden (s. Rdnrn. 152 ff.), daß es beim Tatopfer offensichtlich eine **Kosten-Nutzen-Rechnung** für sein Verhalten bei der Strafverfolgung gibt, darf man annehmen, daß jene Delikte, die als (besonders) schwerwiegend angesehen werden, eher der Polizei gemeldet werden als Straftaten, die als weniger schwer oder sogar als leicht gelten. 149

In Deutschland hat es seit Mitte der 60er Jahre eine Anzahl von **Einstellungsmessungen zur Kriminalität** gegeben (ausführlich dargestellt bei *Villmow* 1977, 16ff.), die allerdings wegen der unterschiedlichen Art der Erhebung nur sehr beschränkt miteinander vergleichbar sind. Zudem hat *Villmow* (1977, 44f.) zu Recht darauf verwiesen, daß diese Untersuchungen methodisch nicht zufriedenstellend waren. Die eigene Untersuchung von *Villmow* kommt zu dem Ergebnis, daß zum Teil (erwartungsgemäß) beachtliche Unterschiede in der Schwereeinschätzung von Straftaten zu finden sind. Seine Untersuchung erfaßt männliche Befragte im Alter zwischen 14 und 25 Jahren, die bekanntlich sowohl als Verbrechensopfer als auch als Täter sehr häufig registriert werden. Unter den von *Villmow* den Befragten vorgelegten 15 Delikten befanden sich Notzucht (heute: Vergewaltigung), Unzucht mit einem Kinde (heute: sexueller Mißbrauch von Kindern), gefährliche Körper- 150 verletzung, Gewaltunzucht (heute: sexuelle Nötigung), Freiheitsberaubung, Rauschgiftdelikte, Nötigung, Bedrohung, leichte vorsätzliche Körperverletzung, Urkundenfälschung, schwerer und einfacher Diebstahl, Unterschlagung und Sachbeschädigung.

Die Einschätzung der vorgenannten Taten als „schwer" bzw. „leicht" erfolgte wie folgt:

Anzahl der Befragten, die ein Delikt als „schwer" oder „leicht" einstufen:

Straftat	Anzahl der Befragten, die die Straftat einstufen als	
	„schwer"	„leicht"
Notzucht (heute: Vergewaltigung)	86,2 %	1,5 %
Unzucht mit einem Kinde (heute: sexueller Mißbrauch eines Kindes)	85,9 %	2,7 %
Gefährliche Körperverletzung	76,0 %	0,3 %
Gewaltunzucht (heute: sexuelle Nötigung)	59,8 %	5,1 %
Freiheitsberaubung	31,0 %	5,7 %
Rauschgiftdelikt	20,4 %	48,6 %
Anzeigeverhalten der Tatopfer		
Nötigung	13,2 %	17,7 %
Bedrohung	10,2 %	39,0 %
leichte vorsätzliche Körperverletzung	4,5 %	28,2 %
Urkundenfälschung	4,2 %	48,1 %
Schwerer Diebstahl	3,9 %	29,7 %
Betrug	3,3 %	30,3 %
Unterschlagung	0,6 %	69,4 %
einfacher Diebstahl	0,3 %	85,9 %
Sachbeschädigung	0,3 %	87,7 %

(Quelle: *Villmow* 1977, 117)

Erstaunlich an diesen Ergebnissen ist vor allem die relativ milde Einstufung der Eigentumsdelikte. Insoweit ist es nur folgerichtig, wenn in der Göttinger (*Schwind* u. a. 1975) und auch Stuttgarter Opferbefragung (*Stephan* 1976) in etwa demselben Zeitraum hohe Raten von Nichtanzeigen wegen dieser Delikte ermittelt wurden (s. Rdnrn. 152ff.). Erwartungsgemäß ist die starke Verurteilung, die Delikte aus der Sexualsphäre fanden. Die Einstellung zu Rauschgiftdelikten war nicht einheitlich; hier hat sich wohl eine gleichartige Bewertung der Tat in der Bevölkerung noch nicht bilden können, was im übrigen ersichtlich auch die unten genannten Daten der Thüringer Untersuchung ergeben haben.

151 Die nach der Wiedervereinigung Deutschlands 1991/92 in Thüringen durchgeführte Studie zur Viktimisierung enthält auch für ausgewählte Straftaten eine Einschätzung ihrer Schwere, gemessen an der Reaktion auf die Tat, die ein Befragter für angemessen hielt. Die Antwortmöglichkeiten reichten von Kategorie 1 (»Darauf braucht der Staat nicht zu reagieren«) bis zur schärfsten Kategorie 6 »(zu vollstreckende) Gefängnisstrafe«. Im folgenden sind die Prozentsätze für beide Kategorien geforderter Sanktionen für die erfragten Delikte wiedergegeben (*Kräupl/Ludwig* 1993, 185ff.):

Delikt	„nichts"	„Gefängnis"
Schwarzfahren	4,4 %	0,8 %
Ladendiebstahl Wert 90 DM	1,8 %	1,4 %
Schwangerschaftsabbruch	76,6 %	1,9 %
Leerstehendes Haus besetzen	13,9 %	3,1 %
Farbsprühereien an Wänden	3,1 %	3,2 %
Ladendiebstahl Wert von 500 DM	0,6 %	4,4 %
Polizei Widerstand leisten	0,7 %	18,7 %
Vergewaltigung in der Ehe	11,3 %	25,1 %
Handtaschenraub	0,2 %	25,2 %
Fahren unter Alkohol	0,2 %	31,5 %
Haschisch konsumieren	8,2 %	31,7 %
Heroin konsumieren	5,7 %	36,1 %
Autodiebstahl	0,1 %	40,1 %
Körperverletzung	0,0 %	46,3 %
Einbruch (Fernseher stehlen)	0,3 %	56,1 %
Wohnungseinbruch	0,2 %	58,3 %
Sexuelle Nötigung	0,2 %	58,3 %
Asylbewerberheim überfallen	0,7 %	59,6 %
Kindesmißhandlung	0,0 %	63,4 %
Körperverletzung mit Messer/Revolver	0,1 %	86,9 %
Vergewaltigung	0,0 %	90,9 %

(Quelle: *Kräupl/Ludwig* 1993, 185 ff.)

4.1.2 Anzeigeverhalten der Tatopfer

Literatur: *Hans-Dieter Bialek*, Die Aussagebereitschaft der Tatverdächtigen bei der Polizei. Die Polizei 74 (1983), S. 343 bis 351; *Erhard Blankenburg/Klaus Sessar/ Wiebke Steffen*, Die Staatsanwaltschaft im Prozeß strafrechtlicher Sozialkontrolle, Berlin 1978; *Manfred Brusten*, Anzeigenerstattung als Selektionsinstrument im Kriminalisierungsprozeß. Kritische Anmerkungen und ergänzende Überlegungen. Zu einem Beitrag von K. Weis und R. Müller-Bagehl über »Private Anzeigen«. Kriminologisches Journal 1971, S. 248 bis 259; *ders.*, Polizei, Staatsanwaltschaft, Gericht. Monatsschrift für Kriminologie und Strafrechtsreform 57 (1974), S. 129 bis 150; *Gerhard Hanak*, Kriminelle Situationen. Zur Ethnographie der Anzeigeerstattung. Kriminologisches Journal 16 (1984), S. 161 bis 180; *Wolfgang Heinz*, Bestimmungsgründe der Anzeigebereitschaft des Opfers. Ein kriminologischer Beitrag zum Problem der differentiellen Wahrscheinlichkeit strafrechtlicher Sanktionierung. Jur. Diss. Freiburg i. Br. 1972; *Hans von Hentig,* Die unbekannte Straftat, Berlin usw. 1964; *Günther Kräupl/Heike Ludwig,* Wandel kommunaler Lebenslagen, Kriminalität und Sanktionserwartungen. Bevölkerungsbefragung in einer städtischen Region Thüringens 1991/92 (Jenaer Kriminalitätsbefragung), Freiburg i. Br. 1993; *Josef Kürzinger,* Private Strafanzeige und polizeiliche Reaktion, Berlin 1978; *Helmut Kury/Uwe Dörmann/ Harald Richter/Michael Würger,* Opfererfahrungen und Meinungen zur Inneren Sicherheit in Deutschland. Ein empirischer Vergleich von Viktimisierungen, Anzeigeverhalten und Sicherheitseinschätzung in Ost und West vor der Vereinigung, Wiesbaden 1992, S. 45 bis 164; *Peter MacNaughton-Smith,* Vorstellungen der Bevölkerung über kriminalisierbare Situationen. Kriminologisches Journal 1974, S. 217 bis 223; *Georg Mayr,* Statistik der Gerichtlichen Polizei im Königreich Bayern und in einigen anderen Ländern, o. O. 1867; *Kurt Meyer,* Die unbestraften Verbrechen. Eine Untersuchung über die sog. Dunkelziffer in der deutschen Kriminalstatistik. Leipzig 1941; *Shima Oba,* Unverbesserliche Verbrecher und ihre Behandlung, Berlin 1908; *Hans-Dieter Schwind* u. a., Dunkelfeldforschung in Göttingen 1973/74, Wiesbaden 1975; *Hans-Dieter Schwind* u. a., Empirische Kriminalgeographie, Wiesbaden 1978; *Egon Stephan,* Die Stuttgarter Opferbefragung, Wiesbaden 1976; *Bernd Wehner,* Die Latenz der Straftaten (Die nicht entdeckte Kriminalität), Wiesbaden 1957; *Kurt Weis/Renate Müller-Bagehl,* Private Strafanzeigen. Kriminologisches Journal 1971, S. 185 bis 194.

152 Seit 1908 der Japaner *Shima Oba* in seiner Dissertation »Unverbesserliche Verbrecher und ihre Behandlung« die **Dunkelziffer als wissenschaftliches Problem** in die deutsche Kriminologie einbrachte, ist die **Anzeigebereitschaft der Bevölkerung,** und vor allem die der Tatopfer, zu einem in der Dunkelfelddiskussion häufiger aufgegriffenen Thema geworden. Bereits die ersten Dunkelfeldarbeiten betonen (*Meyer* 1941; *Wehner* 1957; *von Hentig* 1964) die Bedeutung der Anzeigeerstattung für die Aufdeckung von Straftaten. Allerdings führte schon *Mayr* (1867, 1) die mangelhafte Anzeigeerstattung auf die Geringfügigkeit der Straftat und der durch sie entstandenen Schadens zurück.

153 Die erste größere deutsche Untersuchung legte *Meyer* (1941) vor. Er beschäftigte sich mit der Frage, was jemanden davon abhalten könne, eine Strafanzeige zu erstatten. Als Motive für eine unterlassene Anzeigeerstattung führte er eine Reihe von Umständen an, so etwa Furcht vor Unannehmlichkeiten, mangelndes materielles Interesse an einer Überführung des Täters, Verneinung einer Strafwürdigkeit der Tat, entstehender Zeitverlust für den Anzeigeerstatter, Scham wegen der Tat, Mitleid mit dem Täter, wirtschaftliche Notlage des Opfers, Ansehen der Straftat als eine Privatangelegenheit, mangelnde Möglichkeit einer Täterermittlung, fehlende Sicherung eines Schadensersatzes durch die Strafanzeige, zu geringfügiger Schaden, Aussichtslosigkeit einer Anzeige, Angst vor etwaiger Rache des Täters und Beweisschwierigkeiten für die Straftat (*Meyer* 1941, 7, 24f., 29f., 47f.).

Auch *Wehner* (1957) geht bei der Analyse seiner durch »Zufall« entdeckten **154** Straftaten auf die Beweggründe für eine unterlassene Anzeige ein. Als Motive, die Betroffene von einer Strafanzeige abhalten, nennt er unter anderem: die Polizei könne das Diebesgut nicht wieder beschaffen, an der Aufklärung habe das Opfer kein Interesse, die Laufereien zur Polizei und spätere gerichtliche Vorladungen wolle man nicht und eine Strafanzeige sei nicht notwendig (*Wehner* 1957, 65ff.).

Die erste empirische deutsche Untersuchung zur Anzeigeerstattung stammt von *Weis/Müller-Bagehl* (1971). Sie versucht, die Motivationen für eine Strafanzeige aus den Akten zu ermitteln. Dabei stellen *Weis/Müller-Bagehl* folgende Gründe für eine Strafanzeige fest: Abschreckung, Bestrafung des Täters, Übelzufügung, Überwindung von Angstsituationen und um den Tatverdächtigen »eins auszuwischen« (*Weis/Müller-Bagehl* 1971, 189ff.). Man könne annehmen, daß die Motive für die Erstattung privater Strafanzeigen von Straftat zu Straftat im Hauptmotiv abwichen (*Weis/Müller-Bagehl* 1971, 185).

Empirische Daten zur Anzeigeerstattung enthielten später die Dunkelfeld- **155** untersuchungen in Göttingen (*Schwind* u. a., 1975) und Stuttgart (*Stephan* 1976) sowie in Bochum (*Schwind* u. a. 1978), auf die noch näher einzugehen sein wird. Eine teilnehmende Beobachtung zusammen mit einer weiteren Befragung zum Anzeigeverhalten wurde 1978 veröffentlicht (*Kürzinger* 1978). Neuere Befragungen in Deutschland sind insbesondere im Vorfeld der Wiedervereinigung Deutschlands 1990 und unmittelbar nach deren Zustandekommen geführt worden (*Kury/Dörmann/Richter/Würger* 1992; *Kräupl/Ludwig* 1993).

Schenkt man Ergebnissen der Dunkelfelduntersuchungen Glauben, dann **156** wird von den Straftaten der »klassischen« Kriminalität von den Opfern, die sie entdeckten, **etwa jedes zweite Delikt bei der Polizei gemeldet.** Allerdings sind **diese Zahlen,** worauf noch einzugehen ist, **offensichtlich zu hoch.** Zutreffender dürfte sein, daß **höchstens ein Zehntel dieser Taten,** oft sogar weniger, bei der Polizei gemeldet werden. Während die Frage der Auswahl der angezeigten Taten noch zu erörtern ist, soll zunächst auf die Motive der Tatopfer, eine Strafanzeige zu erstatten oder darauf zu verzichten, eingegangen werden.

Ausgangspunkt der Einschätzung der **Bedeutung der Anzeigebereitschaft der Tatopfer** ist die Erkenntnis, daß es vor allem diese selbst sind, die die Strafverfolgung veranlassen. Auf die eigene Tätigkeit der Polizei bei der Strafentdeckung kommt es, wie später ausführlich zu zeigen ist, nicht an. Nach der für 1970 und die erfaßten Delikte für die Bundesrepublik Deutschland repräsentativen Untersuchung von *Blankenburg/Sessar/Steffen* (1978) kann man sagen, daß nur ein ganz geringer Teil der Strafverfahren durch (proaktive) Tätigkeit der staatlichen Strafverfolgungsorgane selbst eingeleitet wird. So führten (*Blankenburg/Sessar/Steffen* 1978, 120) nur für 3% des einfachen und schweren Diebstahls, 4% des Betruges und Raubes, 5% der Notzucht und 6% der Unterschlagung eigene polizeiliche Wahrnehmungen zur Strafanzeige. Bei 88% der einfachen Diebstähle, 86% der Betrugsfälle, 84% der schweren Diebstähle und Unterschlagungen, 83% der Raubtaten und 77% der Notzuchtsdelikte sind die Straftaten durch Strafanzeigen der Tatopfer verfolgt worden (*Blankenburg/Sessar/Steffen* 1978, 120). In der Regel kann man davon ausgehen, daß mehr als vier Fünftel der Taten der »klassischen« Kriminalität durch eine Anzeige des Verbrechensopfers verfolgt werden. Daneben sind es sonstige Dritte (Privatpersonen), die eine Strafverfolgung einleiten. Da man davon auszugehen hat, daß auch die Information dritter Personen über die Kriminalität häufig auf Mitteilungen der Tatopfer beruht, wird deutlich, wie herausragend die Stellung der Verbrechensopfer für die Einleitung des Strafverfahrens tatsächlich ist.

157 Die Entscheidung eines Verbrechensopfers, Strafanzeige zu erstatten, ist das **Ergebnis einer Kosten-Nutzen-Rechnung.** Erst wenn es sich nach Ansicht des Opfers »lohnt«, die Mühen einer Strafanzeige auf sich zu nehmen, kommt es zur Information der Strafverfolgungsbehörden, in der Regel der Polizei.

In einzelnen empirischen Untersuchungen wurde versucht, die Motive der Anzeigeerstatter zu erhellen.

158 In einer teilnehmenden Beobachtung von Anzeigevorgängen bei der Polizei (*Kürzinger* 1978, 145f.), sollten die Gründe für eine Anzeigeerstattung mit den Mitteln der teilnehmenden Beobachtung erfaßt werden, was strenggenommen freilich nicht möglich ist. Was erfaßt werden konnte, waren die Gründe, die Polizisten gegenüber von Anzeigeerstattern als solche formuliert wurden. Wie weit diese aber mit den wirklichen Motiven übereinstimmen, muß dahingestellt bleiben. Hinzu kommt, daß nicht alle Anzeigeerstatter auch Motive für ihr Handeln nennen, eine Nachfrage danach verbot sich aber aus methodischen Gründen. Daher war auch nur für etwa die Hälfte der erfaßten Fälle ein Motiv festzuhalten. Es zeigte sich, daß von diesen Anzeigeerstattern etwa ein Drittel mit der Stafanzeige einen Ausgleich des erlittenen finanziellen Schadens erstrebten. Als nicht-materielle Motive wurden am häufigsten Rache, Zorn und Ärger über die Tat genannt, also sehr persönliche Beweggründe. Die Aufrechterhaltung von Recht und Ordnung als Motiv von Strafanzeigen war sehr selten. Die Verfolgung persönlicher Gründe herrschte eindeutig bei der Anzeigeerstattung vor. Erwartungsgemäß bestand ein deutlicher Zusammenhang zwischen der Anzeigensache und dem Motiv. Bemerkenswert ist, daß nicht-materielle Motive mit zwei Dritteln weit überwogen. Selbst bei den Delikten gegen Eigentum und Vermögen gaben noch fast die Hälfte der Anzeigeerstatter eine solche Motivation an. Warum dies so war, ist nicht aufzuklären. Es könnte sein, daß Anzeigeerstatter davon ausgehen, ihre Anzeige sei bei der Polizei weniger erfolgreich, wenn sie einen finanziellen Grund dafür nennen. Die Ergebnisse zeigen auch, daß die Motivation zwar vom erlittenen Schaden und vom sozialen Status des Opfers abhängt, daß aber das Alter keine Rolle spielte (*Kürzinger* 1978, 154 f.). Die Motive der Anzeigeerstatter mit niedrigem sozialen Status scheinen eher der Vertretung individueller Interessen zu dienen als die der übrigen Anzeigeerstatter (*Kürzinger* 1978, 156).

159 Die Befragung von *Kürzinger* (1978, 265ff.) versuchte ebenfalls, Motivationen für eine Strafanzeige zu erfassen. Allerdings stand im Vordergrund dieser Untersuchung die Erfassung der allgemeinen Einstellung zur Strafanzeige.

Eine der Fragen zielte auf die Bereitschaft zur Strafanzeige bei einer schweren Straftat ab. Der Feststellung »Manchmal läßt es sich nicht vermeiden, auch einen Bekannten, Freund oder Verwandten bei der Polizei anzuzeigen, wenn er eine schwere Straftat begangen hat« stimmten aus der Durchschnittsbevölkerung 85% zu. Die Bedeutung der Schichtzugehörigkeit für die Motivation einer Strafanzeige sollte mit folgender Feststellung erfaßt werden: »Wenn jemand reicher ist als ich und ich würde ihn bei einer Straftat erwischen, dann würde ich ihn sicher anzeigen.« Von der Durchschnittsbevölkerung stimmten 61% dieser Feststellung zu. Die Bedeutsamkeit eines hohen Schadens für eine (eventuelle) Strafanzeige sollte mit dem Statement »Wenn der Schaden eines Verbrechens besonders hoch ist, dann muß man die Tat auf jeden Fall anzeigen, ganz gleich, wer sie begangen hat« getroffen werden. 89% der Befragten äußerten sich hierzu zustimmend.

160 Schon die Untersuchungen von *Schwind* u. a. (1975; 1978) und *Stephan* (1976) versuchten, Motive für die Nichtanzeige von Straftaten zu ermitteln. Diese Motive sind vor allem bestimmt von der Überlegung des Tatopfers, ob es sich lohne, eine Strafanzeige zu erstatten, ob also ihr Aufwand in einem sinnvollen Verhältnis zum erreichten Ergebnis steht. *Stephan* (1976, 201) erfaßte folgende Gründe für die Nichtanzeige: 49% der Betroffenen meinten, der Schaden sei zu gering, 26% sahen keine Aussicht auf Erfolg in der Strafanzeige, 9% lehnten aus einer momentanen Stimmung ab, 4% weil der Täter unbekannt war, 3% meinten, der Fall sollte zwischen den Beteiligten geregelt werden, 2% verzichteten wegen Rücksichtnahme auf einen bekannten Täter auf die Anzeige, weitere 2% gaben an, die Tat an eine andere Institution als die Polizei gemeldet zu haben und 2% der Betroffenen wollten Ärger vermeiden. *Schwind* u. a. (1975; 1978) konnten als Gründe für eine unterbliebene Anzeige durch Verbrechensopfer in Göttingen und Bochum folgendes ermitteln:

Begründungen für die Nichtanzeige von Diebstahlsdelikten in Göttingen:
– Bei geringem Schaden lohnt es sich einfach nicht. (36,6%)
– Die Polizei bekommt doch nichts heraus. (16,0%)

- Der Täter ist einem persönlich bekannt oder mit einem verwandt. (4,4%)
- Um so etwas kümmert man sich doch nicht weiter. (2,8%)
- Es kostet zuviel Zeit, zur Polizei zu gehen. (2,5%)
- Der Täter kann einem leid tun. (1,9%)
- Die Polizei braucht zu lange für die Nachforschungen. (1,9%)
- Es ist unangenehm, in eine solche Sache verwickelt zu sein. (1,7%)
- Man weiß nicht, daß man das hätte anzeigen können. (1,1%)
- Nachher bei Gericht kommt doch nichts heraus. (1,1%)
- Das ist mit dem Täter selbst in Ordnung gebracht worden. (1,1%)
- Man hat Angst vor dem Täter. (1,1%)
- Die Polizei glaubt einem sowieso nicht, die ist doch gegen einen eingestellt. (1,1%)
- Man will mit Behörden nichts zu tun haben, schon gar nicht mit der Polizei. (0,7%)

(Quelle: *Schwind* u. a. 1978, 207)

161 Ein besonderes Problem in der kriminologischen Forschung zur Anzeigeerstattung stellt die Tatsache dar, daß die verbalisierte Einstellung zur Strafanzeige in den Befragungen ersichtlich nicht immer auch den tatsächlichen Handlungen entspricht. Dabei gibt es eine zweifache Fehlerquelle: Einmal werden möglicherweise zwar alle Straftaten, die den Befragten für den erfaßten Zeitraum (noch) bekannt sind, berichtet, zum anderen ist aber offenbar die Aussage, ob auch eine Strafanzeige erstattet worden ist, nicht immer zutreffend. Ein Vergleich der Daten der Polizeilichen Kriminalstatistik mit den Angaben der befragten Verbrechensopfer ergibt seit jeher eine deutliche Diskrepanz: Die Quoten der angeblichen Strafanzeigen bei der Polizei stehen in keinem spiegelbildlichen Zusammenhang mit den für das Dunkelfeld angegebenen Taten. Wenn man – wofür es keinen sachlichen Grund gibt – nicht annimmt, die Polizei würde die meisten der Straftaten einfach unverfolgt lassen, so stehen die Angaben der Befragten insoweit in einem nicht auflösbaren Widerspruch.

162 Faßt man die bisherigen Kenntnisse zum Anzeigeverhalten von Privatpersonen zusammen, so zeigt sich, **daß die Selektion in der Strafverfolgung beim Verbrechensopfer beginnt.** Hier fällt für die meisten Straftaten die Entscheidung darüber, ob eine Strafverfolgung stattfinden soll oder nicht. Das Ausmaß der Strafverfolgung wird damit vom Opfer selbst festgelegt, ebenso wie die Taten, die es verfolgt sehen will. Dabei fällt die Entscheidung offenbar so, daß nur schwere Delikte verfolgt werden sollen und die Strafverfolgung die Ausnahme bildet: nur Bruchteile der dem Opfer bekanntgewordenen Straftaten werden auch bei der Polizei gemeldet. Die Selektionstätigkeit der staatlichen Strafverfolgungsorgane kann also erst an dieser Stelle einsetzen. Dennoch ist bisher in der Kriminologie die Bedeutung der Strafanzeige von Privatpersonen für die Selektion und damit auch für die registrierte Kriminalität bei weitem unterschätzt worden. Die Bevölkerung selbst ist es, und vor allem sind es die Verbrechensopfer, die bestimmen, was verfolgungswürdig ist. Daher greift der labeling approach zu kurz, wenn er diese Selektion außer acht läßt und die der staatlichen Instanzen so betont und damit deutlich überschätzt.

4.1.3 Polizeiliche Tätigkeit bei der Stafverfolgung

Literatur: *Erhard Blankenburg/Klaus Sessar/Wiebke Steffen,* Die Staatsanwaltschaft im Prozeß strafrechtlicher Sozialkontrolle, Berlin 1978; *Manfred Brusten,* Polizeisoziologie und gesellschaftliche Praxis. In: Die Polizei, eine Institution öffentlicher Gewalt. Analysen, Kritik, empirische Daten, hrsg. von *Manfred Brusten/Johannes Feest/Rüdiger Lautmann,* Neuwied usw. 1975, S. 13 bis 39; *Heiner Busch/Albrecht Funk/Udo Krauß/Wolf-Dieter Narr/Falco Werkentin,* Die Polizei in der Bundesrepublik. Frankfurt a. M. 1985; *Dieter Dölling,* Determinanten und Strukturen polizeilicher Ermittlungstätigkeit. In: *Günther Kaiser/Helmut Kury/Hans-Jörg Albrecht,* Hrsg., Kriminologische Forschung in den 80er Jahren. Projektberichte aus der Bundesrepublik Deutschland, Freiburg i. Br. 1988, S. 95 bis 123; *ders.,* Polizeiliche Ermittlungstätigkeit und Legalitätsprinzip. Eine empirische und juristische Analyse des Ermittlungsverfahrens unter besonderer Berücksichtigung der Aufklärungs- und Verurteilungswahrscheinlichkeit, Wiesbaden 1987; *Johannes Feest/Erhard Blankenburg,* Die Definitionsmacht der Polizei. Strategien der Strafverfolgung und soziale Selektion, Düsseldorf 1972; *Johannes Feest/Rüdiger Lautmann,* Hrsg., Die Polizei. Soziologische Studien und Forschungsberichte, Opladen 1971; *Thomas Feltes,* Polizeiliches Alltagshandeln. Konsequenzen für eine »neue Polizei« aus einer Analyse von Notrufen und Funkstreifeneinsatzanlässen in der Bundesrepublik Deutschland. In: *Günther Kaiser/Helmut Kury/Hans-Jörg Albrecht,* Hrsg., Kriminologische Forschung in den 80er Jahren. Projektberichte aus der Bundesrepublik Deutschland. Freiburg i. Br. 1988, S. 125 bis 156; *Albrecht Funk,* Polizeiforschung in der Bundesrepublik: Versuch einer Bilanz. Kriminologisches Journal 22 (1990), S. 105 bis 121; *Günther Kraft,* Die Polizei im Schweinwerferlicht kriminologischer Betrachtung. Die Polizei 65 (1974), S. 199 bis 201; *Josef Kürzinger,* Private Strafanzeige und polizeiliche Reaktion, Berlin 1978; *Jo Reichertz,* Meine Schweine erkenne ich am Gang: zur Typisierung typisierender Kriminalpolizisten. Kriminologisches Journal 22 (1990), S. 194 bis 207; *Norbert Schröer,* Das strukturanalytische Defizit der bisherigen Erforschung der polizeilichen Vernehmung Beschuldigter: ein kritischer Literaturbericht. Kriminologisches Journal 24 (1992), S. 133 bis 152; *Klaus Sparkuhle,* Analyse polizeilicher Ermittlungstätigkeit unter Aspekten der Aufklärungs- und Verurteilungswahrscheinlichkeit. Praxisbezogbene Auswertung, Wiesbaden 1984; *Wiebke Steffen,* Analyse polizeilicher Ermittlungstätigkeit aus der Sicht des späteren Strafverfahrens, Wiesbaden 1976.

Die polizeiliche Tätigkeit bei der Strafverfolgung, oder anders, die Reaktion der Polizei auf Kriminalität, wird gewöhnlich in proaktive Tätigkeit und reaktive Tätigkeit unterteilt. Obwohl es keine allgemein anerkannte Abgrenzung beider Bereiche gibt, wird man auf wenig Widerspruch stoßen, wenn man unter »proaktiver« Tätigkeit in der Strafverfolgung jene versteht, die die Polizei von sich aus unternimmt; mit reaktiver polizeilicher Tätigkeit ist dann jenes Verhalten gemeint, das durch Anstöße von außen hervorgerufen wird. Ein Beispiel für eine proaktive Tätigkeit ist etwa die Streifenfahrt von Polizisten und die dabei von ihnen eingeleitete Strafverfolgungsmaßnahme; als Beispiel einer reaktiven Tätigkeit kann das aufgrund einer Strafanzeige von Dritten vorgenommene Verhalten der Polizei gelten.

164 Die Reaktion der Polizei auf private Strafanzeigen ist bis Ende der 70er Jahre in der deutschen Kriminologie sehr unzureichend behandelt worden. Zum eigentlichen Thema lag lediglich eine teilnehmende Beobachtung (*Kürzinger* 1978) sowie eine thematisch verwandte Arbeit von *Feest/Blankenburg* (1972) vor. Erst in den 80er Jahren wurde diesem Problem mehr Aufmerksamkeit geschenkt. Die zuletzt genannte Untersuchung beschäftigt sich mit der Reaktion der Polizei auf Situationen des privaten sozialen Konfliktes, der Situationen bei Strafanzeigen zwar nicht entsprechen, aber doch nahekommen. *Feest/Blankenburg* beschreiben die proaktive Tätigkeit der Polizei. Zentraler Punkt ihrer Arbeit ist die von ihnen so genannte »Definitionsmacht der Polizei« (*Feest/Blankenburg* 1972, 19f.). Darunter verstehen sie die tatsächlichen Handlungsspielräume der Polizisten bei der Strafverfolgung, ein bestimmtes Verhalten eigenständig strafrechtlich zu definieren. Diese tatsächliche Definitionsmacht geht nach *Feest/Blankenburg* in Einzelfällen weit über das hinaus, was der Gesetzgeber der Polizei an (tatsächlichem) Ermessen zugestanden hat.

4.1.3.1 Proaktive Tätigkeit der Polizei

165 **Die proaktive Tätigkeit der Polizei spielt für den Umfang der Strafverfolgung offensichtlich keine entscheidende Rolle.** Die Einleitung der Strafverfolgung durch die Polizei selbst ist sehr selten. Für die Bundesrepublik Deutschland kann man nämlich davon ausgehen, daß für 85% bis 95% der Strafverfahren eine Strafanzeige von privater Seite erfolgt. Nur 5% bis 15% der polizeilich registrierten Kriminalität beruhen auf eigenen Wahrnehmungen der Strafverfolgungsorgane (*Steffen* 1976, 125ff.). Nach diesen wohl auch heute noch repräsentativen Daten ist der Anteil der »eigenen Feststellungen« der Polizei bei den Delikten der »klassischen« Kriminalität mit 2% bis 5% verschwindend gering (*Steffen* 1976, 125ff.).

166 Die proaktive polizeiliche Tätigkeit ist für die Bundesrepublik Deutschland bisher empirisch immer noch unzureichend untersucht. Die Studie von *Feest/Blankenburg* (1972) beschäftigt sich offensichtlich nicht nur mit der proaktiven Tätigkeit der Polizei, sondern auch mit der polizeilichen Reaktion auf Strafverfolgungswünsche oder zumindest Konfliktwünsche von Privatpersonen. Die Untersuchung von *Steffen* (1976) behandelt fast ausschließlich die polizeiliche Tätigkeit nach erfolgter erfolgreicher Strafanzeige.

Feest/Blankenburg (1972) legen in ihrer Studie, die vor allem auf teilnehmender Beobachtung basiert, Strategien der Strafverfolgung und der Selektion der Polizei dar. Die Untersuchung beschäftigt sich zwar mit der proaktiven polizeilichen Tätigkeit, bezieht aber die von Privatpersonen eingeleiteten polizeilichen Interventionen bei strafrechtlich bedeutsamen Sachverhalten (etwa Ruhestörung, Schlägereien, Körperverletzungen, »Nepp-Betrug«) mit ein. Die eigentliche Anzeigeerstattung durch Dritte ist aber nicht erfaßt. Zentral für *Feest/Blankenburg* (1972, 19f.) ist das, was sie »Definitionsmacht der Polizei« nennen.

Bekanntlich ist die Polizei nach der Strafprozeßordnung dem Legalitätsprinzip unterworfen. Bei jeder Straftat, jedem Vergehen oder Verbrechen, von denen die Polizei erfährt, ist sie nach den § §152 und 163 StPO verpflichtet, Nachforschungen anzustellen. Die verfahrensrechtliche Grundlage ist in § 158 StPO enthalten, der es der Polizei zur Aufgabe macht, bei konkretem Anfangsverdacht Ermittlungen einzuleiten. Es genügt der begründete Verdacht, es könne eine Straftat vorliegen, um diese Verpflichtung auszulösen. Eine Ausnahme besteht nur dann, wenn die Tat nicht mehr verfolgt werden kann. Dies gilt selbst für Antragsdelikte, bei denen nur unter diesem Gesichtspunkt Strafanzeigen polizeilich nicht protokolliert zu werden brauchen, wie sich aus 158 Abs. 2 StPO eindeutig ergibt. Die Rechtslage bei Antragsdelikten ist für die Beurteilung der Tätigkeit der Polizei von besonderer Bedeutung, weil sie offensichtlich nicht immer beachtet wird. Die Entscheidung nämlich, ob ein öffentliches Interesse an einer Strafverfolgung bei einem Antragsdelikt besteht, steht nach dem Gesetz nicht der Polizei, sondern allein der Staatsanwaltschaft zu. Rechtlich stehen deshalb einem Polizisten in keinem Fall bei der Anzeigenaufnahme Ermessensentscheidungen zu. Daß es faktisch zu Ermessensentscheidungen kommt, ist nicht zu leugnen, weil die rechtliche Subsumtionstätigkeit immer auch die Ausübung eines (tatsächlichen) Ermessens darstellt. Dieser Bereich ist es auch, der mit der »Definitionsmacht der Polizei« gemeint ist. **167**

Feest/Blankenburg gelangen in ihrer Analyse der polizeilichen Reaktion auf strafbare Sachverhalte zu dem Ergebnis, daß es drei unterschiedliche Muster der Erledigung gebe: die Situation des Verdachtes, der Bagatelle und des sozialen Konfliktes (*Feest/Blankenburg* 1972). Bei der Anwendung der Situation des Verdachts führe die Tatsache, daß die Polizei ihr Handeln an den Entscheidungskriterien des generalisierten Verdachts ausrichte (verdächtige Gegend, verdächtiges Aussehen, verdächtiges Benehmen) und den spezialisierten Verdacht bei der Feststellung der Tatverdächtigen dazu, daß sie bei ungeklärten Taten zunächst im Kreise der bereits bekannten Täter suche. Angehörige der unteren sozialen Schichten werden auf diese Weise besonders häufig als Kriminelle entlarvt und verfolgt. Ihre Chance, in Verdacht zu geraten und überprüft zu werden, sei bedeutend größer als die einer Person mit einer höheren sozialen Position (*Feest/Blankenburg* 1972, 57). Als Bagatelle wird von *Feest/Blankenburg* (1972, 59ff.) das bezeichnet, was vom Standpunkt der Polizei aus als unbedeutend erscheint und von ihr untersanktioniert wird. Teilweise geschehe das, weil die Polizei fürchte, berechtigterweise nicht dagegen einschreiten zu können, zum Teil, weil die Polizei solches Verhalten entweder für zu bedeutungslos halte, um dafür Arbeit aufzuwenden, oder aber, weil sie annehme, es sei zwecklos, dagegen einzuschreiten. Am bedeutsamsten für die Frage der Strafverfolgung scheint die **168**

Reaktion auf die Situation des sozialen Konfliktes zu sein (*Feest/Blankenburg* 1972, 86ff.). *Feest/Blankenburg* beobachteten 45 Situationen, von denen offensichtlich mindestens 76% straf- bzw. ordnungsrechtlich relevant waren. 38% wurden durch informelle Regelungen beendet; nur in 29% dieser Fälle wurde eine (Straf-)Anzeige erstattet bzw. eine Verwarnung erteilt. In 3,5% der Fälle erfolgte eine Festnahme des Verdächtigen (*Feest/Blankenburg* 1972, 133f.).

169 Die Auswertung der einzelnen Ergebnisse von *Feest/Blankenburg* zeigt allerdings, daß die Autoren den sozialen Status der Betroffenen für die polizeiliche Reaktion weit überschätzen. Rekonstruiert man nämlich die einzelnen Fälle, so ergibt sich, daß die Reaktion der Polizei sehr stark vom vorliegenden Sachverhalt abhing und die soziale Position der Beteiligten nur eine zweitrangige Rolle spielte. So war etwa die (Straf-) Anzeige bei Verkehrsdelikten signifikant seltener als bei sonstigen Bagatellfällen (*Feest/Blankenburg* 1972, 132ff.). Dagegen wurde gegen Bettler und Betrunkene häufiger Anzeige erstattet als in sonstigen Bagatellfällen, die der Polizei begegneten. In den Situationen des sozialen Konfliktes ließ sich die unterschiedliche Behandlung durch Anzeigen nicht deutlich nachweisen. Zwar führten Tätlichkeiten seltener und Vermögensstreitigkeiten häufiger zu Strafanzeigen, doch ließen sich diese Unterschiede statistisch nicht absichern. Formelle Sanktionen verwendeten die Polizisten häufiger bei Verkehrsordnungswidrigkeiten als bei sonstigen Bagatellfällen. Unfälle wurden zu 67% mit formellen Mitteln beendet, sonstige Vorfälle aber nur zu 12%. Tätlichkeiten dagegen wurden nur zu 7% mit formellen Mitteln geschlichtet; die übrigen Bagatellfälle aber zu 46%. Aus diesen Ergebnissen kann gefolgert werden, daß die polizeiliche Sanktion deutlich von der angetroffenen Situation abhing.

170 *Feest/Blankenburg* (1972, 20) meinen, daß die Definitionsmacht der Polizei im Kriminalisierungsprozeß besonders bedeutsam und folgenreich sei. Daß dies richtig ist, muß allerdings bezweifelt werden. Tatsächlich ist die Definitionsmacht der Polizei für die gesamte registrierte Kriminalität sehr gering, wenn man bedenkt, daß *Blankenburg/Sessar/Steffen* (1976, 120) feststellen konnten, daß allenfalls 4% bis 7% für die Kriminalitätsstruktur zahlenmäßig wichtigsten »klassischen« Straftaten durch die Polizei selbst »entdeckt« wurden. Die Bedeutung der von *Feest/Blankenburg* betonten polizeilichen Selektion wird für die gesamte registrierte Kriminalität damit nahezu zu einer unbedeutenden Größe. Die proaktive Tätigkeit der Polizei ist also bisher für den Umfang der Selektion im Strafverfahren weit überschätzt worden.

4.1.3.2 Reaktive Tätigkeit der Polizei

171 **Die reaktive Tätigkeit der Polizei bei der Strafverfolgung ist in Deutschland nur unzureichend erforscht.** Zur polizeilichen Reaktion auf Versuche von Privatpersonen, eine Strafanzeige zu erstatten, liegt eine teilnehmende Beobachtung (*Kürzinger* 1978) vor; die Polizeitätigkeit nach der erfolgreichen Strafanzeige ist in einer repräsentativen Einzelstudie (*Steffen* 1976) un-

tersucht. Die Untersuchung von *Kürzinger* (1978) hat im wesentlichen folgendes ergeben:
Die Entgegennahme einer Strafanzeige und ihre Protokollierung hing vor allem von dem berichteten Sachverhalt ab. Während bei Delikten gegen Eigentum und Vermögen nahezu immer (97%) eine Strafanzeige protokolliert wurde, lehnte die Polizei dies wegen der Straftaten gegen die Person in der überwiegenden Zahl der Fälle (70%) ab. Diese unterschiedliche Behandlung ist statistisch hochsignifikant. Offenbar nahm die Polizei die Verletzung materieller Güter eher zum Anlaß, eine Strafanzeige entgegenzunehmen als die Verletzung immaterieller Werte. Freilich darf nicht übersehen werden, daß die in den Anzeigesituationen berichteten Delikte gegen die Person durchgehend Bagatellen waren, bei denen sich die tatsächliche Beeinträchtigung der Interessen der Anzeigeerstatter in engen Grenzen hielt. Doch bleibt die niedrige Bewertung der Verletzung ideeller Güter bestehen, die sich für unbedeutenden materiellen Schaden nicht ermitteln ließ. **Polizisten neigten nicht zu einer Überkriminalisierung.** Bei keinem der Sachverhalte, die strafrechtlich bzw. nach dem Ordnungswidrigkeitsrecht unbeachtlich waren, leiteten sie eine Strafverfolgung ein oder stellten diese in Aussicht; im Gegenteil: Sie bezeichneten außer den strafrechtlich nicht relevanten Sachverhalten im Gespräch mit den Anzeigeerstattern auch weitere Fälle als nicht polizeierheblich, obwohl in diesen Vorfällen zweifellos strafrechtliche Normen verletzt waren. Voraussetzung für die Annahme einer Strafanzeige war nicht, was eigentlich zu erwarten wäre, daß der Anzeigeerstatter glaubhaft vorbrachte, es bestehe ein Tatverdacht. Bis auf einen einzigen Fall (von 100) unterstellte die Polizei offensichtlich, daß die Schilderung des Vorfalls durch den Anzeigeerstatter zutreffend war, ohne nähere Überprüfungen vor einer endgültigen Entscheidung über die Protokollierung der Anzeige zu treffen. Insoweit entfällt also eine Benachteiligung von Personen mit niedrigem Sozialstatus, die sich als weniger wortgewandt erwiesen. Offensichtlich galten für die Polizei als Richtschnur bei der Strafverfolgung nicht allein Strafgesetzbuch und Strafprozeßordnung. Beide hätten sie nämlich verpflichtet, jeder Anzeige wegen einer Straftat nachzugehen. Bestimmend war vielmehr eine eigene, damit nicht immer identische Einschätzung der Strafwürdigkeit der einzelnen Delikte. Diese Einschätzung dürfte sich auch an außerhalb der Polizei anerkannten Normen orientieren. Die Polizei handelte bei der Strafverfolgung nach einem »second code« (*MacNaughton-Smith* 1978) der Kriminalität, der freilich hinsichtlich seines Inhaltes noch nicht näher bestimmt ist.

Die **Bagatellisierung der Sachverhalte durch die Polizisten** war in Einzelfällen deutlich zu sehen und rückt das Bild einer streng verfolgenden Polizei zurecht. Sobald es Polizisten möglich war, einen Sachverhalt als private Angelegenheit aufzufassen, taten sie es. Dies ging so weit, daß auch strafbare Sachverhalte in diesem Bereich als Privatsache bezeichnet wurden. Immerhin waren von den durch Polizisten ausdrücklich rechtlich eingestuften Straftaten 16% von ihnen als »nicht strafbar« bezeichnet worden. Polizisten qualifizierten dabei häufiger Delikte gegen die Person als die gegen Eigentum und Vermögen als Privatangelegenheiten. Auch die Stellung des Polizisten in der polizeilichen Hierarchie und seine Dienstzeit waren für einen Anzeigenerfolg belangvoll. Zwar war für die Bereitschaft, eine Strafanzeige bei einem strafbaren Sachverhalt zu protokollieren, nicht die Dienstzeit eines Polizisten entscheidend, doch spielte sein Dienstgrad eine Rolle. Für einen Anzeigeerstatter konnte es für den Erfolg darauf ankommen, an welchen Polizisten er sich wandte bzw. wenden konnte. So waren Polizeihauptmeister nur in 69% der strafbaren Fälle bereit, eine Strafanzeige zu protokollieren, während Polizeibeamte mit niedrigeren Dienstgraden in 91% der Fälle die Strafanzeige aufnahmen. Diese unterschiedliche Bereitschaft ist statistisch sehr signifikant. Das Ergebnis wird freilich zum Teil dadurch relativiert, daß die von den einzelnen Polizisten bearbeiteten Straftaten ihrer Art nach nicht gleich über alle Dienstränge verteilt waren. Allerdings lagen die Werte unterschiedlicher Verteilung noch im Rahmen des statistisch Zufälligen.

173 **Die Ergebnisse** der teilnehmenden Beobachtung von *Kürzinger* **kann man wie folgt zusammenfassen** (*Kürzinger* 1978, 244):

- Die Polizei folgt bei der Strafanzeige nicht uneingeschränkt dem Legalitätsprinzip und den damit verbundenen Vorschriften der Strafprozeßordnung.

- Die Polizei protokolliert nicht alle Strafanzeigen wegen strafbarer Handlungen und verfolgt diese.

- Die Polizei verfolgt vor allem Delikte gegen Eigentum und Vermögen, während sie andere, hauptsächlich solche gegen die Person, einem geringeren Verfolgungsdruck aussetzt.

- Die Rangordnung der polizeilichen Verfolgungsintensität hängt mit der vom Gesetz bereits getroffenen abgestuften Verfolgungsintensität zusammen, da die Polizei bei Antrags- und/oder Privatklagedelikten weniger streng verfolgt als bei den Offizialdelikten.

- Die Polizei nimmt für sich bei den Antrags- und/oder Privatklagedelikten die der Staatsanwaltschaft zustehenden Entscheidungsbefugnisse über das Vorliegen eines öffentlichen Interesses an der Strafverfolgung in Anspruch.

174 Diese Ergebnisse (*Kürzinger* 1978, 241) legen hinsichtlich der Auswirkungen der polizeilichen Tätigkeit bei der Strafanzeigenaufnahme für den Gang der Strafverfolgung den Schluß nahe, **daß die Selektion der Polizei von den Vertretern des labeling approach überbetont wird.** Die von der Polizei geübte Selektion bei der Anzeigenaufnahme ist von ziemlich geringer Bedeutung für die Verfolgung der Kriminalität. **Sie bewirkt im Endergebnis eine Reduzierung der registrierten Kriminalität** und führt daher, unabhängig von der Schichtzugehörigkeit eines eventuellen Tatverdächtigen, zu einer **faktischen Entkriminalisierung.** Es ist davon auszugehen, daß durch die polizeiliche Entkriminalisierung der Verfolgungsdruck auf Personen der Unterschicht verringert wird. Dies gilt jedenfalls für die Delikte gegen die Person aus dem unmittelbaren privaten Bereich. Die Polizei verfolgt nämlich vor allem die Straftaten nicht, bei denen Tatverdächtige in der Regel Personen der Unterschicht sind. Vielmehr sind es die Eigentums- und Vermögensdelikte, bei denen zum Zeitpunkt der Strafanzeige die Täter meist unbekannt sind, die besonders intensiv verfolgt werden. Da hier aber Täter aus allen sozialen Schichten in Frage kommen (können), ist insoweit die Verfolgung der Kriminalität durch die Polizei »demokratisiert«.

Die umfassendste Untersuchung im deutschen Bereich und zugleich – soweit ersichtlich – die einzige, die die polizeiliche Tätigkeit nach einer erfolgreichen Anzeigenaufnahme untersucht, ist die »Analyse polizeilicher Ermittlungstätigkeit aus der Sicht des späteren Strafverfahrens« von *Wiebke Steffen* (1975).

Im Mittelpunkt der Untersuchung stehen vor allem zwei Fragen (*Steffen* 1976, 86): »Welche Kriterien führen zu den Ausfilterungen von Taten und Tätern aus dem Prozeß der Strafverfolgung? Wer entscheidet faktisch darüber, welche Tatverdächtige als Angeklagte und schließlich Verurteilte aus der Gesamtmenge der überhaupt Verdächtigen ausgelesen werden?«

Insoweit diese Fragestellung die Polizei betrifft, hat die Untersuchung folgendes ergeben:

Das Aufklärungshandeln der Polizei ist deliktspezifisch. *Steffen* (1975, 150) konnte zeigen, daß die Tatsache, ob bei der Anzeigeerstattung ein Tatverdächtiger genannt werden kann oder nicht, sich deliktspezifisch unterschiedlich auf das Verhalten der Polizei auswirkt. Bei den Delikten, bei denen der Anteil der Unbekannt-Sachen gering ist, wird die Entscheidung, ob die Polizei (intensive) Ermittlungen aufnehmen soll oder nicht, offenbar unabhängig davon getroffen, ob im konkreten Fall ein Verdächtiger genannt wurde oder nicht. Da bei diesen Straftaten – hier handelt es sich bei der Untersuchung von *Steffen* (1976, 150) um Betrugsdelikte und Unterschlagungen gegenüber dem Arbeitgeber – auch bei Unbekannt-Sachen zumeist vom Opfer der Tat eine bestimmte Person verdächtigt wird, bieten hier auch Strafanzeigen gegen Unbekannt Anhaltspunkte für eine Täterermittlung, so daß die Polizei offenbar dagegen auch tatsächlich ermittelt. Bei den Diebstählen an und aus Kraftfahrzeugen, die zu etwa 95% nicht aufgeklärt werden können, werden schon in fast der Hälfte der Fälle, nämlich 44%, keine Ermittlungen durchgeführt. Auch bei den Kraftfahrzeugdiebstählen wird zu gut einem Drittel der Strafanzeigen erst gar nicht ermittelt. Allerdings gibt es von dieser Regel Ausnahmen. So konnte *Steffen* (1976, 150) feststellen, daß beim Einbruch zwar nur rund ein Fünftel der Taten auch aufgeklärt werden, daß die Polizei aber bei über 90% der Anzeigen Ermittlungen nach dem Täter auslöst und die Ermittlungen auch einigermaßen breit vornimmt. Es kann davon ausgegangen werden, daß hinsichtlich der Möglichkeit einer Täterermittlung die Polizei die einzelnen Delikte unterschiedlich stark durchermittelt. Aussichtslose Sachen aus dem Bereich der Alltagskriminalität werden dabei weniger intensiv durchermittelt als andere. Überraschend ist, daß *Steffen* (1976, 140) bei dieser Polizeipraxis feststellte, daß zwischen der Deliktschwere und dem **Aufklärungserfolg** im Endergebnis kein Zusammenhang besteht: ein ausgesprochenes Bagatelldelikt hat die gleiche Aufklärungsquote wie das schwerste aller untersuchten Delikte. Offensichtlich hängt der Aufklärungserfolg von anderen Kriterien als der Tatschwere ab. Im einzelnen zeigen sich im Untersuchungsgut von *Steffen* (1976, 122) folgende Aufklärungsquoten: Ladendiebstahl 93%, Unterschlagung gegen Arbeitgeber 93%, Zech- und Logisbetrug 90%, Betrug im Geschäftsverkehr 90%, Unterschlagungen, außer solchen gegen die Arbeitgeber 74%, Einbruch 21%, Kraftfahrzeugdiebstahl 20% und Diebstahl an und aus Kraftfahrzeugen 5%.

177 Das Kontrollverhalten der Polizei ist nach den Erkenntnissen von *Steffen* (1976, 199ff.) sehr stark durch die Person des Tatverdächtigen bestimmt. Die **Schichtzugehörigkeit des Verdächtigen** (*Steffen* 1976, 246) wirkt sich offenbar auf das Verhalten bei der Ermittlung aus. *Steffen* geht mit Recht davon aus, daß wegen der herrschenden Strafnormen und den deliktspezifischen Zugangschancen die registrierten Täter deutlich häufiger aus der Unterschicht als aus der Mittelschicht stammen. Dieses ist bereits zu einem Zeitpunkt der Fall, zu dem die polizeiliche Tätigkeit noch keinen Einfluß auf den weiteren Verlauf der Strafverfolgung haben kann. Nach *Steffen* (1976, 258) läßt sich selten eine statistisch signifikante Selektion zum Nachteil der Unterschicht durch die Polizei feststellen. Allerdings besteht bei fast allen Kriterien **eine Tendenz, Unterschichtangehörige »schlechter« zu behandeln als Angehörige der Mittelschicht.** Dies ist nicht nur bei der Polizei zu beobachten, sondern im ganzen Verlauf des Strafverfahrens. *Steffen* (1976, 258) glaubt, daß für diese durchgehende leichte Schlechterstellung der Unterschicht ein Bündel von Faktoren verantwortlich ist, die zudem nicht alle gleichlaufen. So wirkt sich bei der Polizei vor allem aus, daß die Tatverdächtigen aus den unterschiedlichen Schichten unterschiedlich geständnisfreudig sind. Da aber die **Geständnisfreudigkeit** (*Steffen* 1976, 186ff.) **das wichtigste Kriterium für den Aufklärungserfolg der Polizei** darstellt, ist die Aufklärungswahrscheinlichkeit einer Tat von der Schichtzugehörigkeit des Verdächtigen unmittelbar abhängig. Mittelschichtsangehörige verhalten sich im Umgang mit der Polizei geschickter und haben ein größeres Arsenal an Verteidigungsmöglichkeiten. Angehörige aus der Mittelschicht pflegen auch bei der Polizei selbstbewußter aufzutreten, sie lassen sich weniger einschüchtern und kennen ihre Rechte besser. *Steffen* (1976, 259) konnte diese Vermutungen freilich in ihrer tatsächlichen Auswirkung nicht überprüfen, fand aber Hinweise auf solche Zusammenhänge.

178 Die Auffassung, **daß die Polizei bei den Ermittlungen geschlechtsspezifisch unterschiedlich vorgeht und Frauen begünstigt, läßt sich** von *Steffen* (1976, 235) **nicht generell feststellen.** Beim Ladendiebstahl und beim

Betrug im Geschäftsverkehr, bei denen Frauen einen ziemlich hohen Anteil der Tatverdächtigen stellen, wird eher gegenüber Frauen die Tat eindeutig aufgeklärt als gegenüber Männern. Ein Grund dafür dürfte darin zu suchen sein, daß Frauen eher bereit sind, ein Geständnis abzulegen. Da aber dies, wie erwähnt, zu einer eindeutigen Aufklärung der Tat führt, werden Frauen eher als Tatverdächtige an die Staatsanwaltschaft weitergemeldet. Ebenfalls läßt sich nach *Steffen* nicht sagen, daß die Polizei die Frauen besser behandelt als Männer; die vermutete Bevorzugung findet demnach nicht statt.

Das Alter des Tatverdächtigen beeinflußt den Ermittlungserfolg der Polizei deutlich (*Steffen* 1976, 219ff.). Kommen junge Personen in Verdacht, ist die Tat eher aufzuklären, als wenn ältere verdächtigt werden. Dieser Aufklärungserfolg erweist sich aber auch als deliktsabhängig. Selbst bei Kraftfahrzeugdiebstahl, bei Diebstahl an und aus Kraftfahrzeugen, Ladendiebstahl, Einbruch und der Unterschlagung gelingt es der Polizei eher, einen jüngeren als einen älteren Täter zu überführen. Anders verhält es sich aber beim Zech- und Logisbetrug: Dort hat die Polizei eher einen Aufklärungserfolg, wenn der Tatverdächtige älter ist. **179**

Entgegen den Erwartungen **ist die Vorstrafenbelastung eines Tatverdächtigen für den Aufklärungserfolg nur selten entscheidend.** Lediglich für die Unterschlagung konnte *Steffen* (1976, 197) feststellen, daß vorbestrafte Tatverdächtige eher überführt werden als andere. Beim Diebstahl und beim Betrug dagegen werden von der Polizei die Verfahren eher dann eindeutig aufgeklärt, wenn der Tatverdächtige nicht vorbestraft ist. Dieses auf den ersten Blick unerwartete Ergebnis wird erklärbar, wenn man berücksichtigt, daß bei diesen Delikten die Polizei vor allem deswegen Aufklärungsschwierigkeiten hat, weil der Beschuldigte in der Regel eine Tatbeteiligung bestreitet. Dies bestätigt die polizeibekannte Annahme, daß es vor allem die »alten Kunden« sind, die ihre Rechte kennen und auch anzuwenden wissen. Sie verweigern deswegen häufig die Aussage. **180**

Faßt man die Daten von *Steffen* zusammen, so ist besonders auf zwei Ergebnisse zu verweisen: einmal auf die Bedeutung der Schichtzugehörigkeit, die bei der Selektion in der polizeilichen Strafverfolgung eine weit überschätzte Rolle spielt, die sie in Wirklichkeit nicht hat, und zum anderen auf die Geständnisfreudigkeit des Tatverdächtigen, die in der Wirklichkeit entscheidend ist, aber in der kriminologischen Diskussion bisher übersehen wurde. **181**

Daß die Polizei schichtenspezifisch unterschiedlich ermittelt, ist nach den Ergebnissen von *Steffen* (1976, 241) **in dieser Allgemeinheit kaum haltbar.** *Steffen* stellte fest, daß die Schichtzusammensetzung der von der Polizei ermittelten Täter entscheidend vom **Typ der Straftat** abhängt. Unterschichtsangehörige sind nicht generell überrepräsentiert unter den Verdächtigen und Mittelschichtsangehörige nicht generell unterrepräsentiert. *Steffen* führt diesen Umfang vor allem auf die Zugangschancen zum Delikt zurück. **182**

»So haben Mittelschichtsangehörige zwar grundsätzlich Zugang zu allen Delikten, sie haben jedoch aufgrund ihrer sozialen Situation relativ selten Interesse daran, bestimmte Delikte, vor allem Diebstahlsdelikte, zu begehen. Unterschichtsangehörige haben dagegen möglicherweise wohl ein Interesse daran, jedes der hier untersuchten Delikte zu begehen, ihnen fehlen aber häufig die dazu notwendigen Zugangschancen.« (*Steffen* 1976, 243)

183 Da Diebstahlsdelikte die größere Chance haben, entdeckt zu werden, folgert *Steffen* (1976, 243), daß Unterschichtsangehörige eine erhöhte Chance haben, offiziell registriert zu werden, während Mittelschichtsangehörige bei den für sie typischen Delikten des Betrugs und der Unterschlagung, die sehr viel weniger sichtbar seien als der Diebstahl, bessere Aussichten hätten, unentdeckt davonzukommen und nicht angezeigt zu werden.

184 Das **Geständnis** war das entscheidende Kriterium dafür, ob ein Ermittlungsverfahren von der Polizei als eindeutig aufgeklärt an die Staatsanwaltschaft abgegeben werden konnte (*Steffen* 1976, 249). Da sich zeigt, daß mit Ausnahme beim Ladendiebstahl und beim Zech- und Logisbetrug Tatverdächtige aus der Unterschicht eher zu einem Geständnis bereit sind als Tatverdächtige aus der Mittelschicht, führt dies **faktisch zu einer Benachteiligung der Unterschicht** (*Steffen* 1976, 251). **Der Aufklärungserfolg der Polizei ist schichtenspezifisch unterschiedlich, da Angehörige der Unterschicht geständnisfreudiger sind.** Dies hat sicher etwas mit ihrem Status zu tun, da er es ihnen nicht ermöglicht, sich gegenüber den Techniken der Bataufklärung der Polizei genauso geschickt zu verhalten wie Mittelschichtangehörige dies tun.

4.1.4 Strafverfolgung durch die Staatsanwaltschaft

Literatur: *Hans-Joachim Asmus*, Der Staatsanwalt – ein bürokratischer Faktor in der Verbrechenskontrolle? Zeitschrift für Soziologie 2 (1988), S. 117 bis 131; *Stephan Barton*, Staatsanwaltliche Entscheidungskriterien. Monatsschrift für Kriminologie und Strafrechtsreform 63 (1980), S. 206 bis 216; *Erhard Blankenburg/Klaus Sessar/ Wiebke Steffen*, Die Staatsanwaltschaft im Prozeß strafrechtlicher Sozialkontrolle, Berlin 1978; *Peter Braun*, Die unendliche Geschichte: das Verhältnis von Polizei und Staatsanwaltschaft. Kriminalistik 43 (1990), S. 517 bis 520 und 537; *Thomas Feltes*, Die Erledigung von Ermittlungsverfahren durch die Staatsanwaltschaft. Bemerkungen zur Rolle und Funktion der Staatsanwaltschaft als »Herrin des Ermittlungsverfahrens« anhand einer Analyse von Staatsanwaltschaftsstatistiken. Kriminologisches Journal 16 (1984), S. 50 bis 63; *ders.*, Der Staatsanwalt als Sanktions- und Selektionsinstanz. Eine Analyse anhand der Staatsanwaltschaftsstatistik mit einigen Bemerkungen zu regionalen Unterschieden in der Sanktionierung im Erwachsenen- und Jugendstrafverfahren und zur »systemimmanenten Diversion«. In: *Hans-Jürgen Kerner*, Hrsg., Diversion statt Strafe? Probleme und Gefahren einer neuen Strategie strafrechtlicher Sozialkontrolle. Heidelberg 1983, S. 55 bis 94; *Volker Kurt Gillig*, Staatsanwaltliche Ermittlungstätigkeit und staatsanwaltliche Sanktionierungskriterien bei geringwertigen Ladendiebstahlsverfahren. Kriminologisches Journal 1976, S. 205 bis

213; *Dierk Helmken,* Das Verhältnis Staatsanwaltschaft – Polizei im Spiegel rechtssoziologischer Forschung. Kriminalstatistik 35 (1981), S. 303 bis 312; *Carmen Silvia Hergenröder,* Das staatsanwaltschaftliche Verfahren. Eine Sekundäranalyse der Staatsanwaltschaftsstatistik unter besonderer Berücksichtigung regionaler Unterschiede in der Gesamtstruktur staatsanwaltschaftlicher Ermittlungsverfahren, Frankfurt a. M. 1986; *Volker Hertwig,* Die Einstellung des Strafverfahrens wegen Geringfügigkeit. Eine empirische Analyse der Handhabung der §§ 153, 153 a StPO in der staatsanwaltlichen und gerichtlichen Praxis, Göttingen 1982; *Karl-Ludwig Kunz,* Das Absehen von der Strafverfolgung bei Bagatelldelinquenz. Empirische Untersuchung der Entscheidungspraxis zu §§ 153, 153 a der Strafprozeßordnung. Kriminologisches Journal 1979, S. 35 bis 49; *ders.,* Die Einstellung wegen Geringfügigkeit durch die Staatsanwaltschaft (§§ 153 Abs. 1, 153 a Abs. 1 StPO). Eine empirische Untersuchung in kriminalpolitischer Absicht, Königstein/Taunus 1980; *ders.,* Die Verdrängung des Richters durch den Staatsanwalt: eine zwangsläufige Entwicklung effizienzorientierter Strafrechtspflege? Kriminologisches Journal 16 (1984), S. 39 bis 49; *Volker Meinberg,* Geringfügigkeitseinstellungen von Wirtschaftsstrafsachen. Eine empirische Untersuchung zur staatsanwaltschaftlichen Verfahrenserledigung nach § 153 a Abs. 1 StPO, Freiburg i. Br. 1985; *Norbert Paschmanns,* Die staatsanwaltschaftliche Verfahrenseinstellung wegen Geringfügigkeit nach §§ 153, 153 a StPO. Entscheidungsgrenzen und Entscheidungskontrolle, Frankfurt a. M. 1988; *Peter Rieß,* Statistische Beiträge zur Wirklichkeit des Strafverfahrens. In: *Rainer Hamm,* Hrsg., Festschrift für Werner Sarstedt zum 70. Geburtstag, Berlin usw. 1981, S. 253 bis 328; *Claus Roxin,* Strafverfahrensrecht. Ein Studienbuch. 24. Auflage, München 1995; *Heinz Schöch,* Neuere Entwicklungen in der Strafverfahrensforschung. Schweizerische Zeitschrift für Strafrecht 98 (1981), S. 293 bis 316; Statistisches Bundesamt Wiesbaden, Hrsg., Staatsanwaltschaften 1991, Wiesbaden 1994; *Silvia Voß,* Staatsanwaltschaftliche Entscheidung – Beeinflussung durch systematische Informationserweiterung? Die Umsetzung des Bielefelder Modellversuchs durch die Staatsanwaltschaft. In: *Peter-Alexis Albrecht,* Hrsg., Informalisierung des Rechts. Empirische Untersuchungen zur Handhabung und zu den Grenzen der Opportunität im Jugendstrafrecht, Berlin usw. 1990, S. 461 bis 566; *Joachim Wagner,* Staatliche Sanktionspraxis beim Ladendiebstahl, Göttingen 1979; *Jürgen Wolter,* Informelle Erledigungsarten und summarische Verfahren bei geringfügiger und minderschwerer Kriminalität. Ein Beitrag zur Gesamtreform des Strafverfahrens mit Gesetzesvorschlägen. Goltdammers Archiv für Strafrecht 1989, S. 397 bis 429.

Die tatsächliche **Stellung der Staatsanwaltschaft im Strafverfahren** wird empirisch zutreffend nur zu würdigen sein, wenn man sich ihre bereits gesetzlich stark ausgebildete Stellung vor Augen hält. *Roxin* beschreibt die **Aufgaben der Staatsanwaltschaft** (StA) wie folgt (die genannten Paragraphen sind die der Strafprozeßordnung): **185**

»Die StA hat Strafanzeigen und Strafanträge entgegenzunehmen (§ 158), das Ermittlungsverfahren zu führen oder zu leiten (§§ 160ff.), vorläufige Festnahme, Beschlagnahme, Durchsuchung, Errichtung von Kontrollstellen, Sicherstellung, Identitätsfeststellung und weitere Fahndungsmaßnahmen anzuordnen ... und die Entscheidung darüber zu treffen, ob die öffentliche Klage zu erheben ist (§ 170). In der Hauptverhandlung hat sie die Anklage zu vertreten (§§ 243 Abs. 3, 226). Der StA hat außerdem darauf zu achten, daß die Prozeßordnung richtig gehandhabt wird, und er hat – anders **186** als der Verteidiger – Verstöße sofort zu rügen. Er kann Rechtsmittel einlegen (§§ 296, 301). Die StA ist ferner Vollstreckungsbehörde (§ 451); außerdem kann sie nach Landesrecht Gnadenbehörde sein, der die Vorbereitung von Gnadenentscheidungen, z. T. auch die Entscheidung selbst, obliegt. Vor allen Entscheidungen des Gerichts, gleichviel, ob diese in oder außerhalb der Hauptverhandlung ergehen, ist ihr Gelegenheit zur mündlichen oder schriftlichen Äußerung zu geben...« (*Roxin* 1995, 49f.)

187 Abgesehen von Privatklagedelikten ist es zur Verurteilung eines Tatverdächtigen also immer erforderlich, daß die Staatsanwaltschaft das Strafverfahren bei Gericht betreibt. **Ohne staatsanwaltliches Tätigwerden gibt es keine Verurteilung.** Diese Feststellung ist umkehrbar: Kein Gericht, außer im Privatklageverfahren, kann einen Tatverdächtigen verurteilen, wenn nicht zuvor die Staatsanwaltschaft die Strafverfolgung durch einen Antrag auf Erlaß eines Strafbefehls oder durch die Erhebung der öffentlichen Klage betrieben hat. Aber mehr noch: **Voraussetzung für das gesamte Strafverfahren ist die Ermittlungstätigkeit der Staatsanwaltschaft und die Entscheidung darüber, zu welchem Ergebnis diese Ermittlungen geführt haben.** Dieser Teil ist weitgehend einer gerichtlichen Kontrolle entzogen. Daher ist – schon von der gesetzlichen Konstruktion her – damit zu rechnen, **daß bei der staatsanwaltlichen Tätigkeit in weitem Umfange Ermessensentscheidungen (im soziologischen Sinne) über Fortgang oder Beendigung der Strafverfolgung fallen.**

188 Angesichts dieser Sachlage ist es verwunderlich, daß die Tätigkeit der Staatsanwaltschaft lange Zeit empirisch nicht untersucht worden ist. Bis zu der Studie von *Blankenburg/Sessar/Steffen* »Die Staatsanwaltschaft im Prozeß strafrechtlicher Sozialkontrolle« (1978) hat es an einer auch nur einigermaßen umfassenden empirischen Arbeit in Deutschland gefehlt (Nachweise über sonstige Arbeiten bei *Blankenburg/Sessar/Steffen* 1978, 7f.). Auch später wurde keine vergleichbare Untersuchung mehr vorgelegt.

189 Nach den Daten der Statistik der staatsanwaltlichen Tätigkeit (Staatsanwaltschaft 1991. Arbeitsunterlage, Wiesbaden 1994) wurden im Jahre 1991 (erfaßt ist nur das frühere Bundesgebiet) 2.890.330 Verfahren von der Staatsanwaltschaft erledigt. Die Staatsanwaltschaft erhob dabei in 415.424 Fällen (14,4%) Anklage, bei 490.875 (17,0%) der Verfahren stellte sie einen Antrag auf Erlaß eines Strafbefehls, so daß 31,4% der Verfahren mit einer Strafverfolgung durch die Staatsanwaltschaft endeten. Eingestellt mit Auflage wurden 174.634 (6,0%) Verfahren, eingestellt ohne Auflage 425.910 (14,7%) Verfahren. In diesen Fällen (insgesamt 20,7%) ging die Staatsanwaltschaft davon aus, daß eine Straftat vorlag und ihr ein Tatverdächtiger bekannt war. Eine Einstellung nach § 170 Abs. 2 StPO (Täter unbekannt oder keine Straftat) wurde in 777.088 Fällen (26,9%) vorgenommen. Diese Zahlen belegen, daß nur in einem knappen Drittel der eingeleiteten staatsanwaltschaftlichen Verfahren die Strafsache mit einer Weiterverfolgung beendet wurde. Damit wird das bestätigt, was auch Einzeluntersuchungen bisher ergeben haben,

Ablauf der Strafverfolgung   141

daß nämlich die Staatsanwaltschaft mehr »Einstellungs-« als »Anklagebehörde« ist.

Gründe für Verfahrenseinstellungen 1991

Einstellung mit Auflage gemäß	174.634
§ 153 a Abs. 1 Nr. 2 StPO (Geldbetrag für gemeinnützige Einrichtungen oder Staatskasse)	159.656
§ 153 a Abs. 1 Nr. 3 StPO (sonstige gemeinnützige Leistung)	1.686
§ 153 a Abs. 1 Nr. 1 StPO (Schadenswiedergutmachung)	1.297
§ 153 a Abs. 1 Nr. 4 (Unterhaltsverpflichtung)	398
§ 45 Abs. 3 JGG (Jugendrichterliche Maßnahme)	11.476
§ 37 Abs. 1 BtMG bzw. § 38 Abs. 2 i.V. mit § 37 Abs. 1 BtMG (Vorläufiges Absehen von der öffentlichen Klage)	121
Einstellung ohne Auflage gemäß	425.910
§ 154 b Abs. 1 bis 3 StPO (Auslieferung/Ausweisung)	8.110
§ 154 c StPO (Erpressung/Nötigung)	69
§ 153 c StPO (Auslandstat)	671
§§ 154 d und e StPO (Zivil- oder verwaltungsrechtliche Vorfrage)	8.721
§ 153 b Abs. 1 StPO (Absehen von Klage)	15.044
§ 154 Abs. 1 StPO (unwesentliche Nebenstraftat)	124.551
§ 153 Abs. 1 StPO (Bagatellsache)	198.182
§ 45 Abs. 1 und 2 JGG (Absehen von der Verfolgung)	70.562
Tod des Beschuldigten	5.430
Schuldunfähigkeit des Beschuldigten	6.527
Zurückweisung oder Einstellung gemäß § 170 Abs. 2 StPO	777.088
– weil Täterschaft, Tat oder Tatumstände nicht nachweisbar sind oder die Tat keinem Straftatbestand unterfällt	591.175
– weil Verschulden fehlt oder nicht nachweisbar ist oder ein Rechtfertigungsgrund oder Schuldausschließungsgrund gegeben ist	45.183
– wegen eines Verfahrenshindernisses (z.B. Verjährung) oder wegen mangelnder Verfahrensvoraussetzungen	140.730
Verweisung auf den Weg der Privatklage	108.732
Vorläufige Einstellung	127.301

(Quelle: Staatsanwaltschaften 1991, S. 14)

190 Aufgrund dieser Daten ließe sich (irrtümlich) vermuten, es beruhten nur relativ wenige Einstellungen auf »**Ermessensvorschriften**«. Obwohl nach der Konstruktion der Vorschrift des § 170 StPO eine Ermessensentscheidung im juristischen Sinne nicht vorliegen kann, darf nicht davon ausgegangen werden, hier werde nicht Ermessen (im soziologischen Sinne) ausgeübt. Tatsächlich wird für diesen Bereich Ermessen insoweit ausgeübt, als die Staatsanwaltschaft zu entscheiden hat, ob bei bekannten Tatverdächtigen die vorliegenden Beweismittel es erlauben, von einem hinreichenden Tatverdacht zu sprechen. Diese Entscheidung ist aber eine Ermessensentscheidung (im soziologischen Sinne). Deshalb ist es erwartungsgemäß, daß in diese Entscheidung Umstände der Tat und persönliche soziale Verhältnisse des Täters einfließen. Wie diese im einzelnen aussehen, ist empirisch noch weitgehend ungeklärt, doch erlauben die zumindest für 1970 repräsentativen Daten von *Blankenburg/Sessar/Steffen* (1978) wohl auch heute noch Rückschlüsse auf das staatsanwaltliche Entscheidungsverhalten in seiner Abhängigkeit von den angesprochenen Faktoren.

191 Diese Studie hat im wesentlichen folgendes ergeben: Bei den Straftaten aus dem Bereich der **Massenkriminalität**, die über 90% des Geschäftsanfalls der klassischen Kriminalität ausmacht, wird der Staatsanwalt erst nach Abschluß der polizeilichen Ermittlungen eingeschaltet. Abgesehen von Kapital- und Wirtschaftskriminalität ermittelt er nur sehr selten selbständig und gibt auch nur in sehr begrenztem Umfang der Polizei Weisungen für die Ermittlungen. **Die Staatsanwaltschaft nimmt die Ergebnisse der polizeilichen Ermittlung weitgehend hin.** Sie versucht nur selten, die Ergebnisse durch eigene Nachermittlungen zu beeinflussen. Bei der Massenkriminalität richtet sich die staatsanwaltliche Ermittlungstätigkeit danach, ob es sich um ein Verfahren mit bekannten oder unbekannten Tatverdächtigen handelt. Bei Verfahren mit unbekannten Tatverdächtigen beschränkt sich der Staatsanwalt darauf, das polizeiliche Ermittlungsergebnis hinzunehmen. Er bemüht sich nicht, den Tatverdächtigen selbst zu ermitteln oder ihn ermitteln zu lassen. Bei den Bekannt-Sachen hängt der Umfang der staatsanwaltlichen Ermittlungen davon ab, an wen sich der Anzeigeerstatter zuerst wendet. In der Regel ist dies die Polizei. Wenn die Staatsanwaltschaft zuerst mit der Strafanzeige befaßt wurde, erhöht sich zwar der Anteil staatsanwaltlicher Ermittlungen, aber trotzdem bleiben noch etwa ein Viertel dieser Strafanzeigen ohne staatsanwaltliche Ermittlungen. Insgesamt veranlaßt die Staatsanwaltschaft bei den Bekannt-Sachen in 19% (einfacher Diebstahl) bis zu 61% (Raub) der Fälle Ermittlungen. Eigene Ermittlungen führt die Staatsanwaltschaft jedoch nur in 3% (schwerer Diebstahl) bis zu 12% (Unterschlagung) der Fälle durch. Der weitaus größte Teil der Ermittlungshandlungen des Staatsanwaltes beschränkt sich auf Anträge, Anforderungen und Gesuche, für die er verfahrensmäßig eingeschaltet werden muß. Im Bereich der Kapitalkriminalität ist die Ermittlungstätigkeit zwar umfangreicher und intensiver als bei der übrigen Kriminalität; sie ist aber viel geringer als es den gesetzlichen Vorstellungen entsprechen würde. Auch bei vollendetem Mord waren z. B. in 44% der Fälle keine eigenen Ermittlungen festzustellen. Nur in weniger als der Hälfte der Fälle hat eine Tatortbesichtigung stattgefunden, und vier von fünf Tatverdächtigen wurden vom Staatsanwalt nicht persönlich vernommen (*Blankenburg/Sessar/Steffen* 1978, 303). *Rieß* (1981, 264) konnte fast ein Jahrzehnt später feststellen, daß trotz der

Tendenz des Gesetzes, die Staatsanwaltschaft stärker in die Ermittlungstätigkeit zu integrieren, auch 1978 nur in rund 16,6 % der Verfahren Beschuldigte oder Zeugen von der Staatsanwaltschaft selbst vernommen wurden.

192 Die Belastung des Staatsanwalts mit Ermittlungsverfahren erweist sich freilich als nicht bedeutsam für die Einstellungsquote, auch nicht für die Häufigkeit einzelner Erledigungsarten. Zwischen der Größe einer Staatsanwaltschaft und der Art der Erledigung der Ermittlungsverfahren besteht aber dennoch ein deutlicher Zusammenhang. **Mit zunehmender Größe der Staatsanwaltschaft steigt die Einstellungsquote.** Dieses Ergebnis wird vor allem durch die Zunahme der Einstellungen nach § 170 Abs. 2 StPO herbeigeführt, während die Einstellungen nach den §§ 153ff. StPO nicht von der Größe der Staatsanwaltschaft abhängig waren. Diese Unterschiede hängen aber von den bearbeiteten Delikten ab. Weil mit der Größe einer Staatsanwaltschaft nicht nur die Häufigkeit der Kriminalität steigt, sondern auch die Zahl der Delikte mit einem besonders hohen Anteil an Unbekannt-Sachen – wie etwa Diebstahl – und es deswegen zu häufigeren Einstellungen nach § 170 Abs. 2 StPO kommt, sind die unterschiedlich praktizierten Gesamteinstellungen der Staatsanwaltschaft eher eine Folge der jeweils vorliegenden Deliktstruktur. **Bei großen Staatsanwaltschaften wird seltener angeklagt als bei kleinen.** Die Tatverdächtigen haben also örtlich unterschiedliche Chancen, für vergleichbare Taten schließlich verurteilt zu werden (*Blankenburg/ Sessar/Steffen* 1978, 306f.).

193 Ob die Polizei bei Abgabe des Verfahrens an die Staatsanwaltschaft einen **Tatverdächtigen** benennen kann oder nicht, erweist sich als das wichtigste Kriterium für die Entscheidung des Staatsanwalts. **Der Staatsanwalt übernimmt bei Unbekannt-Sachen das polizeiliche Ermittlungsergebnis.** Er stellt solche Verfahren praktisch immer ein. Deshalb weisen vor allem Delikte mit einem hohen Unbekannt-Anteil, wie Diebstahl, Raub und (mit Einschränkung auch) die frühere Notzucht eine hohe Einstellungsquote auf. Bei der Erledigung von Bekannt-Sachen werden beweisschwierige Verfahren häufiger eingestellt. Allerdings weicht der Staatsanwalt in etwa einem Viertel bis einem Drittel der Fälle von der polizeilichen Beweisbeurteilung ab. Er folgt also der polizeilichen Beweisbeurteilung nur mit Einschränkungen (*Blankenburg/Sessar/Steffen* 1978, 307f.).

194 **Jugendliche und heranwachsende Tatverdächtige bleiben häufiger als Erwachsene im Prozeß der Strafverfolgung. Schichtzugehörigkeit, Nationalität und Geschlecht sind für die staatsanwaltliche Entscheidung von Delikt zu Delikt unterschiedlich bedeutsam.** So werden jugendliche und heranwachsende Tatverdächtige bei allen Straftaten häufiger sanktioniert als Erwachsene. Angehörige der Unterschicht werden bei Betrugs- und Unterschlagungsdelikten häufiger sanktioniert als Angehörige der Mittelschicht, nicht aber bei Diebstahl, Raub und Notzucht. Frauen werden häufiger sanktioniert beim einfachen Diebstahl; bei der Unterschlagung gilt dies aber eher für Männer. Verfahren gegen Ausländer und Deutsche werden mit Ausnahme des Betruges, bei dem Ausländer größere Chancen haben, daß das Verfahren eingestellt wird, in gleicher Weise erledigt (*Blankenburg/Sessar/Steffen* 1978, 308f.).

195 Bei **Opfern** aus der Mittelschicht wird tendenziell seltener eingestellt als bei solchen aus der Unterschicht. Die Bekanntschaft zwischen Täter und Opfer führt bei Raub und Notzucht zu vermehrter Einstellung, bei Betrug und Unterschlagung aber zu vermehrter Sanktionierung. Nach der Geständnisbereitschaft ist die Täter-Opfer-Beziehung der (zweit-)wichtigste Faktor der Erledigungsentscheidung der Staatsanwaltschaft (*Blankenburg/Sessar/Steffen* 1978, 311).

196 Legt der Tatverdächtige ein Geständnis ab, dann ist seine Sanktionierung, außer beim Betrug, die fast regelmäßige Folge: **Die Geständnisbereitschaft ist das wichtigste Entscheidungskriterium für Einstellung oder Anklage.** Ist der Tatverdächtige im Verfahren durch einen Rechtsanwalt vertreten, hat er größere Chancen, daß sein Verfahren eingestellt wird. Wahlverteidiger erreichen eine höhere Einstellungsquote als Pflichtverteidiger. Bei Diebstahl, Betrug und Unterschlagung kann kein **Untersuchungsgefangener** damit rechnen, daß sein Verfahren auch eingestellt wird. Beim Raub beträgt in diesen Fällen die Einstellungsquote 3% und bei der Notzucht 17%. Die **Vorstrafen eines Tatverdächtigen** erweisen sich als ein entscheidendes Kriterium für den Verlauf der Strafverfolgung. Ein Vorbestrafter wird eher angeklagt als ein Nichtvorbestrafter; die Einschlägigkeit der Vorstrafe spielt dabei keine Rolle (*Blankenburg/Sessar/Steffen* 1978, 311f.).

197 Verbrechen werden nicht häufiger als Vergehen angeklagt. Straftaten, die in Gemeinschaft begangen werden, werden von der Staatsanwaltschaft auch nicht strenger geahndet. Im unteren Schadensbereich (unter 500 DM) lassen die Einstellungsquoten der Delikte keine einheitlichen Erledigungsmuster erkennen. Bei einer Schadenshöhe von über 500 DM läßt sich tendenziell eine größere Bereitschaft zur Sanktionierung feststellen (*Blankenburg/Sessar/Steffen* 1978, 312).

198 Offenbar als problematisch wird in der kriminologischen Diskussion die **Einstellung der staatsanwaltschaftlichen Ermittlungsverfahren wegen Geringfügigkeit** unter Auflagen und Weisungen nach § 153a StPO empfunden. Bedenklich ist die häufige Anwendung der Einstellung eines Strafverfahrens nach § 153a StPO nach Ansicht von *Schöch* (1981, 302). Er stellt fest, daß sie auch bei recht hohen Schadenssummen einer Tat (in seiner Untersuchung lagen die Summen bei 51% der Fälle über 500 DM) vorkämen. *Schöch* beklagt auch eine Überrepräsentierung von Beschuldigten mit höherem Einkommen und mit höherem sozioökonomischem Status bei § 153a StFO. Diese Unterschiede seien nur teilweise durch die höhere Vorstrafenbelastung der Unterschichtsangehörigen zu erklären (*Schöch* 1981, 302). *Meinberg* (1985) hat in seiner Untersuchung für Wirtschaftsstrafsachen diese Aussagen im wesentlichen bestätigt.

4.1.5 Tätigkeit der Strafgerichte

Literatur: *Günter Albrecht/Manfred Brusten,* Hrsg., Soziale Probleme und soziale Kontrolle. Neue empirische Forschungen, Bestandsaufnahme und kritische Analysen, Opladen 1982; *Hans-Jörg Albrecht,* Strafzumessung bei schwerer Kriminalität. Eine vergleichende theoretische und empirische Studie zur Herstellung und Darstellung des Strafmaßes, Berlin 1994; *ders.,* Strafzumessung und Vollstreckung bei Geldstrafen. Unter Berücksichtigung des Tagessatzsystems. Die Geldstrafe im System strafrechtlicher Sanktionen, Berlin 1980; *Erhard Blankenburg/Wiebke Steffen,* Der Einfluß sozialer Merkmale von Tätern und Opfern auf das Strafverfahren. In: *Erhard Blankenburg,* Hrsg., Empirische Rechtssoziologie, München 1975, S. 248 bis 268; *Erhard Blankenburg/Klaus Sessar/Wiebke Steffen,* Die Staatsanwaltschaft im Prozeß strafrechtlicher Sozialkontrolle, Berlin 1978; *Peter Boy,* Definitionstheoretische Analysen der Strafjustiz. In: *Günter Albrecht/Manfred Brusten,* Hrsg., Soziale Probleme und Soziale Kontrolle. Neue empirische Forschungen. Bestandsaufnahmen und kritische Analysen, Opladen 1982, S. 227 bis 245; *Ehrhardt Cremers/Jo Reichertz/Rainer Seidel,* Interaktion vor Gericht. Überlegungen zur sozialwissenschaftlichen Hermeneutik am Beispiel einer Hauptverhandlung des Jugendgerichts. In: *Hans-Georg Soeffner,* Hrsg., Beiträge zu einer empirischen Sprachsoziologie, Tübingen 1982, S. 115 bis 141; *Raimund Hassemer,* Einige empirische Ergebnisse zum Unterschied zwischen der Herstellung und der Darstellung richterlicher Sanktionsentscheidungen. Monatsschrift für Kriminologie und Strafrechtsreform 66 (1983), S. 26 bis 39; *Ludger Hofmann,* Kommunikation vor Gericht. Tübingen 1983; *Christoph Hommerich,* Einstellungen der Bevölkerung zu Recht und Justiz, Hannover 1974; *Wolfgang Kaupen,* Die Hüter von Recht und Ordnung, Neuwied 1969; *ders.,* Klassenjustiz in der Bundesrepublik? Vorgänge 12 (1973), Heft 1, S. 32 bis 44; *Rolf Lamprecht,* Vom Mythos der Unabhängigkeit. Über das Dasein und Sosein der deutschen Richter, Baden-Baden 1995; *Rüdiger Lautmann,* Soziologie vor den Toren der Jurisprudenz, Stuttgart 1971; *Rüdiger Lautmann/Dorothee Peters,* Ungleichheit vor dem Gesetz: Strafjustiz und soziale Schichten. Vorgänge 12 (1973), Heft 1, S. 45 bis 54; *Aldo Legnaro/Gisela Zill,* Aspekte geschlechtsspezifisch unterschiedlicher Thematisierung. Zeitschrift für Rechtssoziologie 8 (1987), S. 231 bis 252; *Ruth Leodolter,* Das Sprachverhalten von Angeklagten bei Gericht. Ansätze zu einer soziolinguistischen Theorie der Verbalisierung, Kronberg/Taunus 1975; *Karl-Dieter Opp/Rüdiger Peukert,* Eine empirische Untersuchung über die Höhe des Strafmaßes. In: *Erhard Blankenburg,* Hrsg., Empirische Rechtssoziologie, München 1975, S. 134 bis 145; *Dorothee Peters,* Richter im Dienst der Macht, Stuttgart 1973; *Klaus-Peter Pollück,* Klassenjustiz? Wirtschaftswiss. u. sozialwiss. Diss. Berlin 1976; *Theo Rasehorn,* Recht und Klassen. Zur Klassenjustiz in der Bundesrepublik, Darmstadt usw. 1974; *ders.,* Rechtlosigkeit als Klassenschicksal. Vorgänge 12 (1973), Heft 1, S. 5 bis 25; *ders.,* Der Richter zwischen Tradition und Lebenswelt. Alternative Justizsoziologie, Baden-Baden 1989; *Manfred Rehbinder,* Fortschritte und Entwicklungstendenzen einer Soziologie der Justiz, Neuwied usw. 1989; *Walter Richter,* Zur soziologischen Struktur der deutschen Richterschaft, Stuttgart 1968; *Fritz Sack,* Klassenjustiz und Selektionsprozeß. Vorgänge 12 (1973), Heft 1, S. 55 bis 60; *Heinz Schöch,* Strafzumessung und Verkehrsdelinquenz, Stuttgart 1973; *Karl-F. Schumann/Gerd Winter,* Die Beobachtung im Gerichtssaal. In: *Erhard Blankenburg,* Hrsg., Empirische Rechtssoziologie, München 1975, S. 77 bis 95; *Wiebke Steffen,* Analyse polizeilicher Ermittlungstätigkeit aus der Sicht des späteren Strafverfahrens, Wiesbaden 1976; *Anne-Marie Tausch/Inghard Langer,* Soziales

Verhalten von Richtern gegenüber Angeklagten; Merkmale, Auswirkungen sowie Änderungen durch ein Selbsttraining. Zeitschrift für Entwicklungspsychologie und Pädagogische Psychologie 3 (1971), S. 283 bis 303; *Friedrich Graf von Westphalen,* Wird die Justiz unterwandert? Der Ruf nach dem politischen Richter, Zürich 1975.

199 Letzte Selektionsinstanz im Strafverfahren sind die Strafgerichte. Sie entscheiden endgültig darüber, ob ein Tatverdächtiger auch als Straftäter (rechtskräftig) verurteilt wird. Damit liegt die ausschlaggebende Entscheidung über das Ergebnis der Selektion, jedenfalls insoweit, als es zu einer Verurteilung kommt, beim Gericht.

200 Wenn im folgenden von einer »**Selektion**« **der Gerichte** im Strafverfahren gesprochen wird, so ist zu beachten, daß der Ausdruck »Selektion« auch in diesem Abschnitt nur in dem Sinne verwendet wird, daß damit Auswahl- und Entscheidungsprozesse der Gerichte, vom Ergebnis her gesehen, gemeint sind. Daß es einen solchen Selektionsprozeß gibt, wird schon mit einem Blick in die Gerichtsstatistik ersichtlich, wenn man etwa die Zahlen der Abgeurteilten mit denen der Verurteilten vergleicht. Nicht gemeint mit »Selektion« ist ein »Vorwurf« an die Gerichte, sie würden sachwidrig auswählen, also das Verfahren in rechtlich angreifbarer Weise beenden. Dies wäre ein Mißverständnis, das vom später zu diskutierenden Vorwurf der »Klassenjustiz« herrührt. Es kann zwar sein, und dafür sprechen einige der unten ausgebreiteten Daten, daß die gerichtliche Entscheidung über die Art der Beendigung eines Strafverfahrens nicht »zufällig« ist und allein schon aus den abstrakten Rechtsnormen herleitbar, doch wäre es ein Mißverständnis, daraus etwa auf »Rechtsbeugung« der Gerichte schließen zu wollen. Eine solche Ansicht verkennt die richterliche Funktion im Strafverfahren. Die Anwendung des Rechts im Strafprozeß, darauf wurde schon kurz verwiesen, ist immer auch eine Ermessensentscheidung (im soziologischen Sinne). Das Ermessen liegt in diesen Fällen darin, daß auf einen konkreten Sachverhalt eine abstrakte Norm angewendet werden muß. Das Ergebnis dieser Anwendung hängt nicht allein von den Normen selbst (und dem Sachverhalt) ab, sondern benötigt auch eine eigenständige Würdigung durch den Richter. Diese Würdigung ist nicht loszulösen von der Persönlichkeit des rechtsprechenden Richters; sie ist damit (zu bestimmten Anteilen) notwendigerweise subjektiv und beinhaltet damit auch Ermessen. Daß dies oft nicht so gesehen wird, erstaunt etwas, denn die tägliche Gerichtspraxis zeigt, daß Gerichte nicht selten »falsch« Recht sprechen. Wie anders wäre es sonst zu erklären, daß Obergerichte im konkreten Fall anders entscheiden als untere Gerichte? Dies doch nur dann, wenn – nach Auffassung eines Berufungs- oder Revisionsgerichts – die vorige Instanz (rechtlich) falsch entschieden hat. Insoweit sind also »Fehlurteile« in der Justiz nicht so selten. Dieser Umstand freilich wird ersichtlich von den Richtern selbst nicht so realisiert.

201 Die Justiz wird in bildhaften Darstellungen gerne als »blinde« Frau gesehen. Diese »Blindheit« soll freilich nicht besagen, daß Justitia nicht (alles) sehen, also alle Tatsachen wahrnehmen will, sondern **daß Richter ohne Ansehen der Person urteilen.** Diese Idealvorstellung des Richtens wird seit langem, und wie es scheint nicht ganz grundlos, in Zweifel gezogen. Offenbar ist es so, daß richterliche Entscheidungen – verständlicherweise – von sehr vielen Umständen beeinflußt werden, die nicht unmittelbar mit den Normen und den zu beurteilenden Sachverhalten selbst zusammenhängen. Daher ist es auch nicht verwunderlich, wenn in Befragungen immer wieder eine deutliche Skepsis der Bevölkerung gegenüber der Arbeit der Gerichte sichtbar wird.

Den massivsten Vorwurf in dieser Richtung stellt die Behauptung dar, die bürgerliche Justiz sei eine Klassenjustiz. Der Vorwurf der Klassenjustiz wird vor allem seitens der marxistischen Gesellschaftstheorie gemacht, obwohl er in dieser Ausprägung bei *Karl Marx* nicht auftaucht (*Rasehorn* 1974, 12). Freilich hat *Kaupen* (1973, 32) recht, wenn er meint, daß der **Begriff der Klassenjustiz** nur richtig einzuordnen ist, wenn er innerhalb der marxistischen Gesellschaftstheorie gesehen wird: »Für den Marxisten aber wurde und wird die Justiz zum langen Arm der herrschenden Klassen, um das Aufbegehren der arbeitenden Klassen zu verhindern« (*Rasehorn* 1974, 136). Den Begriff der Klassenjustiz hat *Karl Liebknecht* (1871 bis 1919), radikaler Sozialdemokrat und Rechtsanwalt, wie folgt definiert:

202

»Unter Klassenjustiz verstehe ich die gesellschaftliche Erscheinung, daß das Richteramt nur von Angehörigen der herrschenden Klasse oder Klassen ausgeübt wird. Solche Richter vermögen, wenn sie über Angehörige anderer Bevölkerungsschichten zu befinden haben, naturgemäß nicht objektiv zu urteilen... Die Tatsache der Klassenjustiz beruht auf allgemein menschlichen Eigenschaften. Für mich besteht kein Zweifel, daß, wenn eine andere Klasse als heute judizieren würde, diese einer ihr feindlichen Klasse ebensowenig unbefangen gegenüberstände wie der heutige Richterstand der Sozialdemokratie... Nicht einmal von den äußeren Lebensgewohnheiten der anderen Klasse hat er ja in 99% der Fälle eine klare Vorstellung.« (zitiert bei *Rasehorn* 1974, 17f.)

203

Zu diesem Vorwurf gegenüber der **Zusammensetzung der Richterschaft, gemessen an ihrer sozialen Herkunft,** ist auch heute noch festzustellen, daß Richter faßt ausschließlich aus der gehobenen Mittelschicht der Bevölkerung stammen (*Graf von Westphalen* 1975, 21). 45% der Richter hatten einen Beamten zum Vater (*Rasehorn* 1973, 7) und allenfalls 1% von ihnen stammt aus der Unterschicht, obwohl rund 50% der Bevölkerung aus dieser Schicht stammen. Die Tatsache, daß die Mittelschicht über die Unterschicht zu Gericht sitzt, ist also nicht bestreitbar. Etwas anderes ist freilich, ob damit (notwendigerweise) auch die Entscheidungen dieser Richter »klassenspezifisch« sind. Der weitere Vorwurf der »Klassenjustiz« geht nämlich dahin, daß die Richter als Vertreter der herrschenden Schicht gegenüber Angehörigen der unteren Schichten zwangsläufig nicht objektiv, nicht gerecht urteilen, weil sie (unbewußt) schichtenspezifischen Wertvorstellungen, Neigungen und Absichten nachgehen, vor allen Dingen im Strafverfahren, in die in erster Linie Angehörige der Unterschicht verwickelt sind (*Graf von Westphalen* 1975, 21). Daneben ist aber auch, worauf *Rasehorn* (1973, 19) hinweist, zu berücksichtigen, daß die starken Barrieren, die die Unterschicht vom Richtertisch trennen, die Mentalität der anderen Schicht, das feierliche Zeremoniell im Gerichtssaal und die juristischen Formalien des Gerichtswe-

204

sens dazu führen, daß die Unterschicht den Kontakt mit der Rechtspflege meidet (soweit sie dies kann) und dafür auch Nachteile in Kauf nimmt.

205 Wie weit man in der **Rechtswirklichkeit der Bundesrepublik Deutschland** von einer Klassenjustiz sprechen kann, ist – entgegen etwa den Ansichten von *Lautmann/Peters* (1973), auf die noch einzugehen ist – empirisch nicht geklärt. *Pollück* (1976) hat in seiner Analyse der deutschen Justiz gemeint, wir hätten eine »**Schichtenjustiz**« (*Pollück* 1976, 460).

»Die Rechtsprechung war nicht primär von dem Prinzip der Gerechtigkeit geleitet, sondern von den Erfordernissen der politischen, sozialen und kulturellen Stabilisierung bürgerlicher Werte und Privilegien... Die Ausfüllung der der Rechtsprechung verfassungsrechtlich zugeordneten Sanktionskompetenz durch Mittelschichtsnormen hat die Institutionalisierung und Legitimation der Mittelschichtsnormen als herrschende Normen zur Folge.« (*Pollück* 1976, 460f.)

Nach der Wiedervereinigung Deutschlands 1990, die dazu geführt hat, daß in den ehemals zur DDR gehörenden Bundesländern vor allem Richter aus der »alten« Bundesrepublik tätig sind und über (politisch motivierte) Delikte von früheren DDR-Bewohnern zu Gericht sitzen, hat sich das Problem einer »**Siegerjustiz**« als eines Unterfalles der Klassenjustiz aufgetan. Je nach ideologischer Vorprägung sind die Meinungen darüber naturgemäß unterschiedlich. Auffällig ist freilich, daß die ganze Diskussion, die vor allem um »**Gerechtigkeit**« (gegenüber den Opfern der Diktatur) und seiner Rechtsprechung geführt wird, von einem Begriff der Gerechtigkeit ausgeht, der ontologisch ist. Offenbar wird verkannt, daß es Gerechtigkeit als Seinskategorie nicht gibt (und auch nicht geben kann), sondern daß sich Gerechtigkeit nur innerhalb eines vorgegebenen Systems definieren läßt: Gerecht ist, was als gerecht empfunden wird.

206 Den Strafgerichten stehen nach der Strafprozeßordnung eine größere Anzahl von Entscheidungsmöglichkeiten über die Beendigung eines Strafverfahrens zu. Gerichte können die Ablehnung der Eröffnung eines Hauptverfahrens oder die endgültige Einstellung des Verfahrens vor einem Hauptverfahren beschließen, ferner die vorläufige Einstellung des Verfahrens verfügen, einen Eröffnungsbeschluß ergehen lassen mit der Zulassung der Anklage zur Hauptverhandlung oder aber in bestimmten Fällen einen Strafbefehl erlassen.

Ist das Hauptverfahren bereits eröffnet und die Anklage der Staatsanwaltschaft zugelassen, so läßt sich das Verfahren durch Freispruch, Einstellung oder Verurteilung des Angeklagten beenden.

207 Empirische Untersuchungen zum **Richterverhalten im Strafverfahren** sind für die Bundesrepublik Deutschland bisher nur wenige vorhanden. Eine gewisse Tradition in der deutschen Kriminologie haben freilich **Untersuchungen zur Strafzumessung** (bei erfolgter Verurteilung). Hier lassen sich die ersten umfangreicheren Untersuchungen bereits für die Jahre 1907 *(Woerner)* und 1921 *(Exner)* nachweisen (vgl. *Schöch* 1973, 30). In der Folgezeit gab es eine Reihe ähnlicher Untersuchungen (Nachweis etwa bei *Al-*

brecht 1980, 26ff.), die zum Teil auch mit fiktiven Fällen (so etwa *Opp/Peukert* 1971) arbeiteten. Insgesamt ergeben diese methodisch sehr unterschiedlichen Arbeiten wenig empirischen Aufschluß über die Bedingungen strafgerichtlicher Entscheidungen (vgl. *Albrecht* 1980, 41ff.). In den 70er Jahren wurden einige kleinere empirische Untersuchungen zum Richterverhalten in der Hauptverhandlung vorgelegt (*Tausch/Langer* 1971; *Peters* 1973; *Schumann/Winter* 1975). Ansonsten gibt es zum richterlichen Entscheidungsverhalten an umfangreicherem empirischen Material vor allem die Gerichtsstatistiken und die Studien von *Blankenburg/Sessar/Steffen* (1978) und *Albrecht* (1980).

Nicht repräsentative, aber für das Entscheidungsverhalten der Richter wichtige Hinweise enthalten Studien von *Tausch/Langer, Peters* und *Schumann/Winter*. Sie haben folgendes erbracht:

Tausch/Langer (1971) untersuchten 18 Richter während 36 Hauptverhandlungen in **208** Strafsachen an Land- und Amtsgerichten (*Tausch/Langer* 1971, 285). Die 36 männlichen Angeklagten in diesen Hauptverhandlungen gehörten bis auf 8%, die aus der unteren Mittelschicht stammten, der Unterschicht an. Das Richterverhalten war hier altersabhängig. Jüngere Richter verhielten sich eher wertschätzend, zuwendend und ermutigend gegenüber den Angeklagten, und es waren eher die Angeklagten wegen schwerer Delikte, denen gegenüber die Richter dieses Verhalten zeigten (*Tausch/Langer* 1971, 287). Die Anwesenheit von Schöffen in der Hauptverhandlung bewirkte bei den Richtern eine positivere Einstellung gegenüber den Angeklagten (*Tausch/Langer* 1971, 288). Geringschätzung und Entmutigung seitens des Richters erfuhren Angeklagte in sprachlichen Äußerungen von den Richtern mindestens ebenso häufig wie Wertschätzung und Ermutigung (*Tausch/Langer* 1971, 289). *Tausch/Langer* konnten ermitteln (1971, 302), daß das seinerzeitige (1971) Verhalten der Richter gegenüber den Angeklagten in öffentlichen Gerichtsverhandlungen als teilweise erniedrigend, verletzend und geringschätzig empfunden wurde (*Tausch/Langer* 1971, 302). Bei Anwesenheit von Schöffen und Beisitzern machten die Angeklagten öfter klare und sicherere Aussagen als bei Einzelrichtern (*Tausch/Langer* 1971, 303).

Peters (1973) untersuchte mittels teilnehmender Beobachtung das Richterverhalten in **209** 51 Hauptverhandlungen vor Einzelrichtern, bei denen Diebstahls- und Unterschlagungsfälle verhandelt wurden (*Peters* 1973, 164; 167). Die Ergebnisse von *Peters*, deren Allgemeinverbindlichkeit aber zu Recht bezweifelt wird (vgl. *Boy* 1982, 229), zeigten folgendes: Die Handlung eines Angeklagten, dessen soziale Situation die Merkmale der »Geregeltheit« aufweist, wird vom Richter eher als »ungeplant und ohne besonderen Unrechtsgehalt« angesehen als die Tat eines Angeklagten, der in »ungeregelten« Verhältnissen lebt (*Peters* 1973, 40). Die richterliche Prognose zum zukünftigen Verhalten eines Angeklagten war dann eher ungünstig, wenn die Sozialkategorie des Angeklagten als »ungeregelt« beschrieben werden konnte (*Peters* 1973, 40). Der Angeklagte, dessen Lebensumstände als »geregelt« bezeichnet werden konnten, wurde eher als »Gelegenheitstäter« (milder) bestraft als der in »ungeregelten« Verhältnissen lebende Angeklagte, der eher als »Gewohnheitsverbrecher« typisiert wurde (*Peters* 1973, 41). Folgerichtig ist daher, daß *Peters* beobachtete, daß Angeklagte, deren Lebensumstände als ungeregelt gelten, eher mit Freiheitsentzug bestraft wurden als andere Angeklagte, bei denen eher eine Geldstrafe als ausreichend angesehen wurde (*Peters* 1973, 41). Angeklagte in ungeregelten Verhältnissen wurden also stärker bestraft als andere.

210 Die Ergebnisse von *Schumann/Winter* (1975) basieren auf teilnehmender Beobachtung von 30 Hauptverhandlungen wegen Verkehrsstrafsachen (*Schumann/Winter* 1975, 273). Sie zeigen, daß das Verhalten des Richters in der Hauptverhandlung Rückschlüsse auf die späteren Sanktionen zuläßt. Je mehr ein Richter den Beschuldigten kritisiert hatte, desto schärfer wurde sein Urteilsspruch (*Schumann/Winter* 1975, 87). Ob ein Richter den Angeklagten während der Verhandlung kritisierte, sein Verhalten bei dem zur Verhandlung stehenden Verkehrsunfall herabwertete oder sein Verhalten im Gerichtssaal bemängelte, hing weitgehend von der Persönlichkeit des Richters ab (*Schumann/Winter* 1975, 87). Nach den Daten von *Schumann/Winter* fällt die Strafe desto geringer aus, je aktiver der Angeklagte in der Hauptverhandlung wird. Angeklagte aus der Unterschicht sind freilich im Gerichtssaal passiver (*Schumann/Winter* 1975, 82). Dies hat zur Folge, daß Unterschichtangehörige strenger bestraft werden. Der Zusammenhang mit der Sanktion besteht offenbar in dem Vermögen eines Angeklagten, seine Interessen zu vertreten. Je besser nämlich jemand in der Hauptverhandlung mit der Sprache umgehen konnte, desto mehr Aussichten hatte er auch, mit einem milden Urteil belegt zu werden (*Schumann/Winter* 1975, 82). Offensichtlich läßt sich der Kommunikationsprozeß mit dem Gericht vom Angeklagten dann beeinflussen, wenn dieser sprachlich und intellektuell dem Richter nicht (deutlich) unterlegen ist und seine Lage einsichtig darlegen kann. Daran fehlt es aber häufig bei Angehörigen der Unterschicht.

211 Aus diesen **Einzelstudien** läßt sich allerdings Verläßliches für die große Zahl der richterlichen Entscheidungen nicht gewinnen. Wir sind daher gezwungen, auf umfassendere Daten der Statistik und auf die wenig repräsentativen Untersuchungen zurückzugreifen. Diese Daten haben freilich den Nachteil, daß sie nur sehr grob die wirksamen Einflüsse auf richterliches Entscheidungsverhalten messen können. **Nach der Gerichtsstatistik enden etwa vier Fünftel der Strafverfahren, bei denen das Hauptverfahren eröffnet war, mit der Verurteilung des Verdächtigen.** Dabei ist der Erlaß eines Strafbefehls materiell als Verurteilung zu bewerten.

Im Jahre 1991 (altes Bundesgebiet) wurden 82% der Abgeurteilten auch verurteilt.

212 Die Wahrscheinlichkeit, daß ein Strafverfahren mit einer Verurteilung eines Angeklagten endet, ist vom in Frage stehenden Delikt abhängig. Die Unterschiede in den Verurteilungsquoten der einzelnen Straftaten sind beachtlich, wie die Statistik zeigt. Aus der Statistik läßt sich freilich nicht ersehen, welche Umstände letztlich für die gerichtliche Entscheidung maßgebend sind. Wenn man die deliktbezogene unterschiedliche Verurteilungswahrscheinlichkeit heranzieht, wird man nicht übersehen dürfen, daß die Beweislage bei den einzelnen Straftaten offenbar unterschiedlich ist und daß dies zu verschieden hohen Verurteilungsraten führen kann. Am ehesten müßte diese unterschiedliche Beweislage in den Freisprüchen der Gerichte sichtbar sein.

Ablauf der Strafverfolgung 151

Freisprüche der Gerichte 1991 nach Straftaten und Geschlecht
der Abgeurteilten

Straftat	Anteil der Freigesprochenen unter den		
	Abgeurteilten insgesamt in %	männlichen Abgeurteilten in %	weiblichen Abgeurteilten in %
alle Straftaten	3,0 %	3,0 %	3,1 %
Straftaten gegen den Staat, die öffentl. Ordnung und im Amt	7,7 %	7,2 %	9,9 %
Straftaten gegen die sexuelle Selbstbestimmung	7,3 %	7,5 %	3,8 %
andere Straftaten gegen die Person, außer im Straßenverkehr	4,9 %	4,8 %	5,6 %
Diebstahl und Unterschlagung	3,0 %	3,2 %	2,3 %
Raub und Erpressung	7,0 %	6,9 %	9,4 %
andere Vermögensdelikte	4,1 %	4,4 %	4,2 %
Gemeingefährliche Straftaten, außer im Straßenverkehr	3,1 %	3,1 %	4,0 %
Straßenverkehrsdelikte	1,7 %	1,6 %	2,3 %

(Quelle: Strafverfolgung 1991. Vollständiger Nachweis der einzelnen Straftaten, Wiesbaden 1993, S. 36 f.)

213 Die vorstehende Tabelle des Jahres 1991 zeigt, daß bei einer durchschnittlichen Freispruchsquote von 3%, also in jedem 33. Fall, der 1991 in der Bundesrepublik (alte Bundesländer) abgeurteilt wurde, insbesondere bei Straftaten gegen die sexuelle Selbstbestimmung, bei Delikten gegen den Staat, die öffentliche Ordnung und Straftaten im Amt sowie bei Raub und Erpressung Freisprüche ziemlich häufig vorkommen. Ohne besondere Schwierigkeiten kann man dieses Ergebnis mit den Beweisschwierigkeiten bei diesen Delikten erklären, wobei freilich nicht feststeht, ob es nicht auch andere Umstände bei der Tat und den Tätern (und möglicherweise auch den Tatopfern) gibt, die entscheidend für den Ausgang des Strafverfahrens sein könnten. Im übrigen zeigen sich auch deutliche Unterschiede in den Freispruchsquoten zwischen Männern und Frauen. Mit Ausnahme bei den abgeurteilten Fällen der Sexualdelikte, des Diebstahls, der Unterschlagung und sonstigen Vermögensdelikten sind die Freispruchsquoten bei Frauen durchwegs höher. Besonders auffällig ist der um ein Drittel erhöhte Anteil an Freisprüchen bei Straftaten gegen den Staat, die öffentliche Ordnung und im Amt.

214 Die Aufstellung der **Anteile an Freisprüchen** unter den abgeurteilten Straftaten, von denen 1991 mindestens 100 Fälle bis zum Hauptverfahren gelangten, ergibt folgende Raten an Freisprüchen:

Straftat	Anteil in v.H.
Meineid	22,1 %
Vereiteln der Zwangsvollstreckung	15,9 %
Unterlassene Hilfeleistung	15,8 %
Falsche uneidliche Aussage	14,0 %
Vergewaltigung	13,2 %
Vorsätzliche Brandstiftung	12,5 %
Fahrlässige Tötung	12,0 %
Straftaten im Amt	11,8 %
Landfriedensbruch	11,4 %
Erpressung	11,2 %
Falsche Verdächtigung	10,4 %
Urkundenunterdrückung	9,9 %
Verleumdung	9,6 %
Jagdwilderei	9,4 %
Falsche Versicherung an Eides Statt	8,7 %
Sexuelle Nötigung	8,6 %
Begünstigung, Strafvereitelung	8,5 %
Mißhandlung Schutzbefohlener	8,3 %
Vollendeter Mord	8,3 %
Raub	8,2 %
Geld- und Wertzeichenfälschung	7,8 %
Nötigung	7,6 %
Freiheitsberaubung	7,5 %
Herbeiführen einer Brandgefahr	7,4 %
Vortäuschen einer Straftat	7,3 %
Hehlerei	7,2 %
Räuberischer Diebstahl	7,1 %
Üble Nachrede	7,1 %
Amtsanmaßung	6,9 %
Friedensverrat, Hochverrat	6,9 %
Unterschlagung	6,9 %
Fahrlässige Brandstiftung	6,8 %
Verstrickungsbruch	6,7 %
Gefährliche Körperverletzung	6,6 %
Einfache Sachbeschädigung	6,5 %
Untreue	6,5 %
Räuberische Erpressung	6,4 %
Versicherungsbetrug	6,2 %
Sexueller Mißbrauch von Kindern	6,0 %
Gewerbsmäßige Hehlerei	5,9 %
Totschlag, Totschlagsversuch	5,8 %

Ablauf der Strafverfolgung 153

Schwerer Raub	5,6 %
Gefangenenmeuterei	5,3 %
Betrug	5,2 %
Fahrlässiger Falscheid	5,2 %
Gemeinschädliche Sachbeschädigung	5,2 %
Exhibitionistische Handlungen	4,8 %
Zuhälterei	4,6 %
Schwerer Diebstahl	3,9 %
Bedrohung	3,9 %
Einfache Körperverletzung	3,9 %
Fahrlässige Körperverletzung	3,9 %
Computerbetrug	3,8 %
Gefährdung des Bahn-, Schiffs-, Luftverkehrs	3,7 %
Fischwilderei	3,6 %
Mißbrauch von Titeln	3,4 %
Straftaten gegen die Umwelt	3,4 %
Urkundenfälschung	3,4 %
Mißbrauch von Scheck- und Kreditkarten	3,1 %
Bandendiebstahl	2,9 %
Fälschung technischer Aufzeichnungen	2,9 %
Beleidigung	2,8 %
Hausfriedensbruch	2,8 %
Verletzung der Buchführungspflicht	2,7 %
Einfacher Diebstahl	2,5 %
Verletzung der Unterhaltspflicht	2,4 %
Unerlaubtes Glücksspiel	2,3 %
Förderung der Prostitution	2,2 %
Entziehung elektrischer Energie	2,1 %
Falschbeurkundung	2,1 %
Unbefugter Kfz-Gebrauch	2,1 %
Verbreitung pornographischer Schriften	2,0 %
Subventionsbetrug	2,0 %
Diebstahl mit Waffen	1,9 %
Mißbrauch von Ausweispapieren	1,6 %
Räuberischer Angriff auf Kraftfahrer	1,3 %
Widerstand gegen Vollstreckungsbeamte	1,3 %
Bankrott	1,2 %
Vorenthalten des Arbeitsentgeltes	1,1 %
Ausübung verbotener Prostitution	1,0 %
Vollrausch ohne Verkehrsunfall	0,7 %
Erschleichen von Leistungen	0,4 %
Gefährdung des demokratischen Rechtsstaates	0,0 %

Der Freispruch wird demnach vor allem durch die angeklagte Tat beeinflußt, obwohl sich anhand dieser für eine Aussage relativ groben Daten nähere Aussagen nicht zuverlässig treffen lassen.

215 Anteil der Verurteilten unter den Abgeurteilten im Jahre 1991 nach Straftatengruppen und Geschlecht:

Straftat	Es wurden verurteilt von	
	den männlichen Abgeurteilten in %	den weiblichen Abgeurteilten in %
alle Straftaten	80,2 %	78,6 %
Straftaten gegen den Staat, die öffentliche Ordnung und im Amt	68,1 %	61,2 %
Straftaten gegen die sexuelle Selbstbestimmung	76,8 %	69,0 %
Andere Straftaten gegen die Person, außer im Straßenverkehr	50,4 %	55,7 %
Diebstahl und Unterschlagung	79,9 %	83,4 %
Raub und Erpressung	79,2 %	62,6 %
Andere Vermögensdelikte	74,0 %	73,8 %
Gemeingefährliche Straftaten, außer im Straßenverkehr	76,0 %	73,6 %
Straßenverkehrsdelikte	87,7 %	80,7 %

(Quelle: Statistisches Bundesamt Wiesbaden, Strafverfolgung 1991. Vollständiger Nachweis der einzelnen Straftaten. Arbeitsunterlage, Wiesbaden 1993, S. 36 f.)

216 Während 1991 in gerichtlichen Verfahren 80,0% der Abgeurteilten auch verurteilt wurden, lag der Anteil der männlichen verurteilten Abgeurteilten bei 80,2%, der der Frauen bei 78,6%, also um (nur) 2% niedriger. Dieser Unterschied ist offensichtlich kaum von Belang, zumal sich nicht ausschließen läßt, daß die tatsächliche Gestaltung der Straftaten bei Männern und Frauen zumindest teilweise unterschiedlich ist, so daß letztlich die Tat die gerichtliche Entscheidung bestimmen mag und nicht das Geschlecht des Täters. Bei den Verurteilungsraten der einzelnen Delikte gibt es aber einige deutliche geschlechtsspezifische Unterschiede. So wurden Männer deutlich häufiger als Frauen verurteilt bei Straftaten gegen den Staat, die öffentliche Ordnung und im Amt, die sexuelle Selbstbestimmung, Raub und Erpressung und bei Straßenverkehrsdelikten. Frauen werden demgegenüber häufiger verurteilt bei Diebstahl und Unterschlagung. Die relativ hohe Verurteilungsquote der Frauen bei diesen Delikten könnte in Wirklichkeit sogar eine Bevorzugung der Frauen im Strafverfahren andeuten. Es ist nicht unwahrscheinlich, daß bei den Delikten, die von Frauen begangen werden, nur die schwerwiegenderen zur gerichtlichen Aburteilung kommen, während die anderen, vor allem die Ladendiebstähle, bereits auf andere Weise (durch die Staatsanwaltschaft) sanktioniert und damit erledigt werden. Stehen aber nur die schwersten Diebstahls- und Unterschlagungsfälle der weiblichen Tatverdächtigen zur Aburteilung durch die Gerichte an, dann ist es erwartungsgemäß, daß die Zahl der Nichtverurteilungen geringer ist als bei den Taten der Männer, die möglicherweise durchschnittlich nicht so schwerwiegend sind.

Daß die soziale Position eines Straftäters für die gerichtliche Entscheidung 217 eine große Rolle spielt, meinen nicht nur jene, die behaupten, es gebe eine »Klassenjustiz«, sondern ist im Gesamtzusammenhang des gesellschaftlichen Lebens durchaus erwartungsgemäß. Die Gerichtsstatistik läßt Rückschlüsse auf die soziale Stellung eines Abgeurteilten bzw. Verurteilten nicht zu. Die einzigen umfassenderen Informationen zu diesem Aspekt enthalten Ergebnisse aus einer Untersuchung von *Steffen* (1976, 242). Sie hat **die deliktsspezifische Verurteilungswahrscheinlichkeit von Tatverdächtigen** aus verschiedenen sozialen Schichten anhand des Diebstahls an/aus Kraftfahrzeugen, Ladendiebstahls, Einbruchs, Betrugs im Geschäftsverkehr, Zech- und Logisbetrugs, der Unterschlagung gegen den Arbeitgeber und sonstiger Unterschlagungen untersucht. Dabei zeigte sich, daß der Anteil der Verurteilten aus der Unterschicht, aufgeschlüsselt nach Delikten, mit Ausnahme der Verurteilungen wegen eines Diebstahls an/aus Kraftfahrzeugen durchgehend höher als bei den Angehörigen der Mittelschicht war. Die höheren Verurteilungsraten betragen bis zu 48%. Nach diesen Daten kann man sagen, daß die Schichtzugehörigkeit eines Tatverdächtigen für den Ausgang eines Strafverfahrens offensichtlich eine gewisse Rolle spielt. Allerdings erlaubt es diese Untersuchung nicht festzustellen, welche Ursachen diese Benachteiligung der Unterschicht hat und vor allem, ob sie durch die Gerichte herbeigeführt wird.

Wie stark die Schichtzugehörigkeit eines Tatverdächtigen eine richterliche Entscheidung wirklich beeinflußt, ist empirisch teilweise noch ungeklärt, obwohl sich inzwischen wohl herauskristallisiert, daß die Schichtkomponente als solche keinen meßbaren Einfluß auf das Strafmaß hat. *Albrecht* hat bereits in zwei seiner repräsentativen Studien der 70er Jahre und in Baden-Württemberg (*Albrecht* 1980) ermittelt, daß die berufliche Position eines Verurteilten – nicht Abgeurteilten! – keinen nachweisbaren Einfluß auf die Strafzumessungsentscheidung hatte (*Albrecht* 1980, 184). Auch das Einkommen spielte für die Höhe einer verhängten Geldstrafe keine Rolle (*Albrecht* 1980, 184). In einer umfassenden späteren Untersuchung (*Albrecht* 1994, 347) kommt *Albrecht* zu demselben Ergebnis: Es ergebe sich kein Hinweis auf eine Relevanz von Merkmalen, die die soziale Position in der Gesellschaft des Verurteilten kennzeichneten und das Strafmaß. Die Daten des Zusammenhangs zwischen Strafmaß und Berufsprestige zeigten, daß die verbleibende Variation auf die Länge der Strafe keinen Einfluß habe (*Albrecht* 1994, 348). Damit scheinen diese Ergebnisse den Daten über richterliches Verhalten in Hauptverhandlungen zu widersprechen. Daß die Schichtkomponente aber über den Umweg der (häufigeren oder weniger häufigen) Zuziehung eines Verteidigers für den Verdächtigen eingebracht wird und damit auch die richterliche Entscheidung letztlich doch beeinflußt, 218 läßt sich vermuten und sich zudem später gut an einem entscheidenden Kriterium für die Art des Abschlusses eines Strafverfahrens auch zeigen.

219 Generell zur **Wirkung der Verteidigung im Strafverfahren** liegt eine Untersuchung von *Albrecht* (1994) vor, die dieser aber anhand seines Materials aus methodischen Gründen nur für den Einbruchsdiebstahl machen konnte (*Albrecht* 1994, 369f.). Dabei ergab sich das vordergründig unerwartete Ergebnis, daß dann, wenn in einem Verfahren ein Strafverteidiger auftrat, das Strafmaß deutlich höher war als in den Fällen ohne Strafverteidigung.»Nun kommt eine solche statistische Assoziation natürlich nur deshalb zustande, weil ein Strafverteidiger insbesondere bei Sachverhalten hinzugezogen werden dürfte, die von vornherein für eine gesteigerte Schwere des Delikts sprechen... Vielmehr handelt es sich bei der Verteidigervariable wohl um eine Camouflage, hinter der sich ein durch die aus Akteninformationen produzierten Variablen nicht vollständig erfaßbares Tatschwereresiduum verbirgt...« (*Albrecht* 1994, 370).

Nach den Untersuchungen von *Blankenburg/Sessar/Steffen* (1978) hängt aber die gerichtliche Erledigung eines Strafverfahrens stark davon ab, ob der Verdächtige bzw. Beschuldigte bereit war, ein **Tatgeständnis** abzulegen. Dabei zeigte sich die Tendenz, daß mit dem Geständnis die Wahrscheinlichkeit einer Verurteilung deutlich höher wird, allerdings mit Ausnahme beim einfachen Diebstahl. Entscheidend aber ist, daß bei allen untersuchten Delikten Angehörige der Unterschicht eher ein Geständnis ablegten als Angehörige aus der Mittelschicht (*Blankenburg/Sessar/Steffen* 1978, 211). Damit aber wurde die Verurteilungswahrscheinlichkeit deutlich höher.

220 Ein deutlicher Einfluß auf die gerichtliche Entscheidung ist durch die **Vorstrafenbelastung des Angeklagten** gegeben. Schon 1980 hatte *Albrecht* (1980) ermittelt, daß derjenige, der nicht vorbestraft ist, damit rechnen könne, im Falle eines Strafverfahrens wegen eines leichten kriminellen Delikts nur zu einer Geldstrafe verurteilt zu werden. Ist im Strafregister allerdings bereits eine Geldstrafe eingetragen, dann sinkt diese Wahrscheinlichkeit. Mit zunehmender Schwere der letzten Strafregistereintragung steigt auch die Wahrscheinlichkeit, daß der Angeklagte zu einer schweren Strafe verurteilt wird. Die »Stufenleiter« der Sanktionen geht dabei von der Geldstrafe über die Freiheitsstrafe mit Bewährung zur Freiheitsstrafe ohne Bewährung. Wer nicht vorbestraft ist, erhält zuerst in solchen Fällen eine Geldstrafe (*Albrecht* 1980, 99). Wer einschlägig vorbestraft ist, wird eher zu einer Freiheitsstrafe als zu einer Geldstrafe verurteilt (*Albrecht* 1980, 308). Für die schwerere Kriminalität konnte *Albrecht* später diese Ergebnisse eindrucksvoll bestätigen (*Albrecht* 1994, 331ff.).

221 Auch die **Umstände der Tat** haben neben der **Art der Delikte** Bedeutung für die Entscheidungen der Gerichte. Zentral ist dabei der Schaden, der durch die Tat entstanden ist, wobei nicht nur der finanzielle Schaden zählt. Eine höhere Schadenssumme bei einer Straftat führt zu einer höheren Strafe (*Albrecht* 1980, 152). So hängt etwa die Höhe einer Geldstrafe bei einer Verkehrsunfallflucht mit dem verursachten Schaden zusammen (*Albrecht* 1980, 309). Bei der fahrlässigen Körperverletzung wirkt sich die Schwere der Verletzung ebenfalls auf das Strafmaß aus (*Albrecht* 1980, 155). Die Bemessung einer Geldstrafe war bei den Verurteilungen wegen Trunkenheit im Straßenverkehr mit fahrlässiger Körperverletzung durch die Höhe des festgestellten Alkoholkonsums beeinflußt; je mehr Alkohol der Täter genossen hatte, desto schwerer war die Strafe (*Albrecht* 1980, 309). Bei einer folgenlosen Trunkenheitsfahrt im Straßenverkehr war die Geldstrafe dann höher, wenn es sich um eine »Zechfahrt« des Angeklagten gehandelt hat (*Albrecht* 1980, 309). Die neue Studie von *Albrecht* (1994) hat auch für schwerere Delikte diese Ergebnisse bestätigt.

4.2 Registrierte Kriminalität und Dunkelfeld

4.2.1 Registrierte Kriminalität in der Bundesrepublik Deutschland

Literatur: *Erhard Blankenburg/Klaus Sessar/Wiebke Steffen,* Die Staatsanwaltschaft im Prozeß strafrechtlicher Sozialkontrolle, Berlin 1978; *Manfred Brusten/ Klaus Hurrelmann,* Abweichendes Verhalten in der Schule. Eine Untersuchung zu Prozessen der Stigmatisierung, München 1973; *Frieder Dünkel/Anton Rosner,* Die Entwicklung des Strafvollzugs in der Bundesrepublik Deutschland seit 1970. Materialien und Analysen, Freiburg i. Br. 1981; *Joachim Hellmer,* Kriminalitätsatlas der Bundesrepublik Deutschland und West-Berlins. Ein Beitrag zur Kriminalgeographie, Wiesbaden 1972; *Günther Kaiser,* Kriminologie. Ein Lehrbuch. 2. Auflage, Heidelberg usw. 1988; *Josef Kürzinger,* Asozialität und Kriminalität. Eine kriminologische Untersuchung an zwei Gruppen von Asozialen. Jur. Diss., Tübingen 1970; *Karl-Heinz Mönch,* Steuerkriminalität und Sanktionswahrscheinlichkeit, Frankfurt a. M. 1978; Polizeiliche Kriminalstatistik der Bundesrepublik Deutschland. 1963 bis 1994, Wiesbaden 1964 bis 1995; *Hartmut Schellhoss,* Kosten des Verbrechens. In: *Günther Kaiser/Hans-Jürgen Kerner/Fritz Sack/Hartmut Schellhoss,* Hrsg., Kleines Kriminologisches Wörterbuch, 3. Auflage, Heidelberg 1993, S. 218 bis 223; *Clifford R. Shaw/ Henry D. McKay,* Social Factors in Juvenile Delinquency. Report of the Causes of Crime, Vol. 1, Washington, DC 1931; Statistisches Bundesamt, Hrsg., Strafverfolgungsstatistik 1975 bis 1990, Wiesbaden 1977 bis 1993.

Es hat sich gezeigt, daß man sich in der Kriminologie bei der Darstellung der **222** Kriminalität **am rechtlichen Begriff des Verbrechens** orientieren muß, zumindest, was den Ausgangspunkt der Analyse angeht. Demnach ist auch hier die Straftat die tatbestandsmäßige, rechtswidrige und schuldhafte Verletzung eines Strafgesetzes. Im einzelnen ist man freilich geneigt, zum Vorliegen einer Staftat die äußere Tatbestandserfüllung in der Kriminologie genügen zu lassen. Normalerweise zählen wir auch die nicht schuldhaften Taten von Zurechnungsunfähigen und die »Straftaten« der Kinder zur Kriminalität. Gerade der letztere Fall zeigt, daß diese Betrachtungsweise nicht immer kriminologisch sinnvoll ist, weil die bloße äußere Verwirklichung eines Tatbestandes nicht schon die Qualifizierung eines Sachverhaltes als »Kriminalität« mit einschließt. So bleibt letztlich diese kriminologische Sichtweise nicht in sich widerspruchsfrei. **Empirisch stellt sich der Begriff der Kriminalität also weithin als problematisch dar.** Ein weiteres ist zu bedenken. Mit der Aussage, ein bestimmtes Verhalten sei kriminell, ist – sozial argumentiert – ziemlich wenig über den Gehalt einer Handlung ausgesagt, weil unter »Kriminalität« eine Fülle von Lebenssachverhalten erfaßt werden, die nicht immer offenkundig gleichwertiges sozialschädliches Verhalten beschreiben.

Ein Blick in die Gesetze zeigt uns, daß Kriminalität etwa ist:
- die vorsätzliche Tötung eines Menschen, §§ 211ff. StGB,
- der Diebstahl einer Packung Rasierklingen in einem Selbstbedienungsladen, § 242 StGB,
- die Gefährdung einer Alkoholentziehungskur eines anderen durch Verschaffen von alkoholischen Getränken, § 323 b StGB,

aber auch
- der Zusatz eines verbotswidrigen Stoffes zum Weindestillat, §§ 67, 36 Abs. 1 Satz 2 Weingesetz

oder endlich
- das Verbreiten einer anzeigepflichtigen Seuche unter Tieren, §§ 74, 10 Tierseuchengesetz,

um willkürlich einige zu nennen.

Diese Beispiele mögen genügen, um zu zeigen, mit welch unterschiedlichen Lebenssachverhalten wir es zu tun haben, wenn wir von Kriminalität sprechen, wobei die Einschätzung von Handlungen durch die Gesellschaft als Kriminalität noch außer Betracht bleibt.

Aus dieser Aufzählung läßt sich auch ersehen, daß viele Sachverhalte, die zur Kriminalität zählen, im Alltag überhaupt keine Rolle spielen. In der Wirklichkeit sind es nur einige wenige zentrale Normverletzungen, die tatsächlich als Kriminalität wahrgenommen werden. Offensichtlich hat im Bereich des Strafrechts eine sichtbare Überdehnung der Kriminalisierung stattgefunden, die fragen läßt, ob diese Perfektionierung überhaupt sinnvoll ist. Kriminalität in unserer Gesellschaft wird nur durch einige wenige zentrale Normverletzungen sichtbar, wobei zweifellos Eigentum und Vermögen die wichtigste Stelle einnehmen. Was sonst noch strafrechtlichen Schutz genießt, ist oft in der Praxis bedeutungslos. So ist es nur folgerichtig, wenn sich die wahrgenommene und registrierte Kriminalität als ziemlich einförmig erweist und sich im großen und ganzen mit einer Handvoll von Delikten zutreffend erfassen läßt.

223 Bevor die eigentliche Kriminalitätsstruktur behandelt wird, soll der **Umfang der Kriminalität** untersucht werden. Dabei wird mit der registrierten Kriminalität begonnen, die aber nach gesicherten Erkenntnissen nur einen **Bruchteil der tatsächlich vorkommenden Kriminalität** erfaßt. Ist schon aus diesen Gründen eine genaue Erfassung des Umfangs der Kriminalität nicht möglich, so erlauben die uns vorliegenden Statistiken, die Polizeiliche Kriminalstatistik und die Gerichtsstatistik, nicht einmal, den wirklichen Umfang der registrierten Kriminalität festzustellen. Dies liegt daran, daß die tatnächste Statistik der Polizei nicht auch die Staatsschutz- und die Straßenverkehrsdelikte (außer denen der §§ 315, 315 b StGB) erfaßt, und auch die Gerichtsstatistik nur jene Straftaten, freilich dann alle, bei denen die Staatsanwaltschaft zumindest erfolgreich Anklage erhoben und das Gericht das Hauptverfahren auch eröffnet und eine Entscheidung getroffen hat. Damit fehlt uns vor allem im Bereich der **Verkehrskriminalität** die Grundlage für die Feststellung des Kriminalitätsumfanges, wobei wir gerade bei diesen Straftaten davon ausgehen können, daß die bei der »klassischen« Kriminalität so bedeutsame »Schwundquote« wegen fehlender Tataufklärung gering sein dürfte, allerdings reichlich Gelegenheit für Einstellungsverfügungen der Staatsanwaltschaft gegeben ist: Die Entscheidung der Staatsanwaltschaft ist aus den veröffentlichten Statistiken gerade nicht zu ersehen.

Nach der Polizeilichen Kriminalstatistik 1994 wurden 6.537.748 rechtswidrige Taten registriert. Die Gerichte haben im zuletzt vollständig für das alte Gebiet der Bundesrepublik verfügbare Jahr 1991 869.195 Personen abgeurteilt, aber nur 695.118 Personen auch verurteilt. 224

Demnach läßt sich (rechnerisch) nur für etwa jede vierte Tat, die polizeilich registriert wurde, eine Verurteilung feststellen. Rechnet man (korrekterweise) die Straßenverkehrsdelikte nicht mit ein, dann läßt sich sogar nur für rund jede neunte bei der Polizei registrierte Tat eine Verurteilung ermitteln. Diese Zahl deutet, worauf später einzugehen ist, **eine starke Selektion bei der Strafverfolgung** an.

1994 registrierte die Polizei also rund 6,54 Mio. »klassische« Straftaten. Damit betrug die **Häufigkeitszahl** (berechnet auf jeweils 100.000 Einwohner der Bundesrepublik Deutschland) 8.038.

Diese Zahl läßt sich, rechnerisch aber nicht ganz exakt, auch anders ausdrücken: Bei 8% der Bevölkerung der Bundesrepublik Deutschland wurde 1994 eine Straftat registriert. Damit ist **die Häufigkeit der registrierten Kriminalität seit 1963** (als erstmals Verkehrsdelikte aus der Polizeistatistik ausgeschieden wurden) **um fast das Dreifache gestiegen;** die unterschiedliche Einwohnerzahl ist berücksichtigt. Seit 1963 steigt, von wenigen Ausnahmen abgesehen, die registrierte Kriminalität in der Bundesrepublik stetig an. Während etwa die Bevölkerung von 1963 bis 1994 um 40% stieg (vor allem wegen der Wiedervereinigung Deutschlands 1990), ist die Anzahl der registrierten Vergehen und Verbrechen (ohne der im Straßenverkehr) um 290% gestiegen. Damit stieg die Kriminalität gut siebenmal stärker an als die Bevölkerung. Freilich ist es methodisch nicht zulässig, wenn auch durchaus wahrscheinlich, zu folgern, daß auch in der Wirklichkeit die Kriminalität stark angestiegen ist. Hinter den Zahlen der Statistiken können sich auch gewandelte Selektions- und Definitionsmuster bei der Strafverfolgung verbergen, die (nur) den Anschein erwecken, als sei eine solche Steigerung auch tatsächlich erfolgt. Um zu einigermaßen zuverlässigen Aussagen zu gelangen, wäre es notwendig, laufend repräsentative Dunkelfelduntersuchungen durchzuführen, um so in Zeitreihen den Unterschied zwischen (vermutlich) begangener und registrierter Kriminalität sichtbar zu machen. Solche Untersuchungen fehlen für die Bundesrepublik bisher, obwohl die punktuellen Dunkelfelduntersuchungen in den letzten zehn Jahren (und vor allem nach der Wiedervereinigung Deutschlands) deutlich zugenommen haben.

Die Anzahl der Tatverdächtigen ist naturgemäß deutlich niedriger als die Zahl der registrierten Straftaten. 1994 wurden von allen polizeilich registrierten Straftaten 44,4% aufgeklärt, d. h., für knapp die Hälfte der Delikte konnte die Polizei (mindestens) einen Verdächtigen ermitteln. Für 2.899.733 Straftaten wurden 2.037.729 Verdächtige festgestellt.

225 Für die **Verkehrskriminalität** lassen sich für 1991 (alte Bundesländer) 302.242 Abgeurteilte und 262.456 Verurteilte feststellen. Von 1963 bis 1991 (altes Bundesgebiet) ist die Zahl der Verurteilten wegen Straßenverkehrsdelikten nur um 2% gestiegen, also praktisch gleichgeblieben. Dies ist um so bedeutsamer, als Verkehrskriminalität vor allem als eine Funktion der Dichte des Kraftfahrzeugbestandes gesehen wird. Gemessen an der Entwicklung der Motorisierung in der Bundesrepublik ist danach real wohl von einem Rückgang der Straßenverkehrskriminalität auszugehen. Im Jahre 1963 waren nämlich in der Bundesrepublik fast 7 Mio. Pkw zugelassen, 1991 (altes Bundesgebiet) aber 36,5 Mio., also rund fünfmal so viele.

226 Die registrierte Kriminalität zeigt hinsichtlich der Häufigkeit des Vorkommens der einzelnen Delikte eine breite Streuung. Während manche Straftaten weit unter 1% liegen, wird das Gesamtbild der Kriminalität bestimmt vom Diebstahl (59,2%).

Im einzelnen hat die Polizeiliche Kriminalstatistik folgende Zahlen für 1994 erfaßt (einschließlich strafbarer Versuche):

Mord und Totschlag	3.751*
Vergewaltigung	6.095
Sexuelle Nötigung	4.934
Sexueller Mißbrauch von Kindern	15.096
Raub, räuberische Erpressung und räuberischer Angriff auf Kraftfahrer	57.752
Exhibitionistische Handlungen	9.485
Gefährliche und schwere Körperverletzung	88.037
Vorsätzliche leichte Körperverletzung	186.748
Straftaten gegen die persönliche Freiheit	110.730
Diebstahl ohne erschwerende Umstände	1.489.037
Diebstahl unter erschwerenden Umständen	2.377.299
Betrug	587.423
Untreue	6.228

* In dieser Zahl sind allein für den Tatort Berlin 253 Fälle aus der ehemaligen DDR vor 1990 eingeschlossen.

Registrierte Kriminalität und Dunkelfeld

Unterschlagung	64.476
Urkundenfälschung	77.757
Erpressung	5.679
Widerstand gegen die Staatsgewalt und Straftaten gegen die öffentliche Ordnung	113.587
Begünstigung, Strafvereitelung und Hehlerei	25.714
Brandstiftung	22.559
Straftaten im Amt	7.126
Verletzung der Unterhaltspflicht	14.420
Beleidigung	103.771
Sachbeschädigung	583.566
Straftaten gegen strafrechtliche Nebengesetze auf dem Wirtschaftssektor	23.675
Rauschgiftdelikte	132.389
Straftaten gegen § 92 Ausländergesetz und gegen das Asylverfahrensgesetz	222.043
Straftaten gegen das Waffengesetz	23.684
Straftaten gegen die Umwelt	32.082

(Quelle: Bundeskriminalamt, Hrsg., Polizeiliche Kriminalstatistik 1994. Bundesrepublik Deutschland, Wiesbaden 1995)

Massendelikte sind demnach nur wenige Straftaten. Eine zentrale Rolle **227** bei den Straftaten spielt erwartungsgemäß der Diebstahl. Im Jahre 1994 verteilten sich die 3.866.336 **Diebstahlsdelikte** nach der Polizeilichen Kriminalstatistik ihrer Art nach wie folgt:

Diebstahl

– in/aus Kraftfahrzeugen	745.945	19,3 %
– in/aus Warenhäusern, Verkaufsräumen, Selbstbedienungsläden	728.902	18,9 %
– von Fahrrädern (einschl. unbefugter Ingebrauchnahme)	529.763	13,7 %
– in/aus Wohnräumen	254.610	6,6 %
– in/aus Dienst-, Büro-, Fabrikations-, Werkstatt- und Lagerräumen	222.582	5,6 %
– von Kraftwagen, einschl. unbefugter Ingebrauchnahme	211.576	5,5 %
– an Kraftfahrzeugen	189.243	4,9 %
– in/aus Boden-, Kellerräumen und Waschküchen	124.235	3,2 %
– von/aus Automaten	87.024	2,3 %
– Taschendiebstahl	96.189	2,5 %
– in/aus Gaststätten, Kantinen, Hotels und Pensionen	86.781	2,2 %
– von Mopeds, Krafträdern (einschl. ungefugter Ingebrauchnahme)	60.781	1,6 %

- in/aus überwiegend unbezogenen Neu- und Rohbauten, Baubuden und -stellen 56.728 1,5 %
- von unbaren Zahlungmitteln 51.324 1,3 %

Der Anteil der übrigen Arten des Diebstahls liegt unter 1 %.

Ihrem Vorkommen nach am häufigsten wurden 1994 bei der Polizei folgende Delikte bzw. Deliktsgruppen registriert:

Diebstahl unter erschwerenden Umständen	36,4 %
Diebstahl ohne erschwerende Umstände	22,8 %
Betrug	9,0 %
Sachbeschädigung	8,9 %
Straftaten gegen § 92 AuslG und das AsylverfG	3,4 %
Vorsätzliche leichte Körperverletzung	2,9 %
Rauschgiftdelikte	2,0 %
Widerstand gegen die Staatsgewalt und Straftaten gegen die öffentliche Ordnung	1,7 %
Beleidigung	1,6 %
Gefährliche und schwere Körperverletzung	1,3 %

Mit diesen Straftaten sind bereits 90% aller registrierten Vergehen und Verbrechen erfaßt. Die übrigen Straftaten (-gruppen) haben jeweils einen Anteil von weniger als 1,3%.

228 Die Statistik zeigt, daß allein der Diebstahl knapp drei Fünftel aller registrierten Straftaten ergibt. Alle Eigentums- und Vermögensdelikte zusammen erfassen nahezu vier Fünftel der Taten. Danach läßt sich sagen, daß mit einer Handvoll von Delikten vier Fünftel der gesamten registrierten Kriminalität erfaßt werden. Nur ein gutes Fünftel der Taten ist mit keiner Verletzung von Eigentum oder Vermögen verbunden.

229 Unser Recht bestraft den **Versuch einer Tat** bei Verbrechen immer, bei Vergehen nur in den vom Gesetz ausdrücklich vorgesehenen Fällen. Wir wissen, daß nicht jedes Delikt gleich oft vollendet wird. Dafür gibt es mehrere Gründe, die meist deliktspezifisch sind. So fällt auf, daß besonders bei Totschlag (70,8%), Erpressung (57,7%), Mord (47,7%), Diebstahl von Betäubungsmitteln aus Apotheken (35,5%), Vergewaltigung (33,6%), Betrug zum Nachteil von Versicherungen (33,6%), Freisetzen ionisierender Strahlen (28,6%), Erpresserischer Menschenraub (28,3%), Diebstahl von Kfz (27,7%), Diebstahl in/aus Kiosken (25,3%), Raubüberfälle auf Spezialgeldtransportfahrzeuge (25,0%) und Angriff auf den Luftverkehr (25,0%) ein großer Teil der registrierten Taten 1994 im Versuchsstadium steckengeblieben ist. Freilich bedeutet dieser hohe Anteil an Versuchshandlungen bei ein-

zelnen Taten nicht immer, daß dies in der Verbrechenswirklichkeit auch so ist. Bei Mord und Totschlag dürfte es sich häufig um **Definitionsprobleme** handeln. Der Tötungsvorsatz wird bei bestimmten Körperverletzungen, die nicht tödlich enden, unterstellt, wenn nur die Tatgestaltung einen solchen Vorsatz wahrscheinlich oder möglich erscheinen läßt (vgl. *Sessar* 1981). Bei der Vergewaltigung könnte sich eine Verzerrung der vollendeten und versuchten Taten vor allem dadurch ergeben, daß die Gewaltanwendung unterschiedlich gesehen wird. Ziemlich unbrauchbar für eine Aussage über die tatsächliche Verteilung von versuchter und vollendeter Tat sind die hohen Versuchsanteile bei der Erpressung. Wir wissen, daß gerade bei diesem Delikt (aus verständlichen Gründen) sehr häufig die Polizei nicht informiert wird. Diejenigen Erpreßten, die die Polizei zuziehen, erscheinen in der Statistik, während die vollendeten Taten, die ohne Polizei »geregelt« werden, statistisch nicht erfaßt sind. Die Daten über angeblich häufig erfolglose Erpressungsversuche dürften also keineswegs die Wirklichkeit widerspiegeln.

Sehr selten ist der Versuch nach der Kriminalstatistik bei folgenden Straftaten: Diebstahl ohne erschwerende Umstände (1994: 1,5%), Unterschlagung (0,8%), Urkundenfälschung (1,9%) und Sachbeschädigung (0,5%). Eine nähere Betrachtung zeigt freilich, daß dies wohl eher vom Anzeigeverhalten abhängig ist als von der Häufigkeit des Vorkommens. Da beim Versuch des einfachen Diebstahls (als solchen) und der Sachbeschädigung kein Schaden entsteht, dürfte das Tatopfer kein großes Interesse daran haben, eine unter Umständen zeitaufwendige Strafanzeige zu veranlassen. Für die Unterschlagung gilt dasselbe. Bei der Urkundenfälschung wird schon wegen ihrer Tatbestandsgestaltung der Versuch selten sein.

Schon sehr frühzeitig hat man in der Kriminologie die **Bedeutung des Tatortes** für Umfang und Struktur der Kriminalität erkannt. In den 30er Jahren wurde ein Erklärungsansatz für die Kriminalität von der Chicago-Schule (*Shaw/McKay* 1931) vorgelegt, der die Abhängigkeit der Kriminalität von ökologischen Faktoren behauptete. Die Beziehung der Kriminalität zum spezifischen Tatort ist immer wieder aufgegriffen worden, insbesondere unter dem Gesichtspunkt einer Kriminalgeographie, also der Verteilung der Straftaten innerhalb eines bestimmten Gebietes. Diese grundsätzlich phänomenologische Art der Darstellung von Kriminalität hat Tradition (*Guerry* 1833; *Quetelet* 1835), ist aber hauptsächlich eine Feststellung unterschiedlicher örtlicher Verteilung der Kriminalität geblieben, ohne hieraus kausale Erklärungen zu folgern. In den siebziger Jahren hat in Deutschland *Hellmer* (1972) die bisher wichtigste Arbeit dazu vorgestellt, den »Kriminalitätsatlas der Bundesrepublik Deutschland und West-Berlins«. Zu seinen Ergebnissen gehört auch die Feststellung, daß Eigentumsdelikte eher im Norden der (alten) Bundesrepublik zu finden seien, Gewaltdelikte dagegen eher im Süden, eine Beobachtung, die erstaunlicherweise auch schon für andere Länder Europas gemacht wurde.

Die Polizeiliche Kriminalstatistik 1994 zeigt erwartungsgemäß einen Unterschied in der Häufigkeit des Vorkommens von Kriminalität insgesamt, aber auch von einzelnen Delikten in den unterschiedlich großen politischen Gemeinden, wobei die Statistik vier Größenklassen kennt.

Im Jahre 1994 lebten die Bewohner der Bundesrepublik zu 14,8% in Großstädten ab 500.000 Einwohnern, zu 17,2% in Großstädten von 100.000 bis unter 500.000 Einwohnern, zu 26,0% in Städten zwischen 20.000 und unter 100.000 Einwohnern und zu 42,0% in Gemeinden unter 20.000 Einwohnern.

Die Verteilung der registrierten Straftaten sah freilich deutlich anders aus: 25,6% der erfaßten Taten ereigneten sich in Großstädten ab 500.000 Einwohnern, 21,9% in Großstädten von 100.000 bis unter 500.000 Einwohnern, 26,3% in Städten mit 20.000 bis unter 100.000 Einwohnern und 25,5% in Gemeinden mit weniger als 20.000 Einwohnern (Polizeiliche Kriminalstatistik 1994, 37).

231 Es zeigt sich also, daß in den ganz großen Städten die Kriminalität um fast drei Viertel häufiger als (bei einer Gleichverteilung) erwartungsgemäß ist; in den mittleren Großstädten ist sie noch um mehr als ein Viertel erhöht. In Städten zwischen 20.000 und unter 100.000 Einwohnern entspricht die Kriminalität etwa dem erwarteten Durchschnitt und in den kleineren Gemeinden ist sie nur noch rund drei Fünftel so hoch. Damit ist die registrierte Kriminalität in den größten Städten fast dreimal so hoch wie in den kleinsten Gemeinden, gemessen jeweils an der Einwohnerzahl. Auffällig ist auch das unterschiedlich häufige Vorkommen einzelner Delikte in den Gemeinden unterschiedlicher Größe.

232 Für viele der Delikte, die deutlich von der allgemeinen Häufigkeitsverteilung in den einzelnen Gemeinden abweichen, läßt sich sagen, daß dies vor allem auf den unterschiedlich leichten bzw. schweren Zugang zum Delikt beruht, weil manche Straftaten einfach an einen bestimmten Tatort gebunden sind:

– Erschleichung von Leistungen wird in der Regel durch Nichtbezahlen von Fahrpreisen in öffentlichen Verkehrsmitteln begangen; damit setzt die Tatbegehung ein Verkehrsnetz voraus;

– Zechanschlußraub kann dort häufiger begangen werden, wo die Möglichkeiten dafür gegeben sind: in großen Städten;

– Großvieh läßt sich nur auf dem Lande stehlen, da es in den Städten praktisch keine Viehhaltung gibt.

233 Die Beispiele ließen sich fortführen. Es ist freilich zuzugeben, daß es auch Belastungszahlen für einzelne Gemeindegrößen gibt, die nicht so einfach als technische Zugangschancen angesehen werden können.

Neben dieser unterschiedlichen Belastung der einzelnen Gemeindegrößen zeigt sich auch innerhalb der einzelnen Länder der Bundesrepublik Deutschland eine unterschiedliche Belastung mit Kriminalität.

Von den Ländern sind (Durchschnitt 1994: 8.038 Taten pro 100.000 Einwohner) belastet: Baden-Württemberg 5.701, Bayern 5.742, Berlin 15.850, Brandenburg 12.945, Bremen 14.818, Hamburg 15.293, Hessen 7.919, Mecklenburg-Vorpommern 11.874, Niedersachsen 7.689, Nordrhein-Westfalen 7.496, Rheinland-Pfalz 6.239, Saarland 5.837, Sachsen 8.380, Sachsen-Anhalt 10.846, Schleswig-Holstein 9.705 und Thüringen 6.486.

Von den deutschen Städten mit über 100.000 Einwohnern hatten 1994 eine mindestens doppelt so hohe Kriminalitätsbelastung (durchschnittliche Häufigkeitszahl pro 100.000 Einwohner: 8.038): Frankfurt a. M. (20.214), Magdeburg (18.348), Potsdam (18.276), Leipzig (16.985), Hannover (16.594) und Lübeck (16.417). Besonders niedrig war die Kriminalitätsbelastung 1994 für Solingen (5.503), Bergisch Gladbach (5.524), Remscheid (5.641) und Mülheim an der Ruhr (5.990). **234**

Kriminalitätsbegehung ist in ihrer Häufigkeit offensichtlich altersabhängig. Diese Erkenntnis ist der Kriminologie seit den ersten kriminalistischen Untersuchungen geläufig. Die registrierte Kriminalität in Deutschland steigt bis zum 20. Lebensjahr stark an, fällt dann bis zum 29. Lebensjahr langsam ab, um schließlich nach dem 40. Lebensjahr schnell zu sinken. Glaubt man der Polizeilichen Kriminalstatistik, dann hat man derzeit die stärkste kriminelle Belastung bei den 18- bis 20jährigen zu suchen. Freilich basieren diese Zahlen auf der registrierten Kriminalität. Dem muß die tatsächliche Verteilung aber nicht entsprechen, da ein umfangreicher Selektionsprozeß stattfindet. Registriert ist nur der Täter, der entdeckt ist, also als Krimineller wahrgenommen wird. Diese Wahrnehmung mag aber auch altersabhängig sein. Daher ist die Auffassung von *Kaiser* (1988, 360), daß in Wirklichkeit die stärkste Deliktsbelastung schon im Alter von etwa 14 bis 16 Jahren liegt, nicht von der Hand zu weisen, auch wenn sie auf den Ergebnissen von Dunkelfelduntersuchungen beruht, deren empirische Zuverlässigkeit allerdings beschränkt ist. Wie auch immer im einzelnen die altersspezifische Verteilung sein mag, die Tatsache, daß Kriminalität nicht gleichmäßig über alle Altersstufen verteilt ist, ist empirisch gesichert. **235**

Hinsichtlich der **Altersverteilung** zeigt die Polizeiliche Kriminalstatistik 1994 folgendes: Von den ermittelten Tätern waren 4,9% Kinder, 11,0% Jugendliche, 9,6% Heranwachsende und 74,5% Erwachsene. **236**

Zieht man die Kriminalitätsbelastung von 1994 heran, dann zeigt sich, daß am deutlichsten (bei einer durchschnittlichen TVBZ [Tatverdächtigenbelastungszahl] von 2.738) die Heranwachsenden mit 7.724 belastet waren; die TVBZ betrug für Jugendliche 6.591, für Erwachsene 2.411 und für Kinder (im Alter von 8 bis 13 Jahren) 1.769.

Auch die Abhängigkeit der registrierten Kriminalität vom **Geschlecht** ist seit langem bekannt und stellt eines der wichtigen Ergebnisse der Kriminologie dar. Auf die Kriminalität der Frau wird daher später (s. Rdnrn. 308ff.) ausführlich eingegangen. Auch die Kriminalität der Ausländer ist (s. Rdnrn. 328ff.) gesondert behandelt. **237**

Seit jeher hat man Kriminalität vor allem den Armen zugeschrieben. Dies ist nicht verwunderlich, weil Kriminalität traditionell Eigentums- und Vermö- **238** genskriminalität meint und nicht zu erwarten ist, daß jene, die ausreichend mit diesen Gütern versorgt sind, verstärkt diese Strafnormen verletzen. Seit einiger Zeit ist es, vor allem aufgrund von Dunkelfelduntersuchungen, aber immer zweifelhafter geworden, ob die Behauptung richtig ist, daß die Kriminalität schichtabhängig in der Weise ist, **daß Angehörige der Unterschicht mehr Straftaten begehen als solche aus der Mittelschicht.** Die bisherigen empirischen Ergebnisse zur schichtenspezifischen Verteilung von Kriminalität lassen sich am einsichtigsten darstellen, wenn man die einzelnen Selektionsstadien für die Verteilung der Kriminalität heranzieht.

239 Beginnt man die Untersuchung am letzten Glied dieser Kette, nämlich bei den Strafgefangenen als den (mutmaßlich) am stärksten kriminell Belasteten, dann kann zwischen der Zugehörigkeit zur Unterschicht und (schwerer) Kriminalität kein Zweifel bestehen. Der Anteil der zur Unterschicht zählenden Gefangenen, gemessen an ihrem vor der Inhaftierung ausgeübten Beruf, zeigt in praktisch allen Untersuchungen Werte um die 75%. Freilich sind diese Daten nicht repräsentativ für die Kriminellen, denn nur an einem Bruchteil der registrierten Kriminellen wird eine Freiheitsstrafe vollzogen. Obwohl wir z. B. im Jahre 1991 (alte Bundesländer) rund 695.000 Verurteilungen hatten, saßen am 31. 3. 1991 nur rund 37.500 Strafgefangene in den Justizvollzugsanstalten (einschl. der Gefangenen im Jugendstrafvollzug) ein. In den Strafvollzug gelangen in der Regel nur die am schwersten und am häufigsten auffälligen Kriminellen. Dies freilich ließe den Schluß zu, wenn die Selektion nicht völlig willkürlich ist, daß jedenfalls die am schwersten kriminellen Straftäter aus der Unterschicht stammen.

240 Als Gradmesser ließe sich, stimmt diese Annahme, etwa die Kriminalitätsbelastung von sogenannten Asozialen, deren Zugehörigkeit zur Unterschicht außer Frage steht, heranziehen. Eine ältere Untersuchung (*Kürzinger* 1970) zur Kriminalität dieser Bevölkerungsgruppe hat, wie andere Untersuchungen schon zuvor, gezeigt, daß die (registrierte) kriminelle Belastung dieser Gruppe tatsächlich beachtlich ist, aber wohl nicht so hoch und nicht wegen so schwerer Delikte, wie man annehmen könnte. Unter 157 seßhaften Asozialen aller Altersstufen über 14 Jahren konnten 30% Vorbestrafte ermittelt werden; bei den männlichen 47%. Bei untersuchten nicht seßhaften männlichen Asozialen (»Berber«) aller Altersstufen fanden sich 84% Vorbestrafte. Diese Zahlen und ähnliche anderer Untersuchungen lassen vermuten, daß jedenfalls vom Umfang her gesehen zwischen registrierter Kriminalität und niedriger sozialer Schicht ein Zusammenhang besteht, wenn man gleichzeitig in Erwägung zieht, daß nach begründeten Schätzungen etwa ein Drittel aller männlichen Bewohner der Bundesrepublik Deutschland nach Vollendung ihres 24. Lebensjahres vorbestraft sind. **Ist dies so, dann ist die registrierte Kriminalität der unteren sozialen Schichten höher.** Dennoch muß man hier nach Delikten differenzieren. Denn es gibt Straftaten, bei denen Angehörige der sozialen Unterschicht nicht besonders häufig als Täter in Erscheinung treten, während andere für sie geradezu exemplarisch sind.

Legt man die für diesen Bereich wohl repräsentativen Zahlen von *Blankenburg/Sessar/Steffen* (1978) für die Bundesrepublik Deutschland 1970 zugrunde, so zeigt sich, daß die Überrepräsentierung der Unterschicht bei den Tätern der registrierten Kriminalität nicht so eindeutig ist, wie häufig angenommen wird, sondern daß nach Delikten unterschieden werden muß. Allerdings überwiegt im Endergebnis bei der Häufigkeit der Registrierung die Unterschicht bei der häufigsten Straftat, nämlich Diebstahl 7%, während die Mittelschicht um fast 20% seltener als ihrem Bevölkerungsanteil entspricht registriert ist. Andererseits ist die Mittelschicht aber häufiger beteiligt an Betrug im Geschäftsverkehr, Unterschlagung, Betrug insgesamt und Ladendiebstahl. Angehörige der Unterschicht sind analog dazu seltener wegen dieser Delikte registriert. Deutlich häufiger wurden Unterschichtsangehörige bei Raub, Kraftfahrzeugdiebstahl und Notzucht registriert. Aus diesen Ergebnissen läßt sich folgern, daß Unterschichtsangehörige vor allem an den Eigentumsdelikten beteiligt sind, bei denen auf kurzem Weg Gegenstände ohne größeren Widerstand des Geschädigten und bedeutsamen geistigen Aufwand erlangt werden können. Daneben ist ihre hohe Beteiligung an Gewaltdelikten, auch an mit Gewalt verbundenen Sexualdelikten, auffallend. Andererseits sind sogenannte »Intelligenzverbrechen« häufig in der Mittelschicht zu finden. Freilich muß man sich davor hüten, beim Vorkommen der einzelnen Delikte zu sehr auf den formalen Charakter der Straftat zu sehen, denn Untersuchungen haben gezeigt, daß selbst bei an sich zu erwartenden Delikten der »Täter im weißen Kragen« noch häufig Unterschichtsangehörige registriert werden (vgl. dazu *Mönch* 1978). In seiner Untersuchung »Steuerkriminalität und Sanktionswahrscheinlichkeit« hat *Karl-Heinz Mönch* (1978) nämlich festgestellt, daß selbst unter den registrierten Steuerkriminellen eine große Anzahl Unterschichtsangehöriger zu finden sind. Nach den Ergebnissen von *Mönch* (1978, 132) kann es nicht zweifelhaft sein, daß Angehörige der Mittelschicht zwar häufiger Steuerdelikte begehen, diese aber keineswegs ihre alleinige Domäne sind. **241**

Würdigt man diese Ergebnisse zur registrierten Kriminalität, so läßt sich, unter Beachtung der aufgezeigten Unterschiede, daran festhalten, daß Unterschichtangehörige insgesamt häufiger als kriminell auffällig registriert werden als Mittelschichtangehörige. Dies könnte aber auch an einer unterschichtendiskriminierenden Strafverfolgungspraxis der staatlichen Instanzen liegen. Wie oben schon ausgeführt, zeigt der Selektionsvorgang, daß für eine große Anzahl von Delikten und vor allem für die zahlenmäßig bedeutsamsten gilt, daß Unterschichtangehörige tatsächlich öfter und schwerere kriminelle Handlungen begehen. Diese Tatsache, die von manchen Kriminologen nicht gesehen wird oder gesehen werden will, läßt sich bei einer unvoreingenommenen Würdigung der empirischen Daten kaum bestreiten. Sie sollte freilich auch nicht dazu benutzt werden, Vorbehalte gegenüber Unterschichtangehörige heraufzubeschwören. Denn der Feststellung, daß Unterschichtangehörige häufiger kriminell werden, darf nicht eine moralische Verurteilung folgen. Es bleibt die Frage an die Gesellschaft selbst, weshalb **242**

Unterschichtangehörige öfter kriminell werden als Angehörige der Mittelschicht. Sicherlich ist ein Grund hierfür, daß Unterschichtangehörige glauben, Kriminalität stelle eine Lösung ihrer sozialen Probleme dar. Die Gesellschaft wird sich aber fragen lassen müssen, ob ihre Struktur mitverantwortlich dafür ist, daß Angehörige der Unterschicht in die Kriminalität ausweichen.

243 Für rund 75,5% aller von der Polizei 1994 der Staftaten verdächtigten Personen wurde ermittelt, **daß sie ihre Taten allein begangen haben**. Es sind vor allem folgende (kriminologisch relevanten) Taten, die überwiegend allein begangen werden, wenn man von den Taten absieht, die schon wegen ihres Charakters nur allein begangen werden (können), wie Kindstötung, Sexualmord, exhibitionistische Handlungen, sexueller Mißbrauch von Kindern (da das Kind strafloses Opfer ist) und Jugendlichen und Verletzung der Unterhaltspflicht: Beleidigung, Mißbrauch von Scheck- und Kreditkarten, vorsätzliche leichte Körperverletzung, Urkundenfälschung, Unterschlagung, Betrug, Freiheitsberaubung, Nötigung, Bedrohung, einfacher Ladendiebstahl und Widerstand gegen die Staatsgewalt.

244 Sehr selten ist **Alleintäterschaft** bei Raubüberfällen auf Tankstellen, Diebstahl in/aus Kiosken, Raubüberfällen auf Spielhallen, gewerbsmäßiger Hehlerei von Kraftfahrzeugen, Raubüberfällen auf Straßen, Wegen und Plätzen, Raubüberfällen auf Geld- und Werttransporte und Diebstahl von/aus Automaten. Aus den kriminalstatistischen Daten lassen sich die Gründe für eine Alleintäterschaft oder Tatgenossenschaft nicht ersehen. Die Gründe dürften stark von der Art der Straftat und der Täterpersönlichkeit abhängen.

245 Rund 32,9% der von der Polizei 1994 als Täter verdächtigten Personen waren vor dieser Tat der Polizei **schon als Straftäter bekannt**. Der Anteil bei den männlichen Verdächtigen lag bei 36,0%, bei den weiblichen waren dies nur 21,6%. Dies muß freilich nicht bedeuten, daß die Betreffenden auch schon vorbestraft waren. Von den 1991 verurteilten Personen waren 41,6% vorbestraft. Auffällig ist, daß vor allem bei Straftaten im Zusammenhang mit Betäubungsmitteln, nämlich in diesen Fällen bei Diebstahl und Raub, die Rate der kriminalpolizeilich in Erscheinung getretenen Verdächtigen sehr hoch ist. Offensichtlich rekrutieren sich auffällig gewordene Süchtige immer wieder selbst. Ansonsten sind hohe Anteile (über zwei Drittel) von kriminell vorbelasteten Verdächtigen bei folgenden Straftaten zu finden: Leichtfertige Verursachung des Todes eines anderen durch Abgabe von Betäubungsmitteln, allgemeine Verstöße gegen das Betäubungsmittelgesetz mit Heroin, direkte Beschaffungskriminalität bei Drogensucht, illegaler Handel und Schmuggel mit Heroin, Raubüberfälle auf Geld- und Werttransporte, schwerer Diebstahl in/aus Schaufenstern, Schaukästen und Vitrinen, Zechanschlußraub, Raubüberfälle auf Zahlstellen und Geschäfte, schwerer Diebstahl in/aus Kiosken, Tageswohnungseinbruch, Handtaschenraub, allgemeine Verstöße gegen das Betäubungsmittelgesetz mit Kokain, schwerer Diebstahl in/aus Gaststätten, Kantinen, Hotels und Pensionen, Sexualmord,

Diebstahl von unbaren Zahlungsmitteln, Betrug mittels rechtswidrig erlangter Euroschecks und Zuhälterei.

Unter einem Drittel polizeibekannter Verdächtiger finden sich bei folgenden Straftaten: Ladendiebstahl, Straftaten gegen strafrechtliche Nebengesetze auf dem Umweltsektor, Straftaten gegen Ausländer- und Asylverfahrensgesetz, Straftaten gegen Urheberrechtsbestimmungen, Wilderei, Straftaten gegen die Umwelt, Straftaten im Amt, fahrlässige Tötung und Fälschung technischer Aufzeichnungen.

Kriminalität verursacht hohe volkswirtschaftliche Kosten. So entsteht **246** einmal durch die kriminelle Tat unmittelbar finanzieller Schaden, zum anderen müssen Aufwendungen gemacht werden, um Kriminalität zu verhüten und zu kontrollieren. Obwohl wir wissen, daß dafür regelmäßig umfangreiche Kosten entstehen, lassen sich diese wegen fehlender Unterlagen nicht beziffern. *Schellhoss* (1993, 218) verweist in diesem Zusammenhang auf Zahlenangaben aus den USA. Danach wurden dort im Rechnungsjahr 1988 von der öffentlichen Hand (Bund, Staaten, Gemeinden) 61 Mrd. US-Dollar für Strafverfolgung, Strafjustiz und Strafvollstreckung ausgegeben. Auch wenn sich daraus für Deutschland nicht durch einfache Drittelung (wegen der entsprechenden Einwohnerzahl) ein Betrag von rund 32 Mrd. Deutsche Mark errechnen läßt, zeigt diese Zahl doch die Dimension an, mit der wir es bei den Kosten für die Strafverfolgung zu tun haben. Immerhin wurden 1989 in der damaligen Bundesrepublik Deutschland pro Tag und Haftplatz 116 DM allein für den Strafvollzug ausgegeben, was bei rund 50.000 Haftplätzen einen Betrag von 2,1 Mrd. DM bedeutet.

Die bisher angeführten Kosten sind freilich nur ein Teil der Ausgaben, die durch das Verbrechen entstehen. Hinzu kommen vor allem auch die Schäden, die durch die Kriminalität unmittelbar verursacht werden.

In der Polizeilichen Kriminalstatistik 1994 sind nur für einen Teil der Delikte (nämlich für 4.141.241 von 6.537.748 Straftaten) die entstandenen **Schadenssummen** angeführt. **247**

Schadenssummen 1994 nach der Polizeilichen Kriminalstatistik

Delikt	Fälle	Schaden in Millionen DM
Raubtaten	48.110	172,0
einfacher Diebstahl	1.467.055	954,6
schwerer Diebstahl	1.974.615	5.234,4
Betrug	552.885	8.510,5
Veruntreuungen	16.948	2.232,8
Unterschlagungen	63.932	415,5
Konkursstraftaten	1.157	533,3

Wirtschaftsstraftaten im Nebenstrafrecht	16.539	3.481,3
Summe	4.141.241	21.534,4

248 Für 1994 zeigt sich, daß bei den registrierten Diebstählen in fast 30% der Straftaten ein geringerer Schaden als 100 DM ermittelt wurde. Dabei ist zu bedenken, daß auch für jene Taten, die im Dunkelfeld bleiben, in der Regel niedrigere Schadenssummen vorliegen, da die Anzeigefreudigkeit der Opfer (naturgemäß) mit dem Schaden steigt. Danach haben wir das zahlenmäßig größere Dunkelfeld bei den Delikten mit geringen Schadenssummen zu suchen. Dies bedeutet aber, daß bei einem global angenommenen Dunkelfeld der klassischen Kriminalität von 1:10 die Schadenssummen der Verbrechen keineswegs verzehnfacht werden dürfen, sondern deutlich darunter liegen.

Schadenssummen der 1994 polizeilich registrierten Fälle des vollendeten Diebstahls

Schadenssummen	Fälle	Fälle in %	
1 bis unter 25 DM	606.621	17,6 %	17,6 %
25 bis unter 100 DM	403.915	11,7 %	29,3 %
100 bis unter 500 DM	1.016.239	29,5 %	58,8 %
500 bis unter 1.000 DM	627.369	18,2 %	77,0 %
1.000 bis unter 5.000 DM	559.790	16,3 %	93,3 %
5.000 bis unter 10.000 DM	96.776	2,8 %	96,1 %
10.000 bis unter 50.000 DM	116.310	3,4 %	99,5 %
50.000 bis unter 100.000 DM	10.578	0,3 %	99,8 %
100.000 DM und höher	4.072	0,1 %	100 %
Summe	3.441.670		

249 Die Tabelle zeigt, daß die Schadenssumme bei dem 1994 am häufigsten polizeilich registrierten Delikt der Alltagskriminalität, dem Diebstahl, sich in Grenzen hält. Bei jedem sechsten registrierten Diebstahl lag der Schaden unter 25 DM; fast drei Fünftel der Taten verursachten einen Schaden von weniger als 500 DM. Nur bei 0,4% der Diebstahlsdelikte lag ein Schaden von mindestens 50.000 DM vor.

Abgeurteilte und Verurteilte 1991 im alten Bundesgebiet

	Verurteilte	Abgeurteilte
alle Straftaten	869.195	695.118
Straftaten gegen den Staat, die öffentliche Ordnung und im Amt	23.504	15.679
Straftaten gegen die sexuelle Selbstbestimmung	6.080	4.643
Andere Straftaten gegen die Person, außer im Straßenverkehr	85.018	53.265

Diebstahl und Unterschlagung	198.401	160.282
Raub, Erpressung, räuberischer Angriff auf Kraftfahrer	8.143	6.359
Andere Vermögensdelikte	135.468	100.220
Gemeingefährliche Straftaten, außer im Straßenverkehr	11.768	8.920
Straftaten im Straßenverkehr	302.242	262.456

Kriminologisch nicht weniger bedeutsam, wenn auch kaum beachtet, sind **250** jene Straftaten, die selten registriert werden. Leider stehen uns zur Darstellung dieser Delikte nur die (schon reduzierten) Zahlen der gerichtlichen Statistik zur Verfügung. Eine Auflistung auf der Basis der Polizeilichen Kriminalstatistik, die näher an den wirklichen Zahlen der registrierten Taten wäre, ist nicht möglich, weil sie nur in wenigen Fällen die selten vorkommenden Straftaten gesondert aufführt. Die Interpretation der in der folgenden Liste mitgeteilten Zahlen der Aburteilungen 1991 (altes Bundesgebiet) durch die Gerichte darf nicht aus den Augen verlieren, daß in diesem Jahr immerhin fast 930.000 Personen abgeurteilt worden sind.

1991 wurden von den Gerichten im alten Bundesgebiet folgende selten **251**
registrierte Straftaten abgeurteilt:

(Berücksichtigt sind nur Straftaten, mit weniger als 100 Abgeurteilten)

Arbeitsförderungsgesetz	93
Körperverletzung mit Todesfolge, § 226 StGB	90
Unerlaubtes Betreiben von kerntechnischen Anlagen, § 327 Abs. 1 StGB	87
Sexueller Mißbrauch Abhängiger, §§ 174, 174 a, 174 b StGB	86
Volksverhetzung, § 130 StGB	86
Versuchter Mord, §§ 211, 23 StGB	82
Gesetz über die Verbreitung jugendgefährdender Schriften	80
Verletzung der Fürsorge- oder Erziehungspflicht, § 170 d StGB	78
Sexueller Mißbrauch Widerstandsunfähiger, § 179 StGB	77
Kindesentziehung, § 235 StGB	75
Erpresserischer Menschenraub, § 239 a StGB	74
Erregung öffentlichen Ärgernisses, § 183 a StGB	72
Schwere Körperverletzung, § 224 StGB	66
Weingesetz	64
Vorteilsannahme und Bestechlichkeit, §§ 331, 332 StGB	60
Gesetz über die Kontrolle von Kriegswaffen	55
Öffentliche Aufforderung zu Straftaten, § 111 StGB	55
Stören der Totenruhe, §§ 167a, 168 StGB	55
Verletzung der Vertraulichkeit des Wortes, § 201 StGB	51
Warenzeichengesetz	51

Menschenhandel, § 181 StGB	43
Verstoß gegen Weisungen während der Führungsaufsicht, § 145 a StGB	41
Verwahrungsbruch, § 133 StGB	40
Mietwucher, § 302 a Abs. 1 Nr. 1 StGB	38
Zerstörung wichtiger Arbeitsmittel, § 305 a StGB	37
Verletzen des Parlamentsfriedens, §§ 106 a, 106 b StGB	33
Gewaltdarstellung; Aufstachelung zum Rassenhaß, § 131 StGB	30
Jugendschutz in der Öffentlichkeit	29
Nötigung von Staatsorganen, §§ 105, 106 StGB	29
Luftverunreinigung und Lärm, § 325 StGB	28
Aussetzung, § 211 StGB	27
Schwere Umweltgefährdung, § 330 StGB	23
Verletzung von Privatgeheimnissen, § 203 StGB	22
Verletzung des Briefgeheimnisses, § 202 StGB	21
Falschbeurkundung im Amt, § 348 StGB	20
Landesverrat und Gefährdung der äußeren Sicherheit, §§ 94 bis 100 a StGB	20
Verleitung zur Falschaussage, § 160 StGB	20
Luftverkehrsgesetz	19
Wehrpflichtentziehung durch Täuschung, § 109 a StGB	19
Beischlaf zwischen Verwandten, § 173 StGB	18
Beteiligung an einer Schlägerei, § 227 StGB	18
Fälschung beweiserheblicher Daten, § 269 StGB	18
Geiselnahme, § 239 b StGB	18
Tierseuchengesetz	17
Veruntreuen von Arbeitsentgelt, § 226 a Abs. 2 StGB	17
Gläubigerbegünstigung, § 283 c StGB	16
Bundesseuchengesetz	14
Doppelehe, § 171 StGB	14
Förderung sexueller Handlungen Minderjähriger, § 180 StGB	14
Gebührenüberhebung, §§ 352, 353 StGB	13
Gefährdung schutzbedürftiger Gebiete, § 329 StGB	13
Parteiverrat, § 356 StGB	13
Vergiftung, § 229 StGB	13
Arbeitnehmerüberlassungsgesetz	12
Bildung krimineller Vereinigungen, § 129 StGB	12
Raub mit Todesfolge, § 251 StGB	12
Schuldnerbegünstigung, § 283 d StGB	12
Verführung, § 182 StGB	11
Verunglimpfung des Andenkens Verstorbener, § 189 StGB	11
Beabsichtigte schwere Körperverletzung, § 255 StGB	10
Wahlvergehen, §§ 107 bis 108 b StGB	10
Computersabotage, § 303 b StGB	9
Datenveränderung, § 303 a StGB	9
Entführung mit Willen der Entführten, § 237 StGB	9

Nichtanzeige geplanter Straftaten, § 138 StGB	9
Fälschen von Vordrucken für Euroschecks- und Euroscheckkarten, § 152 a StGB	7
Jugendgefährdende Prostitution, § 184 b StGB	7
Pflanzenschutzgesetz	7
Sonstiger Wucher, § 302 a Abs. 1 Nrn. 3 und 4 StGB	7
Verletzung des Dienstgeheimnisses, §§ 353 b, 353 d StGB	7
Belohnung und Billigung von Straftaten, § 140 StGB	6
Fahrlässige schwere Umweltgefährdung, § 330 Abs. 5 und 6 StGB	6
Kreditbetrug, § 256 b StGB	6
Landfriedensbruch, Mitführung von Schutzwaffen, § 125 Abs. 2 Nr. 1 StGB	6
Personenstandsfälschung, § 169 StGB	6
Tötung auf Verlangen, § 216 StGB	6
Wirtschaftsstrafgesetz	6
Abbruch einer Schwangerschaft, § 218 StGB	5
Besonders schwerer Fall des Bankrotts, § 283 a StGB	5
Kapitalanlagebetrug, § 264 a StGB	5
Verstoß gegen das Berufsverbot, § 145 c StGB	5
Anleitung zu Straftaten, § 130 a StGB	4
Außenwirtschaftsgesetz	4
Fahrlässiges unerlaubtes Betreiben von kerntechnischen Anlagen, § 327 Abs. 3 Nr. 1 StGB	4
Schwere Gefährdung durch Freisetzung von Giften, § 330 a StGB	4
Sexueller Mißbrauch von Kindern mit Todesfolge, § 176 Abs. 4 StGB	4
Fahrlässige Luftverunreinigung und Lärm, § 325 Abs. 3 StGB	2
Jugendarbeitsschutzgesetz	2
Kreditwucher, § 302 a Abs. 1 Nr. 2 StGB	2
Milchgesetz	2
Religionsdelikte, §§ 166, 167 StGB	2
Unerlaubter Umgang mit Kernbrennstoffen, § 328 StGB	2
Vergewaltigung mit Todesfolge, § 177 Abs. 3 StGB	2
Verwertung fremder Geheimnisse, § 204 StGB	2
Völkermord, § 220 a StGB	2
Vorenthalten von Arbeitsentgelt, § 226 a Abs. 3 StGB	2
Aussageerpressung, § 343 StGB	1
Ausspähen von Daten, § 202 a StGB	1
Bildung terroristischer Vereinigungen, § 129 a StGB	1
Freisetzen ionisierender Strahlen, § 311 d StGB	1
Friedensverrat, §§ 80, 80 a StGB	1
Politische Verdächtigung, § 241 a StGB	1
Straftaten gegen ausländische Staaten, § 102 bis 104 StGB	1
Üble Nachrede und Verleumdung gegen Personen des politischen Lebens, § 187 a StGB	1
Verleitung eines Untergebenen zu einer Straftat, § 357 StGB	1
Wehrpflichtentziehung durch Verstümmelung, § 109 StGB	1

4.2.2 Dunkelfeld der Kriminalität

Literatur: *Günther Albrecht/Carl-Werner Howe/Jochen Wolterhoff-Neetix,* Neue Ergebnisse zum Dunkelfeld der Jugenddelinquenz: Selbstberichtete Delinquenz von Jugendlichen in zwei westdeutschen Großstädten. In: *Günther Kaiser/Helmut Kury/Hans-Jörg Albrecht,* Hrsg., Kriminologische Forschung in den 80er Jahren. Projektberichte aus der Bundesrepublik. Freiburg i. Br. 1988, S. 661 bis 696; *Michael C. Baurmann/Dieter Hermann/Hans Udo Störzer,* Telefonische Befragung von Kriminalitätsopfern: ein neuer Weg ins Dunkelfeld? Monatsschrift für Kriminologie und Strafrechtsreform 74 (1991), S. 159 bis 173; *Erhard Blankenburg,* Die Selektivität rechtlicher Sanktionen. Eine empirische Untersuchung von Ladendiebstählen. Kölner Zeitschrift für Soziologie und Sozialpsychologie 21 (1969), S. 805 bis 829; *Manfred Brusten/Klaus Hurrelmann,* Abweichendes Verhalten in der Schule. Eine Untersuchung zu Prozessen der Stigmatisierung. München 1973; *J. W. B. Douglas/J. M. Ross u. a.,* Delinquency and Social Class. British Journal of Criminology 6 (1966), S. 294 bis 302; *LaMar T. Empey/M. L. Erickson,* Hidden Delinquency and Social Status. Social Forces 44 (1965), S. 546 bis 554; *Martin Gold,* Delinquent Behavior in an American City. Belmont 1970; *Günther Kräupl/Heike Ludwig,* Wandel kommunaler Lebenslagen, Kriminalität und Sanktionserwartungen. Bevölkerungsbefragung in einer städtischen Region Thüringens 1991/92 (Jenaer Kriminalitätsbefragung). Freiburg i. Br. 1993; *Arthur Kreuzer/Thomas Görgen/Ruth Römer-Klees,* Auswirkungen unterschiedlicher methodischer Vorgehensweisen auf die Ergebnisse selbstberichteter Delinquenz. Monatsschrift für Kriminologie und Strafrechtsreform 75 (1992), S. 91 bis 104; *Helmut Kury,* Kriminalität und Viktimisierung in Deutschland. Ergebnisse einer Opferstudie. In: *K. Broers/U. Ewald/H.-J. Kerner/E. Lautsch/K. Sessar,* Hrsg., Sozialer Umbruch und Kriminalität in Deutschland, Mittel- und Osteuropa, Bonn 1994, S. 165 bis 197; *Helmut Kury,* Kriminalität und Viktimisierung in Ost- und Westdeutschland. Ergebnisse der ersten vergleichenden Victim Survey in der ehemaligen DDR und BRD. In: *Helmut Kury,* Hrsg., Gesellschaftliche Umwälzung. Kriminalitätserfahrung, Straffälligkeit und soziale Kontrolle. Freiburg i. Br. 1992, S. 141 bis 228; *Helmut Kury/Uwe Dörmann/Harald Richter/Michael Würger,* Opfererfahrungen und Meinungen zur Inneren Sicherheit in Deutschland. Ein empirischer Vergleich von Viktimisierungen, Anzeigeverhalten und Sicherheitseinschätzung in Ost und West vor der Vereinigung. Wiesbaden 1992; *Lynn McDonald,* Social Class and Delinquency. London 1969; *Wilfried Merschmann/Reinhard Walter/G. Höhner,* Schicht- und Geschlechtsverteilung Strafunmündiger im Dunkelfeld. In: *Gerhardt Nissen/Friedrich Specht,* Psychische Gesundheit. Neuwied usw. 1976, S. 145 bis 159; *Lutz Müller,* Dunkelfeldforschung - ein verläßlicher Indikator der Kriminalität? Darstellung, Analyse und Kritik des internationalen Forschungsstandes. Jur. Diss., Freiburg i. Br. 1978; *Karl-Dieter Opp,* Kriminalität und Gesellschaftsstruktur. Neuwied usw. 1968; *Monika Plate/Ulrich Schwinges/Rüdiger Weiß,* Struktur der Kriminalität in Solingen. Eine Untersuchung zu Zusammenhängen zwischen baulichen und sozialen Merkmalen und dem Kriminalitätsaufkommen. Wiesbaden 1985; *Stephan Quensel,* Delinquenzbelastung und soziale Schicht bei nichtbestraften männlichen Jugendlichen. Monatsschrift für Kriminologie und Strafrechtsreform 54 (1971), S. 236 bis 262; *Karl-Heinz Reuband,* Informanteninterviews als Mittel der Dunkelfeldforschung: erste Erfahrungen mit einer neuen Methodologie zur Beschreibung des Dunkelfeldes von Drogenabhängigkeit. Monatsschrift für Kriminologie und Strafrechtsreform 73 (1990), S. 292 bis 304; *Hans-Dieter Schwind,* Dunkelfeldforschung in Bochum: 1975 und 1986. In: *Günther Kaiser/Helmut Kury/Hans-Jörg Albrecht*, Hrsg., Kriminologische Forschung in den 80er Jahren. Projektberichte aus der Bundesrepublik. Freiburg i. Br. 1988, S. 943 bis 959; *Hans-Dieter Schwind/Wilfred Ahlborn/Hans-Jürgen Eger/ Ulrich Jany/Volker Pudel/ Rüdiger Weiss*, Dunkelfeldforschung in Göttingen 1973/ 74. Eine Opferbefragung zur Aufhellung dss Dunkelfeldes und zur Erforschung der Bestimmungsgründe für die Unterlassung von Strafanzeigen. Wiesbaden 1975; *Hans-Dieter Schwind/Wilfred Ahlborn/Rüdiger Weiss*, Empirische Kriminalgeographie. Bestandaufnahme und Weiterführung am Beispiel von Bochum („Kriminalitätsatlas Bochum"). Wiesbaden 1978; *Klaus Sessar*, Wiedergutmachen oder strafen: Einstellungen in der Bevölkerung und der Justiz. Pfaffenweiler 1992; *Egon Stephan*, Die Stuttgarter Opferbefragung. Eine kriminologisch-viktimologische Analyse zur Erforschung des Dunkelfeldes unter besonderer Berücksichtigung der Einstellung der Bevölkerung zur Kriminalität. Wiesbaden 1976; *Bernhard Villmow/Egon Stephan*, Jugendkriminalität in einer Gemeinde. Freiburg i. Br. 1982; *Reinhard Walter/Wilfried Merschmann/Gerhard Höhner*, Unregistrierte Delinquenz Strafunmündiger und Persönlichkeitsmerkmale im FPI. Monatsschrift für Kriminologie und Strafrechtsreform 58 (1975), S. 339 bis 357.

Was man unter dem Dunkelfeld der Kriminalität zu verstehen hat, ist in der Kriminologie nicht definiert; der Begriff wird (deshalb) auch nicht einheitlich verwendet. Seine Definition hängt vor allem von praktischen Überlegungen ab. Einigkeit herrscht aber darüber, daß die Summe der Verbrechen des Dunkelfeldes und des sog.»Hellfeldes« zusammen die gesamte Kriminalität eines bestimmten Gebietes während eines bestimmten Zeitabschnittes umfaßt. Für den Zweck der Darstellung von Umfang und Struktur der tatsächlich begangenen Kriminalität empfiehlt es sich, jene Straftaten als im Dunkelfeld bleibend zu bezeichnen, die nicht wenigstens bei der Polizei registriert sind. Manche Autoren freilich zählen auch jene Delikte nicht zum Dunkelfeld, die zwar zur Kenntnis der Strafverfolgungsbehörden gelangt sind, die aber von diesen nicht verfolgt wurden. 252

Wieviel Kriminalität im Dunkelfeld bleibt, läßt sich zuverlässig nicht sagen, sondern allenfalls einigermaßen begründbar schätzen. Es gibt in der Kriminologie keine Methode, mit der das Dunkelfeld zuverlässig gemessen werden kann. Nachdem bei der Erforschung des Dunkelfeldes anfangs Schätzungen anhand der entdeckten Taten im Vordergrund standen, hat man, beginnend in den USA, seit Ende der vierziger und verstärkt vor allem seit Mitte der 60er Jahre damit begonnen, systematisch das Dunkelfeld zu erforschen. Prinzipiell stehen dafür als Methoden Experiment, Beobachtung und Befragung zur Verfügung. **In der Praxis spielt die Befragung die wichtigste Rolle.** Die beiden anderen Methoden sind zwar gelegentlich angewendet worden, doch hat sich gezeigt, daß sie für eine auch nur einigermaßen zuverlässige Erfassung des Dunkelfeldes nicht in Betracht kommen. 253

Für das **Experiment** kann vor allem auf die Arbeit von *Blankenburg* (1969) verwiesen werden, in der versucht wird, das Dunkelfeld beim Ladendiebstahl zu messen. Zu diesem Zweck wurden in einigen Selbstbedienungsläden für Lebensmittel von zwei 254

»Dieben« (und einem Beobachter) »Diebstähle probeweise« durchgeführt. Insgesamt sollten 40 »Diebstähle« begangen werden. Die Anweisung des Untersuchungsleiters lautete, einen »Diebstahl« so auszuführen, wie man es von einem ungeübten Dieb annehmen könne. Wie »Dieb« und Beobachter dabei vorzugehen hatten, war zuvor festgelegt. Zweck der Untersuchung war es festzustellen, wie hoch die Quote der Entdeckungen dieser »Diebstähle« war. Um die Situationen möglichst realistisch zu gestalten, waren die Leiter der einzelnen Geschäfte sowie deren Personal nicht darüber informiert, daß bei ihnen »probegestohlen« werden sollte. Es zeigte sich, daß die »Diebe« unentdeckt 39 der geplanten 40 »Diebstähle« durchführen konnten. Da sich beim vierzigsten »Diebstahl« der »Dieb« beobachtet fühlte, unterließ er die »Tat«. Es konnte deshalb angenommen werden, daß höchstens jeder vierzigste Diebstahl entdeckt würde. Dies bedeutete, wäre damit Verhalten repräsentativ erfaßt, daß maximal 3% der Ladendiebstähle auch entdeckt würden (was übrigens noch nicht heißen müßte, daß diese auch der Polizei gemeldet würden). Schon eine kurze Analyse des Experimentes zeigt, daß die tatsächliche Situation beim Diebstahl nicht zutreffend nachgeahmt werden konnte. Der »Dieb« wußte, daß er nicht »wirklich« stahl. Ein Entdecktwerden hätte für ihn nicht die Konsequenzen gehabt, mit denen ein wirklicher Dieb zu rechnen hätte. Auch sagt der Diebstahl in einem Lebensmittelladen noch nichts über einen solchen in anderen Geschäften, etwa in Kaufhäusern, aus. Im übrigen müßte natürlich beim experimentellen »Ladendiebstahl« das »gestohlen« werden, was in Wirklichkeit gestohlen wird. Es ist z. B. auch denkbar, daß sich jüngere bzw. ältere Leute geschickter oder weniger geschickt beim Stehlen verhalten als Testpersonen. Man könnte, ohne die methodischen Einwände zu stark zu betonen, noch eine Reihe anderer Umstände anführen, die nahelegen, daß die Situation beim Experiment alles andere als die Wirklichkeit erfaßte. Schon diese kurzen Ausführungen genügen, um zu zeigen, daß sich für die Aufhellung des Dunkelfeldes solche Experimente nicht eignen.

Auch vereinzelte Versuche, durch **(teilnehmende) Beobachtung** das Dunkelfeld zu erfassen, müssen als gescheitert gelten. Dies ist vor allem deswegen so, weil Kriminalität im Leben eines Menschen ein seltenes Ereignis ist und man nicht voraussagen kann, wann es eintritt. Auch ist es sehr schwer, sich in Gruppen »einzuschleichen«, etwa in Subkulturen, deren Lebensstil (potentiell) kriminell ist. Vor allem entstehen im letzteren Bereich neben den Fragen des Zeitaufwandes für die Ergebnisse auch ethische Probleme, weil man als Mitglied krimineller Gruppen, um nicht aufzufallen, sich unter Umständen selbst an strafbaren Handlungen beteiligen muß. Zudem sind die Ergebnisse solcher Beobachtungen so wenig repräsentativ, so daß sich über die Dunkelfeldkriminalität als Gesamterscheinung kaum Zuverlässiges daraus schließen läßt.

255 **Befragungen zum Dunkelfeld** werden in drei Formen durchgeführt. Am häufigsten sind **Opferbefragungen.** Hier wird danach gefragt, ob der Befragte in einem bestimmten Zeitraum Opfer einer (bestimmten) Straftat wurde und wenn ja, wie häufig dies geschah. Diese **Viktimisierungsstudien** werden in den USA landesweit ständig seit Mitte der 60er Jahre in großem Stil durchgeführt. Für die Bundesrepublik Deutschland sind bisher folgende größere Untersuchungen durchgeführt worden: Stuttgart 1973 (*Stephan* 1976), Gemeindestudie Südbaden 1973 (*Villmow/Stephan* 1983), Göttingen

1973/74 (*Schwind* u. a. 1975), Bochum 1975 (*Schwind* u. a. 1978), verschiedene Orte in Baden-Württemberg 1976 (*Villmow/Stephan* 1983), Solingen 1981 (*Plate/Schwinges/Weiss* 1985), Bochum 1986 (*Schwind* u. a. 1988), verschiedene Orte in Baden-Württemberg 1981 (*Arnold* 1986), Gesamtdeutschland 1989 (*Kury/Dörmann/Richter/Würger* 1992) und Thüringen 1991/92 (*Kräupl/Ludwig* 1993). Die Ergebnisse dieser Umfragen scheinen relativ genau zu sein, wenn auch für sie gilt, daß sie nicht messen können, ob ein Befragter tatsächlich Opfer einer Straftat wurde, sondern nur, ob er sich als solches betrachtet. Die Daten können aber mit den amtlichen Kriminalstatistiken verglichen werden und zeigen so das Verhältnis von registrierter Kriminalität zu Dunkelfeldkriminalität auf. Allerdings sind die ermittelten Zahlen hinsichtlich ihrer Genauigkeit sehr problematisch, weil die Ergebnisse stark durch die Fragestellungen, die zum Teil deutlich variieren, beeinflußt werden. Damit aber wird eine Vergleichbarkeit mit der Kriminalstatistik sehr erschwert, wenn nicht überhaupt unmöglich gemacht. Allenfalls kann man daher Tendenzen für das Dunkelfeld der einzelnen Delikte aufzeigen. Die rechnerisch möglichen genauen Zahlenangaben aufgrund der Befragungen täuschen eine Genauigkeit vor, die mit dem Instrumentarium der Befragung nicht erreicht werden kann.

In welchem Bereich sich die Daten bewegen, mag das folgende Beispiel aus der Göttinger Dunkelfelduntersuchung zeigen. Wenn man in dieser Untersuchung das Dunkelfeld mit den polizeilich registrierten Fällen vergleicht, dann ergeben sich folgende Daten (errechnet nach *Schwind* u. a. 1975, 164):

Schadenshöhe der in Göttingen begangenen Taten
(Hellfeld und Dunkelfeld zusammen)

	niedrigster Wert	höchster Wert	wahrscheinlichster Wert
Bagatellfälle	3.510	6.279	4.914
unter 25 DM	12.150	17.010	14.580
25 bis 100 DM	8.406	12.609	9.807
100 bis 1.000 DM	4.356	8.712	6.534
über 1.000 DM		1.134	756
insgesamt	34.083	43.821	38.952

Dieses Beispiel demonstriert, daß schon aus methodischen Gründen – wegen der Unmöglichkeit einer Totalbefragung – die Ergebnisse dieser Studien sehr ungenau sind. Die höchsten und niedrigsten Zahlen für die Delikte bewegen sich hier zwischen einem Fünftel und einer Verdoppelung, wie etwa bei den Entwendungen mit einem Wert zwischen 100 und 1.000 DM, bei denen die tatsächliche Zahl der begangenen Taten danach zwischen 4.356 und 8.712 liegt. Im übrigen ist es bei der angewendeten Methode eine Scheingenauigkeit, so exakte Zahlen zu nennen, da die Angaben der Befragten gar nicht so genau sein können. Das entscheidende Moment der Einschätzung einer Handlung als Straftat bleibt von der angewendeten Methode unberührt. Deswegen müssen alle Ergebnisse dieser Viktimisierungsstudien vorsichtig interpretiert werden, auch wenn sie zumindest in groben Zügen die Wirklichkeit wiedergeben.

258 Eine zweite Form der Befragung besteht darin, zu fragen, **ob jemand eine bestimmte Straftat in einem vorher festgelegten Zeitabschnitt selbst begangen hat.** Dabei dürfte es noch schwieriger sein, ein zutreffendes Ergebnis zu erhalten, weil der Befragte ein sozial auffälliges und deswegen negativ beurteiltes Verhalten zugeben muß, so daß manche Befragten Hemmungen haben, ehrliche Angaben zu machen. Auch ist eine richtige Antwort davon abhängig, ob der Befragte ein strafbares Tun überhaupt als Kriminalität begreift. Dies dürfte von unterschiedlichen Umständen abhängen. Schon allein deswegen dürften die Antworten nicht immer zutreffen. Zudem lassen sich auf diese Weise nicht alle Delikte erfragen. Schwerwiegende Delikte, vor allem solche, die mit einem deutlichen sozialen Unwerturteil versehen sind (etwa bestimmte Sexualdelikte) dürften verhältnismäßig selten genannt werden.

259 Bei der dritten Form der Befragung wird danach gefragt, **ob jemand von einer Straftat in seiner Umgebung – also nicht etwa nur aus den Medien – erfahren hat.** Da hier mit Doppelnennungen zu rechnen ist, vor allem, wenn ziemlich kleine Orte in die Untersuchung einbezogen werden, ist es nicht möglich, die gewonnenen Daten unmittelbar mit der Kriminalstatistik zu vergleichen. Im übrigen ist hier weniger Gewähr dafür geboten, daß auch nur »wirkliche« Straftaten berichtet werden, weil die Informationen auf Hörensagen beruhen. Der Befragte selbst kann kaum beurteilen, ob tatsächlich eine Straftat vorgelegen hat. Mit solchen Befragungen kann die Wirklichkeit des Dunkelfeldes nur sehr unzureichend erfaßt werden.

260 Bei allen Dunkelfeldbefragungen bestehen unabhängig von den allgemeinen methodischen auch einige andere Probleme. Die Schwierigkeit beginnt bereits damit, geeignete Fragen zu finden, um die Delikte für einen Laien zutreffend zu beschreiben. Die bisherigen Lösungsversuche gehen entweder dahin, bestimmte kriminelle Verhaltensweisen als solche abzufragen (»Haben Sie in einem Kaufhaus etwas entwendet?«) oder aber abstrakt in Anlehnung an den Text des Strafgesetzbuches zu fragen (»Einen Diebstahl begeht man, wenn man eine Sache, die einem nicht selbst gehört, jemandem wegnimmt und nicht wieder zurückgibt.«). Beide Fragestellungen sind nicht ohne Probleme. Im ersten Fall können nur allgemein bekannte Delikte erfragt werden. Bei der zweiten Art der Fragestellung wird von dem Befragten verlangt, Handlungen in Art der juristischen Subsumtion als Kriminalität zu identifizieren. Freilich ist methodisch noch weitgehend ungeklärt, welchen

Einfluß die einzelnen Fragestellungen auf das Ergebnis haben. Eine Art Mittelweg beschreiben Untersuchungen (vgl. etwa *Kury/Dörmann/Richter/ Würger* 1992), die für bestimmte Delikte gängige Verhaltensweisen abfragen. So wurde etwa gefragt, ob »einer Ihren Personenwagen, Kombi oder Kleintransporter gestohlen« hat oder »Wie oft ist Ihnen ein Auto beschädigt worden?« Eine weitere Schwierigkeit besteht darin, daß sich nicht alle Delikte eignen, in Dunkelfelduntersuchungen erfragt zu werden. Dies trifft für sehr selten vorkommende und für sehr schwere Delikte zu. Es ist nicht möglich, das Dunkelfeld für Mord und Totschlag durch eine Befragung aufzuhellen. Einmal handelt es sich hierbei um sehr seltene Vorkommnisse und zum anderen um solche, die normalerweise auch nicht eingestanden werden. Allerdings ist die Schwelle des Eingeständnisses schwererer Taten nicht so hoch, wie Dunkelfelduntersuchungen zeigen, mit denen immerhin auch etwa gewalttätige Straftaten gegen die sexuelle Selbstbestimmung erfaßt werden können. Schwierigkeiten schafft es auch, daß offensichtlich bei diesen Befragungen vor allem jene nicht teilnehmen, die eine besondere Beziehung zur Kriminalität haben.

In einer Untersuchung der Verweigerer bei einer Dunkelfeldstudie ließ sich ermitteln (*Kürzinger* 1975), daß die Wahrscheinlichkeit, sich befragen zu lassen, für Jugendliche und Jungerwachsene eindeutig davon abhängt, ob jemand selbst schon Kontakt mit Strafverfolgungsbehörden hatte. Personen, die selbst kriminell auffällig waren, beteiligen sich an Dunkelfelduntersuchungen seltener. Damit entsteht eine Verzerrung der Ergebnisse selbst bei zutreffenden Antworten für die Gesamtgruppe.

Als Fazit der bisherigen Überlegungen ist festzuhalten, **daß auch die Befragung nur Annäherungswerte für Ausmaß und Struktur der Dunkelfeldkriminalität ergeben kann, daß also die so gewonnenen Daten nur mit Einschränkungen die Wirklichkeit erfassen.** Die Ergebnisse sind daher immer nur als relativ richtig anzusehen. Obwohl bisherige Dunkelfelduntersuchungen nicht immer repräsentativ waren, lassen sich doch einige empirisch gut abgesicherte Aussagen machen. Zum **Umfang der Kriminalität des Dunkelfeldes** (die Untersuchungen bezogen sich hauptsächlich auf die »klassische« Kriminalität, sparen also vor allem Verkehrsdelikte aus) läßt sich zweierlei festhalten: **es wird nur ein Bruchteil der wirklich begangenen Kriminalität registriert und die Registrierungsrate ist deliktspezifisch unterschiedlich hoch.** Die Zahlen sind unterschiedlich, so daß sich keine zuverlässigen Hochrechnungen erstellen lassen. Am sinnvollsten ist es, bei der Darstellung des Dunkelfeldes das Verhältnis zwischen der registrierten und nicht registrierten Kriminalität anzugeben.

Für Solingen (*Plate/Schwinges/Weiss* 1985) waren die wahrscheinlichsten Werte des Verhältnisses der angezeigten zu nicht angezeigten Delikten (*Plate/Schwinges/Weiss* 1985, 84) bei:

Diebstahl	1 : 2
– einfacher Diebstahl	1 : 3
– schwerer Diebstahl	1 : 1
Sachbeschädigung	1 : 16
– Sachbeschädigung am Kfz	1 : 16
Körperverletzung	1 : 5
Untersuchte Delikte	1 : 4

Wären diese Zahlen für Deutschland – was sie sicherlich nicht sind – repräsentativ, so könnte man aus ihnen folgern, daß etwa zwei Drittel der Diebstahlsfälle im Dunkelfeld bleiben.

263 Die gesamtdeutsche Befragung von *Kury/Dörmann/Richter/Würger* (1992), die den Zeitraum von 1986 bis 1990 erfaßte, zeigt folgende Viktimisierungsraten der Befragten:

Delikt	Anteil der Opfer unter den Befragten	
	Ostdeutsche	Westdeutsche
Diebstahl eines PKW*	0,4 %	1,2 %
Diebstahl aus einem PKW*	7,6 %	10,4 %
Beschädigung eines PKW*	10,1 %	14,5 %
Diebstahl eines Krades*	7,3 %	6,7 %
Diebstahl eines Fahrrades*	14,9 %	14,3 %
Wohnungeinbruch	2,1 %	2,5 %
Wohnungseinbruchsversuch	2,2 %	1,7 %
Raub	0,7 %	1,7 %
Diebstahl persönlichen Eigentums	5,1 %	7,1 %
Sexuelle Belästigung	2,1 %	3,9 %
Tätlicher Angriff und Bedrohung	3,2 %	4,1 %

* nur soweit ein entsprechendes Verkehrsmittel vom Befragten besessen wurde
(Quelle: *Kury/Dörmann/Richter/Würger* 1992, 157)

264 Auch wenn sich diese Zahlen nicht unmittelbar zum Vergleich mit der Polizeilichen Kriminalstatistik eignen, so kann doch aus ihnen geschlossen werden, **daß der weitaus überwiegende Teil der Kriminalität im Dunkelfeld bleibt.** Nimmt man zur Illustration für diese Feststellung etwa die Daten zum Raub in Westdeutschland, so läßt sich nach diesen Zahlen eine Viktimisierungsquote von jährlich 0,34% aller Befragten (Strafmündige Bevölkerung für Westdeutschland: 54,558 Mio.) annehmen. 0,34% von 54,558 Mio. Einwohnern Westdeutschlands bedeuten für 1990 hochgerechnet rund 185.000 Opfer eines Raubes in diesem Jahr. Registriert wurden 1990 bei der Polizei aber nur 35.111 Fälle. Man hätte damit zu rechnen, daß mehr als fünfmal soviele Raubdelikte als bei der Polizei registriert sind auch verübt wurden.

Alle diese Zahlen erscheinen als zu hoch, wenn man sie mit anderen Ergebnissen von Dunkelfelduntersuchungen im Hinblick auf die berichteten Anzeigequoten vergleicht. Hier werden von Befragten relativ hohe Anzeigequoten berichtet.

So haben etwa nach der BKA-Studie 1990 in Westdeutschland die Opfer der **265** folgenden Straftaten eine Anzeige bei der Polizei bezüglich des erlittenen Deliktes angegeben:

Delikt	Anteile der Taten, die bei der Polizei angezeigt wurden
Diebstahl eines PKW	93,3 %
Diebstahl an/aus PKW	82,8 %
Beschädigung am PKW	52,8 %
Kraddiebstahl	92,3 %
Fahrraddiebstahl	78,9 %
Wohnungseinbruch	82,0 %
Raub	69,0 %
Diebstahl persönlichen Eigentums	38,8 %
Sexuelle Belästigung	7,1 %
Tätlicher Angriff/Bedrohung	25,0 %

Diese Zahlen decken sich zwar mit den Angaben ähnlicher Dunkelfelduntersuchungen, nicht aber mit sonstigen Ergebnissen dieser Studien. **Diese Ergebnisse lassen eher vermuten, daß nur etwa ein Zehntel der klassischen Kriminalität aus dem Dunkelfeld bei der Polizei tatsächlich zur Anzeige kommt.** Jedenfalls wird kaum mehr von ihr registriert. Wenn man nicht unterstellt, wofür bisherige Untersuchungen keinen Anlaß geben, daß die überwiegende Mehrzahl der Eigentums- und Vermögensdelikte bei der Polizei erfolglos angezeigt werden, kommt man zwangsläufig zu dem Schluß, daß beide Ergebnisse, die sich in den Dunkelfelduntersuchungen immer wieder finden lassen, einander ausschließen: Entweder sind die Angaben der Befragten über den Umfang des Dunkelfeldes bei den einzelnen Taten falsch und die Angaben über die Häufigkeit der (späteren) Strafanzeige richtig, oder aber die Aussagen über die Häufigkeit der Strafanzeigen sind unrichtig, die Angaben über die (entdeckten) Taten dagegen zutreffend. Beides kann nicht gleichzeitig richtig sein. Aus sehr unterschiedlichen Gründen, die hier nicht einzeln angeführt werden können, darf man davon ausgehen, daß die Angaben zum Anzeigeverhalten der Bevölkerung falsch sind. Es werden bei weitem nicht so viele Taten von den Opfern auch angezeigt, wie sie berichten, sondern weitaus weniger. Polizeiliche Selektion findet in diesem Bereich nur sehr eingeschränkt statt: Sind schon, wie gezeigt, nur etwa ein Zehntel der »klassischen« Straftaten in der Polizeilichen Kriminalstatistik erfaßt, so weisen die Daten der Dunkelfelduntersuchungen darauf hin, daß auch die Kriminalitätsstruktur in den Statistiken nicht zutreffend erfaßt ist. Es ist also nicht so, daß von allen Delikten etwa nur ein Zehntel erfaßt werden. Die Anzeige eines Deliktes ist, neben anderen Größen, **266** auch von seiner Art abhängig. So hat etwa ein Bagatelldelikt mit einem Schaden von 10 DM eine geringere Wahrscheinlichkeit, bei der Polizei angezeigt zu werden als eine Tat, die einen Schaden von 1.000 DM verursacht hat. Da aber die Verteilung der Delikte nicht einheitlich ist – es werden offenbar nicht gleich viele Straftaten mit geringen und solchen mit höheren Schadenssummen begangen – führt dies zwangsläufig dazu, daß das Verhältnis der begangenen zu den erfaßten Straftaten nicht einheitlich ist. Damit aber weist die tatsächlich begangene Kriminalität eine andere Häufigkeitsverteilung der einzelnen Straftaten und damit auch eine andere Binnenstruktur auf.

Aus der Vielzahl der Umstände, die im Ergebnis Ausmaß und Struktur des Dunkelfeldes bestimmen, und die nicht unmittelbar dem (unterschiedlichen) Anzeigeverhalten der Tatopfer zugeordnet werden können (hierzu s. Rdnrn. 152ff.), sind vor allem Tat und Tatumstände sowie Opfer und Opfersituationen von Bedeutung.

267 In der Zusammenfassung der Ergebnisse seiner Analyse hat *Müller* (1978, 216) zudem festgestellt, daß diejenigen Befragten, die selbst amtlich als Straftäter registriert waren, eine sehr hohe Kriminalitätsbelastung auch bei Dunkelfelduntersuchungen aufwiesen. Der Höhepunkt der kriminellen Aktivität zeigte sich bei den 14- bis 17jährigen. Männer sind stärker belastet als Frauen, obwohl der Unterschied nicht so groß ist, wie er in den Statistiken erscheint. Bei den Befragten, die sich als hoch kriminalitätsbelastet einstuften, sind die aggressiveren Persönlichkeiten zu finden. Für Opferbefragungen stellt *Müller* (1978, 216f.) fest, daß Angehörige der oberen Schicht besonders opfergefährdet seien. Zwischen dem Prozeß der Opferwerdung und der eigenen Kriminalität bestehe ein Zusammenhang. **Es scheine so zu sein, daß für den, der selber Straftaten verübe, auch die Wahrscheinlichkeit, Opfer von Delikten zu werden, größer sei.** Jüngere Personen würden eher Opfer als ältere, Männer eher als Frauen.

268 Eine für die Kriminologie wichtige Frage ist, vor allem auch im Hinblick auf den Wirklichkeitsgehalt des labeling-Ansatzes (s. Rdnrn. 127ff.), **ob Kriminalität in den einzelnen sozialen Schichten gleichmäßig verteilt ist.** Dies ist bisher umstritten geblieben. Es liegt sicherlich vor allem daran, daß die vorliegenden Ergebnisse der Dunkelfeldforschung interpretiert werden müssen und damit die Schlußfolgerungen nicht zwangsläufig auch überzeugen. Hinzu kommt, daß für die hier wichtige Täterbefragung fast nur Untersuchungen vorliegen, die Jugendliche und Jungerwachsene erfassen, die in Kriminalstatistiken aber überwiegend registrierten erwachsenen Täter fast unberücksichtigt blieben. **Die Dunkelfelduntersuchungen sind in ihren Ergebnissen nicht einheitlich.** Einige gelangen zu dem Schluß, daß die Kriminalitätsbelastung annähernd gleich in den einzelnen sozialen Schichten ist, andere Studien haben dagegen eine höhere Delinquenzbelastung der Unterschicht ermittelt.

269 Betrachtet man die einzelnen Dunkelfeldergebnisse, so erweisen sie sich insgesamt als zwiespältig. Einmal liegen die Ergebnisse nicht alle in der gleichen Richtung und zum anderen wurden sie – etwa soweit Täter betroffen sind – oft nur bei jungen Befragten erhoben. Deshalb lassen sich hinsichtlich der Täterbelastung allgemeingültige Aussagen für alle Lebensaltersstufen nur sehr eingeschränkt machen. Ein Problem besteht auch in der Art, wie diese Ergebnisse in Interviews erhoben werden (müssen). Ist nämlich, was zu vermuten ist, die Vorstellung davon, was kriminell ist, selbst schichtabhängig, dann teilen Angehörige unterschiedlicher sozialer Schichten auch Unterschiedliches zur eigenen Kriminalitätsbelastung mit. Es ist nicht auszuschließen, daß dann die Angaben von Mittelschichtangehörigen relativ gesehen zu hoch sind. Die Erwartungen der Mittelschicht an das Verhalten werden eher durch kriminelle Handlungen verletzt als dies bei Unterschichtangehörigen der Fall ist, von denen nicht ganz zu Unrecht behauptet wird, daß Handlungen, die in der Unterschicht als »normal« gelten, im Strafgesetzbuch zum Teil kriminalisiert sind. Opp (1968) hat beispielsweise in einer empirischen Untersuchung festgestellt, daß das System der institutionalisierten Normen bei der Unterschicht und der Mittelschicht verschieden ist. Die Jugendlichen der Unterschicht haben offenbar ein Norm- und Wertsystem internalisiert, das vom Standpunkt der Mittelschicht aus als delinquent angesehen wird. Für diese Jugendlichen gehöre es durchaus zum normalen Verhalten, bestimmte Aktivitäten, wie kleine Einbrüche, Diebstähle usw. zu begehen. Wenn dies aber so ist, dann werden Unterschichtsjugendliche, danach befragt, solche Taten kaum als Kriminalität erkennen und auch bei Befragungen nicht berichten. Die schichtenspezifisch unterschiedlichen Verhaltensmuster sind oftmals zugleich die Ursache für kriminelles Verhalten. Von hierher wäre es nur folgerichtig, wenn man mit dem niedrigen Sozialstatus auch häufigere Kriminalität verbinden würde.

Wie stark die einzelnen sozialen Schichten bei einem Delikt vertreten sind, dürfte zudem auch von den Zugangschancen abhängen. Dabei soll unter »Zugangschance« nicht nur der technische Zugang (Tatnähe, technisches Können usw.) verstanden werden, sondern auch die Situation, die Kriminalität als Lösungsmittel eines sozialen Konflikts ansieht, gemeint sein. Diese Zugangschance ist schon deswegen für die einzelnen sozialen Schichten unterschiedlich, weil sich die Strafnormen schichtenspezifisch auswirken. Aber auch die technischen Fähigkeiten und die realen Situationen zur Deliktsbegehung in unserer Gesellschaft sind nicht gleichmäßig verteilt, so daß nicht alle Angehörigen einer Schicht jedes Delikt gleich leicht verwirklichen können. Geht man von einer ungleichen Einkommens- und Vermögensverteilung in unserer Gesellschaft aus, so bevorzugt die strafrechtliche Sicherung von Eigentum und Vermögen denjenigen, der Eigentum und Vermögen schon besitzt, sie benachteiligt aber den, für den dies nicht zutrifft und der nun versucht, sie durch illegale Mittel zu erreichen. Außerdem bietet die berufliche und damit soziale Stellung auch unterschiedlich leichten Zugang zu den Straftaten. Zwar haben Mittelschichtangehörige in der Regel Zugang zu allen Straftaten, doch haben sie wegen ihrer Situation gar nicht das Bedürfnis, alle ihnen zugänglichen Straftaten auch zu begehen. Dies gilt vor allem für den Diebstahl. Unterschichtangehörige haben dagegen möglicherweise ein gesteigertes Interesse, gewinnbringende Vermögensdelikte zu begehen. Ihnen fehlen aber für die meisten dieser Straftaten (etwa den Subventionsbetrug) die Zugangschancen. Diese Sachlage läßt vermuten, daß hier und heute Unterschichtangehörige tatsächlich häufiger kriminell werden als Mittelschichtangehörige. Die Dunkelfeldselektion mag zwar zu ungunsten der Unterschicht diesen Abstand in der Benachteiligung an der Kriminalität verzerren, doch die Selektion allein erklärt die stärkere Belastung der Angehörigen der Unterschicht durch Kriminalität nicht. Dahinter steht tatsächlich eine stärkere Belastung durch Kriminalität.

270 Zusammenfassend läßt sich zum Dunkelfeld folgendes sagen:

Wie groß das Dunkelfeld tatsächlich ist und welche Struktur die Kriminalität des Dunkelfeldes aufweist, läßt sich wegen der insoweit unzureichenden Methoden, mit denen dies erforscht wird, nicht mit hinreichender Sicherheit sagen, doch scheinen folgende Aussagen vertretbar zu sein:

- die (polizeilich) registrierte Kriminalität stellt nur einen zahlenmäßig geringen Ausschnitt aus der gesamten, den Opfern von Straftaten bekannten Kriminalität dar;

- das Tatopfer ist nur in verhältnismäßig wenigen Fällen, wohl kaum mehr als in jedem zehnten Fall der umfangmäßig besonders bedeutsamen Eigentums- und Vermögensdelikte bereit, eine erlittene Straftat bei der Polizei anzuzeigen;

- Straftaten, die die Interessensphäre des Tatopfers nach dessen Einschätzung nicht sehr berühren, bleiben (verstärkt) im Dunkelfeld. Entscheidend dafür ist der materielle Schaden, der entstanden ist, obwohl dieser allein nicht ausschlaggebend ist und

- auch das Tatopfer selbst, sein Alter, Geschlecht und seine soziale Stellung spielen bei der Entscheidung, ob ein Delikt im Dunkelfeld bleibt oder nicht, eine bedeutsame Rolle.

4.3 Kriminalität einzelner Bevölkerungsgruppen

4.3.1 Kinderkriminalität

Literatur: *Elisabeth Dencker,* Welche Prognose ergibt sich bei Diebstählen im Kindesalter? Nachbeobachtungen von diebischen Kindern. Med. Diss., Göttingen 1947; *Johannes Feest,* Kinderkriminalität. In: *Günther Kaiser/Hans-Jürgen Kerner/Fritz Sack/Hartmut Schellhoss,* Hrsg., Kleines Kriminologisches Wörterbuch, 3. Auflage, Heidelberg 1993, S. 210 bis 214; *Eva Lutz,* Untersuchung von Straftätern, die bereits im Alter zwischen 10 und 13 Jahren durch Straftaten auffällig wurden. Zentralblatt für Jugendrecht 78 (1991), S. 372 bis 378; *Lieselotte Pongratz/Peter Jürgensen,* Kinderdelinquenz und kriminelle Karriere. Eine statistische Nachuntersuchung delinquenter Kinder im Erwachsenenalter, Pfaffenweiler 1990; *Lieselotte Pongratz/Maria Schäfer/ Peter Jürgensen/Dirk Weisse,* Kinderdelinquenz. Daten, Hintergründe und Entwicklungen, 2. Auflage, München 1977; *Edith Retzmann,* Familiäre Interaktion und delinquentes Verhalten bei Kindern. Eine explorative Studie zur Planung und Durchführung eines Elterntrainings. Köln 1986; *Marianne Schwabe-Höllein,* Hintergrundanalyse zur Kinderkriminalität. Empirische Untersuchungen straffälliger und nichtstraffälliger Kinder und deren Eltern, Göttingen 1984; *Schwarz,* Straffälligkeit nach dem Alter. Wirtschaft und Statistik 1962, S. 332 bis 335; *Erdmute Spittler,* Die Kriminalität Strafunmündiger. Eine Untersuchung nach Akten der Kriminalpolizei Augsburg. Jur. Diss., Gießen 1968; *Monika Traulsen,* Delinquente Kinder und ihre Legalbewährung. Eine empirische Untersuchung über Kinderdelinquenz, spätere Straffälligkeit, Herkunft, Verhalten und Erziehungsmaßnahmen. Frankfurt am Main usw. 1976; *dies.,* Zur Einstiegsfunktion der Kinderdelinquenz. Monatsschrift für Kriminologie und Strafrechtsreform 68 (1985), S. 117 bis 120; *Horst Wollenweber,* Hrsg., Kinderdelinquenz und Jugendkriminalität, Paderborn usw. 1980.

Unter »Kinderkriminalität« versteht man jene Handlungen von noch nicht 14 Jahren alten Personen, die, von Strafmündigen vorgenommen, Straftaten darstellen würden. Schon diese Begriffsbestimmung zeigt, daß die damit erfaßten Verhaltensweisen strafrechtlich nicht als Kriminalität bezeichnet werden können; aber auch im kriminologischen Sinne kann oft nicht von »abweichendem« Verhalten und damit von »Kriminalität« die Rede sein. Mit der Bezeichnung »Kinderkriminalität« werden oft Verhaltensweisen bezeichnet, die für Kinder nicht ungewöhnlich sind und auch durchaus nicht immer als Kriminalität angesehen werden können. Verhalten von Kindern kann nicht sinnvoll mit dem Maßstab des Strafgesetzbuches gemessen werden. Der fünfjährige Junge, der seinem widerstrebenden Spielkameraden im Kindergarten gewaltsam einen Apfel entreißt, um diesen später zu essen, begeht tatbestandsmäßig einen Raub, obwohl es im Alltag wohl niemanden in den Sinn käme, dieses Verhalten so zu bezeichnen. Nun kann natürlich nicht gesagt werden, alle Handlungen von Kindern, die in der Polizeilichen Kriminalstatistik erfaßt sind, seien so beschaffen, doch bleibt es weitgehend fragwürdig, strafrechtlich verbotenes Verhalten von Kindern ohne weiteres als Kriminalität zu verstehen. Auf wie schwankendem Boden man sich hier bewegt, zeigt die Polizeiliche Kriminalstatistik bei der Auflistung etwa der »Straftaten« von Kindern, die noch nicht sechs Jahre alt sind. Es ist rational nicht mehr nachvollziehbar, daß es irgendeinen sozialen Sinn haben könnte, etwa 1994 in der Polizeilichen Kriminalstatistik 1.545 Kinder unter sechs Jahren, also höchstens Fünfjährige, wegen Straftaten zu registrieren (in Klammern Anzahl der Verdächtigen): Ausnutzung sexueller Neigungen (1), Begünstigung, Strafvereitelung, Hehlerei und Geldwäsche (3), Beleidigung (19), Betrug (29), Brandstiftung (306), Diebstahl (513), fahrlässige Tötung (2), Freiheitsberaubung, Nötigung, Bedrohung (15), Körperverletzung (57), Raub (9), Rauschgiftdelikte (7), Sachbeschädigung (428), sexueller Mißbrauch von Kindern (4), Straftaten gegen das A ländergesetz und das Asylverfahrensgesetz (108), Straftaten gegen das fengesetz (4), Straftaten gegen die Umwelt (9), Unterschlagung (4), denfälschung (5), Vergewaltigung (1) und Widerstand gegen die Sta und Straftaten gegen die öffentliche Ordnung (28). Aus den Daten der Kriminalstatistik kann man Schlüsse auf soziale Abweichung von Kindern nur sehr begrenzt ziehen. Mit der Einordnung solcher »Taten« ist ersichtlich nicht immer auch der soziale Sinn dieser Handlungen von Kindern, die Verhaltensnormen erst erlernen müssen, richtig getroffen.

272 Für das Jahr 1994 erfaßt die Polizeiliche Kriminalstatistik 100.077 Kinder als Tatverdächtige; unter ihnen sind 76,6% Jungen. Es ist auffallend, daß auch bei den tatverdächtigen Kindern das Geschlechterverhältnis fast das der übrigen Tatverdächtigen zeigt. Die Tatverdächtigenbelastungszahl (TVBZ), die bei Kindern allerdings nur die 8- bis 13jährigen berücksichtigt, betrug im Jahre 1994 1.769; für Mädchen lag sie bei 858, für Jungen bei 2.634. Dies bedeutet, daß 1994 von der Polizei als Tatverdächtige (bezogen auf die jeweilige Altersgruppe) mehr Kinder von der Polizei als »kriminell« registriert wurden, als Erwachsene im Alter von 50 und mehr Jahren.

273 Die registrierte **Kriminalitätsstruktur der Kinder** ist von einer deutlichen **Einförmigkeit.** Fast 75% der Taten sind Diebstähle, 15% Sachbeschädigungen. Insgesamt werden also 90% aller registrierten Taten von Kindern mit diesen beiden Delikten erfaßt. Nimmt man das Delikt der Körperverletzung (mit 7,3%) hinzu, sind mehr als 97% ihrer Straftaten erfaßt. Dies läßt vermuten, daß die Zahlen zur Kinderkriminalität weniger über die Verhaltensweisen der Kinder aussagen als vielmehr etwas über den Stellenwert, den vor allem Eigentum und Vermögen in unserer Gesellschaft einnehmen.

274 Hinsichtlich der **Altersverteilung der Kinderkriminalität** zeigt sich in der Polizeilichen Kriminalstatistik 1994, daß der Anteil der einzelnen Altersgruppen erwartungsgemäß mit steigendem Lebensalter deutlich zunimmt. Unter den registrierten Kindern waren 1,5% bis 5jährige, 4,1% waren 6- und 7jährige, 11,7% 8- und 9jährige, 24,9% 10- und 11jährige; 57,9% waren 12- und 13jährig.

Die Struktur der Kinderkriminalität sah 1994 wie folgt aus:

Diebstahl ohne erschwerende Umstände	45.349	45,3 %
⁻hbeschädigung	15.097	15,1 %
˙tahl unter erschwerenden ˙den	9.810	9,8 %
˙e leichte Körperverletzung	3.373	3,4 %
˙nd schwere ˙g	2.732	2,7 %
	2.479	2,5 %
˙ Staatsgewalt und ˙entliche Ordnung ˙ng und räub.	1.977	2,0 %
	1.519	1,5 %
	1.072	1,1 %

Kriminalität einzelner Bevölkerungsgruppen 187

Straftaten gegen die persönliche Freiheit	1.057	1,1 %
Beleidigung	903	0,9 %
Begünstigung, Strafvereitelung und Hehlerei	458	0,5 %
Unterschlagung	389	0,4 %
Straftaten gegen das Ausländer- und Asylverfahrensgesetz	383	0,4 %
Straftaten gegen die sexuelle Selbstbestimmung	369	0,4 %
Vortäuschen einer Straftat	357	0,4 %
Straftaten gegen das Waffengesetz	315	0,3 %
Erpressung	268	0,3 %
Rauschgiftdelikte	227	0,2 %
Urkundenfälschung	115	0,1 %
Vergewaltigung	30	0,0 %
Mord und Totschlag	13	0,0 %
Straftaten gegen strafrechtliche Nebengesetze auf dem Wirtschaftssektor	9	0,0 %
Untreue	3	0,0 %

(Quelle: Polizeiliche Kriminalstatistik 1994)

Delikte, die bei Kindern 1994 häufiger registriert werden als ihrem sonstigen **275** Anteil an der Kriminalität entspricht, waren vorsätzliche Brandstiftung, Diebstahl von Fahrrädern ohne erschwerende Umstände, Diebstahl aus Dienst-, Büro-, Fabrikations-, Werkstatt- und Lagerräumen ohne erschwerende Umstände, Diebstahl von/aus Automaten ohne erschwerende Umstände, Diebstahl von Fahrrädern, Sachbeschädigung auf Straßen, Wegen und Plätzen, Diebstahl in/aus Boden-, Kellerräumen und Waschküchen, Diebstahl in/aus überwiegend unbezogenen Neu- und Rohbauten, Baubuden und Baustellen unter erschwerenden Umständen, Sachbeschädigung, Diebstahl von Mopeds und Krafträdern, Diebstahl in/aus Kiosken ohne erschwerende Umstände, Ladendiebstahl, Sachbeschädigung an Kraftfahrzeugen, Diebstahl in/aus Warenhäusern ohne erschwerende Umstände, Diebstahl allgemein, Taschendiebstahl, sonstige Raubüberfälle auf Straßen, Wegen oder Plätzen, Diebstahl in/aus Kraftfahrzeugen ohne erschwerende Umstände und Diebstahl in/aus Schaufenstern, Schaukästen und Vitrinen ohne erschwerende Umstände.

Die Untersuchung von *Pongratz/Schäfer/Jürgensen/Weisse* 1977 ergab, daß **276** rund 87% der Kinder nur ein- bis zweimal der Polizei während ihrer gesamten Kindheit bekannt werden. Mehr als dreimal werden nur 8% der Kinder registriert. Freilich begingen diese 8% etwa 30% der erfaßten Taten. Dies zeigt, daß es unter registrierten Kindern auch sozial sehr auffällige gibt, die das Gesamtbild der Kinderkriminalität offensichtlich auch deutlich prägen (*Pongratz/Schäfer/Jürgensen/Weisse* 1975, 64).

Die meisten der registrierten Handlungen von Kindern wurden in der Freizeit oder im Freizeitbereich begangen (*Pongratz/Schäfer/Jürgensen/Weisse* 1977, 62). Daher ist es auch nicht verwunderlich, wenn man feststellen konnte, daß die »kriminellen Taten« überwiegend im typischen Spielgelände der Kinder stattfinden (*Pongratz/Jürgensen/Weisse* 1977, 51); es zeigte sich, daß rund 60% der kindlichen Handlungen im typischen Spielgelände der Kinder stattfanden. Kaufhäuser und Selbstbedienungsläden waren nur in 20% der Fälle als »Tatort« festzustellen (*Pongratz/Schäfer/Jürgensen/Weisse* 1977, 53).

277 Den deutlichsten Hinweis auf den spielerischen Charakter einer Vielzahl von kindlichen, als delinquent bezeichneten Handlungen sehen *Pongratz/Schäfer/Jürgensen/Weisse* darin, daß Kinder ganz überwiegend mit Kindern gleichen Geschlechts in lockeren Spielgruppen »delinquente Handlungen« beginnen. Allein ausgeführte Handlungen, ebenso wie Ausführungen in Kinderbanden, seien verhältnismäßig selten. Eine andere Tatkonstellation ließ sich nur bei knapp einem Viertel der Taten feststellen (*Pongratz/Schäfer/Jürgensen/Weisse* 1977, 56; 138). Kindliche delinquente Handlungen können aber auch Ausdruck von schweren Sozialisationsstörungen sein (*Pongratz/Schäfer/Jürgensen/Weisse* 1977, 73). Im übrigen zeigen die Daten zur sozialen Stellung der Familie, zur Familiensituation und zur Schulsituation verstärkt Merkmale sozial unterprivilegierter Gruppen unserer Gesellschaft. Offenbar kommt bei uns hauptsächlich nur eine bestimmte Gruppe von Kindern wegen delinquenten Verhaltens überhaupt zur Anzeige und wird dann bei der Polizei registriert (*Pongratz/Schäfer/Jürgensen/Weisse* 1977, 61).

278 Von besonderer Bedeutung bei der Kinderkriminalität ist die Frage, ob sie **Schrittmacher für eine spätere Kriminalität** ist, ob also der Weg ins Verbrechen schon durch die Straftat in der Kindheit eingeschlagen wird. Diese Frage ist aufgrund der uns vorliegenden empirischen Ergebnisse, von denen offensichtlich keines für die Bundesrepublik Deutschland repräsentativ ist, schwer zu beantworten. Die Anzahl, der auch später strafrechtlich in Erscheinung getretenen »kriminellen« Kinder, wird dabei unterschiedlich hoch angegeben. So nennt etwa *Dencker* (1947, 6) 40%, *Spittler* (1968, 4) 37%, *Traulsen* (1976, 38) 51% und *Pongratz/Jürgensen* (1990) für Männer bis zum Ende des 25. Lebensjahres 44,5% und für Frauen 13,6% (*Pongratz/Jürgensen* 1990, 177) »rückfällige« Kinder. Nach den Ergebnissen von *Pongratz/Jürgensen* (1990, 181) zeigt sich, daß Kinder, die im Jugendalter nicht strafrechtlich in Erscheinung getreten waren, unabhängig davon, wie häufig sie im Kindesalter auffällig waren, im Erwachsenenalter nur selten Eintragungen (14%) im Zentralregister hatten. Wurden auffällige Kinder auch im

Jugendalter mehr als einmal auffällig, dann erhöhte sich der Anteil der Eintragungen sehr deutlich (auf 31%). Bei auffälligen Kindern, die sowohl im Kindes- als im Jugendalter häufig aufgefallen waren und bei denen später Jugendstrafe verhängt worden war, kam es zu einer drastischen Erhöhung des Anteils an Eintragungen im Zentralregister (60%). Das Problem für eine zutreffende Würdigung dieser Angaben besteht darin, daß wir die Bezugszahl in der Bevölkerung hierzu nicht kennen. Greift man auf die vielzitierte Zahl aus dem Statistischen Bundesamt aus den 60er Jahren (*Schwarz* 1962) zurück, die bei der männlichen Bevölkerung zum Ende des 24. Lebensjahres zu einer Rate von rund einem Drittel Vorbestrafter kommt, dann wird man die Zahlen, der nach Erreichen der Strafmündigkeit kriminell werdenden Kinder, als deutlich überhöht ansehen müssen. Freilich fehlt eine unmittelbare Vergleichbarkeit, da die untersuchten Gruppen offenbar keine repräsentative Stichprobe aus der gesamten Bevölkerung Deutschlands darstellen.

Nach den Ergebnissen von *Traulsen* (1976, 85) ist die Wahrscheinlichkeit von »kriminellen« Kindern, später straffällig zu werden, von einigen Merkmalen der Kinderdelinquenz abhängig. Als besonders gefährdet gelten demnach Kinder, bei denen mehrere Straftaten registriert sind, solche, die bestimmte Delikte (etwa schweren Diebstahl oder Raub) begangen haben und deren Straftaten unterschiedlichster Art sind (*Traulsen* 1976, 85). Auch scheint sich zu bestätigen, daß die Wahrscheinlichkeit späterer Straffälligkeit bei leichten Kinderdelikten geringer ist als bei schwereren Gesetzesverstößen, doch muß auch bei geringfügigen Delikten bedacht werden, daß bei der Mehrzahl der Kinder, die solche »Straftaten« begehen, mit einem späteren Straffälligwerden zu rechnen ist (*Traulsen* 1976, 77). *Lux* (1991) hat ermittelt, wie sich die sozialen Daten von Straftätern, die bereits im Alter zwischen 10 und 13 Jahren durch Straftaten auffällig wurden von denen unterscheiden, die nicht schon als Kind als straffällig registriert worden sind. Dabei zeigt sich (*Lux* 1991, 373), daß es sich bei den schon früh Auffälligen überdurchschnittlich häufig um Personen handelt, die aus materiell kargen Verhältnissen kamen, insbesondere waren viele darunter, deren Eltern Sozialhilfeempfänger waren. Deutlich überhöht im Vergleich zum Durchschnitt war bei ihnen auch der Anteil derer, deren Eltern geschieden waren, die eine Ersatzfamilie hatten bzw. die Heimerziehung erfahren haben. Bei den schon früh auffällig Gewordenen ist deutlich überhöht (39% zu 13%) der Besuch einer Sonderschule feststellbar. Diese waren zur (späteren) Tatzeit auch erheblich häufiger arbeitslos (48% zu 25%) (*Lux* 1991, 374).

Im übrigen zeigte sich in der späteren Kriminalität der früh auffällig Gewordenen, daß sie zu einem hohen prozentualen Anteil schwere Delikte aufwiesen, sowohl im Bereich der Gewalt- als auch der Eigentumsdelikte (*Lux* 1991, 377). Auch *Pongratz/Schäfer/Jürgensen/Weisse* (1977) haben versucht, jene Faktoren zu erhellen, die Kinder unterscheiden, die als Jugendliche kriminell auffällig werden und solche, bei denen dies nicht der Fall ist. Dabei ergab sich, daß es keine signifikanten Zusammenhänge gab zwischen einer späteren Kriminalität und der Vollständigkeit der Familie, dem Beruf des Vaters, der kriminellen Auffälligkeit der Eltern, dem Lebensalter des Kindes bei der ersten bekanntgewordenen Handlung, der Art der Straftatenbeteiligung (Alleintäter oder Gruppentäter), dem durch die Handlung entstandenen Schaden sowie die Art der »Tat« (*Pongratz/Schäfer/Jürgensen/Weisse* 1977, 80ff.). *Traulsen* (1985, 120) zieht folgendes Fazit: Nach den Ergebnissen der empirischen Kriminologie seien die Delikte von Kindern in den meisten Fällen nicht der Beginn einer kriminellen Karriere. Man könne daher grundsätzlich nicht von einer »Einstiegsfunktion« der Kinderdelinquenz sprechen. Lediglich bei einem kleinen Teil delinquenter Kinder deutet das Sozialverhalten und die sozialen Verhältnisse darauf hin, daß ihre Legalentwicklung gefährdet oder bereits gestört sei. Bei diesen Kindern sei die Wahrscheinlichkeit erhöht, später wiederholt oder schwerwiegend straffällig zu werden.

4.3.2 Jugendkriminalität

Literatur: *Hans-Jörg Albrecht,* Jugendarbeitslosigkeit und Jugendkriminalität. Kriminologisches Journal 16 (1984), S. 218 bis 228; *Gertrud Bauer/Karin Winkler von Mohrenfeld,* Sozialisationsbedingungen jugendlicher Straftäter. Familie, Schule, Beruf und Freizeit bei jungen Straffälligen. Eine empirische Untersuchung, Stuttgart 1985; *Wolfgang Behr,* Jugendkrise und Jugendprotest, Stuttgart usw. 1982; *Ernst Heinrich Bottenberg/Balthasar Gareis,* Straffällige Jugendliche. Ihre psychische und soziale Situation, Düsseldorf 1980; *Karl Bruckmeier* u. a., Jugenddelinquenz in der Wahrnehmung von Sozialarbeitern und Polizeibeamten. Eine emprische Untersuchung, Weinheim usw. 1984; *Klaus Peter Craemer/Michael Dickenberger,* Wer's glaubt, wird selig. Jugendsekten, Weinheim usw. 1982; *Peter Dillig,* Selbstbild junger Krimineller. Eine empirische Untersuchung, Weinheim usw. 1983; *Ulrich Eisenberg,* Minderjährige in der Gesellschaft. Über Zusammenhänge zwischen institutionalisierten Beeinträchtigungen und Delinquenz, Köln usw. 1980; *Margit Frackmann/Hinrich Kuhls/Klaus-Dieter Lühn,* Null Bock oder Mut zur Zukunft. Jugendliche in der Bundesrepublik, Hamburg 1981; *Walter Friedrich/Wilfried Schubarth,* Ausländerfeindliche und rechtsextremistische Orientierung bei ostdeutschen Jugendlichen. Eine empirische Studie. Deutschlandarchiv 1991, S. 1052 bis 1065; *Friedrich Geerds,* Ursachen der Jugendkriminalität. Kriminalistik 34 (1980), S. 307 bis 310; Deutsches Jugendinstitut, Hrsg., Gewalt gegen Fremde. Rechtsradikale, Skinheads und Mitläufer, München 1993; *Herta Hafer,* Die heimliche Droge. Nahrungsphosphat. Ursache für Verhaltensstörungen, Schulversagen und Jugendkriminalität. 5. Auflage, Heidelberg 1990; *Michael Haller,* Hrsg., Aussteigen oder rebellieren. Jugendliche gegen Staat und Gesellschaft, Reinbek 1981; *Josef M. Häussling/Manfred Brusten/Peter Malinowski,* Jugendkonflikte. Kriminologische Forschungen und Analysen aus neun Ländern, Stuttgart 1981; *Wolfgang Heinz,* Jugendkriminalität und strafrechtliche Sozialkontrolle. Schriftenreihe der Polizei-Führungsakademie 1985, S. 35 bis 55; *Wilhelm Heitmeyer,* Desintegration und Gewalt. Deutsche Jugend 1992, S. 109 bis 122; *ders.,* Hrsg., Das

Gewalt-Dilemma. Gesellschaftliche Reaktionen auf fremdenfeindliche Gewalt, Frankfurt a. M. 1994; *ders.* u. a., Gewalt: Schattenseiten der Individualisierung bei Jugendlichen aus unterschiedlichen Milieus, Weinheim 1995; *Hans von Hentig,* Der jugendliche Vandalismus. Vorboten und Varianten der Gewalt, Düsseldorf usw. 1967; *Claus-Walter Herbertz/Wolfgang D. Salewski,* Gewalttätige Jugendliche und soziale Kontrolle, Wiesbaden 1985; *Walter Hornstein/Reinhart Lempp/Friedemann Maurer/ Karl Ernst Nipkow/Siegfried Schiele/Walter Ch. Zimmerli,* Jugend ohne Orientierung? Zur Sinnkrise der gegenwärtigen Gesellschaft, München usw. 1982; *Gerd Ferdinand Kirchhoff,* Selbstberichtete Delinquenz, Göttingen 1975; Bundesminister für Jugend, Familie und Gesundheit, Hrsg., Konsum und Mißbrauch von Alkohol, illegalen Drogen, Medikamenten und Tabakwaren durch junge Menschen, Bonn 1983; *Jörg Krausslach/Friedrich W. Düwer/Gerda Fellberg,* Aggressive Jugendliche. Jugendarbeit zwischen Kneipe und Knast. 6. Auflage, Weinheim usw. 1990; *Arthur Kreuzer,* Jugendkriminalität. In: *Günther Kaiser/Hans-Jürgen Kerner/Fritz Sack/Hartmut Schellhoss,* Hrsg., Kleines Kriminologisches Wörterbuch. 3. Auflage, Heidelberg 1993, S. 182 bis 191; *Dietmar Kurzeja,* Jugendkriminalität und Verwahrlosung. Zu den Ursachen der Dissozialität Jugendlicher. Kritische Bestandsaufnahme und Versuch einer Neubestimmung, Gießen 1973; *Josef Kürzinger,* Der kriminelle Mensch – Ausgangspunkt oder Ziel empirischer kriminologischer Forschung? In: Festschrift für *Hans-Heinrich Jescheck,* München 1985, S. 1061 bis 1079; *Siegfried Lamnek,* Wider den Schulenzwang. Ein sekundäranalytischer Beitrag zur Delinquenz und Kriminalisierung Jugendlicher, München 1984; *Robert Mischkowitz,* Fremdenfeindliche Gewalt und Skinheads. Eine Literaturanalyse und Bestandaufnahme polizeilicher Maßnahmen, Wiesbaden 1994; *Reimar Oltmanns,* Du hast keine Chance, aber nutze sie. Eine Jugend steigt aus, Reinbek 1980; *Boris Penth/Günter Franzen,* Last Exit. Punk: Leben im toten Herz der Städte, Reinbek 1982; Landeskriminalamt Sachsen, Hrsg., Rechtsorientierte/fremdenfeindliche Straftaten im Freistaat Sachsen 1991/92. Dokumentation. Dresden 1993; *Ilse Schwenkel,* Jugenddelinquenz in den Unterschichten, Hamburg 1993; Situation und Perspektiven der Jugend: Problemlagen und gesellschaftliche Maßnahmen. Fünfter Jugendbericht der Bundesregierung, Weinheim usw. 1982; *Annette Streek-Fischer,* „Geil auf Gewalt". Psychoanalytische Bemerkungen zu Adoleszenz und Rechtsextremismus. Psyche 46 (1992), S. 745 bis 768; *Franz Streng,* Fremdenfeindliche Gewaltkriminalität als Herausforderung für kriminologische Erklärungsversuche. Betrachtungen zu Anomie, Status, Subkultur und Heterophobie. Jura 17 (1995), S. 182 bis 191; *Christoph Stückelberger/Viktor Hofstetter,* Hrsg., Die Jugendunruhen. Herausforderung an die Kirchen, Basel 1981; *Monika Traulsen,* Die Bedeutung leichter und schwerer Delikte für den Anstieg der Jugendkriminalität. Monatsschrift für Kriminologie und Strafrechtsreform 65 (1982), S. 98 bis 108; Verfassungsschutzbericht 1993. Hrsg. vom Bundesministerium des Innern, Bonn 1994; *Bernd Villmow/Egon Stephan,* Jugendkriminalität in einer Gemeinde. Eine Analyse erfragter Delinquenz und Viktimisierung sowie amtlicher Registrierung, Freiburg 1983; *Bernhard Villmow/Günther Kaiser,* Empirisch gesicherte Erkenntnisse über Ursachen der Kriminalität, Berlin 1973; *Michael Walter,* Jugendkriminalität. Eine systematische Darstellung, Stuttgart usw. 1995; *Ralf Weiher,* Jugendliche Vielfachtäter, Bochum 1986; *Helmut Willems,* Fremdenfeindliche Gewalt: Entwicklung, Strukturen, Eskalationsprozesse. Gruppendynamik 23 (1992), S. 433 bis 448; *ders.* u. a., Fremdenfeindliche Gewalt: Einstellungen, Täter, Konflikteskalation, Opladen 1993; *Helmut Willems/Stefanie Würtz/Roland Eckert,* Fremdenfeindliche Gewalt: Eine Analyse von Täterstrukturen und Eskalationsprozessen, Trier 1993; *Horst Wollenweber*, Hrsg., Kinderdelinquenz und Jugendkriminalität, Paderborn usw. 1980.

279 Bereits ein kurzer Blick in die Kriminalstatistik zeigt, daß es sich bei der **Jugendkriminalität unserer Zeit** – hierunter sollen die Straftaten von Jugendlichen und Heranwachsenden im Alter zwischen 14 und 20 Jahren verstanden werden, die nach den Bestimmungen des Jugendgerichtsgesetzes (JGG) verfolgt werden - **schon dem Umfang nach um eine sehr bedeutsame Erscheinung handelt.** Nimmt man etwa das zuletzt statistisch erfaßte Jahr 1994, dann zeigt die Polizeiliche Kriminalstatistik, daß von den aufgeklärten Delikten der »klassischen« Kriminalität, dies sind allerdings von allen registrierten Straftaten nur 44,4% – die Tatverdächtigen zu 20,6%, also zu einem Fünftel, Jugendliche und Heranwachsende sind. Diese starke Beteiligung der Altersgruppe wird auch noch bei den Verurteiltenziffern sichtbar. Im Jahre 1991 (altes Bundesgebiet) wurden 32.282 Jugendliche und 64.344 Heranwachsende verurteilt. Schon für das Jahr 1962 wurde berechnet, daß am Ende des 24. Lebensjahres in Deutschland ein Drittel der gesamten strafmündigen männlichen Bevölkerung mindestens einmal wegen eines Vergehens oder Verbrechens gerichtlich bestraft worden ist. **Tatsächlich aber ist die Jugendkriminalität viel höher als dies in den Kriminalstatistiken zum Ausdruck kommt.** Man kann mit gutem Grund sagen, daß nur ein verschwindend kleiner Teil der tatsächlich verübten Kriminalität zur Registrierung kommt. Die Dunkelfeldforschung (s. Rdnr. 252ff.) hat ausreichend Belege dafür geliefert, daß die Kriminalität der Jugendlichen erheblich weiter verbreitet ist, als Statistiken aufzeigen (können). »Offiziell« kriminell wird man ja nicht schon, wenn man sich abweichend verhält, also einen Straftatbestand erfüllt. Man muß vielmehr von den staatlichen Kontrollinstanzen auch deswegen erfaßt werden. Dies aber werden nur die wenigsten Rechtsbrecher. Damit aber stellt sich (auch) die Jugendkriminalität letztlich als eine Größe dar, die eher Möglichkeit und Bereitschaft der Strafverfolgungsorgane, eine Handlung als kriminell zu definieren, beschreibt, als das tatsächliche Vorkommen abweichenden Verhaltens zuverlässig mißt.

Seit den ersten empirischen Untersuchungen zur Aufhellung des Dunkelfeldes der Jugendkriminalität ist in einer Reihe von Arbeiten auch in Deutschland versucht worden, den tatsächlichen Umfang dieser Kriminalität zu messen. Eindeutiges Ergebnis ist, daß nur ein kleiner Teil der begangenen Delinquenz der Jugendlichen den Strafverfolgungsbehörden bekanntgeworden ist. Der Zahl nach registrieren Polizei und Gerichte lediglich die Spitze eines Eisberges, auch wenn feststeht, daß mit steigender Schwere der Tat die Wahrscheinlichkeit ihrer Aufdeckung ansteigt. Neben dieser Problematik der unentdeckten Kriminalität Jugendlicher besteht eine zweite, die bisher noch zu wenig Beachtung gefunden hat, im Ergebnis aber bedeutend schwerer wiegt: der Verzicht der Verbrechensopfer auf eine Strafverfolgung. Damit ist die unterschiedlich große Neigung der Bevölkerung, Delikte überhaupt anzuzeigen, gemeint. Daß die Strafanzeige Privater der eigentlich bestimmende Faktor für das ganze Ausmaß der Strafverfolgung ist, kann inzwischen als gesichert gelten (s. Rdnrn. 152ff.). Daß auch bei der Jugendkriminalität eine massive Auslese von Taten und Tätern durch (mögliche) Anzeigeerstatter, also meist Verbrechensopfern, stattfinden muß, zeigen nicht nur Dunkelfelduntersuchungen; dies beweisen sogar die Kriminalstatistiken selbst. **Bei der Verfolgung von Straftaten Jugendlicher spielt vor allem die unterschiedliche Toleranz, die man strafbaren Handlungen in bestimmten Lebensaltersstufen entgegenbringt, eine entscheidende Rolle.** Für einen 12jährigen Schüler ist es »normal«, seinen Klassenkameraden zu verprügeln; bei einem 16jährigen Auszubildenden wird es in aller Regel noch hingenommen, wenn er sich gegen seinesgleichen körperlich wehrt; ein 19jähriger aber würde diese Toleranzgrenze überschreiten: Sein Tun würde häufig als »Körperverletzung« betrachtet und auch zur Anzeige gebracht. Zwar zeigt sich nach der Statistik nicht unmittelbar, daß generell bei Eigentumsdelikten eine Strafanzeige schneller erstattet wird, doch wissen wir aus Untersuchungen etwa zum Ladendiebstahl, daß beispielsweise die Tatopfer bei Jugendlichen und Heranwachsenden (und auch bei alten Leuten) als Täter weniger häufig Anzeige erstatten als gegen erwachsene Diebe. Deshalb können wir bei der Betrachtung der Entwicklung und der Struktur der Jugendkriminalität nicht außer acht lassen, daß wir Zahlen verwenden, die, schon bevor Polizei und Justiz sich mit der Kriminalität beschäftigen können, einer starken Auslese unterworfen waren. An der zur Kenntnis genommenen Jugendkriminalität wird deutlich, was an Jugendlichen besonders mißbilligt und deswegen auch verfolgt wird. Wir können daher auch auf die Kriminalistatistik zurückgreifen, wenn wir uns über Inhalt, Ausmaß und Entwicklung der registrierten Straftaten Jugendlicher unterrichten wollen.

Die Polizei ermittelte im Jahre 1994 rund 2,04 Mio. tatverdächtige Personen. Von diesen stellten die Jugendlichen rund 223.600 (11,0%) und die Heranwachsenden ca. 196.000 (9,6%). Etwas mehr als ein Fünftel, nämlich 20,6%, aller Tatverdächtigen gehörten also zu der Altersgruppe der 14- bis 20jährigen. Dieser Anteil ist um so bedeutsamer, als nur etwa 9% der strafmündigen Bevölkerung zu diesen Altersklassen gehören. **Danach traten die 14- bis 20jährigen ausweislich der Polizeilichen Kriminalstatistik im Jahre 1994 deutlich mehr als doppelt so häufig in Erscheinung, als ihrem Anteil an der Bevölkerung entspricht.** Nimmt man dies und die Ergebnisse der Dunkelfeldforschung als Ausgangspunkt, so kann man sagen, daß bei uns die Kriminalität eines Jugendlichen und Heranwachsenden nicht die Ausnahme, sondern die Regel ist. Im statistischen Sinne verhält sich ein Jugendlicher nicht »anormal«, wenn er Straftaten begeht, vielmehr ist er gruppenkonform. In Deutschland zeigt nicht allein die registrierte Kriminalität das Ausmaß des **sozialen Problems abweichenden Verhaltens** an, hierzu müssen auch die Bereiche Weglaufen von Kindern und Jugendlichen, Alkohol-

und Drogenmißbrauch sowie Selbstmord gezählt werden. Rund 40.000 Kinder und Jugendliche laufen jährlich von zu Hause weg oder entweichen Heimen.

Der **Mißbrauch des Alkohols** ist erheblich gestiegen. Alkoholabhängigkeit wird schon in jungen Jahren häufig beobachtet. Innerhalb der Jugendkriminalität gewinnen Alkoholdelikte vor allem bei den Verkehrsstrafsachen immer mehr an Bedeutung. Im Rahmen der Streifentätigkeit des Jugendschutzes werden immer öfter betrunkene Kinder und Jugendliche aufgegriffen. Nach Angaben der Bundesregierung (Bundestags-Drucksache 12/6836 vom 16. 2. 1994) beträgt der Anteil an den geschätzten 2,5 Mio. alkoholabhängigen Menschen in der Bundesrepublik Deutschland in den alten Bundesländern bei männlichen 12- bis 17jährigen 0,2%, also 5.000 Personen und bei den 18- bis 23jährigen 4,6%, also 115.000 Personen. Für die neuen Bundesländer betragen diese Zahlen 0,1% (2.500) für die 12- bis 17jährigen und 3,1% (77.500) für die 18- bis 24jährigen.

Der **Konsum von Rauschgift** unter Jugendlichen hat bedrohliche Ausmaße angenommen. Nach Auskunft der Bundesregierung (Bundestags-Drucksache 12/6836, 51) sollen von den rund 100.000 opiatabhängigen Menschen in Deutschland 32,3% (323.000) 12- bis 24jährige Männer und 7,3% (7.300) Frauen sein. Bei den rund 800.000 Medikamentenabhängigen wird der Anteil der männlichen 12- bis 24jährigen auf 23,6% (189.000) und der weiblichen Gleichaltrigen auf 15,9% (127.000) geschätzt. Die Drogenszene hat sich in den letzten Jahren offensichtlich stark erweitert. 1993 gab es in Deutschland 1.738 Drogentote. Der Anteil der bis 24jährigen Drogentoten betrug bei Männern 21,5% und bei Frauen 29,9% (Rauschgift Jahresbericht 1993, 124f.). Die jüngsten Drogentoten waren 16 Jahre alt. Infolge einer Verlagerung des Konsums auf gefährlichere Drogen wie etwa Heroin, ist das Gefährdungspotential noch weiter angestiegen.

280 Immer deutlicher zeigt sich, daß ein beachtlicher Teil der Jugendlichen aus den Zwängen dieser Gesellschaft »aussteigen« möchte. Die radikalste Form eines solchen »Aussteigens« stellt der **Selbstmord** dar. Für 1991 lassen sich 960 Selbstmorde bei den 15- bis 24jährigen in der Bundesrepublik Deutschland feststellen. Begründete Schätzungen gehen von einem großen Dunkelfeld aus. Es werden Zahlen bis zu jährlich 6.000 Selbstmorden unter Jugendlichen genannt.

281 Eine andere Form der Weltflucht, neben der schon angesprochenen Flucht in die Droge, stellt die Hinwendung zu den (neuen) **»Jugendreligionen«** dar. Schon 1978 wurde die Anzahl der jugendlichen Mitglieder dieser religiösen Gruppen in Deutschland auf 150.000 geschätzt. Die Mitgliedschaft in einer solchen religiösen Sekte soll dem Jugendlichen helfen, seine Zukunftsangst zu bewältigen und leidvollen Erfahrungen in und mit dieser Gesellschaft zu entkommen. In den meisten Fällen freilich entsteht durch die Hinwendung zu diesen häufig fanatischen und radikalen religiösen Gruppierungen jedoch eine Abhängigkeit, die die vorausgehende deutlich übertrifft. Die persönliche Lage der meisten dieser »bekehrten« Sektenmitglieder ist mit dem Wort »menschlich tragisch« nicht falsch beschrieben. Entgegen den Beteuerungen der betroffenen Religionsgemeinschaften besteht das Problem nicht in den dogmatischen Inhalten dieser Lehren, sondern in der geradezu unnatürlichen Bindung der oft labilen »Neugläubigen« an diese Gemeinschaften.

In Deutschland zeigen die statistischen Daten, **daß die Zahl der registrier- 282 ten jungen Straftäter nach dem Zweiten Weltkrieg erheblich angestiegen ist.** Wählt man die Jahre 1952 und 1994 zum Vergleich, dann haben sich die Straftaten der Jugendlichen etwa verdoppelt. Hingegen haben die Rechtsbrüche der Heranwachsenden »nur« um ein Viertel zugenommen. Dabei schlägt die Zunahme der Gewalt- und Eigentumsdelikte bei den 14- bis 17jährigen stärker zu Buche als bei den älteren der jungen Straftäter.

Eines der bedeutsamsten Kennzeichen der Kriminalitätsentwicklung allge- 283 mein ist die starke Beteiligung von Kindern, Jugendlichen und Heranwachsenden an der Delinquenz. Der Anteil der Erwachsenen an der (aufgeklärten) Gesamtkriminalität ist in letzter Zeit wieder etwas geringer geworden. Freilich zeigt sich kein linearer Verlauf. So waren etwa 1963 77% der Täter Erwachsene, 9,8% Heranwachsende, 8,4% Jugendliche und 4,8% Kinder. Im Jahre 1980 hatte sich das Bild bedeutsam geändert: nur noch 65,1% waren Erwachsene, aber 13,5% Heranwachsende, 25,1% Jugendliche und 6,3% Kinder. Anders aber nunmehr wieder das Bild für 1994: 74,5% der Tatverdächtigen sind Erwachsene, 9,6% Heranwachsende, 11,0% Jugendliche und 4,9% Kinder.

Die bei der Polizei im Jahre 1994 registrierten tatverdächtigen Jugendlichen und Heranwachsenden (ohne Straßenverkehrstäter):

Diebstahl ohne erschwerende Umstände	162.179	38,6 %
Diebstahl unter erschwerenden Umständen	76.002	18,1 %
Sachbeschädigung	46.304	11,0 %
Betrug	43.955	10,5 %
Vorsätzliche leichte Körperverletzung	30.085	7,2 %
Rauschgiftdelikte	29.899	7,1 %
Gefährliche und schwere Körperverletzung	28.310	6,7 %
Straftaten gegen das Ausländer- und Asylverfahrensgesetz	23.922	5,7 %
Widerstand gegen die Staatsgewalt und Straftaten gegen die öffentliche Ordnung	21.884	5,2 %
Raubdelikte	13.938	3,3 %
Straftaten gegen die persönliche Freiheit	13.810	3,3 %

Urkundenfälschung	10.516	2,5 %
Beleidigung	10.385	2,5 %
Begünstigung, Strafvereitelung und Hehlerei	7.331	1,7 %
Straftaten gegen das Waffengesetz und das Kriegswaffenkontrollgesetz	5.696	1,4 %
Unterschlagung	5.537	1,3 %
Brandstiftung	1.842	0,4 %
Straftaten gegen die Umwelt im StGB	1.388	0,3 %
Straftaten gegen strafrechtliche Nebengesetze auf dem Wirtschaftssektor	989	0,2 %
Vergewaltigung	731	0,2 %
Mord und Totschlag	722	0,2 %
Veruntreuungen	201	0,0 %
Straftaten im Amt	150	0,0 %
Verletzung der Unterhaltspflicht	119	0,0 %

(Quelle: Polizeiliche Kriminalstatistik 1994)

284 Kennzeichnend für die Kriminalität Jugendlicher und Heranwachsender ist auch, daß sie an bestimmten Delikten häufiger bzw. seltener beteiligt sind, als ihrer durchschnittlichen Beteiligung an der Kriminalität entspricht. So waren sie im Jahre 1994 deutlich häufiger beteiligt an Raub, gefährlicher und schwerer Körperverletzung, Diebstahl, Begünstigung, Strafvereitelung und Hehlerei, Sachbeschädigung und Straftaten gegen die öffentliche Ordnung.

Relativ seltener dagegen war ihre Beteiligung bei Vergewaltigung, vorsätzlicher leichter Körperverletzung, Betrug, Veruntreuungen, Unterschlagung, Urkundenfälschung, Straftaten gegen strafrechtliche Nebengesetze auf dem Wirtschaftssektor, Beleidigung, Verletzung der Unterhaltspflicht, Brandstiftung und Straftaten im Amt.

285 Trotz der bereits erwähnten starken Selektion bleibt festzustellen, **daß es offenbar bestimmte altersspezifische Strukturen auch der Kriminalität der jungen Straftäter gibt.** Die Struktur der Jugendkriminalität ist also vom Alter der jeweils Erfaßten eindeutig mit beeinflußt.

286 Die Jugendkriminalität zeigt auch einige Besonderheiten hinsichtlich des Täterverhaltens und der Taten. **Die Straftaten von Jugendlichen werden häufiger als die von Erwachsenen in Gruppen begangen.** Freilich ist in der Bundesrepublik Deutschland die **Kriminalität jugendlicher Banden immer noch relativ selten.** Die Angaben über die Gruppendelinquenz Jugendlicher beruhen auf nicht unbedingt repräsentativen Einzeluntersuchungen, weil die Kriminalstatistik es nicht ermöglicht, den Zusammenhang zwischen Alter und Häufigkeit der Tatgenossenschaft herzustellen. Die genannten Untersuchungen zeigen, daß für etwa zwei Fünftel der Taten gesagt werden kann, sie seien aus der Gruppe heraus verübt worden. Gruppendelikte haben besonderen Charakter. So trifft man vor allem Gewalttaten, in neuester Zeit vor allem die rechtsextremistischen Gewalttaten Jugendlicher. Delikte im Bereich der Sexualkriminalität werden von Jugendlichen bevorzugt in Gruppen begangen. Offensichtlich wirken sich hier gruppendynamische Prozesse aus, die die einzelnen Jugendlichen, die allein nicht zur Tat kämen, enthemmen und die, psychisch »gestützt« von »Kameraden«, dann schließlich die Straftat doch begehen. Für die gewaltsamen Sexualdelikte, also Vergewaltigung und sexuelle Nötigung, ist kennzeichnend, daß sich bei Begehung in einer Gruppe nicht alle Tatbeteiligten auch an der Tat aktiv beteiligen. Man hat etwa mit einem Viertel nur passiv beteiligter Täter zu rechnen. Im übrigen sind diese Sexualdelikte deutlich schichtbestimmt. Der Täterkreis der weniger massiven sexuellen Nötigung stammt vor allem aus der Mittelschicht, während die Vergewaltigung eher von Angehörigen der Unterschicht begangen wird.

Eine Gruppe von Verbrechen, die von Jugendlichen und Heranwachsenden begangen wird, stößt auf besonderes Unverständnis: **Rockertum und Vandalismus**. Inzwischen wird man hierzu auch die vor allem gegen Ausländer und Behinderte gerichteten **Gewaltdelikte von Skins und anderen Rechtsextremen** zählen müssen. Während sich die Straftaten der (motorisierten) Rocker vor allem deswegen von der »üblichen« Kriminalität abheben, weil sie scheinbar »sinnlose« Aggressionsdelikte gegen Personen begehen (Beleidigungen und Schlagen von ihnen völlig Fremden und Unbeteiligten), ist Vandalismus die blinde Zerstörungswut gegenüber Sachen, die ebenfalls scheinbar sinnlos ist, weil sie dem Täter materiell »nichts bringt«. Der Grad krimineller Aktivität unterscheidet sich nur insofern, als Rocker vor allem gezielt gegen Menschen vorgehen, während vandalistische Akte sich »nur« gegen Sachen richten. Bei Rockern erstaunt immer wieder ihre scheinbar sinnlose äußerste Brutalität, die Ausdruck einer rohen Gesinnung zu sein scheint. Dies wird vor allem deutlich, wenn Rocker wehrlose Opfer weiter mißhandeln, obwohl keine Gegenwehr erfolgt. Im übrigen ist für dieses Tun typisch, daß es keine sichtbaren äußeren Anlässe braucht. Nur selten sind die Taten von Rockern, wie beim »Schwulen ticken«, also dem Überfall auf (vermeintliche) Homosexuelle, zielgerichtet und ihr Sinngehalt auch von Außenstehenden nachvollziehbar, weil sich Rocker dabei (zumindest auch) bereichern können. In den anderen Fällen werden die Opfer wahllos herausgegriffen. Rocker stammen sehr häufig aus der Unterschicht und weisen Sozialbiographien auf, die schon in jungen Jahren alle Züge eines Scheiterns in sich tragen. Man geht nicht fehl, wenn man bei einem Großteil der Rocker massive psychische Störungen vermutet.

Die Gewaltstraftaten der Skins sind zum Bereich der rechtsextremistischen Kriminalität zu zählen. Skinheads, wie sich die Skins mit voller Bezeichnung nennen, sind nicht notwendigerweise Rechtsextremisten, doch zeigt sich vor allem in Deutschland, daß sie sich zum größten Teil von der neonazistischen Szene haben »anpolitisieren« lassen und nunmehr (mit wenigen Ausnahmen) faktisch Rechtsextreme sind. Deutliche Ausländerfeindlichkeit und hohe Gewaltbereitschaft ist für sie kennzeichnend. Wieviele Skins es derzeit in Deutschland gibt, ist strittig. Sich selbst nennen Skins auch Naziskins, Hooligans und Faschos. Äußere Merkmale sind glattrasierte Köpfe oder extrem kurz geschnittenes Haar, »Bomberjacke« in oliv oder schwarz, eng anliegende Hosen in denselben Farben und sog. »Doc-Martens-Stiefel« bzw. Springerstiefel. Aus psychoanalytischer Sicht hat *Streeck-Fischer* (1992, 745ff.) zu Rechtsextremen im allgemeinen und Skins im besonderen festgestellt:

»Rechtsextreme Einstellungen orientieren sich an zwei Grundideen, die im Widerspruch zu den Werten demokratischer Gesellschaften stehen: zum einen an der Ideologie der Ungleichheit des Menschen als Kernstück solcher Weltanschauungen mit nationalistischer bzw. völkischer Selbstübersteigerung, rassistischer Sichtweisen, Fremdenfeindlichkeit, Unterscheidungen von lebenswertem und unwertem Leben, Betonung des Rechts des Stärkeren und einem totalitären Normenverständnis mit Ausgrenzung des Andersseins; zum anderen an einer Ideologie der Gewalt, die Gewaltanwendung als zentralen Regulationsmechanismus für gesellschaftliche Verhältnisse und Konflikte ansieht. Autoritäre, militaristische Umgangsformen mit Anwendung von Gewalt treten an die Stelle rationaler Diskurse, die ebenso abgelehnt werden wie demokratische Regeln. Nach meiner Erfahrung greift die Erklärung, ein labiles, unfertiges Ich führe Jugendliche zu rechtsextremen oder nazistischen Verhalten, zu kurz. Es waren vielmehr oft besondere Entwicklungsbedingungen, die zu einem traumatisierten Selbst bei den jugendlichen Skinheads führten. Ihre Lebensgeschichten sind geprägt von kumulativen Traumata. Sie sind nicht nur Folge eines frühen Versagens der Mutter in ihrer Fürsorgefunktion dem Säugling gegenüber, sondern Folge eines weit darüber hinausreichenden fortgesetzten Versagens der inner- und außerfamiliären Sozialisation: zu einem Zeitpunkt äußerster Hilflosigkeit und Abhängigkeit mangelhaft versorgt, unter oft desolaten familiären Umständen aufgewachsen, sind diese Jugendlichen für ihre weitere Entwicklung schlecht gerüstet, oft aggressiv, unruhig oder vordergründig angepaßt. Aufgrund ihrer Lernschwächen machen sie in der Schule die Erfahrung, mangelhaft ausgestattet zu sein, und erreichen nur mit Mühe oder gar nicht das eigene oder das von der Familie vorgegebene Schulziel... Der Schritt ins Arbeitsleben geht häufig mit gesellschaftlichem Abstieg bzw. mit der Bedrohung einher, die erreichte gesellschaftliche Stellung zu verlieren... Traumatische Erfahrungen von Gewalttätigkeit und Unterdrückung werden in der Skinheadszene wiedergefunden und auf der Straße gelebt – jetzt in wechselnden Positionen, sowohl als Täter wie auch als Opfer... Sie suchen die Gewalttätigkeit, die sie von früh an erfahren haben, und richten sie gegen andere und sich selbst... (Die Skinheadszene) wird gesucht, um Lähmungs-, Ohnmachts- und Leeregefühle zu überwinden. Die neugefundene Kameradschaft hebt die Erfahrung der Vereinzelung auf... Schließlich bedeutet die Identifizierung mit der Gewalt befürwortenden Gruppe auch eine Identifizierung mit dem omnipotenten Angreifer, die als Gegenmittel gegen narzißtische Entleerung dient, und als Versuch, die Opferposition traumatischer Erfahrungen zu überwinden... Für jugendliche Skinheads geht von Ausländern und Frauen eine existentielle Bedrohung aus. Mit ihren niedrigen Bildungsabschlüssen wähnen sich diese Jugendlichen in ihren Zukunftsperspektiven und ihrer materiellen Existenz durch kompetente Ausländer bedroht. Auch die Stärkung der gesellschaftlichen Position der Frau kann auf männliche Jugendliche in derartigen Lebensverhältnissen, in denen bislang wenigstens noch die Geschlechtszugehörigkeit als Mann eine relative Besserstellung bedeutete, leicht bedrohlich wirken. Indem sie sich auf herkömmliche Ungleichheitsideologie beziehen, erhoffen sie sich eine bessere Zukunft...«

289 Über die kriminelle Militanz der Skinheads hinaus ist in den letzten Jahren die **rechtsextremistische fremdenfeinliche Gewalt** einer deutlich größeren Gruppe, die zudem unstrukturiert in ihren Verbindungen untereinander ist, und die zum überwiegenden Teil aus Jugendlichen und Heranwachsenden besteht, zu einem massiven gesellschaftlichen Problem in Deutschland geworden. In den Gruppen spiegeln sich offensichtlich auch Probleme Deutschlands, die durch die Wiedervereinigung 1990 und deren vor allem sozialen und gesellschaftspolitischen Folgen entstanden sind, deutlich wider. Dieses zeitliche Zusammentreffen ist sicherlich nicht als zufällig anzusehen, sondern hat Bezüge zur neuen politischen Lage in Deutschland. Im Jahre 1991 stieg die Anzahl der registrierten fremdenfeindlichen Taten sprunghaft an (*Willems/Würtz/Eckert* 1993, 7f.). Waren es in den vorangehenden Jahren 1978 bis 1990 noch durchschnittlich 250 jährlich gemeldete Fälle fremdenfeindlicher Straftaten, so schnellte ihre Zahl im Jahre 1991 auf 2.427 hoch (*Willems/Würtz/Eckert* 1993, 7), verzehnfachte sich damit also. Zwar waren die meisten dieser Delikte nicht typische Gewalttaten, doch ist auch deren Anteil mit Angriffen gegen Personen und 239 Fällen und 336 Brandanschlägen 1991 dramatisch angewachsen. Der Verfassungsschutzbericht 1993 führt 6.721 fremdenfeindliche Straftaten auf, davon 1.609 Gewalttaten, unter ihnen zwei vollendete Tötungsdelikte mit sechs Opfern und 18 versuchte Tötungsdelikte (Verfassungsschutzbericht 1993, 79). Außerdem wurden weitere 3.840 rechtsextremistisch motivierte Straftaten registriert (Verfassungsschutzbericht 1993, 80), so daß 1993 insgesamt mehr als 10.000 fremdenfeindliche bzw. rechtsextremistisch motivierte Straftaten in Deutschland registriert worden sind. Bestimmte gewalttätige Aktionen (vor allem gegen Ausländer und Asylbewerber) sind geradezu zu Symbolen dieser Kriminalität geworden: Hoyerswerda im September 1991, Rostock im August 1992, Mölln im November 1992 und schließlich Solingen im Mai 1993.

Eine Analyse von 1.398 polizeilichen Ermittlungsakten wegen fremdenfeindlicher Straftaten, die zwischen Januar 1991 und April 1992 begangen wurden (*Willems/Würtz/Eckert* 1993) hat eine Altersverteilung gezeigt, die es erlaubt, bei diesen Taten von Straftaten Jugendlicher und Heranwachsender zu sprechen: 36,2% – also fast ein Drittel – der Täter waren bis 17 Jahre alt, 39,1% 18 bis 20 Jahre, weitere 16,3% 21 bis 25 Jahre und lediglich 8,3% 25 Jahre oder älter (*Willems/Würtz/Eckert* 1993, 16). Weibliche Täter spielen mit nur 3,7% aller Verdächtigen eine verschwindend geringe Rolle (*Willems/Würtz/Eckert* 1993, 18). Das Bildungsniveau ist relativ gering: 12,2% hatten keinen Schulabschluß, 4% die Sonderschule besucht, 62,3% einen Hauptschulabschluß, 21,1% die Mittlere Reife erworben und nur 1,5% hatten Abitur bzw. eine Hochschule (0,1%) besucht (*Willems/Würtz/Eckert* 1993, 22). Hinsichtlich der Gruppenzugehörigkeit dieser Straftäter ergab sich, daß 25,2% einer rechtsextremen Gruppierung angehörten, 37,9% zu Skinheadgruppen, 19,1% einer fremdenfeindlichen Gruppierung und weitere 9,8% anderen Gruppen (*Willems/Würtz/Eckert* 1993, 30f.). Der Anteil der arbeitslosen Jugendlichen an den fremdenfeindlichen Straftätern ist höher als die Arbeitslosenquote unter Jugendlichen insgesamt in unserer Gesellschaft. Die typische fremdenfeindliche Straftat ist eine von Gruppen oder aus Gruppen heraus begangene Tat. Die Einzeltäterschaft ist die Ausnahme. Fremdenfeindliche Straftaten ereignen sich besonders häufig in Kleinstädten und ländlichen Gemeinden (*Willems/Würtz/Eckert* 1993, 48f.).

Zwar ist es richtig, daß **Jugendkriminalität ein soziales Problem jeder Gesellschaft** darstellt, aber es fragt sich trotzdem, weshalb diese Kriminalität in unserer Gesellschaft zu finden ist. Man kann für die Kriminalität der Erwachsenen die Suche nach ihren Ursachen unproblematisiert hinnehmen, denn vor der Erhellung des Dunkelfeldes konnte es angängig sein zu glauben, die Kriminalität des Erwachsenen sei die Ausnahme, nicht aber die Regel. Die Frage nach ihrer Entstehung war sozialwissenschaftlich gesehen sinnvoll. Anders freilich könnte sich das Problem für die Kriminalität Jugendlicher darstellen. Wenn wir wissen, daß Kriminalität (im statistischen Sinne) normal ist, weil (fast) jeder kriminelle Handlungen begeht, dann fragt es sich, ob wir zu Recht nach den Ursachen der Jugendkriminalität suchen. Wäre es dann nicht eigentlich sozialpathologisch, nicht kriminell zu sein? Bedürfte es dann nicht einer Erklärung, warum (vielleicht) fünf oder zehn Prozent der Jugendlichen nicht kriminell sind? Eine solche Frage würde das Problem vereinfachen. Es gilt umzudenken: Nicht erklärungsbedürftig erscheint die einmalige und relativ unwesentliche Gesetzesverletzung eines Jugendlichen; nur das dauernde strafrechtlich bedeutsame Fehlverhalten eines Jugendlichen oder die einmalige schwere Straftat sind erklärungsbedürftig. Nur für diese Rechtsbrüche Jugendlicher ist es sinnvoll, nach einer Erklärung zu suchen. Wenn zuerst von Erklärungsmodellen die Rede ist, bevor auf die empirisch festgestellten psycho-sozialen Gründe eingegangen wird, dann darf dies nicht mit einer Ursachenerklärung im Sinne der herkömmlichen Kriminologie verwechselt werden. Ob es überhaupt empirisch möglich ist, die Ursache für die Kriminalität eines Jugendlichen festzustellen, kann dahinstehen. Auch jene, die sich nicht einem wissenschaftlichen Skeptizismus verpflichtet fühlen, betonen die Zurückhaltung bei Erklärungsversuchen. Jugendkriminalität ist ein sehr komplexes soziales Phänomen und offenbar keine mit Methoden der klassischen Naturwissenschaften erklärbare Erscheinung. Sie ereignet sich in der Regel im Laufe eines ziemlich lang dauernden Prozesses, der von einer Vielzahl einzelner Faktoren beeinflußt wird, deren Gewichtung zudem (später) nicht mehr nachvollziehbar ist. Es scheint unmöglich, für einen konkreten Fall mit Sicherheit sagen zu können, warum gerade dieser Jugendliche kriminell wurde. Im übrigen wäre es richtiger, von Entstehungszusammenhängen *(Hilde Kaufmann)* zu sprechen. Der Begriff der Ursache verrät ein zu mechanistisches Weltbild, das auf Sozialverhalten schwerlich übertragbar ist, wenn er nicht bereits in den »exakten« Wissenschaften fragwürdig (geworden) ist. Erklärungsmodelle können freilich Entstehungsgründe der Jugendkriminalität aufzeigen, denn solche gibt es zweifellos. Daß es Kriminalität oder neutraler: abweichendes Verhalten als strukturell bedingte Erscheinung in jeder uns bekannten Gesellschaft gibt (so schon *Durkheim*), ist nicht widerlegt. Zur Erklärung der Jugendkriminalität bieten sich zwar unterschiedliche Modelle an; sie können aber nur eine unvollkommene Deutung geben. Jedes Modell versucht, Kriminalität auf verhältnismäßig abstrakter Ebene zu erklären. Eine andere Vorgehensweise, meist individuell auf den einzelnen Jugendlichen zugeschnitten, sucht in dessen Lebensweg und sozialen Umständen die Erklärung für dessen Kriminalität zu finden. Wie noch zu zeigen ist, haben beide Erklärungsversuche Schwachstellen, weil sie nur Ausschnitte des Erklärungsgegenstandes erfassen können und zu Deutungen kommen, die entweder empirisch nicht überprüfbar oder ziemlich nichtssagend sind.

Betrachtet man die Theorien zur Entstehung der Jugendkriminalität genauer, zeigen sich zwei schwerwiegende Einwände gegen sie: einerseits erklären sie die Kriminalität zwar einleuchtend, aber auf relativ abstraktem Niveau, andererseits nennen diese Theorien Erklärungen, die kaum empirisch zu überprüfen sind. Darüber hinaus erklären sie Kriminalität nur partiell, nicht aber generell. Jede der Theorien (Rdnrn. 133ff.) vermittelt zwar nachvollziehbare Aussagen für einen Bereich der Jugendkriminalität, aber eben nur für einen Bereich. Gewiß mag die Frage nach der kriminologischen Weltformel wissenschaftlich unzulässig sein, doch ist eine Erklärung wenig gewichtig, wenn sie nur für Teile ihres Gegenstandes Aussagen macht. Aber nicht nur für Kriminalitätstheorien gilt diese Einschränkung. Auch jene Erklärungsversuche, die Jugendkriminalität im Zusammenhang mit sozialen Auffälligkeiten, wie etwa der schlechten häuslichen Verhältnisse, bringen, lassen mehr Fragen offen als sie beantworten. Wie kommt es, daß nur ein Teil derjenigen, der diesen sozialen Nachteilen ausgesetzt sind, kriminell wird? Welchen Beitrag leistet ein bestimmter Faktor für die Entstehung der Kriminalität, wenn derselbe Faktor offenbar zu gegenläufigen Resultaten führen kann? Die Antwort darauf ist weitgehend offen: Über plausible Erklärungen, die auf der Hand liegen, wie etwa die des Zusammenwirkens einzelner Faktoren, ist man bisher nicht hinausgekommen. Möglicherweise ist auch die Vorgabe falsch: Die Frage nach der Ursache der Kriminalität Jugendlicher scheint eher die Frage danach zu sein, weshalb bestimmte Jugendliche kriminell werden. Dabei steht die Kriminalität als sinnhafter Bestandteil des Lebenslaufes einer Einzelpersönlichkeit zur Debatte. Hier mögen Erklärungsversuche mittels Theorien mittlerer Reichweite wenig besagen. Sie haben zwar ihre Berechtigung, zeigen aber nur die Richtung an, in der die Suche nach den Ursachen im Einzelfall ansetzen muß. Diese Feststellung bedeutet keine Absage an ein Konzept der (soziologischen) Erklärung der Kriminalität. Diese ist wichtig, um neue Einsichten zu gewinnen, aber das Konzept versagt jedenfalls bisher, wenn die Kriminalität eines Individuums erklärt werden soll. Hier vermögen diese Theorien wenig zu leisten.

291 Wie immer **Erklärungsversuche der Jugendkriminalität** ausfallen, ihre gesellschaftliche Bedeutsamkeit ist nicht bestreitbar. Auch wenn wir bisher nur ungenügende Antworten auf die Frage nach der Ursache der Jugendkriminalität gefunden haben, so müssen wir dennoch die Jugendkriminalität als soziales Problem bewältigen. Deshalb bietet es sich an, losgelöst von theoretischen Überlegungen, die empirischen Ergebnisse über das Zustandekommen der Jugendkriminalität heranzuziehen, um Einsichten in Entstehungszusammenhänge zu gewinnen. **Daher sollen die psycho-sozialen Ursachen der Jugendkriminalität näher betrachtet werden.** Dabei bedarf es einer Rechtfertigung dafür, warum von psycho-sozialen Zusammenhängen die Rede ist. Diese Betrachtungsweise, die die psychische Situation mit der sozialen – und umgekehrt – in enge Verbindung bringt, und so ihre Wechselwirkung betont, ist noch relativ neu, obwohl der Sache nach seit langem bekannt. Der Grundgedanke der Beeinflussung seelischen Verhaltens durch soziale Faktoren hat sich vor allem in der Medizin durchgesetzt, wenn man etwa an die seit geraumer Zeit bestehende Sozialmedizin denkt, die ihrerseits wieder durch die psycho-somatische Medizin, die einen Zusammenhang zwischen Seele und Körper herstellt, erinnert. Die Wechselwirkung von psychischen und sozialen Faktoren wird seit längerem vor allem von der Sozialpsychiatrie untersucht. Damit ist auch in der Medizin ein weiterer Schritt für eine integrierte Betrachtung der Krankheit als eines abweichenden Zustandes des Menschen gemacht.

Wiewohl in der Jugendkriminologie, wie in der Kriminologie überhaupt, die Versuche, Kriminalität zu erklären, sehr zahlreich sind (s. Rdnrn. 74ff.), kann eine nüchterne Betrachtung nicht darüber hinwegtäuschen, **daß unser empirisches Wissen über die Entstehungszusammenhänge des Verbrechens bis heute gering geblieben ist.** Sieht man von den Kriminalitätstheorien mittlerer Reichweite ab, haben auch die bisher vorliegenden Ursachenkataloge für die Kriminalität der Jugendlichen wenig gebracht. **Bis jetzt wird man daher empirisch nur von Faktoren sprechen dürfen, die (herkömmlicherweise) eine starke Verbindung zur Jugendkriminalität zeigen, ohne aber damit sagen zu können, daß sie eine kausale Beziehung aufzeigen.** Dies ist auch so, weil alle unsere Kenntnisse über jugendliche Verbrecher von bekanntgewordenen Kriminellen herrühren. Sie sind deshalb lückenhaft. Daß nicht alle Verbrecher bekannt werden und von den bekanntgewordenen nicht alle vor Gericht gebracht und schließlich auch verurteilt werden, ist schon gesagt worden. Nur: dies hat Rückwirkungen auch auf unsere Kenntnisse über die Verbrechensentstehung, denn wir können die Zusammenhänge zwischen sozialen und psychischen Faktoren der Kriminalität allein an denen untersuchen, die wir als Kriminelle erkannt haben. Da sinnvollerweise eine Ursachenforschung sich gerade dadurch auszeichnet, daß sie den Kriminellen mit dem Nichtkriminellen vergleicht – wie sonst könnte sie Aussagen zur Entstehung der Kriminalität machen – bestand von Anfang an die Notwendigkeit der Suche nach dem »richtigen« Forschungsgegenstand, die zutreffende Unterscheidung von Kriminellen und Nichtkriminellen. Selbst wenn man die Auswahl zwischen beiden dem »Zufall« überließe, bliebe für die Abgrenzung zwischen beiden Gruppen immer noch die Problematik, daß wir beide voneinander in der Realität nicht unterscheiden können, da nach den Dunkelfeldergebnissen praktisch jeder einmal in seinem Leben eine »kriminelle Tat« begangen hat und man im Grunde also nur registrierte von nicht registrierten Straftätern unterscheiden kann (*Kürzinger* 1985, 1061ff.).

Da wir also nicht alle Kriminellen erkennen, kann es sein, daß die getroffene Auswahl nicht repräsentativ für die tatsächliche kriminelle Gruppe ist, daß wir, verkürzt gesagt, nur erklären können, was bei den »dummen« (entdeckten) Kriminellen passiert, nicht aber bei den Kriminellen allgemein. Jede Bewertung von empirischen Erkenntnissen über die Ursachen der Jugendkriminalität muß dies (unausgesprochen) berücksichtigen. Die bisherige Ursachenforschung hat sich vor allem auf soziale Erscheinungen gestützt, ohne auch deren psychischen Auswirkungen zu betrachten. Hat sich die Kriminologie aber auf psychische Ursachen konzentriert, dann hat sie es unterlassen, auch die sozialen Wechselwirkungen zu bedenken. Auf diese Verbindung kommt es aber gerade an. Dies zeigt etwa das altbekannte Beispiel von der lange Zeit behaupteten (angeblich stärkeren) kriminellen Belastung nichtehelich Geborener. Nichtehelichkeit eines Kindes führt nicht nur, wie meist dargestellt, eine besondere soziale Situation herbei, sondern sie bringt auch psychische Probleme mit sich: Das Kind wächst in einer unvollständigen Familie auf, es ist – oder war zumindest früher – sozialer Mißachtung ausgesetzt, es hat weniger Möglichkeiten einer Identifikation, wenn ihm als Jungen der Vater fehlt usw. Diese Gesichtspunkte werden in vielen kriminologischen Betrachtungen nicht weiter verfolgt, obwohl sie miteinander verknüpft werden müssen.

Obwohl wichtige psycho-soziale Umstände, die eine starke Beziehung zur Jugendkriminalität zu haben scheinen, darzustellen sind, muß natürlich auf Vollständigkeit verzichtet werden. Wenn man aus den vielen möglichen Verknüpfungen die wichtigsten auswählt, so scheint vor allem der unmittelbare soziale Lebensbereich für die Kriminalität bestimmend: Familie, Familienverhältnisse, schulische und berufliche Situation und Freizeit, kurz: das tägliche Leben des Jugendlichen. Daß es darüber hinaus auch (andere) psychosoziale Umstände gibt, die mit der Jugendkriminalität verknüpft sind, sei nicht geleugnet, doch scheint ihr Stellenwert für die Kriminalität weniger gewichtig zu sein. Daß die **Familie** auf die Entwicklung der Jugendkriminalität einen entscheidenden Einfluß haben muß, ist kaum einer näheren Erklärung bedürftig. In welchem psychischen und/oder sozialen Klima der Jugendliche seine ersten prägenden Einflüsse erhält, wird sich später in seinem sozialen und damit auch kriminellen oder auch nichtkriminellen Verhalten ausdrücken.

Der **Sozialisationsprozeß**, dem der Jugendliche seit frühester Kindheit unterworfen ist, wird entscheidend von der Familie bestimmt. Späteren Sozialisationsstationen, wie etwa Schule und Beruf, kommt in der Regel nur noch ausfüllender Charakter zu; prägend ist die frühkindliche Sozialisation. Vor allem die vom Kind erlebte Familie, etwa unvollständige Familie, eigene Nichtehelichkeit oder Verwaisung, Trennung der Eltern, sozioökonomisch negative Umstände, Erziehungsverhalten und Stellung in der Geschwisterreihe sind es, die das Kind prägen und so auch Einfluß auf seine Kriminalität gewinnen.

294 Die wichtigste Ursache der Jugendkriminalität ist wohl im **Zustand der Familie,** in der der Jugendliche aufwächst, zu suchen. Im Familienbereich ist die Beziehung zwischen sozialen Gegebenheiten und psychischen Auswirkungen am deutlichsten. Der innere Zustand der Familie bringt unmittelbare Rückwirkungen auf die Sozialisation des Kindes und Jugendlichen und damit auf deren Verhalten. Offensichtlich wird der Jugendliche, der nicht in einem gewissen psychischen Schutzbereich der Familie aufwächst, eher kriminell als der aus einer sozial intakten Familie. Jener Jugendliche kann sich nicht richtig entwickeln. Deshalb ist für die Entstehung der Kriminalität die äußere und innere Zerrissenheit der Familie von ausschlaggebender Bedeutung. Diese Bedeutung resultiert aber nicht etwa aus der unvollständigen Familie, sondern aus der tatsächlichen psychischen Familiensituation. Das ist wohl auch der Grund dafür, daß wir öfter beobachten, daß **Einzelkinder** krimineller gefährdeter sind als solche aus Familien mit mehreren Kindern, wenngleich andererseits die besondere Gefährdung der aus kinderreichen Familien stammenden Jugendlichen sichtbar ist. Dies freilich kann mit der sozialen Situation in diesen Familien zusammenhängen, da wir wissen, daß kinderreiche Familien sozial benachteiligt sind.

Ob die Stellung in der **Geschwisterreihe** auf die Kriminalität Einfluß hat, ist sehr umstritten und empirisch noch offen. Tatsächlich dürfte zwar die Stellung in der Geschwisterreihe Bedeutung haben, doch ist nicht sie entscheidend, sondern die Reaktion des Kindes auf diese Situation. Diese Reaktion ist aber individuell unterschiedlich. Auch die **Unvollständigkeit der Familie,** besonders die durch eine Scheidung der Eltern bedingte, scheint mit Jugendkriminalität in engerer Beziehung zu stehen. Aber auch hier sind die Zusammenhänge nicht geklärt und scheinen vor allem Bedeutung vor ihrem psychosozialen Hintergrund zu haben. Häufig nämlich zeigt sich, daß die Elternteile, die sich schließlich scheiden lassen, schon zuvor eine sehr negative Atmosphäre in der Familie geschaffen haben, so daß möglicherweise dies der Grund für ein Kriminellwerden des Jugendlichen ist und nicht die Scheidung als solche. Die (spätere) Scheidung ist häufig von vorangehenden Streitigkeiten der Eltern und andauernden Familienkonflikten begleitet, die den Jugendlichen seelisch stark belasteten. Nicht die Scheidung selbst ist also die Ursache der Kriminalität, sondern die damit verbundenen Begleiterscheinungen.

Ein weiteres Beispiel aus dem Familienbereich stellt die **Nichtehelichkeit** als Grund für spätere Kriminalität dar. Gerade hier wird die Verbindung zwischen sozialen und psychischen Gegebenheiten und der Entwicklung des Jugendlichen deutlich. Formal gesehen unterscheiden sich nichteheliche Kinder von den ehelichen dadurch, daß ihre Eltern nicht verheiratet sind. Ganz anders aber können die sozialen Folgen der Nichtehelichkeit, die oft mit schweren psychischen Problemen verbunden sind, sein. Immer noch werden Nichteheliche in dieser Gesellschaft benachteiligt. Zwar zeigen entsprechende Untersuchungen kein einheitliches Bild dergestalt, daß Nichtehelichkeit zu Kriminalität führen müßte. Aber eine solche Zwangsläufigkeit findet sich bekanntlich bei keiner der »Kriminalitätsursachen«, doch werden Nichteheliche offenbar (immer noch) häufiger als Kriminelle registriert. Dies ist sogar erwartungsgemäß, da Nichtehelichkeit ein Bündel psychischer Schädigungen mit sich bringen kann. Dem Kind fehlt in der Regel der Vater; es ist häufig der »Affenliebe« der Mutter und ihrem einseitigen Erziehungseinfluß ausgesetzt. Nicht selten kommt es aus dieser übergroßen Besorgnis der Mutter zu Abwehrreaktionen des Kindes, die zu einer weitgehenden Ablehnung der gesamten Sozialisation führen und so die Grundlage für die spätere Kriminalität schaffen können. Entscheidend ist daher nur in zweiter Linie der soziale Mangel des Nichtehelichen; verantwortlich für die Kriminalität scheint vielmehr die psychische Verarbeitung dieser Lage zu sein.

Erziehungsstile sind schichtenspezifisch unterschiedlich. Nicht nur werden in der Mittelschicht den Kindern deren Normen (die andere sind als in der Unterschicht) mit auf den Lebensweg gegeben, auch die Art und Weise der Sozialisation ist anders als in der Unterschicht. Kindern werden in der Mittelschicht Normen durch Überzeugung vermittelt, während Unterschichtsangehörige eher dazu neigen, ihre Wertvorstellungen den Kindern in strenger, zum Teil auch in offen aggressiver Weise weiterzugeben. Der Erziehungsstil ist es auch, der die Atmosphäre in der Familie entscheidend prägt. Nicht selten dürfte eine ungünstige Familienatmosphäre unmittelbar kriminogen wirken.

Das **schulische Verhalten Jugendlicher** ist häufig in Beziehung zu ihrer Delinquenz gebracht worden, wobei freilich nicht streng zwischen Ursache und Wirkung getrennt wird. So ist die sichtbar höhere Delinquenzbelastung von Hilfs- bzw. Sonderschülern gegenüber Schülern der Hauptschule an sich nicht aussagekräftig, denn wir wissen nicht, ob der Weg in die Sonderschule nicht schon das Ergebnis von schweren sozialen Defiziten ist und somit die Kriminalität nur eine weitere Stufe der Sozialabweichung darstellt. Möglicherweise aber führt die Einweisung in eine Sonderschule wegen der damit verbundenen Stigmatisierung als »Absteiger« psychische Schädigungen herbei, die in der Kriminalität ihren Ausdruck finden. Auch die Tatsache, daß Schulschwänzer und wenig leistungsfähige Schüler häufiger kriminell auffällig sind, muß keinen Kausalzusammenhang aufzeigen. Vielmehr ist anzunehmen, daß vor allem schlechte häusliche Verhältnisse und mangelndes Verantwortungsbewußtsein der Schülereltern solche Fehlentwicklungen begünstigen. Dies aber kann bedeuten, daß die Kriminalität Ergebnis derselben Sozialauffälligkeit ist wie das schulische Fehlverhalten. Daneben dürfte auch Schulschwänzen, das an sich bereits kriminell sein kann, ein Ergebnis von schulischen Mißerfolgen sein. Das negative Schulklima trifft den Schüler in seinem Selbstwertgefühl und läßt ihm die Flucht vor dieser Situation als geraten erscheinen.

295 Ein Zusammenhang zwischen der **beruflichen Situation** eines Jugendlichen und seiner Kriminalität ist in manchen Fällen nicht von der Hand zu weisen, wenn auch zu oft eine Kausalbeziehung vermutet wird, die so nicht besteht. Zwar ist es richtig, daß etwa arbeitslose Jugendliche ohne Berufsausbildung häufiger unter Kriminellen zu finden sind, doch ist damit nicht gesagt, daß es sich dabei um einen kausalen Zusammenhang handelt. Es kann nur bei genauer Prüfung des Einzelfalles geklärt werden, ob bei einem Jugendlichen sowohl **Arbeitslosigkeit** als auch Kriminalität Symptome sozialer Fehlanpassung sind oder ob es sich bei der Arbeitslosigkeit etwa um den eigentlichen Grund der Kriminalität handelt. Besonders der letztere Aspekt ist noch stark umstritten. Sicherlich ist die einfache Gleichung, daß Arbeitslosigkeit auch Jugendkriminalität bedeutet, falsch, doch ist nicht sicher, ob es nicht doch eine solche Beziehung gibt. Da uns die Statistik nicht weiterhilft, weil seit 40 Jahren (mit kurzen Unterbrechungen) statistisch die Jugendkriminalität ansteigt, bei Vollbeschäftigung genauso wie bei Arbeitslosigkeit, müssen wir vor allem die sozialen und psychischen Umstände, die die Jugendarbeitslosigkeit begleiten, untersuchen, um eine Aussage über ihre Wirkung auf die Jugendkriminalität machen zu können. Jugendliche reagieren auf ihre Arbeitslosigkeit individuell unterschiedlich. Es gibt solche, die zuversichtlich bleiben trotz der Rückschläge, die sie bei der Arbeitsplatzsuche erleiden. Sie vertrauen trotzdem weiter auf ihre eigenen Fähigkeiten und erhalten sich lange Zeit eine wirkliche Arbeitsbereitschaft. Eine zweite Gruppe sieht ihre Lage sehr nüchtern. Sie hält die Arbeitslosigkeit für ein wirtschaftliches

Problem, nicht aber vor allem für ein persönliches. Sie läßt die Zukunft auf sich zukommen und orientiert sich sehr stark an der Familie. Daneben aber gibt es die Gruppen der Enttäuschten und Teilnahmslosen, die insgesamt ein negatives Verhalten zeigen. Die zielstrebige Arbeitssuche geben sie auf. Das Engagement für einen Beruf fehlt. Sie sind nur beschränkt arbeitswillig oder sie geben sich selbst auf und suchen keine Arbeit mehr. Diese Arbeitslosen sind es, die den Dingen ihren Lauf lassen und auch kriminell gefährdet sind, weil sie sich aus einem geregelten Leben gelöst haben. Dies führt auf die Dauer regelmäßig zu auffälligem Verhalten und nicht selten zur Kriminalität. Damit zeigt sich, daß nicht vor allem Arbeitslosigkeit die Kriminalität fördert, sondern daß es die psychischen Begleiterscheinungen, das »Fertigwerden« mit dieser Situation sind, die zu Jugendkriminalität führen können und auch führen. Dabei ist es häufig die Nichtbewältigung der veränderten Freizeitsituation und des Umgangs mit der Familie, die zu kriminellen Belastungen beitragen.

Einen weiteren wichtigen Beitrag zur Entstehung der Jugendkriminalität **296** kann der Einfluß der unmittelbaren sozialen Umgebung eines Jugendlichen haben, die sog. peer-groups, Gruppen von meist Gleichaltrigen, mit denen sich der Jugendliche verbindet, deren Wertvorstellungen und Verhaltensmuster er übernimmt und die sein Handeln stark beeinflussen. Freilich ist der Anschluß an bestimmte peer-groups häufig schon durch soziale Faktoren vorherbestimmt. Jugendliche aus der Unterschicht suchen sich andere Gruppen aus als solche aus der Mittelschicht. Häufig ist in der Unterschicht der Anschluß ein Versuch, schlechten Lebens- und Wohnbedingungen wenigstens zeitweilig zu entkommen, während in der Mittelschicht beim Zusammenschluß die Förderung schichtspezifisch gewünschter Verhaltensweisen im Auge behalten wird. Die Tatsache des Anschlusses an eine Gruppe als solcher besagt letztlich nichts, vielmehr ist der Grund hierfür entscheidend für die kriminelle Gefährdung eines Jugendlichen.

Will man das Fazit aus den erörterten Entstehungszusammenhängen zwischen psychischen und sozialen Gegebenheiten für die Jugendkriminalität ziehen, so läßt sich nicht übersehen, daß eine große Zahl von Lebenssituationen offensichtlich geeignet ist, einen Jugendlichen in eine soziale Randposition und schließlich in die Kriminalität zu führen. Daher ist es falsch, Kriminalität allein auf seelische oder soziale Umstände zurückzuführen.

4.3.3 Alterskriminalität

Literatur: *Hans Jörg Albrecht/Frieder Dünkel*, Die vergessene Minderheit. Alte Menschen als Straftäter. Zeitschrift für Gerontologie 14 (1981), S. 259 bis 273; *Erhard Blankenburg*, Die Selektivität rechtlicher Sanktionen. Eine empirische Untersuchung von Ladendiebstählen, Kölner Zeitschrift für Soziologie und Sozialpsychologie 21 (1969), S. 805 bis 829; *Hans Bürger-Prinz/Herbert Lewrenz*, Die Alterskriminalität,

Stuttgart 1961; Erster Altenbericht der Bundesregierung, Bundestagsdrucksache 12/ 5997 vom 28. 9. 1993; *Johannes Feest,* Alterskriminalität. In: *Günther Kaiser/Hans-Jürgen Kerner/Fritz Sack/Hartmut Schellhoss,* Hrsg., Kleines Kriminologisches Wörterbuch. 3. Auflage, Heidelberg 1993, S. 14 bis 17; *Volker Kurt Gillig,* Soziologische Dimension der staatsanwaltschaftlichen Ermittlungstätigkeit und Sanktionierungskriterien bei geringwertigen Ladendiebstahlsverfahren. Phil. Diss., Frankfurt a. M. 1976; *Charlotte Höhn* u. a., Hrsg., Die Alten der Zukunft – Bevölkerungsstatistische Datenanalyse. Forschungsbericht, Stuttgart u. a. 1994; *Frank Kawelovski,* Unbemerkte Opfer: Gewalt gegen pflegebedürftige Senioren. Kriminalistik 48 (1992), S. 559 bis 562; *Harald Körner,* Sexualkriminalität im Alter, Stuttgart 1977; *Ursula Lehr/ Konrad Repgen,* Hrsg., Älter werden: Chance für Mensch und Gesellschaft, München 1994; *Herbert Lewrenz,* Alterskriminalität. In *Rudolf Sieverts/Hans Joachim Schneider,* Hrsg., Handwörterbuch der Kriminologie, 2. Auflage, Band 1, Berlin usw. 1968, S. 42 bis 55; *Elisabeth Minnemann,* Die Bedeutung sozialer Beziehungen für Lebenszufriedenheit im Alter, Regensburg 1994; *Gustav Nass,* Die Ursachen der Kriminalität, Köln usw. 1973; *Annette Niederfranke/Ursula M. Lehr/Frank Oswald/Gabriele Maier,* Hrsg., Altern in unserer Zeit. Beiträge der IV. und V. Gerontologischen Woche am Institut für Gerontologie Heidelberg, Heidelberg u. a. 1992; *G. Ritzel,* Untersuchungen zur Altersdelinquenz, Monatsschrift für Kriminologie und Strafrechtsreform 55 (1972), S. 345 bis 356; *Klaus-Peter Schwitzer/Gunnar Winkler,* Hrsg., Altenreport 1992. Zur sozialen Lage und Lebensweise älterer Menschen in den neuen Bundesländern, Berlin 1993; *Hans Joachim Schneider,* Alterskriminalität. In: *Hans Joachim Schneider,* Hrsg., Auswirkungen auf die Kriminologie. Delinquenz und Gesellschaft, Die Psychologie des 20. Jahrhunderts, Band XIV, Zürich 1981, S. 528 bis 536; *Hans-Christian Sievert,* Kriminelle Energie: eine Frage des Lebensalters? Ein Beitrag zum Problemfeld »Kriminalität und Lebenslauf«. Kriminalistik 43 (1990), S. 379 bis 380; Statistisches Jahrbuch für die Bundesrepublik Deutschland 1994, hrsg. vom Statistischen Bundesamt Wiesbaden, Stuttgart usw. 1994; *Martina Sulner,* Hrsg., Von wegen Stillstand! Alter in Deutschland, Bonn 1994; *Joachim Weber,* Spät- und Alterskriminalität in der psychologisch-psychiatrischen Begutachtung. Forensia 8 (1987), S. 57 bis 72.

297 Die Kriminalität alter Menschen hat in der Kriminologie bisher wenig Beachtung gefunden. Dies ist um so erstaunlicher, als derzeit in der Bundesrepublik Deutschland (Ende 1992) immerhin 16,5 Mio. Menschen, dies sind etwa 20,4% der Bevölkerung, leben, die 60 Jahre alt oder älter sind. Nun ist zweifellos richtig, daß der Begriff des »alten Menschen« sich nicht exakt festlegen läßt. Alter ist nicht nur ein kalendarisches Maß für abgelaufene Lebensjahre. Der Begriff »Alter« ist auch ein psychologischer, sozialer und biologischer Begriff. So ist es nicht leicht, einen sinnvollen Maßstab dafür zu finden, ab wann man von einem Menschen sagen kann, er sei »alt«. Die von *H. J. Schneider* (1981, 528) getroffene Feststellung, »unter Alterskriminalität ... versteht man die Gesamtheit aller Straftaten alter Menschen, die 60 Jahre und älter sind«, ist deshalb nicht so unproblematisch, wie es auf den ersten Blick scheint. Nun gibt es freilich Umstände, die es sinnvoll erscheinen lassen, bei Menschen ab 60 Jahren von »Alten« zu reden. Betrachtet man die Lebenserwartung in der Bundesrepublik, die ein Lebendgeborener

1990/92 im alten Bundesgebiet hatte, dann zeigt sich, daß ein Mann mit 72,9 Lebensjahren rechnen kann, eine Frau mit 79,3 Jahren (Statistisches Jahrbuch 1994, 82). Demnach hätten Männer mit 60 Jahren bereits gut vier Fünftel ihres Lebens zurückgelegt, Frauen rund drei Viertel. Geht man von der weiteren Lebenserwartung aus, liegen die Verhältnisse etwas günstiger. 1990/92 betrug die Lebenserwartung eines 60jährigen Mannes im alten Bundesgebiet noch 17,96 Jahre, die einer gleichaltrigen Frau noch 22,36 Jahre (Statistisches Jahrbuch 1994, 82). Aber auch wenn man sich nicht am kalendarischen Alter allein orientiert, zeigen andere Indikatoren der sozialen Eingliederung, daß die 60-Jahresgrenze nicht willkürlich ist, um »Alter« zu definieren. Im Mai 1992 (Statistisches Jahrbuch 1994, 114) waren unter den 40,13 Mio. Erwerbstätigen in der Bundesrepublik Deutschland 1,25 Mio. 60 Jahre oder älter. Dies entspricht einem Anteil alter Menschen an den Erwerbstätigen von 3,1 %. Im selben Jahr gehörten aber 20,4 % der Bevölkerung zu dieser Altersgruppe. Auch daran zeigt sich, daß die Ausgliederung aus dem Erwerbsleben bei den 60jährigen und älteren schon weit fortgeschritten ist. Man darf schon aus diesen wenigen Daten schließen, daß die Bezeichnung dieser Personengruppe als »alte Menschen« gerechtfertigt ist. Die Kriminalität alter Menschen ist nicht sinnvoll einzuordnen, wenn sie nicht vor dem biologischen, sozialen und psychologischen Hintergrund, der das Alter prägt, gesehen wird.

Das **Fremdbild alter Menschen** ist oft noch bestimmt von der Vorstellung, **298** »alt, arm, einsam und krank« gehörten als Begriffe zusammen. Alte Menschen sind immer weniger bereit, diese Vorstellung über das Alter, die in dieser Verallgemeinerung nie richtig war, hinzunehmen. Sie versuchen, solche Einschätzungen, die zu sozial unerwünschten Konsequenzen führen, zu korrigieren (»Graue Panther«). Psychologisch gesehen sind es vor allem die Einsamkeit und die Sorge, später anderen zur Last zu fallen, die die Situation alter Menschen kennzeichnen. Freilich wird hier manches offensichtlich überschätzt. So weist *Bungard* (1975, 97) zu Recht auf die bisherigen Untersuchungsergebnisse zur Einsamkeit alter Menschen hin, die im Durchschnitt etwa 5 bis 10 % alter Menschen ermittelt haben, die häufig bzw. sehr stark unter Einsamkeit leiden; weitere 10 bis 20 % fühlen sich gelegentlich bzw. manchmal einsam. Daraus schließt *Bungard*, daß die immer wieder vertretene Meinung über das hohe Ausmaß an Einsamkeit alter Menschen teilweise berichtigt werden müsse. Wichtiger allerdings ist die Sorge alter Menschen wegen drohender Belästigung anderer Menschen im späteren Lebensalter. Die Sorge, anderen zur Last zu fallen, beschäftigt nicht nur diejenigen Befragten in hohem Maße, die wenig Umgang mit anderen haben; immerhin erlebt sich fast ein Drittel der Männer und fast die Hälfte der befragten Frauen, die viel mit ihren Kindern zusammenkommen, auch von dieser Sorge belastet. Im **biologischen Bereich** stellen sich beim alten Menschen im Laufe der Zeit vor allem Krankheiten ein; seine Leistungsfähigkeit nimmt ab. Nun ist *Dringenberg* (1976, 274) sicherlich recht zu geben, wenn er meint, daß die häufig vertretene Auffassung, mit dem Alter nähmen die Krankheiten zu, zum Teil eine Verallgemeinerung ist, die vereinfacht, doch kann kein Zweifel daran bestehen, daß die **gesundheitlichen Beschwerden** deutlich für viele alte Menschen zunehmen. Zur gesundheitlichen Situation ergab eine repräsentative Befragung in der Bundesrepublik 1989, daß 35% der 60- bis 69jährigen Herz-Kreislauferkrankungen angaben, 31% rheumatische Beschwerden und 25% Erkrankungen des Bewegungsapparates (Erster Altenbericht der Bundesregierung 1993, 106).

Nimmt man dieses nicht untypische Beispiel für 60 Jahre alte und ältere Personen exemplarisch, dann läßt sich zu Recht von einem fortgeschrittenen Altersprozeß in diesem Lebensabschnitt sprechen. Mit dem Alter beginnt auch der Prozeß der **Desozialisation** des Menschen. Der alte Mensch wird aus dem Berufsleben, in das er zumeist seit seinem 15. Lebensjahr integriert war, nach fast 50jähriger Dauer ausgegliedert. Der Beruf, der für ihn ein Mittelpunkt im Alltag war und der ihm auch, wenn manchmal freilich nur bescheiden, persönliche Erfolgserlebnisse und Anerkennung gebracht hat, wird aufgegeben. Dem Menschen wird damit ein Stück Lebensinhalt und oft auch Lebenssinn genommen. Verbunden mit dieser Ausgliederung aus dem Beruf sind **wirtschaftliche Nachteile**, die der alte Mensch zu ertragen hat. Zwar müssen alte Menschen nicht notwendigerweise »arm« sein, doch ist ihre wirtschaftliche Lage bei vielen von ihnen, vor allem Frauen, nicht zufriedenstellend. Zwar bestimmt nach der zuletzt erreichbaren Auswertung 1986 die Altersarmut nicht mehr das soziale Erscheinungsbild der Armut wie noch in den sechziger Jahren; dennoch sind 19% der Altershaushalte (Haushaltsvorstand 65 Jahre und älter) unterhalb oder an der 50%-Grenze der Armut (gemessen am Durchschnittseinkommen). 9% erreichen oder unterschreiten die 40%-Grenze und finden sich somit innerhalb der mit »strenger Armut« bezeichneten Lebenslage. In diesen Zahlen ist die Gruppe der in Institutionen lebenden alten Menschen mit Sozialhilfeabhängigkeit nicht enthalten, die auf mindestens 3% der über 65jährigen geschätzt wird (Erster Altenbericht der Bundesregierung 1993, 228). Unter den Sozialhilfeempfängern 1992 waren 25,1% Personen über 60 Jahre bei einem Bevölkerungsanteil dieser Personengruppe von 20,4% (Statistisches Jahrbuch 1994, 498). Der Anteil der alten Sozialhilfeempfänger ist damit um fast ein Viertel höher, als nach dem Bevölkerungsanteil dieser Gruppe zu erwarten wäre.

Die **sozialen Beziehungen** alter Menschen sind geprägt durch relativ große Isolation: Bisher gewohnte Kontakte aus der Arbeitswelt werden aufgegeben, die Kinder haben das Haus verlassen und eigene Familien gegründet, häufig ist der Lebenspartner, dies gilt vor allem für Frauen, schon verstorben. Alte Personen leben, wie die Statistik zeigt (Statistisches Jahrbuch 1994, 70), weit mehr allein in einem Haushalt als jüngere. So zeigen die Daten im Statistischen Jahrbuch 1994 für das Jahr 1992, daß 65jährige und ältere Personen als Haushaltsvorstände in 34% aller Haushalte lebten; 41% dieser Altersgruppe lebten allein im Haushalt. Zum Vergleich: die 25- bis 44jährigen Haushaltsvorstände lebten in 36% der Haushalte, allein lebten aber nur 28% der Angehörigen dieser Altersgruppe. **Vereinzelung ist also für alte Menschen kennzeichnend.** Hinzu kommt, daß die Anzahl der Verheirateten unter alten Menschen abnimmt.

Mißt man die Verheiratetenquote (Statistisches Jahrbuch 1994, 67) an ihren Höchstzahlen, die angeben, wie häufig Männer und Frauen derzeit in der Bundesrepublik Deutschland verheiratet sind –dies liegt für die 60- bis 65jährigen Männer bei 86% und den 40- bis 45jährigen Frauen bei 80% –, dann zeigt sich, daß unter den 60- bis 65jährigen Frauen nur noch etwa vier Fünftel so viele verheiratet sind, bei den 75jährigen und älteren sogar nur noch gut ein Fünftel. Auch gelingt es alten Menschen selten, eine neue familiäre Bindung zu schaffen. Unter den 1992 registrierten Eheschließungen (Statistisches Jahrbuch 1994, 77) waren bei den Männern nur 1,9% der Heiratenden 60 Jahre alt oder älter, bei den Frauen betrug diese Rate nur 0,8%. In der Bevölkerung liegt der Anteil dieser Altersgruppe aber – wie dargestellt – bei insgesamt 20,4%. Die Beziehungen innerhalb der (früheren) Familie werden problematischer. Häufig wollen oder können alte Menschen die Lebensführung der Jüngeren nicht verstehen. **Es kommt zu Auseinandersetzungen unter den Generationen.**

Wie häufig die Kriminalität alter Menschen tatsächlich ist, läßt sich nicht sagen, 299 da bisher Dunkelfelduntersuchungen alte Menschen praktisch ausgespart haben. Dies mag auch daher rühren, daß man die Kriminalität bei alten Menschen nicht mehr als Problem ansieht. Hält man sich an die **registrierte Kriminalität,** dann läßt sich für Deutschland – wie wahrscheinlich auch für andere Länder – sagen, **daß die kriminelle Auffälligkeit nicht sehr groß ist.** 1994 wurden von der Polizei rund 104.000 alte Menschen als Täter ermittelt. Dies bedeutet, daß rechnerisch gesehen 0,63% dieser Bevölkerungsgruppe in einem Jahr kriminell auffällig wurden; für alte Männer lag dieser Anteil bei 0,99%, für Frauen bei 0,4%. So betrug entsprechend im Jahre 1994 die Tatverdächtigenbelastungszahl für 60jährige und ältere Personen 626; für Männer lag sie bei 989, für Frauen bei 401. **Damit gehören unter den registrierten Altersgruppen die alten Menschen zu der am wenigsten belasteten Gruppe** (Polizeiliche Kriminalstatistik 1994, 79). Ihre Kriminalitätsbelastungsziffer liegt um deutlich mehr als der Hälfte unter der Belastung der nächstniedrigen Altersgruppe, der 50- bis 59jährigen (Polizeiliche Kriminalstatistik 1994, 79). Folgt man der Polizeilichen Kriminalistik 1994, die durchaus als typisch für die derzeitige Situation gelten kann, dann wird bei der Alterskriminalität die »klassische« Kriminalität durch den **einfachen Diebstahl** – vor allem aber den **Ladendiebstahl** – bestimmt; 60,6% der Tatverdächtigen 60jährigen oder älteren sind wegen eines Diebstahls auffällig. Unter den Diebstählen sind bei Frauen 94%, bei Männern 90% Ladendiebstähle. **Auch sonst konzentriert sich die Kriminalität auf einige wenige Delikte.**

300 Bei **Männern** folgen dem Anteil von 50,4% Diebstahl mit 12,0% Körperverletzung, 7,6% Betrug, 7,3% Beleidigung, 5,3% Straftaten gegen die persönliche Freiheit, 4,1% Sachbeschädigung, 2,9% Widerstand gegen die Staatsgewalt und Straftaten gegen die öffentliche Ordnung, 2,6% Umweltdelikte, 1,1% Urkundenfälschung und 1,0% Unterschlagung. Damit sind rund 94% aller registrierten Straftaten erfaßt.

301 Bei den **Frauen** sind 76,2% der Straftaten Diebstahl, es folgen Beleidigung 5,2%, Körperverletzung 4,9%, Betrug 4,6%, Sachbeschädigung 1,7%, Widerstand gegen die Staatsgewalt und Straftaten gegen die öffentliche Ordnung 1,4% und Straftaten gegen die persönliche Freiheit mit 1,1%. Mit den genannten Delikten sind gut 95% aller registrierten Straftaten von Frauen erfaßt.

302 Die Kriminalität alter Menschen zeigt damit eine deutliche Einförmigkeit. Im einzelnen ergibt sich für die von der Polizei **registrierte Kriminalität alter Menschen** folgende Struktur nach der Polizeilichen Kriminalstatistik 1994:

Straftaten	Anzahl der Verdächtigten	
	absolut	in %
Einfacher Diebstahl	62.087	59,7 %
Beleidigung	6.745	6,5 %
Betrug	6.693	6,4 %
Vorsätzliche leichte Körperverletzung	5.741	5,5 %
Straftaten gegen die persönliche Freiheit	3.779	3,6 %
Gefährliche und schwere Körperverletzung	2.528	2,4 %
Widerstand gegen die Staatsgewalt und Straftaten gegen die öffentliche Ordnung	2.388	2,3 %
Sachbeschädigung	2.304	2,2 %
Straftaten gegen die Umwelt im StGB	1.918	1,8 %
Straftaten gegen das Ausländer- und Asylverfahrensgesetz	1.894	1,8 %
Straftaten gegen das Waffengesetz und das Kriegswaffengesetz	1.107	1,1 %
Schwerer Diebstahl	1.018	1,0 %
Urkundenfälschung	908	0,9 %
Unterschlagung	843	0,8 %
Brandstiftung	723	0,7 %
Veruntreuung	677	0,7 %
Begünstigung, Strafvereitelung und Hehlerei	287	0,3 %

Raubtaten	155	0,1 %
Rauschgiftdelikte (BtMG)	142	0,1 %
Straftaten im Amt	139	0,1 %
Mord und Totschlag	138	0,1 %
Vergewaltigung	70	0,1 %
Verletzung der Unterhaltspflicht	63	0,1 %
Straftaten insgesamt	103.937	100 %

(Quelle: Polizeiliche Kriminalstatistik 1994, 107)

Die Polizeiliche Kriminalstatistik erfaßt bekanntlich nur die Delikte der »klassischen« Kriminalität, während die **Verkehrskriminalität** nur der Verurteiltenstatistik entnommen werden kann.
1991 (altes Bundesgebiet) wurden insgesamt 22.844 Personen im Alter von 60 Jahren und älter verurteilt. Unter ihnen befanden sich 9.884 Verurteilte wegen Straftaten im Straßenverkehr. Dies sind unter allen verurteilten alten Menschen 43,3%. Bei einem allgemeinen Anteil der Verkehrskriminalität unter den Verurteilungen von 37,8% erscheint diese Beteiligung hoch, vor allem angesichts der Tatsache, daß die Beteiligung alter Menschen am motorisierten Straßenverkehr offensichtlich deutlich geringer ist als der jüngeren. Allerdings sind diese (relativen) Zahlen irreführend, weil sie nicht die Belastung der Gruppen, gemessen an ihrem Bevölkerungsanteil, wiedergeben. Errechnet man nämlich aus den Verurteiltenzahlen 1991 den Anteil der Verurteilten der jeweiligen Altersgruppe pro 100.000 Einwohner in der Bundesrepublik, dann zeigt sich, daß die Belastung für die 60- bis 69jährigen 153, der 70jährigen und älteren Menschen nur 43 beträgt, während sie sich etwa für die 21- bis 25jährigen auf 1874 beläuft und bei den 50- bis 59jährigen immerhin noch 363 beträgt.

Struktur der 1991 gerichtlich verurteilten Straftäter im Alter von 60 Jahren und mehr (altes Bundesgebiet)

Straftaten(gruppe)	Anzahl der Verurteilten	Anteil unter den Verurteilten in %
Straftaten gegen den Staat, die öffentliche Ordnung und im Amt	298	1,3 %
Straftaten gegen die sexuelle Selbstbestimmung	184	0,8 %
Andere Straftaten gegen die Person (außer Straßenverkehr)	1.265	5,5 %
Diebstahl und Unterschlagung	7.931	34,7 %
Raub und Erpressung	15	0,1 %
Andere Vermögensdelikte	1.518	6,6 %
Gemeingefährliche Straftaten, außer im Straßenverkehr	385	1,7 %

Straftaten im Straßenverkehr	9.884	43,3 %
Straftaten insgesamt	22.844	100 %

(Quelle:Strafverfolgung 1991. Vollständiger Nachweis der einzelnen Straftaten. Arbeitsunterlage, Wiesbaden 1993, 12 f.)

304 Vergleicht man die **Binnenstruktur der Kriminalität alter Menschen** mit der sonstiger Tatverdächtiger, dann zeigt sich, daß es zwar bestimmte Gewichtungen gibt, die darauf hinweisen, daß sich die Kriminalität alter Menschen strukturell deutlich von der anderer Altersgruppen unterscheidet, **doch wird man nicht sagen können, daß es eine typische Alterskriminalität in dem Sinne gibt, daß alte Menschen auch nur annähernd einen Täteranteil erreichen, der ihrem Anteil in der Bevölkerung entsprechen würde.** Es findet sich in der Polizeilichen Kriminalstatistik 1994 für kein Delikt ein Anteil von 60jährigen oder älteren Verdächtigen, der die 20% auch nur annähernd erreicht. Selbst bei dem als kennzeichnend für Alterskriminalität gehaltenen sexuellen Mißbrauch von Kindern finden sich in der Altersgruppe alter Menschen nur 5,1% Tatverdächtige. Zwar sind für die Kriminalität alter Menschen bestimmte Delikte kennzeichnend, doch gibt es keine Straftat, die hauptsächlich von alten Menschen begangen wird.

305 Hinsichtlich der **Tatbeteiligung von Frauen** zeigen sich zwei Besonderheiten: Einmal ist der relative Anteil der Frauen unter den alten Tatverdächtigen mit 39,5% im Jahre 1994 bei einem allgemeinen Anteil von 21,6% weiblicher Tatverdächtiger sehr hoch und zum anderen wird die Kriminalität der Frauen praktisch durch ein einziges Delikt beherrscht, den **Ladendiebstahl.** Unter den gut 41.000 tatverdächtigen 60jährigen und älteren Frauen waren 29.481 (rund 72%) wegen Ladendiebstahls auffällig geworden; bei den Männern sind dies immerhin noch 45%. Alterskriminalität stellt sich offenbar als eine Kriminalität des sozialen Rückzugs dar. Straftaten, die nach ihrem äußeren Erscheinungsbild eine gewisse Aggressivität verlangen, finden sich kaum noch. Dies mag mit dem Verhalten, könnte aber auch mit der sozialen Einschätzung der Kriminalität alter Menschen in unserer Gesellschaft zu tun haben. Alten Menschen könnte, ebenso wie etwa Frauen (s. Rdnrn. 308ff.), Gewaltkriminalität weniger zugetraut und deshalb bei ihnen auch seltener wahrgenommen werden. Dies läßt fragen, ob nicht durch unterschiedlich starkes Kontrollverhalten die Kriminalität alter Menschen häufiger im Dunkelfeld bleibt. Sicherlich zu Recht wird darauf verwiesen, daß gegenüber alten Menschen die Tendenz besteht, ihnen mehr Toleranz entgegenzubringen und bei ihnen soziale Abweichungen eher zu dulden (*Woll-Schumacher* 1980, 19). Diese größere Toleranz ist freilich nicht immer Ausdruck besonderer Achtung alter Menschen, sondern beruht zum Teil darauf, daß man sie gelegentlich nicht mehr »ernst« nimmt. Die Nachsicht, die alten Menschen entgegengebracht wird, entspringt häufig nicht der Respektierung ihrer Persönlichkeit, sondern gerade dem Gegenteil. Daß mangelnde Verfolgungsintensität bei Delikten alter Menschen eine deutliche Rolle spielt, ist durch empirische Untersuchungen (*Blankenburg* 1969; *Gillig* 1976) gesichert. **Deshalb dürfte der Schluß, ein erheblicher Teil der vom Opfer wahrgenommenen Alterskriminalität sei nicht registriert, zutreffend sein.** Im übrigen erlaubt es die gesellschaftliche Lage älteren Menschen eher, eine Handlung nicht als Straftat zu definieren. Einer alten Frau ist man eher geneigt zu glauben, sie wisse nicht, wie es zur Wegnahme und zum Einstecken einer für sie »nutzlosen« Sache gekommen sei, da man dem Alter psychische Ausfälle zutraut. Wegen des sehr hohen Anteils von Ladendiebstählen bei alten Menschen dürften sich solche Zuschreibungsprozesse auch gehäuft finden. Es könnte aus diesem Grund bei solchen Delikten ein großes Dunkelfeld bestehen, über dessen Umfang wir freilich nichts empirisch Gesichertes wissen. Hinsichtlich der **Erklärung der Alterskriminalität** drängen sich vor allem zwei Probleme auf: Warum ist der Umfang der Kriminalität alter Menschen so gering und weshalb begehen alte Menschen überhaupt Straftaten?

Die geringe kriminelle Belastung alter Menschen wird in der Literatur auf verschiedene Umstände zurückgeführt. So könnte man mit *H. J. Schneider* (1981, 529) darauf verweisen, daß mit der gezielten geordneten Ausgliederung alter Menschen aus ihrem alltäglichen gesellschaftlichen Leben eine **Abnahme der sozialen Konflikte und Gelegenheiten zur Kriminalität** verbunden sei. Dies dürfte tatsächlich einer der bestimmenden sozialstrukturellen Gründe für die sinkende Kriminalität sein. Alte Menschen, die weitgehend von strafrechtlich bedeutsamen Konfliktsituationen ferngehalten sind, dürften in der Kriminalität kein Mittel zur Konfliktlösung (mehr) sehen. Die Feststellung, daß im Alter die **Risikobereitschaft sinke** und gleichzeitig auch die **Bereitschaft zum angepaßten Verhalten steige** (*Albrecht/ Dünkel* 1981, 270), könnte eine Ergänzung zu diesem Erklärungsmodell bilden. Wenn *H. J. Schneider* (1981, 528) aber meint, es läge vor allem auch an der informellen Kontrolle in Altersheimen, so wird man wegen des geringen Umfangs der alten Menschen, die davon betroffen sind, dieser Erklärung keine ausschlaggebende Bedeutung beimessen können. Nach vorliegenden Untersuchungen dürften nur 3% der über 65jährigen in Deutschland in Heimen leben (Erster Altenbericht der Bundesregierung 1993). Diese geringe Zahl betroffener Personen kann aber für die Gesamtkriminalität aller alten Menschen kaum größere Bedeutung haben. Eher könnte man daran denken, daß alte Menschen das **Bestrafungsrisiko** höher einschätzen und deswegen weniger abweichendes Verhalten zeigen (*Albrecht/Dünkel* 1981, 270).

Schwieriger zu beantworten ist die Frage, weshalb alte Menschen überhaupt kriminell werden. Unbeachtet bleiben können alle gängigen Kriminalitätserklärungen, da sie grundsätzlich für alle Altersstufen gelten. Man wird daher nach eigenständigen Voraussetzungen für die Kriminalität alter

Menschen fragen müssen. Freilich bewegt sich hier die Kriminologie weitgehend im Spekulativen. Grund dafür ist sicherlich auch, daß der Alterskriminalität als sozialem Problem wenig Beachtung geschenkt wird. Eine zutreffende Einschätzung der Alterskriminalität hat davon auszugehen, daß ein großer Teil davon **Spätkriminalität** ist, daß also diese Menschen erst nach dem 50. Lebensjahr erstmalig straffällig werden (*Schneider* 1981, 533). Weil dies so ist, war man schon frühzeitig versucht, Kriminalität aus dieser Situation heraus zu deuten. *Bürger-Prinz/Lewerenz* (1961, 3) meinten, die Kriminalität alter Menschen könne man aus den besonderen, an die Lebensphase gebundenen biologisch-psychologischen Bedingungen ableiten. Damit würde sich Alterskriminalität aus den »gewissen Veränderungen während der Rückbildungsjahre« (*Nass* 1973, 188) begreifen lassen. Diese Erklärung ist aber zu allgemein und vermittelt auch ein Bild des Alters, das wahrscheinlich erst sehr spät erreicht wird, nicht aber schon um das 60. Lebensjahr. Dabei wird Alterskriminalität als eine Besonderheit definiert, als »Rechtsbrüche alter Menschen ... die auf den körperlichen, psychischen und sozialen Prozeß des Alters zurückgeführt werden müssen« (*Schneider* 1981, 528). Diese Kriminalität alter Menschen, die es sicherlich auch gibt, ist aber nicht typisch. In dieser Allgemeinheit bringt also die Erklärung der Kriminalität als einer **Kriminalität der Schwäche** (*Albrecht/Dünkel* 1981, 269) kaum eine neue Erkenntnis. Tatsächlich wird man sagen müssen, daß uns zu wenig empirische Daten vorliegen, die es erlauben würden, über allgemeine Feststellungen hinaus fundiert sagen zu können, weshalb alte Menschen kriminell werden. Etwas sehr verkürzt jedenfalls ist die Auffassung, Kriminalität als »**Vereinsamungssyndrom**« zu begreifen. Es gehört zwar zu den bekannten Vorurteilen zu unterstellen, daß alte Menschen (fast immer) einsam seien, doch ist dies – vergleiche oben – nicht auch in allen Fällen die eigene Einschätzung der Betroffenen selbst. Man wird eingestehen müssen, daß beim derzeitigen Wissensstand sich die Frage nach den eigenständigen Ursachen der Alterskriminalität nicht überzeugend beantworten läßt.

4.3.4 Frauenkriminalität

Literatur: *Freda Adler*, Interaction Between Women's Emancipation and Female Criminality. A Cross-Cultural Perspective. International Journal of Criminology and Penology 5 (1977), S. 101 bis 112; *dies.*, Sisters in Crime. The Rise of the New Female Criminality, New York 1975; *Marlies Dürkop*, Feminismus und Labeling-approach. Ansätze gegen die Diskriminierung von Menschen. Kriminologisches Journal 18 (1986), S. 273 bis 289; *Helga Einsele*, Weibliche Kriminalität und Frauenstrafvollzug. In: *Rudolf Sieverts/Hans Joachim Schneider*, Hrsg., Handwörterbuch der Kriminologie, 2. Auflage, Band 3, Berlin 1975, S. 608 bis 656; *Johannes Feest*, Frauenkriminalität. In: *Günther Kaiser/Hans-Jürgen Kerner/Fritz Sack/Hartmut Schellhoss*, Hrsg., Kleines Kriminologisches Wörterbuch, 3. Auflage, Heidelberg 1993, S. 142 bis 146; *Rainer Geißler/Norbert Marißen*, Junge Frauen und Männer vor Gericht: geschlechtsspezifische Kriminalität und Kriminalisierung. Kölner Zeitschrift für Soziologie und Sozialpsychologie (40) 1988, S. 505 bis 526; *dies.,* Milde für junge Frauen bei der Strafverfolgung: der Frauenbonus oder das Paradox der geschlechtsspezifischen Gleichbehandlung. Kölner Zeitschrift für Soziologie und Sozialpsychologie 44 (1992), S. 549 bis 558; *Dietlinde Gipser/Marlene Stein-Hilbers,* Hrsg., Wenn Frauen aus der Rolle fallen. Alltägliches Leiden und abweichendes Verhalten von Frauen. 2. Auflage, Weinheim usw. 1987; *Walter T. Haesler,* Hrsg., Weibliche und männliche Kriminalität. Diessenhofen 1982; *Georges Hengesch,* Weibliche/männliche Kriminalität. Monatsschrift für Kriminologie und Strafrechtsreform 75 (1990), S. 331 bis 335; *Günther Kaiser,* Das Bild der Frau im neueren kriminologischen Schrifttum. Zeitschrift für die gesamte Strafrechtswissenschaft 98 (1986), S. 658 bis 678; *Hilde Kaufmann,* Das Bild der Frau im älteren kriminologischen Schrifttum. Monatsschrift für Kriminologie und Strafrechtsreform 50 (1967), S. 143 bis 153; *Lutz Keupp,* Zur Problematik der weiblichen Delinquenz. Monatsschrift für Kriminologie und Strafrechtsreform 65 (1982), S. 219 bis 229; *Klaus Krämer,* Frau gleich Mann? Delinquenz, Suchtmittelumgang und andere Formen abweichenden Verhaltens bei Frauen. Kriminalistik 46 (1992), S. 327 bis 331; *Arthur Kreuzer,* Cherchez la femme? Beiträge aus Gießener Delinquenzbefragungen zur Diskussion um Frauenkriminalität. In: *Hans J. Hirsch/Günther Kaiser/Helmut Marquardt,* Hrsg., Gedächtnisschrift für Hilde Kaufmann, Berlin 1986, S. 291 bis 308; *Hans-Claus Leder,* Der Stand kriminologischer Arbeit über Frauen- und Mädchenkriminalität – desorientierend für Politik, Kriminalpolitik, Sozialarbeitspraxis und Wissenschaft? Monatsschrift für Kriminologie und Strafrechtsreform 67 (1984), S. 313 bis 327; *Cesare Lombroso/Gina Ferrero,* Das Weib als Verbrecherin und Prostituierte, Hamburg 1894; *Wolfgang Ludwig-Mayerhofer/Dorothea Rzepka,* Noch einmal: geschlechtsspezifische Kriminalisierung im Jugendstrafrecht? Kölner Zeitschrift für Soziologie und Sozialpsychologie 43 (1991), S. 542 bis 557; *dies.,* Vom Denken, vom Rechnen und davon, wie beide vielleicht doch miteinander zusammenhängen: Anmerkungen zu Geißler und Marißen. Kölner Zeitschrift für Soziologie und Sozialpsychologie 44 (1992), S. 559 bis 561; *Lutz Müller,* Dunkelfeldforschung - ein verläßlicher Indikator der Kriminalität? Darstellung, Analyse und Kritik des internationalen Forschungsstandes. Jur. Diss., Freiburg i. Br. 1978; *Hans Joachim Schneider,* Frauenkriminalität und Frauenstrafvollzug. In: *Hans J. Hirsch/Günther Kaiser/Helmut Marquardt,* Hrsg., Gedächtnisschrift für Hilde Kaufmann. Berlin 1986, S. 267 bis 290; *Jörg Schuh,* Kriminologische Aspekte der weiblichen Kriminalität. Kriminologisches Bulletin 12 (1986), S. 59 bis 76; *Gerlinda Smaus,* Das Strafrecht und die Frauenkriminalität. Kriminologisches Journal 22 (1990), S. 266 bis 283; Statistisches Jahrbuch 1979 der Deutschen Demokratischen Republik, Berlin (DDR) 1979; *Monika Traulsen,* Delinquenz und soziale Benachteiligung der Ausländerinnen. Monatsschrift für Kriminologie und Strafrechtsreform 73 (1990), S. 256 bis 265; *Elisabeth Trube-Becker,* Frauen als Mörder, München 1974.

»**Kriminalität ist Männersache.**« Sieht man in den Kriminalstatistiken von Polizei und Gericht einen zutreffenden Maßstab der Kriminalitätsverteilung unter beiden Geschlechtern, dann ist nicht zu bezweifeln, daß für unsere Gesellschaft diese Behauptung stimmt. Sie deckt sich mit Beobachtungen, die in der Kriminologie Tradition haben: Schon vor mehr als einem Jahrhundert hat *Lombroso* die Auffassung vertreten, Frauen seien weniger kriminell als Männer, wenn man sich an dem üblichen Begriff der Kriminalität orientiere. In der Tat stimmt damit auch das überlieferte Bild der Frau im christlich-abendländischen Denken überein, die in der Frau vor allem die »fromme Mutter im häuslichen Wirkungskreis« sieht und nicht jene, die soziale Normen verletzt. Immer noch soll das Bild der Funktionszuteilung der Frau gelten, das mit den bekannten »drei Ks« umschrieben ist: Kind, Küche, Kirche. Ob damit tatsächlich die heutige Realität beschrieben wird, läßt sich freilich mit Fug und Recht in Frage stellen. Im Jahre 1994 hat die Polizei in Deutschland rund 2,038 Mio. Tatverdächtige ermittelt. Unter diesen waren ca. 441.000 Frauen; dies entspricht einem Anteil von 21,6% an allen Tatverdächtigen. Unter der Bevölkerung gab es im selben Jahr aber rund 53% weibliche Einwohner. **Damit zeigt sich eine deutliche Unterrepräsentation der Frauen in der polizeilich registrierten Kriminalität.** Auch die Verurteiltenstatistik, die die Verkehrsdelinquenz miteinbezieht, zeigt eine unterdurchschnittlich häufige Verurteilung von Frauen. So waren 1991 (altes Bundesgebiet) unter den 695.118 Verurteilten nur 109.515 Frauen. Der Anteil weiblicher Verurteilter betrug also 15,8%. Die sich vermindernde Zahl der weiblichen Kriminellen sinkt weiter, wenn wir als Maßstab weiblicher Kriminalität die in den Justizvollzugsanstalten einsitzenden Frauen heranziehen. Am 1. 6. 1991 befanden sich (im alten Bundesgebiet) insgesamt 44.335 Personen im Strafvollzug bzw. in Untersuchungshaft; darunter waren 1.954 Frauen, also 4,4%. Das Verhältnis Frauen zu Männern im Strafvollzug betrug somit 1:22, obwohl das Verhältnis unter den Strafmündigen etwa 1,09:1 betrug.

309 **Wie umfangreich die Frauenkriminalität wirklich ist, läßt sich nicht anhand der uns vorliegenden Statistiken sagen.** Zwar können wir – mit kurzen Unterbrechungen – den Anteil der weiblichen Kriminalität unter den Verurteilten seit mehr als 100 Jahren feststellen, doch ist gesicherte Erkenntnis in der Kriminologie, **daß auch bei der weiblichen Kriminalität ein großes Dunkelfeld nicht verfolgter Straftaten besteht.** Legt man die Daten der vorliegenden Dunkelfelduntersuchungen aus Deutschland, den USA und den Niederlanden zugrunde, die sich freilich auf Mädchen und junge Frauen beziehen, dann kann man davon ausgehen, **daß insgesamt weibliche Personen sichtbar weniger Delikte begehen als männliche.**

310 Die **Dunkelfelduntersuchung** von *Kreuzer* (1975) hat gezeigt, daß alle Delikte, die von ihm erfragt wurden, von Jungen häufiger begangen wurden als von Mädchen. Die Anzahl der begangenen Straftaten ist offenbar geschlechtsspezifisch. In der Studie von *Merschmann/Walter/Höhner* (1976) wurden von den Mädchen im Durchschnitt 102 Delikte angegeben; bei den Jungen waren dies 264, also rund zweieinhalbmal so viele. Je schwerer die erfragten Delikte waren, desto weniger Mädchen konnten als Täter ermittelt werden. 26% der männlichen gegenüber 11% der weiblichen Jugendlichen räumten Verbrechen ein; dies entspricht einem Verhältnis von 1:2,4. Man wird daher den groben Schätzungen von *Müller* (1978) zustimmen können, der meint, daß das Verhältnis der weiblichen zur männlichen Kriminalität in der Wirklichkeit etwa 1:2 bis 1:3 ist. Ist dies richtig, dann hätte man bei einem Anteil von geschätzten rund 60 bis

70 Mio. »klassischen« Straftaten im Jahre 1993 mit zwischen 15 und 23 Mio. Taten zu rechnen, die von Frauen verübt wurden. Damit aber verändern sich die statistischen Zahlen in ihrem Aussagewert für die Frauenbeteiligung an der Kriminalität deutlich zu ihren Ungunsten, da nach den Angaben in der Polizeilichen Kriminalstatistik nur mit ca. 13 bis 15 Mio. zu rechnen wäre, wenn die Statistik die richtigen Verhältnisse wiedergeben würde. Stimmen diese Überlegungen, dann bedeutet dies auch, **daß die Kriminalität der Frau mehr noch als die des Mannes im Dunkeln bleibt.** Tatsächlich ist dies auch erwartungsgemäß, denn einmal dürfte die Frauenkriminalität eher **Bagatellcharakter** haben als die des Mannes und deswegen seltener zur Anzeige gebracht werden. Zum anderen aber wird der **Verfolgungsdruck** gegenüber Straftaten von Frauen nicht so hoch sein wie der gegenüber von Männern. Dabei können wir diese Aussage für die Behandlung der weiblichen Kriminalität vor Gericht belegen, für die Polizei freilich muß es wegen des Fehlens gesicherter empirischer Erkenntnisse unterstellt werden.

Verfolgt man die Anteile der weiblichen Verurteilten in Deutschland in den letzten 100 Jahren, so läßt sich zwar feststellen, daß die relativen Anteile geschwankt haben, diese aber hinsichtlich ihrer Ausprägung keine Schlüsse auf sozialrelevante Ereignisse und Zusammenhänge zulassen, mit einer Ausnahme: den Zeiten der beiden Weltkriege und den Abschnitten unmittelbar danach. In diesen Zeiträumen ist die Frauenkriminalität erheblich angestiegen, auch wenn man als Maßstab die absoluten Zahlen heranzieht. So wurden im Jahre 1900 im Deutschen Reich rund 73.000 Frauen verurteilt, 1918 aber waren es 128.000 Frauen, also eindreiviertelmal so viele. Der relative Anteil verurteilter Frauen betrug damals fast 38%. Im Zweiten Weltkrieg wurden diese Anteile im Jahre 1942 sogar mit 49% noch weit überholt. Ansonsten aber wurden etwa im Jahre 1900 mit 16% Frauen unter den Verurteilten genau so viele registriert wie 1991, als 15,8% der Verurteilten weiblich waren. Berücksichtigt man die Straßenverkehrsdelikte nicht, dann ergibt sich ein Anteil von 19% weiblicher Verurteilter 1991. Indes entspricht dies fast genau dem Anteil, den wir 1885 ohne jeden Massenverkehr auf den Straßen hatten: 18,9%. Aus diesen Zahlen wird deutlich, daß sich für Deutschland, von den erwähnten Kriegs- und Nachkriegszeiten abgesehen, eine ziemliche Konstanz der Beteiligung der Frauen an der Kriminalität in den letzten 100 Jahren ergibt.

Freilich sagt dies nichts darüber aus, wie die Kriminalität der Frau allgemein und im Verhältnis zu der des Mannes angestiegen ist. Die in der Polizeilichen Kriminalstatistik zuletzt vergleichbaren Jahre, nämlich 1963 und 1994 (gesamtes Bundesgebiet), zeigen ein relativ ungünstiges Bild der Entwicklung registrierter weiblicher Kriminalität. 1963 wurden 132.000 weibliche Tatverdächtige polizeilich ermittelt, 1994 aber 440.892. Allerdings ist zu bedenken, daß sich die Zahl der weiblichen Einwohner (auch wegen der 1990 erfolgten Wiedervereinigung) von 1963 (30,359 Mio.) bis 1992 (41,522 Mio.), also um 11,163 Mio. (bzw. 37%) erhöhten. Die Steigerungsrate der registrierten Tatverdächtigen beträgt dagegen 233%, ist also rund sechsfach höher.

313 Es ist ein Kennzeichen (registrierter) weiblicher Kriminalität, daß sie mit steigendem Alter weniger schnell sinkt als die der Männer. Dafür bieten sich zwei Erklärungen an: Einerseits könnte es sein, daß Frauen tatsächlich erst im höheren Lebensalter straffällig werden, daß sich also eine Zeitverschiebung in der Kriminalität zeigt, die bewirkt, daß die Frau auch noch jenseits des 24. Lebensjahres relativ stark auffällig ist. Andererseits könnte es auch so sein, daß es einen »harten Kern« schwer krimineller Frauen gibt, der wegen der allgemein niedrigeren Kriminalitätsquote bei Frauen statistisch gesehen stark ins Gewicht fällt und zu einer höheren durchschnittlichen kriminellen Belastung höherer Lebensalter beiträgt. Aus der Statistik selbst ist nicht zu ersehen, welche Deutung richtig ist. Jedenfalls wird die Differenz in der Belastung zwischen männlichen und weiblichen Erwachsenen mit steigendem Alter immer geringer. 1994 war bei den 21- bis 22jährigen Männern die Kriminalität gegenüber gleichaltrigen Frauen gut viermal, bei den 60jährigen und älteren Männern dagegen nur noch gut doppelt so hoch.

314 Auch die **Altersstruktur der Tatverdächtigen** innerhalb der Männer und Frauen ist geschlechtsspezifisch unterschiedlich, wie die folgende Tabelle zeigt, doch verwischen sich in den letzten Jahren die Unterschiede zunehmend.

Tatverdächtige 1994 Altersgruppe	weibliche Tatverdächtige	männliche Tatverdächtige
Erwachsene	76,2 %	74,3 %
Heranwachsende	7,5 %	10,3 %
Jugendliche	11,2 %	10,9 %
Kinder (ab 8 Jahren)	5,1 %	4,5 %

(Quelle: Polizeiliche Kriminalstatistik 1994, 79)

315 Die **Struktur der weiblichen Kriminalität,** so wie sie sich derzeit nach der Polizeilichen Kriminalstatistik darstellt, zeigt keine sehr große Differenzierung. Vergleicht man die Anteile der einzelnen Delikte nach dem Geschlecht, so findet sich außer bei den spezifisch weiblichen Straftaten Kindstötung (1994: 100%) und Abtreibung (1994: 64%) keine Beteiligung der Frauen, die ihrem Bevölkerungsanteil entsprechen würde. Auch bei dem für Frauen als charakteristisch bezeichneten Delikt des Ladendiebstahls läßt sich nur eine Rate von 38% (1994) ermitteln. Nach der Polizeilichen Kriminalstatistik 1994 war der Anteil der Frauen unter den Verdächtigen nur bei drei Delikten höher als deren durchschnittliche Beteiligung: Diebstahl ohne erschwerende Umstände 33,5%, Betrug 23,5% und Beleidigung 22,6%.

316 Die Struktur weiblicher Kriminalität läßt sich freilich auch anders messen, nämlich nach deren Binnenstruktur. Hier zeigt sich, daß mit relativ wenigen Delikten ein sehr großer Anteil der gesamten Kriminalität erfaßt werden kann.

Kriminalität einzelner Bevölkerungsgruppen

Die Häufigkeitsverteilung der registrierten weiblichen Tatverdächtigen zeigt nach der Polizeilichen Kriminalstatistik 1994 folgendes:

Diebstahl ohne erschwerende Umstände	48,9 %
Betrug	16,1 %
Straftaten gegen das Ausländer- und Asylverfahrensgesetz	6,8 %
Vorsätzliche leichte Körperverletzung	4,7 %
Beleidigung	4,6 %
Widerstand gegen die Staatsgewalt und Straftaten gegen die öffentliche Ordnung	3,2 %
Rauschgiftdelikte	3,0 %
Sachbeschädigung	3,0 %
Diebstahl unter erschwerenden Umständen	2,7 %
Gefährliche und schwere Körperverletzung	2,4 %
Urkundenfälschung	2,2 %
Straftaten gegen die persönliche Freiheit	2,0 %
Unterschlagung	2,0 %

(Quelle: Polizeiliche Kriminalstatistik 1994, 95)

Die Anteile der übrigen Straftaten liegen unter 2%.

Trotz dieser relativen Gleichförmigkeit der weiblichen Delinquenz lassen **317** sich in einzelnen Altersstufen doch bevorzugte Delikte finden, zumindest was ihre Registrierung angeht. Es ist dabei auch zu berücksichtigen, daß die registrierte Kriminalität vor allem die wahrgenommene Kriminalität ist, nicht aber unbedingt auch die verübte und entdeckte. Dies dürfte vor allem mit dem Lebensalter der Tatverdächtigen zusammenhängen. Deshalb ist davor zu warnen, die statistischen Zahlen für Kinder, aber auch für Jugendliche, in ihrer Bedeutung zu überschätzen.

Kaum ein anderes Delikt wird so eng mit der Frau verbunden wie der La- **318** **dendiebstahl,** wobei man freilich zweifeln kann, ob diese enge Verknüpfung je so stark war wie angenommen, wenn man die wirkliche Struktur der Frauenkriminalität heranzieht. Im Jahre 1994 jedenfalls betrug der Anteil des Ladendiebstahls innerhalb der Frauenkriminalität lediglich 42,8%. Allerdings zeigt eine Differenzierung, daß die Anteile des Ladendiebstahls altersmäßig unterschiedlich stark sind. Die Anteile an der Gesamtkriminalität weiblicher Tatverdächtiger ergab 1994 folgendes Bild:

Kinder (bis 13 Jahre)	71,3 %
Jugendliche (14 bis 17 Jahre)	57,7 %
Heranwachsende (18 bis 20 Jahre)	36,1 %
Jungerwachsene (21 bis 24 Jahre)	30,1 %
Erwachsene (25 bis 29 Jahre)	29,3 %

Erwachsene	(30 bis 39 Jahre)	30,0 %
	(40 bis 49 Jahre)	36,4 %
	(50 bis 59 Jahre)	53,5 %
	(60 Jahre und älter)	71,7 %

(Quelle: Polizeiliche Kriminalstatistik 1994, Tabelle 20)

319 Es ist also nicht so, daß für Frauen allgemein der Ladendiebstahl das typische Delikt darstellt, sondern **Ladendiebstahl ist nur in bestimmten Lebensaltersstufen für Frauen typisch.** Junge Mädchen und ältere Frauen werden vor allem wegen Ladendiebstahls auffällig. Frauen im Alter zwischen 18 und 59 Jahren dagegen zeigen eine größere Differenzierung in ihrer Kriminalität.

320 Als wie ungewöhnlich in unserer Gesellschaft die Frauenkriminalität gilt, zeigt sich auch beim **Mord.** Es gehört zu den herkömmlichen Fehleinschätzungen der weiblichen Kriminalität, anzunehmen, die Frau würde besonders durch Mord, und hierbei durch Gatten- oder Verwandtenmord, auffällig werden. Tatsächlich sind die Verhältnisse anders. Im Jahre 1994 registrierte die Polizei in Deutschland 599 Fälle des vollendeten und 547 Fälle des versuchten Mordes. Als Täter beider Formen wurden bei knapp 7% der Taten Frauen ermittelt. Schon diese Zahl, die über die Jahre hinweg im großen und ganzen ziemlich konstant blieb, zeigt, **daß Frauen sehr selten einen Mord begehen.**

321 Die Beteiligung von Frauen entsprechend ihrem Bevölkerungsanteil oder sogar leicht darüber bei deutschen **linksterroristischen Gewalttaten** verletzt Erwartungen und bedarf im Rahmen der Untersuchung der Frauenkriminalität einer kurzen Erörterung. Es kann als empirisch gesichert gelten, daß Frauen tatsächlich an diesen Terrorakten unverhältnismäßig häufig beteiligt sind, daß sie zudem auch Leitfiguren in der Terrorszene gestellt haben. Man hat auf verschiedene Weise versucht, dieses Phänomen zu erklären. Die entsprechenden Aussagen dazu sind freilich wenig empirisch abgesichert. Wenn es richtig ist, daß der deutsche Linksterrorismus eine Antwort auf die angenommene Unterdrückung durch Kapitalismus und Imperialismus ist, dann ist die starke Beteiligung weiblicher Personen an solchen terroristischen Gewaltdelikten zumindest einsichtig. Die Beteiligung von Frauen an rechtsterroristischer Gewalt ist dagegen sehr gering.

322 Schon sehr frühzeitig wurde in der Kriminologie behauptet, die biologische Andersartigkeit der Frau sei der Grund für ihre geringere kriminelle Belastung. Sieht man einmal davon ab, daß für manche Vertreter dieser These als biologischer Unterschied ein solcher galt, der in Wirklichkeit ein sozialpsychologischer war, so haben neuere und exaktere Untersuchungen gezeigt, daß es mit der Gültigkeit dieser Argumentation so weit nicht her sein kann.

Die Behauptung, die Frau begehe deswegen weniger Delikte, weil sie körperlich dem Manne unterlegen sei, ist am leichtesten zu entkräften. Sie ist biologisch falsch. Es ist in der Medizin anerkannt, daß Männer physisch den Frauen unterlegen sind. Das biologisch starke Geschlecht ist das weibliche. Die Sterbequote bei Männern ist durchweg höher als bei Frauen, selbst wenn man die Unfalltoten nicht einbezieht, die mehr mit der Sozialstruktur unserer Gesellschaft als mit der physischen Verfassung zu tun haben. Aber auch sonst zeigt sich die Frau als widerstandsfähiger. Auch die zweite Argumentation in dieser Richtung, die Frau bringe nicht die körperliche Kraft auf, um kriminell zu werden, ist falsch. Tatsächlich kann gerade die Frau physisch sehr stark belastet werden. Man erinnere sich in diesem Zusammenhang nur an weiblichen Arbeitseinsatz nach dem Kriege 1945 (als sog. Trümmerfrauen) oder die Arbeitsleistungen der Frauen in ausgesprochenen »Männerberufen«. Im übrigen erlaubt es die Tatbestandsgestaltung praktisch jeden Delikts, die Tat zu begehen, selbst wenn man nicht extreme Körperkräfte aufwenden kann oder will. Gewaltanwendung verlangt wenig körperlichen Einsatz, jedenfalls nicht einen solchen, den nicht auch eine Frau durchschnittlich aufbringen könnte. In Wirklichkeit spielt hier die psychologische Komponente eine Rolle, nicht aber die körperliche. Einer Frau wird in unserer Gesellschaft nicht diese Kraftanwendung zugetraut; ihr Verhalten wird nicht mit Gewalt und Körperkraft verbunden, sondern nach dem in unserer Kultur verbreiteten Bild ist die Frau gewöhnlich sanftmütig und aggressionslos. Dieses Bild hat mit der tatsächlichen physischen Konstitution der Frau nichts zu tun, denn selbstverständlich ist die Frau zur Begehung aller Straftaten körperlich kräftig genug.

Die **Emanzipation der Frau** hat bisher, entgegen anderen Vermutungen, offensichtlich kein erkennbares Anwachsen der weiblichen Kriminalität mit sich gebracht, wenn man überhaupt davon ausgehen kann, daß eine wirkliche gesellschaftliche Emanzipation stattgefunden hat. Mißt man – möglicherweise unzutreffend – Emanzipation an der Beteiligung der Frau an der Erwerbstätigkeit, dann hat sie offenbar keinen Einfluß auf die Kriminalitätsrate, wie Ergebnisse aus vielen europäischen Ländern zeigen. Die Daten etwa aus den USA einerseits und den Entwicklungsländern andererseits legen nahe, den Begriff der Emanzipation nicht an der Teilnahme am Arbeitsleben auszurichten, sondern am gesamtgesellschaftlichen Status der Frau. *Freda Adler* (1977) beschreibt ein Anwachsen der Frauenkriminalität in den USA und verbindet dieses mit geänderten sozialen Bedingungen, die die Forderungen der Frauen nach einer Gleichberechtigung herbeigeführt hätten. Daten zeigten, daß die amerikanische Untersuchung, daß die soziale und wirtschaftliche Ungleichheit zwischen den Geschlechtern sinkt, gleichzeitig ein Anwachsen der Frauenkriminalität hervorbrachte. *Adler* hat für die USA auch ermittelt, daß Frauen nunmehr häufiger Gewaltdelikte begingen. In Deutschland läßt sich nicht übersehen, daß die Gewaltkriminalität

323

der Frauen angestiegen ist, viel deutlicher als die weibliche Gesamtkriminalität. Ob dies, um auf die Argumentation von *Adler* zurückzukommen, wirklich mit der Emanzipation der Frau zu tun hat, wird freilich in Zweifel gezogen werden können. Wie immer man nämlich Emanzipation betrachtet, man muß wohl auf die konkreten Umstände der Situation der Frau in einer Gesellschaft abstellen, um eine Steigerung der Beteiligung an der Kriminalität zu begründen. Es ist sicherlich zu vordergründig zu meinen, die Teilnahme an der Arbeit des Mannes würde eine Frau auch emanzipieren. Zudem übersieht diese Betrachtung, daß höhere Beschäftigungsquoten von Frauen noch nichts aussagen über ihre tatsächliche Stellung im Berufsleben. Immer noch sind vielfach die höheren und hohen Positionen Männern vorbehalten. Eine tatsächliche Emanzipation würde, unter anderem, auch erfordern, daß diese faktischen Unterschiede verschwinden. Davon aber kann weder in den USA noch in Europa die Rede sein.

324 Eine andere Erklärung für die niedrige weibliche Kriminalität wird darin gesehen, daß unsere Strafgesetze so gemacht seien, daß Adressaten der Normen die Männer und deren Verhaltensweisen seien und nicht auch Frauen. Wir hätten es bei unseren Strafnormen mit solchen zu tun, die von Männern für Männer gemacht seien. Nun ist daran sicherlich soviel richtig, als historisch gesehen mit den Strafgesetzen hauptsächlich sozial mißbilligtes Verhalten von Männern getroffen werden sollte. Doch sind andererseits die strafbaren Sachverhalte im Gesetz so beschrieben, daß sie, von wenigen Ausnahmen abgesehen, sowohl Männer als auch Frauen treffen können. Die reale geringere Betroffenheit der Frauen durch Verhaltensnormen, die nicht durch Strafgesetze abgesichert sind, ergibt sich mittelbar aus der Stellung der Frau in der Gesellschaft, hat aber mit den Normen selbst nichts zu tun.

325 Es ist, vor allem in den USA, immer wieder behauptet worden, weibliche Kriminalität werde von den Strafverfolgungsbehörden einem geringeren Verfolgungsdruck ausgesetzt als männliche. Empirisch ist diese Frage für Deutschland noch nicht hinreichend geklärt. Ob die Polizei Frauen milder verfolgt, ist noch offen, obwohl man die Vermutung haben kann, daß dies so ist, jedenfalls in bestimmten Fällen. Für Staatsanwaltschaft und Gericht geben die Kriminalstatistiken einen Hinweis darauf, daß Frauen einem geringeren Verfolgungsdruck ausgesetzt sind. *Geißler/Marißen* (1988, 513) nennen folgende Frauenquoten bei der Strafverfolgung von 14- bis 20jährigen in den Jahren 1984/85 in Stuttgart.

Polizeilich registrierte Tatverdächtige	27,0 %
Angeklagte	19,6 %
Verurteilte	17,1 %
zu Jugendstrafe ohne Bewährung Verurteilte	5,5 %

Geißler/Marißen (1988, 514f.) fanden für ihre Ergebnisse zwei Deutungsmöglichkeiten: einmal die geschlechtsspezifische Etikettierung (die Instanzen der Strafverfolgung neigen dazu, Männern eher den Stempel des Kriminellen aufzudrücken und damit Frauen zu schonen) und zum anderen die ätiologische Theorie (bestimmend sei die Besonderheit des kriminellen Verhaltens der Frauen bzw. Männer). *Geißler/Marißen* führen aus, ihre Untersuchung habe ergeben, daß in 9 von 14 Deliktsarten junge Frauen für dasselbe Delikt von Richtern signifikant milder bestraft worden seien als Männer (*Geißler/Marißen* 1988, 517). Der »Frauenbonus« sei zudem unabhängig von der Beschäftigungs- und Ausbildungssituation der Angeklagten (*Geißler/Marißen* 1988, 518). Diese Ergebnisse haben Widerspruch gefunden (*Ludwig-Mayerhofer/Rzepka* 1991), der nicht ganz von der Hand zu weisen ist. In ihrer eigenen Untersuchung über das Anklageverhalten der Jugendstaatsanwaltschaften in Nordrhein-Westfalen 1987 kommen *Ludwig-Mayerhofer/Rzepka* (1990, 555) zu einem anderen Ergebnis: Das Geschlecht der Beschuldigten sei für die Jugendstaatsanwaltschaft bezüglich einer Anklageerhebung von geringer Bedeutung. Für das Gros der Alltagskriminalität spiele es überhaupt keine Rolle. Eine, wenn auch nicht sehr erhebliche Bevorzugung weiblicher Beschuldigter konnte aber vor allem bei »untypischen« Delikten von Mädchen bzw. jungen Frauen festgestellt werden. Im Bereich schwerer und sehr schwerer Diebstahlsdelikte und bei Körperverletzungen, bei denen weibliche Beschuldigte männliche Geschädigte verletzt haben, fanden sie eine Bevorzugung der Mädchen und jungen Frauen. Es ist durchaus nicht sicher, wie man beide Ergebnisse zu interpretieren hat, die sich im übrigen in einem Fall auf Entscheidungen der Gerichte und im anderen auf die der Staatsanwaltschaften beziehen, also zwei unterschiedliche Strafverfolgungsinstanzen berücksichtigten. Im übrigen zeigen Gerichtsstatistiken, daß zwar die Chancen, nach einer Anklage auch verurteilt zu werden, bei Männern und Frauen fast gleich groß sind, daß aber Frauen bei einer Verurteilung mit Abstand mildere Sanktionen zu erwarten haben als Männer. Nun liegt es nahe, gerade diesen Aspekt nicht mit dem Geschlecht in Verbindung zu bringen, sondern mit der Tatschwere zu erklären. Anders ausgedrückt: Das, was wir als Selektion zugunsten der Frau auf ihr Geschlecht zurückführen, könnte in der Tat selbst seine Ursache haben. Freilich ist auch dies nur eine Überlegung, die nicht durch empirische Beweise abgesichert ist. Ein letztes Argument zur Erklärung der niedrigeren Kriminalitätsbelastung der Frau sei zitiert.

326

Die **Prostitution** der Frau galt und gilt vielen als Erklärung für die geringe Frauenkriminalität. Diese Meinung überzeugt nicht. Einmal hat man sich (vor allem *Lombroso*, der Urheber dieses Arguments) damit abzufinden, daß Kriminalität ein vom Strafgesetz so definiertes Verhalten ist, unabhängig davon, ob es ansonsten als sozial abweichend gilt oder nicht. Prostitution als solche ist sowohl in unserer als auch in vielen anderen Gesellschaften nicht kriminell. Sie kann deswegen der Kriminalität nicht gleichgesetzt werden. Selbst abgesehen vom Begriff der kriminellen Handlung überzeugt diese Beweisführung nicht. Denn dann müßte alles sozialabweichende Verhalten der Kriminalität gleichgestellt werden, nicht nur die Prostitution, der im übrigen bekanntlich nicht nur Frauen nachgehen. Ziehen wir dieses aber heran, dann verkleinert sich die Teilnahme der Frau am sozial auffälligen Verhalten, denn die Gruppe etwa der Nichtseßhaften wird weit überwiegend von Männern gestellt und ist zahlenmäßig wohl genauso bedeutsam wie die der weiblichen Prostituierten. Im übrigen gibt es noch andere Randseitergruppen, bei denen der Anteil der Männer durchaus relevant ist (etwa Drogensüchtige): Das Prostitutionsargument verliert somit völlig an Beweiskraft.

327 Faßt man die bisherigen kriminologischen Erkenntnisse zur Frauenkriminalität zusammen, so zeigt sich, daß eine tiefergehende Beschäftigung mit ihr immer noch aussteht. Bisher steht in der Kriminologie die Kriminalität der Männer im Mittelpunkt. Die Tatsache, daß zahlenmäßig die Frauenkriminalität eine untergeordnete Bedeutung hat, jedenfalls soweit sie »offiziell« zur Kenntnis genommen wird, hat sicherlich auch bewirkt, daß sie kriminologisch nicht ernst genug genommen wurde. Die sich jetzt in manchen Ländern abzeichnenden Umbrüche in der Struktur weiblicher Kriminalität und die weithin immer noch ungelöste Frage ihrer spezifischen Entstehungsvoraussetzungen könnten jedenfalls Anlaß sein, sich in Zukunft damit intensiver zu beschäftigen.

4.3.5 Ausländerkriminalität

Literatur: *Peter-Alexis Albrecht/Christian Pfeiffer,* »Kulturkonflikt« oder soziale Mangellage? Ansätze zur Erklärung der Kriminalitätsbelastung der ausländischen Wohnbevölkerung in der Bundesrepublik. Bewährungshilfe 1979, S. 105 bis 118; *dies.,* Die Kriminalisierung junger Ausländer. Befunde und Reaktionen sozialer Kontrollinstanzen, München 1979a; *Peter-Alexis Albrecht,* Die strafrechtliche Auffälligkeit des »Ausländers«: kriminologische Verarbeitung und kriminalpolitische Verwendung. Strafverteidiger 10 (1990), S. 272 bis 279; Institut für Sozialforschung, Hrsg., Aspekte der Fremdenfeindlichkeit. Beiträge zur aktuellen Diskussion, Frankfurt a. M. usw. 1992; Ausländerfeindlichkeit in Deutschland. Wir alle sind gemeint, Sensbachtal 1992; Ausländerkriminalität in der Bundesrepublik Deutschland. Arbeitstagung des Bundeskriminalamts Wiesbaden vom 18.-21. Oktober 1988, Wiesbaden 1989; Autorengruppe Ausländerforschung, Zwischen Ghetto und Knast. Jugendliche Ausländer in der Bundesrepublik. Ein Handbuch, Reinbek 1981; *Harald Bammel/Ursula Mehrländer/Manfred Struck,* Argumente gegen Ausländerfeindlichkeit, Bonn 1984; *Ute Behla/Burghard Plemper,* Delinquenz junger Deutscher und Nichtdeutscher im Vergleich, Hamburg 1981; *Erhard Blankenburg,* Die Selektivität rechtlicher Sanktionen. Eine empirische Untersuchung von Ladendiebstählen. Kölner Zeitschrift für Soziologie und Sozialpsychologie 21 (1969), S. 805 bis 829; *Gernot Böhme,* Hrsg., Migration und Ausländerfeindlichkeit, Darmstadt 1994; *Wilfried Breyvogel,* Hrsg., Lust auf Randale. Jugendliche Gewalt gegen Fremde, Bonn 1993; *Manfred Cremer/Helga Spangenberg,* Assimilation ausländischer Arbeitnehmer in der Bundesrepublik Deutschland, Königstein/Taunus 1980; *Otto Diederichs,* Hilfe, Polizei – Auswüchse oder System? Eine erste Annäherung. In: Hilfe, Polizei. Fremdenfeindlichkeit bei Deutschlands Ordnungshütern, Berlin 1995, S. 41 bis 53; *Olaf Donner/Claudius Ohder/Eugen Weschke/Joachim Ciupka*, Untersuchung von Straftaten, Problemen des Strafvollzuges und der Resozialisierung bei Ausländern in Berlin. Teil 1: Einführung in die Untersuchung. Kurzfassung der Ergebnisse, Berlin 1980; *Rainer Geißler*, Das gefährliche Gerücht von der hohen Ausländerkriminalität. Aus Politik und Zeitgeschichte B 35 (1995), S. 30 bis 39; *Volkmar Gessner*, Das soziale Verhalten der Gastarbeiter. In: *Turgul Ansay/Volkmar Gessner*, Hrsg., Gastarbeiter in Gesellschaft und Recht, München 1974, S. 11 bis 38; *Hans-Bernd Grüber*, Kriminalität der Gastarbeiter, Zusammenhang zwischen kulturellem Konflikt und Kriminalität. Untersuchung in der Freien und Hansestadt Hamburg für die Jahre 1964-1965. Jur. Diss. Hamburg, 1969; *Friedrich Heckmann*, Die Bundesrepublik: Ein Einwanderungsland? Zur Soziologie der Gastarbeiterbevölkerung als Einwandererminorität, Stuttgart 1981; *Lutz Hoffmann/Herbert Even*, Soziologie der Ausländerfeindlichkeit. Zwischen nationaler Identität und multikultureller Gesellschaft. Weinheim usw. 1984; *Charlotte Höhn/ Detlev B. Rein*, Hrsg., Ausländer in der Bundesrepublik Deutschland. Boppard am Rhein 1990; *Thomas Karger/Peter Sutterer*, Polizeilich registrierte Gewaltdelinquenz bei jungen Ausländern: Befunde der Freiburger Kohortenstudie unter Berücksichtigung von Verzerrungen in der Polizeilichen Kriminalstatistik. Monatsschrift für Kriminologie und Strafrechtsreform 73 (1990), S. 369 bis 383; *Haris Katsoulis*, Bürger zweiter Klasse. Ausländer in der Bundesrepublik, Frankfurt a. M. usw. 1978; *Ernst Klee*, Hrsg., Gastarbeiter. Analysen und Berichte, Frankfurt a. M. 1971; *Manfred Koch-Hillebrecht*, Der Stoff, aus dem die Dummheit ist. Eine Sozialpsychologie der Vorurteile, München 1979; *Edwin Kube/Karl-Friedrich Koch*, Zur Kriminalität jugendlicher Ausländer aus polizeilicher Sicht. Monatsschrift für Kriminologie und Strafrechtsreform 73 (1990), S. 14 bis 24; *Michael Kubink*, Verständnis und Bedeutung von Ausländerkriminalität. Eine Analyse der Konstitution sozialer Probleme, Pfaffenweiler 1993; *Jochen Kummer*, Ausländerkriminalität. Legenden und Fakten zu einem Tabu. Frankfurt am Main 1993; *Manfred Leier*, Red., Un-Heil über Deutschland. Fremdenhaß und Neofaschismus nach der Wiedervereinigung, Hamburg 1993; *Verena McRae*, Die Gastarbeiter. Daten, Fakten, Probleme. 2. Auflage, München 1981; *Jürgen Mansel*, Gefahr und Bedrohung? Die Quantität des „kriminellen" Verhaltens der Gastarbeiternachkommen. Kriminologisches Journal 17 (1985), S. 169 bis 185; *ders.*, Gezielte Produktion von Kriminellen? Das Ausmaß der Kriminalisierung von Gastarbeiternachkommen durch Organe der Strafrechtspflege in der Bundesrepublik Deutschland. In: *Günther Kaiser/Helmut Kury/Hans-Jörg Albrecht*, Hrsg., Kriminologische Forschung in den 80er Jahren. Projektberichte aus der Bundesrepublik Deutschland, Freibur i. Br. 1988, S. 1059 bis 1084; *ders.*, Die unterschiedliche Selektion von jungen Deutschen, Türken und Italienern auf dem Weg vom polizeilichen Tatverdächtigen zum gerichtlich Verurteilten. Monatsschrift für Kriminologie und Strafrechtsreform 69 (1986); S. 309 bis 325; *Karl-Heinz Meier-Braun*, „Gastarbeiter" oder Einwanderer? Anmerkungen zur Ausländerpolitik in der Bundesrepublik Deutschland, Frankfurt a. M. usw. 1980; *Josef Otto*, Ausländerkriminalität in Hamburg. Eine kriminologische Untersuchung des Landeskriminalamts Hamburg der im zweiten Halbjahr 1977 statistisch erfaßten Fälle mit nichtdeutschen Tatverdächtigen, Hamburg 1978; *Jean Piaget/A. M. Weil*, The Development in Children of the Idea of Homeland and Relations with their Countries. International Sociological Bulletin 1951, 3; *Angelika Pitsela*, Straffälligkeit und Viktimisierung ausländischer Minderheiten in der Bundesrepublik Deutschland. Dargestellt am Beispiel der griechischen Bevölkerungsgruppe, Freiburg i. Br. 1986; *Gerd Rodel*, Untersuchung zur Kriminalität der ausländischen Arbeitnehmer, Phil. Diss., Hamburg 1976; *Winfried Schlaffke/ Reinhard Zedler*, Hrsg., Die zweite Ausländergeneration. Vorschläge und Modelle der Eingliederung von Ausländerkindern, Köln 1980; *Heinz Schöch/Michael Gebauer*, Ausländerkriminalität in der Bundesrepublik Deutschland. Kriminologische, rechtliche und soziale Aspekte eines gesellschaftlichen Problems, Baden-Baden 1991; *Horst Schüler-Springorum*, Ausländerkriminalität. Ursachen, Umfang und Entwicklung. Neue Zeitschrift für Strafrecht 3 (1983), S. 529 bis 536; *Harald Schumacher*, Einwanderungsland BRD, Düsseldorf 1992; *Wolfgang Seifert*, Ausländer in der Bundesrepublik – Soziale und ökonomische Mobilität, Berlin 1991; *Herbert Speich*, Fremde in Deutschland. Unbequeme Kapitel unserer Geschichte, Weinheim usw. 1981; *Wiebke Steffen*, Ausländerkriminalität in Bayern, München 1992; *dies.*, Kriminalität und Kriminalisierung bei ethnischen Minderheiten. In: *Cornelia Schmalz-Jacobsen/Georg Hansen*, Hrsg., Ethnische Minderheiten in der Bundesrepublik Deutschland. Ein Lexikon, München 1995, S. 301 bis 306; *U. Thiele*, Spezielle Ursachen der Kriminalität junger Ausländer. Zentralblatt für Jugendrecht 72 (1985), S. 186 bis 196; *Monika Traulsen*, Delinquenz und soziale Benachteiligung der Ausländerinnen. Monatsschrift für Kriminologie und Strafrechtsreform 73 (1990), S. 256 bis 265; *dies.*, Differenzieren statt Diskriminieren: Ausländergruppen und ihre Kriminalität. Kriminalistik 45 (1991). S. 627 bis 632; *dies.*, Gefährlich oder gefährdet? Zur Kriminalität der Asylbewerber. Kriminalistik 43 (1990), S. 415 bis 419; *Sadi Ücüncü*, Integrationshemmender Faktor: Ausländerfeindlichkeit in der Bundesrepublik Deutschland. Ein Überblick zur Theorie der Ausländerfeindlichkeit. Pfaffenweiler 1984; *Bernhard Villmow*, Kriminalität der jungen Ausländer. Ausmaß und Struktur des abweichenden Verhaltens und gesellschaftliche Reaktion. In: *Hans-Jürgen Kerner/Hans Göppinger/Franz Streng*, Hrsg., Kriminologie – Psychiatrie – Strafrecht. Festschrift für Heinz Leferenz zum 70. Geburtstag. Heidelberg 1983, S. 323 bis 343.

328 **Das Problem der Kriminalität der Ausländer in Deutschland, lange Zeit verkürzt nur als das der Gastarbeiter und neuerdings vor allem als das der Asylbewerber** abgehandelt, ist in den letzten Jahren von interessierter politischer Seite immer undifferenzierter der Öffentlichkeit dargestellt worden und **hat zu heftigen und kontroversen, oft nicht gerade sachbezogenen Auseinandersetzungen geführt.** Angesichts der Tatsache, daß in Deutschland in den letzten Jahren zahlreiche Ausländer bei fremdenfeindlichen Brandanschlägen ermordet wurden oder versucht wurde, sie zu ermorden, und daß auf offener Straße Hetzjagden gegen Ausländer vor passiven Passanten veranstaltet werden, ferner bei einem weitverbreiteten Klima der Fremdenfeindlichkeit und der Intoleranz gegen Fremde im Land, ist es schwer, sachlich den Gegenstand »Ausländerkriminalität« zu analysieren. Der Versuch hierzu soll dennoch unternommen werden.

329 **Der Anteil der Ausländer an der Wohnbevölkerung (von etwa 80,9 Mio.) betrug am 31. 12. 1992 rund 8%.** Damit war etwa jeder 13. Einwohner Deutschlands Nichtdeutscher. Es handelte sich dabei um rund 6,5 Mio. Menschen. Von den Ausländern waren 57% männlichen und 43% weiblichen Geschlechts. Damit ist hinsichtlich des Geschlechts der Anteil der Ausländer deutlich anders strukturiert als der der Deutschen in der Bevölkerung (48:52). **Der Anteil der Ausländer unter den Tatverdächtigen der Polizeilichen Kriminalstatistik 1994 betrug 30,1 %.** Diese Zahlen als Basis für die Berechnung der Kriminalitätsbelastung zu nehmen, würde bedeuten, daß Ausländer in Deutschland 1994 fast viermal so häufig als Kriminelle registriert wurden als ihrer Zahl entspräche. Freilich ist dabei nicht berücksichtigt, daß die Anzahl der Ausländer, die hier erfaßt ist, nicht auch der wirklichen Zahl der Ausländer in Deutschland entspricht, denn mit dieser Zahl steht nicht auch fest, wie viele Ausländer sich tatsächlich in Deutschland aufhalten, weil dabei nicht auch die nichtdeutschen Stationierungskräfte (Soldaten) mit ihren Angehörigen, Touristen und Personen, die nicht ordnungsgemäß polizeilich gemeldet sind (illegaler Aufenthalt), erfaßt sind. Wie groß dieser Anteil der Ausländer ist, läßt sich nicht feststellen, da Statistiken hierfür fehlen. Daß wir dabei jedoch von relativ hohen Zahlen ausgehen müssen, mag eine Zahl aus dem Bereich des Tourismus zeigen. 1993 wurden in Deutschland im Hotel- und Gaststättengewerbe 31,1 Mio. Übernachtungen von Ausländern erfaßt (Statistisches Jahrbuch 1994, 283). Dies bedeutet, daß allein in diesem Jahr sich täglich rund 85.000 ausländische Reisende in der Bundesrepublik aufgehalten haben. Damit ist aber noch nicht gesagt, wieviele Ausländer sich tatsächlich an einem beliebigen Kalendertag in Deutschland aufhalten. Besucher, die nur einen Tag bleiben oder die in anderen Unterkünften als Hotels und Gaststätten übernachten, werden nicht erfaßt. Über das Jahr verteilt kamen 1993 im Hotel- und Gaststättengewerbe 13,2 Mio. ausländische Gäste an (Statistisches Jahrbuch 1994, 283). Diese Zahl enthält sicherlich Mehrfachzählungen von solchen Personen, die auf ihrer Ferien- oder Geschäftsreise an mehreren Orten gezählt wurden oder mehrmals im Jahr, doch bleibt sie immer noch beachtlich, wenn man sie an der amtlich registrierten Wohnbevölkerung mißt. Als Fazit ist also für die Bewertung der Berechnungen der kriminellen Belastung von Ausländern festzuhalten, daß uns für die Kriminalitätsbelastungszahl die zuverlässige Bezugszahl fehlt. Die Basiszahl der gemeldeten ausländischen Einwohner ist mit Sicherheit viel zu niedrig für eine korrekte Berechnung der Kriminalitätsbelastung von Ausländern; die Ergebnisse sind damit zwangsläufig überhöht. Dies hat offenbar dazu geführt, daß nunmehr das Bundeskriminalamt in seiner Polizeilichen Kriminalstatistik solche Berechnungen nicht mehr veröffentlicht. Damit ist freilich eine, wenn auch nicht sehr zuverlässige Basis für eine Schätzung der Kriminalitätsbelastung der einzelnen Bevölkerungsgruppen verlorengegangen. Für Bayern gibt es in einer Studie von *Steffen* u. a. (1992) eine gesonderte Erfassung der realen Tatverdächtigenzahlen, die nur jene registrierten Ausländer erfaßt, die auch in Bayern polizeilich gemeldet sind. Ausweislich dieser Daten (*Steffen* u. a. 1992, 27a) betrug für Bayern im Jahre 1990 die Tatverdächtigenbelastungszahl, die inhaltlich der KBZ entspricht, ohne Berücksichtigung der Delikte nach dem Ausländergesetz und dem Asylverfahrensgesetz für Deutsche 1.381 und für Ausländer

3.496. Der Anteil der verdächtigen Ausländer war also 2,5fach höher. Berücksichtigt man nur die männliche Bevölkerung, so reduziert sich die Überhöhung auf das 2,3fache; bezogen auf die 18 bis 24 Jahre alte männliche Bevölkerung ist die Überhöhung noch 2,2fach (*Steffen* u. a. 1992, 28). Demnach ließe sich nach diesen Ergebnissen festhalten, daß entsprechend ihrer demographischen Zusammensetzung Ausländer etwa mehr als doppelt so häufig als Straftäter registriert wurden wie Deutsche. Will man die reale kriminelle Belastung der Ausländer mit der der Deutschen vergleichen, so sind noch andere Faktoren zu berücksichtigen, die nach kriminologischen Erkenntnissen einen Bezug zur Straffälligkeit und Registrierung als Straftäter haben, die aber bei Ausländern und Deutschen nicht gleich verteilt sind. Zu diesen Faktoren gehören etwa Geschlecht, Alter und sozialer Status (wie Schichtzugehörigkeit, Bildung, Beruf). Hierüber sagen Kriminalstatistiken nichts aus. Daneben spielt ersichtlich auch die Frage der sozialen Verhaltenskontrolle der Umwelt, und hier vor allem die Anzeigebereitschaft der (deutschen) Bevölkerung, eine große Rolle. All diese Faktoren bewirken, daß Art und Umfang der Ausländerkriminalität nicht einfach aus den Zahlen der Kriminalstatistik bestimmt werden können. Zudem ist die tatsächlich verübte Kriminalität nicht statistisch erfaßt; wir kennen sie überhaupt nicht. Die Polizeiliche Kriminalstatistik erfaßt keineswegs die geschehene Kriminalität in einem bestimmten Gebiet und zu einem bestimmten Zeitraum, sondern ist der Arbeitsnachweis der Polizei für die bei ihr registrierten und bearbeiteten Fälle von Kriminalität. Nur Straftaten, die bei der Polizei (zum weit überwiegenden Teil aus der Bevölkerung) angezeigt bzw. gemeldet werden, können in die Statistik einfließen. Wir wissen aufgrund von vielen Dunkelfelduntersuchungen ziemlich sicher, daß nur ein verschwindend geringer Teil der Kriminalität von der Polizei registriert und so statistisch erfaßt wird. Man geht wohl nicht fehl, wenn man annimmt, daß dies bei der »klassischen« Kriminalität (also der ohne Straßenverkehrskriminalität) nur etwa ein Zehntel der Straftaten sind. Es spiegelt sich also in den Zahlen weniger die wirklich geschehene Kriminalität wider als vielmehr die Toleranz der Bevölkerung, begangene Straftaten reaktionslos hinzunehmen oder aber den Strafverfolgungsbehörden zu melden. **In keinem Fall mißt die Statistik die geschehene Kriminalität, sondern nur die verfolgte.**

Ein weiteres in der statistischen Erfassung liegendes Problem ist zu beachten: die **Aufklärungsquote.** Eine Messung der Anteile der einzelnen Bevölkerungsgruppen an der Kriminalität kann nur bei aufgeklärten Straftaten erfolgen. 1994 betrug die Aufklärungsquote in Deutschland 44,4%. Wir wissen daher allenfalls, wer die Täter von gut zwei Fünfteln der erfaßten (nicht aber der tatsächlich begangenen) Taten sind, uns ist aber gänzlich unbekannt, wie die Zusammensetzung der Täter für die nicht aufgeklärten Straftaten aussieht. Für die Einschätzung der Beteiligung von Ausländern an der Kriminalität ist dies aber von großer Bedeutung, weil man bei Ausländern davon ausgehen muß, daß für sie, verglichen mit Deutschen, eine deutlich erhöhte Möglichkeit der Tatentdeckung besteht. Da wir nur bei weniger als der Hälfte der registrierten Straftaten den Täter kennen, unsere Aussagen zur Ausländerbelastung aber (scheinbar) die Gesamtkriminalität betreffen – was so nicht stimmt – ist jede Aussage über die Beteiligung der Ausländer an der Kriminalität mit diesem Unsicherheitsfaktor belastet, so daß man nicht von einer auch nur einigermaßen zuverlässigen Erkenntnis sprechen kann. Allenfalls läßt sich von gewissen Wahrscheinlichkeiten für die Beteiligung der Ausländer sprechen.

Zieht man ein erstes Fazit aus den bisherigen Darlegungen zur Aussagekraft der Kriminalstatistik, so läßt sich folgendes festhalten: **Die Frage, ob Ausländer »krimineller sind als Deutsche«, verstanden in dem Sinne, daß entweder der Zahl nach mehr Ausländer kriminell oder aber mehr kriminelle Handlungen von Ausländern begangen werden als von Deutschen, läßt sich nach unserem derzeitigen Kenntnisstand anhand der Statistiken nicht beantworten.** Was wir dazu feststellen können, sind plausible Überlegungen, nicht aber gesicherte empirische Aussagen. Auf der Basis **plausibler Überlegungen** soll nunmehr versucht werden, die statistischen Zahlen zu gewichten. Betrachtet man die Polizeiliche Kriminalstatistik 1994, so ließe sich bei einem Anteil von 30,1% ausländischer Tatverdächtiger und einer Einwohnerzahl von rund 8% (siehe oben) schließen, daß in der Tat die Beteiligung der Ausländer an der Kriminalität deutlich überproportional ist. Diese Schlußfolgerung ist – selbst wenn man, wie oben dargelegt, noch zahlenmäßige Korrekturen einbaut – ungenau. Abgesehen davon, daß das **Entdeckungsrisiko für Ausländer offenkundig größer** ist als das für Deutsche, ist auch die verwendete Bezugszahl unrichtig.

Wir wissen aus empirischen Untersuchungen schon seit den 60er Jahren, daß bei Ausländern die Wahrscheinlichkeit, als Straftäter aufzufallen, angezeigt und registriert zu werden, größer ist als für Deutsche. **Der »Fremde« unterliegt einer strengeren sozialen Kontrolle;** ihm wird häufiger und intensiver »auf die Finger« gesehen und er wird auch schneller »weitergemeldet«. Allein schon die Tatsache seines Fremdseins bewirkt eine Verzerrung zu seinen Ungunsten bei der Verfolgung von Straftaten, nicht aber, wie später zu zeigen sein wird, bei seiner strafrechtlichen Verurteilung. Hinzu kommt, daß eine bestimmte fremdenfeindliche Einstellung die **Toleranzschwelle niedriger** werden läßt als bei Straftaten von Inländern. Empfindet man bei einem Deutschen einen Diebstahl oder eine Sachbeschädigung schon als »anstößig«, so gelten diese Taten, von Fremden begangen, als ausgesprochen »unverschämt«, mißbrauchen doch die Täter ein (scheinbares oder wirkliches) Gastrecht.

Der Vergleich der **Altersstruktur der Tatverdächtigen** 1994 für Deutschland (Polizeiliche Kriminalstatistik 1994, 72) zeigt folgendes:

Altersgruppe	Deutsche Anteile	Ausländer Anteile
Kinder	5,6 %	3,4 %
Jugendliche	11,9 %	8,7 %
18 bis 20 Jahre	8,7 %	11,7 %
21 bis 24 Jahre	10,6 %	18,9 %
25 Jahre und älter	63,3 %	57,3 %

331 Damit zeigt die Binnenstruktur der Tatverdächtigen zwischen Deutschen und Nichtdeutschen vor allem bei Jugendlichen und Jungerwachsenen (21- bis 24jährige) deutliche Unterschiede. Allerdings ist ein direkter Vergleich der Altersstruktur der Verdächtigen nicht möglich, weil hierzu die Tatverdächtigenbelastungszahlen (TVBZ) herangezogen werden müßten, die vom Bundeskriminalamt aber nicht veröffentlicht werden (können). Veröffentlicht ist dagegen die TVBZ für die nichtdeutschen Arbeitnehmer. Sie betrug im Jahre 1994 4.444. Dies bedeutet – bei einer Gesamtbelastungszahl von 2.738 –, daß sie für nichtdeutsche Arbeitnehmer immer noch knapp zwei Drittel höher ist als die Gesamtbelastung.

332 Wir wissen aus empirischen Untersuchungen, daß die Wahrscheinlichkeit, als Straftäter entdeckt und registriert zu werden, mit der **sozialen Schicht des Täters** zu tun hat. Angehörige der Unterschicht werden überproportional häufiger als Straftäter identifiziert als Personen aus der Mittel- und Oberschicht. Ob dies, wie Vertreter der kritischen Kriminologie behaupten, damit zu tun hat, daß Unterschichtsangehörige eher kriminalisiert werden, oder ob das damit zu tun hat, daß sie mehr strafbare Handlungen begehen, ist in diesem Zusammenhang unerheblich, weil es hier allein um die Tatsache der häufigeren Registrierung geht, die unbestritten ist. Nimmt man die deutsche Bevölkerung als Maßstab für die Schichtverteilung, so zeigt sich, daß mindestens die Hälfte von ihnen nicht zur Unterschicht zählt; bei den Ausländern in der Wohnbevölkerung aber gehören mindestens 80% zur Unterschicht. Da die Schichtzugehörigkeit eine bedeutsame Rolle für die Registrierung spielt, vergleicht man bei der Kriminalitätsbelastung Deutscher und Nichtdeutscher sozusagen »Äpfel mit Birnen«. *Seifert* (1991, 17) teilt für 1989 in der Bundesrepublik folgende Verteilung der Berufe mit:

Beruf	Anteil Ausländer	Anteil Deutsche
ungelernte Arbeiter	21 %	4 %
angelernte Arbeiter	43 %	12 %
Facharbeiter	23 %	16 %
Angestellte	9 %	46%
Selbständige	4 %	12 %
Beamte	0 %	10 %

Während von den deutschen Arbeitnehmern 41% in Industrie und Baugewerbe Arbeitnehmer waren, trifft dies für 78% bei Ausländern zu (*Seifert* 1991, 17). **Damit erweist sich die soziale Situation in den Familien, die einen deutlichen Einfluß auf die kriminelle Auffälligkeit hat, bei Ausländern entschieden schlechter als bei Deutschen.** Dies zeigt sich auch in der **Schulbildung** Straffälliger. *Oppermann* (1987) hat in einer für die Stadt Freiburg im Breisgau repräsentativen Untersuchung folgende Schulbildung für Straffällige ermittelt:

333

Schulbildung	Straffällige insgesamt in %	Ausländische Straffällige in %
Sonderschule	14,1 %	11,8 %
Hauptschule	60,6 %	76,3 %
Real-/Fachschule	14,3 %	4,6 %
Gymnasium/Fachoberschule	11,0 %	7,3 %

(Quelle: *Oppermann* 1987, 92)

Aus diesen Daten läßt sich die sozial niedrigere Stellung der ausländischen Straftäter ersehen, da der Schulbesuch, insbesondere der von weiterführenden Schulen, wegen der Bedeutung für die (spätere) Berufsausbildung und damit den künftigen sozialen Status von weitreichender Bedeutung ist. Aber auch für die gegenwärtigen Berufsverhältnisse selbst (zur Tatzeit) zeigt sich bei Ausländern eine deutliche Benachteiligung (*Oppermann* 1987, 93):

334

Berufsverhältnis	Deutsche Straffällige	Ausländische Straffällige
Anlern-/Lehrverhältnis	47,3 %	23,5 %
„Job"-Tätigkeit	7,5 %	14,1 %
Arbeitslose	25,7 %	34,3 %
Sonstige Gruppen	9,9 %	11,4 %

Zur Tatzeit standen die deutschen Straffälligen doppelt so oft in einem **Anlern-/Lehrverhältnis** als ausländische Tatverdächtige. Andererseits waren Ausländer aber doppelt so oft in einer »Job«-Tätigkeit wie Deutsche. Auch die Arbeitslosigkeit war bei Ausländern um ein Drittel höher als bei Deutschen. Durchweg ließ sich also nachweisen, daß die berufliche Situation der ausländischen Straftäter entscheidend schlechter war als die der Deutschen. Aus den Daten läßt sich daher begründet schließen, daß es vor allem die soziale Schicht ist, die bei der Straffälligkeit in den beiden Gruppen stark differiert. Da wir wissen, daß Kriminalität mit sozialen Defiziten zu tun hat, ist es auch plausibel, daß die schlichte Tatsache des Ausländerseins als solche Kriminalität offenbar nicht beeinflußt. Ersichtlich ist auch, daß jugendliche und heranwachsende Deutsche in derselben sozialen Schicht und unter denselben sozialen Bedingungen für Kriminalität genauso anfällig sind wie ausländische.

335

336 Da man davon auszugehen hat, daß die Registrierung einer Straftat zum weit überwiegenden Teil von der Reaktion der Bevölkerung abhängt und die Bevölkerung gegenüber Ausländern härter und unnachsichtiger vorgeht als gegen Deutsche, sollen auch zwei weitere Aspekte für die Kontrolle strafbaren Verhaltens untersucht werden: Delikte, die eine sehr hohe Aufklärungsquote aufweisen (80% und höher) und Delikte, mit einer weit unterdurchschnittlichen Aufklärungsquote (unter 10%). Es soll versucht werden, hieraus Rückschlüsse auf die Verfolgungsintensität bei diesen Taten zu ziehen, da bekannt ist, daß vor allem bei sogenannten **»Kontrolldelikten«** nicht die Anzahl der begangenen Straftaten eine Rolle spielt, sondern die Intensität, mit der Bevölkerung und Strafverfolgungsbehörden diese Taten verfolgen. Als »Kontrolldelikte« werden Straftaten verstanden, bei denen entweder dem Opfer der Täter mindestens durch Zusammentreffen bekannt ist (dies gilt etwa für Körperverletzung, Delikte gegen die persönliche Freiheit, Ladendiebstahl (deswegen, weil praktisch nur solche Taten erfaßt werden, bei denen ein »Täter« gefaßt wurde), Betrug und Begünstigung oder aber solche, bei denen es sich um opferlose Delikte handelt, die hauptsächlich durch besonderen Einsatz der Polizei verfolgt werden (zum Beispiel Glücksspiel und Drogenkriminalität). Abgesehen von sehr schweren Verbrechen (wie Mord und Totschlag, schwerer Raub u. ä.) kann man deshalb mit guten Gründen davon ausgehen, daß Taten mit einer hohen Aufklärungsquote solche Kontrolldelikte sind. Dabei fällt auf, daß der Anteil an verdächtigen Ausländern bei einigen dieser Delikte deutlich höher ist als die (ohne ausländerspezifische Taten nach dem Ausländer- und Asylverfahrensgesetz) durchschnittliche Belastung der Ausländer von 23,3% im Jahre 1994:

337 Begünstigung, Strafvereitelung, Hehlerei und Geldwäsche haben mit einer Aufklärungsquote von 98,9% einen Ausländeranteil von 37,8%; Erschleichen von Leistungen hat bei einer Aufklärungsquote von 98,0% einen Anteil von 39,1% Ausländer; Urkundenfälschung hat mit einer Aufklärungsquote von 97,7% 61,7% Ausländer als Tatverdächtige; Ladendiebstahl wurde zu 95,6% aufgeklärt; der Ausländeranteil beträgt 30,1%; Betrug weist mit einer Aufklärungsquote von 79,0% einen Ausländeranteil von 26,8% auf.

338 Andererseits fällt besonders bei bestimmten Formen des Diebstahls auf, daß trotz sehr niedriger Aufklärungsquoten (unter 10%) der Anteil der ermittelten tatverdächtigen Ausländer sehr hoch ist:

Art des Diebstahls	Aufklärungs-quote	Ausländer-anteil
Fahrraddiebstahl	6,7 %	30,6 %
von unbaren Zahlungsmitteln	9,8 %	27,5 %
aus Kraftfahrzeugen	9,6 %	32,4 %
an Kraftfahrzeugen	9,5 %	23,5 %
Taschendiebstahl	5,4 %	72,8 %

339 Aus diesen Zahlen, vor allem bei den Delikten mit niedriger Aufklärungsquote, läßt sich folgern, **daß bei gleicher Verfolgungsstrategie der Polizei der Anteil der ermittelten ausländischen Täter nicht so hoch sein dürfte,** da bei der Aufklärung dieser Straftaten der »Zufall« eine deutlichere Rolle spielen und es deswegen zu einer anderen Nationalitätenverteilung kommen müßte. Obwohl man diese Zahlen nicht überinterpretieren darf, läßt sich aus ihnen zumindest ein **sichtbar stärkerer Verfolgungsdruck gegenüber Ausländern seitens der Bevölkerung und der Polizei** vermuten. Andererseits kann man aber sicher sagen, daß diese Zahlen als Beleg für eine erhöhte Ausländerkriminalität ausscheiden. *Mansel* (1995, 181) kommt in seiner Analyse der Kriminalität der Gastarbeiternachkommen zu dem Ergebnis, daß bei der Registrierung der Ausländer als Straftäter die Nähe von Täter und Opfer ausschlaggebend zu sein scheine. Für diese Vermutung spreche, daß die Ausländer – mit Ausnahme bei Straßenverkehrsdelikten – besonders bei Delikten geringer belastet seien als die Deutschen, bei denen das Opfer wahrscheinlich bei der Tat nicht anwesend und der Geschädigte seltener eine Privatperson ist. Hoch belastet seien junge Türken und Italiener hingegen bei den Delikten, bei welchen das Opfer bei der Tat einen unmittelbaren Kontakt zum Täter hat. Ob eine Anzeige erfolge, werde täterspezifisch entschieden. *Mansel* (1986) konnte nachweisen, daß männliche Jugendliche zwischen 14 und 20 Jahren je nach ihrer Nationalität einer unterschiedlichen Verurteilungswahrscheinlichkeit unterliegen. Dabei werden Italiener und Türken weniger oft verurteilt als Deutsche. *Mansel* führt dies darauf zurück, daß bei Bagatelldelikten die Polizei (nur) gegen Italiener und Türken häufiger Verfahren einleitet, die dann von der Staatsanwaltschaft eingestellt werden. *Mansel* (1986, 323f.) kommt zu dem Ergebnis, daß die Polizei, unterstützt durch die verstärkte Anzeigebereitschaft der einheimischen Bevölkerung gegen Ausländer, die Gastarbeiter häufiger bei Privatschwierigkeiten kriminalisiert, auch bei Bagatellen gegenüber jungen Ausländern Ermittlungen aufnimmt und aufgrund des generalisierten Verdachts bei Streifengang und anderen zwecks Kriminalprävention durchgeführten Maßnahmen diese eher verdächtigt, eine Straftat geplant und/oder ausgeführt zu haben und deshalb häufiger gegen Ausländer wegen Bagatellen oder strafrechtlich irrelevanter Handlungen Ermittlungen aufnimmt und eine Strafanzeige fertigt, wobei freilich die Polizei gegen die jungen Türken und Italiener nicht intensiver ermittelt.

In der Diskussion um die Ausländerkriminalität ist bisher weitgehend auf ein Argument nicht eingegangen worden: die **Kriminalität in den Heimatländern der Ausländer**. Nun ist es sehr problematisch, kriminalstatistische Vergleiche zwischen den einzelnen Ländern anzustellen, da es sich dabei meist um (sehr) unterschiedliche Rechtsordnungen handelt, die zudem andere Strafverfolgungsstrategien praktizieren. Dennoch müßte sich bei einem Vergleich, wenigstens im Groben, zeigen, daß die innerstaatliche kriminelle Belastung besonders hoch ist. Zieht man nun die Kriminalstatistiken von Interpol heran, so ergibt sich, daß gerade die Länder, aus denen die meisten der in Deutschland besonders auffälligen Ausländernationen kommen, eine sehr viel niedrigere Kriminalitätsrate aufweisen als Deutsche in Deutschland. Schon deshalb verbietet es sich, Aussagen wie »Ausländer sind krimineller« als Deutsche zu machen: die »Heimatkriminalität« in diesen Ländern ist keineswegs so hoch wie die in Deutschland.

341 Ein kriminologisch relevantes Merkmal der ausländischen Wohnbevölkerung ist auch deren **Altersaufbau,** der sich stark von dem der deutschen Bevölkerung unterscheidet. Bei den Ausländern handelt es sich größtenteils um Personen jüngeren und mittleren Alters und um deren Familienangehörige.

Die Altersverteilung der Deutschen und Ausländer sah 1992 wie folgt aus:

Altersgruppe	Deutsche	Ausländer
unter 15 Jahre	15,2 %	21,8 %
15 bis 24 Jahre	11,8 %	19,7 %
25 bis 34 Jahre	17,0 %	21,4 %
35 bis 44 Jahre	13,8 %	16,5 %
45 bis 54 Jahre	13,4 %	12,3 %
55 bis 64 Jahre	12,3 %	5,9 %
65 Jahre und älter	16,7 %	2,7 %

(Quelle: Bevölkerung und Erwerbstätigkeit. Fachserie 1. Reihe 2. Ausländer 1993, 81)

342 Auch die **Aufenthaltsdauer** der Ausländer in Deutschland ist nationalitätsabhängig. So waren im Jahre 1993 20 Jahre und länger in der Bundesrepublik 27,4% aller anwesenden Ausländer; bei den Spaniern waren es 68%, den Griechen 48%, den Italienern 47%, den Jugoslawen 29% und den Türken 28%.

343 Die **soziale Lage der Ausländer** in unserer Wohnbevölkerung ist immer noch teilweise gekennzeichnet durch ein Spektrum an Benachteiligungen und Diskriminierungen. Ausländer kommen in der Regel aus drei Gründen in die Bundesrepublik (*Kremer/Spangenberg* 1980): um die eigene bzw. die materielle Existenz der Familie zu sichern, weil sich bestimmte Bezugspersonen schon in der Bundesrepublik befinden und weil sie mehr Lebensqualität als im Heimatland erwarten. Diese Gründe galten und gelten für die hier als Gastarbeiter tätig werdenden Ausländer. Daneben sind es in den letzten Jahren vor allem die Ausländer, die nach Deutschland kommen, um hier politisches **Asyl** zu suchen, um im Lande bleiben zu können. Deren Fluchtgründe sind unterschiedlich. Wenn aus offiziellen Statistiken auch hervorzugehen scheint, daß es sich in ihrer überwiegenden Zahl um »**Wirtschaftsflüchtlinge**« handeln soll, die nicht wegen konkreter politischer Verfolgung in ihren Heimatländern, sondern vor allem zur Verbesserung ihrer materiellen Lebenssituation nach Deutschland kommen, so ist diese Erklärung in vielen Fällen oberflächlich. Angesichts der vielfältigen politischen Konflikte, insbesondere in Entwicklungsländern, greift der schlichte Hinweis auf wirtschaftliche Verhältnisse als Fluchtgrund offensichtlich zu kurz.

344 Im Jahre 1994 registrierte die Polizei unter den ca. 2,038 Mio. Tatverdächtigen rund 613.000 Ausländer. Damit beträgt unter den registrierten Straftätern ihr Anteil 30,1%. Bleiben die speziellen, nur von Ausländern begangenen Delikte gegen § 92 Ausländergesetz und des Asylverfahrensgesetzes außer Betracht, so beträgt der Anteil der Ausländer an den ermittelten Verdächtigen noch 23,3%.

Auch innerhalb der **Altersgruppen der Tatverdächtigen** ist der Anteil der deutschen und nichtdeutschen unterschiedlich hoch.   **345**

Für 1994 weist die Polizeiliche Kriminalstatistik folgendes aus:

Altersgruppe	Anteil deutscher Verdächtiger	Anteil nichtdeutscher Verdächtiger
Kinder	78,3 %	21,7 %
Jugendliche	76,1 %	23,9 %
Heranwachsende	63,3 %	36,7 %
Erwachsene	69,2 %	30,8 %
insgesamt	69,9 %	30,1 %

Die Altersverteilung der Binnenstruktur der registrierten ausländischen Tatverdächtigen entspricht nicht der der deutschen. Diese Zahlen geben freilich für einen Vergleich der unterschiedlich hohen Kriminalitätsbelastung wenig her, da wir – wie oben ausgeführt – die relevanten Vergleichszahlen nicht kennen.

In den erfaßten Nationalitäten zeigt sich deutlich eine unterschiedliche Belastung. (Die Polizeiliche Kriminalstatistik für das Jahr 1994 enthält die Aufschlüsselung der Straftäter nach Nationalitäten nicht mehr.)   **346**

Kriminalitätsbelastung 1993 und Wohnbevölkerung 1992

Nationalität	Anteil an Verdächtigen	Anteil an Bevölkerung
Jugoslawien*	16,1 %	15,7 %
Türkei	15,8 %	28,6 %
Rumänien	14,4 %	2,6 %
Polen	6,9 %	4,4 %
Italien	3,6 %	8,6 %
Bulgarien	3,6 %	0,9 %
Algerien	2,6 %	0,2 %
Russland**	2,2 %	1,2 %
Bosnien-Herzegowina	1,8 %	***
Tschechoslowakei	1,6 %	1,0 %
Griechenland	1,6 %	5,3 %
Albanien	1,5 %	0,2 %
Marokko	1,4 %	1,2 %
Libanon	1,4 %	0,8 %

Vietnam	1,3 %	1,3 %
Iran	1,2 %	1,5 %
Kroatien	1,1 %	***
USA	1,0 %	1,6 %
Österreich	1,0 %	2,9 %
Großbritannien und Nordirland	0,9 %	1,6 %
Ukraine	0,8 %	***
Sonstige	18,2 %	20,4 %

* Früheres Jugoslawien
** Verglichen wurde mit der ehemaligen Sowjetunion
*** Keine Angaben vorhanden
(Quellen: Polizeiliche Kriminalstatistik 1993, Wiesbaden 1994; Ausländer 1992. Bevölkerung und Erwerbstätigkeit. Fachserie 1, Stuttgart 1994)

347 Aus dieser Aufstellung läßt sich ersehen, daß die ausländischen Tatverdächtigen einzelner Nationalitäten unterschiedlich häufig registriert worden sind. Wie dargelegt, läßt sich freilich auch hier nicht sagen, daß eine bestimmte Nation »krimineller« als eine andere sei, weil einmal nur ganz wenige Menschen dieser Nationen in Deutschland leben und zum anderen wir nicht wissen, wieviele Personen einer bestimmten Nation sich tatsächlich in Deutschland aufhalten. Beispielsweise sind die 2,6% rumänischen Staatsangehörigen, die in Deutschland wohnen – dies sind 167.327 Personen – mit 14,4% an den ausländischen Tatverdächtigen beteiligt. Beispielsweise hatte Rumänien 1991 23,193 Mio. Einwohner (UNESCO, Statistical Yearbook 1993, Paris 1993, S. 1-8), so daß von den Rumänen ca. 0,7% in Deutschland leben. Von einer solchen Minderheit (jeder 143. Rumäne lebt in Deutschland) läßt sich selbstverständlich nicht auf die rumänische Nation schließen; dasselbe gilt natürlich auch für albanische Staatsangehörige.

348 Von den folgenden Delikten ist in der Polizeilichen Kriminalstatistik 1994 unter den Tatverdächtigen (erfaßt ist nur das Gebiet der alten Länder einschließlich Gesamt-Berlin) ein Anteil von mindestens 50% Nichtdeutschen festgestellt worden. Diese Delikte können wohl in einem gewissen Sinne als »charakteristisch« für die registrierte Kriminalität der Ausländer in Deutschland gelten:

Illegaler Grenzübertritt	98,9 %
Straftaten gegen das Asylverfahrensgesetz	98,6 %
Illegales Einschleppen und Einschleusen	81,2 %
Geiselnahme bei Raubüberfällen auf Zahlstellen und Geschäfte	75,0 %
gewerbsmäßige Bandenhehlerei	74,5 %
Betäubungsmittelanbau, -herstellung und -handel, bandenmäßig	73,6 %
Taschendiebstahl	72,8 %

verbotenes Glücksspiel	71,3 %
Bestechung	69,9 %
Straftaten gegen das Paßgesetz	69,7 %
Raubüberfälle auf Spezialgeldtransportfahrzeuge	66,7 %
Bandenhehlerei	63,9 %
Geld- und Wertzeichenfälschung	61,0 %
Urkundenfälschung	61,7 %
Geiselnahme	60,2 %
Erschleichen der Aufenthaltserlaubnis durch Scheinehe	58,8 %
Geldwäsche	58,7 %
Raubüberfall auf Spielhallen	57,8 %
illegaler Handel mit Kokain	54,8 %
Vergewaltigung, überfallartig	54,5 %
erpresserischer Menschenraub	51,5 %
Hehlerei an Kraftfahrzeugen	50,4 %
illegale Einfuhr von Kokain	50,1 %

Die Kriminalitätsstruktur der Ausländer ist damit erwartungsgemäß 349 nicht mit der der Gesamtstruktur der registrierten Kriminalität identisch. Nun läßt sich diese Besonderheit in der erfaßten Kriminalität der Ausländer auf zweifache Weise darstellen: zum einen dadurch, wie stark die Beteiligung der Ausländer an den einzelnen Straftaten ist, und zum anderen, wie die Binnenstruktur der Ausländerkriminalität aussieht.

Gerundet sah der Anteil nichtdeutscher Tatverdächtiger an der jeweiligen 350 Gesamtzahl der Tatverdächtigen für das Jahr 1994 nach der Polizeilichen Kriminalstatistik wie folgt aus:

Straftaten gegen § 92 Ausländergesetz und das Asylverfahrensgesetz	97 %
Urkundenfälschung	60 %
Begünstigung, Strafvereitelung und Hehlerei	36 %
Vergewaltigung	34 %
Mord und Totschlag	32 %
Raub, räuberische Erpressung und räuberischer Angriff auf Kraftfahrer	32 %
Straftaten gegen strafrechtliche Nebengesetze auf dem Wirtschaftssektor	32 %
Gefährliche und schwere Körperverletzung	30 %
Rauschgiftdelikte	29 %
Diebstahl ohne erschwerende Umstände	26 %
Diebstahl unter erschwerenden Umständen	25 %
Betrug	25 %
Straftaten gegen die persönliche Freiheit	23 %
Straftaten gegen das Waffengesetz und das Kriegswaffengesetz	22 %

Widerstand gegen die Staatsgewalt und Straftaten gegen die öffentliche Ordnung	20 %
Vorsätzliche leichte Körperverletzung	19 %
Unterschlagung	16 %
Beleidigung	14 %
Straftaten im Amt	13 %
Sachbeschädigung	13 %
Straftaten gegen die Umwelt im StGB	12 %
Veruntreuungen	11 %
Brandstiftung	10 %
Verletzung der Unterhaltspflicht	9 %

351 Betrachtet man die **Binnenstruktur der Kriminalität der Ausländer,** so zeigen sich je nach dem Grund ihres Aufenthaltes in Deutschland teilweise unterschiedliche Deliktsverteilungen. Hier werden nur die beiden wichtigsten Ausländergruppen, ausländische Arbeitnehmer und Asylbewerber, einander gegenübergestellt. Die Zahlen beziehen sich auf die alten Bundesländer einschließlich Gesamt-Berlins. Als Verdächtige wurden 1994 95.125 ausländische Arbeitnehmer und 134.348 Asylbewerber erfaßt. Die Verteilung der Kriminalität sah im einzelnen wie folgt aus:

Straftaten(gruppe)	Arbeinehmer	Asylbewerber
Straftaten gegen das Leben	0,4 %	0,3 %
Straftaten gegen die sexuelle Selbstbestimmung	1,7 %	0,8 %
Rohheitsdelikte und Straftaten gegen die persönliche Freiheit	29,9 %	11,5 %
Diebstahl ohne erschwerende Umstände	21,7 %	35,2 %
Diebstahl unter erschwerenden Umständen	6,8 %	6,3 %
Vermögens- und Fälschungsdelikte	21,8 %	25,6 %
Vergehen gegen das Ausländergesetz und das Asylverfahrensgesetz	3,2 %	29,5 %
Delikte gegen das Betäubungsmittelgesetz	8,0 %	5,2 %

352 Läßt man die Vergehen gegen das Ausländergesetz und das Asylverfahrensgesetz außer Betracht, so zeigt sich, **daß es praktisch nur zwei Delikte sind, die die gesamte Kriminalität der Asylbewerber ausmachen: einfacher Diebstahl und Vermögens- und Fälschungsdelikte.** Es ist unverkennbar, daß die andersartige Strukturierung der Kriminalität von Ausländern nicht nur eine Frage der unterschiedlichen Zugangschancen zu den Straftaten ist, sondern andere Gründe haben muß. Dabei fällt auf, daß unter Gastarbeitern vor allem Delikte gegen Eigentum und Vermögen unterrepräsentiert sind, während die Straftaten gegen die Person eine bedeutende Stelle einnehmen. Registrierte Kriminalität der Gastarbeiter kann man deshalb verstärkt als eine Kriminalität des sozialen Konfliktes verstehen. Freilich bleibt offen, ob es nicht durch unterschiedliche Verfolgungsmuster der betroffenen Tatopfer zu einer überproportionalen Registrierung gerade der Straftaten gegen die Person kommt. Leider erlaubt es die Kriminalstatistik nicht festzustellen, wer Opfer der Kriminalität der Gastarbeiter wird.

Gelegentlich hat man versucht, die Kriminalität der Gastarbeiter, wie die der Ausländer überhaupt, mittels der **Theorie des Kulturkonfliktes** (s. Rdnr. 94) zu erklären. Dieses Modell ist der amerikanischen Kriminologie entnommen, die damit versucht hat, die von Einheimischen verschieden hohe Kriminalität bei Einwanderern zu deuten. Sie geht davon aus, daß es in den einzelnen Heimatkulturen unterschiedliche Werte und Normen gibt, die unmittelbar auf menschliches Verhalten einwirken, und daß eine Kollision dieser Normen mit den Normen des Gastlandes zu Kriminalität führen könne. Allerdings zeigen uns nahezu alle Ergebnisse deutscher empirischer Untersuchungen, daß diese Theorie für die Gastarbeiter in Deutschland kein Erklärungsmodell darstellt. Die Theorie des Kulturkonflikts müßte für alle Altersstufen der ausländischen Bevölkerung zutreffen, und zwar am stärksten für die Erwachsenen, die die heimatlichen Normen am intensivsten internatlisiert haben. Hier gerade aber erweist sich die Brüchigkeit dieser Erklärung, weil erwachsene Gastarbeiter besonders selten auffällig werden, während Jugendliche, die einem so starken Druck heimatlicher Normen nicht ausgesetzt sind, am häufigsten kriminell auffällig sind. »Die geringe Kriminalitätsbelastung der erwachsenen ausländischen Wohnbevölkerung zeigt, daß bei Menschen, die weit mehr an die kulturellen Normen und Werte ihrer Heimatländer angelehnt sind als die zum größten Teil schon in der Bundesrepublik aufgewachsenen Kinder, erheblich weniger kriminelles Verhalten registriert wird, obwohl es gerade ihnen gemäß den Explikationen der Kulturkonflikt-Hypothese am schwersten fallen dürfte, verschiedene miteinander unvereinbare Verhaltensregulative zu bewältigen« (*Albrecht/Pfeiffer* 1979, 115).

Hinzu kommt, **daß auch fremde Kulturen, wie etwa die des Islams, keineswegs ein fundamental unterschiedliches System an strafrechtlich bewehrten Verhaltensmustern haben.** Es kann also schwerlich der Konflikt mit den deutschen Strafrechtsnormen sein, da diese Normen auch in den Gastarbeiterländern prinzipiell gleichartig sind. Allenfalls mag es unterschiedliche soziale Normen geben, die vorschreiben, auf welche Weise Konflikte gelöst werden sollen. Hier kann es kulturell bedingte Unterschiede geben. Im übrigen tritt Kriminalität eher in der "zweiten und dritten Generation" auf, also bei jenen ausländischen Kindern und Jugendlichen, die schon in Deutschland geboren wurden oder aber in früher Kindheit ins Land kamen. Bei ihnen lassen sich die Aussagen über unterschiedliche soziale Normen nur bedingt als richtig ansehen. **Viel wahrscheinlicher ist, daß es die allgemeinen Lebensumstände, die wirtschaftlichen, beruflichen und schulischen Chancen, die für Ausländer unterschiedlich, aber meist schlechter sind als für Deutsche, sind, die die Kriminalität** beeinflussen. »Die Ausländer aus den Mittelmeerstaaten Türkei, Jugoslawien, Italien, Griechenland und Spanien befinden sich nach wie vor in einer wirtschaftlichen und sozialen Randposition. Ihre Domänen sind ungelernte und angelernte Tätigkeiten in der Industrie... Diese Bereiche sind ständig durch Rationalisierung bedroht, und nicht zuletzt durch den deutschen Vereinigungsprozeß ist auch in diesen Beschäftigungsbereichen die Konkurrenz größer geworden« (*Seifert* 1991, 43).

355 Ein starker Zusammenhang mit diesen Lebensbedingungen wird durch die **Fremdheit der Gastarbeiter** in Deutschland bewirkt. Es ist in der Sozialpsychologie hinreichend belegt, daß geradezu universell der Fremde und Ausländer als schlechter angesehen wird als die eigenen Volksangehörigen. Für dieses Phänomen des Ethnozentrismus gibt es aus der Geschichte und der Gegenwart reichliches Anschauungsmaterial. Das ethnozentrische Weltbild ist doppelköpfig: einmal wird die eigene Gemeinschaft als die beste oder doch als besonders gut begriffen und zum anderen die fremden Völker ausdrücklich als mit negativen Eigenschaften ausgestattet erlebt: Der Begriff des Ethnozentrismus wurde 1906 von *Sumner* geprägt. Er besagt, daß sich die einzelnen Völker jeweils als den »Nabel der Welt« betrachten. So bedeutet das afrikanische Wort »Zulu« Mensch; ebenso nennt sich eine Gruppe der »Zigeuner«, die Romani, »Rom«, was ebenfalls Mensch bedeutet. Als Abgrenzung zu Fremden gebraucht, steckt dahinter die Vorstellung, nur man selbst sei »Mensch«. Im übrigen sei an die »Herrenrassen«-Mentalität der Nationalsozialisten des »Dritten Reiches« in Deutschland erinnert, die die arische Rasse als die beste der Welt ansah. Verfolgt man den Gesichtspunkt der Fremdendiskriminierung weiter, so hat man für die Erklärung der Kriminalität entweder die Theorie der schichtenspezifischen Kriminalitätsentstehung oder wenigstens -belastung für die Ausländerkriminalität zur Verfügung oder aber die soziale Benachteiligung der Fremden, unabhängig von ihrer Schichtzugehörigkeit. Obwohl bisher in der Kriminologie umstritten geblieben, sprechen viele Gründe dafür, daß die Kriminalität, so wie wir sie heute definieren, in Deutschland mit der sozialen Schicht zusammenhängt und eine überproportionale Belastung der Unterschichtsangehörigen sichtbar ist. Dies hat unterschiedliche Gründe, muß aber vor allem mit der Sozialisation und den strukturellen sozialen Bedingungen zusammenhängen. Zudem zeigt sich auch innerhalb der Ausländerpopulation in Deutschland ein deutlicher Unterschied in ihrer kriminellen Belastung. Da die Schichtzugehörigkeit nicht als Erklärungsmodell greift, sollte man eher auf die allgemeinen Lebensbedingungen von Fremden abstellen. Zwar sind die Bedingungen des Alltagslebens in unserer Gesellschaft sehr stark schichtabhängig, doch erschöpfen sie sich nicht allein darin. Die sozialen Bedingungen im Leben der Unterschichtsangehörigen sind durchaus nicht gleich; auch hier gibt es noch deutliche Unterschiede. Im Alltag dürfte etwa das Leben eines Griechen anders ablaufen als das eines Türken. Dies läßt sich nicht allein an objektiven Umständen nachweisen, sondern auch dadurch, wie sich die Angehörigen der einzelnen Nationen in Deutschland selbst diskriminiert fühlen.

Dieses Gefühl ist zum Teil als solches Realität (»Thomas-Theorem«); teilweise dürfte es auch ein Indikator tatsächlicher Diskriminierungserlebnisse sein.

4.4 Einzelne Straftaten und ihre Täter

4.4.1 Gewaltkriminalität

Literatur: Bundeskriminalamt, Hrsg., Aktuelle Phänomene der Gewalt. Vorträge und Diskussionen der Arbeitstagung des Bundeskriminalamtes vom 23. bis 26. November 1993, Wiesbaden 1994; *Hans-Jürgen Beyer,* Red., Dokumentation Rechtsextremismus und Gewalt, St. Augustin 1993; Senatsverwaltung für Inneres, Hrsg., Unabhängige Kommission zur Verhinderung und Bekämpfung von Gewalt in Berlin: Endbericht, Berlin 1994; *Klaus Farin/Eberhard Seidel-Pielen,* »Ohne Gewalt läuft nichts«: Jugend und Gewalt in Deutschland, Köln 1993; *Günther Kaiser,* Keine Gewalt im öffentlichen Straßenverkehr? Gruppendynamik 26 (1995), S. 125 bis 145; *Hans-Ludwig Kröber,* Ätiologie und Prognose von Gewaltdelinquenz: empirische Ergebnisse einer Verlaufsuntersuchung, Regensburg 1993; *Josef Kürzinger,* Gewaltkriminalität. In: *Günter Kaiser/Hans-Jürgen Kerner/Fritz Sack/Hartmut Schellhoss,* Hrsg., Kleines Kriminologisches Wörterbuch, 3. Auflage, Heidelberg 1993, S. 171 bis 177; *Friedrich Lösel,* Entwicklung und Ursachen der Gewalt in unserer Gesellschaft. Gruppendynamik 26 (1995), S. 5 bis 22; *Bernd-Dieter Meier,* Gewaltdelinquenz und strafrechtliche Reaktion. Bestandsaufnahme und Forschungsperspektiven. Juristenzeitung 50 (1995), S. 434 bis 441; *Klaus Rolinski/Irenäus Eibl-Eibesfeldt,* Hrsg., Gewalt in unserer Gesellschaft. Gutachten für das Bayerische Staatsministerium des Innern. Berlin 1990; *Hans Joachim Schneider,* Kriminologie der Gewalt. Stuttgart usw. 1994; *Ursula Schneider,* Gewalt in der Familie. Gruppendynamik 26 (1995), S. 41 bis 62; *Hans-Dieter Schwind/Jürgen Baumann* u.a., Hrsg., Ursachen, Prävention und Kontrolle von Gewalt. Analysen und Vorschläge der Unabhängigen Regierungskommission zur Verhinderung und Bekämpfung von Gewalt (Gewaltkommission), Bände 1 bis 4, Berlin 1990; *Hans Thiersch,* u.a., Hrsg., »... überall, in den Köpfen und Fäusten«: auf der Suche nach Ursachen und Konsequenzen von Gewalt, Darmstadt 1994; *Hans-Georg Wehling,* Red., Aggression und Gewalt, Stuttgart usw. 1993; *Jörg Wiesse,* Hrsg., Aggression am Ende des Jahrhunderts, Göttingen usw. 1994; *Helmut Willems/ Roland Eckert,* Wandlungen politisch motivierter Gewalt in der Bundesrepublik. Gruppendynamik 26 (1995), S. 89 bis 123.

356 Obwohl Gewalt – und damit auch Gewaltkriminalität – zu einem beherrschenden Phänomen vor allem auch entwickelter Gesellschaften geworden ist, läßt sich bisher weder der Begriff der Gewalt noch der der Gewaltkriminalität eindeutig festlegen. **Welche Straftaten daher zur Gewaltkriminalität zu zählen sind, ist nicht sicher zu bestimmen.** Das deutsche Strafgesetzbuch kennt den Begriff »Gewalt« an vielen Stellen, ohne daß freilich dabei immer dasselbe beschrieben wird. Es bedarf deshalb einer eigenständigen Definition dessen, was man kriminologisch als »Gewaltkriminalität« begreifen will. Tauglicher Ausgangspunkt einer solchen Klassifikation scheint das Abstellen auf den **Eingriff in die physische oder psychische Integrität eines Menschen** zu sein. Dieser Definitionsversuch ist nicht unumstritten, da er bestimmte, mit Gewaltausübung verbundene Straftaten, die sich gegen Sachen oder nur mittelbar gegen Personen richten, also etwa Sachbeschädigung oder Hausfriedensbruch, nicht als Gewaltkriminalität begreift. Daher rechnet eine weite Auffassung von Gewaltkriminalität auch Taten, bei denen sich die Gewalt gegen Sachen und jene, bei denen sie sich mittelbar gegen Personen richtet, ebenfalls zur Gewaltkriminalität. Obwohl jede Definition letztlich in Grenzen willkürlich bleiben muß, empfiehlt es sich zu verlangen, daß sich die ausgeübte Gewalt wenigstens mittelbar gegen eine Person richten muß, um von Gewaltkriminalität sprechen zu können. Demnach ist zwar der Hausfriedensbruch Gewaltkriminalität, nicht aber die (einfache) Sachbeschädigung. Deshalb wird man als Gewaltkriminalität bezeichnen können: Mord, Totschlag, Kindstötung, Tötung auf Verlangen, Körperverletzung mit Todesfolge, vorsätzliche (einfache, gefährliche und schwere) Körperverletzung, Mißhandlung Abhängiger (Kindesmißhandlung), Verbrechen gegen die persönliche Freiheit (wie Menschenraub, Verschleppung, Kindesraub, Entführung, Flugzeugentführung, Freiheitsberaubung, Nötigung, Bedrohung) und Raub. Vergewaltigung und andere mit Gewalt verübte sexuelle Handlungen sind Gewaltdelikte, doch werden sie üblicherweise als Sexualdelikte aufgefaßt. Die sogenannten Delikte gegen die Person wird man kaum als Gewaltkriminalität bezeichnen können. Für eine Anzahl von ihnen, etwa Beleidigung, üble Nachrede oder Verleumdung, kann man immerhin noch eine lockere Beziehung zur Gewalt erkennen, wenn es sich auch um lediglich verbale »Gewalt« handelt. Von eigentlicher Gewaltkriminalität kann aber nicht gesprochen werden.

357 Für das Jahr 1994 weist die Polizeiliche Kriminalstatistik folgende Zusammensetzung der Gewaltdelikte aus:

Mord	1.146*
Totschlag, Tötung auf Verlangen	2.579*
Kindstötung	26
Gefährliche und schwere Körperverletzung	88.037
Körperverletzung mit Todesfolge	445
Mißhandlung von Kindern	1.915
Vorsätzliche leichte Körperverletzung	186.748
Menschenraub, Kindesentziehung, Entführung	1.954
Freiheitsberaubung, Nötigung, Bedrohung	108.584
Geiselnahme	82
Raub	57.752
Erpressung	5.679
alle Straftaten (ohne Straßenverkehr)	6.537.748

* Diese Zahlen enthalten auch die von der Zentralen Ermittlungsgruppe Regierungs- und Vereinigungskriminalität erfaßten Fälle von Mord und Totschlag. Allein für den Tatort Berlin wurden dabei 253 Fälle erfaßt. Die Tatzeiten liegen zwischen 1951 und 1989.

(Quelle: Polizeiliche Kriminalstatistik 1994, Tabelle 01)

Einzelne Straftaten und ihre Täter 245

Die Entwicklung der gerichtlichen Verurteilungen wegen Gewaltdelikten in der **358**
Bundesrepublik Deutschland 1950 bis 1990

	1950	1960	1970	1980	1990
Mord	137	125	197	235	194
Totschlag	187	105	217	447	371
Kindstötung	67	34	16	6	10
Tötung auf Verlangen	3	–	3	4	5
Körperverletzung mit tödlichem Ausgang*	62	72	62	106	62
Schwere Körperverletzung	40	65	50	54	55
Gefährliche Körperverletzung	7.587	11.812	9.642	13.684	12.682
Mißhandlung Abhängiger	130	235	279	231	167
Leichte Körperverletzung	6.814	12.608	12.260	15.132	16.199
Kindesraub	–	1	25	24	45
Freiheitsberaubung	242	316	288	377	261
Nötigung**	1.479	1.970	2.413	3.793	6.135
Bedrohung	–	540	486	808	977
Raub***	733	1.525	2.754	3.315	5.235
Erpressung	420	331	278	355	369

*   Einschließlich der Fälle einer vorsätzlichen Körperverletzung mit beabsichtigter schwerer Folge
** Für 1950 sind Nötigung und Bedrohung zusammengefaßt
*** Für 1950 sind im Raub die Delikte der räuberischen Erpressung nicht enthalten.

(Quellen: Statistisches Bundesamt (Hrsg.), Die Kriminalität in den Jahren 1950 und 1951: Bevölkerung und Kultur. Reihe 9, Rechtspflege 1960, 1970; Rechtspflege. Reihe 1. Ausgewählte Zahlen für die Rechtspflege 1980, 1990.

4.4.1.1 Mord und Totschlag

Literatur: Landtag von Baden-Württemberg, Drucksache 11/5484 vom 15. 2. 1995; *Günter Brückner*, Zur Kriminologie des Mordes, Hamburg 1961; *Joachim Burgheim*, Psychologische Bedingungen bei Entstehung und Verlauf von Tötungsdelikten in der Situation der Partnertrennung, Konstanz 1993; *Günther Dotzauer/Klaus Jarosch/ Günter Berghaus*, Tötungsdelikte, Wiesbaden 1971; *Johann Glatzel*, Mord und Totschlag. Tötungshandlungen als Beziehungsdelikte. Eine Auswertung psychiatrischer Gutachten, Heidelberg 1987; *Paul Michael Hein/Ernst Schulz/Richard Hümpfner*, Mehrfachtötungen: rechtsmedizinische und kriminalistische Aspekte. Archiv für Kriminologie 186 (1990), S. 129 bis 139; *Hans-Jürgen Kerner*, Tötungsdelikte und lebenslange Freiheitsstrafe. Zeitschrift für die gesamte Strafrechtswissenschaft 98 (1986), S. 874 bis 918; *Eckhard Littmann/Brita Pötschulat/Hans Szewczyk*, Ergebnisse forensisch-psychologisch-psychiatrischer Begutachtungen von 63 jugendlichen Tötungsdelinquenten (aus der ehemaligen DDR). Monatsschrift für Kriminologie und Strafrechtsreform 76 (1993), S. 17 bis 32; *Reinhart Lempp*, Jugendliche Mörder, Bern usw.

1977; *Armand Mergen,* Die Kriminologie, 3. Auflage, München usw. 1995; *Wolf Middendorff,* Kriminologie der Tötungsdelikte, Stuttgart u.a. 1984; *Walter Neugebauer,* Zur forensisch-psychiatrischen Beurteilung der Kindestötung. Archiv für Kriminologie 121 (1958), S. 155 bis 168; *Wilfried Rasch,* Nicht-fahrlässige Tötungsdelikte. In: *Rudolf Sieverts/Hans Joachim Schneider,* Hrsg., Handwörterbuch der Kriminologie, 2. Auflage, Berlin 1975, Band 3, S. 353 bis 398; *Ulrich Rehder,* Tötungsdelikte. Kriminalpädagogische Praxis 21 (1993), S. 38 bis 47; *Manfred Riße/Eberhard Lignitz/Klaus Püschel/Gunther Geserick,* Tötung von Kindern durch Kinder und Jugendliche: Ein seltenes Delikt. Archiv für Kriminologie 191 (1993), S. 129 bis 138; *Heinz Rodegra,* Fallanalysen von Kindestötungen. Soziologische und sozialmedizinische Aspekte. Medizinische Welt 32 (1981), S. 432 bis 435; *ders.,* Kindestötung und Verheimlichung der Schwangerschaft. Eine sozialgeschichtliche und medizinsoziologische Untersuchung mit Einzelfallanalysen, Herzogenrath 1981; *Werner Schwinn,* Leichenschauen: ein offenes Problem. Eine Betrachtung zum Dunkelfeld bei Tötungsdelikten. Kriminalistik 45 (1991), S. 569 bis 574; *Klaus Sessar,* Rechtliche und soziale Prozesse einer Definition der Tötungskriminalität, Freiburg i. Br. 1981; *Elisabeth Trube-Becker,* Frauen als Mörder, München 1974; *Claus Unruh,* Der Giftmord, Tat, Täter, Opfer, Berlin usw. 1965; *Annegret Wiese,* Mütter, die töten. Psychoanalytische Erkenntnisse und forensische Wahrheit. München 1993; *Leon Wurmser,* Raubmörder und Räuber. Ihre Persönlichkeit in psychologischer und kriminologischer Sicht, Hamburg 1959.

359 Beim Mord handelt es sich offensichtlich um ein »Urverbrechen«. Seit es Menschen gibt, haben sich Menschen gegenseitig getötet. Dies gilt zumindest, soweit wir schriftliche Kunde von der Menschheitsgeschichte haben. Der Tötungsakt selbst ist freilich immer sehr unterschiedlich bewertet worden. Selbst die päpstliche Enzyklika »Evangelium vitae« aus dem Jahre 1995, die geradezu hymnisch »das Leben« verteidigt, will diese Verteidigung uneingeschränkt nur auf sogenanntes »unschuldiges Leben« beschränkt wissen.

360 Die nicht-fahrlässige Tötung wird im deutschen Recht – je nach den Umständen bei der Tötung – als Mord, Totschlag, Tötung auf Verlangen oder Kindstötung bezeichnet. Schon dies zeigt, **daß es auch rechtlich keine einheitliche Bewertung von direkten Tötungshandlungen gibt.** Zudem ist die willentliche Tötung an sich, wie erwähnt, zu verschiedenen Zeiten und in den einzelnen Kultur- und Rechtskreisen unterschiedlich bewertet worden:

– die Beseitigung eines Tyrannen ist eine Heldentat;

– die Exekutierung eines Verbrechers gilt in den meisten Staaten der Welt als legitim, wenn auch – widersprüchlich genug – derjenige, der dieses »Werk« vollbringt, der Scharfrichter, »anrüchig« bleibt: früher galt er in Deutschland als »unehrlich«, das Kanonische Recht der katholischen Kirche (Codex Iuris Canonici, canon 1044) schließt ihn auch heute noch im Regelfall von der Priesterweihe aus;

– der Mord allerdings gilt als das verwerflichste Verbrechen, das normalerweise mit der höchsten Strafe geahndet wird.

Im deutschen Strafrecht ist der Mord seit jeher nicht einheitlich verstanden und auch nicht in eine kriminologisch sinnvolle Systematik gebracht worden. Bis 1941 bezeichnete das Reichsstrafgesetzbuch (RStGB) die »Tötung mit Überlegung« als Mord, andere vorsätzliche Tötungen als Totschlag, soweit nicht Privilegierungen (wie etwa bei der Kindstötung) in Frage kamen. Erst durch eine Änderung des § 211 RStGB, der (im wesentlichen) in dieser Fassung noch heute als § 211 StGB gilt, ist eine andere Unterscheidung zwischen Mord und Totschlag vorgenommen worden, wobei es nicht mehr auf die Art des Vorsatzes ankommt, sondern auf Tatmotive, Tatumstände bzw. Tatziele. **361**

1994 registrierte die Polizei 1.196 Fälle des Mordes (darunter 48% Versuche) und 2.579 Fälle (darunter 71% Versuche) des Totschlags und der Tötung auf Verlangen. Freilich sind in diesen Zahlen noch Delikte, die in den Jahren vor der Wiedervereinigung Deutschlands 1990 begangen wurden, enthalten.

Wie verbreitet die nicht-fahrlässige Tötung wirklich ist, ist in der Kriminologie umstritten. Das Delikt verbietet es, **Dunkelfelduntersuchungen** (s. Rdnrn. 252ff.) zur Feststellung der wirklichen Anzahl der Delikte durchzuführen. Man ist deshalb auf mehr oder minder zuverlässige **Schätzungen** angewiesen. Diese Schätzungen orientieren sich einmal an den Fällen, die »zufällig« entdeckt wurden und zum anderen an jenen, die sich aus der Zahl der Vermißten errechnen lassen. Dabei kann als gesichert gelten, daß das größte Reservoir bei den unerkannten Fällen des Mordes und des Totschlages sich bei den nicht erkannten Taten findet und weniger bei den Vermißtenfällen. Da hierzulande Autopsien sehr selten sind und sich, wie erwiesen ist, ohne eine Sektion einer Leiche nur sehr ungenau die Todesursache ermitteln läßt, ist durchaus ein Dunkelfeld zu vermuten. **Allerdings wird man zahlenmäßig dieses Dunkelfeld nicht überschätzen dürfen** (*Schwinn* 1991). Eine neuere rechtsmedizinische Studie (vgl. Landtag von Baden-Württemberg, Drucksache 11/5484) schätzt die Schwankungsbreite zwischen 260 und 1.600 für bei der Leichenschau in der Bundesrepublik Deutschland jährlich nicht erkannte Tötungsdelikte. Der empirische Wert dieser Studie muß angesichts der Spannbreite der Fallzahlen als gering bezeichnet werden. Auch die Tatsache, daß in den letzten Jahren zunehmend häufig spektakuläre Fälle von vorsätzlichen Tötungen in Altenheimen und Krankenhäusern »zufällig« bekanntgeworden sind, ändert an der beschränkten Möglichkeit, hieraus das Dunkelfeld zu erhellen, nichts. Hinsichtlich der Vermißten haben etwa die Erhebungen von *Rasch* (1975, 361ff.) gezeigt, daß es sich bei den Vermißten, die gewaltsam zu Tode gekommen sind, nicht um eine große Zahl handeln kann. *Rasch* (1975, 362) berichtet, daß zwischen 1956 und 1966 in Hamburg 26.981 Personen als vermißt gemeldet wurden. Hiervon blieben bis Sommer 1968 116 Fälle unerledigt. Unter diesen befinden sich aber 55 Mitglieder von Schiffsbesatzungen, die mit Sicherheit ertrunken sind und nur noch formal als vermißt gelten. In einer **362**

Groß- und Hafenstadt wie Hamburg bleiben demnach jährlich nur fünf bis sechs Personen unauffindbar. Tatsächlich dürfte die Zahl sogar noch geringer sein. Insgesamt wird also die Zahl vorsätzlicher Tötungen im Dunkelfeld gering sein. Zudem sind nur manche Tötungsarten zur Verheimlichung geeignet. Daß es sie gibt, steht freilich fest, denn immer wieder kommt es nach genauer Untersuchung zur Aufdeckung von Verbrechen gegen das Leben, die zuvor unbekannt waren.

363 **Versuche, den Mord kriminologisch sinnvoll zu typisieren, müssen bisher als gescheitert gelten.** DieTypisierungen, etwa in Konflikt-, Deckungs-, Gewinn- und Sexualmorde, sagen weniger über die Tat aus als vielmehr etwas über die Fallgestaltungen, die wegen der gesetzlichen Bestimmungen als Mord anzusehen sind. So sind Deckungs-, Gewinn- und Sexualmord Festlegungen durch Tatbestandsmerkmale. Der verbliebene Konfliktmord soll jener sein, bei dem ein zwischen mindestens zwei Menschen bestehender Konflikt den Anlaß zur Tat gibt. Mit dem Todesopfer soll für den Täter die Lösung seines Konflikts eintreten; dies wird wenigstens erhofft. Auf diese Weise lassen sich viele Straftaten begreifen, nicht nur Formen des Mordes.

364 *Sessar* (1981) hat in einer Totalerhebung aller in den Jahren 1970 und 1971 in Baden-Württemberg registrierten nicht-fahrlässigen Tötungsdelikte festgestellt, daß rund 9% der Tatverdächtigen Frauen waren. Dies entspricht auch den Zahlen, die über lange Zeit hinweg der Polizeilichen Kriminalstatistik zu entnehmen sind. Hinsichtlich der **Schichtverteilung** ließ sich ebenfalls das bestätigen, was inzwischen zum Allgemeingut über die Täter bei den nicht-fahrlässigen Tötungen gehört, daß nämlich hauptsächlich Unterschichtsangehörige ermittelt werden. Im Untersuchungsgut (*Sessar* 1981, 59) gehörten 8% der Tatverdächtigen zu den »sozial Verachteten«, 80% zur Unterschicht, 8,5% zur unteren Mittelschicht und 3,5% zur mittleren und oberen Mittelschicht. Hinsichtlich der Altersverteilung waren vor allem die 26- bis 30jährigen als Täter belastet. Gemessen an ihrem Anteil in der Bevölkerung waren sie zweieinhalbmal so häufig registriert (*Sessar* 1981, 59). Unter den Tatopfern fanden sich (*Sessar* 1981, 60) 61% Männer und 39% Frauen. Ihre Schichtzugehörigkeit ähnelt sehr stark der der Täter.

Schichtzugehörigkeit	Anteil der Tatverdächtigen	Tatopfer
Sozial Verachtete	8,2 %	9,2 %
Unterschicht	78,6 %	64,2 %
Untere Mittelschicht	9,0 %	16,9 %
Mittlere und obere Mittelschicht	4,2 %	9,7 %
	100 %	100 %

(Quelle: *Sessar* 1981, 59 f.)

Die Tabelle zeigt, daß eine große Übereinstimmung in der **Schichtzugehö-** **365**
rigkeit von Täter und Opfer besteht, auch wenn erkennbar wird, daß Tatopfer etwas häufiger aus der sozialen Mittelschicht stammen.

Zur Täter-Opfer-Beziehung konnte *Sessar* (1981, 61) ermitteln, daß in 23,3% der Fälle es sich um Ehegatten handelte, in 12,4% bestand ein Eltern-Kind-Verhältnis, in 7,9% der Fälle lagen Familienbeziehungen oder enge Freundschaften und in weiteren 32,5% Bekanntschaften vor. Nur in 23,9% der Fälle waren Täter und Opfer einander fremd. Tötungsdelikte ereignen sich, auch dies wird erneut bestätigt, vor allem im sozialen Nahraum.

Die **Täter- und Opferbeziehungen**, aufgeschlüsselt nach dem Geschlecht, **366**
zeigen folgendes:

	Tatopfer männlich	Tatopfer weiblich
Tatverdächtiger männlich	53,5 %	37,2 %
Tatverdächtiger weiblich	6,4 %	2,9 %

(Quelle: *Sessar* 1981, 61)

In mehr als der Hälfte der Fälle waren sowohl Täter als auch Opfer männlichen Geschlechts; nur in 3% waren Täter und Opfer weiblich. In mehr als einem Drittel der Straftaten war der Täter männlich und das Opfer weiblich. Nur in gut 6% der Fälle, also in ca. jedem 16. Fall, war das Opfer einer Frau ein Mann.

	Tatopfer Unterschicht	Tatopfer Mittelschicht
Tatverdächtiger Unterschicht	68,6 %	17,9 %
Tatverdächtiger Mittelschicht	5,1 %	8,4 %

(Quelle: *Sessar* 1981, 61)

Entsprechend den zuvor festgestellten engen Bindungen zwischen Täter **367**
und Opfern ließ sich auch für ihre Schichtzugehörigkeit eine deutliche Übereinstimmung ermitteln. So gehörten in über zwei Drittel aller Fälle sowohl Täter als auch Opfer zur Unterschicht; in knapp einem Fünftel entstammte der Täter aus der Unterschicht, das Tatopfer der Mittelschicht. Nur in jedem zwanzigsten Fall der nicht-fahrlässigen Tötung kam der Täter aus der Mittelschicht, sein Opfer aber aus der Unterschicht. Mittelschicht-Mittelschicht-Taten lagen nur in jedem 12. registrierten Fall vor.

Bezüglich der Tatbegehung fand *Sessar* (1981, 58) folgendes: Schießen 27,3%; Stechen 24,2%; Würgen; Erdrosseln; Ersticken 15,8%; Zuschlagen mit Fäusten oder einem Gegenstand; Stoßen, Treten 15,1%; mit dem Kfz überfahren oder abdrängen 7,2%; Vergiften; Vergasen 3,2%; Stoßen, Werfen vor/von etwas/Auto; Brücke 2,3%; Verlassen; Unterlassen 1,5%; sonstiges, ohne Angaben, 3,4% (747 Fälle).

368 Die **Kindstötung,** also die Tötung eines nichtehelichen Kindes in oder gleich nach der Geburt durch die Mutter, spielt heute praktisch keine Rolle mehr. Im Jahre 1994 registrierte die Polizeiliche Kriminalstatistik noch 26 Fälle, während etwa 1954 in der Bundesrepublik Deutschland 67 Verurteilungen nachzuweisen sind (*Wille/Beier* 1994, 77). Bei einer Untersuchung von 47 Fällen aus den Jahren 1955 bis 1975 ermittelte *Rodegra* (1981, 433) unter den Täterinnen 64%, die einen ungelernten Beruf ausübten; maximal 15% der Täterinnen sind nicht der Unterschicht zuzuordnen. Bei der Tatausführung ist am häufigsten Ersticken (38%); es folgen Nichtversorgen des Kindes (32%), Erwürgen/Erdrosseln (15%), Erstechen (9%), Ertränken (7%) und Gewalteinwirkung auf den Kopf (3%) (*Rodegra* 1981, 433). Als Motive zur Tötung der Neugeborenen ermittelte *Rodegra* in 23% der Fälle wirtschaftliche Gründe, in 19% Schamgefühle, 13% Ängste vor den Eltern, 9% Verlassensein durch den Verlobten bzw. Angst vor dem Ehemann, 4% »Ausweglosigkeit«, 2% Abneigung gegen Kinder und für 21% der Fälle ließ sich ein Motiv nicht ermitteln (*Rodegra* 1981, 434). Ein knappes Drittel der Frauen hatte schon während der Schwangerschaft den Entschluß gefaßt, das Kind bei der Geburt zu töten (*Rodegra* 1981, 435).

4.4.1.2 Raub

Literatur: *Martin Bähr/Michael Bathsteen,* Straßenraub in Hamburg: eine empirische Untersuchung. Kriminalistik 46 (1992), S. 221 bis 225; *Heinz Büchler/Heinz Leineweber,* Bankraub und Sicherungstechnik. Sicherungstechnische Einrichtungen und ihre Auswirkungen auf das Täterverhalten bei Raubüberfällen auf Geldinstitute. Wiesbaden 1985; *Rudolf Hochschulz,* Raubüberfälle auf Taxifahrer, Jur. Diss., Gießen 1969; *Josef Otto,* Handtaschenraub in Hamburg. Eine kriminologische Untersuchung der im Jahre 1980 statistisch erfaßten Fälle, Hamburg 1980; *Hermann Reffken,* Kriminologische Untersuchung an Bankräubern, Göttingen 1977; *Dieter Schubert,* Phänomenologie des Bankraubes, Stuttgart 1972; *Wolfgang Servay/Jürgen Rehm,* Bankraub aus der Sicht der Täter. Täterleitende Faktoren bei Raubüberfällen auf Geldinstitute, Wiesbaden 1986.

369 **In der letzten Zeit ist ein sehr starkes Ansteigen der polizeilich registrierten Raubdelikte zu erkennen.** Waren im Jahre 1953 nur 3.584 Fälle zur Anzeige gelangt, so betrug die Zahl für 1992 (altes Bundesgebiet) bereits 46.845. Für ganz Deutschland wurden 1994 57.752 Fälle registriert. Die Raubtaten sind damit von 1953 bis 1994, also in 40 Jahren, auf das Sechzehnfache gestiegen. Dahinter mag zwar ein Teil der Delikte sein, die wegen der anderen **Einschätzung von Gewalt** zur Anzeige kamen, doch kann dies allein nach aller kriminologischen Erfahrung nicht der einzige Grund für das Ansteigen der Taten sein; diese Zahlen dürften tatsächlich eine beachtliche Zunahme des Deliktes anzeigen.

Raubdelikte nach der Polizeilichen Kriminalstatistik 1994

	Fälle	v. H. aller Raubdelikte
Raubdelikte insgesamt	57.752	100 %
darunter:		
Raubüberfälle auf Geldinstitute und Poststellen	1.592	2,6 %
Raubüberfälle auf sonstige Zahlstellen und Geschäfte	4.884	8,5 %
darunter:		
auf Spielhallen	668	1,2 %
auf Tankstellen	950	1,6 %
Raubüberfälle auf Geld- und Werttransporte	556	1,0 %
darunter:		
auf Geld- und Kassenboten	515	0,9 %
Räuberischer Angriff auf Kraftfahrer	760	1,3 %
Zechenschlußraub	801	1,4 %
Handtaschenraub	7.057	12,2 %
Sonstige Raubüberfälle auf Straßen, Wegen und Plätzen	25.450	44,1 %
Raubüberfälle in Wohnungen	3.012	5,2 %

(Quelle: Polizeiliche Kriminalstatistik 1994, Tabelle 3)

Der Raub ist ein Delikt vor allem des Mannes. Der zahlenmäßige Anteil 370 weiblicher Täter ist mit 8% bei einer Beteiligung der Frau mit 21,6% an der Gesamtkriminalität nur knapp ein Drittel so hoch, wie es der allgemeinen Kriminalitätsbelastung von Frauen entsprechen würde. Unter den **Altersgruppen** sind bei den Raubdelikten vor allem die 14- bis 17jährigen mit 25,3% und die 18- bis 20jährigen mit 17,4% auffällig; demnach sind mehr als zwei Fünftel der Tatverdächtigen zwischen 14 und 20 Jahre alt. Schon aus älteren Untersuchungen wird die hohe Anzahl der vorbestraften Raubtäter deutlich. **Der Raub ist also vor allem ein Delikt des bereits kriminell Auffälligen,** obwohl andererseits die Zahl der wegen Raubes erneut Verurteilten niedrig ist. 1993 waren von den polizeilich ermittelten Raubtätern 79,1% bereits als Tatverdächtige bei der Polizei in Erscheinung getreten. Mehr als die Hälfte der Täter (55%) handelte 1993 allein. Nach der Polizeilichen Kriminalstatistik 1994 gilt für das gesamte Bundesgebiet für die 48.110 vollendeten Raubtaten, daß bei 23,4% von ihnen der Schaden unter 100 DM lag, für 46,6% zwischen 100 und 999 DM, für 14,7% zwischen 1.000 und 9.999 DM und schließlich für 4,5% zwischen 10.000 und 99.999 DM und für 0,5% bei mehr als 100.000 DM (Polizeiliche Kriminalstatistik 1994, 147). Der Gesamtschaden der Raubtaten 1994 ist mit rund 172 Millionen DM angegeben (Polizeiliche Kriminalstatistik 1994, Tabelle 07). In der gesamten Bundesrepublik wurden 1994 51.984 Personen als Opfer von vollendeten Raubtaten registriert. Dabei waren unter den Opfern 6% keine 14 Jahre alt, Jugendliche (14 bis 17 Jahre) waren 12,7%, Heranwachsende (18 bis 20 Jahre) 7,1%. 61,7% der Opfer waren 21 bis 59 Jahre alt; die 60jährigen und älteren Opfer ergaben einen Anteil von 12,5% (Polizeiliche Kriminalstatistik 1994, 148). Raubdelikte sind zu Straftaten vor allem der Großstädte geworden. Gut 63% der Taten wurden in Orten über 100.000 Einwohnern verübt (Polizeiliche Kriminalstatistik 1994, 144). Auch wenn man die Häufigkeitszahlen (pro 100.000 Einwohner) der einzelnen Bundesländer heranzieht, wird dies deutlich: Baden-Württemberg 40; Bayern 31; Berlin 234; Brandenburg 105; Bremen 185; Hamburg 278; Hessen 78; Mecklenburg-Vorpommern 115; Niedersachsen 55; Nordrhein-Westfalen 65; Rheinland-Pfalz 37; Saarland 47; Sachsen 70; Sachsen-Anhalt 99; Schleswig-Holstein 55; Thüringen 50 (Polizeiliche Kriminalstatistik 1994, 149).

371 Als eine besondere Form der **Raubüberfälle** haben sich im letzten Jahrzehnt diejenigen **auf Tankstellen** gezeigt. Nach einer Auswertung des Landeskriminalamtes Baden-Württemberg für das Jahr 1991 wurden in diesem Bundesland 130 Fälle registriert. Als charakteristisch für die Überfälle hat sich gezeigt, daß die Täter relativ jung sind und auch schon vor der Tat häufig polizeilich in Erscheinung getreten waren. Meist werden solche Raubüberfälle zu zweit verübt. Dabei ist die Bedrohung von Tankstellenbediensteten mit einer Faustfeuerwaffe die Regel. Als Tattage werden Donnerstag bis Samstag, als Tatzeit 20.00 bis 24.00 Uhr bevorzugt. Geraubt wird hauptsächlich Bargeld, aber auch Zigaretten und Spirituosen. Im Durchschnitt wurden 1991 in Baden-Württemberg bei den vollendeten Delikten ca. 4.600 DM erbeutet.

372 Neu bei Raubdelikten ist die zunehmende Brutalität bei der Tatbegehung. Damit verbunden ist immer häufiger eine **Geiselnahme** zur Tatdurchführung und Beutesicherung. Ob, wie gelegentlich vermutet, vor allem Drogensüchtige verstärkt Raubdelikte als Beschaffungskriminalität begehen, muß offenbleiben, da nach Polizeidaten nur 8% (Polizeiliche Kriminalstatistik 1994, 131) der entdeckten Räuber auch Konsumenten harter Drogen sind; 19% der Verdächtigen handelten unter Alkoholeinfluß (Polizeiliche Kriminalstatistik 1994, 132).

4.4.1.3 Körperverletzung

Literatur: *Josef Kürzinger*, Die Körperverletzung – eine kriminologisch-kriminalistische Analyse. Schriftenreihe der Polizei-Führungsakademie 1981, S. 249 bis 270; *Heino F. L. Meyer-Bahlberg*, Geschlechtsunterschiede und Aggression. Chromosomale und hormonale Faktoren. In: *Norbert Bischof/Holger Preuschoft*, Hrsg., Geschlechtsunterschiede: Entstehung und Entwicklung, München 1980, S. 123 bis 145; *Bertram Schmitt*, Körperverletzungen bei Fußballspielen, Lübeck 1985; *Heinz Schöch*, Ist Kriminalität normal? Probleme und Ergebnisse der Dunkelfeldforschung.

In: *Hans Göppinger/Günther Kaiser,* Hrsg., Kriminologie und Strafverfahren, Kriminologische Gegenwartsfragen, Band 12, Stuttgart 1976, S. 211 bis 228; *Hans-Dieter Schwind/Wilfried Ahlborn/Hans Jürgen Eger/Ulrich Jany/Volker Pudel/Rüdiger Weiss,* Dunkelfeldforschung in Göttingen 1973/74. Eine Opferbefragung zur Aufhellung des Dunkelfeldes und zur Erforschung der Bestimmungsgründe für die Unterlassung von Strafanzeigen, Wiesbaden 1975; *Wolfgang Steinke,* Die Körperverletzung. Eine juristisch-kriminalistisch-kriminologische Analyse, Kriminalistik 35 (1981), 5, I-V; *Egon Stephan,* Die Stuttgarter Opferbefragung. Eine kriminologisch-viktimologische Analyse zur Erforschung des Dunkelfeldes unter besonderer Berücksichtigung der Einstellung der Bevölkerung zur Kriminalität, Wiesbaden 1976; *Hans J. Schulz,* Aggressive Handlungen von Fußballfans, Schorndorf 1986.

Wie bei praktisch allen Delikten ist uns auch bei der Körperverletzung nicht bekannt, wie viele Straftaten tatsächlich begangen werden. Folgt man der Verurteiltenstatistik für 1990, dann haben wir es in der (alten) Bundesrepublik mit 24.009 Verurteilungen wegen **vorsätzlicher** und mit 37.664 wegen **fahrlässiger Körperverletzungsdelikten** (diese vor allem im Straßenverkehr) zu tun. Bei insgesamt 695.118 Verurteilten ergibt dies einen Anteil von 8,9%. Anders freilich lesen sich die Zahlen der Polizeilichen Kriminalstatistik 1994. Diese nennt – ohne die hier nicht erfaßten Delikte im Straßenverkehr – für das gesamte Bundesgebiet 274.785 Fälle von Körperverletzungen. Freilich sind diese Zahlen wegen der Gebietserweiterung 1990 nicht unmittelbar vergleichbar, zeigen aber immer noch die »Schwunddimension« an. Bei Körperverletzungsdelikten findet offensichtlich zwischen der Anzeigeerstattung bei der Polizei und einer Verurteilung eine umfassende Selektion statt. **Die bei der Polizei registrierten Fälle der Körperverletzung sind ihrerseits nur ein Bruchteil der tatsächlich verübten Körperverletzungen,** da bei diesen Delikten sowohl das Dunkelfeld sehr groß ist als auch davon ausgegangen werden muß, daß wohl nicht einmal die Hälfte der der Polizei bekanntgewordenen Straftaten auch von ihr registriert werden und damit in der Kriminalstatistik erscheinen. Für die Delikte der vorsätzlichen Körperverletzung hat etwa schon die Untersuchung von *Schwind* u.a. (1975, 179ff.) gezeigt, daß nur gut 10% aller Körperverletzungen bei der Polizei angezeigt wurden, wobei mit der Schwere der Körperverletzung die Wahrscheinlichkeit einer Anzeige steigt. Ein weiteres Ergebnis aus den Dunkelfelduntersuchungen sei erwähnt. Nach *Schöch* (1976, 214) haben von allen von ihm befragten männlichen Personen zwischen 18 und 34 Jahren angegeben, zumindest einmal in ihrem Leben eine Körperverletzung mit sichtbaren Folgen begangen zu haben: unter Strafgefangenen 62%, den Wehrpflichtigen bei einer Musterung 29% und unter einer Stichprobe aus der Bevölkerung 18%. Selbst ohne die Genauigkeit der Dunkelfelduntersuchungen überbewerten zu wollen, läßt sich als gesicherte kriminologische Erkenntnis doch feststellen, daß bei der vorsätzlichen Körperverletzung die Anzahl der registrierten Delikte nur einen Bruchteil der tatsächlich vorkommenden Straftaten darstellt.

374 Aber nicht nur bei den vorsätzlichen Delikten der Körperverletzung wird nur ein Bruchteil bekannt; auch für die fahrlässige Körperverletzung gilt ähnliches. Wenn die häufig genannten Schätzungen stimmen, daß 90% dieser Delikte im Straßenverkehr begangen werden, dann zeigen die in der Verurteiltenstatistik erfaßten Fälle ebenfalls nur einen Bruchteil der tatsächlich verübten Kriminalität an. Leider fehlt uns für eine genauere Schätzung schon die Ausgangsbasis: In der Bundesrepublik Deutschland gibt es keine veröffentlichte Statistik, die es ermöglicht, die Anzahl der von der Polizei als Tatverdächtige bei Delikten der fahrlässigen Körperverletzung bezeichneten Personen zu ersehen. Uns liegt hierfür lediglich die Statistik über Straßenverkehrsunfälle einerseits und die Verurteiltenstatistik andererseits vor. Aus den Angaben der Unfallstatistik läßt sich mit einiger Sicherheit rekonstruieren, daß auch bei der fahrlässigen Körperverletzung nur ein Bruchteil der Taten zu einer Verurteilung führt.

375 4.4.1.3.1 Vorsätzliche Körperverletzung

Im Jahre 1994 wurden bei der Polizei 274.785 Delikte der Körperverletzung registriert; dies ergibt einen Anteil von 4,2% aller erfaßten Taten. Im gleichen Jahr wurden von den ermittelten Tatverdächtigen 271.883 der Körperverletzung verdächtigt; dies sind 13,3% aller Verdächtigen. Dieser hohe Anteil an den ermittelten Tätern liegt daran, daß bei einer Gesamtaufklärungsquote von 44,4% die Aufklärungsquote bei der Körperverletzung bei mehr als 86%, also fast doppel so hoch, liegt. Die Körperverletzung gehört zu den Straftaten, die sehr häufig aufgeklärt werden. Dies mag einmal daran liegen, daß die Körperverletzung in aller Regel eine offene Konfrontation zwischen Täter und Opfer erfordert, zum anderen auch, weil Anzeige und Verfolgungsintensität sich bei bekannten Tatverdächtigen anders gestalten als sonst. In der Kriminalstatistik erscheinen bei den Tatverdächtigen die Delikte der vorsätzlichen Körperverletzung deshalb in ihrer zahlenmäßigen Bedeutung gegenüber anderen Delikten, gemessen am realen Vorkommen, offensichtlich überhöht.

376 Die Körperverletzung ist mit rund 13% der tatverdächtigen Frauen immer noch ein Delikt des Mannes, wobei bei den einzelnen Formen der Straftaten deutliche Unterschiede zu sehen sind: Bei den Kindesmißhandlungen haben wir es mit einem Anteil von rund 37% weiblicher Täter zu tun. Damit entsteht die seltsame Situation, daß das Bild von der Frau in unserer Kultur als der sanfteren, stärker vom Gefühl her bestimmten Person gerade dort widerlegt zu sein scheint, wo es sich bewähren müßte: beim Umgang mit Kindern. Freilich spricht viel dafür, daß die anderen Zahlen der Kriminalstatistik hinsichtlich der Körperverletzung durch Frauen den Sachverhalt auch nicht richtig wiedergeben. In sozialpsychologischen Untersuchungen werden Frauen u. a. folgende positive Eigenschaften zuerkannt: sehr sanft, sehr einfühlsam und sehr ruhig, während Männer als sehr aggressiv, sehr dominant und nicht leicht verletzbar gelten. Schlagende und prügelnde Frauen verletzen deshalb Verhaltenserwartungen in unserem Kulturkreis. Dies kann auch zu einer unterschiedlichen Toleranz gegenüber der von Frauen begangenen Delikte führen. Sind die Opfer »hilflose Kinder«, erscheint die Tat als besonders anstößig, die Strafverfolgung setzt eher ein. Sind dagegen Männer Opfer von Körperverletzungen durch Frauen, dann verbietet das überkommene und immer noch beherrschende Männlichkeitsbild unserer Gesellschaft, die Tat bekanntzumachen. Mit der Strafanzeige gegen eine Frau würde der Mann gleichzeitig einen Teil seines Geltungswertes in dieser Gesellschaft verlieren, in der dem in der Ehe geprügelten Mann als »Pantoffelheld« und »Waschlappen« gilt, während die Frau als schuldloses Opfer erscheint. Die Kriminalstatistik erlaubt es nicht nachzuprüfen, welchen Geschlechts die Opfer der registrierten Körperverletzungen von Frauen sind. Die statistischen Angaben können demnach nur eine besonders geringe Beteiligung der Frau an der Körperverletzung vorspiegeln, die nicht zutrifft. Allerdings dürften auch tatsächlich Frauen seltener als Männer die Täter sein, da das kulturelle Selbstbild der Frau sich auch in Verhaltensmustern verwirklicht. Die Frau dürfte in Auseinandersetzungen, die unter Männern in aggressiven Handlungen enden, eher dazu neigen, den Rückzug anzutreten und sich defensiv zu verhalten.

377 In der Altersentwicklung der Gesamtkriminalität zeigt sich seit Jahrzehnten eine (relative) **Zunahme der registrierten jüngeren Täter** (besonders der Jugendlichen) zugunsten einer Abnahme erwachsener Tatverdächtiger. Bei den Körperverletzungen zeigt sich dagegen ein starkes Überwiegen der erwachsenen Täter und ein deutlicher Minderanteil bei Kindern und Jugendlichen. Es wäre aber sicherlich verfehlt, diese Zahlen als einigermaßen exakte Meßwerte für die tatsächliche Altersstruktur bei diesem Delikt zu akzeptieren. In der Wirklichkeit dürften, gemessen an der äußeren Tatbestandsverwirklichung, vor allem Kinder und Jugendliche (leichte) vorsätzliche Körperverletzungen begehen. Im Alltag werden diese Handlungen sehr häufig als sozialadäquat und normgerecht angesehen, wenn sie im sozialen Nahbereich und unter etwa Gleichrangigen vorkommen. Schon einfache Beobachtungen zeigen uns, daß Handlungen, die das Strafrecht »Körperverletzung« nennt, unter (männlichen) Kindern und jugendlichen Schülern alltäglich sind und auch nicht als Körperverletzungen verstanden werden.

378 Überwiegend werden in der kriminologischen Literatur **Gewaltdelikte und andere gegen die körperliche Unversehrtheit gerichtete Straftaten vor allem Angehörigen der sozialen Unterschicht zugeschrieben.** Obwohl wegen der Art der schichtenspezifischen Sozialisation der Unterschichtsangehörigen tatsächlich davon ausgegangen werden kann, daß diese sich eher körperlicher Gewalt bei der Lösung sozialer Konflikte bedienen, könnten die Daten aber auch durch eine Selektion zugunsten der Mittelschicht entstanden sein. **Es gibt Belege dafür, daß Angehörige der Mittelschicht andere Techniken der Konfliktbewältigung haben,** und daß in solchen Fällen der Gang zu Polizei und Gericht nicht der erste Schritt nach tätlichen Auseinandersetzungen ist. Dennoch dürfte, wie Dunkelfelduntersuchungen zeigen, die **Gewaltkriminalität häufiger in der Unterschicht zu finden** sein, unabhängig von der unterschiedlichen Gelegenheit, als Täter dann auch registriert zu werden.

379 Die enge Verbindung zwischen den vorsätzlichen Delikten der Körperverletzung und dem **Alkoholgenuß** oder wohl besser Alkoholmißbrauch zeigt sich nicht nur in der oft anzutreffenden Verknüpfung mit Gaststätten als Tatort, sondern auch an der Anzahl der alkoholisierten Täter. Nach der Polizeilichen Kriminalstatistik ließ sich bei den Tätern der Körperverletzungsdelikte 1993 immerhin ein Anteil von fast 24% der Verdächtigen feststellen, die bei der Tat unter Alkoholeinfluß standen und bei denen deswegen nach Auffassung der Polizei ihre Urteilskraft beeinträchtigt war. Dieses Ergebnis darf aber hinsichtlich einer etwa für die Körperverletzung sehr spezifischen Situation nicht überbewertet werden, denn Alkoholgenuß spielt im Rahmen der Kriminalitätsbegehung allgemein eine bedeutsame Rolle, wie etwa die Zahl 7,6% aller Tatverdächtigen unter Alkoholeinfluß für die Polizeiliche Kriminalstatistik 1993 zeigt. Er ist bei manchen Delikten besonders hoch, so etwa bei Beraubung von Taxifahrern 39%, Geiselnahme 24%, Mord 28%, Totschlag 40%, Sachbeschädigung 28%, Vergewaltigung 32% und Widerstand gegen die Staatsgewalt 59%.

380 Körperverletzungen – zumindest soweit sie registriert sind – werden sehr häufig im Freien begangen. Die **Straße als Tatort** wurde oft ermittelt. Bezeichnend ist auch der Zusammenhang zwischen Körperverletzung und Gaststätten, was Rückschlüsse auf den Charakter vieler dieser Taten zuläßt. Offensichtlich sind Körperverletzungen häufig das Ergebnis von Auseinandersetzungen nach (gemeinsamen) Gaststättenbesuchen und den dort häufigen Querelen. Nur für 18% der Taten konnten *Schwind* u. a. (1975, 183) eine Wohnung als Tatort feststellen. Die Körperverletzung zeigt demnach ein ziemlich hohes Maß sozialer Sichtbarkeit, auch wenn damit gleichzeitig eine erhöhte Wahrscheinlichkeit der Registrierung verbunden sein mag und daher das Ergebnis nur relativ richtig sein könnte. Für die Tatausführung ist immer noch der Schlag mit der Hand oder der Faust ins Gesicht kennzeichnend, gelegentlich verstärkt durch Prügel mit Hand oder Faust. Relativ selten finden sich Körperverletzungen mit Waffen und Werkzeugen. Werden solche benutzt, wie bei der gefährlichen Körperverletzung, dann handelt es sich vor allem um Messer, Säuren, Hausgeräte, Schußwaffen und auch beschuhte Fußtritte.

381 ### 4.4.1.3.2 Fahrlässige Körperverletzung

Die kriminologische Einordnung der fahrlässig begangenen Körperverletzungen – in ihrer überwiegenden Zahl durch die gemeinsame Teilnahme von Täter und Opfer im Straßenverkehr begangen – **ist gänzlich anders als die für vorsätzliche Delikte.** Zwar ist für sie nach unserer Rechtsordnung Voraussetzung, daß der Täter bei der Verursachung der Verletzung die Sorgfalt außer acht läßt, zu der er nach den Umständen und seinen persönlichen Verhältnissen verpflichtet und auch fähig ist, doch kann nach unserer Alltagspraxis nicht bestritten werden, daß im Straßenverkehr die Anforderungen an den Täter **so vertypt sind, daß es im Ergebnis fast immer zu einer bloßen Erfolgshaftung kommt,** ohne daß dem Täter eine konkrete Tatschuld nachgewiesen werden müßte. Daß dieses kaum bestreitbar ist, veranschaulicht in drastischer Weise ein Blick in die Verurteiltenstatistik. Man kann nicht davon ausgehen, daß 70jährige und ältere Männer in der Bundesrepublik einem besonderen Verfolgungsdruck bei Straftaten ausgesetzt sind. Außer bei Straftaten gegen die sexuelle Selbstbestimmung ist die öffentliche Meinung durchaus bereit, die Kriminalität eines alten Mannes zu bagatellisieren. Trotzdem zeigt die Verurteiltenstatistik Erstaunliches. Hier nämlich erscheinen alte Männer als geradezu skrupellose Verkehrsteilnehmer. Obwohl 1991 die gerichtlich verurteilten Männer nur zu 0,65% 70 Jahre oder älter waren, betrug deren Anteil an Verurteilungen wegen fahrlässiger Körperverletzung – vom Delikt im Straßenverkehr **bei** Trunkenheit abgesehen – mehr als das Dreifache: für alle fahrlässigen Körperverletzungen 2,3% (plus 254%), für alle fahrlässig begangenen Körperverletzungen im Straßenverkehr **ohne** Trunkenheit 3,1% (plus 377%). Nur bei der fahrlässigen Körperverletzung im Straßenverkehr **mit** Trunkenheit, dort also, wo der Verkehrsteilnehmer sein Verhalten tatsächlich steuern und so die Voraussetzungen für Unfälle verringern kann, lag ihr Anteil mit 0,4% um 39% niedriger als bei der Gesamtkriminalität.

Die typische Tat bei der fahrlässigen Körperverletzung ist die im Straßenverkehr. Für 1991 (altes Bundesgebiet) zählten etwa 93% der verurteilten Taten hierzu. Unter den Körperverletzungsdelikten im Straßenverkehr spielte die in Trunkenheit mit etwa einem Viertel der Verurteilungen eine nicht geringe Rolle. **Auch die fahrlässige Körperverletzung ist vor allem ein Delikt des Mannes.** Der Anteil der weiblichen Täter betrug 1991 mit 11,4% etwa ein Neuntel. Es ist besonders bemerkenswert, daß der Anteil der weiblichen Täter, die wegen einer fahrlässigen Körperverletzung durch Trunkenheit im Straßenverkehr verurteilt wurden, nur bei 7,2% lag, obwohl Frauen mit 18,1% an der fahrlässigen Körperverletzung im Straßenverkehr ohne Trunkenheit beteiligt waren. Für den männlichen Heranwachsenden war typisch die fahrlässige Körperverletzung in Trunkenheit, für die weibliche Heranwachsende dasselbe Delikt ohne Trunkenheit. **382**

Täter der fahrlässigen Körperverletzung sind **deutlich weniger kriminell belastet** im Sinne einer Vorverurteilung als Straftäter im allgemeinen. Bei den Straftaten der fahrlässigen Körperverletzung läßt sich keine überproportionale Beziehung zwischen der Zugehörigkeit zu einer bestimmten sozialen Schicht und der Kriminalität feststellen, was wegen der allgemeinen Verbreitung des Autos erwartungsgemäß ist. **383**

4.4.1.4 Kindesmißhandlung

Literatur: *Hans-Jörg Albrecht,* Kindesmißhandlung und strafrechtliche Sozialkontrolle. Zentralblatt für Jugendrecht 68 (1981), S. 4 bis 10; *K. Barth,* Kindesmißhandlung und sexueller Mißbrauch. Möglichkeiten und Grenzen der Hilfe und Prävention. Zentralblatt für Jugendrecht 74 (1987), S. 53 bis 61; *Anette Engfer,* Kindesmißhandlung. Ursachen, Auswirkungen, Hilfen. Stuttgart 1986; *Christine Friedrich,* Kindesmißhandlung: rechtliche und tatsächliche Grenzen der Strafverfolgung. Kriminalistik 43 (1990), S. 319 bis 322; *Walter T. Haesler,* Hrsg., Kindesmißhandlung, 2. Auflage, Grüsch 1985; *Michael-Sebastian Honig,* Verhäuslichte Gewalt. Sozialer Konflikt, wissenschaftliche Konstrukte. Alltagswissen. Handlungssituationen. Eine Explorativstudie über Gewalthandeln von Familien, Frankfurt a. M. 1986; *Klaus Kruse/M. Oehmichen,* Hrsg., Kindesmißhandlung und sexueller Mißbrauch, Lübeck 1993; *Thomas Kullmer,* Kindesmißhandlung. Eine Auswahlbibliographie, Wiesbaden 1986; *Ursula Mende/Heidi Kirsch,* Beobachtungen zum Problem der Kindesmißhandlung, München 1968; *Josef Müther,* Gewalt gegen Kinder: Betrachtungen zu Phänomenologie und Ätiologie. Kriminalistik 45 (1991), S. 447 bis 453; *Ernst Pfeiffer,* Kindesmißhandlung, Erkennen und Helfen, Bonn 1993; *Achim Th. Schäfer/Klaus Dieter Erkrath/Manfred Riße,* Kindesmißhandlung mit Todesfolge im Essener Sektionsgut. Archiv für Kriminologie 190 (1992), S. 141 bis 150; *Volker Schmidt,* Kindesmißhandlung: ein Delikt mit mancherlei kriminalistischen und juristischen Fallstricken. Kriminalistik 45 (1991), S. 315 bis 316; 333 bis 337; *Thomas W. Stumpf,* Opferschutz bei Kindesmißhandlungen. Eine kriminalpolitische Herausforderung, Neuwied usw. 1995; *Elisabeth Trube-Becker,* Gewalt gegen das Kind. Vernachlässigung, Mißhandlung, sexueller Mißbrauch und Tötung von Kindern, 2. Auflage, Heidelberg 1987; *Gisela Zenz,* Kindesmißhandlung und Kinderrechte, Frankfurt a. M. 1979.

384 Die Kindesmißhandlung gehört, vor allem in der Form des sexuellen Mißbrauchs, zu den Themen, die in der Kriminologie seit etwa einem Jahrzehnt eine nunmehr ganz dominierende Rolle spielen. Die Befassung mit Kindesmißhandlung ist zu einem ausgesprochenen »Modethema« geworden. Dies ist nicht ohne weiteres verständlich, nachdem Gewalt gegen Kinder seit langem verübt wird und doch bis in die jüngere Vergangenheit in der Kriminologie wenig Beachtung fand. So mag die Einstellung zur Gewalt in der Familie im Zuge der Entstehung von Kleinfamilien mehr in den Blickpunkt geraten sein, als dies früher bei großen Familienverbänden der Fall war. Unter Kindesmißhandlung versteht man eine nicht zufällige bewußte oder unbewußte gewaltsame psychische oder physische Schädigung, die in Familien oder Institutionen (z. B. Kindergärten, Schulen, Heimen) geschieht und die zu Verletzungen, Entwicklungshemmungen oder sogar zum Tod führt und die das Wohl und die Rechte eines Kindes beeinträchtigt oder bedroht (Kindesmißhandlung 1980, 15).

385 **Wie häufig die Kindesmißhandlung in Deutschland tatsächlich ist, läßt sich nicht sagen.** Die einzelnen Schätzungen hierzu sind unterschiedlich und vermögen auch nicht immer zu überzeugen, **weil sie vorspiegeln, es ließe sich genau sagen, ab wann körperliche Gewalt als Mißhandlung gelten kann** und wie lange (noch) vom Gebrauch des von der Rechtsordnung (noch) anerkannten »**Züchtigungsrechts**« gesprochen werden kann. Nun finden sich zwar bei extremen Formen von Gewaltanwendung durchaus Kriterien dafür, wo man sicher von einer Mißhandlung sprechen kann, **doch sind diese Grenzen fließend.** Im übrigen ist nur bei körperlicher Gewalteinwirkung diese Grenzziehung einigermaßen zuverlässig; die seelische Mißhandlung von Kindern ist nur sehr schwer faßbar. Zum großen Teil muß wegen des sehr unbestimmten Begriffs der Kindesmißhandlung jede Schätzung äußerst unzuverlässig bleiben. *Trube-Becker* (1982, 7) nennt für die (alte) Bundesrepublik Deutschland jährlich die Zahl von etwa 30.000 Kindern, die körperlich oder seelisch mißhandelt werden. Nach anderen Schätzungen sollen höchstens 5% der Fälle von Kindesmißhandlung vor Gericht kommen (vgl. *Zenz* 1979, 157). Dies würde bei 146 Verurteilungen wegen Mißhandlung von Schutzbefohlenen (§ 223b StGB) im Jahre 1991 (alte Bundesrepublik) bedeuten, daß sich nur knapp 3.000 Fälle jährlich in der (alten) Bundesrepublik ereignen. Diese Zahl ist offensichtlich viel zu gering, vergleicht man sie nur mit den 1.915 im Jahre 1994 polizeilich registrierten Fällen (gesamte Bundesrepublik). Tatsächlich dürften bereits diese Zahlen nur eine sehr geringe Auswahl der vorkommenden Fälle sein. Man wird zugeben müssen, daß uns für verläßliche Schätzungen die Grundlagen fehlen, **da es für diesen Bereich nicht einmal Dunkelfelduntersuchungen gibt** (*Zenz* 1979, 157). Aufgrund verschiedener Umstände kann davon ausgegangen werden, daß ein großes Dunkelfeld besteht und das Delikt stark verbreitet ist. Wir wissen ziemlich zuverlässig, daß in der Regel Kleinstkinder und Kinder im Vorschulalter Opfer der Kindesmißhandlung werden. Diese Kinder sind aber sehr stark in die Familie eingegliedert; nur selten bekommt sie gegen den Willen der Eltern ein Außenstehender zu sehen, und wäre damit in der Lage, aufgrund von körperlichen Spuren auf Mißhandlungen zu schließen. Außerdem gilt in Deutschland immer noch die Prügelstrafe weithin als angemessen in der Kindererziehung. Mit ein Grund für die geringe soziale Kontrolle der Kindesmißhandlung ist die durch die Einstellung zur Prügelstrafe bedingte Auffassung vieler Bürger, daß man sich nicht in die Angelegenheiten anderer Familien einmischen solle (*Schulz-Steinhagen* 1980, 7). **Daher ist es oft über einen sehr langen Zeitraum hinweg möglich, Mißhandlungen ohne staatlichen Eingriff durchzuführen.** Erst mit dem Erreichen des schulpflichtigen Alters findet eine stärkere Kontrolle statt. Es ist daher anzunehmen, daß sich ab diesem Alter die Anzahl der Tatopfer verringert.

Die Polizeiliche Kriminalstatistik registrierte für das Jahr 1994 1.915 Fälle der Kindesmißhandlung im gesamten Bundesgebiet. Von den ermittelten 2.039 Tatverdächtigen waren 37% weiblich. Die Altersverteilung der Verdächtigen spiegelt verständlicherweise die soziale Situation bei der Kindesmißhandlung wider. Da vor allem Erziehungsberechtigte Täter sind, lag der Anteil der Tatverdächtigen unter 18 Jahren nur bei 2%; 13,4% waren zwischen 18 und 24 Jahre alt. Mit knapp 64% stellen die 25- bis 39jährigen den Hauptteil der registrierten Personen. Gut 21% der Tatverdächtigen waren 40 Jahre alt oder älter. **Der Anteil der Frauen bei der Kindesmißhandlung ist hoch.** Dies widerspricht der kulturell geformten Erwartungshaltung in unserer Gesellschaft und stempelt viele Frauen zu »Rabenmüttern«. Freilich darf nicht übersehen werden, daß die im Haushalt tätige Frau (aus der sozialen Unterschicht) ununterbrochenen Umgang mit dem (Klein-)Kind hat und daß die wirtschaftliche Situation dieser Frauen oft nicht zufriedenstellend ist. Die Wahrscheinlichkeit, daß sich diese Frauen im Alltag überlastet fühlen und deswegen zur Gewalt gegenüber dem Schwächsten in der Familie greifen, ist nachvollziehbar, wenn auch nicht zu entschuldigen. Es ist nur folgerichtig, wenn sich zeigt, daß die berufstätige Frau seltener Kinder mißhandelt als die im Haushalt tätige.

387 Als **Täter bei der Kindesmißhandlung** (ohne Todesfolge) stellte *Trube-Becker* (1987, 46) in 37% der Fälle die Kindesmutter, in 35% den Kindesvater, in 8% den Freund der Kindesmutter, in 8% einen Pflegeelternteil und in 5% einen Stiefelternteil und nur in 7% andere Personen fest. Bereits Ende der 60er Jahre hatten *Mende/Kirsch* (1968, 26) einen Anteil von 41% Kindesmüttern und 46% Kindesvätern ermittelt. Täter sind also vor allem die leiblichen (oder vermeintlich leiblichen) Eltern des mißhandelten Kindes, wobei diese sicherlich weniger einer Außenkontrolle unterliegen als etwa Stiefeltern, die ebenfalls vor allem in der Untersuchung von *Mende/Kirsch* (1968, 26) mit 12% der Fälle weit überhöht registriert sind.

388 **Es ist immer wieder behauptet worden, Kindesmißhandlung komme in allen sozialen Schichten vor.** Ohne bestreiten zu können, daß dies allgemein zutrifft, ist nach bisherigen Erkenntnissen allerdings davor zu warnen, von einer Gleichverteilung der Delikte in allen sozialen Schichten auszugehen. Vielmehr hat *Merten* (1982, 48) recht, wenn er schreibt, daß Kindesmißhandlung und -vernachlässigung sich in den **Unterschichten** deutlich häuft. Die Betonung einer gleichmäßigen Schichtenverteilung, die offenbar politische oder zumindest sozialpolitische Gründe hat, dient im Ergebnis der Verschleierung der tatsächlichen Verknüpfung zwischen Armut und Kindesmißhandlung. Die Rückführung vor allem auf soziale Faktoren und weniger auf persönlichkeitsbedingte Strukturen bei den Tätern läßt die Frage nach der gesellschaftlichen Bedingtheit der Kindesmißhandlung verstärkt aufkommen. Es ist sozialpolitisch unangenehmer, wenn Kindesmißhandlung vor allem das Ergebnis sozialstruktureller Bedingungen ist; auch die Frage nach der Prävention des Delikts ist dann anders zu stellen und zu beantworten. Im übrigen läßt die Behauptung von einer gleichmäßigen Verteilung der Tat in allen sozialen Schichten außer acht, daß in der Unterschicht häufiger (körperliche) Gewalt ausgeübt wird als in der Mittelschicht. Eine andere Frage ist, ob in der Mittelschicht nicht eine versteckte und im Ergebnis mindestens ebenso schädigende seelische Gewalt gegenüber Kindern zu finden ist, die eine körperliche Gewaltanwendung als »überflüssig« erscheinen läßt.

389 Die **Formen der Mißhandlungen,** denen Kinder ausgesetzt sind, sind in ihrer Vielfalt und oft auch (zumindest äußeren) Grausamkeit geprägt von einem Einfallsreichtum, der häufig Rückschlüsse auf eine kranke psychische Persönlichkeitsstruktur des Täters erlaubt. Neben den ziemlich primitiven Begehungsformen des Schlagens mit verschiedenen, oft aber sehr gefährlichen Gegenständen, dem Stehen-, Auf- und Abmarschierenlassen des Kindes, dem hilflos Liegenlassen in Urin und Kot, kommen auch ausgefallene Arten des Quälens vor, wie etwa Ausdrücken von brennenden Zigaretten auf der ungeschützten Haut, Abduschen mit sehr heißem oder sehr kaltem Wasser, Haltenlassen von Gegenständen mit ausgestreckten Armen, um die am häufigsten beobachteten Arten zu nennen. Gelegentlich werfen oder stoßen Eltern ihre Kinder auch an die Wand. Die Vielfältigkeit der Mißhandlungsformen erlaubt nicht oft die Deutung, der Mißhandelnde komme spontan zu seinem Tatentschluß, sondern läßt annehmen, **daß es sich meist um ein zielgerichtetes und überlegtes Tun handelt, bei dem bisher zu Unrecht die in nicht seltenen Fällen mitschwingende sexuelle Komponente der Tat übersehen wird.**

Nach den Untersuchungen von *Mende/Kirsch* (1968, 56) geben die Mißhandler als Motive für ihre Tat vor allem Unsauberkeit, Einnässen und Einkoten des mißhandelten Kindes an (22%), es folgen als Motive Unfolgsamkeit (15%), allgemeine Erziehungsschwierigkeiten (10%), Streunen (9%), Lügen (8%), Frechheit (8%) und Schulschwierigkeiten (5%). Die weiteren angeführten Motive wie Ehestreit, Eßschwierigkeiten, häusliche Diebereien, Trotz, Unruhe, Schlafstörungen und Weinerlichkeit werden seltener genannt. Freilich bemerken *Mende/Kirsch* (1968, 57) zu Recht, daß die wirklichen Motive der Mißhandlung oft in dem schwer gestörten Verhältnis von Eltern und Kindern zu suchen sind. Auch der Alkoholkonsum spielt eine bedeutsame Rolle bei der Kindesmißhandlung, auch wenn dieser Umstand kaum als Ursache der Taten gelten kann (*Zenz 1979, 200*). Nach der Polizeilichen Kriminalstatistik 1993 standen immerhin mehr als 13% der Tatverdächtigen zur Tatzeit unter Alkoholeinfluß.

Nach statistischen Angaben werden männliche Kinder etwas häufiger **Opfer der Kindesmißhandlung** als weibliche, auch wenn der Unterschied, bei einem Verhältnis von etwa 55:45 nicht sehr deutlich ist. Die Polizeiliche Kriminalstatistik erlaubt nur eine grobe Einteilung des Alters der mißhandelten Kinder. Demnach war 1994 41% bis 5 Jahre alt und die restlichen 59% zwischen 6 und 13 Jahre. 56% der kindlichen Opfer waren Knaben. Allerdings mag hier eine Rolle spielen, daß ältere Kinder als Tatopfer eher entdeckt werden können als jüngere. Es spricht sehr viel dafür, daß nichtschulpflichtige Kinder in der Wirklichkeit mindestens ebenso häufig, wahrscheinlich sogar deutlich öfter, Opfer der Mißhandlungen sind.

Besonders gefährdet erscheint in einer Familie mit mehreren Kindern immer nur ein Kind und dort meist das älteste (*Mendel/Kirsch* 1968, 45). Nicht selten muß ein Kind von einer Reihe von Kindern in der Familie den »Sündenbock« spielen und ist dann auch der Mißhandlung der eigenen Geschwister ausgesetzt (*Trube-Becker* 1986, 17). Als besonders gefährdet für Mißhandlungen gelten mißgebildet geborene Kinder, solche mit sichtbaren Behinderungen und Gehirnschäden, Frühgeborene, Kinder, bei denen es zu einer schwerwiegenden Unterbrechung der elterlichen Zuwendung kam und solche mit minimalen zerebralen Störungen. Deutlich gefährdet sind auch kränkelnde Kinder und solche mit Gedeihstörungen sowie unruhige Schreikinder (Kindesmißhandlung 1980, 33).

393 Nicht selten sind Folge der Kindesmißhandlung bleibende **Schäden**. In der Untersuchung von *Mende/Kirsch* (1968, 87) wurden für 12% der wegen Kindesmißhandlung im Heim untergebrachten Kinder bleibende Körperschäden festgestellt; 14% dieser Heimkinder waren vorübergehend bzw. akut körperlich behindert. Nur für 55% von ihnen wurde ein körperlicher Schaden verneint. Hinsichtlich der seelischen Störungen, die sich bei mißhandelten Kindern finden, ist deren Ausmaß beachtlich. So wurden (*Mende/Kirsch* 1968, 89) etwa erhoben bei 39% der mißhandelten Kinder Kontaktstörungen, bei 32% Gehemmtheit, 29% Scheu, 27% motorische Unruhe bzw. Einnässen, 20% Geltungsstreben, 18% Lügen, 14% Gemütsverarmung, 9% Diebstähle, 8% Einkoten und 6% Eßstörungen, um die häufigsten Schädigungen zu nennen. Auch wenn die besondere allgemeine soziale Situation dieser Kinder in Erwägung gezogen wird, ist offenkundig, daß die Mißhandlung oft schwerwiegende Spuren hinterläßt. Auch Kriminalität, insbesondere wiederum Gewaltkriminalität, wird auf eigene Gewalterfahrungen der Täter in Kindheit und Jugend zurückgeführt. Eine große Anzahl der mißhandelten Eltern hat früher selbst an sich solche Mißhandlungen erlebt und gibt sie nun weiter (*Zenz* 1979, 229).

4.4.2 Terrorismus

Literatur: *Wolfgang Benz,* Hrsg., Rechtsextremismus in Deutschland: Voraussetzungen, Zusammenhänge, Wirkungen. Neuausgabe. Frankfurt a. M. 1994; *Peter Butz,* RAF: Terrorismus in Deutschland, München 1993; *Uta Dames,* Die Binnenstruktur der RAF: Divergenz zwischen postulierter und tatsächlicher Gruppenrealität, Münster usw. 1994; Bundesminister des Innern, Hrsg., Extremismus und Gewalt, 2 Bände, Bonn 1993; Die Früchte des Zorns: Texte und Materialien zur Geschichte der Revolutionären Zellen und der Roten Zora, Berlin 1993; *Robert Harnischmacher,* Gefahren des Terrorismus in Gesamtdeutschland. Kriminologisches Bulletin 17 (1991), S. 5 bis 34; *Wilhelm Heitmeyer,* Hrsg., Das Gewalt-Dilemma: gesellschaftliche Reaktionen auf fremdenfeindliche Gewalt und Rechtsextremismus, Frankfurt a. M. 1994; *Bernd Holthusen,* Rechtsextremismus in Berlin: aktuelle Erscheinungsformen, Ursachen, Gegenmaßnahmen, Marburg 1994; *Hans-Gerd Jaschke,* Rechtsextremismus und Fremdenfeindlichkeit: Begriffe, Positionen, Praxisfelder, Opladen 1994; *Georgios Kaouras,* Terrorismus: historische und politische Komponenten des terroristischen Phänomens, Frankfurt a. M. 1994; *Manfred Klink,* Phänomene des internationalen Terrorismus: eine Bestandsaufnahme zur Bedrohungssituation. Kriminalistik 45 (1991), S. 763 bis 768; *Wolfgang Kowalsky* u. a., Hrsg., Rechtsextremismus: Einführung und Forschungsbilanz, Opladen 1994; *Wolfgang Landgraeber/Ekkehard Sieber/Gerhard Wisnewski,* Operation RAF: Was geschah wirklich in Bad Kleinen?, München 1994; *Holger Lösch,* Bad Kleinen: ein Medienskandal und seine Folgen, Frankfurt a. M.

1994; *Konrad Löw*, Hrsg., Terror und Extremismus in Deutschland: Ursachen, Erscheinungsformen, Wege zur Überwindung, Berlin 1994; *Oliver Tolmein*, Stammheim vergessen: Deutschlands Aufbruch und die RAF, Hamburg 1992; *Bernd Wagner*, Hrsg., Handbuch Rechtsextremismus: Netzwerke, Parteien, Organisationen, Ideologiezentren, Medien, Reinbek 1994; *Peter Waldmann*, Hrsg., Beruf: Terrorist: Lebensläufe im Untergrund, München 1993; *Gerhard Wisnewski*, Das RAF-Phantom, München 1992.

394 Eine besondere Form der Gewaltkriminalität stellt der (politisch motivierte) Terrorismus dar. Ihn gibt es seit Jahrhunderten; doch erst nach dem Zweiten Weltkrieg ist er zu einem auch als solchem begriffenen politischen und sozialen Problem geworden. Dies zeigt sich auch daran, daß die Literatur über den Terrorismus inzwischen unüberschaubar umfangreich geworden ist. **Was Terrorismus »eigentlich« ist, läßt sich nicht allgemeinverbindlich sagen.** Dies liegt vor allem daran, daß die Einstufung **politisch motivierter Gewalt**, sei sie privat oder staatlich, stark von der jeweiligen politischen und ideologischen Position des Betrachters abhängt. Die moralische Bewertung solcher Gewalthandlungen ist deshalb unterschiedlich: Privater Terrorismus in bestimmten historischen Situationen (etwa bei »unterdrückten Völkern«) wird als »Freiheitskampf« angesehen; dieselben Handlungen gegen einen »modernen« und »zivilisierten« Staat gerichtet, gelten dagegen als terroristisch. Entsprechend ist die Lage beim Staatsterrorismus. Er gilt unter bestimmten Voraussetzungen als »Notwehr« zur Verteidigung legitimer Staatsgewalt. Dies führt in der Praxis dazu, daß man sich bei der Einstufung politisch motivierter Gewalttaten zuerst über den Gesamtzusammenhang, in dem sie stehen, einigen muß, um sie einstufen zu können. So galt etwa der derzeitige (1995) Präsident der Südafrikanischen Republik, *Nelson Mandela*, jahrzehntelang als »Terrorist« und wurde gefangengehalten. Entgegen bestimmten Erwartungen ist Terrorismus nicht etwa eine Erscheinung nur (außereuropäischer) Entwicklungsländer, sondern auch in den entwickelten Staaten Europas, Amerikas und Asiens bekannt. **Erwartungsgemäß gibt es einen Terrorismus, der sich selbst als »links« versteht und einen solchen, der sich politisch »rechts« einordnet.** Beide Spielarten lassen sich aus unterschiedlichen Gründen nicht als gleichartig begreifen. Eines der entscheidenden Unterscheidungsmerkmale besteht darin, daß der »linke« Terrorismus gegen Entscheidungsträger in Staat, Wirtschaft und Gesellschaft gerichtet ist, während der »rechte« Terrorismus seine Opfer hauptsächlich bei den Machtlosen, beim »kleinen Mann«, sucht.

395 In Deutschland beginnt die **Geschichte des (modernen) Terrorismus** – als Linksterrorismus – im Jahr 1970. Die Anfänge des deutschen Rechtsterrorismus liegen im Jahre 1980 (im einzelnen vgl. zur Geschichte des deutschen Terrorismus die Vorauflage, S. 258ff.). Nach Einschätzung der Polizeibehörden waren in der und gegen die Bundesrepublik Deutschland 1994 **folgende deutsche und ausländische terroristische Organisationen aktiv:**

Abu-Nidal-Organisation, Action Directe (AD), Antiimperialistische Zelle (AIZ), Armenische Untergrundarmee für die Befreiung Armeniens (ASLA), Bewaffnete Libanesische Revolutionsfraktion (FARL), Bewegung des Islamischen Widerstandes (HAMAS), Bewegung für eine albanische sozialistische Republik in Jugoslawien (LRSSHJ), Black September Organisation (BSO), Brigate Rosse (BR), Demokratische Volksfront zur Befreiung Palästinas (FDFLP), Die neuen Löwen (BABBAR KHALSA), Euzkadi ta Askatasuno (ETA), Frente Revolucionario Antifascista y Patriota (FRAP), Front of the Liberation of Palestine (FLP), Grupo Revolucionario Antifascista Primero de Octubre (GRAPO), Haag-Mayer-Bande, Hrvatska Narodni Otpor, Hrvatsko Revolucionaro Pokret, Hrvatsko Revolucionaro Bratstvo (HRB), Internationale Untersuchungskommission zum Tode von Ulrike Meinhof, Irish National Liberation Army (INLA), Irish Republican Army (IRA), Japanische Rote Armee (JRA), Kämpfende Kommunistische Zellen (CCC), Leuchtender Pfad (SENDERO LUMINOSO), Liberation Tigers of Tamil Eelam (LTTE), Nationale Befreiungsfront Kurdistans (ERNK), Nuclei Communist Combattenti (NCC), Palästinensische Befreiungsarmee (PLA), Palästinensische Befreiungsorganisation (PLO), Partei Gottes (Hizballah), Partiya Karkeren Kurdistan (PKK), Provisorische Irische Republikanische Armee (PIRA), Revolutionäre Linke (DEV SOL), Revolutionäre Organisation 17. November (Expanastiki Organosi 17. Noewrion), Revolutionäre Zellen (RZ), Revolutionärer Weg (DEV YOL), Revolutionärer Zorn (RZ), Rote Armee Fraktion (RAF), Rote Befreiungsarmee von Katalonien (ERCA), Rote Zora, Schwarze Hilfe, Stadtguerilla, Türkische Arbeiter- und Bauernbefreiungsarmee, Türkische Volksbefreiungspartei – Front, Volksbefreiungsarmee Kurdistans (ARGK), Volksfront für die Befreiung Palästinas (PFLP), Volksfront für die Befreiung Palästinas – Generalkommando (PFLP-GC) und das Westdeutsche Irland-Solidaritäts-Komitee (WISK).

396 Die derzeit bedeutsamste deutsche **linksextremistische terroristische Vereinigung** stellt die »**Rote Armee Fraktion (RAF)**« dar. Sie wurde 1971 gegründet und ging aus der Baader-Meinhof-Gruppe hervor. Zu ihren bekanntesten Gründungsmitgliedern zählten Andreas Baader, Ulrike Meinhof, Gudrun Ensslin und Jan-Carl Raspe. Derzeit ist die Struktur der RAF auf drei Ebenen zu sehen: im Kommandobereich, in den »Illegalen Militanten/ Militanten der RAF« und dem »RAF-Umfeld«. Die Kommandoebene (»Guerilla«) ist verantwortlich für terroristische Anschläge mit hohem Symbolgehalt und großer Außenwirkung. Die Mitglieder der Kommandoebene sind in der Regel bewaffnet und leben im Untergrund. Man nimmt an, daß 1994 etwa 20 Personen zu diesem Kommandobereich gehörten. Die »Illegalen Militanten« wirken in enger strategischer und taktischer Abstimmung mit dem Kommandobereich. Sie begehen vor allem Sprengstoffanschläge gegen Gebäude. Diese Mitglieder der RAF bewegen sich überwiegend in der »Legalität«; ihre Zahl wird als deutlich größer als die der Kommandoebene geschätzt. Ein weiterer Personenkreis wird dem »RAF-Umfeld« zugerechnet. Dieser ist damit beschäftigt, für die RAF Logistik zu betreiben, Informationen zu verschaffen und zu übermitteln, sowie die »Öffentlichkeitsarbeit« zu leisten. Man schätzt, daß in Deutschland etwa 1.200 Personen zu diesem Bereich der RAF gehören. Eine eigenständige Rolle wird von den Behörden den 1994 rund 45 Strafgefangenen aus der RAF zugeschrieben.

Eine wichtige Stellung nehmen auch die **Revolutionären Zellen (RZ)** ein, **397**
die erstmals im November 1973 in Berlin mit einem Sprengstoffanschlag in
Erscheinung getreten sind. Es handelt sich dabei um voneinander abgeschottet handelnde Kleingruppen, die freilich eine gewisse Verbindung untereinander halten. Die Täter bewegen sich überwiegend in der Legalität. Sie planen und bereiten Anschläge – auch überörtlich – unter strikter Beachtung konspirativer Regeln vor. Angriffsziele der RZ sind Behörden, Institutionen, Firmen sowie Symbolfiguren aus Staat und Gesellschaft. Die »Rote Zora« - der Name wurde dem bekannten gleichnamigen Jugendbuch von *Kurt Held* entnommen – versteht sich als Frauengruppe innerhalb der Revolutionären Zellen.

Im November 1992 hat eine neue deutsche terroristische Vereinigung, die **398**
»Antiimperialistische Zelle (AIZ)« durch einen Brandanschlag auf das
Rechtshaus der Universität Hamburg auf sich aufmerksam gemacht. Es
folgten weitere Anschläge in Solingen, Köln, Düsseldorf und Bremen. Nach
eigenem Bekunden will diese Gruppe den »bewaffneten Kampf der RAF«
weiterführen. Offensichtlich ist sie nach dem sog. Deeskalationspapier der
RAF (1992) entstanden. In den Jahren 1992 bis 1994 begingen Mitglieder
linksterroristischer Vereinigungen (Verfassungsschutzbericht 1993, 24; Verfassungsschutzbericht 1994, 47) 2 Tötungsdelikte, 29 Sprengstoffanschläge,
381 Brandanschläge und 1.474 Sachbeschädigungen mit erheblicher Gewaltanwendung.

Der **deutsche rechtsextremistische Terrorismus** weist einen **weit geringe- 399**
ren Grad an Organisation auf, obwohl er von den Straftaten her bei weitem
aktiver ist als der Linksterrorismus. Allein in den Jahren 1992 bis 1994 wurden vom Verfassungsschutz (Verfassungsschutzbericht 1993, 79f.; Verfassungsschutzbericht 1994, 82) 62 Tötungsdelikte, 20 Sprengstoffanschläge,
1.321 Brandanschläge und 3.020 Fälle der Sachbeschädigung mit erheblicher
Gewaltanwendung von Rechtsterroristen registriert. Die terroristischen
Straftaten werden zumeist aus sich nur vorübergehend bildenden kleinen
Gruppierungen begangen, die relativ strukturlos bzw. strukturarm sind
(Verfassungsschutzbericht 1993, 93). Nur in wenigen Fällen konnten bisher
Anhaltspunkte für eine stärkere Organisierung der militanten rechtsextremistischen Szene festgestellt werden (Verfassungsschutzbericht 1993, 93).

Als **bedeutsamste ausländische,** in Deutschland aktive **Terrororganisa- 400**
tion, gilt bei den Sicherheitsbehörden die **Partiya Karkeren Kurdistan**
(PKK), eine orthodox-kommunistische Vereinigung, 1978 gegründet und
mit Sitz in Damaskus (Syrien). Neben dem bewaffneten Kampf in der Türkei um einen eigenen kurdischen Staat ist für die PKK Deutschland ein bevorzugtes Operationsgebiet, wohl vor allem auch deswegen, weil hier schätzungsweise 500.000 Kurden (unter den insgesamt rund 1,8 Mio. Türken) leben. Terroristische Akte der PKK und andere Delikte (Körperverletzung,

Erpressung, Nötigung, Bedrohung, Freiheitsberaubung, Raub, Brandstiftungen, Urkundenfälschung) werden in Deutschland seit 1984 registriert. Am 26. 11. 1993 hat der Bundesinnenminister die PKK und ihr nahestehende Vereinigungen verboten. Begründet wurde dies damit, daß die Tätigkeit der PKK gegen Strafgesetze verstoße, sich gegen den Gedanken der Völkerverständigung richte und die Innere Sicherheit sowie die öffentliche Ordnung gefährde.

401 Die Ursachen des Terrorismus (vgl. hierzu Vorauflage, S. 263ff.) sind offensichtlich unterschiedlich. Vermutlich prallen dabei zwei Strömungen aufeinander: der Verlust der allgemein als verbindlich angesehenen Werte in dieser Gesellschaft und der Absolutsheitsanspruch der eigenen moralischen Vorstellungen. Wenn, wie vor allem im deutschen Linksterrorismus, die eigene Wertordnung als absolut angesehen und an der unvollkommenen gesellschaftlichen Wirklichkeit gemessen wird, dann kann es zu radikalem Verhalten kommen, sofern gleichzeitig bisher als verbindlich geltende Wertvorstellungen (»niemanden schädigen«) nicht mehr akzeptiert werden. Damit ist der Weg frei für einen »Tugendterror«, eine Erscheinung, die historisch spätestens seit der Französischen Revolution von 1789 sichtbar geworden ist.

4.4.3 Sexualkriminalität

Literatur: *W. Berner/E. Karlick-Bolten,* Verlaufsformen der Sexualkriminalität. 5-Jahres-Katamnesen bei 326 Sexualdelinquenten unter Berücksichtigung von Frühsozialisation, vorausgegangener Delinquenz, psychiatrisch-psychologischer Diagnostik und Therapie, Stuttgart 1986; *Hans Giese,* Zur Psychopathologie der Sexualität, Stuttgart 1973; *Wolfgang Heckmann* u. a., Hrsg., Sexualverhalten in den Zeiten von Aids, Berlin 1994; *Preben Hertoft,* Sexologisches Wörterbuch, Köln 1993; *Henner Hess/Hans Udo Störzer/Franz Streng,* Hrsg., Sexualität und soziale Kontrolle, Beiträge zur Sexualkriminologie, Heidelberg 1980; *Harald Körner,* Sexualkriminalität im Alter, Stuttgart 1977; *James J. Krivacska* et al., eds., The handbook of forensic sexology: biomedical and criminological perspectives, Amhurst 1994; *Rüdiger Lautmann,* Der Zwang zur Tugend. Die gesellschaftliche Kontrolle der Sexualitäten, Frankfurt a. M. 1984; *Judith Esser Mittag,* Jugendsexualität heute: Tabus, Konflikte, Lösungen, Weinheim 1994; *Kurt Pollack,* Das neue Lexikon der Sexualkunde, Frankfurt a. M. 1993; *Ulrich Rehder,* Sexualdelinquenz. Kriminalpädagogische Praxis 21 (33) (1993), S. 18 bis 37; *Günther Schmidt,* Hrsg., Jugendsexualität: sozialer Wandel, Gruppenunterschiede, Konfliktfelder, Stuttgart 1993; *Eberhard Schorsch,* Sexualstraftäter, Stuttgart 1971.

402 Wer von Sexualkriminalität oder, wie es früher hieß, von Sittlichkeitsverbrechen spricht, muß sich zuerst mit der Sexualität selbst auseinandersetzen. Sexualität gehört zu den grundlegenden Erscheinungen menschlichen Seins. Man muß nicht einmal die Allgegenwärtigkeit der Sexualität vertreten, um diese Tatsache anzuerkennen. Über die Jahrhunderte hinweg war für den Menschen die Sexualität zusammen mit dem Versuch der eigenen Arterhaltung und des Überlebens das zentrale Thema. Wer sich also mit den strafbaren sexuellen Verhaltensformen auseinandersetzt, muß sich zuerst mit der **Sexualität und ihren Zielen** beschäftigen.

Eine befriedigende Definition des Begriffs Sexualität hat sich trotz vieler Versuche bisher nicht finden lassen. Auch **die Funktionen des Sexualverhaltens sind erfahrungswissenschaftlich nicht eindeutig bestimmbar,** es sind aber vor allem drei Funktionen, die immer wieder genannt werden: Fortpflanzungs-, Lust- und soziale Funktion. **403**

Die **Fortpflanzungsfunktion** wird sehr häufig in einer biologistischen Betrachtungsweise überbetont und als einzige Funktion überhaupt mißverstanden. Tatsächlich gilt sie aber nur für einige wenige sexuelle Akte, denn unter günstigsten Bedingungen würden etwa drei Sexualakte im Leben eines Menschen ausreichen, um die Funktion der Fortpflanzung sachgerecht zu erfüllen. Es ist deshalb einseitig, Sexualität nur als Mittel zur Fortpflanzung zu verstehen. Als weiterer Faktor ist auch ihre **Entspannungs- und Lustfunktion** zu berücksichtigen. Menschliches Sexualverhalten hat auch eine ausgesprochen soziale (und sozialisierende) Aufgabe. Es kann ein Mittel sein, um menschliche Kommunikation und menschliches Zusammenleben zu ermöglichen oder doch zu erleichtern. Auch **was man als Norm der Sexualität und des sexuellen Verhaltens festhalten möchte, ist nicht eindeutig,** da es verschiedene Normbegriffe gibt. Die Wertnorm stellt eine moralische Forderung auf und ist historisch entstanden. Sie unterliegt dem Wandel. Als Beispiel für solche Wertnormen können etwa die Forderung nach vorehelicher Enthaltsamkeit vom Geschlechtsverkehr, die Monogamie und das heterosexuelle Verhalten angeführt werden. Die Durchschnittsnorm, die die bloße Häufigkeitsverteilung im statistischen Sinne meint, stellt einen weiteren Normbegriff dar. Dieser ist an sich wertfrei. Normal ist danach das, was am häufigsten vorkommt. Abnorm folglich, was in der Wirklichkeit im Sexualverhalten selten praktiziert wird. Eine weitere Möglichkeit, »Normalität« im Bereich des Sexualverhaltens festzustellen, ist die der funktionalen Zuordnung. Hier wird gefragt, ob bestimmte sexuelle Aktivitäten wegen der speziellen Beschaffenheit der Sexualorgane vorgenommen werden (sollten) oder ob die Sexualität zum Zwecke der Fortpflanzung ausgeübt wird. Doch auch diese Normierung ist ohne Wertung nicht möglich, da funktionale Zuordnungen nicht eindeutig sind und auch von kulturellen Vorstellungen abhängen. In diesem Sinne wäre funktional »richtig« allein der Geschlechtsverkehr zur Erzeugung von Nachkommen, dann aber unabhängig von Familienstand und rechtlichen Bindungen der Geschlechtspartner und auch Alter der Beteiligten, wenn dies alles nur der Fortpflanzung dienen könnte. **404**

Sexuelle Normen sind überaus wandelbar und in den einzelnen Zeiten und Kulturen sehr unterschiedlich. Dies betrifft praktisch alle Bereiche sexueller Handlungen, selbst so umstrittene wie Homosexualität und Inzest. Deswegen bleibt auch das durch Strafnormen untersagte Sexualverhalten immer auch dem Wandel der Wertung ausgeliefert. **Was gestern als Verbrechen galt** (etwa Ehebruch), **wird heute zwar als Abweichung, aber nicht mehr als kriminell angesehen.** Genausowenig, wie es ein Verbrechen an sich gibt, gibt es »das« Sexualverbrechen, unabhängig von Raum und Zeit. Sexualverbrechen sind immer (nur) die Taten, die zu einer bestimmten Zeit in einem Kulturkreis als sexuell besonders verwerflich gelten und deshalb den streng- **405**

sten sozialen Sanktionen, den kriminalrechtlichen Strafen, unterworfen werden.

406 Die Sexualdelikte sind im deutschen Strafgesetzbuch als »Straftaten gegen die sexuelle Selbstbestimmung« geregelt. Auffällig ist, daß eine schon immer als Sexualdelikt verstandene Straftat, nämlich der Inzest, als Delikt gegen Ehe und Familie kriminalisiert ist. Nach dem Strafgesetzbuch sind sexuelle Handlungen solche, die im Hinblick auf das geschützte Rechtsgut von einiger Erheblichkeit sind. Sexuelle Handlungen sind nach der herrschenden Meinung im Strafrecht menschliche Handlungen, die entweder schon nach ihrem äußeren Erscheinungsbild für das allgemeine Verständnis als geschlechtsbezogen erscheinen, oder die, obwohl äußerlich nicht erkennbar geschlechtsbezogen, durch die Absicht motiviert sind, eigene oder fremde Geschlechtslust zu erregen oder zu befriedigen, wobei freilich auch hier eine Objektivierungsmöglichkeit bezüglich der Geschlechtsbezogenheit erforderlich ist. Daraus folgt, daß der Diebstahl eines Fetischs trotz der sexuellen Motivation ein Eigentumsdelikt bleibt und nicht etwa zu einem Sexualdelikt wird. Deshalb zählen zahlreiche Taten, die einen sexuellen Hintergrund haben, nicht zur Sexualkriminalität. Trotzdem gibt es Delikte, bei denen der Zusammenhang mit der Sexualität schon äußerlich sichtbar ist, wie etwa der Lustmord, die Körperverletzung bei sadistischer Betätigung, die fahrlässige Tötung während sexueller Handlungen, die Störung der Totenruhe durch Manipulation an einer Leiche oder die Sachbeschädigung bei Kleideraufschlitzern. Es lassen sich also eine Reihe von Delikten finden, die in diesem Sinne als sexuell motiviert bezeichnet werden können. Trotzdem handelt es sich nicht um Sexualdelikte, denn die sexuelle Komponente liegt nicht in Gestaltung und Ablauf der Tat als solcher, sondern alleine in der Motivation des Täters.

407 Im Jahre 1994 registrierte die Polizei 45.339 Straftaten gegen die sexuelle Selbstbestimmung; dies ergibt einen Anteil von 0,7% an allen Taten (außer denen im Straßenverkehr). Im selben Jahr wurden 25.312 Tatverdächtige wegen Sexualstraftaten ermittelt. **Delikte gegen die sexuelle Selbstbestimmung spielen also zahlenmäßig keine große Rolle.** Auch schon vor der Reform einzelner Strafbestimmungen aus diesem Bereich war der Anteil der Verdächtigen gering; seit dem Beginn der 60er Jahre läßt sich zudem ein Sinken der Zahlen feststellen.

Die bei der Polizei 1994 registrierten Straftaten gegen die sexuelle Selbstbestimmung waren: Exhibitionistische Handlungen und Erregung öffentlichen Ärgernisses 9.485; Förderung sexueller Handlungen Minderjähriger oder der Prostitution 947; homosexuelle Handlungen 303; Menschenhandel 767; sexuelle Nötigung 4.934; sexueller Mißbrauch von Kindern 15.096; Verbreitung pornographischer Schriften 2.792; Vergewaltigung 6.095 und Zuhälterei 561.

Am stärksten belastet bei der Sexualkriminalität sind die 18- bis 24jährigen. **408**
Die Täter sind (erwartungsgemäß) fast nur Männer (92%). Falsch ist die
Meinung, Sexualtäter sei vor allem der alte Mann. Nur 4% (999) der Tatverdächtigen 1994 waren 60 Jahre alt oder älter. Rund 54% der Täter 1994 waren bereits vor der Tat kriminalpolizeilich aufgefallen. Die **Vorbestraftenquote** ist bei den wegen Sexualstraftaten Verurteilten erhöht. Dabei sind
Vorstrafen nicht nur wegen (anderer) Sexualdelikte registriert, sondern auch
wegen sonstiger Straftaten. Der »gleichförmige« Rückfall ist deliktspezifisch
unterschiedlich hoch; besonders häufig ist er bei exhibitionistischen Handlungen.

Verurteilungen wegen Straftaten gegen die sexuelle Selbstbestimmung 1991 (altes Bundesgebiet)

Sexueller Mißbrauch von Abhängigen	71
Homosexuelle Handlungen	86
Sexueller Mißbrauch von Kindern	1.687
Vergewaltigung	897
Sexuelle Nötigung	580
Sexueller Mißbrauch Widerstandsunfähiger	53
Förderung sexueller Handlungen Minderjähriger	7
Förderung der Prostitution	89
Menschenhandel	3
Zuhälterei	78
Verführung Minderjähriger	7
Erregung öffentlichen Ärgernisses	672
Verbreitung pornographischer Schriften	161
Ausübung der verbotenen Prostitution	168
Jugendgefährdende Prostitution	4

(Quelle: Strafverfolgung 1991, Vollständiger Nachweis der einzelnen
Straftaten, Wiesbaden 1993, 16 ff.)

4.4.3.1 Sexueller Mißbrauch von Kindern und Jugendlichen

Literatur: *Dirk Bange,* Die dunkle Seite der Kindheit: Sexueller Mißbrauch an
Mädchen und Jungen. Ausmaß, Hintergründe, Folgen, Köln 1992; *Michael C. Baurmann,* Sexualität, Gewalt und psychische Folgen. Kriminalistik 35 (1981), S. 278 bis
281; *ders.,* Sexualität, Gewalt und psychische Folgen, Wiesbaden 1983; *Beate Besten,*
Sexueller Mißbrauch und wie man Kinder davor schützt, 3. Auflage, München 1995;
Solveig Braecker/Wilma Wirtz-Weinrich, Sexueller Mißbrauch von Mädchen und
Jungen: Handbuch für Interventions- und Präventionsmöglichkeiten. 3. Auflage,
Weinheim 1992; *Ulrike Brockhaus/Maren Kolshorn,* Sexuelle Gewalt gegen Mädchen
und Jungen: Mythen, Fakten, Theorien, Frankfurt a. M. 1993; *Edith Burger/Karoline
Reiter,* Sexueller Mißbrauch von Kindern und Jugendlichen: Intervention und Prävention, Stuttgart 1993; *Ulrich Diesing,* Psychische Folgen von Sexualdelikten bei
Kindern. Eine katamnestische Untersuchung, München 1980; *Sascha Angelika Dörr/
Astrid Schulze-Bernd,* Zum Umgang mit dem Verdacht des Kindesmißbrauchs. Neue

Praxis 22 (1992), S. 434 bis 438; *Margit Gegenfurtner,* Sexueller Mißbrauch von Kindern und Jugendlichen: Hilfe für Kind und Täter, Magdeburg 1994; *Joachim S. Hohmann,* Hrsg., Pädophilie heute, Berichte, Meinungen und Interviews zur sexuellen Befreiung des Kindes, Frankfurt a. M. usw. 1980; *Sabine Kirchhoff,* Sexueller Mißbrauch vor Gericht. 2 Bände, Opladen 1994; *Heinz Offe/Susanne Offe/Peter Wetzels,* Zum Umgang mit dem Verdacht des sexuellen Kindesmißbrauchs. Neue Praxis 22 (1992), S. 240 bis 256; *Heyo Prahm,* Psychosoziale Aspekte von Sexualdelikten. Monatsschrift für Kriminologie und Strafrechtsreform 57 (1974), S. 193 bis 197; *Thea Schönfelder,* Die Rolle des Mädchens bei Sexualdelikten, Stuttgart 1968; *Renate Volbert,* Sexueller Mißbrauch von Kindern – Definition und Häufigkeit. Familie Partnerschaft Recht 1 (1995), S. 54 bis 55.

409 **Der sexuelle Mißbrauch von Kindern ist nach der Kriminalstatistik das häufigste Sexualdelikt.** Freilich wissen wir über das Dunkelfeld zu wenig, um sagen zu können, ob diese Verteilung der Wirklichkeit entspricht oder ob nicht eher davon auszugehen ist, daß nach dem tatsächlichen Vorkommen der Sexualdelikte Vergewaltigung bzw. sexuelle Nötigung häufiger begangen werden. Im Jahre 1994 wurden bei der Polizei 15.096 Fälle des sexuellen Mißbrauchs von Kindern registriert und 7.680 Täter ermittelt.

410 Wie viele andere sexuelle Normen waren als Ergebnis der »sexuellen Revolution« auch die Bestimmungen, die den Schutz von Kindern vor (schädlichen) sexuellen Beziehungen regeln, in die Diskussion geraten. Vor allem von politisch »Linken«, aber auch von den Betroffenen, wurde verstärkt gefordert anzuerkennen, daß auch Kinder Sexualität empfinden und ein Recht haben, ihre Sexualität zu verwirklichen. Diese Forderungen widersprachen den überlieferten Vorstellungen des Zusammenhangs von Kindheit und Sexualität. Nun sollte man glauben, daß fast 100 Jahre seit Entdeckung der Psychoanalyse durch *Sigmund Freud,* die nachzuweisen unternahm, daß es sehr wohl eine Sexualität des Kindes gebe, die Diskussion emotionsfreier und sachbezogener geführt werden könnte. Dies ist aber offenbar nicht der Fall. In den letzten Jahren hat sich sogar eine deutliche Überbetonung des Problems des sexuellen Mißbrauchs von Kindern in der Diskussion herausgebildet, die anfängt, den Charakter eines Glaubenskrieges anzunehmen (vgl. etwa *Offe/Offe/Wetzels* 1992 einerseits und *Dörr/Schulze-Berndt* 1992 andererseits). Während früher von »linker« Seite die sexuelle Belästigung wenn nicht bagatellisiert, so doch deutlich »entproblematisiert« wurde, hat sich nunmehr im Zuge der Bestrebungen eines kämpferischen Feminismus geradezu eine »Kreuzzugsmentalität« gegen wirklichen oder nur vermeintlichen Mißbrauch von Kindern, Mädchen und Jungen, herausgebildet. Dabei werden Angaben über das **Dunkelfeld** und damit das Ausmaß dieser Kriminalität nicht mehr nach einigermaßen brauchbaren Kriterien gemacht, sondern es scheint manchen nur noch darauf anzukommen, auch ohne nachvollziehbare Belege zu nahezu astronomischen Zahlen zu kommen. Daß bei der Behauptung, im Laufe ihrer Kindheit und Jugend würde ein Drittel aller Mädchen und Jungen sexuell mißbraucht, und dies vor allem von eigenen

Familienmitgliedern, nicht mehr rationale Überlegungen eine Rolle spielen, ergibt sich von selbst. Wer als Insider die Aussagen des kämpferischen Feminismus zum Umfang des Mißbrauchs bestreitet, dem kann es – wie bei einem Kongreß 1994 in Berlin geschehen – sogar widerfahren, deswegen körperlich mißhandelt zu werden. Es müßte zu denken geben, wenn sich in den letzten Jahren die Fälle von Frauen vermehrt haben, die therapeutische Hilfe suchten, weil sie glauben – ohne sich aber daran wirklich erinnern zu können – sie seien als Kind vom Vater jahrelang sexuell mißbraucht worden. Da eine solche Aussage sich nach Jahr und Tag nicht mehr vom angeschuldigten Vater widerlegen läßt, gibt es keine objektiven Beweise für die Richtigkeit oder Falschheit einer solchen Anschuldigung. Als ein Ausdruck dieser Diskussion ist es auch zu verstehen, daß 1994 der Gesetzgeber die Verjährung für sexuellen Kindesmißbrauch erst ab dem vollendeten 18. Lebensjahr des Opfers beginnen läßt, was zu der nicht gerade selbstverständlichen Konsequenz führt, daß der Totschlag an einem fünfjährigen Kind eher strafrechtlich verjähren kann als der an ihm begangene sexuelle Mißbrauch. Hier ist eine Entwicklung in Gang gekommen, von der sich derzeit nicht voraussagen läßt, wie sie enden wird. Es wäre bedenklich, wenn es wegen Übertreibungen bei der Verfolgung angeblicher Mißbrauchstaten zu solchen Überreaktionen käme, so daß schließlich auch Fälle realen sexuellen Mißbrauchs von Kindern nicht die ihnen gebührende Aufmerksamkeit und strafrechtliche Reaktion erfahren würden.

Mehr noch als bisher gilt die sexuelle Beziehung eines Erwachsenen zu einem Kind als **411** besonders anstößig und sozial nicht hinnehmbar. Fragt man nach der Berechtigung einer solchen Normierung, wird man sehr schnell auf einen Wirkungsmechanismus aufmerksam, der nicht lösbar scheint. Weil sexuelle Handlungen mit Kindern in unserer Gesellschaft nicht toleriert werden, werden sie strafrechtlich verfolgt. Sie werden aber auch deswegen nicht toleriert, weil sie als Straftaten gelten, weil sie als sozialschädlich empfunden werden. Es läßt sich nicht leugnen, daß bei der herrschenden gesellschaftlichen Einstellung zur Pädosexualität tatsächlich das Kind als das Opfer erscheinen muß. Da Sexualität mit Kindern in den meisten sog. zivilisierten Gesellschaften als abnorm bzw. krankhaft gilt, sind mit ihrer Verwirklichung alle mit diesem gesellschaftlichen Etikett einhergehenden sozialen Stigmatisierungen verbunden. So ist zu erklären, daß (folgerichtig) manche Verteidiger der Pädosexualität anarchistische Veränderungen der Gesellschaft wünschen, wohl getragen von der Überzeugung, daß bei der heutigen Gesellschaftsstruktur die Forderung nach einer Akzeptanz sexueller Beziehungen von Erwachsenen mit Kindern nicht zu erreichen ist. Sicherlich ist es richtig, daß in dieser Gesellschaft sexuelle Beziehungen von Erwachsenen zu Kindern sozial abträglich sind. Das freilich löst nicht die Frage, ob solche Beziehungen nur negativ zu sehen sind. Dabei wird man beachten müssen, daß es eine »wertfreie« Betrachtung dieses Problems gar nicht geben kann, denn Einstellungen zu sexuellen Handlungen sind immer wertend. Hier gibt es keine Betrachtungsweise, die losgelöst ist von sozialen Vorstellungen über Sexualität. »Richtiges« oder »falsches« Sexualverhalten sind nur sehr begrenzt biologische Begriffe; es sind gesellschaftliche Kategorien. Auch eine biologische Betrachtungsweise der Sexualität kommt nur begrenzt zu »objektiven« Aussagen, da wir nicht wissen, was alles zur (angeblich) biologischen Funktion der

Sexualität zählt, sieht man einmal von der Funktion der Fortpflanzung ab. Reduziert man Sexualität mit Kindern auf diese Funktion, dann müßte man nur die sexuellen Handlungen als »unnatürlich« bezeichnen, bei denen eine Fortpflanzung nicht möglich ist. Dies ist eine Argumentation, die zweifellos unserer Einstellung von Sexualität mit Kindern nicht entspricht, denn es ist durchaus so, daß eine deutliche Anzahl von Kinder sowohl zeugungs- als auch empfängnisfähig ist. Gerade dies aber zeigt, daß hier wertfrei nicht entschieden werden kann. **Das wirkliche Dilemma bei der Sexualität Erwachsener mit Kindern ist die offensichtliche Ungleichheit der damit verbundenen Machtausübung in einer solchen Beziehung.** Wegen ihres Entwicklungsstandes können Kinder **nicht gleichberechtigte Partner** von Erwachsenen sein. Sie werden immer von ihnen dominiert. Gerade dies aber macht letztlich die sexuelle Beziehung zwischen Kindern und Erwachsenen ethisch fragwürdig und setzt den Pädophilen dem nachvollziehbaren Vorwurf aus, seine Dominanz gegenüber dem Kind für unlautere Zwecke zu mißbrauchen.

412 Wenn die zuvor angeführten Befunde stimmen, so fragt es sich, **warum trotzdem die Zahl der registrierten Straftaten wegen sexuellen Kindesmißbrauchs fallen.** Der gegenteilige Eindruck, der von einigen wenigen spektakulären Prozessen in der letzten Zeit hervorgerufen werden könnte, trügt insoweit. Es könnte auch eine Auswirkung der Verschiebung sexueller Wertvorstellungen sichtbar werden und nicht etwa ein wirkliches Absinken der Delikte gewesen sein, wenn wir seit den 60er Jahren eine kontinuierliche Abnahme der Straftaten feststellen konnten. Noch 1965 wurden von der Polizei im damaligen Bundesgebiet – freilich bei einer anderen Gesetzeslage, die Handlungen als »Unzucht mit Kindern« einbezog, die heute nicht mehr als sexueller Mißbrauch gelten – 17.630 Taten registriert, 6.252 Tatverdächtige ermittelt und schließlich 2.799 verurteilt.

413 **Bei der Polizei werden als Tatverdächtige des sexuellen Mißbrauchs von Kindern inzwischen deutlich weniger häufig jüngere Täter (unter 20 Jahren) registriert.** So waren im Jahre 1994 unter den Tatverdächtigen 5,3 % Kinder, 9,9 % Jugendliche, 5,5 % Heranwachsende und 79,2 % Erwachsene. Diese Verteilung ist überraschend, weil sich für die Heranwachsenden nicht mehr die früher sichtbare Anbindung an die Teilnahme an der Kriminalität allgemein zeigt. Für 1994 ergaben sich nach der Polizeilichen Kriminalstatistik folgende Tatverdächtigenanteile: Kinder 4,9 %, Jugendliche 11,0 %, Heranwachsende 9,6 % und Erwachsene 74,5 %. Damit ist die Belastung der Heranwachsenden am sexuellen Mißbrauch von Kindern mit »nur« 5,5 % der Verdächtigen etwa halb so groß wie ihre Beteiligung an der Kriminalität allgemein. **Damit hat sich im letzten Jahrzehnt ein deutlicher Wandel in dieser Altersgruppe vollzogen,** der möglicherweise mit der früheren sexuellen Reifung zu tun hat; diese bewahrt Heranwachsende scheinbar in verstärktem Maße davor, strafbare »sexuelle Experimente« mit Kindern zu machen. **Entgegen herrschenden Vorstellungen sind alte Männer nicht sehr häufig an diesem Delikt beteiligt.** 1994 waren unter den Tatverdächtigen bei der Polizei nur 7 %, die 60 Jahre oder älter waren. Es ist daher falsch, wenn die Öffentlichkeit sehr lange Zeit das Bild des »hemmungslosen Lustgreises« oder des »bösen (alten) Onkels« als des »typischen Kinderschänders« geprägt hat. **Nicht selten handelt es sich um Fälle von Kindern untereinander oder doch mit Jugendlichen.** Diese Taten sind auch hinsichtlich ihrer Intensität weniger schwerwiegend. Auch das Bild des »gefährlichen Fremden« ist nicht so eindeutig richtig, wie man lange Zeit geglaubt hat. Schon 1968 kam *Schönfelder* (1968, 18) aufgrund umfangreicher Untersuchungen zu dem Schluß, daß nur etwa ein Drittel der Täter für das Kind Fremde waren, gut ein weiteres Drittel waren Bekannte und schließlich ein Viertel sogar Verwandte bzw. nichtverwandte Familienmitglieder. Bei 7% der Täter handelte es sich um Autoritätspersonen. Die Tatopfer – zumeist weiblich – im Jahre 1993 waren unter den polizeilich registrierten Opfern nur 4%. Männliche spielen nicht immer bei der sexuellen Handlung eine passive Rolle, wie man vermuten könnte. Die sexuellen Handlungen sind in der Regel nicht sehr massiv. Der (versuchte) Geschlechtsverkehr ist durchaus die Ausnahme. *Baurmann* (1981, 279) fand, daß Schäden durch den sexuellen Mißbrauch von Kindern nur – nach Ansicht der Kinder selbst – bei gut einem Drittel bestehen. Neben diesen geschädigten Sexualopfern – davon zwei Drittel mit erheblichen psychischen Folgen – gibt es eine große Gruppe von fast zwei Dritteln der Opfer, von denen keine Schädigungen bekannt sind. Nach neueren Forschungen in Österreich *(Hannes Kinzl)* haben junge Männer, die als Kind sexuell mißbraucht wurden – in der Befragung in Innsbruck gaben von 450 Studenten 4% einen solchen Mißbrauch an –, später weniger Sexualstörungen als solche, die in einem schlechten Familienklima aufgewachsen waren (Medical Tribune 45/1995, 9).

4.4.3.2 Vergewaltigung und sexuelle Nötigung

Literatur: *Michael C. Baurmann*, Sexualität, Gewalt und psychische Folgen. Eine Längsschnittuntersuchung bei Opfern sexueller Gewalt und sexuellen Normverletzungen anhand von angezeigten Sexualkontakten, Wiesbaden 1983; *Harald Feldmann*, Vergewaltigung und ihre psychischen Folgen: ein Beitrag zur posttraumatischen Belastungsreaktion, Stuttgart 1992; *Gisela Gräuning* u. a., Hrsg., Sexuelle Gewalt gegen Frauen – kein Thema? Münster 1993; *Luise Greuel*, Polizeiliche Vernehmung vergewaltigter Frauen, Weinheim 1993; *Jürgen Heinrichs*, Hrsg., Vergewaltigung. Die Opfer und die Täter, Braunschweig 1986; *Thorsten Kahl*, Sexualdelinquenz und Polizeiverhalten unter besonderer Berücksichtigung der Vergewaltigung, Marburg 1985; *Else Michaelis-Arntzen*, Die Vergewaltigung aus kriminologischer, viktimologischer und aussagepsychologischer Sicht, 2. Auflage, München 1994; *Daniela Naab/Heike Jung*, Sexuelle Gewalt gegen Frauen: Erscheinungsbild, Instanzen der sozialen Kontrolle, Interventionsmöglichkeiten. Kriminalistik 45 (1991), S. 801 bis 804; *Herbert Schäfer*, Red., Das Mißtrauen gegen vergewaltigte Frauen. Erfahrungen von vergewaltigten Frauen, Bremen 1986; *Brigitte Schliermann*, Vergewaltigung vor Gericht, Hamburg 1993; *Peter Steck/Ursula Pauer*, Verhaltensmuster bei Vergewaltigung in Abhängigkeit von Täter- und Situationsmerkmalen. Monatsschrift für Kriminologie und Strafrechtsreform 75 (1992), S. 187 bis 197; *Eveline Teufert*, Notzucht und sexuelle Nötigung. Ein Beitrag zur Kriminologie und Kriminalistik der Sexualfreiheitsdelikte unter Berücksichtigung der Geschichte und der geltenden strafrechtlichen Regelung, Lübeck 1980; Die Vernehmung von Frauen als Opfer sexueller Gewalt, Rostock 1994; *Kurt Weis;* Die Vergewaltigung und ihre Opfer. Eine viktimologische Untersuchung zur gesellschaftlichen Bewertung und individuellen Betroffenheit, Stuttgart 1982.

414 Die Vergewaltigung gehört zu den kriminologischen Themen, die seit etwa zwanzig Jahren immer stärkere gesellschaftliche Beachtung gefunden haben. Dabei geht es nicht nur um die Vergewaltigung in der Ehe, sondern um sexuelle Gewalt gegen Frauen überhaupt. Ein bedeutsamer Grund hierfür ist sicherlich die Forderung nach gesellschaftlicher Gleichstellung der Frau, die nur sehr unzureichend mit dem Begriff »Emanzipation« zutreffend beschrieben ist. Hinzu kommt, daß das jahrhundertealte Bild vom Mann als dem »stürmischen Liebhaber« und der Frau als der sich willig Hingebenden immer fragwürdiger geworden ist, sollte es je so gegolten haben. Die tatsächliche Gewalt gegenüber Frauen, auch im sexuellen Bereich, dürfte in den 80er Jahren kaum zugenommen haben; sie ist aber offensichtlich im Zuge der anwachsenden Gewaltbereitschaft in dieser Gesellschaft überhaupt in den 90er Jahren angestiegen, jedenfalls aber mehr und mehr als problematisch empfunden worden. **Die Abweichung von der sozial erwünschten Norm** bei der Vergewaltigung **liegt** nicht im Handlungsmuster der Tat, also dem Geschlechtsverkehr, sondern **in der Art, wie die sexuelle Handlung erreicht wird.** Dadurch unterscheidet sich das Delikt grundlegend von anderen Formen strafbaren Sexualverhaltens, wie etwa dem sexuellen Mißbrauch von Kindern, bei dem die Tatgestaltung bereits sexuelle Verhaltensnormen in Frage stellt. In der Polizeilichen Kriminalstatistik 1994 wurden 6.095 Fälle der Vergewaltigung registriert; von ihnen blieben 34% im Versuchsstadium. Damit ist aber sicherlich nur ein kleinerer Teil der tatsächlich vorkommenden Vergewaltigungen registriert. Die Dunkelfeldschätzungen, die zu finden sind, nennen teilweise fünf- bis zehnmal so hohe Zahlen. Sie sind in ihrem Aussagewert allerdings fragwürdig, weil die zu einer Schätzung notwendigen Randbedingungen nicht bekannt sind. **Bei den Tätern der Vergewaltigung sind die jungen Männer am stärksten belastet.** Es sind vor allem die 18- bis 29jährigen, die registriert sind. Im Jahre 1994 stellte diese Altersgruppe immerhin fast die Hälfte, nämlich 45%, aller Tatverdächtigen. Von den Tätern waren nur 21% älter als 39 Jahre; der Anteil jugendlicher Tatverdächtiger lag bei 5%.

415 Die **Vergewaltigung** gehört zu den Sexualdelikten, die **bevorzugt in der Gruppe verübt** werden; dies gilt vor allem für jüngere Täter. Diese Gruppen können aber nicht als eigentliche Banden bezeichnet werden, da sie sich meist erst aus bestimmten Situationen heraus bilden und keine in sich gefügte Struktur, die für Banden charakteristisch ist, aufweisen. Viele Taten werden spontan verübt. Bei der Tatbegehung spielt der Alkoholkonsum eine große Rolle. Nach der Polizeilichen Kriminalstatistik 1994 standen 32% der Tatverdächtigen zur Tatzeit unter Alkoholeinfluß (Polizeiliche Kriminalstatistik 1994, 76); 2% waren 1993 Konsumenten harter Drogen. Häufig hat nicht nur der Täter, sondern auch das Opfer vor der Tat Alkohol zu sich genommen. Untersuchungen zur Vergewaltigung in Deutschland ergaben, daß die (registrierten) Täter zu weit mehr als neun Zehnteln aus der Unterschicht stammen. Darin mag zwar auch eine Auslese wirksam werden, wahrscheinlich aber wird die Vergewaltigung tatsächlich häufiger durch Unterschichtangehörige begangen. Sexuelle Konflikte in der Mittelschicht werden entweder in anderer Form ausgetragen, oder es kommt dabei nicht so häufig zur Anwendung (offener) körperlicher Gewalt. Ob man, wie gelegentlich behauptet wird, nur deswegen so geringe Belastungen von Mittelschichtangehörigen finden kann, weil diese sich sexuelle Beziehungen »kaufen« können, ist allerdings fraglich. Ein Grund für die geringe (körperliche) Gewaltanwendung der Mittelschicht könnte in einer allgemein weniger strengen Einstellung gegenüber der Sexualität zu suchen sein, die für die Mittelschichtangehörigen eher kennzeichnend ist. Es ist ein weit verbreitetes und altes Fehlurteil, daß die Einstellung der Unterschicht zur Sexualität besonders freizügig sei. Tatsächlich hat die Unterschicht ein deutlich weniger liberales Verhältnis zur Sexualität als die Mittelschicht. Da aber häufig sowohl Täter als auch Opfer bei der Vergewaltigung derselben sozialen Schicht angehören, ist es möglich, daß Unterschichtangehörige im Ergebnis häufiger die Polizei informieren als Mittelschichtangehörige.

Als **Opfer vollendeter Vergewaltigungen** waren 1994 bei der Polizei 6.141 **416** weibliche Personen erfaßt. Die Altersverteilung der Opfer sah wie folgt aus: 4,0% Kinder, 20,1% Jugendliche, 13,4% Heranwachsende, 60,6% 21- bis 59jährige und 1,7% Frauen im Alter von 60 und mehr Jahren. Keineswegs immer sind die Tatopfer den Tätern vor der Tat unbekannt. Bei den 1994 polizeilich registrierten Opfern von vollendeten Delikten der Vergewaltigung waren mit dem Tatverdächtigen 9,2% verwandt; 40,8% waren Bekannte des Tatverdächtigen. Flüchtige Vorbeziehungen zum Täter gab es bei weiteren 17,3% der Opfer; nur bei 22,1% der Opfer bestanden vor der Tat überhaupt keine Beziehungen zum Täter.

Sexuelle Nötigung, die per Gesetzesdefinition nicht mit einem (heterosexuellen) Ge- **417** schlechtsverkehr verbundene sexuelle Gewalt, **wird zahlenmäßig seltener registriert.** So weist die Polizeiliche Kriminalstatistik 1994 4.934 Fälle der sexuellen Nötigung aus; 20% der Fälle blieben im Versuchsstadium. Die **Alterszusammensetzung der Tatverdächtigen** ist deutlich anders als bei der Vergewaltigung. So waren von den Tatverdächtigen 2,7% Kinder, 14,7% Jugendliche, 8,9% Heranwachsende und 73,6% Erwachsene. Auch spielt der Alkoholeinfluß eine deutlich geringere Rolle: 1993 standen nur 22,5% der Tatverdächtigen unter Alkoholeinfluß; 1,4% waren damals Konstumenten harter Drogen. Die 5.025 Opfer der sexuellen Nötigung 1994 waren zu 9,8% männlich; die Täter zu 2,1% weiblich. Die Daten zum **Alter der Tatopfer** waren anders als bei der Vergewaltigung. So waren 6,1% der Opfer sexueller Nötigung Kinder, 28,8% Jugendliche, 12,2% Heranwachsende und 53,0% Erwachsene. Die Gewalt, die gegen Frauen bei der Tat ausgeübt wird, ist in den meisten Fällen schwerwiegend. So stellte *Hartmann* (1977, 76) für die meisten Fälle massive Aggressionen gegen das Opfer fest. Die Bedrohung mit einer Waffe oder einem Gegenstand, Würgen, Schlagen, Verletzen, Bedrohung mit Umbringen oder massiven Körperverletzungen sind die häufigsten Methoden, die Täter anwenden, um ihre Opfer gefügig zu machen. Etwa zwei Drittel der Opfer reagierten auf die Angriffe des Täters durch Umsichschlagen oder/und Schreien. Etwa zwei Drittel der Täter wurden von den Frauen verletzt (*Hartmann* 1979, 77f.).

4.4.3.3 Exhibitionismus

Literatur: *Werner Benz*, Sexuell anstößiges Verhalten. Ein kriminologischer Beitrag zum Exhibitionismus (§ 183 StGB) und zur Erregung öffentlichen Ärgernisses (§ 183a StGB) sowie zu deren strafrechtlicher Problematik, mit einem rechtshistorischen und einem rechtsvergleichenden Überblick, Lübeck 1982; *Ernest Bornemann*, Ullstein Enzyklopädie der Sexualität. Frankfurt am Main usw. 1990; *Siegfried Rudolf Dunde*, Hrsg., Handbuch Sexualität, Weinheim 1992; *Stephan Hoyndorf*, Exhibitionismus. In: *Siegfried Rudolf Dundorf*, Hrsg., Handbuch Sexualität, Weinheim 1992, S. 57 bis 60; *Matthias Weyhrauch*, Zur Strafverfolgung beim Exihibitionismus – vor und nach dem Vierten Gesetz zur Reform des Strafrechts. In: *Henner Hess/Hans Udo Störzer/Franz Streng*, Hrsg., Sexualität und soziale Kontrolle, Beiträge zur Sexualkriminologie, Heidelberg 1980, S. 83 bis 99.

418 Im Jahre 1994 wurden von der Polizei 9.485 exhibitionistische Handlungen und Fälle der Erregung öffentlichen Ärgernisses registriert; 2.954 Tatverdächtige (darunter 18 Frauen) wurden ermittelt. 1991 wurden von der Polizei (im alten Bundesgebiet) 2.867 Tatverdächtige festgestellt, im selben Jahr sind aber nur 732 Personen deswegen verurteilt worden. Dies ergibt rechnerisch eine »Schwundquote« von rund drei Vierteln, ein Hinweis auf die noch zu erörternde mangelnde Verfolgungsintensität bei diesem Delikt.

419 Die bisher neueste und umfassendste Untersuchung zum Exhibitionismus von *Weihrauch* (1978) hat folgendes ergeben: Die Art der Tatausführung zeigt deutlich die mangelnde Aggressivität exhibitionistischer Handlungen. In über vier Fünfteln der registrierten Taten stellt der Täter lediglich seine Geschlechtsteile zur Schau. Nicht einmal in jedem zehnten Fall macht er dabei auf sich besonders aufmerksam, wie etwa durch Pfeifen oder Rufen. Genauso oft liefen Täter dem Opfer nach, »verfolgten« es also. Ein körperlicher Kontakt des Täters mit dem Opfer ist äußerst selten. *Weihrauch* konnte ihn nur für 3% der Fälle feststellen. Die meisten Täter, nämlich zwei Drittel, waren zur Tatzeit zwischen 21 und 39 Jahre alt; ältere Täter sind verschwindend selten. Ein Fünftel der Täter war unter 21 Jahre alt. Bemerkenswert ist, daß nur etwa die Hälfte der Täter ledig, aber fast zwei Fünftel verheiratet waren. Die ansonsten häufig anzutreffende Auffassung, ein Großteil der Exhibitionisten stünde zur Tatzeit unter starker alkoholischer Beeinflussung, konnte *Weihrauch* nicht bestätigen. Lediglich bei 13% der Taten bekannter Täter fand sich ein Hinweis auf Alkoholkonsum. Fast neun Zehntel der Opfer waren Frauen. Der Schaden, der durch die Taten entsteht, ist offenbar gering. Opfer reagieren auf Exhibitionisten unterschiedlich: 36% gingen einfach weiter und verließen den Tatort, 17% liefen weg, 25% verständigten sofort am Tatort Passanten oder andere Personen, 9% beschimpften den Täter und 3% schließlich schlugen auf ihn ein. 10% betrachteten den Vorgang »ruhig«.

Die Ergebnisse von *Weihrauch* wie auch schon Analysen zuvor haben gezeigt, daß Exhibitionismus kein wirkliches soziales Problem darstellt. Sollte sich die Tat häufig ereignen, weil das Dunkelfeld groß sein dürfte, dann jedenfalls wird das Delikt nicht sehr wichtig genommen. Diese Reaktion scheint sozial vernünftig zu sein, da der Schaden von aggressionslosen exhibitionistischen Handlungen, und dies sind fast alle, offenbar gering ist, falls er überhaupt eintritt. Dieser Anschauung entsprechend handeln derzeit auch die Strafverfolgungsorgane. *Weihrauch* (1978, 96f.) hat ermittelt, daß die Staatsanwaltschaft sehr großzügigen Gebrauch macht, ein Verfahren einzustellen. Die Gerichte verhängen, soweit es nach den Umständen des Einzelfalles möglich ist, vor allem Geldstrafen. Die Freiheitsstrafe ohne Strafaussetzung zur Bewährung ist die seltene Ausnahme. Soweit die Tat überhaupt angezeigt wird, stellt nur die Hälfte der Geschädigten auch einen Strafantrag. **420**

4.4.3.4 Inzest

Literatur: *Mathias Hirsch,* Realer Inzest, 3. Auflage, Berlin 1994; *Günther Hunold,* Das Inzest-Tabu, München 1981; *Karin Jäckel,* Inzest. Tatort Familie, Rastatt 1988; *Jörg Klein,* Inzest. Kulturelles Verbot und natürliche Scheu, Opladen 1991; *Herbert Maisch,* Inzest, Reinbek 1968; *Nikolaus Sidler,* Zur Universalität des Inzest-Tabus. Eine kritische Untersuchung der These und der Einwände, Stuttgart 1971.

In der täglichen Polizeiarbeit spielt der Inzest als sexuelle Beziehung zwischen Blutsverwandten in Deutschland kaum mehr eine Rolle. Das heißt freilich nicht, daß er tatsächlich so selten (geworden) ist, obwohl sich durchaus Erklärungen für eine Verminderung seines Vorkommens finden lassen. Wurden im Jahre 1950 noch 436 Personen deswegen verurteilt, waren dies 1991 nur noch 13. Dieser Rückgang auf 3% der früheren Zahlen kann keineswegs auf einer (inhaltlich nicht veränderten) Neufassung der gesetzlichen Bestimmung beruhen. Nun wissen wir, daß Veränderungen der Häufigkeit einer Straftat in der Kriminalstatistik unterschiedliche Gründe haben können. Nicht immer ist damit auch ein Ansteigen oder Sinken der Straftaten verbunden. Wenn allerdings bei etwa gleichbleibendem Kontrollstil in der Strafverfolgung und der Einschätzung eines Delikts durch die Bevölkerung sich so starke Veränderungen in der registrierten Kriminalität zeigen, dann **421**

kann man zu Recht annehmen, daß eine tatsächliche Änderung eingetreten ist. Da der Inzest immer noch tabuiert ist, dürfte die Verfolgungsintensität seitens von Privatpersonen nicht so stark abgenommen haben, daß bei gleichem Bekanntheitsgrad der Delikte praktisch nur noch ein geringer Rest angezeigt wird. Tatsächlich dürfte hier die Toleranz gegenüber sexuellen Verhaltensweisen, die sich in den letzten 15 bis 20 Jahren manifestiert hat, dazu beigetragen haben, daß die Delikte weniger geworden sind und zum andern, daß die Verfolgungsintensität ebenfalls nachgelassen hat. Der freiere Umgang mit der Sexualität könnte bewirkt haben, daß sich die kindlichen oder jugendlichen Opfer gegen die Übergriffe stärker zur Wehr setzen (können). Im übrigen »entkommen« Jugendliche auch eher den sexuellen Nachstellungen dadurch, daß sie selbst solche Beziehungen außer Hauses anknüpfen und damit Abwehrreaktionen zur Verfügung haben. Sie wissen, daß sie selbst nicht strafrechtlich belangt werden können, so daß sie risikofrei die Straftat offenbaren können. Sehr häufig sind die Opfer des Inzest Mädchen, nur selten entstehen inzestuöse Beziehungen zwischen Mutter und Sohn, obwohl gerade diese Verbindung in Film und Literatur ein neues Thema ist. Begreift man unter Inzest über das StGB hinausgehend alle sexuellen Beziehungen zwischen Verwandten, kann man, wie bei *Maisch* (1968, 71) etwa zu folgender Verteilung kommen: 44% Vater-Tochter-Inzest, 41% Stiefvater-Stieftochter-Inzest, 5% Vater-Sohn-Inzest, 5% Großvater-Enkelin-Inzest, 4% Mutter-Sohn-Inzest und 1% Mutter-Tochter-Inzest. Am häufigsten scheinen demnach sexuelle Beziehungen zwischen Vater/Stiefvater und Tochter/Stieftochter zu sein. Das durchschnittliche Alter der Inzest-Opfer wird in den einzelnen Untersuchungen mit 13 bis 15 Jahren bei Beginn der sexuellen Beziehung als ziemlich niedrig angegeben. Inzest ist ein Delikt, das vor allem ältere Kinder und auch Jugendliche trifft.

422 Zu den einigermaßen gesicherten Erkenntnissen gehören die Angaben über das **Lebensalter der Täter.** Diese stehen oft zu Tatbeginn im fünften Lebensjahrzehnt, sind also zwischen 40 und 50 Jahre alt. Sehr häufig dauern die inzestuösen Beziehungen längere Zeit; etwa bei einem Drittel der Fälle hat *Maisch* (1968, 80) nur Einzeltaten oder aber Taten über verhältnismäßig kurze Zeiträume festgestellt. Familien, von denen Inzestbeziehungen bekannt werden, gehören vorwiegend der sozialen Unterschicht an. Die Mittelschicht ist nur selten auffällig. Insgesamt waren Inzestfamilien kinderreicher als die Durchschnittsfamilien. Die Wohnverhältnisse sind nicht so häufig, wie früher berichtet wurde, sehr schlecht.

423 Man hat versucht, die **Erforderlichkeit des Inzestverbotes** auch dadurch zu belegen, daß auf die Schädigungen von Kindern, die aus solchen Verbindungen hervorgehen, abgehoben wurde. In der Tat scheint es Beweise dafür zu geben, daß unter den als Kinder aus Inzestverbindungen erkannten häufiger solche mit Erbkrankheiten sind als in der Bevölkerung. Freilich sind diese Untersuchungsergebnisse nicht beweiskräftig, weil es an einer Vergleichbarkeit fehlt. Die Auswahl der als Inzestkinder bekannten Probanden ist mit Sicherheit nicht zufällig, sondern das Ergebnis eines Selektionsprozesses. Es besteht zudem Grund zu der Annahme, daß unter den erkannten Inzestkindern vor allem solche sind, deren Eltern der Unterschicht angehören. Da wir aber wissen, daß Unterschichtangehörige generell kränker sind als Angehörige der Mittelschicht, ist schon deswegen zu erwarten, daß auch deren Kinder gesundheitlich angegriffener sind. Nicht zu leugnen ist, daß für bestimmte Erbkrankheiten die Wahrscheinlichkeit ihres Auftretens größer wird, wenn die Erzeuger Verwandte mit den Trägern eben dieser Krankheiten sind. Ob man daraus den allgemeinen Schluß der erhöhten Anfälligkeit für Krankheiten bei Inzestkindern ziehen darf, ist aber sehr fraglich.

4.4.4 Eigentums- und Vermögenskriminalität

Literatur: *Irene Fitzner/Rita Wolz*, »Das Gefühl, verlassen und betrogen zu sein«: Ursachen, Beweggründe für Ladendiebstähle von Frauen; Auswertung von Fällen aus der forensischen Praxis. Bewährungshilfe 37 (1990), S. 394 bis 401; *Friedrich Jung*, Kriminologische Untersuchungen an Vermögensverbrechern, Göttingen 1970; *Josef Kürzinger*, Eigentums- und Vermögenskriminalität. In: *Günther Kaiser/Hans-Jürgen Kerner/Fritz Sack/Hartmut Schellhoss*, Hrsg., Kleines Kriminologisches Wörterbuch, 3. Auflage, Heidelberg 1993, S. 107 bis 113; *Dieter Rössner*, Bagatelldiebstahl und Verbrechenskontrolle. Ein exemplarischer Beitrag zur Entkriminalisierung durch quantitative Begrenzung des Strafrechts, Bern usw. 1976; *Friederike Schulenburg*, Minderjährige als Täter von Kraftfahrzeug-Diebstahl und Kraftfahrzeug-Mißbrauch, Berlin 1973.

Eine scharfe kriminologische Trennung zwischen Eigentums- und Vermögensdelikten ist nicht möglich, da häufig mit dem Eingriff in das Eigentum eines Dritten auch eine Verletzung seiner vermögensrechtlichen Stellung verbunden ist. Die Abgrenzung beider Deliktsgruppen läßt sich jedoch verdeutlichen, wenn man ihre beispielhaften Straftaten, nämlich Diebstahl (Eigentumsdelikt) und Betrug (Vermögensdelikt) heranzieht. Für das Eigentumsdelikt ist kennzeichnend, daß dem Eigentümer eine Sache entweder entzogen, beschädigt bzw. zerstört wird, während beim Vermögensdelikt der Täter nicht unmittelbar eine Sache angreift, sondern lediglich die vermögensrechtliche Lage des Opfers verschlechtert. Freilich läßt sich diese Trennung nicht bruchlos durchhalten, so etwa bei der Wilderei, wo sowohl in das Vermögensrecht (Aneignungsrecht) als auch in das Recht an der Sache (Ansichnahme) eingegriffen wird. Bei der Anwendung der vorstehenden Kriterien lassen sich hauptsächlich als Eigentumsdelikte begreifen Diebstahl, unbefugter Kraftfahrzeuggebrauch, Sachbeschädigung und Brandstiftung. Vermögensdelikte sind demnach vor allem Betrug, Untreue, Hehlerei, Wucher, Wilderei und die Ausbeutung Minderjähriger. Daneben läßt sich auch der Raub als Eigentums- und die Erpressung als Vermögensdelikt bezeichnen, doch überwiegt hier die Komponente des Zwangs so sehr, daß diese Straftaten den Gewaltdelikten (s. Rdnrn. 356ff.) zugeordnet werden.

424

425 Die Eigentums- und Vermögenskriminalität nimmt seit jeher als »klassische« Kriminalität den Hauptteil der bekanntgewordenen Straftaten ein. Bei den polizeilich registrierten Delikten beträgt er etwa 90% aller Verbrechen und Vergehen außerhalb derer im Straßenverkehr. Wir registrieren derzeit jährlich etwa 5 Mio. Eigentums- und Vermögensdelikte. Dabei ist zu berücksichtigen, daß wir vor allem bei den Delikten eine relativ seltene Registrierung haben, die keinen hohen Schaden verursachen. Nach begründeten Schätzungen kann man davon ausgehen, daß höchstens 10% der begangenen Eigentums- und Vermögensdelikte in der Kriminalistatistik erfaßt sind. Danach hätte man in der Bundesrepublik Deutschland damit zu rechnen, daß tatsächlich rund 50 Mio. solcher Straftaten jährlich begangen werden.

426 Die Polizei registrierte 1994 bei einer Gesamtzahl von rund 5 Mio. Eigentums- und Vermögensdelikten (gerundet auf jeweils Tausend) 1.489.000 Fälle des einfachen Diebstahls, 2.377.000 des schweren Diebstahls, 583.000 der Sachbeschädigung, 587.000 des Betrugs, 64.000 der Unterschlagung und 23.000 Fälle der Brandstiftung. Rund drei Viertel der registrierten Eigentums- und Vermögensdelikte waren somit Diebstähle.

Die Entwicklung der gerichtlichen Verurteilungen wegen Eigentums- und Vermögensdelikten 1950 bis 1990 in der Bundesrepublik Deutschland

Delikt	1950	1960	1970	1980	1990
Einfacher Diebstahl	65.417	52.485	100.417	119.784	122.111
Schwerer Diebstahl	15.945	22.065	27.495	34.967	27.833
Unterschlagung	11.672	12.485	7.399	5.804	6.785
Unbefugter Kfz-Gebrauch	–	5.034	2.888	1.496	1.118
Einfache Sachbeschädigung	2.825*	6.214	6.072	6.455	7.458
Schwere Sachbeschädigung	*	2.146	1.942	1.922	1.069
Vorsätzliche Brandstiftung	215	251	294	494	541
Fahrlässige Brandstiftung	1.436	2.142	847	331	234
Hehlerei	6.787	4.900	5.305	4.041	3.701
Betrug	19.885	41.991	26.451	27.213	49.629
Versicherungsbetrug	100	9	36	108	186
Untreue	1.631	2.895	1.924	1.388	1.530
Wilderei	3.485	2,709	1.293	564	407
Wucher	14	25	10	7	7

* Für das Jahr 1950 sind einfache und schwere Sachbeschädigung zusammengefaßt

(Quellen: Statistisches Bundesamt (Hrsg.), Die Kriminalität in den Jahren 1950 und 1951: Bevölkerung und Kultur. Reihe 9, Rechtspflege 1960; 1970; Rechtspflege. Reihe 1. Ausgewählte Zahlen für die Rechtspflege 1980; 1990.

Freilich scheinen diese Zahlen sich noch im Bereich des Spekulativen zu bewegen. **427**
Schon seit der Göttinger **Dunkelfelduntersuchung** (*Schwind* u. a. 1975) sind uns Ergebnisse bekannt, die zumindest eine grobe Einschätzung des Dunkelfeldes beim Diebstahl zulassen und die die Behauptung zu stützen scheinen, wir seien in der Bundesrepublik Deutschland allmählich zu einem »Volk von Dieben« geworden. Offenbar ist die Eigentumsnorm in der Praxis nicht so stark verankert, wie sie sich theoretisch gibt. Folgt man nämlich der allgemeinen Einstellung zum Eigentum, dann ist diese gerade dadurch gekennzeichnet, daß das Eigentum als Institution in unserer Gesellschaft als »unantastbar« gilt. Schon die zaghaften Versuche einer Entkriminalisierung von Eigentumsdelikten mit niedrigen Schadenssummen lassen deutliche Widerstände erkennen. Dies ist eigentlich widersinnig, wenn man sieht, daß in der Wirklichkeit oft der Eigentumsnorm widersprechend gehandelt wird.

Die Polizeiliche Kriminalstatistik registrierte 1994 folgende Arten des Diebstahls: **428**

Diebstahl insgesamt 3.866.366 Fälle (100 %)

Diebstahl

– von Kraftfahrzeugen	211.576	5,5 %
– von Mopeds, Krafträdern	60.781	1,6 %
– von Fahrrädern	529.763	13,7 %
– von/aus Automaten	87.024	2,3 %
– in/aus Dienst-, Büro- und Fabrikräumen	222.582	5,8 %
– in/aus Gaststätten, Kantinen und dgl.	86.781	2,2 %
– in/aus Warenhäusern etc.	728.902	18,9 %
– in/aus Wohnräumen	254.610	6,6 %
– in/aus Boden und Kellern	124.235	3,2 %
– in/aus unbezogenen Wohnungen und dgl.	56.728	1,5 %
– in/aus Kraftfahrzeugen	745.945	19,3 %
– an Kraftfahrzeugen	189.243	4,9 %

1994 konnten rund 772.757 Tatverdächtige für Diebstahlsdelikte ermittelt **429** werden, darunter ein gutes Viertel (29%) Frauen; mit Diebstahlsdelikten werden also mehr Frauen auffällig als durch Kriminalität allgemein. Unter den registrierten Tätern sind es vor allem die 14- bis 29jährigen, die über ihren Bevölkerungsanteil wegen Diebstahlsdelikten auffällig sind. Am höchsten ist die relative Belastung bei den 14- bis 17jährigen.

Der Schaden, der durch den Diebstahl entsteht, betrug für die polizeilich re- **430** gistrierten Taten im Jahre 1994 6,19 Mrd. DM. Wäre dieser Schaden repräsentativ für alle verübten Diebstähle (also auch die im Dunkelfeld) eines Jahres, so müßte man von einem Gesamtschaden von rund 62 Mrd. DM allein 1994 ausgehen.

Im einzelnen registrierte die Polizei 1994 folgende Schadenssummen:

Schadenssumme:	
unter 25 DM	17,6 %
25 bis unter 100 DM	11,7 %
100 bis unter 500 DM	29,5 %
500 bis unter 1.000 DM	18,2 %
1.000 bis unter 5.000 DM	16,3 %
5.000 bis unter 10.000 DM	2,8 %
10.000 bis unter 50.000 DM	3,4 %
50.000 bis unter 100.000 DM	0,3 %
100.000 DM und mehr	0,1 %

Danach ergibt sich, daß mehr als ein Viertel der (registrierten) Diebstähle einen Schaden von weniger als 100 DM verursacht haben; mehr als drei Viertel der Diebstähle eine Schadenssumme von unter 1000 DM.

4.4.4.1 Fahrraddiebstahl

Literatur: *Konrad Kaspar,* Der Fahrraddiebstahl am Beispiel München. Eine Studie über Zahlen, Hintergrund und Bekämpfung. Kriminalistik 36 (1982), S. 45 bis 50; *Norbert Klapper,* Fahrraddiebstahl - ein lösbares Problem. Kriminalistik 35 (1981), S. 408 bis 410; *ders.,* Nicht hoffnungslos. Bekämpfung des Fahrraddiebstahls. Kriminalistik 40 (1986), S. 393 bis 394; *Dieter Pfeiffer,* Nochmals zum Thema Fahrraddiebstahl. Kriminalistik 36 (1982), S. 460 bis 462; *Herbert Schäfer,* Das spurenlose Delikt. Anmerkungen zur detektiven Bearbeitung von Fahrraddiebstählen (in Bremen). Kriminalistik 38 (1984), S. 470 bis 475; *Günther Schnupp,* Aufklärungsquote bei gerade 8%. Möglichkeiten zur Bekämpfung von Fahrraddiebstählen. Kriminalistik 37 (1983), S. 344 bis 349; *Willi Witkowski,* Bekämpfung des Fahrraddiebstahls: das »Krefelder Modell«. Kriminalistik 36 (1982), S. 191 bis 194; 211 bis 212.

431 Im Jahre 1963 registrierte die Polizei in der Bundesrepublik Deutschland rund 105.000 Fälle von **Fahrraddiebstahl;** im Jahre 1994 wurden rund 530.000 (wiedervereinigtes Deutschland) registriert. Damit hat sich das Delikt (in der Registrierung) in dieser Zeit vermutlich mehr als verdreifacht. **Die Schäden,** die den Bestohlenen zugefügt werden, **sind beträchtlich.** Im Jahre 1994 ergab sich nach der Polizeilichen Kriminalstatistik eine Schadenssumme von rund 413 Mio. DM; im Vergleich: Bei den 1994 registrierten rund 57.800 Fällen des Raubes war eine Schadenssumme von »lediglich« 172 Mio. DM entstanden. Daß der Fahrraddiebstahl und dessen Schäden so angestiegen ist, hängt mit einigen Faktoren zusammen. Zum einen zeigt sich seit den 80er Jahren im Zuge der sportlichen Betätigung (»Trimm-Dich«) eine zahlenmäßige Zunahme der Radfahrer, zum anderen werden Fahrräder technisch immer anspruchsvoller; es handelt sich inzwischen auch preislich gesehen oft um wertvolle Geräte (etwa bei Mountainbikes). Sicherlich ist auch zu berücksichtigen, daß mit der Zunahme der Hausratversicherungen eine Erhöhung der Registrierung der Fahrraddiebstähle einhergeht. Der Fahrraddiebstahl galt bisher als ein typisches Delikt der Minderjährigen, weil gut drei Viertel der ermittelten Täter keine 21 Jahre alt waren. Inzwischen hat sich dies freilich verändert. Unter 21 Jahre waren 1994 nur noch 58,6% der Tatverdächtigen. Der Anteil der Kinder unter den registrierten Fahrraddieben betrug 1994 nur noch 12,4% gegenüber 31% im Jahre 1980. Allerdings hat *Kaspar* (1982, 46) schon früher zu Recht darauf verwiesen, daß bei einer so niedrigen Aufklärungsquote (1994: 6,7%) und, muß man hinzufügen, ohne die Gewißheit, daß repräsentative Täter erfaßt werden, Rückschlüsse auf die Diebe als Gesamtgruppe nicht möglich sind. Die Behauptung, der Fahrraddiebstahl sei kriminalpolitisch deswegen so wichtig, weil er für viele Kinder und Jugendliche ein »Einstiegsdelikt« für eine spätere kriminelle Karriere bedeuten könne (*Kaspar* 1982, 48; *Klapper* 1981, 409; *Pfeiffer* 1982, 460) wird zwar immer wieder aufgestellt, empirisch aber nicht belegt; sie wird angesichts der Entwicklung der (gefaßten) Täter neuerdings auch immer fragwürdiger. Aus der Tatsache allein, daß (später) Kriminelle als erstes Delikt einen Fahrraddiebstahl begangen haben, läßt sich nicht einfach schließen, daß diese Tat eine »Einstiegstat« war.

4.4.4.2 Wohnungseinbruch

Literatur: *Peter Legler,* Wohnungseinbrüche – Tendenz steigend. Dresden als Beispiel für Entwicklung und Probleme bei Einbruchsdiebstählen. Kriminalistik 45 (1991), S. 343 bis 345; *Karlheinz Merten,* Täter scheuen das Licht nicht mehr: Ermittlungs-Defizit bei Tageswohnungseinbrüchen. Kriminalistik 43 (1990), S. 263; 265 bis 268; *Wolfgang Steinke,* Der Wohnungseinbruch. Schriftenreihe der Polizei-Führungsakademie 8 (1981), S. 161 bis 173; *Rudolf Taschenmacher,* Vorsorge, die sich lohnt. Zugleich eine Betrachtung über Präventionserfolge bei Wohnungseinbrüchen. Kriminalistik 45 (1991), S. 381 bis 388; 405; *Michael Schweiger,* Tatzeituntersuchung zum Wohnungseinbruch. Kriminalistik 38 (1984), S. 274 bis 276.

Der Wohnungseinbruch hat sich in den letzten Jahren zu einem Delikt entwickelt, das immer mehr in den Blickpunkt rückt und offensichtlich von Straftätern inzwischen deutlich bevorzugt wird. 1994 erfaßte die polizeiliche Kriminalstatistik rund 211.000 Fälle. Relativ häufig kommt es dabei offenbar wegen der zunehmenden Sicherung des Eigentums zu Versuchen der Tat; dies traf 1994 für 28% zu.

Gewandelt haben sich auch die **Tatverdächtigen.** Von den 1994 ermittelten rund 23.900 Tatverdächtigen waren 5,3% Kinder, 16,6% Jugendliche, 14,6% Heranwachsende (18 bis 20 Jahre alt), 16,6% waren 21 bis 24 Jahre alt und 47,0% älter als 24 Jahre. Knapp drei Fünftel der Täter handelten 1993 allein. Tatverdächtige sind oft schon vorher kriminell in Erscheinung getreten; immerhin waren 1993 80% von ihnen polizeibekannt. Inzwischen wird Wohnungseinbruch auch von Berufsverbrechern betrieben und ist organisiert.

Wohnungseinbruch ist auch zur **Beschaffungskriminalität** für Drogensüchtige geworden: 1993 waren 16,5% der Verdächtigen Konsumenten harter Drogen. Die polizeilich registrierte Schadenssumme betrug 1994 rund 831 Mio. DM.

434 Die **Schadenssummen beim Wohnungseinbruch** nach der Polizeilichen Kriminalstatistik 1994 betrugen in 12,5% der Fälle unter 25 DM, in 3,4% 25 bis unter 100 DM, in 17,8% 100 bis unter 500 DM, in 12,3% 500 bis unter 1.000 DM, in 30,3% 1.000 bis unter 5.000 DM, in 10,6% 5.000 bis unter 10.000 DM, in 11,8% 10.000 bis unter 50.000 DM, in 0,9% 50.000 bis unter 100.000 DM und in 0,3% der Fälle 100.000 DM und mehr. Somit entstand bei mehr als zwei Fünfteln der Wohnungseinbrüche ein Schaden von weniger als 1.000 DM.

4.4.4.3 Ladendiebstahl

Literatur: *Irene Fitzner/Rita Wolz*, »Das Gefühl, verlassen und betrogen zu sein«: Ursachen, Beweggründe für Ladendiebstähle von Frauen; Auswertung von Fällen aus der forensischen Praxis. Bewährungshilfe 37 (1990), S. 394 bis 401; *Henry A. Griffin*, Selbstbetrug oder Zynismus – Sind die Ladendiebe schuld an den Inventurdifferenzen? Wirtschaftsschutz und Sicherheitstechnik 1982, S. 179; *Paul Kapteyn*, Ladendiebstahl in europäischer Perspektive: eine vergleichende Untersuchung in Amsterdam, Zürich und München. Monatsschrift für Kriminologie und Strafrechtsreform 73 (1990), S. 405 bis 415; *Rolf Loitz*, Ladendiebstahl unter der Lupe. Kriminologische Analyse von 1931 Fällen und 2080 Tätern, Köln 1971; *Susanne Osburg*, Forensischpsychiatrisch begutachtete Ladendiebe: eine Typologie. Monatsschrift für Kriminologie und Strafrechtsreform 75 (1992), S. 10 bis 18; *Armin Schoreit*, Hrsg., Problem Ladendiebstahl. Moderner Selbstbedienungsverkauf und Kriminalität, Heidelberg 1979; *Joachim Wagner*, Ladendiebstahl – Wohlstands- oder Notstandskriminalität? Ein Beitrag zur Kriminologie des Ladendiebstahls, Heidelberg 1979.

435 **Der Ladendiebstahl ist zu einem Massendelikt geworden.** Dazu hat sicherlich die starke Verbreitung neuer Verkaufsmethoden im Einzelhandel beigetragen und die Zunahme der Selbstbedienung in Läden und Kaufhäusern, obwohl anzunehmen ist, daß allein die massenhafte Vermehrung von Gelegenheiten zum relativ leicht durchzuführenden Diebstahl nicht der wirklich ausschlaggebende Grund für dieses Anwachsen ist. Zwar mag das Sprichwort »Gelegenheit macht Diebe« gelten, doch muß man eher annehmen, daß unsere Normen (im Sinne der Respektierung fremden Eigentums) sich weitgehend gewandelt haben. Der Kleindiebstahl im »Kaufhaus um die Ecke« wird weitgehend nicht mehr als verwerflich und deswegen der sozialen Stigmatisierung unterworfen angesehen. Tatsächlich haben wir es beim Ladendiebstahl mit einer Straftat zu tun, die »demokratisiert« ist: Alle sozialen Schichten nehmen an ihr teil.

436 In der Polizeilichen Kriminalstatistik 1994 sind 585.671 Fälle von Ladendiebstahl ausgewiesen. Es ist gesichert, daß nur ein Teil der tatsächlich begangenen Ladendiebstähle in der Statistik auch erfaßt sind. Die polizeilich registrierte **Schadenssumme** beim Ladendiebstahl betrug im Jahre 1994 rund 92,45 Mio. DM. Der Hauptverband des Deutschen Einzelhandels hat 1992 (Kriminalistik 1992, 653) verlautbart, daß dem Einzelhandel durch Ladendiebstahl jährlich Waren im Werte von über 3 Mrd. DM gestohlen würden. Stimmen diese Angaben, so bedeutet dies, daß – identische Schadenssummen vorausgesetzt – nur rund jeder 30. Ladendiebstahl polizeilich registriert würde, so daß man tatsächlich also mit jährlich etwa 18 Mio. Ladendiebstählen zu rechnen hat. Wie in so vielen Bereichen des **Dunkelfeldes** sind dies freilich nur plausible Wahrscheinlichkeiten und keine erfahrungswissenschaftlich gesicherten Werte. Immerhin geben in Dunkelfelduntersuchungen bis zu 90% der Befragten zu, mindestens einmal in ihrem Leben einen Ladendiebstahl begangen zu haben. Vorsichtig freilich muß man mit der Handhabung der Polizeilichen Kriminalstatistik als Beweis für das Ansteigen des Ladendiebstahls sein, weil wir wissen, daß sich von Zeit zu Zeit das Verfolgungsverhalten der Opfer deutlich ändert. Die Wahrscheinlichkeit, nach ertappter Tat auch der Polizei gemeldet zu werden, ist zudem nicht immer gleich groß. Allerdings ist der Ladendiebstahl ein Delikt, das oftmals relativ schwer entdeckt werden kann, so daß die Wahrscheinlichkeit, auffällig zu werden, wohl sehr gering ist.

Ladendiebstahl wird - anders als noch vor zehn Jahren – nicht vor allem von jüngeren Personen (bis 24 Jahre) registriert. Ihr Anteil betrug 1994 (noch gut) 43%, während die Beteiligung an der Gesamtkriminalität in diesem Jahr knapp 39% betrug. **Deutlich überrepräsentiert sind** aber, gemessen an der Beteiligung an der Kriminalität generell, immer noch **ältere Menschen (60jährige und ältere)**. Gut ein Drittel (38%) der ermittelten Täter sind **weiblich**. Der Anteil der registrierten weiblichen Tatverdächtigen ist damit gegenüber den 80er Jahren **deutlich gesunken**. Freilich weist jetzt die Statistik 27,4% Ausländer als Tatverdächtige aus. Dies deutet darauf hin, daß sich nicht sehr das Verhalten der einzelnen Bevölkerungsgruppen beim Ladendiebstahl, sondern vielmehr die **soziale Kontrolle dieses Verhaltens geändert** hat. Entsprechend läßt sich auch ein anderes überraschendes Ergebnis der Kriminalstatistik 1993 interpretieren. Es ist schwer zu erklären, daß Wohnsitzlose zwar insgesamt 1993 mit 6,6% an allen Tatverdächtigen vertreten sind, aber am Ladendiebstahl, einem für diese Gruppe durchaus typischen Delikt, nur zu 4,1%. Andererseits waren unter den registrierten Ausländern mehr als die Hälfte (53%) Asylbewerber, eine Gruppe, die offenkundig in Deutschland einer besonders starken Sozialkontrolle unterliegt und die auch deswegen sehr effektiv sein kann, weil schon das äußere Erscheinungsbild es in den meisten Fällen erlaubt, Asylbewerber als Fremde zu identifizieren.

Die **Schadenssummen beim Ladendiebstahl** sind verhältnismäßig gering. Dies ist auch nicht verwunderlich, da häufig nur kleine Gegenstände von geringem Wert entwendet werden. Nach der Polizeilichen Kriminalstatistik 1994 entstand pro registriertem Ladendiebstahl ein Schaden von durchschnittlich 159 DM. Mehr als die Hälfte (50,4%) der Ladendiebstähle verursachen einen Schaden von weniger als 25 DM; bei 29,5% der Fälle beträgt der Schaden zwischen 25 und 99 DM. Damit liegt bei fast 80% der registrierten Ladendiebstähle der Schaden unter 100 DM. Nur knapp jeder 26. Fall führt einen Schaden herbei, der höher als 500 DM ist. Man stellt sich in der Kriminologie immer wieder die Frage, **warum auch ansonsten rechtstreue Bürger »plötzlich« zu Dieben werden.** Die Frage ist mit den herkömmlichen Erklärungsversuchen der Kriminologie kaum überzeugend zu beantworten. Weil dieses Delikt nicht nahtlos in das übliche Schema der Verbrechenserklärung paßt, hat man versucht, eigenständige Erklärungen zu finden. Solche **Erklärungsmodelle** haben gegen sich, daß es sich meist nur um Plausibilitätsüberlegungen, die zudem nicht selten auch ideologisch stark gefärbt sind, handelt. Tatsache ist, daß unsere Gesellschaft seit langem schon materielle Güter überbewertet, daß möglichen Käufern durch allgegenwärtige Werbung beigebracht werden soll, was man zum täglichen Leben brauche und daß Waren im relativen Überfluß und leicht verfügbar für eine Wegnahme präsentiert werden. Das häufige Gegenargument des Handels, bei den Ladendieben handele es sich nicht um »arme Teufel« ist zwar zum Teil richtig, aber eigentlich nichtssagend, denn das Problem ist ja nicht ein Bedürfnis an sich, sondern die Überbetonung von Bedürfnissen, die **Mentalität einer »Luxusgesellschaft«.** Wenn eine Ware offenbar im Überfluß vorhanden ist, und wenn diese Ware zum täglichen Leben gehört, dann ist man eher versucht, sobald sich die Gelegenheit dazu bietet, sie einfach zu nehmen. Man mag die Eigentumsnorm, zumindest für sich als mögliches Opfer, als unantastbar ansehen, aber wenn man »Herrn Kaufhaus« bestiehlt, dann tut man nur etwas, was üblich ist und die Allgemeinheit nicht schädigt. Daß tatsächlich jeder geschädigt ist, weil selbstverständlich der Handel den Verlust bei den Kunden »sozialisiert«, wird gern übersehen. Früher wurde häufig die Frage diskutiert, ob nicht ein beachtlicher Anteil der Täter – und vor allem der Täterinnen – des Ladendiebstahls diesen als **krankhafte Tat (Kleptomanie)** begingen. Der Umfang der durch Krankheitsprozesse bedingten Ladendiebstähle ist empirisch ungeklärt, da nur ein Bruchteil der Ladendiebe sachverständig daraufhin untersucht werden.

4.4.4.4 Sachbeschädigung

Literatur: *A. Brack,* Home-Boys – eine neue Jugendszene: Sachbeschädigung in Millionenhöhe durch Sprayen. Kriminalistik 43 (1990), S. 331 bis 335; *S. Bruch,* Vorsätzliche Brandstiftungen. Ein Beitrag zur strafrechtlichen Regelung dieser Delikte unter besonderer Berücksichtigung historischer, kriminologischer und kriminalistischer Aspekte, Frankfurt a. M. 1983; *Knud Eike Buchmann,* Vandalismus. Kriminalistik 48 (1994), S. 671 bis 673; 754 bis 755; *Uwe Füllgrabe,* Die psychologische Analyse des Vandalismus. Schriftenreihe der Polizei-Führungsakademie 1980, S. 148 bis 161; *Friedrich Geerds,* Sachbeschädigungen. Formen und Ursachen der Gewalt gegen Sachen aus der Sicht von Kriminologie und Kriminalistik, Heidelberg 1983; *Johann Götzfried,* Sachbeschädigung – Verhütung und Verfolgung im mittelstädtischen und ländlichen Bereich. Die Polizei 74 (1983), S. 154 bis 161; *Paul Günther,* Sachbeschädigung und Vandalismus – präventable Delikte. Kriminalistik 35 (1981), S. VI bis VIII; *Heinz Jäger,* Zur Phänomenologie des Vandalismus. In: *Herbert Schäfer,* Hrsg., Gewaltkriminalität Minderjähriger, Teilband 1: Delinquenz und Gruppe, Grundlagen der Kriminalistik. Band 12, Heidelberg 1979, S. 101 bis 124; *Wilfried Kaiser,* Vandalismus. 2. Auflage, Stuttgart 1995; *Erwin Kube/Leo Schuster,* Vandalismus. Erkenntnisse und Bekämpfungsansätze, 3. Auflage, Wiesbaden 1985; *Jürgen Walden,* Sachbeschädigung und Vandalismus durch Tätergruppen im großstädtischen Bereich. Vorbeugung, Bekämpfung, flankierende Maßnahmen. Schriftenreihe der Polizei-Führungsakademie 1980, S. 267 bis 282.

Im Jahre 1994 registrierte die Polizei 583.566 Fälle der **Sachbeschädigung.** **439** Von ihnen konnten lediglich 22,7% aufgeklärt werden. Unter den ermittelten Tätern waren knapp 10% weibliche Personen. Damit muß dieses Delikt, unterstellt, die ermittelten Täter sind insoweit repräsentativ, als **eine typisch männliche Tat** gelten (*Geerds* 1983, 34). Möglicherweise wird aber wegen der Aggressivität der Sachbeschädigung vor allem nach männlichen Tätern gesucht, weil ihnen die Tat eher zugetraut wird. Fast ein Drittel (32%) der Tatverdächtigen war minderjährig. Der Anteil der Kinder an den Taten lag bei 11%, war also mehr als doppelt so hoch wie der durchschnittlichen Beteiligung an der Kriminalität entspricht.

Nach **Dunkelfelduntersuchungen,** deren Genauigkeit allerdings in Zweifel **440** gezogen werden können, hat man damit zu rechnen, **daß allenfalls etwa jede 30. Tat auch polizeilich registriert wird.** Andererseits meint man aber auch, die Anzeigefreudigkeit bei Sachbeschädigungen sei ziemlich hoch, da es sich um ein Beziehungsdelikt handle (*Günther* 1981, VII). **Kriminologisch gesehen kann man** bei der Sachbeschädigung freilich **nicht von einer einheitlichen Tat sprechen.** Es ist zudem zwischen der »bloßen« Sachbeschädigung und der vandalistischen Tat zu unterscheiden. Die Abgrenzung zwischen beiden Tatformen ist gelegentlich schwierig. Im allgemeinen wird man sagen können, daß **Vandalismus** dann vorliegt, wenn die Beschädigung oder Zerstörung einer Sache um ihrer selbst willen vorgenommen wird; bei der bloßen Sachbeschädigung wird ein anderer, zumindest aber ein darüber hinausgehender Zweck als die bloße Beschädigung oder Zerstörung der Sache verfolgt. *Jäger* (1979, 203) meint, Vandalismus sei immer dann anzunehmen, wenn sich (jugendliche) Zerstörungswut unmotiviert oder »aus Übermut« gegen Sachen richte. »Das Merkmal des Vandalismus ist die Zerstörung von Sachen scheinbar ohne jedes erkennbare Ziel, scheinbar ohne Motiv. Es ist irrational und motivlos, weil es für den Täter keinen instrumentalen Wert besitzt, d. h. keinen Beitrag zur Befriedigung der Bedürfnisse der Person liefert« (*Füllgrabe* 1980, 148). Freilich ist Vandalismus ein Verhalten, das durchaus Ursachen erkennen läßt; daher kann man keineswegs von einer »sinnlosen« Tat sprechen, auch wenn sich ihr Sinn nicht sofort erschließt. In der Lebensgeschichte des Täters haben vandalistische Akte durchaus einen sinnvollen Stellenwert.»Vandalismus gegen Eigentum ... ist eine psychologische Reaktion, um Depressionen in Erregung zu verwandeln und Lust daraus zu gewinnen, daß man ein soziales Tabu verletzt. Die tieferliegende Motivation des Vandalismus ist also, eine Bestätigung dafür zu erhalten, daß auch machtlose Menschen die sonst von mächtigen Institutionen und Mächten kontrolliert werden, von Zeit zu Zeit aus ihrer Ohnmacht entfliehen, rebellieren und auch ihre Umwelt ... kontrollieren können« (*Füllgrabe* 1980, 155).

441 Eine instruktive Aufzählung über die **Angriffsobjekte von Sachbeschädigungen im Polizeialltag** findet sich bei *Götzfried* (1983, 156):

Außenfassaden von Gebäuden und Einrichtungen, Automaten, Baustelleneinrichtungen, Blumen- und Grünanlagen, Campingplätze, Feldfrüchte, Feldkreuze, Fenster, Gartenhäuser, Grabstätten, Grenzmarkierungen, Haustiere, Jagdkanzeln, Kinderspielplätze, Obstbäume, Parkuhren, Ruhebänke, Schaufenster und Vitrinen, Straßenlampen, Telefonhäuschen, Verkehrszeichen, Wahlplakate, Weiden und Getreidefelder, Weidezäune, Wohnwagen, Wohnungs- und Gaststätteneinrichtungen sowie Zelte.

442 Eine gewisse Sonderstellung nehmen die immer häufiger werdenden **Graffiti**, die von Sprayern an öffentlichen Gegenständen (etwa Bauwerken, Zügen) angebracht werden, ein. Hier läßt sich nicht von schlichter Sachbeschädigung sprechen, obwohl strafrechtlich gesehen diese Zuordnung richtig ist. Die Gestaltung mancher dieser Graffiti läßt durchaus eine künstlerische Begabung ihrer Hersteller erkennen.

443 Wenn die eben dargestellte Deutung des Vandalismus richtig ist, dann ist es nicht verwunderlich, daß sich in einer Zeit, in der sich vor allem die Jugend unkontrollierbaren und unkontrollierten Mächten und Ängsten ausgesetzt sieht, vandalistische Handlungen häufen. Sie sind Ausdruck einer Ohnmacht, die mit »sinnlosen« Sachbeschädigungen erträglich werden soll. In gewissem Sinne brauchen solche in ihrem Selbstwertgefühl zutiefst verunsicherten Jugendlichen die zerstörerischen Akte, um sich gegenüber Ohnmachtsgefühlen behaupten zu können. Es ist Zeichen einer gesellschaftlichen Fehlentwicklung, wenn Jugendliche auf diese Weise ihre psychische Verfassung stabilisieren müssen: »Wer sinnlos zerstört, hat ein gestörtes Verhältnis zur Umwelt« (*Jäger* 1979, 107).

444 Die **Schäden,** die durch Sachbeschädigungen entstehen, werden in der Polizeilichen Kriminalstatistik für 1994 nicht aufgeführt, so daß man das Ausmaß des Gesamtschadens nicht ermitteln kann. Man ist daher zu dessen Schätzung auf die Schadensbeträge einzelner Taten angewiesen. Allein der Deutschen Telekom beispielsweise entstand im Jahre 1991 ein Schaden in Höhe von 60 Mio. DM durch Sachbeschädigungen an ihren 160.000 Telefonzellen (Die Polizei 1993, 91).

4.4.5 Wirtschaftskriminalität

Literatur: *Friedrich Helmut Berckhauer/Rudolf J. Gläser/York Hilger,* Die Strafverfolgung bei schweren Wirtschaftsdelikten. Bericht über eine Aktenuntersuchung, Freiburg i. Br. 1981; *Christian K. Bschorr,* Computer-Kriminalität. Gefahr und Abwehr, Düsseldorf usw. 1987; *Werner Bruns,* Sozialkriminalität in Deutschland, Frankfurt a. M. 1993; *Heinz Egli,* Grundformen der Wirtschaftskriminalität. Fallanalysen aus der Schweiz und der Bundesrepublik Deutschland, Heidelberg 1985; *Henry A. Griffin,* Selbstbetrug oder Zynismus. – Sind die Ladendiebe schuld an den Inventurdifferenzen? Wirtschaftsschutz und Sicherheitstechnik 4 (1982), S. 179; *Wolfgang Heinz,* Wirtschaftskriminalität. In: *Günther Kaiser/Hans-Jürgen Kerner/Fritz Sack/ Hartmut Schellhoss,* Hrsg., Kleines Kriminologisches Wörterbuch, 3. Auflage, Heidelberg 1993, S. 589 bis 595; *Edwin Kube,* Prävention von Wirtschaftskriminalität. 2. Auflage, Wiesbaden 1985; *Helmut Lechner,* Red., Bekämpfung der Schwarzarbeit, 2. Auflage, Stuttgart usw. 1995; *Hans-Claus Leder,* Wertungen und Taxierungen: besonders sozialschädliche Formen der Kriminalität. Kriminalistik 47 (1993), S. 15 bis 18; *Johanna Leßner,* Betrug als Wirtschaftsdelikt. Eine dogmatisch-empirische Untersuchung anhand einer Aktenanalyse von 1696 Betrugsverfahren in der Bundesrepublik Deutschland aus den Jahren 1974-1979, Pfaffenweiler 1984; *Hildegard Liebl/ Karlhans Liebl,* International Bibliography of Economic Crime, Paffenweiler 1993; *Karlhans Liebl,* Die bundesweite Erfassung von Wirtschaftsstraftaten nach einheitlichen Gesichtspunkten: Ergebnisse und Analysen für die Jahre 1974-1981, Freiburg i. Br. 1981; *ders.,* Die Erfassung der Wirtschaftskriminalität. Kriminalistik 36 (1982), S. 7 bis 10; *ders.,* Geplante Konkurse? Strafverfolgung, Analysen und Prüfung der Absehbarkeit eines Konkurses anhand einschlägiger Bankrottverfahren in der Bundesrepublik Deutschland seit 1975, Pfaffenweiler 1984; *Karl-Heinz Mönch,* Steuerkriminalität und Sanktionswahrscheinlichkeit, Frankfurt a. M. usw. 1978; *Harald Müller,* Soziologische Entstehungsbedingungen und soziale Kontrolle abweichenden Verhaltens in der Wirtschaftsgesellschaft, Pfaffenweiler 1993; *Rudolf Müller,* Wirtschaftskriminalität: eine Darstellung der typischen Erscheinungsformen mit praktischen Hinweisen zur Bekämpfung, 3. Auflage, München 1993; *Peter Poerting,* Polizeiliche Bekämpfung von Wirtschaftskriminalität, Wiesbaden 1975; *Peter Poerting/Ernst G. Pott,* Computerkriminalität. Ausmaß, Bedrohungspotential, Abwehrmöglichkeiten, Wiesbaden 1986; *Jürgen Preuss,* Der Bluff mit der schnellen Mark: Anlage- und Darlehensbetrug im Schlepptau ökonomischer Entwicklungen. Kriminalistik 46 (1992), S. 287 bis 290; *Niklaus Schmidt,* Banken zwischen Legalität und Kriminalität. Zur Wirtschaftskriminalität im Bankwesen, Heidelberg 1980; *Roland Schönherr,* Vorteilsgewährung und Bestechung als Wirtschaftsstraftaten, Freiburg i. Br. 1985; *Markus Sickenberger,* Der Wucher als Wirtschaftsstraftat: eine dogmatisch-empirische Untersuchung, Freiburg i. Br. 1985; *Wolfgang Sielaff,* Produktpiraterie: Gedanken über ein Delikt mit Zukunft. Kriminalistik 45 (1991), S. 434; 436 bis 438; *Jürgen Rüdiger Smettan,* Kriminelle Bereicherung in Abhängigkeit von Gewinnen, Risiken, Strafen und Moral, Freiburg i. Br. 1992; *Edwin H. Sutherland,* Is »White Collar Crime« Crime? American Sociological Review 10 (1945), S. 132 bis 139; *Manfred Teufel,* Insolvenzkriminalität. Zur Kriminologie und Kriminalität der Insolvenzdelikte und zur ihrer strafrechtlichen Problematik, Lübeck 1981; *ders.,* Die Wirtschaftskriminalität aus polizeilicher Sicht. Die Polizei 73 (1982), S. 274 bis 281; *Peter J. Thelen,* Wirtschaftskriminalität und Wirtschaftsdelinquenz aus ökonomischer Sicht, Düsseldorf 1981; Wirtschaftskriminalität. Arbeitstagung des Bundeskriminalamtes Wiesbaden von 18. bis 21. Oktober 1983, Wiesbaden 1984; *Erwin Zimmerli,* Computerkriminalität. Tat, Täter, Aufdeckung. Kriminalistik 41 (1987), S. 247 bis 248; 265 bis 267; 333 bis 342; 398 bis 400.

445 Die **Wirtschaftskriminalität** gehört zu den Themen, mit denen sich die Kriminologie in den letzten drei Jahrzehnten besonders intensiv beschäftigt hat; inzwischen wird sie freilich in ihrer Aktualität von der Organisierten Kriminalität (mit der sie im übrigen mindestens verwandt, wenn nicht sogar teilidentisch ist) abgelöst. Bei der Wirtschaftskriminalität handelt es sich um ein Gebiet, das erst in den letzten 60 Jahren in das Bewußtsein kriminologischer Fragestellungen gedrungen ist. Herkömmlich wurde Kriminalität vor allem in der Unterschicht vermutet. Lange Zeit galt die Annahme, daß Armut auch Kriminalität bedeute, daß Kriminalität also vor allem bei den wirtschaftlich Schwachen gesucht werden müsse. Der Reiche und der Mächtige, der wirtschaftlich Starke, kam als Täter nicht in Frage. Daher ist es verständlich, wenn die Überlegungen von *Edwin H. Sutherland* im Jahre 1945 zum **»White-Collar-Crime«**, zu einer Form der Kriminalität der Mächtigen, Aufsehen erregten. *Sutherland* hat damals das White-Collar-Crime definiert als: »Ein Verbrechen, begangen von einer ehrbaren Person mit hohem sozialen Ansehen, im Rahmen seines Berufes und unter Verletzung des Vertrauens, das man ihr entgegenbringt« (*Sutherland* 1945). Damit war ein (neues) Konzept der Kriminalität entworfen, das bisherigen Anschauungen widersprach und ohne Zweifel sozialkritisch und reformerisch gemeint war. Erwartungsgemäß blieb die Kritik nicht aus, was vor allem dadurch begünstigt wurde, daß *Sutherland* einen (auch) streng gesetzlich gebundenen Verbrechensbegriff für die White-Collar-Crimes nicht für erforderlich hielt und damit zum Teil auch allein sozialschädliches und abweichendes Verhalten als kriminell ansah, unabhängig von der jeweiligen (Straf-)Gesetzgebung. Diese Sichtweise ist kritisierbar, da sie das Charakteristische des Verbrechens, eben die strafrechtliche Mißbilligung, nicht berücksichtigt. Wenn hier von Wirtschaftskriminalität gesprochen wird, dann sind nur die auch vom Gesetz als Straftaten bezeichneten Verhaltensweisen gemeint.

446 Welche Delikte man zur Wirtschaftskriminalität zählen möchte, ist umstritten. Für Deutschland liegt eine **Legaldefinition** der Wirtschaftskriminalität insofern vor, als in § 74c des Gerichtsverfassungsgesetzes eine Zuständigkeitsregelung für Wirtschaftsstrafkammern geschaffen wurde. Danach sind Wirtschaftsstraftaten Straftaten:

1. nach dem Gesetz gegen den unlauteren Wettbewerb, dem Aktiengesetz, dem Gesetz über die Rechnungslegung von bestimmten Unternehmen und Konzernen, dem Gesetz betreffend die Gesellschaft mit beschränkter Haftung und dem Genossenschaftsgesetz,

2. nach den Gesetzen über das Bank-, Depot-, Börsen- und Kreditwesen sowie nach dem Versicherungsaufsichtsgesetz,

3. nach dem Wirtschaftsstrafgesetz 1954, dem Außenwirtschaftsgesetz, den Devisenbewirtschaftungsgesetzen sowie dem Finanzmonopol-, Steuer- und Zollrecht, auch soweit dessen Strafvorschriften nach anderen Gesetzen anwendbar sind; dies gilt nicht, wenn dieselbe Handlung eine Straftat nach dem Betäubungsmittelgesetz darstellt, und nicht für Steuerstraftaten, welche die Kraftfahrzeugsteuer betreffen,

4. nach dem Weingesetz und dem Lebensmittelrecht,

5. des Subventionsbetruges, des Bankrotts, der Gläubigerbegünstigung und der Schuldnerbegünstigung,

6. des Betruges, der Untreue, des Wuchers, der Vorteilsgewährung und der Bestechung, soweit zur Beurteilung des Falles besondere Kenntnisse des Wirtschaftslebens erforderlich sind.

Diese Regelung zeigt, daß unter Wirtschaftskriminalität eine Vielzahl von Delikten in der Wirtschaft verstanden werden kann und daß es sich um **sehr unterschiedliche Lebenssachverhalte** handelt. Einigendes Band der Taten ist allein die Nähe zur wirtschaftlichen Tätigkeit. Die Polizeiliche Kriminalstatistik (vgl. Polizeiliche Kriminalstatistik 1994, 12f.) hat einen vom Gerichtsverfassungsgesetz abweichenden, eigenständigen Begriff der Wirtschaftskriminalität geschaffen. Außer den »Straftaten gegen strafrechtliche Nebengesetze auf dem Wirtschaftssektor« führt diese Statistik auch Delikte auf, »die im Rahmen tatsächlicher oder vorgetäuschter wirtschaftlicher Betätigung begangen werden und über eine Schädigung von einzelnen hinaus das Wirtschaftsleben beeinträchtigen oder die Allgemeinheit schädigen können und/oder deren Aufklärung besondere kaufmännische Kenntnisse erfordert« (Polizeiliche Kriminalstatistik 1994, 12). Für die Straftaten gegen strafrechtliche Nebengesetze auf dem Wirtschaftssektor verzeichnet die Polizeiliche Kriminalstatistik 1994 einen Schaden von rund 3,481 Mrd. DM.

Es ist seit langem bekannt, daß es einen Zusammenhang gibt zwischen der Rechtsform eines Wirtschaftsbetriebes und der Wahrscheinlichkeit, daß Personen dieser Betriebe kriminell auffällig werden. Offensichtlich eignen sich bestimmte Rechtsformen eher dazu, Straftaten zu begehen als andere. Diese Erkenntnis hat unter anderem dazu geführt, daß das GmbH-Gesetz geändert wurde und auch die Bilanzrichtlinien einer Revision unterzogen wurden. Es hat sich ergeben, daß die Kommanditgesellschaft, die Gesellschaft mit beschränkter Haftung und die Einzelfirma am häufigsten in Wirtschaftskriminalitätsfälle verwickelt werden. Demgegenüber weisen Rechtsformen wie Genossenschaften, offene Handelsgesellschaften, Körperschaften des öffentlichen Rechts und die Gründungsgesellschaften eine sehr geringe Belastung auf. Einer der Gründe dürfte auch in der verhältnismäßig geringen Verbreitung dieser Rechtsformen zu suchen sein. Sog. Schwindel- und Scheinfirmen sind selten in Ermittlungsverfahren verwickelt. Es gibt auch bestimmte Branchen, die häufig durch Wirtschaftskriminalität auffallen.

Den größten Anteil nehmen dabei die Unternehmen aus dem Baugewerbe ein; es folgt die Gruppe Handel (Groß- und Einzelhandel). Entgegen anderen Eindrücken sind die Betriebe aus dem Immobilienbereich nur sehr selten an Wirtschaftsstrafverfahren beteiligt.

448 Beruhend auf einer Aktenanalyse konnten *Berckhauer/Gläser/Hilger* (1981) zur Person der von den Staatsanwaltschaften erfaßten Wirtschaftsstraftäter folgendes ermitteln: Das Durchschnittsalter der Tatverdächtigen lag bei knapp 40 Jahren. Die Altersgruppe der 30- bis 49jährigen war am stärksten vertreten. Dies trifft vor allem bei den einfachen Konkursvergehen zu. In der Bevölkerung lag der Anteil dieser Altersgruppe zur gleichen Zeit bei etwa 41% (*Berckhauer/Gläser/Hilger* 1981, 73). Die weitaus größte Zahl der Tatverdächtigen hatte einen guten bis sehr guten Ausbildungsstand erreicht. Über drei Viertel hatten eine oder mehrere Lehren beendet und/oder an einer weiterführenden Schule die Mittlere Reife erworben oder das Abitur abgelegt; 15% hatten studiert. Täter mit schlechter Ausbildung gab es in der untersuchten Gruppe nur zu 8% (*Berckhauer/Gläser/Hilger* 1981, 75). Als »ungewöhnlich hoch« bezeichnen *Berckhauer/Gläser/Hilger* den Anteil der selbständig Erwerbstätigen unter den Tatverdächtigen bei der Wirtschaftskriminalität (*Berckhauer/Gläser/Hilger* 1981, 76), da es von denen, über die dazu Angaben vorlagen, 55% waren. Ihr Anteil war damit um das Zehnfache größer als es nach den Angaben im Statistischen Jahrbuch für das erfaßte Jahr zu erwarten war. Soweit *Berckhauer/Gläser/Hilger* die Schichtzugehörigkeit der Wirtschaftsstraftäter einordnen konnten – dies war für rund 92% der Fall –, zeigte sich folgende Aufschlüsselung: Unterschicht 1,1%, untere Mittelschicht 16,4%, mittlere Mittelschicht 43,8%, obere Mittelschicht 28,8% und Oberschicht 1,8% (*Berckhauer/Gläser/Hilger* 1981, 82). Die Art des begangenen Deliktes zeigte sich als deutlich schichtabhängig. Betrugs- und Steuerdelikte wurden überproportional häufig von Angehörigen der unteren Mittelschicht begangen, Untreuedelikte bevorzugt von der mittleren Mittelschicht bzw. der Oberschicht (*Berckhauer/Gläser/Hilger* 1981, 83).

449 Steuerkriminalität kann man zu den Bereichen der Wirtschaftskriminalität zählen, die geradezu exemplarisch sind. Während unsere Steuergesetzgebung im Prinzip davon ausgeht, daß die Empfänger von Bezügen aus unselbständiger Arbeit zwangsweise die wichtigste der fälligen Steuern, nämlich die Einkommensteuer, in Form der Lohnsteuer bereits vom Arbeitgeber abgezogen bekommen, sind die selbständigen Einnahmen der Steuerpflichtigen erst nachträglich dem Finanzamt für die Veranlagung zur Einkommensteuer zu melden. Hierin liegt eine erhöhte Möglichkeit Selbständiger, kriminell zu werden, die den Unselbständigen wegen dieses Steuersystems entzogen ist. Berücksichtigt man diese Umstände, dann könnte man annehmen, daß der Steuerkriminelle der Wirtschaftsstraftäter schlechthin ist. Unverständlicherweise ist in der Kriminologie das Bewußtsein für den Steuerkriminellen erst sehr spät erwacht. Über die Höhe des durch die Steuerkriminalität entstandenen Schadens gibt es keine zuverlässigen Angaben, sondern Schätzungen, die eher Spekulationen sind. Nach den Daten von *Mönch* (1978, 45) kann man annehmen, daß es eine begründete Wahrscheinlichkeit dafür gibt, daß die Schäden durch Steuerhinterziehung von Jahr zu Jahr ansteigen. Sicher ist, daß die durch Steuerdelikte verursachten Schäden im Einzelfall höher sind als die der »klassischen« Eigentums- und Vermögenskriminalität. Erwartungsgemäß gibt es bestimmte Steuerarten, die Steuerhinterziehung mehr begünstigen als andere. Dies gilt jedenfalls für die registrierte Steuerkriminalität. Ergebnisse zeigen (*Mönch* 1978, 62), daß die Wahrscheinlichkeit, wegen Steuerdelikten belangt zu werden, bei der Lohnsteuerhinterziehung der Arbeitnehmer am größten, bei der Umsatz- bzw. Einkommensteuerhinterziehung am geringsten ist. Ein wesentlicher Grund dafür liegt in der faktischen Ungleichheit unseres Steuersystems. Die Gruppe der Einkommensteuerzahler hat mit der Steuerveranlagung aufgrund eigener Steuererklärung eine Privilegierung inne; sie kann die Höhe der Steuer beeinflussen. Dies hat zur Folge, daß Einkommen- und Umsatzsteuerzahler häufiger in Steuerhinterziehungen verwickelt werden als die Lohnsteuer zahlenden Arbeitnehmer. Auch sind die Schäden, die jene bei den Hinterziehungen verursachen, wesentlich höher (*Mönch* 1978, 65). Die höchsten Schadenssummen werden bei der registrierten Steuerkriminalität durch Einkommen- und Umsatzsteuerhinterziehung verursacht, die niedrigsten bei der Lohnsteuer. Dabei ist die Chance, wegen einer Steuerhinterziehung auch bestraft zu werden, bei höheren Schadenssummen geringer als bei niedrigeren. Bei weitem am häufigsten sind Großbetriebe in Steuerhinterziehungen verwickelt; auch Mittelbetriebe sind noch überproportional vertreten. Mit der Betriebsgröße nimmt auch der entstandene Schaden zu. In der registrierten Steuerkriminalität sind am häufigsten Freiberufliche und ähnliche Leistungsbetriebe (53%) auffällig. An zweiter Stelle folgen (mit fast 29%) die Handelsbetriebe und an dritter Stelle (18%) die Fertigungs- und sonstigen Betriebe (*Mönch* 1978, 81). Überraschenderweise unterscheiden sich die registrierten Steuerhinterzieher der Stichprobe von *Mönch* (1978, 100) weder hinsichtlich der Schul- noch hinsichtlich der Berufsausbildung merklich von den vergleichsweise herangezogenen Bankräubern. Entsprechendes gilt auch für die Schichtzugehörigkeit, was bei einem Wirtschaftskriminellen an sich verwundert. Der Grund liegt offensichtlich vor allem darin, daß primitive Steuerhinterziehungen bei der Lohnsteuer unverhältnismäßig häufig entdeckt werden (können). Daher zeigt sich auch, daß für registrierte Steuerstraftäter die Vorstellung, sie hätten eine besonders gute Ausbildung, was für die Wirtschaftskriminellen im allgemeinen gilt, sich nicht nachweisen läßt. In der Stichprobe von *Mönch* (1978, 99) hatten zwei Drittel der Täter nur eine Volksschule besucht und nur knapp 10% eine höhere als eine Mittelschulausbildung. Im Untersuchungsgut von *Mönch*

(1978, 140) fanden sich als Motive der Tat bei etwa zwei Fünftel der erfaßten Fälle wirtschaftliche Notlage und schlechte wirtschaftliche Verhältnisse.

4.4.6 Verkehrskriminalität

Literatur: *Jürgen Becker/Thilo Junker/Wolfgang Koepf,* Untersuchungen zum Haschischkonsum auffälliger Verkehrsteilnehmer in Rheinland-Pfalz. Sucht 38 (1992), S. 238 bis 243; *Günther Grewe,* Straßenverkehrsdelinquenz und Marginalität. Untersuchungen zur institutionellen Regelung von Verhalten, Frankfurt a. M. 1978; *J. Hauser,* Unfallflucht – ein typisches Alkoholdelikt. Blutalkohol 19 (1982), S. 193 bis 199; *Günther Kaiser,* Deliktformen und Typologie junger Verkehrstäter. Blutalkohol 15 (1978), S. 65 bis 81; *ders.,* Verkehrsdelinquenz im kriminologischen Kontext – Schriftenreihe der Polizeiführungsakademie 8 (1981), S. 174 bis 194; *Arthur Kreuzer,* Drogen und Sicherheit des Straßenverkehrs: tatsächliche Verbreitung drogenbeeinflußten Fahrens, polizeiliches Verdachtsbild und justizielle Kontrolle. Neue Zeitschrift für Strafrecht 13 (1993), S. 209 bis 213; *Eberhard Kunkel,* Zur Bedeutung der Dunkelziffer bei Trunkenheitsdelikten. Blutalkohol 19 (1982), S. 15 bis 28; *Kurt Rüdiger Maatz/ Lothar Mille,* Drogen und Sicherheit des Straßenverkehrs. Deutsche Richterzeitung 71 (1993), S. 15 bis 25; *Wolf Middendorff,* Verkehrskriminalität. In: *Hans Joachim Schneider,* Hrsg., Auswirkungen auf die Kriminologie. Delinquenz und Gesellschaft. Die Psychologie des 20. Jahrhunderts, Band XIV, Zürich 1981, S. 419 bis 434; *Arno Müller,* Zur Bedeutung der Dunkelziffer bei Trunkenheitsdelikten. Blutalkohol 19 (1982), S. 276 bis 278; *Otto Neuloh/Lambert Leisewitz,* Problemgruppe jugendliche Kraftfahrer, Köln 1980; *Wolfgang Schneider,* Kriminelle Straßenverkehrsgefährdungen (§ 315c Abs. 1 Ziff. 2, Abs. 3 StGB). Eine kriminologische und strafrechtliche Untersuchung zur Problematik dieser Verkehrsstraftaten unter Berücksichtigung ausländischer Rechte, Frankfurt a. M. usw. 1978; *Heinz Schöch,* Kriminologische und sanktionsrechtliche Aspekte der Alkoholdelinquenz im Verkehr. Neue Zeitschrift für Strafrecht 11 (1991), S. 11 bis 17; *ders.,* Verkehrsdelikte. In: *Günther Kaiser/Hans-Jürgen Kerner/Fritz Sack/Hartmut Schellhoss,* Hrsg., Kleines Kriminologisches Wörterbuch, 3. Auflage 1993, S. 577 bis 581; *Hans Schultz,* Verkehrsdelikte. In: *Rudolf Sieverts/Hans Joachim Schneider,* Hrsg., Handwörterbuch der Kriminologie, 2. Auflage, Berlin usw. 1975, S. 488 bis 515; *Edgar Spoerer,* Epidemiologie der Verkehrsdelinquenz in der Bundesrepublik Deutschland. Forensia 8 (1987), S. 19 bis 48; *Gerhard Steuer,* Delinquentes Verhalten alkoholisierter Rückfalltäter, Med. Diss. Köln 1980; Statistisches Bundesamt, Hrsg., Verkehr. Fachserie 8. Reihe 7: Verkehrsunfälle 1993, Stuttgart 1994; *Philipp Walkenhorst,* Straßenverkehrsdelikte Jugendlicher und Heranwachsender: pädagogische Reaktionsmöglichkeiten der Jugendstrafrechtspflege. Zentralblatt für Jugendrecht 78 (1991), S. 102 bis 111.

450 Betrachtet man die lange Geschichte des Strafrechts und die Formen abweichenden Verhaltens, die herkömmlicherweise kriminalisiert sind, dann **läßt sich in der Verkehrskriminalität eine neue Form des Verbrechens sehen.** Es ist also kein Zufall, daß wir jene die »klassische« Kriminalität nennen. Nun ist die Herausbildung der Verkehrskriminalität deswegen so spät erfolgt, weil der sie begründende Sachverhalt, nämlich der Massenverkehr, erst mit der Erfindung des Automobils und erst viel später mit der starken Verbreitung von Kraftfahrzeugen entstanden ist. Vor dieser Entwicklung konnte es natürlicherweise Verkehrskriminalität kaum geben.

Verkehrskriminalität meint zwei voneinander zu unterscheidende Formen der Kriminalität: einmal die Kriminalität, die nur im Verkehr begangen werden kann, die Verkehrskriminalität im engen Sinne, also etwa Straßenverkehrsgefährdung, Trunkenheit im Straßenverkehr, Verkehrsunfallflucht und zum anderen die Kriminalität, die auch auf andere Weise begangen werden kann, die sich aber im konkreten Fall im Straßenverkehr ereignet, also beispielsweise fahrlässige Tötung und fahrlässige Körperverletzung (im Straßenverkehr). Diese Form der Kriminalität ist also nicht spezifisch mit dem Verkehr verbunden, sie wird nur anläßlich der Teilnahme am Verkehr begangen. **451**

Wie häufig Verkehrskriminalität wirklich ist, läßt sich nicht ermitteln. Dies liegt einmal daran, daß es uns schon an Unterlagen für die registrierte Verkehrskriminalität in weiten Bereichen fehlt. Seit 1963 wird die Verkehrskriminalität nicht mehr in der Polizeilichen Kriminalstatistik ausgewiesen. Im übrigen definieren wir weitgehend Verkehrskriminalität nach dem Erfolg eines Verhaltens im Straßenverkehr, da ein großer Bereich dieser Straftaten fahrlässig begangen wird. Es hängt häufig vom »Zufall« ab, ob Fehlverhalten im Straßenverkehr mit einem Unfall mit Sach- oder Personenschaden verbunden ist oder ob die Situation gerade noch »glimpflich« abläuft. Geht es »nicht gut«, liegt gegebenenfalls eine fahrlässige Körperverletzung vor; geht es »gut«, dann gibt es kaum jemanden, der, falls strafbar, die Polizei darüber informiert. **Für den großen Bereich der fahrlässig im Straßenverkehr begangenen Straftaten ist deshalb erst aus dem »zufälligen« Erfolg zu ersehen, ob es sich um eine Straftat handelt oder nicht.** Die eigentliche Verkehrssituation braucht sich dabei, soweit das Verhalten des Verkehrsteilnehmers in Frage steht, nicht zu unterscheiden. Darüber hinaus freilich gibt es auch Verkehrsdelikte, deren Verwirklichung genauso vor sich geht, wie die anderen Straftaten. **452**

In der Statistik 1991 (altes Bundesgebiet) sind – nach starker Selektion – rund 262.000 Verurteilte wegen Verkehrsdelikten aufgeführt. Im Vergleich dazu: wegen sog. »klassischer« Kriminalität wurden im selben Jahr ca. 433.000 Personen verurteilt. Bei den registrierten und verurteilten Personen geschah die Verurteilung in 38% der Fälle also wegen Straftaten im Straßenverkehr. Man darf allerdings annehmen, daß zwischen Anzeige und Verurteilung eine breite Selektion stattfindet. **Der Verfolgungsdruck bei der Verkehrskriminalität dürfte schwächer sein als bei der »gewöhnlichen« Kriminalität.**

Welchen **Umfang die Verkehrskriminalität** in der Bundesrepublik Deutschland tatsächlich hat, ist wohl am besten aus den Unfallstatistiken zu rekonstruieren. Dabei kann man davon ausgehen, daß jedenfalls bei den Fäl- **453** len, bei denen nach der Aussage der Polizei die Unfallursache beim Fahrzeugführer lag, und dies sind im Jahre 1991 (altes Bundesgebiet) immerhin 321.000 Unfälle mit Personenschaden gewesen, es sich auch um Verkehrsstraftaten handelt. Dazu kommen die unfallfreien Trunkenheitsfahrten, zu denen fast 102.000 Verurteilungen vorliegen und bei denen die Dunkelfeldquote außerordentlich hoch sein dürfte. Nicht durch die Unfallstatistik abgedeckt sind auch die 1991 immerhin noch mit rund 30.300 Verurteilungen erfaßten Delikte des Fahrens ohne Führerschein, das ein Delikt sein dürfte, das ebenfalls eine hohe Dunkelziffer aufweist. Aus diesen Umständen wird man folgern müssen, daß auch bei der Verkehrskriminalität, wie bei der »klassischen« Kriminalität, allenfalls 10% der Straftaten zur Kenntnis der Polizei gelangen.

Daß es sich angesichts der hohen Verkehrsdichte um viele Straftaten handeln muß, steht außer Zweifel. Im Jahre 1993 hatte die Bundesrepublik Deutschland (Stand nach dem ‛3. 10. 1990) einen Kraftfahrzeugbestand von rund 46,7 Mio. Im selben Jahr registrierte die Polizei rund 2,35 Mio. Straßenverkehrsunfälle. Dabei kamen ca. 385.000 Personen zu Schaden; in 1,96 Mio. Fällen entstand beim Unfall nur Sachschaden. Insgesamt verunglückten im Straßenverkehr 1993 rund 516.000 Menschen, davon 9.949 tödlich. Verletzt wurden bei den Unfällen rund 506.000 Personen (Verkehrsunfälle 1993, 35).

454 Bei den Unfällen 1993 in ganz Deutschland lag bei 510.863 ein Fehlverhalten der Fahrzeugführer vor. 37.977 von ihnen standen unter Alkoholeinfluß, 104.339 fuhren mit einer nichtangepaßten Geschwindigkeit, 52.217 hielten nicht den notwendigen Abstand ein und 67.470 Fahrzeugführer mißachteten die Vorfahrt der anderen Verkehrsteilnehmer (Verkehrsunfälle 1993, 47).

455 Immer wieder wird (vgl. schon *Göppinger* 1980, 672) die Auffassung vertreten, **jeder Verkehrsteilnehmer befinde sich während seiner Teilnahme am motorisierten Verkehr fast ständig in einer potentiellen Deliktsituation** (vgl. auch *Middendorff* 1981, 420). Dies unterscheide die zum normalen Alltag zählende Verkehrssituation von einer sonstigen Verbrechenssituation und werde von reiferen Durchschnittsbürgern, abgesehen von Ausnahmesituationen, ohne Schwierigkeiten bewältigt; er werde üblicherweise nicht zum Verbrecher, während in der Verkehrssituation auch sonst untadelige Menschen als Verkehrsteilnehmer von heute auf morgen vorbestraft werden könnten. Diese weitverbreitete Ansicht über Verkehrskriminalität ist nur vordergründig zutreffend. Versucht man der Argumentationskette nachzuziehen, dann wird klar, daß deren Voraussetzungen teilweise falsch und die gezogenen Schlüsse nicht zwingend sind. Es kann natürlich nicht bestritten werden, daß die Verkehrssituation eine potentielle Deliktsituation ist. Dies ist aber nichts Ungewöhnliches. Auch die täglichen Besuche in Kaufhäusern sind potentielle Deliktsituationen und viele (potentielle) Käufer erliegen täglich dieser Situation, da sie einen Ladendiebstahl begehen. Es mag allenfalls berechtigt sein zu fragen, ob es nicht mehr Verkehrsteilnehmer sind, die einen Straftatbestand erfüllen. An der grundsätzlich gleichartigen Situation ändert dies nichts. Im übrigen verkennt eine solche Einschätzung insofern die Wirklichkeit, als sie nahelegt, der einzelne sei dem Straßenverkehr ohne Steuerungsmöglichkeit für sein Verhalten ausgeliefert. Dies trifft nur für einen geringen Teil der Verkehrsdelikte zu. In den übrigen Fällen zeigt sich aber gerade, daß eher die Persönlichkeit eines Verkehrsteilnehmers für sein Verhalten entscheidend ist und nicht der »blinde Zufall«. Wer auch im Alltag rücksichtslos und bedenkenlos ist, der wird sich genauso im Verkehr verhalten. Vielleicht ist das Verkehrsdelikt sogar dasjenige, bei dem der wahre Charakter des Täters offen zu Tage tritt. Wie auch immer: So zufällig, wie angenommen wird, sind nicht alle deliktischen Straßenverkehrssituationen. Der zweite Fehlschluß dieser Argumentation ist die Meinung, Kriminalität sei für den Durchschnittsbürger etwas Ungewöhnliches, das ihn üblicherweise nicht berühre. Nach den insoweit gut abgesicherten Dunkelfeldergebnissen ist diese Ansicht schlicht unhaltbar. Kriminalität ist normal in dem Sinne, daß alle davon betroffen sind, die einen häufiger, die anderen seltener. Insoweit ist es nichts Ungewöhnliches, daß auch bei der Verkehrskriminalität unterschiedliche Belastungsgrade zu finden sind. Schon verschiedentlich konnte festgestellt werden, **daß wiederholt verkehrsauffällige Kraftfahrer besonders häufig (auch) wegen allgemeiner Straftaten vorbestraft sind und daß stark kriminell Belastete auch mit Verkehrsdelikten auffällig werden.** Offensichtlich ist die Belastung mit Straßenverkehrsdelikten Ausdruck einer bestimmen Persönlichkeitsstruktur.

Verurteilungen wegen Straßenverkehrsdelikten im Jahre 1991 (altes Bundesgebiet)

Straftaten nach dem StGB:	225.913
Unerlaubtes Entfernen vom Unfallort:	40.991
– vor Feststellung der Unfallbeteiligung	40.822
– in Trunkenheit	10.117
– ohne Trunkenheit	30.705
– ohne nachträgliche Meldung der Unfallbeteiligung	169
Fahrlässige Tötung im Straßenverkehr	1.653
– in Trunkenheit	322
– ohne Trunkenheit	1.331
Fahrlässige Körperverletzung im Straßenverkehr	35.237
– in Trunkenheit	8.836
– ohne Trunkenheit	26.401
Gefährliche Eingriffe in den Straßenverkehr	1.436
Gefährdung des Straßenverkehrs	31.663
– mit Unfall	25.356
– ohne Unfall	6.307
Gefährdung des Straßenverkehrs	
– infolge Trunkenheit	26.588
– infolge Mängels des Fahrers	543

– durch Vorfahrtsfehler	914
– durch falsches Überholen	3.264
– an Fußgängerüberwegen	96
– weil an unübersichtlichen Stellen zu schnell	158
– weil an unübersichtlichen Stellen nicht rechts	23
– weil auf der Autobahn gewendet	64
– durch fehlende Absicherung	13
Trunkenheit im Verkehr ohne Fremdschaden	112.903
Vollrausch mit Verkehrsunfall	12.030
Straftaten nach dem StVG:	36.543
Führen eines Kfz ohne Fahrerlaubnis	30.265
Führenlassen eines Kfz ohne Fahrerlaubnis	4.135
Vertauschen der Kennzeichnung	551
Verfälschen der Kennzeichnung	88
Unterdrücken des amtlichen Kennzeichens	37
Verwendung gefälschter Kennzeichen	68
Mißbräuchliches Herstellen von Kennzeichen	6

(Quelle: Strafverfolgung 1991, 28 ff)

457 Die vorstehende Aufstellung zeigt, daß bei der registrierten und verurteilten Straßenverkehrskriminalität 84% der Taten allein schon durch vier Delikte erfaßt sind, nämlich Trunkenheit im Verkehr (43,0% aller Verkehrsdelikte), fahrlässige Körperverletzung im Straßenverkehr (13,4%), Fahren ohne Führerschein (11,5%) und Unfallflucht (15,6%). Angesichts dieser Deliktsstruktur wird erneut deutlich, daß die Ansicht von der potentiellen Deliktssituation für Teilnehmer im Straßenverkehr allenfalls für ein Sechstel der abgeurteilten Täter, nämlich denen mit fahrlässiger Körperverletzung, gelten kann. Freilich ist auch dies mehr als zweifelhaft, wenn man mit in Erwägung zieht, daß es bestimmte Persönlichkeiten sind, die diese Taten begehen.

Im Jahre 1991 waren von allen Verurteilten 41,6% vorbestraft. Bei den Verurteilten wegen Straßenverkehrsdelikten lag der Anteil der Vorbestraften bei 32,4%, bei denen der sonstigen Straftaten aber bei 49,3%. Damit sind »klassische« Kriminelle offensichtlich deutlich häufiger vorbestraft als Straßenverkehrstäter.

458 **Frauen** sind an der Verkehrskriminalität nur etwa mit dem halben Anteil, den sie allgemein an der Kriminalität aufweisen, beteiligt. Dabei ist zu berücksichtigen, daß wir nur das Ende der Selektion beobachten können, nicht aber ihren Ausgangspunkt. Es kann sein, daß die staatlichen Kontrollinstanzen gegen Frauen weniger streng vorgehen als gegen Männer. Zum anderen ist die Auffälligkeit im Straßenverkehr auch eine Funktion der Intensität der

Verkehrsteilnahme. Nun haben zwar Frauen einen hohen Anteil an den Führerscheinen – ein Drittel der erteilten Führerscheine wird an Frauen ausgegeben –, doch beteiligen sie sich, gemessen an der Fahrleistung, nicht so stark am Straßenverkehr wie Männer. Deshalb wird man nicht zu Unrecht schließen können, daß das tatsächliche Fehlverhalten von Frauen im Straßenverkehr kaum niedriger sein dürfte als das der Männer, wenn auch zu erwarten ist, daß es einen Unterschied insoweit gibt, als Frauen nicht so aggressiv fahren und eine Reihe von Verkehrsdelikten erst durch aggressive Fahrweise verursacht wird.

Eines der gravierendsten Probleme der Verkehrskriminalität ist der **Alkoholkonsum**. Immerhin spielt der Alkohol bei deutlich mehr als der Hälfte der registrierten Straßenverkehrsdelikte eine Rolle. Bei dieser Zahl muß freilich berücksichtigt werden, daß die Dunkelziffer für die folgenlose Beteiligung am Straßenverkehr unter Alkoholeinfluß offensichtlich sehr hoch ist. **459**

Ein neues Problem, um das sich nunmehr der Gesetzgeber kümmern möchte (vgl. Bundesrats-Drucksache 456/95 vom 11. 8. 1995), stellt das **Fahren unter dem Einfluß berauschender Drogen, die keinen Alkohol enthalten,** dar. Die Bundesregierung will künftig als Ordnungswidrigkeit geahndet wissen, wenn ein Verkehrsteilnehmer ein Kraftfahrzeug im Straßenverkehr steuert und zuvor diese Drogen (genannt sind Cannabis, Heroin, Morphin und Kokain) konsumiert hat, vorausgesetzt, eine oder mehrere dieser Substanzen lassen sich im Blut nachweisen. Als Grund für diese Maßnahme wird die wiederholte wissenschaftlich gesicherte Feststellung genannt, daß die Anzahl von Kraftfahrern, die unter dem Einfluß von Drogen (zum Teil auch in Kombination mit Alkohol) am Straßenverkehr teilnehmen, sehr viel höher ist, als etwa die Berichte des Statistischen Bundesamtes zur Verkehrsunfallsituation ergeben. So hat eine im Auftrag der Bundesanstalt für Straßenwesen durchgeführte Untersuchung von 660 Blutproben von verkehrsauffälligen Fahrern ergeben (Bundesrats-Drucksache 456/95), daß in rund 14% der Blutproben Drogen und/oder Medikamente gefunden wurden, in knapp 10% zusätzlich auch Alkohol. In ca. 86% der Fälle der Blutproben konnte nur Alkohol nachgewiesen werden. Eine andere Untersuchung aus dem Jahre 1992 hat bei einer Analyse von 1.312 Blutproben von auffällig gewordenen Kraftfahrern unter 40 Jahren ergeben, daß rund 25% der Blutproben Cannabis enthielten; der Anteil an Opiaten betrug nahe 13%, der an Kokain 4% (Bundesrats-Drucksache 456/95). **460**

4.4.7 Drogenkriminalität

Literatur: *Hans-Jürgen Albrecht,* ed., Drug policies in Western Europe, Freiburg i. Br. 1989; *ders.,* Voraussetzungen und Konsequenzen einer Entkriminalisierung im Drogenbereich. In: *Wolfgang de Boor/Wolfgang Frisch/Irmgard Rode,* Hrsg., Entkriminalisierung im Drogenbereich?, Köln 1991, S. 1 bis 37; *Marc C. Baumgart,* Illegale Drogen, Strafjustiz, Therapie: eine empirische Untersuchung zu den strafjustiziellen Anwendungsstrukturen der §§ 35, 36 BtMG, Freiburg i. Br. 1994; *Dieter Dölling,* Eindämmung des Drogenmißbrauchs zwischen Repression und Prävention, Heidelberg 1995; *Elmar Erhardt,* Hrsg., Drogen und Kriminalität, Wiesbaden 1993; *Mathias*

Erlei, Hrsg., Mit dem Markt gegen Drogen!? Lösungsansätze für das Drogenproblem aus ökonomischer Sicht, Stuttgart 1995; *Johann Hellebrand*, Bekämpfung der Rauschgiftkriminalität durch sinnvollen Einsatz des Strafrechts, Wiesbaden 1993; *Walter Katzung*, Drogen in Stichworten: Daten, Begriffe, Substanzen, Landsberg 1994; *Ina Knauß/Elmar Erhardt*, Freigabe von Drogen: Pro und Contra. Literaturanalyse, Wiesbaden 1993; *Arthur Kreuzer/Ruth Römer-Klees/Hans Schneider*, Beschaffungskriminalität Drogenabhängiger, Wiesbaden 1991; *Manfred Nowak*, Hrsg., Drogensucht. Entstehungsbedingungen und therapeutische Praxis, Stuttgart 1994; *Richard Reindl*, Drogen und Strafjustiz, Freiburg i. Br. 1994; *Karl-Heinz Reuband*, Drogenkonsum und Drogenpolitik. Deutschland und die Niederlande im Vergleich, Opladen 1992; *Sebastian Scheerer*, Sucht, Reinbek 1995; *Karl-Ludwig Täschner*, Drogen, Rausch und Sucht, Stuttgart 1994; *Stefan Wichmann*, Wirtschaftsmacht Rauschgift, Frankfurt a. M. 1992.

461 Unter **Drogenkriminalität** werden **zwei kriminologisch ganz unterschiedlich zu wertende strafbare Verhaltensweisen** verstanden: einmal der Gebrauch von illegalen Drogen (der im übrigen als solcher in Deutschland nicht strafbar ist, wohl aber deren Besitz) und zum anderen der illegale Verkehr mit diesen Drogen (d. i. Anbau, Herstellung, Handeltreiben, Einfuhr, Ausfuhr, Abgabe, Veräußerung, Inverkehrbringen und Erwerb). Daneben kann man auch die direkte (etwa durch Apothekeneinbruch) und indirekte Beschaffungskriminalität (etwa durch Wohnungseinbruch zur Finanzierung des Drogenerwerbs) kriminologisch als Drogendelinquenz bezeichnen.

462 Drogenkriminalität, so wie sich derzeit etwa in Deutschland darbietet, ist eine relativ junge Form der Kriminalität. Noch in den 50er und teilweise auch 60er Jahren war Drogenkriminalität zahlenmäßig bedeutungslos; die Täter stammten vor allem aus dem Bereich von Medizin und Kunst. »**Erst mit der gesellschaftlichen Forderung nach individueller »Selbstverwirklichung« hat sich die Drogenkriminalität in ihrer heutigen Erscheinungsform herausgebildet.** Sie muß nunmehr offensichtlich als zur Jugendkultur gehörend bezeichnet werden. Die Bundesregierung ging 1994 (Situation der Jugend in Deutschland, Bundestags-Drucksache 12/6836) davon aus, daß von allen Opiatabhängigen in der (alten) Bundesrepublik die 12- bis 17jährigen männlichen Jugendlichen einen Anteil zwischen 1,0 und 2,3% ausmachen; bei den weiblichen Jugendlichen dieser Altersgruppe wird dieser Anteil sogar auf 3,3% beziffert. Unter allen Opiatabhängigen nehmen die 18- bis 24jährigen männlichen Personen einen Anteil von 30,0% ein; bei den weiblichen derselben Altersgruppe sind dies 4,0% (Bundestags-Drucksache 12/6836,51). Nach Erhebungen haben in den alten Ländern der Bundesrepublik 1990 innerhalb der letzten 12 Monate vor der Befragung knapp 13,8% der 12- bis 24jährigen Drogen konsumiert (Bundestags-Drucksache 12/6836,51).

463 Welche Drogen vom Verbot erfaßt werden, ist im einzelnen den Anlagen I bis III des Gesetzes über den Verkehr mit Betäubungsmitteln – Betäubungsmittelgesetz (BtMG) i. d. F. vom 1. 3. 1994 zu entnehmen. Praktisch relevant werden von diesen Drogen im

Einzelne Straftaten und ihre Täter

Polizeialltag (vgl. Rauschgift-Jahresbericht 1993, 43ff.) Opiate (Heroin, Opium, Morphinbase, Monoacetylmorphin, Schlafmohn, Mohnpflanzen), Cocaprodukte (Kokain, Kokablätter, Crack/Freebase, Amphetamin und Methaamphetamin), Ecstacy (MDA/MDMA/MDE), LSD, Cannabisprodukte (Haschisch, Marihuana, Haschischöl, Cannabispflanzen) und – mengenmäßig weniger bedeutsam – Alfentanil, Buprenorphin, Fenetyllin, Fentanyl, Mescalin, Methadon, Methylphenidat, Morphin, Pentazocin, Pentobarbital, Pethidin, Phencyclidin (PCP) und Psilcybin.

Einen Eindruck über die derzeitige Verteilung der eigentlichen Drogendelikte kann der Polizeilichen Kriminalstatistik 1994 entnommen werden, die folgendes aufführt: **464**

Rauschgiftdelikte insgesamt	132.389
darunter:	
allgemeine Verstöße nach § 29 BtMG	85.234
davon: mit Heroin	29.866
mit Kokain	7.543
mit LSD	616
mit Amphetamin	3.250
mit Cannabis und dessen Zubereitungen	40.853
mit sonstigen Betäubungsmitteln	3.106
Illegaler Handel und Schmuggel mit Rauschgiften nach § 29 BtMG	41.111
davon: mit/von Heroin	15.674
mit/von Kokain	5.818
mit/von LSD	358
mit/von Amphetamin	2.082
mit/von Cannabis und dessen Zubereitungen	16.144
mit/von sonstigen Betäubungsmitteln	1.035
Illegale Einfuhr von Betäubungsmitteln in nicht geringer Menge	3.977
davon: von Heroin	1.107
von Kokain	685
von LSD	33
von Amphetamin	237
von Cannabis und dessen Zubereitungen	1.788
von sonstigen Betäubungsmitteln	127
Sonstige Verstöße gegen das BtMG	2.067
davon: illegaler Anbau von Betäubungsmitteln	970
Betäubungsmittelanbau, -herstellung und -handel als Mitglied einer Bande	435
Bereitstellung von Geldmitteln oder anderen Vermögenswerten	79
Werbung für Betäubungsmittel	23

Abgabe, Verabreichung, Überlassung von Betäubungsmitteln an Minderjährige	344
leichtfertige Verursachung des Todes eines anderen durch Abgabe von Betäubungsmitteln	206
illegale Verschreibung und Verabreichung durch Ärzte	10

(Quelle: Polizeiliche Kriminalstatistik 1994, Tabelle 01)

465 Als **direkte Beschaffungskriminalität** sind gesondert folgende Taten aufgeführt:

Polizeiliche Kriminalstatistik 1994

Diebstahl von Betäubungsmitteln	
– aus Apotheken	471
– aus Arztpraxen	330
– aus Krankenhäusern	236
– bei Herstellern und Großhändlern	44
Diebstahl von Rezeptformularen zur Erlangung von Betäubungsmitteln	1.058
Urkundenfälschung zur Erlangung von Betäubungsmitteln	2.957

(Quelle: Polizeiliche Kriminalstatistik 1994, Tabelle 01)

466 Die **indirekte Beschaffungskriminalität** läßt sich dem Umfang nach nur sehr schwer schätzen, da nicht immer bekannt ist, aus welchen Motiven eine Straftat begangen wird und zudem das Dunkelfeld generell sehr hoch ist.

Aus der Polizeilichen Kriminalstatistik 1993 geht hervor, daß der Anteil der Konsumenten harter Drogen unter allen ermittelten Tatverdächtigen 6,9% betragen hat. Besonders häufig (mehr als 15% aller Tatverdächtigen) wurden bei folgenden Straftaten Konsumenten harter Drogen registriert:

Straftaten nach dem Arzneimittelgesetz	38,3 %
Handtaschenraub	35,8 %
Raubüberfälle auf Spielhallen	33,8 %
Raubüberfälle auf Geldinstitute und Poststellen	27,9 %
Diebstahl in/aus Schaufenstern, Vitrinen und dgl.	21,4 %
Ausnutzen sexueller Neigungen	18,7 %
Diebstahl in/aus Kraftfahrzeugen	18,6 %
Raubüberfälle auf Geld- und Kassenboten	18,4 %
Betrug mittels Euroschecks	17,9 %
Raubtaten insgesamt	16,9 %
Diebstahl unbarer Zahlungsmittel	16,4 %
schwerer Hausfriedensbruch	15,4 %
Beraubung von Taxifahrern	15,1 %

(Quelle: Polizeiliche Kriminalstatistik 1993, Tabelle 12)

Bereits diesen Zahlen läßt sich entnehmen, **daß der finanzielle Schaden, der** **467**
im Zusammenhang mit indirekter Beschaffungskriminalität von Drogenabhängigen entsteht, sehr hoch sein muß. In der Studie von *Kreuzer/ Römer-Klees/Schneider* (1991) wird berichtet, daß die befragten 100 Drogenabhängigen einen **Tagesbedarf** von durchschnittlich 250 DM benötigten (*Kreuzer/Römer-Klees/Schneider* 1991, 403). Entgegen der landläufigen Vermutung werde aber der größte Teil des Geldbedarfs **nicht durch indirekte Beschaffungsdelikte gedeckt.** Dieser Anteil betrage nach den Befragungsergebnissen rund 32%, also ein Drittel, des Finanzbedarfs (*Kreuzer/ Römer-Klees/Schneider* 1991, 404).

Im Jahre 1993 registrierte die Polizei in der Bundesrepublik 1.738 Men- **468**
schen, die **an den Folgen des Drogenmißbrauchs starben.** Freilich hat man dabei zu berücksichtigen, daß diese Zahl über die tatsächlich wegen Mißbrauchs illegaler Drogen Verstorbenen wenig zuverlässig Auskunft gibt. Nach der Definition der Rauschgifttoten (vgl. etwa Landeskriminalamt Baden-Württemberg, Rauschgiftkriminalität-Jahresbericht 1994, 86) werden als solche alle den Strafverfolgungsbehörden bekannt gewordenen Todesfälle, die in einem ursächlichen Zusammenhang mit dem Mißbrauch von Betäubungsmitteln oder als Ausweichmittel verwendeter Ersatzstoffe stehen, erfaßt. Dazu zählt die Polizei insbesondere Todesfälle infolge beabsichtigter oder unbeabsichtigter Überdosierung, solche infolge langzeitigen Mißbrauchs und Selbsttötungen aus Verzweiflung über die Lebensumstände oder unter Einwirkung von Entzugserscheinungen sowie tödliche Unfälle unter Drogeneinfluß stehender Personen. Bei dieser weiten Definition kann man davon ausgehen, daß wohl jeder (unerwartete) Todesfall einer Person, die der Polizei als drogenabhängig bekannt ist, als Rauschgift-Todesfall gezählt wird. Damit verliert diese Zahl (entgegen der üblichen Wertung in der Diskussion) als Argument für die Gefährlichkeit des Drogenkonsums an Gewicht. Freilich soll dies keineswegs besagen, daß der Gebrauch illegaler Drogen – wie übrigens auch der legalen – nicht zu schweren körperlichen und seelischen Schäden führt. So gilt als medizinisch gesichert, daß das als »weiche Droge« bezeichnete Cannabis (*Katzung* 1994, 41) Denk- und Wahrnehmungsstörungen herbeiführt und zu positiver, euphorischer, aber labiler Stimmungsveränderung beiträgt. Im übrigen ist die körperliche Wirkung von Cannabis sehr umstritten. So wird einerseits behauptet (s. Zusammenstellung bei *Knauß/Erhardt* 1993, 105), daß Cannabis relativ harmlos sei und nur geringfügige körperliche Auswirkungen habe. Durch den Konsum von legalen Drogen (Alkohol, Nikotin) entstünden gleiche oder mehr gesundheitliche Schäden und Gefahren für die Volksgesundheit. Cannabis-Dauerkonsum führe nicht zu Chromosomenschädigungen; Schädigungen an den Atemwegen und der Lunge träten, wenn überhaupt, erst nach geraumer Zeit auf. Dagegen vertritt ein anderer Teil der Literatur die Auffassung, der Dauer-Konsum von Cannabis führe zu folgenden, teilweise schweren

körperlichen Schäden: Chromosomenveränderungen, EEG-Veränderungen, Leber- und Hirnschädigungen, Nierenschäden, Schädigungen des Fötus und Neugeborenen, Schwächung des Immunsystems und zu Schädigungen des Atemtraktes. Hinsichtlich der psychischen Auswirkungen wird einesteils behauptet (Nachweis bei *Knauß/Erhardt* 1993, 105), im Gegensatz zu den Verhältnissen beim Alkohol seien bei Cannabis keine schweren Schäden zu erwarten. Die beobachtete schlechte psychische Verfassung mancher Benutzer entstehe hauptsächlich durch Repression und Stigmatisierung. Cannabis fördere auch nicht die Gewalttätigkeit, sondern wirke beruhigend und einschläfernd, also anders als etwa Alkohol. Cannabis verstärke nur eine schon vorhandene Grundstimmung des Nutzers und lasse verborgene psychische Anlagen manifest werden. Andere Stimmen in der Literatur sind dagegen der Meinung (Nachweise ebenfalls bei *Knauß/Ehrhardt* 1993, 105), Cannabis-Dauergebrauch führe zu erheblichen psychischen Problemen: Echoräusche, Halluzinationen, Labilität, Motivationsverlust, Passivität, Psychosen und Wesensänderungen.

Weniger umstritten sind die Auswirkungen von Heroin und Kokain. Von Heroin weiß man (vgl. etwa *Katzung* 1994, 43f.), daß es eine Droge mit starkem Suchtpotential ist, die eine starke körperliche Abhängigkeit bewirkt. Heroin ist eine dämpfende Droge; das anfangs erlebte schmerzhaft-wohlige Lustgefühl (»kick«, »flash«) verliert sich aber bei zunehmendem Gebrauch. Dann bildet sich ein Interessen-, Antriebs- und Aktivitätsverlust heraus. Bei der Einnahme von Kokain kommt es verhältnismäßig schnell zur psychischen, nicht aber auch körperlichen Abhängigkeit. Kokain ist eine stimulierende, leistungssteigernde Droge mit der Wirkung des Verlustes von Hunger-, Durst- und Schlafbedürfnis bei gleichzeitiger sexueller Stimulation. Dadurch entsteht die Gefahr eines vollständigen körperlichen Zusammenbruchs. Dauerkonsumenten magern stark ab (*Katzung* 1994, 48).

469 Die tatsächliche – weltweite – mengenmäßige Verbreitung von illegalen Drogen ist außerordentlich hoch. Nach einer (nicht vollständigen) Statistik für 1992 wurden weltweit 9,5 t Morphin, 17,35 t Heroin, 47,4 t Opium, 102 t Kokain, 395 t Haschisch und 518 t Marihuana beschlagnahmt (Rauschgift-Jahresbericht 1993, 6). Die Gewinne aus dem illegalen Drogenhandel werden weltweit für 1990 mit 80 Mrd. US-Dollar angegeben (Rauschgift-Jahresbericht 1993, 7).

470 1993 wurden von der Polizei im alten Bundesgebiet 96.190 und in den neuen Ländern 1.016, insgesamt also 95.190 Tatverdächtige ermittelt. Von diesen Verdächtigen waren (nur altes Bundesgebiet) 71% bereits wegen Rauschgiftdelikten auffällig (Rauschgift-Jahresbericht 1993, 31f.). 86,4% der Tatverdächtigen waren männlich; 13,5% demnach weiblich (Polizeiliche Kriminalstatistik 1993, 212). Damit sind im Bereich der Drogenkriminalität 1993 die männlichen Tatverdächtigen im Vergleich zur Kriminalität allgemein deutlich überrepräsentiert (Rauschgift-Jahresbericht 1993, 32). Auch 1993 zeigte sich der seit Jahren beobachtbare Trend: eine kontinuierliche Verschiebung der Täter in die oberen Altersgruppen (Rauschgift-Jahresbericht 1993, 33). Freilich sind diese Daten erst zu interpretieren. Rauschgiftdelikte sind Kontrolldelikte. Dies heißt, daß die Strafverfolgungsorgane weitgehend selbst den (registrierten) Umfang dieser Kriminalität bestimmen. Die Daten lassen sich deshalb durchaus dahingehend interpretieren, daß die Polizei nunmehr vor allem die erwachsenen Drogenkriminellen verfolgt und registriert und ihr Augenmerk weniger auf jüngere Täter legt.

Kriminalpolitisch gehört die (erwünschte und geforderte) **staatliche Reaktion gegen den Gebrauch** (derzeit) **illegaler Drogen zu den kontroversesten Themen:** Als Forderung an den Gesetzgeber wird jede zwischen völligem **Verbot** und völliger **Freigabe** dieser Drogen vertreten, wobei das Einigende der unterschiedlichen Positionen der (zumindest formulierte) Anspruch ist, eine möglichst drogenfreie Gesellschaft zu erreichen. Es ist nur der Weg dahin, über den vehement gestritten wird. Die vorgetragenen Gründe sind von unterschiedlicher Qualität. Erklärungsbedürftig scheint freilich ein Aspekt zu sein, der in der Auseinandersetzung auf beiden Seiten kaum Gewicht hat: die Frage, weshalb hochtechnisierte Gesellschaften, die ein reiches Maß an Persönlichkeitsentfaltung gewähren, andere soziale Erscheinungen, die ungeheuer Kosten an Menschenleben, Gesundheit und finanziellen Mitteln fordern, tolerieren und nur einen Bereich, nämlich den des Gebrauchs illegaler Drogen, nicht sanktionslos hinnehmen. Die (post-)modernen Gesellschaften akzeptieren ohne strafrechtliche Sanktion, daß Menschen sich durch Alkohol Gesundheit und Leben zerstören, sich im Straßenverkehr gegenseitig verletzen und töten und sich auch sonst auf vielfältige Weise schaden. Diese Gesellschaften akzeptieren es aber nicht, daß dasselbe Ergebnis durch illegale (Rausch-)Drogen herbeigeführt wird. Der Hinweis auf die rationale Abwägung unterschiedlicher Verhaltensmuster kann jedenfalls eine überzeugende Erklärung dafür nicht sein. Wahrscheinlich bedürfte es subtiler tiefenpsychologischer Analysen, um dieses Rätsel zu lösen. Sie stehen bisher noch aus. 471

4.4.8 Umweltkriminalität

Literatur: *Hans-Jörg Albrecht,* Umweltkriminalität. In: *Günther Kaiser/Hans-Jürgen Kerner/Fritz Sack/Hartmut Schellhoss,* Hrsg., Kleines Kriminologisches Wörterbuch, 3. Auflage, Heidelberg 1993, S. 555 bis 565; *Annette Braun,* Zu den Ursachen und Tätertypen bei kriminellen Gewässerverunreinigungen (§ 324 StGB): eine Studie über kriminogene und tatauslösende Faktoren sowie die Tätertypologie derartiger Delikte. Archiv für Kriminologie 185 (1990), S. 4 bis 18; *Klaus-Stephan von Danwitz,* Die Umweltkriminalität der Landwirte in Nordrhein-Westfalen in den Jahren 1983 und 1984, München 1990; *Karl-Heinz Erdmann,* u. a., Hrsg., Umwelt- und Naturschutz am Ende des 20. Jahrhunderts: Probleme, Aufgaben und Lösungen, Berlin usw. 1995; *Bernhard Ferchland,* Illegaler Mülltourismus: freie Fahrt für kriminelle Giftmüll-Transporteure. Kriminalistik 45 (1991), S. 729 bis 732; *Hans J. Hoch,* Die Rechtswirklichkeit des Umweltstrafrechts aus der Sicht von Umweltverwaltung und Strafverfolgung: empirische Untersuchungen zur Implementation strafbewehrter Vorschriften im Bereich des Umweltrechts, Freiburg i. Br. 1994; *Hans Heiner Kühne/ Thomas Görgen,* Die polizeiliche Bearbeitung von Umweltdelikten, Wiesbaden 1991; *Norbert Leffler,* Zur polizeilichen Praxis der Entdeckung und Definition von Umweltstrafsachen: eine empirische Untersuchung im Land Nordrhein-Westfalen, Bonn

1993; *Karlhans Liebl*, Umweltkriminalität: eine Bibliographie, Pfaffenweiler 1994; *Volker Meinberg*, Empirische Erkenntnisse zum Vollzug des Umweltstrafrechts. Zeitschrift für die Gesamte Strafrechtswissenschaft 100 (1988), S. 112 bis 157; *Hedwig Risch*, Polizeiliche Praxis bei der Bearbeitung von Umweltdelikten: praxisorientierte Auswertung einer kriminologischen Untersuchung, Wiesbaden 1992; *Werner Rüther*, Ursachen für den Anstieg polizeilich festgestellter Umweltschutzdelikte, Berlin 1986; *Eberhard Schmidt* u. a., Hrsg., Umweltpolitik in der Defensive. Umweltschutz trotz Wirtschaftskrise, Frankfurt a. M. 1994; *Winfried Schnurbus*, Deutscher Müll für alle Welt: die dunklen Geschäfte der Müllschieber, München 1993; *Jürgen Streich*, Dem Gesetz zuwider: wie bundesdeutsche Behörden Umweltverbrechen zulassen, Düsseldorf 1993.

472 Die **Umweltkriminalität spielt in Deutschland zahlenmäßig erst seit Mitte der 80er Jahre eine größere Rolle,** ist aber, zusammen mit der teils mit ihr verbundenen Organisierten Kriminalität, unverkennbar stark in das allgemeine Bewußtsein gedrungen. Von 1981 bis 1994 hat sich der Anteil dieser Straftaten nach der Polizeilichen Kriminalstatistik vervierfacht. Dazu hat auch beigetragen, daß es erst im Laufe der Zeit zu einem strafrechtlichen Verbot bestimmter umweltschädigender Verhaltensweisen gekommen ist.

473 In der Polizeilichen Kriminalstatistik 1994 finden sich folgende Umweltschutzdelikte:

Straftaten gegen die Umwelt nach dem Strafgesetzbuch insgesamt:	**32.082**
darunter:	
Verunreinigung eines Gewässers	8.207
Luftverunreinigung	349
Lärmverursachung	45
Umweltgefährdende Abfallbeseitigung	21.587
Unerlaubtes Betreiben von Anlagen	1.608
Unerlaubter Umgang mit Kernbrennstoffen	14
Gefährdung schutzbedürftiger Gebiete	57
Schwere Umweltgefährdung	163
Schwere Gefährdung durch Freisetzung von Giften	39
Gemeingefährliche Vergiftung und fahrlässige Gemeingefährdung	21
Umweltdelikte außerhalb des Strafgesetzbuches:	
Straftaten im Zusammenhang mit Lebensmitteln	6.449
Straftaten nach dem Arzneimittelgesetz	1.137
Straftaten nach dem Weingesetz	547
Straftaten nach dem Chemikaliengesetz	90
Straftaten nach dem Bundesseuchengesetz, Geschlechtskrankheiten- und Tierseuchengesetz	79
Straftaten nach dem Natur-, Tier-, Bundesjagd-, Pflanzenschutzgesetz, DDT-Gesetz	4.394

(Quelle: Polizeiliche Kriminalstatistik 1994, 222 f.)

Die **örtliche Verteilung der Umweltdelikte** nach dem Strafgesetzbuch sieht **474**
– verglichen mit der Gesamtkriminalität – wie folgt aus:

Tatort nach Einwohnerzahl	Umwelt- kriminalität	Gesamt- kriminalität
bis 20 Tausend	25,5 %	44,6 %
20 bis 100 Tausend	26,3 %	20,3 %
100 bis 500 Tausend	21,9 %	16,1 %
500 Tausend und mehr	25,6 %	18,6 %

(Quelle: Polizeiliche Kriminalstatistik 1994, 37 und 223)

Danach zeigt sich das nicht überraschende Ergebnis, daß die Umweltkriminalität des Strafgesetzbuches vor allem in kleineren Orten (unter 20.000 Einwohnern) zu finden ist, und zwar praktisch doppelt so häufig als nach der örtlichen Verteilung der registrierten Kriminalität generell zu erwarten wäre.

Das Bild kehrt sich freilich um, wenn man die Zahlen für die Umweltdelikte, **475**
die außerhalb des Strafgesetzbuches geregelt sind, heranzieht. Hier ist 1994
die örtliche Verteilung wie folgt:

Tatort nach Einwohnerzahl	Gesamt- kriminalität	Umwelt- kriminalität
bis 20 Tausend	25,5 %	28,3 %
20 bis 100 Tausend	26,3 %	14,9 %
100 bis 500 Tausend	21,9 %	8,2 %
500 Tausend und mehr	25,6 %	48,3 %

(Quelle: Polizeiliche Kriminalstatistik 1994, 37 und 224)

In diesen Zahlen läßt sich ohne Schwierigkeiten eine unterschiedliche **Zu-** **476**
gangschance zu den jeweiligen Delikten erkennen. Ob darüber hinaus auch eine unterschiedliche **Verfolgungspraxis** der Delikte sichtbar wird, kann beim bisherigen Wissensstand nicht gesagt werden.

Hinsichtlich der ermittelten **Tatverdächtigen** zeigt sich, daß der **Anteil** **477**
weiblicher Täter 1994 mit insgesamt 8,3% sehr deutlich unter der Registrierung von Frauen an der Kriminalität allgemein liegt (Polizeiliche Kriminalstatistik 1994, 224). Kennzeichnend ist ferner, daß Umweltdelikte vor allem Delikte von Erwachsenen sind: 93,1% der registrierten Täter waren älter als 21 Jahre. Unter den Erwachsenen werden dabei deutlich häufiger ältere Personen registriert.

Aus der folgenden Tabelle ergibt sich, daß unter den erwachsenen Tatverdächtigen ganz offensichtlich vor allem die beruflich Etablierten besonders häufig registriert werden. Während bei den über 25 Jahre alten Erwachsenen bei der Gesamtkriminalität die 40- bis 59jährigen Tatverdächtigen einen Anteil von 33% ausmachen, beträgt der Anteil bei den Umweltdelikten fast die Hälfte mehr, nämlich 48,4%.

Verteilung der Umweltkriminalität 1994 bei 25 Jahre alten und älteren Erwachsenen:

Altersgruppe	Kriminalität Anteil der verdächtigen 25jährigen und älteren	Umweltkriminalität Anteil der verdächtigen 25jährigen und älteren
25 – 29 Jahre	24,1 %	13,8 %
30 – 39 Jahre	34,6 %	27,2 %
40 – 49 Jahre	19,7 %	25,5 %
50 – 59 Jahre	13,2 %	22,9 %
60 Jahre und älter	8,3 %	10,6 %

(Quelle: Polizeiliche Kriminalstatistik 1994, Tabelle 20)

4.5 Organisierte Kriminalität

Literatur: *Hubert Beste,* »Organisierte Kriminalität« – soziale, politische und ökonomische Dimension. Neue Kriminalpolitik 1995, Heft 3, S. 43 bis 45; *Klaus Boers,* Was ist O.K.? Streitfall: Organisierte Kriminalität. Neue Kriminalpolitik 1995, Heft 3, S. 38 bis 39; *Uwe Dörmann* u. a., Organisierte Kriminalität. Wie groß ist die Gefahr? Expertenbefragung zur Entwicklung der Organisierten Kriminalität in der Bundesrepublik Deutschland vor dem Hintergrund des zusammenwachsenden Europa, Wiesbaden 1990; *Henner Hess,* Mafia. Ursprung, Macht und Mythos. Freiburg i. Br. 1993; *ders.,* Para-Staat und Abenteuerkapitalismus: die sizilianische Mafia 1943-1993. Kritische Justiz 27 (1994), S. 23 bis 41; *Hans-Jürgen Kerner,* Organisierte Kriminalität: Realitäten und Konstruktionen. Neue Kriminalpolitik 1995, Heft 3, S. 40 bis 42; *Heinz-Josef Möhn,* Ist der Begriff »Organisierte Kriminalität« definierbar? Versuch einer Annäherung. Kriminalistik 48 (1994), S. 534 bis 536; *Peter Müller,* Die politische Macht der Mafia. Bedingungen, Formen und Grenzen, Frankfurt a. M. 1991; *Hans Neusel,* Organisierte Kriminalität – Gefahren für Staat und Gesellschaft. Politische Studien 44 (1993), Sonderheft 3, S. 3 bis 20; *Andreas Pahl,* OK in Berlin – eine Situation eigener Art: Entwicklung der Organisierten Kriminalität nach den Grenzöffnungen. Kriminalistik 48 (1994), S. 787 bis 794; *Werner Raith,* Organisierte Kriminalität, Reinbek 1995; *Erich Rebscher/Werner Vahlenkamp,* Organisierte Kriminalität in der Bundesrepublik Deutschland. Bestandsaufnahme, Entwicklungstendenzen und Bekämpfung aus der Sicht der Polizeipraxis, Wiesbaden 1988; *Leo Schuster/Heike Seitzer,* Organisierte Kriminalität: eine Herausforderung für den Rechtsstaat? Kriminalpädagogische Praxis 22 (1994), S. 7 bis 17; *Thomas Schweer/Hermann Strasser,* Die Ökonomie des Untergrundes: Drogenhandel und Organisierte Kriminalität. In: *Mathias Erlei,* Hrsg., Mit dem Markt gegen Drogen!? Lösungsansätze für das Drogenproblem aus ökonomischer Sicht, Stuttgart 1995, S. 135 bis 160; *Hans-Dieter Schwind,* Das organisierte Verbrechen als (unterschätzte) kriminalpolitische Herausforderung. In: *Jürgen Goydke* u. a., Hrsg., Vertrauen in den Rechtsstaat. Beiträge zur deutschen Einheit im Recht. Festschrift für Walter Remmers, Köln usw. 1995, S. 629 bis 652; *Ulrich Sieber/Marion Bögel,* Logistik der Organisierten Kriminalität, Wiesbaden 1993; *Wolfgang Sielaff,* Organisierte Kriminalität: Erscheinungsformen und polizeiliche Bekämpfungsstrategie. Kriminalpädagogische Praxis 22 (1994), S. 18 bis 23; *Alfred Stümper*, Die unsichtbare Macht. Das organisierte Verbrechen in Deutschland, München usw. 1993; *Hermann Ziegenaus*, Bedrohungslage und Bekämpfungsinstrumente der Organisierten Kriminalität. Politische Studien 44 (1993), Sonderheft 3, S. 21 bis 32.

Organisierte Kriminalität ist vor allem in den letzten Jahrzehnten zu einem beherrschenden Thema der Kriminalpolitik und – mit zeitlicher Verzögerung – **auch der Kriminologie geworden.** Nun läßt sich natürlich fragen, ob das, was wir gemeinhin Organisierte Kriminalität nennen, wirklich erst zum Ende dieses Jahrtausends auftaucht, oder ob es sich dabei – im neuen Gewande – um eine sehr alte Erscheinung handelt, die lediglich durch die fortschreitende gesellschaftliche Entwicklung einen so hohen Stellenwert erfahren hat. **478**

Kriminalität im historischen Kontext wurde ursprünglich verstanden als die Missetat eines einzelnen, des »bösen« Menschen. Noch am Ende des vorigen Jahrhunderts war dieses Verständnis deutlich ausgeprägt: Wie sonst hätte die Theorie vom »geborenen Verbrecher«, wie sie *Lombroso* (aber nicht nur er allein) vertreten hat, so viel Beachtung erfahren können. Wenn Verbrecher aber (nur) das Ergebnis individueller Reaktionen dazu »veranlagter« Menschen waren, dann konnte der gesellschaftliche Beitrag zur Straftat bei »verbrecherischen Naturen« als unbedeutend vernachlässigt werden. Erst mit der Anerkennung der Bedeutsamkeit (auch) der gesellschaftlichen Dimension jedes Verbrechens, mit der Erkenntnis ihrer Einbettung in gesellschaftliche Prozesse, konnte es zu einer Erscheinung wie dem heute so bezeichneten organisierten Verbrechen kommen. Daher ist es nicht richtig, etwa schon bei den traditionellen Räuberbanden (vor allem denen des 18. Jahrhunderts) von Organisierter Kriminalität zu sprechen, wiewohl diese durch gemeinschaftlich begangene Straftaten auf dauerhaften Gewinn aus waren und auch den Lebensunterhalt der Bandenmitglieder sichern wollten. Organisierte Kriminalität bedarf bestimmter gesellschaftlicher Strukturen, die erst in der jüngsten Zeit entstanden sind, in den USA früher als in Europa. Es genügt nicht der bloße Zusammenschluß »böser Menschen« zum Zwecke der Verbrechensbegehung. Es ist in der bisherigen kriminologischen Diskussion zu wenig beachtet worden, daß die Existenz des organisierten Verbrechens bestimmte Grundvoraussetzungen verlangt: organisiertes Verbrechen kann sich nur in einem einigermaßen liberalen oder aber in einem korrupten Staat herausbilden und benötigt eine gewisse fortgeschrittene Infrastruktur der Gesellschaft. Zudem benötigt es einen (faktisch) wirtschaftsliberalen Staat (vgl. hierzu *Schwind* 1995, 437). Es ist kein Zufall, daß sich die Organisierte Kriminalität in den ehemaligen sozialistischen Ländern – vor allem im heutigen Rußland – erst mit dem Niedergang der Planwirtschaft im großen Stil entwickeln konnte. Auch ist es folgerichtig, daß diese Entwicklung nur möglich war, weil sich dort zudem Anflüge eines – nach westlichen Maßstäben – Rechtsstaates herausgebildet haben. So gesehen ist das organisierte **479**

Verbrechen, was nicht selten verkannt wird, – auch – ein Preis der Freiheit. Freilich wird auch die nicht unbedingt diesen Ausführungen widersprechende Auffassung vertreten, daß dann, wenn »der Staat« nicht vorhanden oder schwach sei und insbesondere der Bürger gegenüber der Balance von Herrschaft, Gewaltmonopol und Gewaltunterworfenheit auf der einen Seite sowie sozialer und alltäglicher Sicherheit vor Schaden und Gefahren nicht halten könne oder wolle, die Organisierte Kriminalität als genuiner Machtfaktor, als parastaatlicher Ordnungsträger auftrete, dem die Bevölkerung sich in einem Gemisch von Furcht und Vertrauen unterwerfe (*Kerner* 1995, 41).

480 Probleme entstehen bereits bei der Definition des Begriffes des organisierten Verbrechens, da ersichtlich die Erscheinungsformen vielfältig sind und sich nur schwer einige für sie wesentliche Indikatoren benennen lassen. In Deutschland wird – da es an einem Legalbegriff des organisierten Verbrechens bisher fehlt – häufig auf eine Arbeitsformel der Polizei zurückgegriffen. Demnach ist »Organisierte Kriminalität die von Gewinn- und Machtstreben bestimmte planmäßige Begehung von Straftaten, die einzeln oder in ihrer Gesamtheit von erheblicher Bedeutung sind, wenn mehr als zwei Beteiligte auf längere oder unbestimmte Dauer arbeitsteilig a) unter Verwendung gewerblicher oder geschäftsmäßiger Strukturen, b) unter Anwendung von Gewalt oder anderer zur Einschüchterung geeigneter Mittel oder c) unter Einflußnahme auf Politik, Medien, öffentliche Verwaltung, Justiz oder Wirtschaft zusammenwirken« (vgl. *Kerner* 1995, 38).

481 Wie das organisierte Verbrechen wirklich strukturiert ist und vor allem, welche Organisationen dabei tätig sind, ist nicht unbestritten. In jüngster Zeit haben dafür *Schweer/Strasser* (1995, 136) folgende Verbrecherorganisationen genannt:

Die Sizilianische Mafia mit 186 Clans und 5.000 Mitgliedern, die neapolitanische »Camorra« mit 106 Clans und 5.000 Mitgliedern, die kalabrische »N'drangheta« mit 144 Familien und 5.100 Mitgliedern, die apulische »Nuova Sacra Unita« mit 20 Familien und 1.400 Mitgliedern, die »Cosa Nostra« in den USA, die »Rote Mafia« der GUS-Staaten und Polens, die kolumbianischen Drogenkartelle in Medellín und Cali, die chinesischen »Triaden« und die japanische »Yakuza« mit 3.600 Gangs und 9.000 Mitgliedern (*Schweer/Strasser* 1995, 136).

Sicherlich sind für Deutschland nur einige dieser Organisationen tatsächlich auch relevant. Bisher scheinen Hinweise darauf zu fehlen, daß es unabhängig von diesen Verbrechensorganisationen eine eigenständige deutsche Organisierte Kriminalität gibt.

482 1994 wurden in Deutschland 789 Verfahren wegen Organisierter Kriminalität geführt, in denen 9.256 Tatverdächtige und 97.877 Einzeldelikte betroffen waren (*Boers* 1995, 39). Für diese Verfahren ließ sich ein Gesamtschaden von rund 3,5 Mrd. DM feststellen (*Boers* 1995, 39). Bei den erfaßten Straftaten handelte es sich überwiegend um Eigentums- und Vermögensdelikte sowie Drogenstraftaten. Den Schwerpunkt bildete dabei die Rauschgiftkriminalität (*Neusel* 1993, 9). Von den ermittelten Tätern 1991 waren mehr als die

Hälfte Nichtdeutsche; fast die Hälfte der Straftaten wurden in internationaler Zusammenarbeit bzw. Verbindung verübt (*Neusel* 1993, 9f.).

Zu den typischen Delikten der Organisierten Kriminalität in Deutschland **483** zählen Drogenhandel, illegale Prostitution, illegales Glücksspiel, Menschenhandel, Menschenschmuggel, internationale Kfz-Verschiebungen, Waffenhandel, Falschgelddelikte, Scheck- und Kreditkartendiebstahl und/oder -fälschung und illegale Verbringung von Müll und Sondermüll (*Neusel* 1993, 10f.) sowie Schutzgelderpressung (*Ziegenaus* 1993, 24).

Als Gesamtschaden, der durch die Organisierte Kriminalität in Deutschland **484** derzeit jährlich entsteht, werden 10 Mrd. DM angenommen (*Neusel* 1993, 11). Dies würde bedeuten, daß der finanzielle Schaden durch die Organisierte Kriminalität jährlich etwa das Eineinhalbfache des Schadens, der durch alle Diebstähle im Land entsteht, entsprechen würde.

Im politischen Bereich spielt die Bekämpfung der Organisierten Kriminalität derzeit **485** eine besondere Rolle. Der Gesetzgeber hat versucht, dem organisierten Verbrechen durch eine Anzahl von Gesetzen, insbesondere durch das »Gesetz zur Bekämpfung des illegalen Rauschgifthandels und anderer Erscheinungsformen der Organisierten Kriminalität« (OrgKG) vom 15. 7. 1992 entgegenzuwirken. Kriminalpolitisch befindet sich Deutschland sicherlich erst am Anfang seines Kampfes gegen das organisierte Verbrechen (*Schwind* 1995).

Fünfter Abschnitt

5. Kriminalprognose und Kriminalprävention: Ist Kriminalität vorhersehbar und vermeidbar?

486 Hauptsächlich in Kriminalpolitik und Strafrecht, weniger in der Kriminologie, spielen zwei Probleme eine besondere Rolle: **Kriminalprognose und Kriminalprävention.** Dabei geht es einmal um die Vorhersehbarkeit der künftigen Entwicklung von Kriminalität und der mit ihr verbundenen Erscheinungen und zum anderen darum, ob, wie weit und auf welche Weise Kriminalität vermeidbar ist. Beide Bereiche sind eng miteinander verknüpft: Kriminalprävention ist nur denkbar, wenn auch eine Kriminalprognose möglich ist.

5.1 Kriminalprognose

Literatur: *Friedhelm Berckhauer,* Strafrestaussetzung und Prognoseentscheidung. Weitere Entlastung durch rechtstatsächlich begründete Strafrestaussetzung? In: Rechtstatsächliche Untersuchungen aus Niedersachsen zu Strafvollzug und Bewährungshilfe. Überbelegung, Rückfall, Prognose, Vollzugslockerungen, Hannover 1986, S. 39 bis 52; *Friedhelm Berckhauer/Burkhard Hasenpusch,* Die Bewährungshilfestatistik: Vom Beschreiben zum Gestalten. Statistische Daten als Planungsmittel in der Bewährungshilfe. In: *Gernot Steinhilper,* Hrsg., Soziale Dienste in der Strafrechtspflege. Praxisberichte und Untersuchungen aus Niedersachsen, Heidelberg 1984, S. 79 bis 194; *Günther Brückner,* Untersuchungen über die Rückfallprognose bei chronischen Vermögensverbrechern. Monatsschrift für Kriminologie und Strafrechtsreform 41 (1958), S. 93 bis 100; *Marlis Eichinger,* Prognosemethoden zur Schätzung von Straftatenzahlen. Die Polizei 76 (1985), S. 243 bis 246; *Rudolf Fenn,* Kriminalprognose bei jungen Straffälligen. Problem der Kriminologischen Prognoseforschung nebst einer Untersuchung zur Prognosestellung von Jugendrichtern und Jugendstaatsanwälten, Freiburg i. Br. 1981; *Erwin Frey,* Der frühkriminelle Rückfallverbrecher, Basel 1951; *Gerd Grosskelwing,* Prognosetafeln in der Bewährung. Ein Beitrag zur sozialen Prognose bei jungen Kriminellen, Göttingen 1963; *Wolfgang Heinz,* Was kann die Kriminologie zur Kriminalitätsprognose beitragen? In: Zweites Symposium: Wissenschaftliche Kriminalistik, Wiesbaden 1985, S. 31 bis 118; *Wolfgang Heinz/Karl-Friedrich Koch,* Kriminalistische Diagnose, Prognose und Strategie auf Makro- und Mikroebene. In: *Edwin Kube/Hans Udo Störzer/Klaus Jürgen Timm,* Hrsg., Kriminalistik. Handbuch für Praxis und Wissenschaft. Band 1, Stuttgart usw. 1992, S. 81 bis 165; *Friedrich Hinkel,* Zur Methode deutscher Rückfallprognosetafeln, Göttingen 1975; *Bruno Kaefer/Herbert Kähmer/Hartmut Schellhoss,* Prognose der Verurteiltenzahlen in Nordrhein-Westfalen. Bewährungshilfe 23 (1976), S. 216 bis 224; *Manfred Klapdor,*

Kriminalprognose

Die Rückfälligkeit junger Strafgefangener. Zugleich ein Beitrag zur Prognoseforschung, Göttingen 1967; *Edwin Kube,* Untersuchung über Möglichkeiten und Grenzen der Vorhersage von Entwicklungen der allgemeinen Kriminalität. Schriftenreihe der Polizei-Führungsakademie 1983, Heft 2, S. 116 bis 127; *Bernd-Uwe Loll,* Prognose der Jugendkriminalität von Deutschen und Ausländern, Wiesbaden 1990; *Fritz Meyer,* Rückfallprognose bei unbestimmt verurteilten Jugendlichen, Bonn 1956; *Robert Schiedt,* Ein Beitrag zum Problem der Rückfallprognose, München 1936; *Fritz Schwab,* Die soziale Prognose bei rückfälligen Vermögensverbrechern, Leipzig 1939; *Gerhard Spiess,* Kriminalprognose. In: *Günther Kaiser/Hans-Jürgen Kerner/Fritz Sack/Hartmut Schellhoss,* Hrsg., Kleines Kriminologisches Wörterbuch, 3. Auflage, Heidelberg 1993, S. 286 bis 294; *Karl-Heinz Sydow,* Erfolg und Mißerfolg der Strafaussetzung zur Bewährung, Bonn 1963; Zweites Symposium: Wissenschaftliche Kriminalpolitik. »Kriminalitätsprognose« und »Zusammenarbeit von Wissenschaft und Praxis«. Referate und Diskussionsbeiträge am 2. und 3. Oktober 1984 im Bundeskriminalamt, Wiesbaden 1985.

487 Unter **Kriminalprognose** versteht man den Versuch, wissenschaftlich begründet **Wahrscheinlichkeitsaussagen über zukünftige Ereignisse und Entwicklungen auf dem Gebiet der Kriminalität und ihrer Kontrolle** zu machen. Damit ist klargestellt, daß es im strengen Sinne **empirische Aussagen zur künftigen Entwicklung nicht gibt und auch nicht geben kann.** Der Grund hierfür liegt einmal in der Tatsache, daß künftige soziale Ereignisse zuverlässig aus wissenschaftstheoretischen Gründen nicht vorhergesagt werden können. Dies ist vor allem **auch** deswegen so, weil die dazu notwendigen (kriminal-)theoretischen Grundlagen über die Entstehungsbedingungen der Ereignisse und Entwicklungen in bezug auf das Verbrechen nicht hinreichend bekannt sind und so kein für die Prognose notwendiges Modell über die Abhängigkeit der einzelnen Faktoren für die Kriminalitätsentwicklung aufgestellt werden kann.

Zudem steht nicht fest, wie sich die künftige Entwicklung der für eine Voraussage relevanten Faktoren gestaltet. Wenn etwa Kriminalität – was die bisherigen empirischen Ergebnisse nahelegen – mit der Art der Sozialisation im Kindes- oder Jugendalter in ursächlichem Zusammenhang steht oder mit Familienstruktur, Berufsverhalten und Arbeitslosigkeit zu tun hat, um willkürlich einige dieser (möglichen) Faktoren zu nennen, dann müßte man deren (künftige) Entwicklung kennen, um sie in ein Prognosemodell einbringen zu können. Bisherige Prognosen (etwa die zur Kriminalitätsentwicklung) unterstellen deswegen zumeist, daß die Randbedingungen gleich bleiben und schreiben nur den bisherigen Zustand in die Zukunft fort (lineare Trendextrapolation). Teilweise berücksichtigen die Prognosen zwar einige wenige der sich ändernden Faktoren, wie etwa die altersmäßige Zusammensetzung der Bevölkerung, nehmen die restlichen Faktoren aber weithin als unverändert an.

488 Die in Prognosen einbezogenen Bereiche in der Kriminologie sind vielfältig. So weisen *Heinz/Koch* (1992, 109) darauf hin, daß in jüngster Zeit in Deutschland (unter anderem) Prognosen für folgende Bereiche erstellt worden seien: Geschäftsanfall bei Polizei, Staatsanwaltschaften und Strafgerichten, Haftplatzbedarf, Entwicklung der Jugendkriminalität, allgemeine Kriminalitätsentwicklung, künftige registrierte Kriminalität, Sanktionsentwicklung sowie die Entwicklung der Straftatenzahlen und Entwicklung im Strafvollzug.

489 **Kriminalprognosen haben vor allem in der Planung der staatlichen Strafverfolgung weite Verbreitung gefunden;** sie werden hier häufig aus pragmatischen Gründen getroffen. Besonders wichtig sind Prognosen in der Rechtsprechung, da eine Anzahl von Normen des Strafrechts sie verlangen. Die Prognosen für künftiges Legalverhalten bzw. Kriminalität lassen sich einmal als **individuelle Prognosen** – bezogen auf eine konkrete Einzelperson – und zum anderen bezogen auf **Kollektive unterschiedlicher Art** (etwa bisher Straflose, Rückfalltäter, Strafgefangene) machen. Da wir mit Prognosen lediglich Aussagen über die Wahrscheinlichkeit des Eintritts oder Ausbleibens eines bestimmten Ereignisses machen können, ist ihre **Zuverlässigkeit bei Individual- und Kollektivprognosen unterschiedlich hoch.** Die Frage etwa, ob eine bestimmte Person (wieder) rückfällig wird, läßt im Ergebnis nur zwei einander ausschließende Aussagen zu: Rückfälligkeit oder Nichtrückfälligkeit. Eine relative Rückfälligkeit (etwa zu 80%) gibt es hier nicht. Damit haben statistische Aussagen der Art, es bestünde für den Betreffenden eine Rückfallwahrscheinlichkeit von – beispielsweise – 80% keinen empirischen Sinn: Der Proband wird entweder »ganz« rückfällig oder »gar nicht«. Dagegen lassen sich solche Aussagen auf Kollektive angewendet sehr wohl sinnvoll treffen. Wenn für ein Kollektiv die Rückfallwahrscheinlichkeit mit 80% angegeben wird, dann ist damit gesagt, daß aus diesem Kollektiv (vermutlich) 80% rückfällig werden. Diese Aussagen gelten auch für die seit den 30er Jahren in Deutschland erstellten Prognosetafeln, etwa von *Schiedt* (1936), *Brückner* (1958), *Sydow* (1963), *Meyer* (1965) und *Klapdor* (1967), um einige der frühen und damals häufig zitierten zu nennen. Inzwischen ist man weitgehend von solchen Versuchen der Erstellung von Kriminalprognosen wieder abgekommen.

Viele Prognosen haben den methodischen Nachteil, der in allen bisher erwähnten Prognosetafeln eine Rolle spielt, daß sie zukünftige Entwicklungen der individuellen Person nicht (mehr) berücksichtigen (können). Diese Prognoseverfahren arbeiten nach dem Grundsatz, daß die in der Vergangenheit sozial bzw. kriminell bereits in einer bestimmten Weise auffällig Gewordenen (Strafgefangene) erneut kriminell auffällig werden, wenn für sie bestimmte Faktoren, die (teilweise längst) in ihrer Vergangenheit liegen und deshalb nicht mehr korrigiert werden können, gegeben sind. Zudem werden diese Prognosetafeln anhand der Verhältnisse bei einer (eher weniger als mehr repräsentativen) Stichprobe von Kriminellen (meist Strafgefangenen) ermittelt. Dieses Verfahren gewährleistet keineswegs, daß die gefundenen Ergebnisse allgemeingültig sind. Das Hauptproblem liegt nun nicht darin, daß diese Prognosetafeln die einzelnen (negativen) Prognosefaktoren (noch) nicht gewichten, sondern daß sie nur (bereits) abgeschlossene Sachverhalte für die Vorhersage genügen lassen. Nimmt man etwa die Prognosetafel von *Meyer* (1965) als Ausgangspunkt, dann läßt sich sagen, daß ein Strafgefangener, der vor seiner Entlassung steht, immer dann als rückfällig angesehen wird, wenn (beispielsweise) folgendes in seiner Biographie vorliegt: Kriminalität des Vaters, dieser chronischer Trinker, Mutter verstorben, einziges Kind, während der Schulzeit zweimal »sitzengeblieben«, Beginn seiner Lehre mehr als ein halbes Jahr nach der Schulentlassung, ein kleinerer Diebstahl mit 14 Jahren, Bettelei mit 17 Jahren und ein Scheckbetrug mit nachfolgender Freiheitsstrafe mit 18 Jahren. Folgt man der Prognosetafel von *Meyer*, dann hat dieser Mann keine Chance, jemals wieder resozialisiert zu werden, ganz gleich wie sein weiterer Lebensweg aussehen wird. Nicht nur wegen der oft unpraktischen Handhabbarkeit, sondern offenkundig auch wegen der für sie **fehlenden Überzeugungskraft der Prognosetafeln,** sind Gerichte bisher vor allem eigenen Prognosevorstellungen gefolgt und wenden die **intuitive Prognose** an. Statistische Prognoseverfahren (mittels Prognosetafeln) haben sich hier nicht durchsetzen können. Die verbreitete Vorstellung, intuitive Prognosen seien wissenschaftlich (fast) wertlos, ist in dieser Schärfe unzutreffend. **Intuitive Prognosen erfahrener Anwender** (also in der Regel Richter) sind unter günstigen Bedingungen Ausdruck eines langjährigen Umgangs mit Prognoseproblemen und **spiegeln** deshalb **gewonnene Erfahrung wider.** Die intuitive Prognose ist keineswegs »zufällig und willkürlich« im Erkenntnisprozeß entstanden, sondern basiert – wie auch die statistischen Prognosetafeln – auf empirischen Erfahrungen. Das besondere methodische Problem liegt darin, daß Richter im Laufe ihres Berufslebens zwar durchaus Zutreffendes zum Prognosegegenstand erfahren (können), daß es sich aber dabei um unkoordinierte und ungewichtete Beobachtungen handelt, die zu falschen Vorstellungen über die Wirklichkeit führen können (s. Rdnrn. 63ff.), da der Untersuchungsgegenstand nur selektiv wahrgenommen werden kann. Wegen der fehlenden Zählung und Protokollierung der beobachteten Ergebnisse fehlt eine exakte Einschätzung ihrer Häufigkeit.

Die Frage, wie zuverlässig und damit wie erfolgreich Kriminalprognosen in der Praxis sind, läßt sich schwer beantworten, weil es dafür keine verbindlichen Gütekriterien gibt, es sei denn, man verlangte als Bewährungsmaßstab eine vollständige Übereinstimmung von Prognose und (späterer) Wirklichkeit. Diese ist praktisch fast nie gegeben, doch erreichen einzelne Prognosen eine Annäherung an die Wirklichkeit, andere freilich sind dabei weniger erfolgreich.

491 Als ein Beispiel für die Zuverlässigkeit einer Voraussage von Verurteiltenzahlen läßt sich eine Studie von *Kaefer/Kähmer/Schellhoss* (1976) anführen, deren (Teil-)Prognosen der folgenden Tabelle (samt den Zahlen über die tatsächliche Entwicklung) entnommen werden können.

Prognose und tatsächliche Entwicklung der Verurteilten in Nordrhein-Westfalen 1975 bis 1991.

Jahr	Prognose	Tatsächlich Verurteilte	Differenz
1975	192.572	181.852	5,9 %
1976	193.080	191.218	1,0 %
1977	194.191	206.082	6,8 %
1978	195.537	216.779	9,8 %
1979	196.663	211.121	7,8 %
1980	197.425	212.288	7,0 %
1981	197.747	212.939	7,1 %
1982	198.396	217.947	9,0 %
1983	199.171	218.960	9,0 %
1984	199.634	204.912	2,6 %
1985	199.145	193.177	3,1 %
1986	198.399	182.298	8,8 %
1987	197.021	177.718	10,9 %
1988	195.108	180.705	8,0 %
1989	192.258	177.487	8,3 %
1990	189.213	178.897	5,8 %
1991	185.994	183.242	1,5 %

(Prognosenzahlen aus *Kaefer/Kähmer/Schellhorst* 1976, 229; Daten der Veruteiltenzahlen aus: Die Strafverfolgung in Nordrhein-Westfalen 1980, 1984 und 1991)

492 Auf den ersten Blick erscheint **diese Prognose** als relativ zuverlässig. Immerhin weichen in den erfaßten 17 Jahren die vorausgesagten Zahlen von den dann tatsächlich angefallenen (nur) zwischen − 9,8% und + 10,9% ab. Die wirklichen Verurteiltenzahlen lagen in diesen Jahren in den Extremen knapp 10% niedriger bzw. fast 11% höher als vorausgesagt. Die Prognosezahlen dürften damit für die Justizverwaltung und ihre Planungen durchaus tauglich sein. Betrachtet man die Prognose allerdings differenzierter, etwa in Beziehung auf die vorausgesagte Zahl der verurteilten Jugendlichen, dann verschwindet das bisher positive Bild, worauf *Heinz* (1985, 37) hingewiesen hat.

Jahr	Tatsächlich verurteilte Jugendliche	Prognostizierte verurteilte Jugendliche	Differenz beider Angaben
1975	17.958	18.045	0,5 %
1976	19.930	17.749	10,9 %
1977	22.056	17.664	19,9 %
1978	25.072	17.567	29,9 %

Kriminalprognose

Jahr	Tatsächlich verurteilte Jugendliche	Prognostizierte verurteilte Jugendliche	Differenz beider Angaben
1979	25.364	17.424	31,3 %
1980	26.154	17.109	34,6 %
1981	26.551	16.747	36,9 %
1982	25.638	16.125	37,1 %

(Quelle: Heinz 1985, 37)

Die Gegenüberstellung zeigt, daß die Prognose der Entwicklung der verurteilten Jugendlichen in Nordrhein-Westfalen für die Jahre 1975 bis 1982 äußerst unzuverlässig war, weil - abgesehen vom richtig eingeschätzten Jahr 1975 - die Prognosen für die anderen erfaßten Jahre massiv unzutreffend sind. Praktisch bedeutet dies, daß diese Vorhersagen wertlos sind.

Eine ähnliche Prognose haben *Berckhauer/Hasenpusch* (1984) abgegeben, in der für die Jahre 1982 bis 1986 die in Niedersachsen polizeilich Verdächtigten, die Abgeurteilten und Verurteilten prognostiziert werden.

Im einzelnen besagt diese Prognose folgendes:

Prognose und tatsächliche Entwicklung für Niedersachsen 1982 bis 1986 (nur Strafmündige)

Polizeiliche Kriminalstatistik

Verdächtige

	Prognose	Tatsächliche Anzahl	Differenz
1982	150.000	152.955	1,0 %
1983	159.000	152.425	4,3 %
1984	168.000	164.966	1,8 %
1985	176.000	150.701	16,8 %
1986	185.000	160.888	15,0 %

Rechtspflegestatistik

	Prognose	Tatsächliche Anzahl	Differenz

Abgeurteilte

	Prognose	Tatsächliche Anzahl	Differenz
1982	115.000	120.500	4,6 %
1983	117.000	119.927	2,4 %
1984	119.000	115.372	3,1 %
1985	120.000	110.291	8,8 %
1986	120.000	107.918	11,2 %

	Prognose	Tatsächliche Anzahl	Differenz
		Verurteilte	
1982	86.500	92.761	6,7 %
1983	86.400	91.431	5,5 %
1984	85.300	86.573	1,5 %
1985	85.200	83.024	2,6 %
1986	84.100	80.622	4,3 %

(Quellen: Prognosen bei *Berckhauer/Hasenpusch* 1984, 87; Tatsächliche Daten in: Polizeiliche Kriminal-Statistik Niedersachsen 1982 bis 1983, Hannover 1983 bis 1987; Rechtskräftig Abgeurteilte und Verurteilte 1982 bis 1986, Hannover 1984 bis 1990)

Die Prognosen zur Zahl der von der Polizei Verdächtigten zeigen teilweise ein deutliches Abweichen von der späteren Entwicklung. Etwas zuverlässiger sind die Prognosen für die Anzahl der Abgeurteilten, relativ brauchbar erweisen sich die Vorhersagen der Verurteiltenzahlen. Insgesamt gesehen wird freilich auch hier deutlich, daß solche Prognosen nur in sehr engen Grenzen brauchbar sind.

5.2 Kriminalprävention

Literatur: *Hans-Jörg Albrecht*, Die Effizienz der Kriminalprävention aus wissenschaftlicher Sicht. In: Bundeskriminalamt, Symposium: Der polizeiliche Erfolg, Wiesbaden 1988, S. 159 bis 173; *Johannes Andenaes*, General Prevention revisited: Research and Policy Implications. In: General Deterrence – a Conference on Current Research and Standpoints, Stockholm 1975, S. 12 bis 59; *ders.*, Punishment and Deterrence, Ann Arbor 1974; *Wouter Buikhuisen*, General Deterrence: Research and Theory. In: General Deterrence - a Conference on Current Research and Standpoints, Stockholm 1975, S. 77 bis 90; *Karl O. Christiansen*, On General Prevention from an Empirical Viewpoint. In: General Deterrence – a Conference on Current Research and Standpoints, Stockholm 1975, S. 60 bis 74; *Jan J. M. van Dijk* u. a., External Effects of a Crime Prevention Program in The Hague. In: *Eckart Kühlhorn/Bo Svensson*, eds., Crime Prevention, Stockholm 1982, S. 145 bis 193; *Jan J. M. van Dijk/Carl H. D. Steinmetz*, Crime Prevention: An Evaluation of the National Publicity Campaigns. In: *Eckart Kühlhorn/Bo Svensson*, eds., Crime Prevention, Stockholm 1982, S. 239 bis 266; *Uwe Dörmann/Hans-Werner Beck*, Kriminalitätsanalyse und -prognose. Möglichkeiten und Grenzen. In: *Edwin Kube/Hans Udo Störzer/Siegfried Brugger*, Hrsg., Wissenschaftliche Kriminalistik. Grundlagen und Perspektiven. Teilband 2: Theorie, Lehre und Weiterentwicklung, Wiesbaden 1984, S. 37 bis 76; *Thomas Feltes*, Hrsg., Kommunale Kriminalprävention in Baden-Württemberg. Erste Ergebnisse der wissenschaftlichen Begleitung von drei Pilotprojekten, Holzkirchen 1995; General Deterrence – a Conference on Current Research and Standpoints. Stockholm, June 2-4, 1975. Stockholm 1975; *Felix Herzog*, Prävention des Unrechts oder Manifestation des

Rechts, Frankfurt a. M. 1986; *Hans-Jürgen Kerner,* Der Verbrechensgewinn als Tatanreiz aus kriminologischer Sicht. In: Bundeskriminalamt, Macht sich Kriminalität bezahlt? Aufspüren und Abschöpfen von Verbrechensgewinnen, Wiesbaden 1987, S. 17 bis 50; *Johannes Knutsson/Eckart Kühlhorn,* Controlling the Opportunity Structure. An Example of Effective Crime Prevention. In: *Eckart Kühlhorn/Bo Svensson,* eds., Crime Prevention, Stockholm 1982, S. 267 bis 315; *Edwin Kube,* Prävention von Wirtschaftskriminalität (unter Berücksichtigung der Umweltkriminalität). Möglichkeiten und Grenzen, 2. Auflage, Wiesbaden 1985; *ders.,* Systematische Kriminalprävention. Ein strategisches Konzept mit praktischen Beispielen, 2. Auflage, Wiesbaden 1987; *Edwin Kube/Karl-Friedrich Koch,* Kriminalprävention, Hilden 1992; *Eckart Kühlhorn,* General Deterrence and Prevention. In: *Eckart Kühlhorn/Bo Svensson,* eds., Crime Prevention, Stockholm 1982, S. 87 bis 107; *Eckart Kühlhorn/Bo Svensson,* eds., Crime Prevention, Stockholm 1992; *Harald Kunz,* Zur Entstehung und Verhaltenswirkung sozialer Normen, mit einigen Argumenten für eine ökonomisch-rationale Kriminalpolitik. Monatsschrift für Kriminologie und Strafrechtsreform 68 (1985), S. 201 bis 215; *Josef Kürzinger,* Kriminalpräventive Integration von Obdachlosen. In: *Hans-Dieter Schwind/Friedhelm Berckhauer/Gernot Steinhilper,* Hrsg., Präventive Kriminalpolitik, Heidelberg 1980, S. 305 bis 315; *ders.,* Möglichkeiten der Steigerung der Effizienz der polizeilichen Verbrechensbekämpfung – aus der Sicht der Wissenschaft. In: Bundeskriminalamt, Symposium: Der polizeiliche Erfolg, Wiesbaden 1988, S. 215 bis 220; *Herbert Schäfer,* Essays in the Systematization of Prevention Strategy. In: *Eckart Kühlhorn/Bo Svensson,* eds., Crime Prevention, Stockholm 1982, S. 35 bis 53; *ders.,* Frauen bei Nacht – Women by Night. Analysis of a Warning-leaflet Campaign. In: *Eckart Kühlhorn/Bo Svensson,* eds., Crime Prevention, Stockholm 1982, S. 207 bis 226; *Hans-Dieter Schwind/Friedhelm Berckhauer/Gernot Steinhilper,* Hrsg., Präventive Kriminalpolitik. Beiträge zur ressortübergreifenden Kriminalprävention aus Forschung, Praxis und Politik, Heidelberg 1980; *Wiebke Steffen,* Sicherheitsgefühl und symbolische Effizienz. In: Bundeskriminalamt, Symposium: Der polizeiliche Erfolg, Wiesbaden 1988, S. 39 bis 51; *Alfred Stümper,* Verbrechensvorbeugung, insbesondere die operative Straftatenverhütung. In: *Edwin Kube/Hans Udo Störzer/Klaus Jürgen Timm,* Hrsg., Kriminalistik. Handbuch für Praxis und Wissenschaft, Band I, Stuttgart usw. 1992, S. 365 bis 412; *Werner Vahlenkamp,* Kriminalitätsvorbeugung auf kommunaler Ebene, Wiesbaden 1989.

Ein zentrales Problem der Kriminalpolitik ist der Versuch, Kriminalität **494** **zu verhüten.** Dieses Bestreben geht offensichtlich von zwei Grundannahmen aus: Einmal wird unterstellt, daß es zwar einen unvermeidbaren Anteil an Kriminalität in jeder Gesellschaft gibt (Quetelet: budget du crime), der nach seiner Überschreitung reduziert werden kann und zum zweiten, daß es möglich ist, bestimmte Erscheinungsformen der Kriminalität zu vermindern oder sogar völlig zu verhindern. Man darf davon ausgehen, daß (fast) alle Theorien der Kriminalitätserklärung auch unterstellen, eine Gesellschaft ohne Verbrechen sei eine utopische Vorstellung, anders aber freilich etwa die Marxistische Kriminologie (s. Rdnrn. 117ff.).

495 Kriminalprävention kann nach ihrer Zielrichtung sowohl als Spezial- als auch als Generalprävention verstanden werden. Während **Spezialprävention** versucht, den einzelnen und vor allem den Straftäter von (weiterer) Kriminalität abzuhalten, zielt die **Generalprävention** darauf ab, Mitglieder von Gruppen von (weiteren) Straftaten abzuhalten. Von den eingesetzten Mitteln her läßt sich Kriminalprävention als **positive bzw. negative Prävention** verstehen. Dabei wird (vgl. *Kube/Koch* 1992, 8) unter **negativer Generalprävention** die Abschreckung potentieller Täter, mit **positiver Generalprävention** der Versuch der Erhaltung und Stärkung von Rechtstreue und Vertrauen in die Rechtsordnung verstanden. Entsprechend läßt sich die **negative Spezialprävention** als das Bestreben, eine individuelle Person von einem Rückfall abzuschrecken, definieren; **positive Spezialprävention** will dagegen die Resozialisierung des (Einzel-)Täters erreichen. **Kriminalprävention wird üblicherweise in eine primäre, sekundäre und tertiäre Prävention systematisiert.** Bei der primären Prävention wird versucht, Kriminalität als solche durch die Beseitigung ihrer Ursachen zu bekämpfen. Bei der sekundären Kriminalprävention geht es darum, Kriminalität durch eine Veränderung von Tatgelegenheiten und Zugangschancen zu minimieren. Hier ist vor allem die technische Verhinderung von Straftaten gemeint. Als tertiäre Prävention schließlich versteht man die sachangemessene Behandlung eines Straftäters nach seiner Tat (Sanktion, Behandlung) mit dem Ziel der Resozialisierung.

496 In der praktischen Kriminalprävention wird auf allen drei Ebenen eine Fülle von Einzelmaßnahmen eingesetzt. Allerdings läßt sich nur wenig Verläßliches über die tatsächliche Wirksamkeit dieser Maßnahmen aussagen. Deshalb ist die Beantwortung der Frage, **ob man Kriminalität empirisch nachweisbar – abgesehen von rein technischen Präventionsmaßnahmen – durch strafrechtliche Sanktionen verhüten kann, ob also Strafen abschreckend wirken und so potentielle Täter abgehalten werden, Straftaten zu begehen**, von entscheidender Bedeutung. Sie ist auch deswegen wichtig, weil für die positive Generalprävention eine empirische Überprüfung ihrer Wirksamkeit kaum möglich ist. Die Frage empirisch anzugehen heißt aus methodischen Gründen (s. Rdnrn. 33ff.), daß wir uns zuerst darüber im klaren sein müssen, daß wir nicht in der Lage sind, objektiv festzustellen, **ob es eine Abschreckung durch Strafen überhaupt gibt**. Dies ist so, weil sich in der Wirklichkeit für Untersuchungen keine identischen gesellschaftlichen und rechtlichen Verhältnisse schaffen lassen, die sich nur durch den Umstand der Anwendung bzw. Nichtanwendung von Strafnormen oder Strafen unterscheiden lassen. Daher läßt sich die Wirksamkeit strafrechtlicher (und auch anderer) Sanktionen bzw. Maßnahmen methodisch nur und am ehesten nach zwei Grundmodellen überprüfen: erstens in einem Vergleich zwischen geographisch unterschiedlichen, aber demographisch möglichst ähnlichen Gebieten, die im Untersuchungszeitraum unterschiedliche Sanktionen aufweisen und zweitens in einem Vergleich innerhalb desselben Gebietes zu Zeitpunkten, in denen bestimmte Sanktionierungen galten bzw. nicht galten. Da im ersten Fall die zu vergleichenden Gebiete nicht identisch sind, lassen sich keine unmittelbaren Aussagen treffen. Die Lage im zweiten Fall liegt methodisch kaum besser: Hier kann die Zeitidentiät nicht hergestellt werden. Man weiß, daß selbst in demselben Gebiet alle für eine Abschreckung (mutmaßlich) erheblichen Faktoren nicht gleichgehalten werden können. **Deshalb vermitteln alle Ergebnisse empirischer Untersuchungen zur Wirkung bestimmter Sanktionen bzw. Maßnahmen allenfalls Annäherungswerte, nicht aber haben sie eigentliche Gültigkeit.** Daneben lassen sich, selbst die bisherigen Einschränkungen außer Betracht lassend, die **bestimmenden Umstände bei der Unterlassung von Handlungen** nicht direkt messen, weil Handlungen, die nicht geschehen sind, auch nicht hinsichtlich Kausalität und Motivation empirisch zu erfassen sind. Allenfalls ließe sich dazu eine Einstellungsmessung denken. Freilich ist bekannt, daß Einstellungen nicht unmittelbar in Verhalten umgesetzt werden. Derzeit jedenfalls muß man davon ausgehen, **daß die Frage der Abschreckungswirkung der Strafe empirisch nicht sicher zu klären ist.**

Das bisher erörterte Problem betrifft die **Generalprävention.** Offengelassen werden kann hier eine (erkennbare) **spezialpräventive Wirkung von Strafen,** die etwa das deutsche Strafrecht unterstellt. Sie muß letztlich wohl negativ beantwortet werden, wenn man sich als ein Beispiel vor Augen hält, daß die Quote der Strafgefangenen, die mehr als einmal im Strafvollzug einsitzen, nicht gering ist. So waren im Strafvollzug der Bundesrepublik Deutschland (alte Bundesländer) am 31. 3. 1991 unter den Strafgefangenen 53,9%, die wiedereingewiesen wurden, also zuvor schon eine Freiheitsstrafe verbüßt hatten (Rechtspflege. Strafvollzug. Demographische und kriminologische Merkmale der Strafgefangenen am 31. 3. 1991, Stuttgart 1993, S. 14). Von den bereits früher einsitzenden Strafgefangenen wurden immerhin gut 30% bereits im ersten Jahr nach ihrer (letzten) Entlassung aus dem Strafvollzug wieder eingeliefert, gut ein Fünftel im zweiten Jahr, mehr als 30% im dritten bis fünften Jahr nach der vorangegangenen Entlassung und schließlich 17% im sechsten Jahr oder später nach der Entlassung (Rechtspflege, Strafvollzug. Demographische und kriminologische Merkmale der Strafgefangenen am 31. 3. 1991, Stuttgart 1993, S. 14). Zudem wird geschätzt, daß im **Lebenslängsschnitt** etwa 80% der Strafgefangenen rückfällig werden. Bei diesen Verhältnissen ist zu unterstellen, daß jedenfalls die meßbare spezialpräventive Wirkung unseres Strafvollzugs und damit auch unseres Strafrechts gering ist. Freilich wird man aus empirischer Sicht offenlassen müssen, ob die Strafe bei den straffrei Gebliebenen nicht doch präventiv gewirkt hat, weil sonst möglicherweise (fast) alle Gefangenen rückfällig geworden wären.

497 In der ersten Hälfte des 20. Jahrhunderts haben viele Forscher, vor allem Psychologen, die Meinung vertreten, daß Strafe kaum einen Einfluß auf das menschliche Verhalten habe. Dieses Resultat schien die Position der meisten damaligen Soziologen zu bestätigen, die annahmen, daß kriminelles Verhalten nicht mit gesetzlichen Sanktionen kontrolliert werden könne. Erste Experimente haben dann gezeigt, daß unter bestimmten Bedingungen Strafe doch effektiv sein und mit Strafe auch Verhalten kontrolliert werden könne. Seit den sechziger Jahren gibt es dazu umfangreichere empirische Untersuchungen (Nachweise bei *Andenaes* 1975). Die Ergebnisse dieser Studien lassen vermuten, daß Gesetzessanktionen tatsächlich eine (freilich bescheidene) Rolle bei der Prävention der Kriminalität spielen (können). Man geht heute davon aus, daß sie unter bestimmten Bedingungen auch präventiv wirken. Weithin unerforscht sind aber immer noch die Bedingungen, unter denen dies dann so ist. Vorauszuschicken ist allerdings, **daß die totale Kontrolle der Kriminalität mittels Strafrechts historisch betrachtet gescheitert ist.** Bis heute gibt es keine Gesellschaft ohne Strafen, weil es auch keine Gesellschaft ohne Verbrechen gibt. Dies erweist zugleich, daß strafrechtliche Sanktionen nicht geeignet sind, Handlungen, die als »kriminell« eingestuft sind, als solche überhaupt zu verhindern. Es scheint allerdings möglich, ein bestimmtes Maß an Straftaten zu verhindern. Ein »Restbestand« an Kriminalität bleibt trotz Anwendung aller vorstellbaren Sanktionen freilich wohl immer. Auch drakonische Strafen haben es bisher nicht vermocht, Straftaten (ganz) zu verhindern. Dies gilt etwa für die ausufernde Anwendung der Todesstrafe in Mittelalter und früher Neuzeit.

498 Häufig wird von **Abschreckungstheoretikern das Modell der Profitmaximierung (ökonomische Theorie)** zur Erklärung herangezogen (vgl. besonders *Kunz* 1985: Nutzenmaximierung). Dabei unterstellt man, jeder (potentielle) Straftäter wäge vor seiner Tat ab, welchen Gewinn sie ihm bringe und mit welchen Nachteilen er zu rechnen habe. Diese Theorie versucht herauszufinden, unter welchen Bedingungen die angenommenen Risiken der Straftat sich zu dem erwünschten Gewinn so verhalten, daß es sich für den Täter »lohnt«, die Straftat zu begehen. Die Unterstellung eines solchen Abwägens entspricht ersichtlich nicht der Wirklichkeit. Die wenigsten Straftaten werden kühl im Hinblick auf das zu erwartende Resultat »durchdacht«; die emotionale Situation ist oft so beherrschend, daß solche Überlegungen nicht mehr angestellt werden (können). Im übrigen bleibt ungewiß, ob ein Abwägen schließlich rationalen Gründen folgen würde oder aber ob täterspezifische, irrationale Motive die Oberhand bekämen.

499 Der abschreckende Effekt eines kriminalpolitischen Systems verlangt als erstes, **daß der Betreffende weiß, welche Verhaltensweisen strafbar sind und daß er Genaueres über die zu erwartenden Strafen kennt.** Offensichtlich wissen praktisch alle Rechtsunterworfenen, daß Mord, Totschlag,

Vergewaltigung, Raub, Erpressung, Diebstahl, Unterschlagung und Betrug sowie andere »überkommene« Verbrechen unter Strafe stehen. Es ist aber ebenso klar, daß nicht alltägliche Straftatbestände, vor allem aus dem Bereich des Nebenstrafrechts, wenig bekannt sind, weil sie nicht auf grundlegende gesellschaftlich geforderte Verhaltensnormen zurückgeführt werden können. Ein Mangel an Wissen über gesetzliche Konsequenzen von (strafbaren) Verhaltensweisen kann die Abschreckung aber deutlich beeinflussen und mindern. Es gibt insgesamt gesehen einen sehr verbreiteten Mangel an Wissen über (straf-)rechtliche Normen. So hat etwa schon in den 70er Jahren eine niederländische Studie (*Buikhuisen* 1975, 80) erbracht, daß in einem ländlichen Gebiet 43% der befragten Erwachsenen nicht wußten, daß (damals) der Gebrauch von Marihuana illegal war. Beachtlich ist, daß selbst unter den Drogenkonsumenten 21% meinten, ihr Tun sei legal (gewesen). Hinzu kommt, daß einige Verhaltensweisen durch soziale Etikettierungen nicht als Kriminalität begriffen werden. Anstatt »gestohlen« wird am Arbeitsplatz »organisiert« oder »ausgeliehen«. Gelegentlich sind es auch unklare Gesetze, die dazu führen, daß es an einer überzeugenden Verbotsfunktion für den Rechtsunterworfenen fehlt.

Eine **Grundthese des Abschreckungsmodells** lautet: **»Je strenger die Strafe, desto erfolgreicher das Abschreckungssystem.«** Strafstrenge gilt als einer der Grundpfeiler für die Abschreckung des Verbrechers vom Verbrechen. Früher wurde fast ausschließlich dieser Gesichtspunkt betont, insbesondere die angebliche **Abschreckungswirkung der Todesstrafe.** Einige der einschlägigen Studien haben gezeigt, daß die Strenge der Sanktion negativ mit der Häufigkeit des kriminellen Aktes verbunden ist. Andere Untersuchungen zeigten dagegen, daß Strafstrenge überhaupt keine Beziehung zur Abschreckung hat. Obwohl also zumindest unterstellt werden kann, daß zuweilen die Strenge der Sanktion abschreckend wirkt, können wir nicht sagen, dies sei immer so. Ein gutes Beispiel dafür scheint die schärfste Sanktion des Strafrechts, die Todesstrafe, zu liefern. Historisch jedenfalls drängt sich die Vermutung auf, daß sie die Kriminalität nicht hat verhindern, ja nicht einmal hat drastisch senken oder wenigstens deutlich hat beeinflussen können. Dabei war man in früheren Jahrhunderten nicht zögerlich mit ihrer Anwendung. Die inflationäre Vollstreckung der Todesstrafe wirkte ersichtlich nicht abschreckend. Im übrigen ist hier zu berücksichtigen, daß die Abschreckungswirkung etwa bei den Straftätern, die psychisch krank oder zurechnungsunfähig sind, bei Affekttätern und politisch motivierten Gewalttätern nicht greift. Bei den (früher) so genannten »Leidenschaftstätern« tritt die Hemmungswirkung der Strafdrohung hinter dem unwiderstehlichen Antrieb zur Tat offensichtlich zurück. Auch im Falle des in der Realität nicht ganz seltenen Konfliktmordes ist der Abschreckungseffekt der Todesstrafe als sehr gering anzusehen.

501 Sehr zweifelhaft ist die Abschreckungswirkung der Strafe auf (politische) **Überzeugungstäter.** Hier versagt die Wirkung schon häufig deswegen, weil bei ihnen der Selbsterhaltungstrieb nicht mehr intakt ist. So erklären sich etwa die derzeit immer zahlreicheren terroristischen Selbstmordkommandos (etwa in Israel und Sri Lanka).

502 Eine zweite grundlegende Annahme lautet: »**Je größer die aktuelle Gewißheit der Strafe ist, desto größer ist der Abschreckungseffekt.**« Für die Richtigkeit dieser These gibt es in der Tat einige empirische Hinweise, die freilich in ihrer Bedeutung unklar bleiben. Es hat sich nämlich gezeigt, daß in der Wirklichkeit nicht so sehr die tatsächliche Gewißheit der Bestrafung ausschlaggebend ist – sie kann der Täter zumeist überhaupt wegen fehlender Kenntnisse nicht richtig einschätzen –, sondern die Tatsache, ob jemand **meint,** es sei so. Hier aber beginnen die Schwierigkeiten, weil sehr oft der Täter nicht mit seiner Entdeckung rechnet, womit er ja damit die Situation bei der Verbrechensverfolgung grundsätzlich richtig einschätzt. Nach Dunkelfelduntersuchungen (s. Rdnrn. 252ff.) ist damit zu rechnen, daß von der klassischen Kriminalität allenfalls 10% der begangenen Taten polizeilich registriert werden; von diesen werden aber keine 50% auch aufgeklärt. Dies bedeutet, daß allenfalls jeder 20. Täter damit rechnen muß, auch entdeckt und bestraft zu werden.

503 Zur Frage des **Verfolgungsdrucks** und der Manipulation dieses Drucks liegen vor allem aus dem Polizeibereich Untersuchungen vor, die sich mit der Abschreckungswirkung von (verstärktem) Polizeieinsatz beschäftigen. In bestimmten Fällen ereignet sich ein drastischer Wandel im tatsächlichen **Risiko der Strafentdeckung** und wird auch der Mehrheit der Bevölkerung bewußt, so daß die generelle Einschätzung des Risikos, letztlich verurteilt zu werden, wechselt. Hierfür gibt es historisch ein einmaliges Ereignis. In Dänemark gab es am Ende der deutschen Besetzung eine mehr als siebenmonatige Zeit, in der die dänische Polizei nicht im Einsatz war, weil im September 1944 alle dänischen Polizeikräfte verhaftet wurden. An ihre Stelle traten unbewaffnete Aufsichtskorps, die bis auf die Fälle, in denen sie Täter in flagranti ertappten, ineffektiv waren. Die allgemeine Kriminalitätsrate stieg sofort an, aber es gab große Unterschiede bei den einzelnen Delikten. Die Anzahl der Raubüberfälle war in Kopenhagen während des Krieges generell angestiegen, und zwar von jährlich 10 im Jahre 1939 auf 10 monatlich 1943. Nachdem die Deutschen die Polizei 1944 ausgeschaltet hatten, stieg die Anzahl auf 100 pro Monat an. Kleinere Diebstähle, die den Versicherungen gemeldet wurden, stiegen schnell auf das Zehnfache und höher. Andererseits konnte man für Taten wie Unterschlagung und Betrug keinen nennenswerten Anstieg feststellen (*Andenaes* 1974, 51).

Über die **Wirkung von Polizeieinsätzen zur Kriminalprävention** liegen 504
zahlreiche Studien vor, zumal die Polizei es als eine ihrer wichtigsten Aufgaben ansieht, kriminalpräventiv tätig zu werden, wie auch die zahlreichen Publikationen zur Kriminalprävention aus polizeilicher Sicht zeigen. Die international bekannteste erste größere Studie ist das Kansas City Preventive Patrol Experiment aus den Jahren 1972/73 (*Kelling* u. a., 1974). Dabei sollte der Einfluß der Polizeistreifen auf Kriminalitätsanfall und Verbrechensfurcht der Bevölkerung gemessen werden. Man schuf zu diesem Zwecke Gebiete mit drei unterschiedlichen Graden der Häufigkeit von polizeilicher Streifentätigkeit. Im ersten Versuchsgebiet, das »reaktiv« genannt wurde, gab es überhaupt keine präventive polizeiliche Streifentätigkeit. Die Polizei kam hier nur, wenn sie von Bürgern ausdrücklich gerufen wurde. Dies führte notgedrungen zu einer Verminderung der polizeilichen Sichtbarkeit in diesem Gebiet. Im zweiten Gebiet, »proaktiv« genannt, wurde die Sichtbarkeit der Polizei auf das Zwei- bis Dreifache des bisher üblichen erhöht. In einem dritten Gebiet, »control« genannt, wurde der bisherige Umfang der Streifentätigkeit aufrecht erhalten. Die Analyse der gewonnenen Daten ergab, daß es in den drei Gebieten keinen signifikanten Unterschied hinsichtlich Kriminalitätsbelastung, Einstellung der Bürger gegenüber der Polizei, Verbrechensfurcht und Zufriedenheit mit der Polizei gab. In begleitenden Opferuntersuchungen ließ sich kein signifikanter Einfluß auf die Häufigkeit von Einbrüchen, Autodiebstählen, Diebstählen an Kraftfahrzeugen, Raubüberfällen und (vandalistischen) Sachbeschädigungen ermitteln, bei Delikten also, von denen herkömmlicherweise angenommen wird, daß man sie durch präventive Streifentätigkeit verhindern kann. Auch die Verbrechensfurcht wurde nicht meßbar durch die unterschiedliche Polizeipräsenz beeinflußt.

Unabhängig von der Frage, ob die Untersuchung in allen Aspekten methodisch immer zureichend war, scheint sie jedenfalls gezeigt zu haben, daß die einfache Rechnung »mehr Polizei – mehr Sicherheit« in dieser Form nicht zutreffend ist. Offensichtlich bedarf es anderer Szenarien, um tatsächlich zu einer Beeinflussung der Kriminalität zu kommen. Ein Beispiel dafür liefert etwa das frühe niederländische Experiment zur Kontrolle abgefahrener Autoreifen, über das *Buikhuisen* (*Buikhuisen* 1975, 77ff.) berichtet. Dabei sollte geprüft werden, wieweit Autofahrer verkehrserzieherisch beeinflußbar sind. Dazu wurden in den Städten Groningen und Leeuwarden zuerst Kontrollen über die tatsächliche Bereifung der Autos durchgeführt. Danach wurde in Groningen öffentlich auf eine entsprechende Aktion hingewiesen, in Leeuwarden dagegen nicht. Bei der Überprüfung der Bereitschaft, mit abgefahrenen Reifen zu fahren, die vor der eigentlichen Aktion vorgenommen wurde, zeigte sich, daß der Anteil der ausgewechselten abgefahrenen Reifen praktisch in beiden Städten identisch war (*Buikhuisen* 1975, 85). Damit hatte sich ergeben, daß in beiden Städten das Verhalten der Autobesitzer hinsichtlich der Reifenerneuerung vor der Studie in etwa gleich war. Nunmehr wurden die Autofahrer durch eine Zeitungskampagne nur in Groningen darauf aufmerksam gemacht, daß die Polizei eine entsprechende Überprüfung in der Stadt vornehmen werde. In Leeuwarden lief keine solche Aktion. Es ließ sich folgendes Ergebnis ermitteln:

Stadt	Stichprobengröße	Erneuerte abgefahrene Reifen	Nicht erneuerte abgefahrene Reifen
Groningen	237 (100 %)	127 (54 %)	110 (46 %)
Leeuwarden	173 (100 %)	47 (27 %)	126 (73 %)

(Quelle: *Buikhuisen* 1975, 87)

505 Es hatte sich also gezeigt, daß in Groningen – wo die Polizeikampagne stattfand – die Anzahl der erneuerten abgefahrenen Autoreifen genau doppelt so hoch war als in Leeuwarden, wo keine entsprechende Intervention wegen der Reifenkontrolle durchgeführt wurde. Aus den Zahlen ließe sich herleiten, daß die Aktion tatsächlich einen meßbaren Einfluß auf das Legalverhalten der Verkehrsteilnehmer hatte. Zwischen jenen, die die abgefahrenen Reifen erneuerten und jenen, die dies nicht taten, zeigten sich folgende statistisch signifikanten Unterschiede (*Buikhuisen* 1975, 88): Jene, die ihre Reifen wechselten, waren häufiger über die Aktion informiert als die anderen. »Nichtwechsler« waren jünger, hatten eine schlechtere Ausbildung, fuhren mit älteren Autos von geringerem Wert; sie kauften diese Autos fast ausschließlich aus zweiter Hand, hatten eine durchschnittlich niedrigere Jahresfahrleistung und benötigten ihr Auto seltener aus Berufsgründen.

506 Zieht man ein Fazit aus den inzwischen kaum mehr überschaubaren, vor allem kleineren ähnlichen Polizeiaktionen, bei denen (auch) die Wirksamkeit unterschiedlicher polizeilicher Präventionsmaßnahmen gemessen werden sollte, kommt man zu einem zwiespältigen Ergebnis: Die Resultate sind nicht gleichgerichtet und einheitlich; sie scheinen aber der Tendenz nach zu zeigen, daß polizeiliche Maßnahmen vor allem dann präventiv wirken (können), wenn sie als technische Prävention verstanden werden können und deshalb – vereinfacht gesagt – **die Zugangschancen zum Delikt mindern.**

507 Eine dritte Aussage der Abschreckungstheoretiker besagt: »**Je größer die Geschwindigkeit ist, mit der die Bestrafung der Tat erfolgt, desto größer ist die Effektivität des Abschreckungssystems.**« Diese verbreitete Meinung, die immer wieder in der kriminalpolitischen Diskussion auftaucht, ist empirisch kaum zu überprüfen. Dies beginnt schon damit, daß man nicht weiß, welchen Zeitpunkt man als den der Bestrafung ansetzen soll. Ist es die polizeiliche Vernehmung oder erst die rechtskräftige Verurteilung, die vielleicht ein Jahr später erfolgt oder ist es gar erst der Strafvollzug? In Großbritannien, wo Strafprozesse bedeutend schneller zu Ende gebracht werden als in Deutschland, hat sich daraus keine kriminalpräventive Wirkung ableiten lassen.

Insgesamt gesehen wird man die Wirksamkeit kriminalpräventiver Maßnahmen nicht überschätzen dürfen. Neben den erwünschten Erfolgen bei der Reduzierung der Kriminalität kann es aber, worauf *Albrecht* (1988, 164ff.) zu Recht verweist, auch zu einer **Anzahl von massiven unerwünschten Nebeneffekten** kommen. So kann durch Präventionsmaßnahmen gelegentlich nur eine Verlagerung hinsichtlich des Delikts, Opfers, Tatobjekts oder der Tatregion ausgelöst werden. Präventionsmaßnahmen haben zudem in aller Regel ihren Preis (*Albrecht* 1988, 164), sei dieser nun materieller oder ideeller Art. Insoweit ist abzuwägen, was gesellschaftlich erträglicher ist: die (zu bekämpfende) Kriminalität oder der Einsatz der Mittel zu ihrer Verhinderung. Eine rational begründete Entscheidung muß prinzipiell beide Alternativen zulassen. **Kriminalprävention »um jeden Preis« darf es jedenfalls nicht geben.**

Stichwortverzeichnis

(Die Zahlenangaben beziehen sich auf die Randnummern.)

Abgeurteilte 249ff.
Abschreckung 496, 498, 500ff.
Adoptionsforschung 82
Alkohol 5, 279, 379, 459f.
Alleintäterschaft 243f.
Alterskriminalität 297ff.
Altersverteilung der Kriminalität 235f., 274, 279, 285, 299, 303, 314, 330, 341, 345, 377, 413f., 417, 422, 433, 437, 477
Anklage 187ff., 196f., 220
Anlage 22, 107
Anomietheorie 92f.
Anzeigeverhalten s. Strafanzeigen
Arbeitslosigkeit 295
Asozialität 5
Asylanten 343, 352
Aufklärungserfolg 176f., 180, 329, 338
Ausländerkriminalität 328ff.

Bagatellisierung 172
Bandenkriminalität 286
Befragung 54ff., 255
Beobachtung 63ff., 254
Berufssituation, 295, 334f.
Beschaffungskriminalität 433, 465ff.
Biologische Verbrechenserklärung 79ff.

Chicago-Schule 230
Chromosomen 85

Definitionsansätze 75
Definitionsmacht 170
Desozialisation 297
Diebstahl 227f., 428ff.
Differentielle Assoziation 96
Dokumentenanalyse 50ff.
Drogenfreigabe 471
Drogenkriminalität 461ff.
Drogentote 468

Drogenverbreitung 433, 460, 469
Dunkelfeld 67, 252ff., 279, 305, 309f., 362, 373, 385, 410, 427, 436, 440, 452f.
Dunkelziffer 152ff.

Eigentumsdelikte 424ff.
Einstellung zum Verbrechen 149ff.
Einstellungsmessungen 55, 150ff.
Einzelkind 294
Emanzipation 323
Empirie 4, 33, 38, 41
Entkriminalisierung 12, 174
Erfahrungswissenschaft 4
Erkenntnis 33, 73
Erklärungsansätze 75
Ermittlungstätigkeit 175, 178f., 187, 191
Ermittlungsverfahren 191f., 198
Ernährung 88f.
Erziehungsstil 294
Ethnomethodologie 129
Exhibitionismus 418ff.
Experiment 66ff., 254

Fahrlässige Körperverletzung 381ff.
Fahrlässige Tötung 456
Fahrraddiebstahl 431
Familie 293f.
Frauenkriminalität 301, 308ff., 376, 386, 439, 458
Freisprüche 212ff.
Fremdenfeindlichkeit 289, 355

»Geborene Verbrecher« 79
Geiselnahme 372
Generalprävention 495ff.
Gerichtstätigkeit 211ff.
Geringfügigkeit 198
Geschlecht 237
Geschwisterreihe 294

Gesellschaftsstruktur 99
Geständnis 177, 184, 196, 219
Gewaltkriminalität 356ff.
Graffiti 442
Grundgesamtheit 69
Gruppenkriminalität 286, 415, 479ff.

Hormone 86
Hypothese 36ff.

Individualprognose 489
Inhaltsanalyse 50ff.
Interdisziplinarität 3
Interview 54
Inzest 421ff.

Jugendkriminalität 279ff.
Jugendreligionen 280

Kapitalismus 118ff.
Kausalität 43, 107
Kinderkriminalität 271ff.
Kindesmißhandlung 384ff.
Kindstötung 368
Klassengesellschaft 99ff.
Klassenjustiz 202ff.
Kleptomanie 438
Kollektivprognose 489
Konstruktivismus 34
Kontrolldelikte 336ff.
Körperbau 83
Körperverletzung 373ff.
Korrelation 43, 45f.
Kosten der Kriminalität 246ff.
Krankheit 84
Kriminalanthropologie 10, 74
Kriminalätiologie 9, 47
Kriminalisierung 12
Kriminalistik 3
Kriminalität, Begriff 78
Kriminalitätsentwicklung 282f.
Kriminalitätserreger 107
Kriminalitätsopfer 148
Kriminalitätsstruktur 273, 283, 302, 304, 315f., 348ff., 456f., 464

Kriminalitätstheorie 75ff., 91ff., 117, 127, 133ff., 290ff.
Kriminalitätsumfang 223
Kriminalitätsphänomenologie 9, 47, 136ff.
Kriminalprävention 7, 48, 133, 494ff.
Kriminalprognose 8, 133, 487ff.
Kriminalpsychologie 1
Kriminalsoziologie 10
Kriminalsoziologische Schule 22
Kriminologie, Begriff 3
Kriminologie, Gegenstand 1f., 14
Kriminologie, Geschichte 15ff.
Kriminologie, Institutionalisierung 23f.
Kulturkonflikt 105f., 353ff.

labeling approach 13, 127ff., 174
Ladendiebstahl 305, 318f., 435ff.
Lerntheorie 94ff.
Linksterrorismus 321
Lyoner Schule 22

Marburger Schule 22
Marxismus 117ff., 125
Massendelikte 191, 227, 435
Mehrfaktorenansatz 107f.
Methoden 36ff., 49ff., 73
Mittelschicht 98, 101, 177, 182, 238ff., 268f., 296, 366f., 378, 388, 415
Mittelwerte 71
Mord 320, 359ff.
»Mörderchromosom« 85

Natürliches Verbrechen 12
Naturrecht 12
Neomarxisten 124
Neurotransmitter 87
Nichtehelichkeit 294
Normwissenschaft 4

Obdachlosigkeit 5
Objektivität 51
Operationalisierung 52
Organisierte Kriminalität 478ff.

Stichwortverzeichnis

peer-groups 296
Phosphate 89
Polizei 142ff., 163ff., 504
Proaktive Polizeitätigkeit 165ff.
Prostitution 5, 326
Psychoanalyse 109ff.

randon sample 70
Randseiter 104
Raub 369ff.
Rauschgift s. Drogen
Reaktive Polizeitätigkeit 171ff.
Rechtsextreme Straftaten 288ff., 399
Registrierte Kriminalität 222ff., 299
Richter 201, 204, 207, 211
Rocker 287
Rudimenttheorie 123

Sachbeschädigung 439ff.
Schäden durch Kriminalität 247ff., 256, 284, 430, 433, 436, 438, 444
Schichtenjustiz 205
Schichtzugehörigkeit 132, 177, 182, 218, 294, 332
Schrittmacherfunktion 278
Schrödingers Katze 33
Schule 294, 333
Selbstmord 5, 280
Selektion 136f., 162, 174, 199f., 224, 325ff., 339, 452
Seltene Straftaten 251
Sexualkriminalität 402ff.
Sexualnormen 404ff.
Sexuelle Nötigung 414ff.
Sexueller Mißbrauch von Kindern 409ff.
Siegerjustiz 205
Signifikanztest 72
Sippenforschung 80
Skinheads 287ff.
Sozialisationsprozeß 98, 293
Sozialisationstheorie 94, 97ff.
Sozialismus 108ff.
Sozialkontrolle 5
Sozialschädlichkeit 13

Spätkriminalität 307
Spezialprävention 495ff.
Staatsanwaltschaft 185ff.
Staatskriminologie 31
Statistik 68ff.
Steuerkriminalität 449
Stichprobe 69f.
Strafanzeigen 147ff., 152ff., 158ff., 171, 186, 265ff.
Strafjustiz 116, 199ff.
Strafrecht 4f.
Strafverfahren 132, 162ff., 185ff., 206, 208ff., 339, 489
Strafverteidigung 219
Strafzumessung 207
Straßenverkehr 382
Subkulturtheorie 103ff.
Suchtgift s. Drogen

Tankstellenüberfälle 371
Tatopfer 6, 156, 162, 195, 364ff., 391f., 413, 416f.
Tatorte 230ff., 380, 474ff.
Terrorismus 394ff.
Testosteron 86
Theorie 37, 42, 107
Todesstrafe 500
Totschlag 359ff.

Überkriminalisierung 171
Überzeugungstäter 501
Umwelt 22, 107
Umweltkriminalität 472ff.
Unterschicht 99ff., 132, 177, 183, 238ff., 268f., 296, 366f., 378, 388, 415
Untersuchungshaft 196
Ursache 43ff., 107
Urverbrechen 359

Vandalismus 287, 440
Verbrechensaufklärung 176
Verbrechensbegriff 1, 11ff., 222
Verbrechensbekämpfung 138 ff.
Verbrechensfurcht 139ff.

Verbrechenskontrolle 142 ff.
Verbrechensopfer s. Tatopfer
Verfahrenseinstellung 189ff., 196
Verfolgungsdruck 503
Vergewaltigung 414ff.
Verkehrskriminalität 225, 303, 450ff.
Vermögensdelikte 424ff.
versuchte Straftaten 229
Verurteilungen 215ff., 249ff.
Viktimisierungsstudien 255ff.
Viktimologie 6
Vorbestrafte 245, 408

vorsätzliche Körperverletzung 375ff.
Vorstrafenbelastung 180, 196, 220
White-collar-crime 445
Wirtschaftsflüchtlinge 343
Wirtschaftskriminalität 445ff.
Wohnungseinbruch 432ff.
Zufall 43
Zufallsauswahl 70
Zufallskorrelation 46, 48
Zugangschance 132, 269, 476, 506
Zuschreibung 132
Zuverlässigkeit von Ergebnissen 58ff.
Zwillingsuntersuchungen 80f.

Standardwerk.

Einfallsreichtum und Spürsinn zeichnen den Kriminalisten aus. Klischeevorstellungen und Vorurteile kann er sich nicht leisten. Für jeden Fall die richtige Vorgehensweise zu finden, gehört genauso zu seinem Handwerk wie die Bereitschaft, Ermittlungsergebnisse in Frage zu stellen: Kann es nicht auch anders gewesen sein?

Kriminalistik
Grundlagen der Verbrechensbekämpfung
von Wolf-Dietrich Brodag, Landespolizeischule Aschersleben
**1995, 7. Auflage, 228 Seiten,
DM 36,–/sfr 37,–/öS 281,– (Mengenpreise)**
Reihe »Kriminalistik + Kriminologie«
ISBN 3-415-01994-2

Das Buch behandelt die gesamte Bandbreite kriminalistischer Arbeit von der Fahndung über Observation, Durchsuchung und Vernehmung bis zur Zeugenaussage vor Gericht. Konzipiert für Theorie und Praxis, wird es beiden voll gerecht: Hier findet der/die Beamte/Beamtin der Schutz- und Kriminalpolizei das theoretische Grundgerüst; hier bekommt der erfahrene Spezialist Gelegenheit, sich die wichtigsten Schritte einzelner Ermittlungsmaßnahmen wieder ins Gedächtnis zu rufen.

Der Autor, Kriminaloberrat an der Landespolizeischule in Aschersleben, Sachsen-Anhalt, zeigt den Weg zur Lösung eines Falles Schritt für Schritt, ohne dabei in einer schematischen Darstellung stecken zu bleiben.

Zu beziehen bei Ihrer Buchhandlung oder beim
RICHARD BOORBERG VERLAG · 70551 Stuttgart

 **Fehler vermeiden.**

Die Tatrekonstruktion ist ein unerläßliches Hilfsmittel bei der Aufklärung von Straftaten und daher insbesondere für Polizeibeamte und Staatsanwälte, aber auch für Richter und Rechtsanwälte von grundlegender Bedeutung. In der Praxis sind Rekonstruktionen vor allem in Verkehrsstrafsachen und bei Kapitalverbrechen erforderlich.

Tatrekonstruktion

Die geistige und praktische Tatrekonstruktion im Lichte der kriminalistischen Denklehre

von Dr. jur. Alexander Büring, Rechtsanwalt

1992, 120 Seiten, DM 28,– / sfr 29.– / öS 219.– (Mengenpreise)

Reihe »Kriminalistik + Kriminologie«

ISBN 3-415-01683-8

Am Anfang seines Buches beschreibt der Autor das kriminalistische Denken: Die Möglichkeiten des Kriminalisten, Informationen über den zu lösenden Fall zu erhalten, daraus die richtigen Schlüsse zu ziehen, um dann ein sachgerechtes Ergebnis zu erzielen. Neben Zielen und Mitteln des kriminalistischen Denkens befaßt sich der Autor im Hauptabschnitt mit der Feststellung des Tatgeschehens durch praktisch-technisches Nachvollziehen. Er gibt zahlreiche Hinweise für die Durchführung der Tatrekonstruktion.

Im Schlußkapitel werden durch Beispiele Fehler bei der Tatrekonstruktion aufgezeigt, die deren Beweiswert vernichten könnten.

Zu beziehen bei Ihrer Buchhandlung oder beim
RICHARD BOORBERG VERLAG · 70551 Stuttgart

⊛IBOORBERG